Haupt

Visual Basic

Referenz

Horst F. Haupt

Visual Basic

Referenz

Referenz für alle Versionen von VB 1 bis VB 6 – Klassen und Objekte – Zusatzcontrols und ihre Subobjekte: Verfügbarkeit, Verwendung und Syntax der Eigenschaften – Methoden und Ereignisse – Objektorientierte Programmierung – Daten, Befehle, Operatoren

Mit 119 Abbildungen

Franzis'

Die Deutsche Bibliothek – CIP-Einheitsaufnahme

Visual-Basic-Referenz [Medienkombination] : Referenz für alle Versionen von VB 1 bis VB 6 ; Klassen und Objekte ; Zusatzcontrols und ihre Subobjekte: Verfügbarkeit, Verwendung und Syntax der Eigenschaften ; Methoden und Ereignisse ; objektorientierte Programmierung ; Daten, Befehle, Operatoren / Horst F. Haupt.- Poing : Franzis 1999
ISBN 3-7723-7233-3

Satz: DTP-Satz A. Kugge, München
Druck: Wiener Verlag, A-2325 Himberg
Printed in Austria - Imprimé en Autriche

ISBN 3-7723-7233-3

Ich widme dieses Buch meiner Frau Sonja.
Danke, daß Du da bist!

Vorwort zur ersten Auflage

Ein paar Worte an meine Leser

Sie haben diese VB-Referenz gekauft, weil Sie sich als Programmierer Informationen erhoffen, die Sie an anderer Stelle nicht oder nicht so konzentriert erhalten.

Es gibt unseres Wissens weltweit keine vergleichbare VB-Referenz. So hoffen denn der Verlag und ich, all denen helfen zu können, die mit VB6.0 oder einer früheren Version arbeiten.

Ich kann Ihnen versichern:

Ich habe alle Hinweise in diesem Buch selbst erarbeitet. Jedes Detail wurde mit den unterschiedlichen VB-Versionen geprüft.

Aber – Nobody is perfect – Fehler sind nicht ausgeschlossen.

Helfen Sie deshalb bitte mit, diese für die Neuauflage auszumerzen.

Schreiben Sie mir über den Verlag auch wenn Sie Fragen haben, die ich nicht beantwortet habe. Ich versichere Ihnen, Sie erhalten schnellstmöglich Antwort.

Ich freue mich über jede Anregung.

Ihr Horst F. Haupt

Vorwort zur zweiten Auflage

Nach so kurzer Zeit eine Neuauflage!

Das spricht dafür, daß meine VB-Referenz genau die Anforderungen erfüllt, die Sie als VB-Programmierer an sie stellen. Aber alles kann noch verbessert werden.

Der Verlag hat - durch die Änderung des Formats und Beifügen einer CD – den Wünschen nach Übersichtlichkeit Rechnung getragen.

Ich habe – durch Hinzufügen weiterer Steuerelementbeschreibungen und Überarbeitung vieler Tabellen – die Informationen erweitert und verbessert.

Sicherlich gibt es auch jetzt noch Punkte, die für die nächste Auflage bedacht werden sollten.

Schreiben Sie nur eine E-Mail an:

horstfh@aol.com.

Ich freue mich auf Ihre Fragen und Anregungen.

Horst F. Haupt

Inhaltsverzeichnis

Teil 1

In diesem Teil sind alle Basisobjekte, alle integrierten und Zusatzsteuerelemente sowie die diesen untergeordneten Objekte (Subobjekte) zusammengefaßt und beschrieben.

VBX und OCX unter VB4-16

Verfügen Sie über ein VBX- und ein OCX-Control der gleichen Klasse, sollten Sie das OCX-Control verwenden. Für diverse Aufgaben können Sie VBX- und OCX-Control nebeneinander in der Werkzeugsammlung einfügen und in Ihren Projekten nutzen.

VB4-32-Controls ab VB5 verwenden

Einige der VB4-Zusatzcontrols werden ab VB5 nicht mehr geliefert. Sie können sie aber weiter einsetzen, wenn Sie sie unter VB4 installiert haben.

Unter VB5/6-Pro/Ent können Sie »alte« Controls aus dem Verzeichnis »Tools\Controls« der CD installieren. Im gleichen Verzeichnis finden Sie auch eine Register-Datei, die Ihre Controls in der Registrierdatenbank anmeldet.

Bezeichnung	*Klasse*	*Datei*
Animierte Schaltfläche	AniPushButton	ANIBTN32.OCX
Meßgerät	Gauge	GAUGE32.OCX
Diagramm	Graph	GRAPH32.OCX und die Dateien des MS-Graph-Servers: GSW32.EXE und GSWDLL32.DLL
Tabelle	Grid	GRID32.OCX
Tastenstatus	mhState	KEYSTA32.OCX
Hierarchie	Outline	MSOUTL32.OCX
Drehschaltfläche	SpinButton	PIN32.OCX
3-D Controls	SSPanel etc.	THREED32.OCX

Tab. 01.1: Weiter nutzbare Zusatzcontrols

Zusatzbibliotheken

Bestimmte Objekte sind jeweils nur verfügbar, wenn die entsprechende Bibliothek über

vor VB5	Extras/Verweise
ab VB5	Projekt/Verweise

in das jeweilige Projekt eingefügt sind.

Erforderliche DLL

Der zu Ihrem System (ab VB2) mitgelieferte Installationsassistent komprimiert alle erforderlichen Dateien in ein Zielverzeichnis. Gleichfalls erstellt bzw. aktualisiert er eine Beschreibungsdatei, aus der Sie die für Ihre EXE benötigte DLL auslesen können.

VB1/VB2/VB3	*VB4-16*	*VB4-32*	*VB5*	*VB6*
VB-Runtime-DLL:				
VBRUN100	VB40016	VB40032	MSVBVM50	MSVBVM60
VBRUN200				
VBRUN300				
Sonstige DLLs finden Sie in den Beschreibungsdateien:				
SWDEPEND.INI	=	=	~.DEP	=

Tab. 01.2: Erforderliche Dateien

Vor VB5 wird die Beschreibungsdatei SWDEPEND.INI automatisch beim Start des Installationsassistenten im Windows-Verzeichnis erstellt.

Ab VB5 können Sie im Installationsassistenten alternativ die Optionen

- »Installationsprogramm erstellen« mit »Abhängigkeitsdatei generieren« oder
- »Nur Abhängigkeitsdatei generieren«

wählen. Die jeweilige Abhängigkeitsdatei (Endung .DEP von depend on = abhängig von) wird im Quellverzeichnis der Projektbeschreibungsdatei (Projekt.VBP) abgelegt.

1 Grundlagen

1.1 VB-Versionen

Seit der ersten Visual Basic-Version 1991 gab es Weiterentwicklungen von VB (für Windows) und eine VBDOS-Version. Aktuell ist ab September 1998 Visual Basic Version 6.

Nach der Ausstattung unterscheiden wir die Einsteiger- (vor VB5: Standard-), Professional- und Enterprise-Edition. In dieser Referenz werden dafür auch die Abkürzungen S-, P- und E-Edition sowie Pro-Editionen (für P+E) verwendet.

Version	*Jahr*	*Edition*			*Hinweis*
		Standard	***Professional***	***Enterprise***	
VB1	1991	16-Bit	–	–	
VB2	1993	16-Bit	16-Bit	–	
VBDOS1	1993	DOS	DOS	–	*)
VB3	1994	16-Bit	16-Bit	–	
VB4	1995	32-Bit	16- u. 32-Bit	16- u. 32-Bit	
		Einsteiger	***Professional***	***Enterprise***	
VB5	1997	32-Bit	32-Bit	32-Bit	
VB5CCE	1997	32-Bit	-	-	**)
VB6	1998	32-Bit	32-Bit	32-Bit	

*) In dieser Referenz nicht berücksichtigt

**) Nur für Erstellung von ActiveX-Controls

Tab. 1.1: Visual Basic-Versionen, -Editionen und -Betriebssysteme

1.2 Klassen und Objekte

Zwei Begriffe sind für das Programmieren mit VB von besonderer Bedeutung:

- Klasse
- Objekt

1.2.1 Was ist eine Klasse?

Eine Klasse ist die formale Definition eines Objekttyps.

Bildlich kann man die Klasse mit einer Sandkastenform vergleichen, mit deren Hilfe Objekte erstellt werden.

Eine Klasse

- dient als Vorlage für Objekte (Instanzen der Klasse), die aus ihr abgeleitet (instanziert) werden, und/oder
- kann Basis für andere Klassen sein. In diesem Fall bezeichnet man sie als Superklasse oder Basisklasse. Die abgeleitete Klasse bezeichnet man als Subklasse (Unterklasse). Sie erbt die Eigenschaften der Superklasse, kann diese ändern und selbst neue Eigenschaften besitzen.

Die Klasse definiert

- die Eigenschaften des Objekts, denen dann individuell Werte zugewiesen werden können,
- welche Ereignismeldungen vom abgeleiteten Objekt registriert werden sollen, und
- die verfügbaren Methoden zur Steuerung des Objektverhaltens.

Obwohl eine Klasse kein Objekt ist, besitzt sie Entwurfszeiteigenschaften. Diese legen die Attribute und Ereignisse fest, die das Verhalten der Klasse bestimmen. Näheres zu den Eigenschaften der VB-Klassenmodule finden Sie weiter unten im Abschnitt 1.3.1 unter »Besonderheiten der Klassenmodule«.

1.2.2 Was ist ein Objekt?

Als Objekt wird eine Kombination aus Code und Daten bezeichnet, die bei der Entwicklung oder in einer Anwendung als Einheit behandelt wird.

Ein Objekt ist unter VB beispielsweise eine Form, ein Steuerelement oder eine Anwendungskomponente.

Jedes Objekt

- wird durch eine Klasse definiert,
- hat für die von der Klasse geerbten Eigenschaften individuelle Eigenschaftswerte,
- kann über spezielle Methoden verfügen und
- kann bestimmte Ereignisse registrieren.

Der Zeiger auf ein Objekt wird als Referenz bezeichnet. Unter VB wird dafür der Objektname genutzt. Analog zu Variablennamen verweist der Objektname auf eine spezielle Speicherstelle.

Implizite und explizite Objekte

Diese Bezeichnungen schlage ich Ihnen vor, um Unterschiede und Gemeinsamkeiten von Objekten besser zu verstehen.

In VB werden Objekte

- implizit aus integrierten oder eingefügten Form- und Control-Klassen abgeleitet oder mit Dim aus so abgeleiteten Objekten durch Kopieren vervielfältigt.
- explizit (OLE-)Objekten zugewiesen, die z.B. mit Dim...New oder CreateObject definiert wurden.

	Implizit (ohne Deklaration)	*Explizit (mit Deklaration)*
Klasse	Klasse integriert oder als Zusatzsteuerelement in das Projekt eingefügt.	Als Verweis eingebundene oder externe Klasse, die ActiveX-Objekte offenlegt.
Ableitung	Ableitung durch direktes Einfügen des Objekts über Menübefehle (z.B. Form einfügen) oder aus der Werkzeugsammlung (Controls)	Ableitung z.B. durch: Dim Objekt As [New] Klasse Set Objekt = Vorhandenes Objekt oder: Set Objekt = CreateObject ("Anw.Objtyp")
Verwenden	AktuellerWert = Objekt.{Eigenschaft|Methode} Call Objekt.Methode (Argumente)	

1.2.3 Objekte, Subobjekte und Auflistungen

In diesem Buch verwende ich für Objekte, die einem anderen Objekt untergeordnet sind, den Begriff »Subobjekte«. Subobjekte existieren nur in Abhängigkeit zu einem Objekt. In der VB-Dokumentation werden sie deshalb als »abhängige Objekte« bezeichnet.

In der nachfolgenden Abbildung sind die Zusammenhänge dargestellt.

Eine Subobjekt-Auflistung faßt gleichartige Subobjekte zusammen. Auf eine Subobjekt-Auflistung und ihre Elemente wird über eine – in der Regel gleichnamige – Eigenschaft des übergeordneten Objekts zugegriffen.

Bitte beachten Sie den Unterschied zwischen Objekt-Auflistungen (wie Forms, Controls oder Printers) und Subobjekt-Auflistungen.

Objekt-Auflistungen besitzen nur die Count-Eigenschaft. Die Ausnahme sind ab VB4 Controls-Auflistungen, die zusätzlich über die UBound- und die LBound-Eigenschaft verfügen.

Nähere Einzelheiten dazu finden Sie im Kapitel 25.

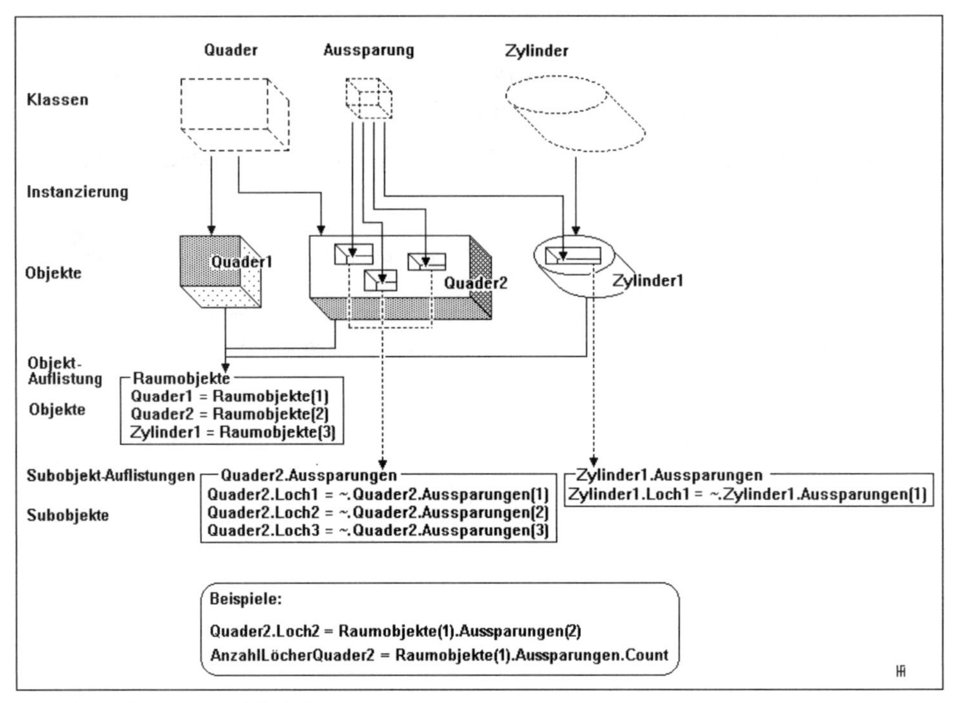

Abb. 1.1: Klassen und Objekte

Subobjekt-Auflistungen dagegen

- besitzen analog zu benutzerdefinierten Auflistungen (s. Collection) die in Tabelle 1.2 dargestellten spezifischen Eigenschaften und
- verfügen über die in Tabelle 1.3 gezeigten spezifischen Methoden.

Bei Objekt-Auflistungen ist KleinsterIndex = 0, bei Subobjekt- und benutzerdefinierten Auflistungen dagegen ist KleinsterIndex = 1.

Eigenschaft	*Beschreibung*	*Syntax*
Count	Gesamtzahl Elemente	AnzahlElemente = Auflistung.Count
Item *)	Einzelelement	Einzelelement = Auflistung.[Item](Kennung)

*) Item ist Standardeigenschaft der Auflistungen. Sie kann weggelassen werden.
Kennung = {Index|Key}

Tab. 1.2: Spezifische Eigenschaften der Subobjekt-Auflistungen und ihre Syntax

Methode	*Beschreibung*
Add	Fügt ein Element der Auflistung hinzu.
Clear	Entfernt alle Elemente aus der Auflistung.
Remove	Entfernt ein bestimmtes Element aus der Auflistung.

Tab. 1.3.1: Spezifische Methoden der Auflistungen

Methode	*Syntax*	*Hinweise*
Add	Auflistung.Add [Argumentliste]	Die Argumentlisten verschiedener Auflistungen sind unterschiedlich.
alternativ:	Call Auflistung.Add ([Argumentliste])	Die Argumente in der Liste werden durch Kommata getrennt.
Clear	Auflistung.Clear	
Remove	Auflistung.Remove Kennung	Kennung = {Index|Key}

*) Hinweise zu Argumentlisten im Abschnitt 24.4.5: »Argumente und Parameter«

Tab. 1.3.2: Syntax der spezifischen Methoden der Auflistungen

Die Elemente der Subjekt-Auflistungen sind die Subobjekte.

Deren Eigenschaften sind von Auflistung zu Auflistung unterschiedlich und richten sich nach dem zugrundeliegenden Objekttyp.

Index und Key – Kennung oder Eigenschaft

Subobjekte besitzen immer eine Index- und eine optional verwendbare Key-Eigenschaft.

- Index ist eine Ganzzahl, die die Position des Elements in der Auflistung kennzeichnet.
- Key ist eine vom Programmierer festlegbare eindeutige Ziffer oder Zeichenfolge.

Bitte beachten Sie den Unterschied bei der Verwendung von Index und Key

- als Kennung eines Elements im Elementefeld (E = Feld(Kennung) und
- als jeweilige Eigenschaft der Einzelelemente (Pos = Feld(Key).Index).

1.3 Projekt, Programm, Modul und Prozedur

- Projekt — ist der in Modulen strukturierte Programmcode in der Entwicklungsoberfläche.
- Projektgruppe — faßt mehrere Projekte insbesondere zum Test von ActiveX-Komponenten zusammen.
- Programm — ist das in der Entwicklungsumgebung (IDE) gestartete Projekt.
- Prozedur — ist eine benannte Folge von Anweisungen, die als Einheit ausgeführt werden.
- Modul — ist ein einzelner, als Datei speicher- und ladbarer Projektteil.
- Anwendung — ist das kompilierte Projekt, das außerhalb der IDE gestartet werden kann.

1.3.1 Modul

Basis jedes VB-Projekts sind Module, die ihrerseits Prozeduren enthalten (können).

Version Modultyp	*VB1*	*VB2*	*VB3*	*VB4 16*	*VB4 32*	*VB5*	*VB5 CCE*	*VB6*	*Besonderheit*
Form	X	X	X	X	X	X	X	X	Lokale Deklarationen und Prozeduren
Global-Modul	X	–	–	–	–	–	–	–	Nur für globale Deklarationen
Code-Modul	X	–	–	–	–	–	–	–	Globale Prozeduren, keine globalen Deklarationen
Standard-Modul	–	X	X	X	X	X	X	X	Globale Prozeduren und Deklarationen
Klassen–Modul	–	–	–	X	X	X	X	X	Deklarierbare Prozeduren, keine globalen Deklarationen

Tab. 1.4: Die Modultypen von VB

Erweiterung	*Ab Version*	*Beschreibung*
.bas	VB1	Standardmodul, Codemodul, Basismodul
.cls	VB4	Klassenmodul
.frm	VB1	Formdatei
.frx	VB2	Binäre Formdatei (Bilder)
.res	VB4	Ressourcendatei
.mak	VB1 – VB3	Visual Basic-Projektdatei
.vbp	VB4	Visual Basic-Projektdatei

Tab. 1.5.1: Dateiendungen, Standard-Projektdateien

Erweiterung	*Ab Version*	*Beschreibung*
.ctl	VB5	Datei für benutzerdefinierte Steuerelemente
.ctx	VB5	Binärdatei für benutzerdefinierte Steuerelemente
.dob	VB5	Formdatei für ActiveX-Dokumente
.dox	VB5	Binäre Formdatei für ActiveX-Dokument
.pag	VB5	Datei für Eigenschaftenseiten
.pgx	VB5	Binärdatei für Eigenschaftenseiten

Tab. 1.5.2: Dateiendungen, ActiveX-Projektdateien

Erweiterung	*Ab Version*	*Beschreibung*
.dca	VB5	Active-Designer-Cache
.dep	VB5	Abhängigkeitsdatei des Installations-Assistenten

Erweiterung	*Ab Version*	*Beschreibung*
.dsr	VB5	Active-Designer-Datei
.dsx	VB5	Active-Designer-Binärdatei
.log	VB4	Protokolldatei für Ladefehler
.oca	VB5	Cache-Datei zum TypeLib-Steuerelement
.swt	VB5	Vorlagendatei für den VB Installations Assistenten
.tlb	VB5	RemAuto-TypeLib-Datei
.vbg	VB5	Visual Basic Gruppen-Projekt-Datei
.vbl	VB5	Lizenzüberwachungsdatei
.vbr	VB5	RemAuto-Registrierungsdatei
.vbw	VB5	Visual Basic Projekt-Arbeitsbereichsdatei
.vbz	VB5	Datei zum Starten des Assistenten

Tab. 1.5.3: Dateiendungen, Designer-und Entwicklungsdateien

Erweiterung	*Ab Version*	*Beschreibung*
.dll	VB1	Bibliotheksdatei und prozeßinterne ActiveX-Komponente (VB4: OLE-Server)
.exe	VB1	Anwendung oder ActiveX-Komponente (VB4: OLE-Server)
.ocx	VB4	ActiveX-Steuerelement (Zusatzsteuerelement)
.vbb	VB5	Bootstrap-Datei für ActiveX-Dokument
.vbd	VB5	Statusdatei für ActiveX-Dokument
.vbx	VB1- VB4/16	Zusatzsteuerelement

Tab. 1.5.4: Dateiendungen, Laufzeitdateien

Besonderheiten der Klassenmodule

Eigenschaft	*Ab: VB4*	*Beschreibung*	*Entw.*	*LZ*	
Name		Name des Klassenmoduls	R/W	R	
Instancing		Können Instanzen erstellt werden? Ab VB5 mit Public verschmolzen.	R/W	–	
Public	Nur VB4	Können andere Anwendungen Instanzen erstellen?	R/W	–	
DataBindingBehavior	Ab VB6	Legt fest, ob ein abgeleitetes Objekt an eine Datenquelle gebunden werden kann.	R/W	–	
DataSourceBehavior	Ab VB6	Legt fest, ob ein abgeleitetes Objekt als Datenquelle genutzt werden kann.	R/W	–	
MTSTransactionMode	Ab VB6	Bestimmt den Modus, in dem das Objekt den MS-Transaction Server nutzt.	R/W	–	*)

Eigenschaft	*Ab: VB4*	*Beschreibung*	*Entw.*	*LZ*
Persistable	Ab VB6	Bestimmt, ob Daten zwischen Instanzen des Objekts gespeichert und wiederhergestellt werden können.	–	R/W

*) Nur bei MS Transaction Server aktiviert.
**) Nur bei Klassen, die Public und Creatable sind.

Tab. 1.6: Eigenschaften der Klassenmodule

Eigenschaft	*VB4*	*VB5*	*VB6*				
	1	*1*	*2*	*3*	*1*	*2*	*3*
Name	X	X	X	X	X	X	X
Instancing	X	–	X **)	X *)	–	X **)	X *)
Public	X	a	a	a	a	a	a
DataBindingBehavior	–	–	–	–	X	X	–
DataSourceBehavior	–	–	–	–	X	–	–
MTSTransactionMode	–	–	–	–	–	–	X
Persistable	–	–	–	–	–	X	X

1 Klassenmodul 2 ActiveX-EXE 3 ActiveX-DLL
*) Werte 1,2,5,6 (s. Tab. 1.7)
**) Werte 1,2,3,4,5,6 (s. Tab. 1.7)
a Ab VB5 ist die Public-Eigenschaft mit der Instancing-Eigenschaft verschmolzen (s. Tab. 1.8.2).

Tab. 1.7: Verfügbarkeit der Klassenmodul-Eigenschaften

*Public *)*	*Instancing **)*	*Beschreibung*
False	Beliebig	Die Klasse kann nur innerhalb des Projekts erstellt werden, das die Klasse definiert.
True	0	Die Klasse kann nur innerhalb des Projekts erstellt werden, das die Klasse definiert. ***)
True	1	Die Klasse kann sowohl innerhalb des Projekts erstellt werden, das die Klasse definiert, als auch durch andere Anwendungen. Wird eine Instanz der Klasse durch einen OLE-Client außerhalb des Projekts angefordert, so wird jeweils eine eigene Instanz des OLE-Servers gestartet. ***)
True	2	Wie vor, jedoch: Wird eine Instanz der Klasse durch einen OLE-Client außerhalb des Projekts angefordert, so wird diese von einer bereits ausgeführten Instanz des OLE-Servers (falls vorhanden) bereitgestellt bzw. eine Instanz zur Unterstützung der Klasse gestartet. ***)

Werte und Bezeichnungen für:
*) Public: 0 False –1 True
**) Instancing: 0 Not Creatable 1 Creatable SingleUse 2 Creatable MultiUse
***) Die Klasse ist nach außen hin sichtbar und kann von anderen Anwendungen gesteuert werden, nachdem eine Instanz der Klasse existiert.

Tab. 1.8.1: Public- und Instancing-Kombinationen für VB4

Wert	*Bezeichnung*	*Beschreibung*
1 *)	Privat	Instanzen der Klasse können nur innerhalb des Projekts erstellt und verwendet werden.
2 **)	PublicNotCreatable	Ihre Komponente muß das Objekt zuerst erstellen, bevor andere Anwendungen Objekte dieser Klasse verwenden können. Andere Anwendungen können weder die CreateObject-Funktion noch den New-Operator verwenden, um Objekte aus der Klasse zu erstellen.
3	SingleUse	Andere Anwendungen können Objekte aus der Klasse jeweils als neue Instanz erstellen. ****)
4	GlobalSingleUse	Wie SingleUse, außer daß Eigenschaften und Methoden der Klasse aufgerufen werden können, als ob es sich nur um globale Funktionen handeln würde. ****)
5 ***)	MultiUse	Ermöglicht anderen Anwendungen das Erstellen von Objekten aus der Klasse. Eine Instanz Ihrer Komponente kann eine beliebige Anzahl derart erstellter Objekte bereitstellen.
6	GlobalMultiUse	Wie MultiUse, außer daß Eigenschaften und Methoden der Klasse aufgerufen werden können, als ob es sich um einfache globale Funktionen handeln würde. Eine Instanz wird automatisch erstellt. Explizites Erstellen einer Instanz der Klasse ist nicht erforderlich.

*) Voreinstellung bei Klassen in Standard-EXE
**) ActiveX-Control
***) ActiveX-EXE, ActiveX-DLL
****) Nicht in ActiveX-DLL

Tab. 1.8.2: Instancing-Einstellungen ab VB5

Wert	*Konstante*	*Objekt an Datenquelle anbindbar ...*
0	vbNone	... nicht (Default).
1	vbSimpleBound	... mittels einfacher Bindung
2	vbComplexBound	... mittels komplexer Bindung

Tab. 1.9: DataBindingBehavior-Einstellungen

Wert	*Konstante*	*Objekt kann als Datenquelle ...*
0	vbNone	... nicht genutzt werden (Default).
1	vbDataSource	... genutzt werden. *)
2	vbOLEDBProvider	... und als OLEDB Provider genutzt werden. *) Nur für öffentliche Klassen verfügbar.

*) Nur bei diesen Einstellungen ist die DataMember-Methode für die Klasse verfügbar.

Tab. 1.10: DataSourceBehavior-Einstellungen

Wert	*Konstante*	*Beschreibung*
0	NotAnMTSObject	(Voreinstellung) Microsoft Transaction Server wird nicht unterstützt.
1	NoTransactions	Transaktionen werden nicht unterstützt.
2	RequiresTransaction	Erfordert Transaktion. Hat der Client keine Transaktion, wird eine neue für das Objekt erstellt.
3	UsesTransaction	Benutzt vorhandene Transaktionen des Client.
4	RequiresNewTransaction	Benutzt eigene und keine Client-Transaktionen.

Tab. 1.11: Einstellungen für MTSTransactionMode

Wert	*Konstante*	*Beschreibung*
0	vbNotPersistable	Daten bleiben nicht erhalten.
1	vbPersistable	Daten bleiben erhalten. Ereignisprozeduren InitProperties, ReadProperties, WriteProperties werden angeboten.

Tab. 1.12: Persistable-Einstellungen

Methode	*Ab VB6*	*Beschreibung*	*Syntax*
DataMemberChanged		Element der DataMembers-Auflistung der Datenquelle wurde geändert.	HasChanged = _Class.DataMember-Changed _ (DataMembers(Index))

*) Nur bei DataSourceBehavior = vbDataSource oder DataSourceBehavior = vbOLEDBProvider verfügbar.

Tab. 1.13: Methode der öffentlichen Klassen und ihre Syntax

1.3.2 Prozeduren

Ihren Code schreiben Sie unter VB in

- Deklarationsebenen der Module
- Prozeduren
  - Benutzerdefinierte Prozeduren
  - Ereignisprozeduren
  - Property-Prozeduren.

Ebene	*Codeteile*
Deklarationsebene	Nicht ausführbarer Code wie Deklarationen und Dimensionierungen (Private, Public etc.)
Prozeduren	Lokale Deklarationen und Dimensionierungen, ReDim für dynamische Variablenfelder, ausführbarer Code

Eine Prozedur besteht aus

- dem Prozedurkopf, z.B. `Sub MeineProzedur(Argumentliste)`
- dem Prozedurkörper mit dem `Programmcode`
- dem Prozedurfuß, z.B. `End Sub`

VB-Prozeduren

Nach der Art der Deklaration gibt es in VB die in Tab. 1.12 aufgelisteten Prozedurtypen.

Prozedurtyp	*Ab VB1*	*Definiert von*	*Beschreibung*
Ereignis ~		System	Immer Sub-Prozedur.
Allgemeine ~		Programmierer	Als Function oder Sub deklarierbar.
Property ~	VB4	Programmierer	Eigenschaft, mit einer Let-/Get- (Normale Eigenschaft) oder Set-/Get-Prozedurkombination (Objekt) oder nur einer Get-Prozedur deklariert.
Event ~	VB5	Programmierer	Eine in einem Form-/Standardmodul stehende, in einem Form-/Klassenmodul mit der Event-Anweisung als benutzerdefiniertes Ereignis deklarierte Prozedur.

~ = Prozedur

Tab. 1.14: Die VB-Prozedurtypen

1.3.3 Die Projekttypen

Je nach VB-Version (VB1, VB2 usw.) und Edition (Standard, Professional, Enterprise) können Sie verschiedene Projekttypen erstellen.

Version Projekttyp	*VB1*	*VB2*	*VB3*	*VB4 16*	*VB4 32*	*VB5 CCE*	*VB5*	*VB6*	*Besonderheit*
Anwendungen									
VB	X	X	X	X	X	–	X	X	verwenden VB Code
DHTML	–	–	–	–	–	–	–	X	DHTML Client
IIS	–	–	–	–	–	–	–	X	Internet Information Server
Datenzugriff									
DAO	–	–	X	X	X	–	X	(X)	Datenbank Server/Client
RDO	–	–	–	–	X	–	X	(X)	Remote-Datenbank- Server/Client
ADO 2.0	–	–	–	–	–	–	–	X	Daten(bank)-Server/Client
OLE-Server									
EXE	–	–	–	X	X	–	(X)	(X)	prozeßexterner Server
DLL	–	–	–	–	X	–	(X)	(X)	prozeßinterner Server

Version *Projekttyp*	*VB1*	*VB2*	*VB3*	*VB4* *16*	*VB4* *32*	*VB5* *CCE*	*VB5*	*VB6*	*Besonderheit*
ActiveX- Komponenten									
– EXE	–	–	–	–	(X)	–	X	X	prozeßexterner Server
– DLL	–	–	–	–	(X)	–	X	X	prozeßinterner Server
Add-In	–	–	–	X	X	–	X	X	Erweitert die VB-Oberfläche
Designer	–	–	–	–	–	–	X	X	benutzerdefinierte Designer
~ Controls	–	–	–	–	(X)	X	X	X	benutzerdefinierte Controls
ActiveX-Documente									
~ Document-DLL	–	–	–	–	–	–	X	X	Braucht Container-Anwendung
~ Document-EXE	–	–	–	–	–	–	X	X	Braucht Container-Anwendung
Verteilte Anwendungen *)									
Client-Server	–	–	–	–	–	–	X	X	Komponenten für Netzwerke

X = erstell- und nutzbar – = nur nutzbar
Bitte beachten Sie: Welche Projekttypen Sie erstellen können, hängt von der jeweiligen VB-Edition ab.

*) unterstützen Remote-Automatisierung und DCOM (Distributed Component Object Model)

Tab. 1.15: VB-Projektbesonderheiten

In allen VB-Versionen stehen dem Programmierer Projektvorlagen (Templates) zur Verfügung.

Version	*Datei*	*Pfad*
VB1 – VB3	AUTOLOAD.MAK	VB Quellpfad
VB4/16	AUTO16LD.VBP	VB Quellpfad
VB4/32	AUTO32LD.VBP	VB Quellpfad
VB5	(diverse Vorlagen)	VB Quellpfad\Template\Div. Unterverzeichnisse
VB6	(diverse Vorlagen)	VB Quellpfad\Template\Div. Unterverzeichnisse

Tab. 1.16: VB-Projektvorlagen

1.3.4 Standard-Projekt

Nach der Gestaltung der Benutzeroberfläche unterscheiden wir folgende Anwendungstypen:

- SDI (Single-Document Interface)

Er besteht aus einer Standardform als Startform. Optional sind weitere Formen möglich.

- MDI (Multiple-Document Interface)

Dieser Anwendungstyp enthält eine MDIForm als Startform und mindestens eine Standardform.

- Zwitter-Projekt (eigene Bezeichnung)

Als Startform vorgegeben ist

1. Sub Main-Prozedur in einem Codemodul.
   In dieser oder durch den Benutzer in einem Dialog wird bestimmt, welche Form danach geöffnet wird.
2. Eine Standardform.
   Danach wird die MDI-Form angezeigt.
3. Von Anfang die MDI-Form.
   Dieser muß mindestens eine Form untergeordnet (MDIChild = True) sein. Weitere Formen können gleichwertig beigeordnet (MDIChild = False) sein.

- Explorer-Anwendungstyp

Die Oberfläche vom Explorer-Typ (angelehnt an die Oberfläche des Windows-Explorers) besteht nur aus einem Fenster, in dem zwei *Bereiche* enthalten sind. Im linken Feld ist gewöhnlich eine Baum- bzw. hierarchische Struktur dargestellt, und das rechte ist ein Anzeigefeld, in dem der Inhalt der Elemente im linken Feld angezeigt werden kann.

Dieser Anwendungstyp kann unter allen VB-Versionen vom Programmierer, ab VB5 mit Hilfe des Anwendungs-Assistenten, erstellt werden.

1.3.5 Projekte speichern und laden

Zum Laden und Speichern vom Modulen und Projekten hat VB die entsprechenden Menübefehle. Beim Speichern und Laden von Projekten müssen Sie zwei Besonderheiten beachten:

1. VB speichert mit dem Menübefehl «Projekt speichern unter...« nur die Projektbeschreibungsdatei (*.mak oder *.vbp) und NICHT alle Dateien des Projekts in den Zielpfad.
2. VB kürzt beim Schreiben in das VBP-File Pfadnamen (s. Tabelle 1.17) und ergänzt sie beim Einlesen. Wenn Sie VB-Projekte von einem anderen Netzwerkrechner laden, kann dies zu der sich ständig wiederholenden Fehlermeldung »Datei nicht gefunden« führen. So wird z.B. aus »..\Kurzpfad« in einer VBP im Laufwerk D: (steht daher für D:\Kurzpfad) »\\Rechner\D:\VBP-Pfad \Kurzpfad«. Und da ist die Datei nicht zu finden.

> Wollen Sie ein Projekt in einem anderen Ordner abspeichern oder später darauf aus einem Netzwerk zugreifen, dann speichern Sie nacheinander erst die Dateien und erst zum Schluß das Projekt in den gleichen Ordner.

VBP steht in C:\temp1 (hier VBP-Ordner)		*In VBPDatei steht:*	*Bemerkungen*
Datei steht in ...	***also ...***		
C:\temp1	... im VBP-Ordner	Datei	Kein Pfad
C:\temp1\temp11	... in Unterordner zum VBP-Ordner	temp11\Datei	Nur Unterpfad

VBP steht in C:\temp1 (hier VBP-Ordner)		*In VBPDatei steht:*	*Bemerkungen*
C:\temp2	... auf gleichem Datenträger in anderem Ordner	..\temp2\Datei	Vorpfad auf ..\ reduziert
D:\temp3	... auf anderem Datenträger	D:\temp3\Datei	Kompletter Pfad
\\Rechner 2\D:\Pfad	... auf anderem Rechner	\\Rechner 2\D:\Pfad	Kompletter Pfad

Tab. 1.17: Kürzungen von Pfadnamen in VBP

1.3.6 Kompilieren

- Selbständig lauffähige Dateien (.EXE),
- ActiveX-Komponenten (VB4: OLEServer) (.EXE und .DLL),
- (ab VB5) ActiveX-Controls (.OCX) und
- (ab VB5) ActiveX-Dokumente (.EXE und .DLL)

müssen kompiliert werden, um außerhalb der VB-Entwicklungsumgebung genutzt werden zu können.

In allen Versionen vor VB5 und der S-Edition ab VB5 können Sie Ihren Code in das Standardformat von Visual Basic (P-Code oder Pseudo-Code) kompilieren.

Mit den Pro-Editionen ab VB5 können Sie Ihren Code alternativ in das systemeigene Codeformat (Systemcode, engl.: native code) kompilieren. Bei der Kompilierung in Systemcode gibt es mehrere Optionen zur Optimierung und zum Testen, die im P-Code-Format nicht zur Verfügung stehen.

Auch bei der Native-Code-Kompilierung sind weitere Dateien – in der Regel DLL – erforderlich. Beachten Sie dazu die Hinweise im einleitenden Abschnitt zu Teil 1.

2 Globale Objekte

Globale Objekte sind Objekte, die den Zugriff auf Eigenschaften und Methoden auf Anwendungsebene ermöglichen. Weiteres Merkmal ist, daß sie nicht von einer Klasse abgeleitet werden müssen. Sie sind direkt verfügbar, sind vordefinierte Objekte.

Objekt	*Definiert ab VB1*	*Bemerkungen*
Global	VB5	Explizit VB-Objekt verwenden (s. Abschnitt 2.1)
Screen		Bildschirm
App	VB2	Aktuelle Anwendung
Printer		System-Drucker
Err	VB4	Fehler-Objekt
Debug		Testfenster
Clipboard		Zwischenablage
LicenseInfo	VB6	Informationen zu ActiveX-Lizenzierung (s. Abschnitt 2.9)

Tab. 2.1: Die globalen Objekte

2.1 Globales Objekt und VB-Objekt

Global ist das Objekt, das allen anderen Objekten im Projekt übergeordnet ist. Auf das Global-Objekt wird automatisch verwiesen. Aus diesem Grund muß es nicht explizit angegeben werden.

Für die explizite Deklaration verwenden Sie (ab VB4) das Schlüsselwort VB.

Beispiele:

```
EName = [VB.]App.EXEName
Bild = [VB.]LoadPicture(...)

Dim Prn As Printer
Set Prn = [VB.]Printer
```

Wichtig: Bei Anwendungen, die aus einer Projektgruppe bestehen, ist einschließlich VB6 kein allen Projekten übergeordnetes Objekt verfügbar.

2.1.1 Global-Eigenschaften sind Objekte

Alle Eigenschaften des Global-Objekts verweisen auf globale Objekte und Auflistungen. Diese werden in den entsprechenden Abschnitten dieses Kapitels beschrieben.

Eigenschaft	*Steht für*	*Ab VB1*	*Syntax*
App	Anwendung	VB2	[VB.]App.~
Clipboard	Zwischenablage	VB2	[VB.]Clipboard.~
Forms	Form-Auflistung		Set Verweis = [VB.]Forms
Licenses	Licenses-Auflistung	VB6	Set Verweis = [VB.]Licenses
Printer	Drucker	VB2	[VB.]Printer.~
Printers	Drucker-Auflistung	VB4	Set Verweis = [VB.]Printers
Screen	Bildschirm		[VB.]Screen.~

~ steht für Eigenschaft oder Methode

Tab. 2.2: Die Eigenschaften des Global-Objekts

2.1.2 Methoden des Global-Objekts

Die (ab VB5 verfügbaren) Methoden des Global-Objekts sind vor VB5 allgemeine Befehle. Da auf das Global-Objekt automatisch verwiesen wird, können die Methoden weiter wie Befehle, d. h. ohne Verweis auf das Global-Objekt (mit VB.) verwendet werden.

Methode	*Ab VB1*	*Beschreibung*
Load		Laden von Formen und Controls *)
Unload		Entladen von Formen und Controls *)
LoadPicture		Laden von Bilddateien in Formen, PictureBox oder Image
SavePicture		Speichern von Bildinhalten (aus Picture- oder Image-Eigenschaft) aus Formen, PictureBox oder Image
LoadResData	VB4	Laden von Ressource-Daten
LoadResPicture	VB4	Laden von Bitmap-Ressourcen
LoadResString	VB4	Laden von Text-Ressourcen

*) Die Form bzw. mindestens ein Control mit Index vorausgesetzt.
Die Objekte werden geladen, aber (Ausnahme: Menüs) nicht direkt angezeigt.

Tab. 2.3: Die Methoden des Global-Objekts

Methode	*Syntax *)*
Load	Load {Formname|Controlname(Index)} Danach: Formname.Show Bzw.: Controlname(Index).Visible = True
Unload	Unload {Formname|Controlname(Index)

Methode	*Syntax *)*
LoadPicture	[{Form|PictureBox|Image}.]Picture = LoadPicture Quelle$
SavePicture	SavePicture [{Form|PictureBox|Image}.]{Picture|Image}, Ziel$ **)
LoadResData	Ressource = LoadResData(Index, Format)
LoadResPicture	Bild = LoadResPicture(Index, Format)
LoadResString	Text = LoadResString(Index)

*) Details im Kapitel 24

**) Picture verwendet das Ladeformat (Entwurf bzw. Laufzeit) des Bildes.
Image wird immer im BMP-Format gespeichert.

Tab. 2.3.1: Die Syntax der Methoden des Global-Objekts

2.2 Forms-Auflistung und Form-Objekt

Forms ist die, ab VB2 verfügbare, Auflistung aller aktuell geladenen Formen des Projekts.
Die einzelnen Elemente der Forms-Auflistung sind Form-Objekte.

Forms ist bis einschließlich VB6, anders als Form, kein deklarierbarer Datentyp.

Nach Bedarf deklarieren Sie in Ihren Programmen die Forms-Auflistung (ab VB4) als Variant. Die Variablen der Einzelelemente deklarieren Sie (ab VB2) als Form-Objektdatentyp. Außerdem kann (ab VB1) der Form-Datentyp als formaler Parameter in einer Prozedurdeklaration verwendet werden.

```
' Ab VB1: Parameterdeklaration
Sub Demo (Frm As Form)
...
End Sub

' Ab VB2: Form-Variablen als Objektdatentyp
  Dim Frm As Form
  Anz = Forms.Count
  Set Frm = Forms(Index) ' Gültigen Indexwert einsetzen.
  Print Frm.Caption

' Ab VB4: Forms-Variablen als Variant-Datentyp
  Dim Frms As Variant, Frm As Form
  Set Frms = [VB.]Forms     ' Präfix VB. optional
  Anz = Frms.Count
  Set Frm = Frms(Index)  ' Gültigen Indexwert einsetzen.
```

Die Forms-Auflistung besitzt als Objekt-Auflistung nur die Eigenschaft Count, die die Anzahl der Elemente in der Auflistung angibt.

```
Anzahl = Forms.Count    '0 = Unterster Index
```

2.3 App-Objekt

Das App-Objekt ist ein vordefiniertes, globales Objekt, auf das ab VB2 mit dem App-Schlüsselwort zugegriffen werden kann. Das App-Objekt bestimmt über seine Eigenschaften die Informationen zur Anwendung.

2.3.1 App-Eigenschaften

App besitzt nur spezifische Eigenschaften.

Eigenschaften	*Ab VB2*	*Betrifft*	*Entw.*	*LZ*	*Anmerkungen*
Comments	VB4	Kommentare	R/W	R	IDE: Dialog
CompanyName	VB4	Name des Urhebers	R/W	R	IDE: Dialog
EXEName		Projektname	R/W	R	s. Abb. 2.1
FileDescription	VB4	Dateibeschreibung	R/W	R	IDE: Dialog
HelpFile		Hilfedatei	R/W	R	IDE: Dialog
hInstance	VB4	Zugriffsnummer	–	R	IDE: VB-hInstance
LegalCopyright	VB4	Copyright-Vermerk	R/W	R	IDE: Dialog
LegalTrademarks	VB4	Warenzeichen-Vermerk	R/W	R	IDE: Dialog
LogMode	VB5	Art der Protokollierung (Multithread)	R/W	R	s. Tab. 2.8
LogPath	VB5	Protokolldatei (Multithread)	R/W	R	
Major, Minor, Revision	VB4	Versionsnummer	R/W	R	IDE: Dialog
NonModalAllowed	VB5	Ungebundene Anzeige zulässig	R/W	R	
OLERequestPending~		Für das Dialogfeld:			
	VB4	Server nicht verfügbar			
	VB5	Komponente beschäftigt			
~Message	VB4	Dialog-Messagetext	–	R/W	
~MessageText	VB4	Dialog-Titel	–	R/W	
~MessageTimeout	VB4	Wartezeit (Millisec)	–	R/W	
OLEServerBusy~		Für das Dialogfeld bei Zurückweisung der Automatisierungsanforderung			
~MsgText	VB4	Dialog-Messagetext	–	R/W	
~MsgRaiseError	VB4	erzeugt Fehler	–	R/W	
~MsgTitle	VB4	Dialog-Titel	–	R/W	
~MsgTimeout	VB4	Wartezeit (Millisec)	–	R/W	
Path		Erstellpfad der EXE	R/W	R	s. Abb. 2.1
PrevInstance		App schon gestartet?	–	R	
ProductName	VB4	(Interner) Name	R/W	R	IDE: Dialog
RetainedProjekt	VB6	Projekt in Speicher laden	R/W	R	

Eigenschaften	*Ab VB2*	*Betrifft*	*Entw.*	*LZ*	*Anmerkungen*
StartMode	VB4	StandAlone oder OLE-Server	R/W	R	s. Tab. 2.8
TaskVisible	VB4	App (ohne Oberfläche) in Taskleiste anzeigen?	R/W	R	
ThreadID	VB5	ID des derzeit ausgeführten Threads	–	R	(Win32-ID)
Title		Titel für Taskleiste	R/W	R	IDE: Dialog
UnattendedApp	VB6	Unbeaufsichtigt (Multithread, ohne Oberfläche)	R/W	R	IDE: Dialog

Tab. 2.4: Die spezifischen Eigenschaften des App-Objekts

Eigenschaft	*Read*	*Write*
Comments	Kommentar = App.Comment	–
CompanyName	CName = App.CompanyName	–
EXEName	EName = App.EXEName	–
FileDescription	Beschreib = App.FileDescription	–
HelpFile	HFile = App.HelpFile	–
hInstance	Handle = App.hInstance	–
LegalCopyright	CR = App.LegalCopyright	–
LegalTrademarks	TM = App.LegalTrademarks	–
LogMode	LMode = App.LogMode	–
LogPath	LPath = App.LogPath	–
Major, Minor, Revision	VNr = App.Major	–
NonModalAllowed	App.NonModalAllowed	–
OLERequestPendingMsg ~		
~Text	Meldung = App. ~Text	App.~Text = Text
~Timeout	Millisek = App.~Timeout	App.~Timeout = Wert
~Title	Titel = App. ~Title	App.~Title = Titel
OLEServerBusyMsg ~		
~RaiseError	Error = App.~RaiseError	App.~RaiseError = Text
~Text	Meldung = App. ~Text	App.~Text = Text
~Title	Titel = App. ~Title	App.~Title = Titel
~Timeout	MilliSek = App.~Timeout	App.~Timeout = Wert
Path	EXEPath = App.Path	–
PrevInstance	SchonGestartet = App.Previnstance	–
ProductName	PName = App.ProductName	–
RetainedProjekt	AppInRAM = App.RetainedProjekt	–
StartMode	WhatMode = App.StartMode	–
TaskVisible	ShowInTaskbar = App.TaskVisible	–
ThreadID	ID = App.ThreadID	–
Title	TitelFürTaskleiste = App.Title	–
UnattendedApp	Unbewacht = App.UnattendedApp	–

Tab. 2.5: Die Syntax der App-Eigenschaften

Der größte Teil der App-Eigenschaften wird in der Entwicklungsoberfläche eingegeben. Den Dialog dazu öffnen Sie entsprechend Tabelle 2.6.

Dialog öffnen unter	*mit Menübefehl*
VB2/VB3	»Datei/EXE erstellen«
VB4	»Datei/EXE erstellen« und dann <Optionen>
Ab VB5	»Projekt/Eigenschaften von Projekt ...«

Tab. 2.6: Eigenschaftendialog

In den Dialogen werden auch zusätzliche Informationen eingegeben, die (bisher) keiner spezifischen Eigenschaft zugewiesen sind, wie beispielsweise Befehlszeilenargumente (Command Line Arguments) oder Icons.

Die in den Dialogen der deutschen VB-Versionen verwendeten Bezeichnungen entsprechen nicht den Eigenschaftsnamen des App-Objekts. Die Abweichungen zeigt Tabelle 2.7.

Eigenschaft *Engl. Bezeichnung*	*VB4* *Deutsche Bezeichnung*	*Ab VB5* *Deutsche Bezeichnung*
Comments	Kommentare	=
CompanyName	Firmenname	=
EXEName	Dateiname	Original-Dateiname
FileDescription	Dateibeschreibung	=
Major	(Versionsnummer/)Haupt	=
Minor	(Versionsnummer/)Neben	=
Revision	(Versionsnummer/)Revision	=
ProductName	Produktname	=
Title	(Anwendung/)Name	=
LegalCopyright	Eingetragenes Copyright	Copyright
LegalTrademarks	Geschützte Warenzeichen	Marken
UnattendedApp	–	Unbeaufsichtigt (CheckBox)

Tab. 2.7: Bezeichnungen und Eigenschaftsnamen für App

Wert	*Konstante*	*Beschreibung*
0	vbLogAuto	Windows 95: Meldungen in die durch die LogPath-Eigenschaft festgelegte Datei. Windows NT: Meldungen in NT-Anwendungs-Ereignisprotokoll. Anwendungsquelle = App.Title
&H1	vbLogOff	Schaltet die gesamte Protokollierung ab.
&H2	vbLogToFile	Erzwingt die Protokollierung in der LogPath-Datei. Ist der Dateiname in LogPath ungültig, wird die Protokollierung ignoriert und die Eigenschaft auf vbLogOff gesetzt.

Wert	*Konstante*	*Beschreibung*
&H3	vbLogToNT	Erzwingt unter Win-NT die Protokollierung im NT-Ereignisprotokoll. Protokollierung wird ignoriert und die Eigenschaft auf vbLogOff gesetzt, wenn anderes Betriebssystem oder Ereignisprotokoll nicht verfügbar.
&H10	vbLogOverwrite	Win-NT: Keine Wirkung Win95/98: Protokolldatei soll bei jedem Start der Anwendung neu erstellt werden. Mit anderen Modusoptionen OR kombinierbar.
&H20	vbLogThreadID	Nur bei multithreadfähigen Anwendungen (explizit als threadsicher gekennzeichnet oder implizit als Multithread-Anwendungen implementiert) Aktuelle Thread-ID wird der Meldung in der Form »[T:0nnn] « vorangestellt. Mit anderen Modusoptionen OR kombinierbar.

Tab. 2.8: Die Einstellungen für LogMode und Protokollmodus

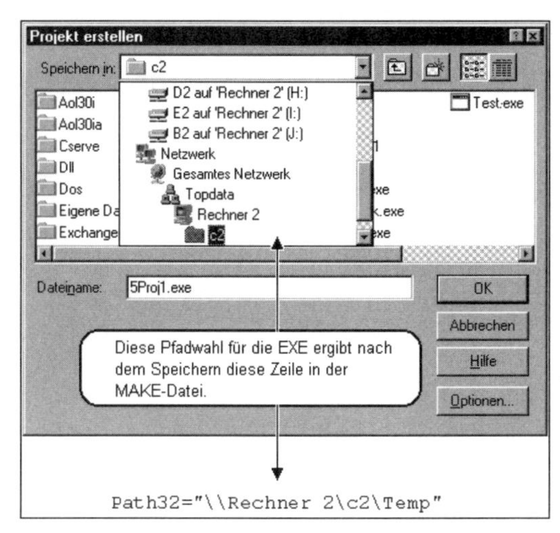

Abb. 2.1: EXEName und Path im Netzwerk

Wert	*Konstante*	*Beschreibung*
0	vbSModeStandalone	(Voreinstellung) Die Anwendung wird als eigenständiges Projekt gestartet.
1	vbSModeAutomation	Die Anwendung wird als ActiveX-Komponente gestartet.
		Wichtig: Enthält die Anwendung keine öffentlichen Klassen, muß sie mit der End-Anweisung beendet werden. (in IDE alternativ mit Menübefehl »Ausführen/Beeenden«)

Tab. 2.9: Einstellungen der StartMode-Eigenschaft

2.3.2 App-Methoden

App verfügt ab VB5 über zwei Methoden:

Methode	*Beschreibung*	*Bemerkungen*
LogEvent	Ereignis [im LogPath] protokollieren	Hinweis in Tab. 2.8 unter Konstante vbLogAuto beachten!
StartLogging	Protokollziel und -modus einer Operation	

Tab. 2.10: Die Methoden von App

Methode	*Syntax*	*Hinweise*
LogEvent	App.LogEvent Zeichenfolge _ [, Ereignistyp]	Ereignistyp s. Tab. 2.12
StartLogging	App.StartLogging Protokollziel, _ Protokollmodus	Einstellungen von Protokollmodus s. Tab. 2.8

Tab. 2.11: Syntax der App-Methoden

Wert	*Konstante*	*Beschreibung*
1	vbLogEventTypeError	Fehler
2	vbLogEventTypeWarning	Warnung
4	vbLogEventTypeInformation	Information

Tab. 2.12: Einstellungen für Ereignistyp

Das App-Objekt registriert keine Ereignisse.

2.4 Screen-Objekt

Screen (Schirm) bezeichnet unter VB den Bildschirm.
Screen ist das Objekt, das die Windows-Oberfläche (Desktop) repräsentiert.

Screen besitzt nur Eigenschaften.

2.4.1 Screen-Eigenschaften

Eigenschaften	*Ab VB1*	*Kurzbeschreibung*	*Entw.*	*LZ*
ActiveControl		Aktives Control der Form	–	R
ActiveForm		Zur Zeit aktive Form	–	R

Eigenschaften	*Ab VB1*	*Kurzbeschreibung*	*Entw.*	*LZ*
Fonts		Auflistung der Fonts	–	R
FontCount		Anzahl der Fonts	–	R
Height, Width		Bildschirmmasse in Twips	–	R
MouseIcon	VB4	Maus-Icon bei MousePointer = 99	R/W	R/W
MousePointer		Icontyp	R/W	R/W
TwipsPerPixelY, TwipsPerPixelY	VB2	Umrechnung Twips in Pixel	–	R

Tab. 2.13: Eigenschaften des Screen-Objekts

Eigenschaften	*Read*	*Write*
ActiveControl	AC = Screen.ActiveControl	–
ActiveForm	AF = Screen.ActiveForm	–
Fonts	EinzelFont = Screen.Fonts(Index)	–
FontCount	AnzFonts = Screen.FontCount	–
Height, Width	HeightInTwips = Screen.Height	–
MouseIcon	Symbol = Screen.MouseIcon wenn: Screen.MousePointer = 99	Screen.MouseIcon = Symbol
MousePointer	Symboltyp = Screen.MousePointer	Screen.MousePointer = Wert
TwipsPerPixelX,	TPX = Screen.TwipsPerPixelX	–
TwipsPerPixelY	TPY = Screen.TwipsPerPixelY	–

Tab. 2.14: Syntax der Screen-Eigenschaften

Twip	*logische Zoll*	*logische cm*	*Point*	*Pixel*
1	1/1440	1/567	1/20	Je nach Auflösung (TPX s. Tab.2.15.2)

Twip (Kunstwort aus: Twentieth of a point).
Point (= Punkt) ist die bei FontSize verwendete Maßeinheit.

Tab. 2.15.1: Twips und Umrechnungen

Auflösung Pixel	*Auflösung Twips*	*entspricht TPX (TwipsPerPixelX)*
640x480	9600x7200	15
800x600	12000x9000	15
1024x768	12288x9216	12

Tab. 2.15.2: Auflösung und TwipsPerPixelX

2.5 Printer und Printers

Für den Zugriff auf die im System angemeldeten Drucker (und Fax-Geräte) stehen zur Verfügung:

- Printer-Objekt (ab VB1)
- Printer-Objekttyp (ab VB4)
- Printers-Auflistung (ab VB4)

2.5.1 Printer – Objekt und Datentyp

Printer ist
– speziell: der Standardsystemdrucker.
– allgemein: ein ab VB4 deklarierbarer Datentyp

Das Printer-Objekt ermöglicht die Kommunikation mit einem Systemdrucker (als Voreinstellung mit dem Standardsystemdrucker).

Der Printer-Objekt-Datentyp

Printer ist (ab VB4) ein deklarierbarer Objekt-Datentyp.

```
Private Prn As Printer  ' Deklaration als Printer-Datentyp

Set Prn = Printer ' Verweis auf den Systemdrucker
```

Printer-Eigenschaften

Das Printer-Objekt besitzt eine Reihe von spezifischen Eigenschaften.

Eigenschaften	*Ab VB1*	*Beschreibung*	*Entw.*	*LZ*
ColorMode	VB4	Druck in Farbe oder monochrom	–	R
Copies	VB4	Anzahl Kopien (wenn Printer sortiert)	–	R/W
DeviceName	VB4	Name des Geräts	–	R
DriverName	VB4	Name des Treibers	–	R
Duplex	VB4	Beidseitig drucken	–	R/W
Height, Width	VB4	Höhe und Breite der Druckfläche	–	R/W
Orientation	VB4	Druckformat (Hoch/Quer)	–	R/W
Page		Aktuelle Seitennummer	–	R
PaperBin	VB4	Gewählter Papierbehälter	–	R/W
PaperSize	VB4	Papierformat	–	R/W
Port	VB4	Voreingestellte Schnittstelle	–	R
PrintQuality	VB4	Druckqualität	–	R/W

Eigenschaften	*Ab VB1*	*Beschreibung*	*Entw.*	*LZ*
TrackDefault	VB4	Druckerwechsel zulässig	–	R/W
Zoom	VB4	Vergrößerungsfaktor (%)	–	R/W

Tab. 2.16: Die spezifischen Printer-Eigenschaften

Eigenschaften	*Read*	*Write*	*Hinweis*
ColorMode	ColorModeValue = Printer.ColorMode	Printer.ColorMode = Wert	s. Tab. 2.19
Copies	AnzCopien = Printer.Copies	Printer.Copies = Anzahl	
DeviceName	Druckername = Printer.Devicename	–	
DriverName	Treibername = Printer.Drivername	–	
Duplex	Zweiseitendruck = Printer.Duplex	Printer.Duplex = Einstellung	s. Tab. 2.20
Height/Width	HoeheDruckflaeche = Printer.Height	Printer.Height = Wert	setzt PaperSize
Orientation	HochOderQuer = Printer.Orientation	Printer.Orientation = Wert	s. Tab. 2.21
Page	Seitennummer = Printer.Page	–	
PaperBin	Papierschacht = Printer.PageBin	Printer.PageBin = Wert	s. Tab. 2.22
PaperSize	Papiergroesse = Printer.PaperSize	Printer.PaperSize = Wert	s. Tab. 2.23
Port	InterfaceName = Printer.Port	–	z.B. LPT1 etc.
PrintQuality	DruckerAufloesung = Printer.PrintQuality	Printer.PrintQuality = Wert	s. Tab. 2.24
TrackDefault	PrinterGleichbleibend = Printer.TrackDefault	Printer.TrackDefault = Boolesch	s. Tab. 2.25
Zoom	ZoomWert = Printer.Zoom	Printer.Zoom = Wert	Default = 0

Tab. 2.17: Die Syntax der spezifischen Printer-Eigenschaften

Eigenschaft	*Ab: VB1*	*Eigenschaft*	*Ab: VB1*
Allgemein			
hDC		TwipsPerPixelX, TwipsPerPixelY	VB2
Darstellung			
CurrentX, CurrentY		Font	VB4
Drawmode		FontTransparent	
DrawStyle		FontName etc.	
DrawWidth		ForeColor	
FillColor			
FillStyle			
Skalierung			
ScaleHeight, ScaleWidth		ScaleMode	

Tab. 2.18: Die allgemeinen Eigenschaften des Printer-Objekts

Die Wirkung der Eigenschaften des Printer-Objekts hängt vom Treiber ab, der mit dem Drucker ausgeliefert wurde.

Wert	*Einstellung*	*Beschreibung*
1	vbPRCMMonochrome	Monochrome Druckausgabe (normalerweise Graustufen)
2	vbPRCMColor	Farbige Druckausgabe

Tab. 2.19: Einstellungen für ColorMode

Wert	*Konstante*	*Drucken*
1	vbPRDPSimplex	... einseitig mit der momentan eingestellten Ausrichtung.
2	vbPRDPHorizontal	... beidseitig mit horizontalem Seitenwechsel.
3	vbPRDPVertical	... beidseitig mit vertikalem Seitenwechsel.

Tab. 2.20: Einstellungen für Duplex

Wert	*Konstante*	*Beschreibung*
1	vbPRORPortrait	Dokumente werden mit der schmalen Seite des Papiers als oberem Rand gedruckt.
2	vbPRORLandscape	Dokumente werden mit der breiten Seite des Papiers als oberem Rand gedruckt.

Tab. 2.21: Einstellungen für Orientation

Wert	*Konstante*	*Beschreibung*
1	vbPRBNUpper	Papier vom oberen Behälter verwenden.
2	vbPRBNLower	Papier vom unteren Behälter verwenden.
3	vbPRBNMiddle	Papier vom mittleren Behälter verwenden.
4	vbPRBNManual	Auf manuelles Einlegen von Einzelblättern warten.
5	vbPRBNEnvelope	Umschläge vom Umschlagspapiereinzug verwenden.
6	vbPRBNEnvManual	Umschläge vom Umschlagspapiereinzug verwenden, aber auf manuelles Einlegen warten.
7	vbPRBNAuto	(Voreinstellung) Papier aus dem aktuell voreingestellten Behälter verwenden.
8	vbPRBNTractor	Papier vom Traktor-Einzug.
9	vbPRBNSmallFmt	Papier aus dem kleinen Papierbehälter verwenden.
10	vbPRBNLargeFmt	Papier aus dem großen Papierbehälter verwenden.
12	vbPRBNLargeCapacity	Papier aus dem Einzug mit dem großen Papiervorrat.
14	vbPRBNCassette	Papier aus der angehängten Kassetten-Cartridge.

Tab. 2.22: Die Einstellungen für PaperBin

Wert	*Konstante*	*Beschreibung*
1	vbPRPSLetter	US Letter, 8 1/2 x 11 Zoll
2	vbPRPSLetterSmall	US Letter Small, 8 1/2 x 11 Zoll
3	vbPRPSTabloid	US Tabloid, 11 x 17 Zoll
4	vbPRPSLedger	US Ledger, 17 x 11 Zoll
5	vbPRPSLegal	US Legal, 8 1/2 x 14 Zoll.
6	vbPRPSStatement	US Statement, 5 1/2 x 8 1/2 Zoll
7	vbPRPSExecutive	Executive, 7 1/2 x 10 ½ Zoll
8	vbPRPSA3	DIN A3, 297 x 420 mm
9	vbPRPSA4	DINA4, 210 x 297 mm
10	vbPRPSA4Small	DIN A4 Small, 210 x 297 mm
11	vbPRPSA5	DIN A5, 148 x 210 mm
12	vbPRPSB4	DIN B4, 250 x 354 mm
13	vbPRPSB5	DIN B5, 182 x 257 mm
14	vbPRPSFolio	Folio, 8 1/2 x 13 Zoll
15	vbPRPSQuarto	Quarto, 215 x 275 mm
16	vbPRPS10x14	10 x 14 Zoll
17	vbPRPS11x17	11 x 17 Zoll
18	vbPRPSNote	US Note, 8 1/2 x 11 Zoll
19	vbPRPSEnv9	Umschlag 9, 3 7/8 x 8 7/8 Zoll
20	vbPRPSEnv10	Umschlag 10, 4 1/8 x 9 1/2 Zoll
21	vbPRPSEnv11	Umschlag 11, 4 1/2 x 10 3/8 Zoll
22	vbPRPSEnv12	Umschlag 12, 4 1/2 x 11 Zoll
23	vbPRPSEnv14	Umschlag 14, 5 x 11 1/2 Zoll
24	vbPRPSCSheet	Blatt in C-Größe
25	vbPRPSDSheet	Blatt in D-Größe
26	vbPRPSESheet	Blatt in E-Größe
27	vbPRPSEnvDL	Umschlag DL, 110 x 220 mm
29	vbPRPSEnvC3	Umschlag C3, 324 x 458 mm
30	vbPRPSEnvC4	Umschlag C4, 229 x 324 mm
28	vbPRPSEnvC5	Umschlag C5, 162 x 229 mm
31	vbPRPSEnvC6	Umschlag C6, 114 x 162 mm
32	vbPRPSEnvC65	Umschlag C65, 114 x 229 mm
33	vbPRPSEnvB4	Umschlag B4, 250 x 353 mm
34	vbPRPSEnvB5	Umschlag B5, 176 x 250 mm
35	vbPRPSEnvB6	Umschlag B6, 176 x 125 mm
36	vbPRPSEnvItaly	Umschlag, 110 x 230 mm
37	vbPRPSEnvMonarch	Umschlag Monarch, 3 7/8 x 7 1/2 Zoll
38	vbPRPSEnvPersonal	Umschlag, 3 5/8 x 6 1/2 Zoll
39	vbPRPSFanfoldUS	U.S. Standard Fanfold, 14 7/8 x 11 Zoll
40	vbPRPSFanfoldStdGerman	Deutsch Standard-Durchschlag, 8 1/2 x 12 Zoll
41	vbPRPSFanfoldLglGerman	Deutsch Legal-Durchschlag, 8 1/2 x 13 Zoll.
256	vbPRPSUser	Benutzerdefiniert (automatischer Wert, wenn Height und/oder Width gesetzt werden.)

Tab. 2.23: Die Einstellungen für PaperSize

Wert	*Konstante*	*Beschreibung*
–1	vbPRPQDraft	Entwurfsauflösung
–2	vbPRPQLow	Geringe Auflösung
–3	vbPRPQMedium	Mittlere Auflösung
–4	vbPRPQHigh	Hohe Auflösung

Zusätzlich zu den vordefinierten negativen Werten können Sie Werte auch auf einen positiven DPI-Wert (DPI = Dots Per Inch) setzen, z.B. 300.

Tab. 2.24: Einstellungen für PrintQuality

Einstellung	*Das Printer-Objekt ...*
True	... wechselt auf den neu in der Systemsteuerung des Betriebssystems gewählten Drucker. (Voreinstellung)
False	... verweist weiterhin auf den vorher eingestellten Drucker, auch wenn in der Systemsteuerung des Betriebssystems ein neuer Standarddrucker gewählt wird.

Tab. 2.25: Einstellungen für TrackDefault

2.5.2 Printer-Methoden

Das Printer-Objekt verfügt unter anderem über drei spezifische Methoden.

Methode	*Ab VB1*	*Kurzbeschreibung*	*Syntax*
EndDoc		Beendet gesamte Druckoperation	Printer.EndDoc *)
KillDoc	VB4	Bricht aktuellen Druckauftrag ab	Printer.KillDoc
NewPage		Beendet aktuelle Seite, beginnt neue Seite	Printer.NewPage *)

*) Rufen Sie EndDoc unmittelbar nach NewPage auf, wird keine zusätzliche Leerseite ausgegeben.

Tab. 2.26: Spezifische Printer-Methoden und ihre Syntax

Methode	*Ab VB1*	*Methode*	*Ab VB1*
Darstellung			
Circle		PaintPicture	VB4
Line			
Print			
PSet			
Skalierung			
Scale		ScaleX, ScaleY	VB4
Text			
TextHeight		TextWidth	

Tab. 2.27: Allgemeine Methoden des Printer-Objekts

2.5.3 Printers-Auflistung

Die Printers-Auflistung ist eine ab VB4 verfügbare Objekt-Auflistung. Sie erlaubt das Abrufen von Informationen über alle im System verfügbaren Drucker.

```
Dim Prn As Printer
For Each Prn In Printers
  ListBox.AddItem Prn
Next
```

Die einzige Eigenschaft der Printers-Auflistung ist Count.

```
AnzDrucker = Printers.Count

Set Prn = Printers(Index)
```

2.6 Err-Objekt und Fehler-Befehle

Err ist (ab VB4) als integriertes Objekt mit globalem Gültigkeitsbereich vordeklariert.

Das Err-Objekt enthält Informationen zu Laufzeitfehlern.

Es wird genutzt, um gezielt Fehler zu erzeugen und Fehlerbehandlungsroutinen zu erstellen.

Vor VB4 wird die Fehlerbehandlung ausschließlich über Befehle durchgeführt.

Befehle(alle VB)	*Err-Objekt (ab VB4)*	*Aktion*
Error($) = Wert	Err.Description = Wert	Setzt Text der Fehlermeldung.
Wert = Error($)	Wert = Err.Desription	Gibt den Text zurück.
Err = Fehlercode	Err.Number = Fehlercode	Setzt den Fehlercode .
Error Fehlercode	Err.Raise FehlerCode	Setzt den Fehlercode bzw. löst den Laufzeitfehler aus.
Wert = Err	Wert = Err.Number	Gibt den Fehlercode zurück.

Tab. 2.28: Err-Objekt und Befehle

2.6.1 Eigenschaften

Eigenschaft	*Ab VB4*	*Kurzbeschreibung*	*Entw.*	*LZ*
Description		Fehlerbeschreibung, sonst »Anwendungs- oder objektdefinierter Fehler«	–	R/W
Number		Fehlernummer (Standardeigenschaft)	–	R
Source		Name des Objekts oder Projekts.	–	R/W
LastDLLError		32-Bit-Betriebssystem: Fehlercode bei letztem DLL-Aufruf	–	R

Tab. 2.29.1: Spezifische Eigenschaften des Err-Objekts

Number ist die Standardeigenschaft des Err-Objekts.

Sie können deshalb auch ab VB4 für die Rückgabe der Fehlernummer die gleiche Syntax wie bei den Vorversionen verwenden:

```
FehlerNummer = Err                ' alle Versionen
FehlerNummer = Err.Number         ' ab VB4
```

Eigenschaft	*Ab VB4*	*Eigenschaft*	*Ab VB4*
Hilfe			
HelpContext	VB5	HelpFile	
HelpContextID			

Tab. 2.29.2: Allgemeine Eigenschaften des Err-Objekts

2.6.2 Err-Objekt-Methoden

Methode	*Ab VB4*	*Beschreibung*
Raise		Löst einen Laufzeitfehler aus.
Clear		Setzt die Werte aller Eigenschaften von Err auf Null oder Leerstring.

Tab. 2.30: Die Methoden des Err-Objekts

Methode	*Syntax*	*Anmerkung*
Raise	Err.Raise Number [, [Source] _ [, [Description] _ [, [HelpFile] _ [, [HelpContext]]]]]	s. Tab. 2.32 alternativ mit benannten Argumenten s. Abschn. 24.4.5
Clear	Err.Clear	entspricht: Err[.Number] = 0

Tab. 2.31: Die Syntax der Err-Methoden

Argument	*Beschreibung*
Number	(Long) Fehlertyp Bereich 0 – 65535. Für einen eigenen Fehlercode addieren Sie dessen Nummer der Konstanten vbObjectError (= &H80040000).
Source	(String) Bezeichnet Objekt oder Anwendung, das/die ursprünglich den Fehler ausgelöst hat.
Description	(String) Beschreibung des Number-Fehlertyps, sonst die Zeichenfolge »Anwendungs- oder objektdefinierter Fehler«.

Argument	*Beschreibung*
HelpFile	(String) Pfad der Microsoft Windows-Hilfedatei. Keine Pfadangabe: Visual Basic-Hilfedatei.
HelpContext	(String) Kontextkennung für das Thema in der Hilfedatei.

Tab. 2.32: Die benannten Argumente von Raise

2.7 Debug-Objekt

In allen VB-Versionen können Sie das Debug-Objekt für gezielte Ausgaben während des Testlaufs Ihrer Anwendungen einsetzen. Ab VB4 können Sie das Test-/Direktfenster auch im Bearbeiten-Modus öffnen und Eingaben darin machen.

Version	*Menübefehl*	*Bemerkungen*
VB1	Window/Immediate Window	nur zur Laufzeit!
VB2/3	Fenster/Test	nur zur Laufzeit!
VB4	Fenster/Testfenster	
VB5/6	Ansicht/Direktfenster Zusätzlich: .../Überwachungsfenster und .../Lokalfenster	

Tab. 2.33: Menübefehl zum Öffnen der Debug-Fenster

Auch ab VB5 gehört im eigentlichen Sinn nur das Direktfenster als Ausgabefenster zum Debug-Objekt. Zwei weitere Fenster sind zusätzlich verfügbar. Sie dienen der Überwachung von Ausdrücken (Überwachungsfenster, vorher ein Bereich des Testfensters) sowie (neu) der Wiedergabe aller deklarierten Variablen (Lokalfenster).

Das Debug-Objekt verfügt nur über zwei Methoden. Es besitzt keine Eigenschaften und registriert keine Ereignisse.

Methode	*Ab VB1*	*Syntax*	*Beschreibung*
Assert	VB5	Debug.Assert {True|False}	False = Programmlauf zum Test unterbrechen
Print		Debug.Print {Ausdruck)	Werte oder Ergebnisse von Ausdrücken ausgeben

Tab. 2.34: Die Methoden des Debug-Objekts

2.8 Clipboard-Objekt

Das Clipboard-Objekt steht ab VB1 zur Verfügung, um Texte und Grafiken in die Windows-Zwischenablage zu kopieren und daraus wieder zu entnehmen.

Das Clipboard-Objekt verfügt nur über Methoden. Es besitzt keine Eigenschaften und registriert keine Ereignisse.

Methoden	*Beschreibung*	*Syntax*
Clear	Leert das Clipboard.	Clipboard.Clear
GetFormat	Ist es für das Datenformat?	IsThatFormat = Clipboard.GetFormat (Format)
'für Text		
GetText	Text oder Leertext	Text = Clipboard. GetText ([Format])
SetText	Setzt Text	Clipboard.SetText Text[, Format]
'für sonstige Daten (Bilder etc.)		
SetData	Setzt Binärdaten	Clipboard.SetData Daten[, Format]
GetData	Gibt Binärdaten zurück	Daten = Clipboard. GetData([Format])

Tab. 2.35: Die Methoden des Clipboard

Wert	*Konstante (ab VB4)*	*Ab VB1*	*Beschreibung*	*GetFormat SetData*	*GetData SetText*	*GetText*
&HBF00	vbCFLink		Infos für DDE Kommunikation	X	X	–
&HBF01	vbCTRTF	VB4	RichText (.RTF)	–	–	X
1	vbCFText		Text (.TXT)	X	–	X
2	vbCFBitmap		Bitmap (.BMP)	X	X	–
3	vbCFMetafile		Metafile (.WMF)	X	X	–
8	vbCFDIB		Geräteunabhängige Bitmap (.DIB)	X	X	–
9	vbCFPalette	VB2	Farbpalette	X	X	–
14	vbCFEMetaFile	VB6	Erweitertes Metafile (.EMF-Datei)	X	X	–
15	vbCFFiles	VB6	Dateiliste (aus Win-Explorer)	X	–	–

Tab. 2.36: Die Format-Konstanten für die Clipboard-Methoden

2.9 Licenses-Auflistung und LicenseInfo-Objekte

Ab VB6 sind in der Licenses-Auflistung die für das Projekt explizit eingetragenen LicenseInfo-Subobjekte des Global-Objekts zusammengefaßt.

Eigenschaft	*Ab: VB6*	*Beschreibung*	*Syntax*
Count		Anzahl LicenseInfo-Objekte	Anzahl = Licenses.Count
Item		LicenseInfo Einzel-Objekt	Element = Licenses.Item (Kennung)

Methode	*Ab: VB6*	*Beschreibung*	*Syntax*
Add		Element hinzufügen	Licenses.Add ProgID[, LicenseKey]
Clear		Alle Elemente löschen	Licenses.Clear
Remove		Element entfernen	Licenses.Remove Kennung

' Kennung = {ProgID|LicenseKey}

Tab. 2.37: Eigenschaften und Methoden der Licenses-Auflistung

Die einzelnen Elemente der Licenses-Auflistung sind LicenseInfo-Objekte. Sie besitzen nur zwei Eigenschaften, verfügen über keine Methoden und registrieren keine Ereignisse.

Eigenschaft	*Beschreibung*
LicenseKey	Lizenzschlüssel des Controls
ProgID	Programm-Identifizierung

Read	*Write*
LKey = Linces(Index).LicenseKey	Linces(Index).LicenseKey=Wert
PID = Licenses(Index).ProgID	–

Tab. 2.38: Eigenschaften der LicenseInfo-Objekte und ihre Syntax

2.10 Scripting-Objekte

Unter VB6 stehen Ihnen zwei zusätzliche Objektklassen mit weiteren Subklassen zur Verfügung. Damit Sie über die daraus ableitbaren Objekte verfügen können, müssen Sie zunächst die entsprechende DLL in Ihr Projekt einfügen.

Ab	*Klassen*	*In Datei*	*Bezeichnung in der Liste Verweise*
VB6	FileSystemObject	SCRRUN.DLL	Microsoft Scripting Runtime
VB6	Dictionary	SCRRUN.DLL	Microsoft Scripting Runtime

Tab. 2.39: Dateien für Scripting-Objekte

FileSystemObject ermöglicht mit seinen Subobjekten den direkten Zugriff auf die Laufwerke, deren Dateisystem und einzelne Dateien.

Weitere Details finden Sie im Abschnitt 12.4.

Dictionary ist ein zusätzlicher Auflistungstyp mit wichtigen Unterschieden zu Collection.

Weitere Details finden Sie im Abschnitt 25.3.2.

3 Basisobjekte

Als Basisobjekte bezeichne ich Objekte, die selbständige Fenster sind und als grafische Grundlage für andere Objekte eingesetzt werden können.

Objektgruppe	*Objekttyp*	*Ab Version*	*Deutsche Bezeichnung*
Formen	Form	VB1	Standardform
	MDIForm	VB2	MDI-Form
User-Komponenten	UserControl	VB5	Benutzerdefiniertes Steuerelement
	UserDocument	VB5	Benutzerdokument
OLE-/ActiveX-Objekte	AddIn	VB4	Erweiterungs-Server (für IDE)

Tab. 3.1: Die Basisobjekte von VB

3.1 Formen

In allen VB-Versionen ist das Form-Objekt Basisobjekt für die grafische Gestaltung der Benutzeroberflächen.

Wir unterscheiden zwei Form-Typen:

- Standardform
- MDIForm (ab VB2)

Alle aktuell geladenen Formen sind zur Laufzeit in der Forms-Auflistung zusammengefaßt. Näheres dazu finden Sie im Kapitel 25.

3.1.1 Form als Datentyp

Form ist ein deklarierbarer Objektdatentyp. Sie können z.B. einen Parameter in Prozedurköpfen mit

```
Sub Demo (Formparameter As Form)
```

deklarieren.

Beachten Sie bitte die Hinweise zu Formen und Form im Kapitel 2. Die Beschreibung der Forms-Auflistung finden Sie im Kapitel 25.

Form oder Formular

Ab VB5 verwendet Microsoft in den deutschen VB-Versionen zur allgemeinen Bezeichnung der Formen den Begriff »Formular«. (Für die Klasse wird weiter die Bezeichnung Form verwendet.)

In diesem Buch verwende ich grundsätzlich die Bezeichnung »Form«. Dies erfolgt aus zwei Gründen:

1. Definition

Ein Formular ist ein ... »Vordruck zur Beantwortung bestimmter Fragen oder für bestimmte Aufgaben«. Eine Form ist die ... »Äußere plastische Gestalt mit bestimmten Umrissen, in der etwas erscheint«.

(Die Definitionen habe ich dem Duden (Deutsches Universalwörterbuch A-Z) entnommen)

2. Klassenname

In allen VB-Codes, die Formen verwenden, wird deren Klassenname verwendet. Die Bezeichnung »Formular« ist deshalb nicht zu empfehlen, damit Programmierfehler vermieden werden.

Es ist sicher ein Zufall, daß die neue Bezeichnung bei Microsoft Deutschland ab dem Zeitpunkt verwendet wird, als einige ehemalige Borland-Mitarbeiter eingestellt wurden. Borland hatte für Delphi schon immer diese unsinnige »Formular«-Bezeichnung.

3.1.2 Gemeinsame Eigenschaften der Form-Objekte

Eigenschaft	*Ab VB1*	*Kurzbeschreibung*	*Entw.*	*LZ*
ActiveControl	VB2	Aktuell aktiviertes Control der Form	–	R
Moveable	VB5	Formposition änderbar?	R/W	R/W
ShowInTaskbar	VB4	In Win95-Taskbar zeigen	R/W	R
StartUpPosition	VB5	Position beim Laden (Einstellung)	R/W	R
Visible		Geladene Form sichtbar/versteckt	–	R/W
WindowState		Fenstermodus(Normal, Ikon, Vollbild)	R/W	R/W
Controls	VB2	Auflistung aller Controls der Form	–	R
Controls.Count	VB2	Anzahl der Controls	–	R

Tab. 3.2: Die gemeinsamen Eigenschaften der Form-Objekte

Eigenschaft	*Read *)*	*Write *)*	*Hinweis*
ActiveControl	IsActive = _ [Form.]ActiveControl	–	Controlname
Moveable	IsMoveable = _ [Form.]Moveable	[Form.]Moveable = Wert	{True|False}

Eigenschaft	*Read *)*	*Write *)*	*Hinweis*
ShowInTaskbar	IsInTaskbar = _ [Form.]ShowInTaskbar	–	{True|False}
StartUpPosition	StartPosition = _ [Form.]StartUpPosition	–	s. Tab. 3.4
Top, Left	Wert = [Form.]Top	[Form.]Top = Wert	in Twips
Visible	IsVisible = [Form.]Visible	[Form.]Visible = Wert	{False|True}
WindowState	Darstellung = _ [Form.].WindowState	[Frm.]WindowState =Einstellung	s. Tab. 3.5
Controls	Element = [Frm.]Controls(Index)	–	
Controls.Count	Anz = [Form.]Controls.Count	–	

*) Präfix [Form.] (Optional) Formname. Alternativ (ab VB2): Me.
Ohne Präfix : aktuelle Form.

Tab. 3.3: Syntax der gemeinsamen Eigenschaften der Form-Objekte

Wert	*Konstante (Ab VB5)*	*Beschreibung*	
0	vbStartUpManual	Keine Starteinstellung angegeben.	*)
1	vbStartUpOwner	Zentrieren auf dem Element, zu dem das UserForm-Objekt gehört.	
2	vbStartUpScreen	Zentrieren auf dem ganzen Bildschirm.	
3	vbStartUpWindowsDefault	Positionieren in der oberen linken Ecke des Bildschirms.	**)

*) Bei MDIChild-Formen ist nur Einstellung 0 zulässig. Voreinstellung in VB5.
**) Voreinstellung in VB6

Tab. 3.4: Die Einstellungen für StartUpPosition

Wert	*Konstante (Ab VB4)*	*Beschreibung*
0	vbNormal	Normal (Voreinstellung)
1	vbMinimized	Minimiert (auf Symbolgröße verkleinert)
2	vbMaximized	Maximiert (maximale Vergrößerung)

Tab. 3.5: Die WindowState-Einstellungen

Eigenschaft	*Form Ab VB1*	*MDIForm Ab VB2*	*Eigenschaft*	*Form Ab VB1*	*MDIForm Ab VB2*
Allgemein					
Caption	x	x	MousePointer	VB4	VB4
Enabled	x	x	Name (VB1: FormName)	x	x

Eigenschaft	*Form Ab VB1*	*MDIForm Ab VB2*	*Eigenschaft*	*Form Ab VB1*	*MDIForm Ab VB2*
hWnd	x	x	RightToLeft	VB5	VB5
Icon	x	x	Tag	x	x
MouseIcon	x	x			
Darstellung					
Appearance	VB4	VB4	Picture	x	x
BackColor	x	x	ForeColor	x	x
Position					
Left, Top	x	x	Height, Width	x	x
DDE					
LinkMode	x	x	LinkTopic	x	x
Hilfe					
HelpContextID	VB2	x	WhatsThisHelp	VB4	VB4
OLE					
OLEDropMode	VB5	x			

Tab. 3.6: Gemeinsame allgemeine Eigenschaften der Formen (s. Kap. 21)

3.1.3 Gemeinsame Methoden der Formen

In diesem Abschnitt werden die speziellen Form-Methoden beschrieben, die allen Form-Objekten gemeinsam sind.

Methode	*Ab VB1*	*Kurzbeschreibung*
Hide		Form wird versteckt (nicht entladen), wird bei Bedarf geladen.
PopupMenu	VB4	Kontextmenü für Form und MDIForm.
	VB5	Zusätzlich für UserControl, UserDocument, PropertyPage.
Show		Form wird gezeigt, wird bei Bedarf geladen.
ZOrder	VB2	Darstellungsebene des Objekts. Nur für MDI-Child-Formen wirksam!

Tab. 3.7: Die gemeinsamen Methoden der Form-Objekte (s. Kap. 22)

Methode	*Syntax *)*	*Hinweis*
Hide	[F.]Hide	
PopupMenu	[F.]PopupMenu Menu[, [Flags][, [X][, [Y][, DefaultMenu]]]	**)

Methode	*Syntax *)*	*Hinweis*
Show	[F.]Show [Stil]	Tab. 3.11
ZOrder	[F.]ZOrder {0|1}	

*) Präfix [F.]: Formname oder (ab VB2) Me. Ohne Präfix: aktuelle Form

**) Ab VB5 benannte Argumente

Menu	Name des Menüs
[Flags]	(optionale) Attribute OR-Kombination aus Tab. 3.9 und Tab. 3.10
[X][, [Y]]	(optionale) Position der linken, oberen Ecke
[DefaultMenu]	Voreingestelltes Menü (Schrift fett dargestellt) {False|True}

Visible-Eigenschaft des Menüs wird ignoriert. Auch Menü mit Visible = False wird angezeigt.

Tab. 3.8: Die Syntax der gemeinsamen Methoden der Form-Objekte

Wert	*Konstante (Ab VB4)*	*Beschreibung*
0	vbPopupMenuLeftAlign	(Voreinstellung) Der linke Rand des Popup-Menüs befindet sich an der x-Position.
4	vbPopupMenuCenterAlign	Das PopupMenü ist an der xPosition zentriert.
8	vbPopupMenuRightAlign	Der rechte Rand des PopupMenüs befindet sich an der xPosition.

Tab. 3.9: Attribute für PopupMenu-Positionierung

Wert	*Konstante (ab VB4)*	*Beschreibung*
0	vbPopupMenuLeftButton	(Voreinstellung) Menüelemente reagieren nur auf einen Mausklick mit der linken Maustaste.
2	vbPopupMenuRightButton	Menüelemente reagieren auf einen Mausklick mit der linken oder rechten Maustaste.

Tab. 3.10: Attribute für PopupMenu-Verhalten

Stil	*Bewirkt*
0	(Voreinstellung) Form ungebunden (nicht modal).
1	Form gebunden (modal). Bei MDIForm ohne Wirkung.

Tab. 3.11: Stil-Einstellungen für Show

Bitte beachten Sie: Formen werden auch ohne explizite Methode geladen, wenn sie oder Objekte in ihnen erstmals angesprochen werden. Das ist besonders wichtig bei modal zu ladenden Formen.

3.1.4 Laden von Formen

Zusätzlich zu den Methoden Hide und Show können Sie Formen mit der Load-Funktion laden:

```
Load Form1
```

Dies entspricht dem Laden mit Hide. Verwenden Sie danach die Form-Eigenschaft Visible, um die Form anzuzeigen.

```
Form1.Visible = True
```

Wichtig ist: Beim Laden einer Form werden deren Bilder, Controls, Variablen etc. initialisiert. Dieser Vorgang verbraucht Zeit. Daraus ergeben sich folgende Regeln:

- Formen erst laden, wenn sie gebraucht werden.
- Funktionen so weit es geht in die Formen oder in Standardmodule, und nicht in die MDIForm.
- Globale Variablen so weit es geht vermeiden.

3.1.5 Gemeinsame Ereignisse der Formen

Die Reihenfolge der Ereignismeldungen ist wichtig, um gezielte Aktionen zu programmieren.

Wichtig ist auch zu beachten, daß die Reihenfolge der Ereignismeldungen sich bei VB von Version zu Version ändern kann. Prüfen Sie deshalb die Reihenfolge, wenn Sie mehrere Ereignismeldungen eines Objekts für Aktionen nutzen.

Alle Formen registrieren die nachfolgend beschriebenen Ereignisse:

Ereignis	*Ab Version*	*Ereignis wird gemeldet, ...*
Activate	VB2	wenn die Form aktives Fenster wird.
Deactivate	VB2	wenn die Form nicht mehr aktives Fenster ist. Beide Ereignisse werden nur gemeldet, wenn der Fokus innerhalb der Anwendung bewegt wird.
Initialize	VB4	wenn eine Instanz der Form erstellt wurde.
Terminate	VB4	wenn eine Instanz der Form entfernt wurde, alle Verweise auf die Instanz der Form entfernt sind.
QueryUnload	VB2	bevor die Form entladen wird. Reihenfolge bei MDI Projekt: MDIForm dann untergeordnete Formen.
Load		wenn die Form geladen oder sonst auf die ungeladene Form zugegriffen wird.
Unload		wenn die Form aus dem Programm entladen wird.
Resize		wenn die Form nach dem Laden angezeigt wird oder die Formabmessungen geändert werden.

Tab. 3.12: Die gemeinsamen Ereignisse der Formen (s. Kap.23)

Ereignis	*Syntax*	*Hinweis*
Activate	Sub Form_Activate ( )	
Deactivate	Sub Form.Deactivate ( )	
Initialize	Sub Form_Initialize ( )	
Terminate	Sub Form_Terminate ( )	
Load	Sub Form_Load( )	
Unload	Sub Form_Unload (Cancel As Integer)	Cancel: Tab. 3.14
QueryUnload	Sub QueryUnload (Cancel As Integer, UnloadMode As Integer)	Cancel: Tab. 3.14 Unloadmode: Tab. 3.15
Resize	Sub Form_Resize ( )	

Tab. 3.13: Die Syntax der gemeinsamen Ereignisse der Formen

Cancel	*Bewirkt*
False	(Voreinstellung) Form wird entladen
True	Form wird nicht entladen

Tab. 3.14: Die Einstellungen für Cancel bei Unload und QueryUnload

Wert	*Konstante*	*Beschreibung*
0	vbFormControlMenu	Der Benutzer hat den Befehl »Schließen« aus dem Systemmenü der Form gewählt.
1	vbFormCode	Die Unload-Anweisung wurde im Code aufgerufen.
2	vbAppWindows	Die aktuelle Sitzung von Windows wird beendet.
3	vbAppTaskManager	Der Task-Manager beendet die Anwendung.
4	vbFormMDIForm	Eine untergeordnete MDI-Form wird geschlossen, weil die MDI-Form geschlossen wird.

Tab. 3.15: Rückgabewerte von Unloadmode bei QueryUnload

Ereignis	*Form Ab VB1*	*MDIForm Ab VB2*	*Ereignis*	*Form Ab VB1*	*MDIForm Ab VB2*
Benutzeraktionen					
Click	x	x	MouseDown, MousUp	x	x
DblClick	x	x	MouseMove	x	x
Drag & Drop					
DragDrop	x	x	DragOver	x	x
DDE					
LinkClose	x	x	LinkError	x	x
LinkExecute	x	x	LinkOpen	x	x

Ereignis	*Form Ab VB1*	*MDIForm Ab VB2*	*Ereignis*	*Form Ab VB1*	*MDIForm Ab VB2*
OLE					
OLECompleteDrag	VB5	VB5	OLEGiveFeedBack	VB5	VB5
OLEDragDrop	VB5	VB5	OLESetData	VB5	VB5
OLEDragOver	VB5	VB5	OLEStartDrag	VB5	VB5

Tab. 3.16: Gemeinsame allgemeine Ereignisse der Formen (s. Kap. 23)

3.1.6 Controls-Auflistung und Control-Objekt

Zu jeder Form gehört als Subobjekt eine Controls-Auflistung. In dieser sind alle auf der Form plazierten Controls zusammengefaßt.
Unterster Index der Controls-Auflistung ist 0.

Näheres zu Controls-Auflistung und Control-Objekten finden Sie im Kapitel 25.

3.1.7 Standardform

Eine Standardform ist ein Fenster-Objekt. Sie dient als Grundlage (Container) für die Darstellung anderer grafischer Objekte.

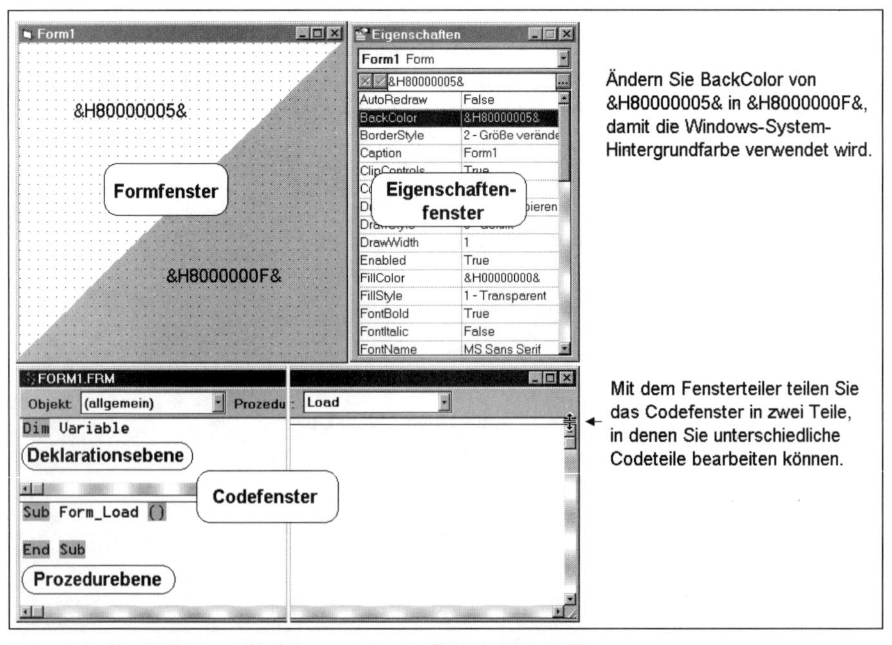

Abb. 3.1: Form-Eigenschaften und Code-Fenster vor VB5

Form-Eigenschaften

Eigenschaft	*Ab VB1*	*Kurzbeschreibung*	*Entw.*	*LZ*
BorderStyle		Rand der Form	R/W	R
ControlBox		Systemmenü-Feld anzeigen	R/W	R
MaxButton, MinButton		Vergrößerungs-/Verkleinerungs-Button	R/W	R
MDIChild	VB2	Form wird untergeordnet	R/W	R
Height, Width		Höhe u. Breite in Twips	R/W	R/W
ClipControls	VB2	Wirkung der Grafikmethoden in der Paint-Ereignisprozedur Bei ClipControls = False können Controls mit den Grafikmethoden (Line etc.) übermalt werden! (s. Abb. 3.3)	R/W	R
Palette	VB5	Bild (bmp, dib, gif, pal), das die Palette enthält.	R/W	R/W
PaletteMode	VB5	Legen Palette für Form fest	R/W	R/W
KeyPreview	VB2	Tastenereignisse (KeyDow, KeyPress u. KeyUp) an die Form	R/W	R/W
NegotiateMenus	VB5	OLE-Objektmenü in Form übernehmen	R/W	–
StartUpObject	VB5	Startkomponente des Projekts	R/W	R

Tab. 3.17.1: Eigenschaften der Standardformen

Eigenschaft	*Read *)*	*Write *)*	*Hinweis*
BorderStyle	WhatStyle = [F.]BorderStyle	–	Tab. 3.18
ControlBox	HasControlBox = [F.]ControlBox	–	{True|False} s. Abb. 3.3
MaxButton, MinButton	IsMaxButton = [F.]MaxButton	–	{True|False}
MDIChild	IsChild = [F.]MDIChild	–	{False|True}
Height, Width	Hght = [F.]Height	[F.]Height = Wert	
ClipControls **)	IsClippingControls = [F.]ClipControls	–	{True|False} s. Abb. 3.2
Palette	PalPicturePath = [F.]Palette	[F.]Palette = Datei	
PaletteMode	ModusPalette = [F.]PaletteMode	[F.]PaletteMode = ModusPalette	Tab. 3.19
KeyPreview ***)	KPV = [F.]KeyPreview	[F.]KeyPreview = Wert	{False|True}

Eigenschaft	*Read *)*	*Write *)*	*Hinweis*
NegotiateMenus	–	–	(R/W nur in Entw.)
StartUpObject ****)	Einstellung = [F.]StartUpObject	–	Tab. 3.20

*) Präfix [F.]: Formname oder (ab VB2) Me. Ohne Präfix: aktuelle Form

**) Bei ClipControls = False wirken sich Grafikmethoden in der Paint-Ereignisprozedur nur auf neu offengelegte Bereiche der Form aus. Andernfalls zeichnen die Grafikmethoden alle Bereiche der Form neu, die nicht durch Steuerelemente verdeckt sind. Die Steuerelemente Image, Label, Line und Shape werden immer neu gezeichnet.

***) Einige Steuerelemente fangen Tastaturereignisse ab, so daß sie nicht von der Form empfangen werden können. Beispiele dafür sind die Return-Taste, wenn ein CommandButton, und die Pfeiltasten, wenn eine ListBox den Fokus hat. RTF fängt alle Tastaturereignisse selbst ab.

****) StartUpObject (ab VB5) soll die Startkomponente für das Projekt setzen oder sie zurückgeben. Der Sinn dieser Eigenschaft ist nicht ganz klar. Sie muß explizit gesetzt werden.

Tab. 3.17.2: Syntax der Eigenschaften der Formen

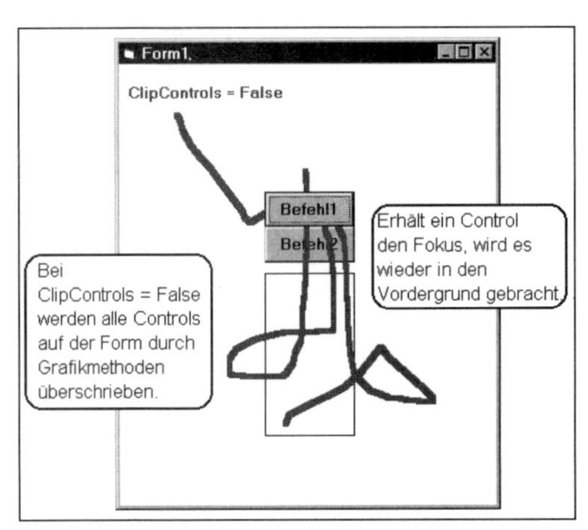

Abb. 3.2: ClipControls = False läßt Controls übermalen.

Wert	*Konstante (Ab VB4)*	*Beschreibung*
0	vbBSNone	Kein *) Kein Rahmen oder ähnliche Elemente, keine Titelleiste, keine Max-/Min-Button, keine ControlBox. Beachten Sie: Wenn Sie für eine Form (ohne Menü!) BorderStyle = 0 setzen, verschwindet auch die Titelleiste mit dem Systemfeld und dem Schließen-Button. Sie haben dann keine Möglichkeit, die Form zu schließen. Sehen Sie dafür einen eigenen Menübefehl oder einen Button vor.

Wert	Konstante (Ab VB4)	Beschreibung
1	vbFixedSingle	Fest Einfach. Kann Systemmenüfeld, Titelleiste, Maximieren-Schaltfläche und Minimieren-Schaltfläche umfassen. Ändern der Größe ist nur mit den Maximieren- und Minimieren-Schaltflächen möglich.
2	vbSizable	Änderbar (Voreinstellung). Größe des Rahmens kann direkt verändert werden.
3	vbFixedDouble	Fester Dialog. Größe nicht änderbar. Kann Systemmenüfeld oder Titelleiste umfassen, aber nicht die Maximieren- oder Minimieren-Schaltflächen.
Folgende Einstellungen ab VB4 verfügbar:		
		Für beide gilt: Mit <Schließen>-Schaltfläche. Titelleistentext in verkleinerter Schriftgröße. Nicht in der Task-Leiste von Windows 95 angezeigt.
4	vbFixedToolWindow	Festes Werkzeugfenster. Größe nicht änderbar.
5	vbSizableToolWindow	Änderbares Werkzeugfenster. Größe änderbar.

Beachten Sie bei untergeordneten MDI-Formen (MDIChild = True):
Formen mit BorderStyle = 2 oder 5 ändern bei Projektstart ihre Größe gegenüber dem Entwurf. Wollen Sie die Abmessungen (Width und Height) etwa in Resize verwenden, müssen Sie diese im Entwurfsmodus aus dem Eigenschaftenfenster entnehmen.
Bei Formen mit anderer BorderStyle-Einstellung werden die Entwurfsabmessungen übernommen.

Tab. 3.18: Die Werte für Form-BorderStyle

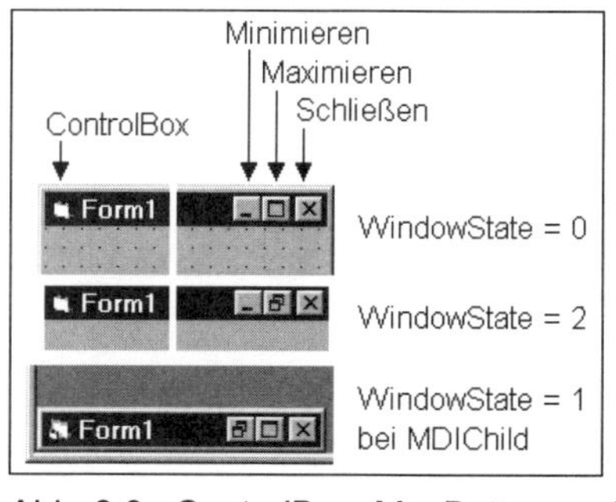

Abb. 3.3: ControlBox, MaxButton und MinButton

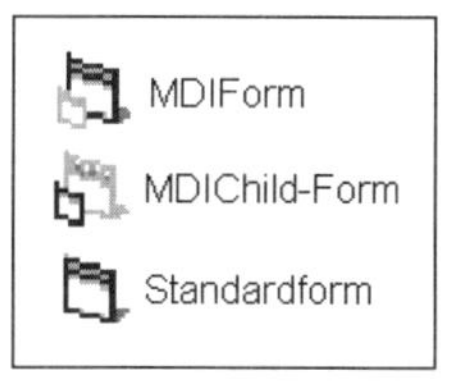

Abb. 3.4: Die Symbole der Formen im Projektfenster

Wert	*Konstante*	*Beschreibung*
0	vbPaletteModeHalfTone	Halbtonpalette verwenden (Voreinstellung).
1	vbPaletteModeUseZOrder	Palette des obersten Steuerelements verwenden.
2	vbPaletteModeCustom	Palette aus der Palette-Eigenschaft verwenden.
3	vbPaletteModeContainer	Palette des Containers verwenden, falls dieser die Umgebungseigenschaft Palette unterstützt. Nur Benutzersteuerelemente.
4	vbPaletteModeNone	Keine Palette verwenden. Nur Benutzersteuerelemente.
5	vbPaletteModeObject	Palette des ActiveX-Designers verwenden. Nur ActiveX-Designer, die eine Palette enthalten.

Tab. 3.19: Einstellungen für PaletteMode

Wert	*Konstante*	*Beschreibung*
0	vbext_so_SubMain	Startobjekt ist Sub Main.
1	vbext_so_None	Es gibt kein Startobjekt.

Tab. 3.20: Einstellungen für StartUpObject

Eigenschaft	*Ab VB1*	*Eigenschaft*	*Ab VB1*
Allgemein		***Hilfe***	
hDC		WhatsThisButton	VB4
Darstellung			
AutoRedraw		FillStyle, FillColor	
CurrentX, CurrentY		Font	VB4
DrawMode		FontName, FontSize etc.	
DrawStyle		FontTransparent	
DrawWidth		Image	VB4
Position			
ScaleHeight, ScaleWidth	VB2	ScaleMode	
ScaleLeft, ScaleTop			

Tab. 3.21: Allgemeine Eigenschaften der Standardform (s. Kap. 21)

Die Tabellen der gemeinsamen Eigenschaften der Formen finden Sie im Abschnitt 3.1.2.

Form-Methoden

Methode	*Ab VB1*	*Kurzbeschreibung*
PrintForm		Client-Bereich der Form bitweise an den Drucker. *)
ValidateControls	VB6	Mit dieser Methode können Sie sicherstellen, daß alle Daten der Controls vor dem Fokusverlust aktualisiert sind, d.h. den Anforderungen entsprechen.

*) PrintForm sendet nicht, wie in der VB-Onlinehilfe angegeben, eine Abbildung des Form-Objekts, sondern nur das Bild der inneren Form-Fläche (Client-Bereich).

Methode	*Syntax*
PrintForm	[Form.]PrintForm
ValidateControls	[Form.]ValidateControls *)

*) Ein Beispiel zur Verwendung der ValidateControls-Methode finden Sie im Abschnitt 21.1 unter: »CausesValidation verwenden«

Tab. 3.22: Die spezifischen Form-Methoden und ihre Syntax

Die Tabellen der gemeinsamen Methoden der Formen finden Sie im Abschnitt 3.1.3.

Methode	*Ab VB1*	*Methode*	*Ab VB1*
Allgemein			
Move		SetFocus	
Refresh			
Grafik			
Circle		Point	
Cls		Print	
Line		PSet	
PaintPicture	VB4		
Position			
Scale		ScaleX, ScaleY	VB4
Hilfe		***Text***	
WhatsThisMode	VB4	TextHeight, TextWidth	
OLE			
OLEDrag	VB5		

Tab. 3.23: Die allgemeinen Form-Methoden (s. Kap.22)

Form-Ereignisse

Ereignis	*Auslöser*
Paint	Form wird neu gezeichnet. Form wurde verändert, verschoben, mit Refresh neu gezeichnet. Paint wird nicht gemeldet, wenn AutoRedraw = True ist.
GotFocus	Form erhält den Fokus. Kann nur geschehen, wenn keine Controls, die den Fokus erhalten können, auf der Form stehen.
LostFocus	Form verlor den Fokus.
Ereignis	*Syntax*
Paint	Sub Form_Paint( )
GotFocus	Sub Form_GotFocus ( )
LostFocus	Sub LostFocus ( )

Tab. 3.24: Von der Form registrierte Ereignisse und ihre Syntax

Formen registrieren außer diesen und den Key-Ereignissen (KeyDown, KeyUp und KeyPress (s. Kap. 23) die in den Tabellen im Abschnitt 3.1.5 enthaltenen gemeinsamen Ereignisse.

Formen kopieren

Sie können zur Laufzeit mehrere Instanzen von Standardformen durch Code erstellen, indem Sie das Schlüsselwort New in Dim-, Set- oder Static-Anweisungen verwenden.

```
' Deklarationsebene
Dim Frm as Form

Sub Befehl2_Click ()
  Set Frm = New Form1
  Frm.Show
  Frm.Caption = "Form " + Forms.Count
End Sub
```

Bitte beachten Sie, daß eine genaue Kopie der Form erstellt wird. Setzen Sie das Caption und/oder die Tag-Eigenschaft ein, um die Formen unterscheiden zu können.

3.1.8 MDIForm-Objekt

Eine MDI-Form (MDI = Multiple-Document Interface) ist ein Fenster, das den Hintergrund für untergeordnete MDI-Formen (MDIChild-Eigenschaft = True) bildet.

Eine MDIForm kann enthalten:

- Menu-Controls. Hat eine Child-Form den Fokus, wird deren Menüleiste angezeigt.
- PictureBox (Align = 1 bis 4).
- Andere Zusatzsteuerelemente, wenn sie die Align-Eigenschaft besitzen.

Ein MDIForm-Objekt kann nicht gebunden (modal) geöffnet werden.

MDIForm-Eigenschaften

Eigenschaft	*Ab VB2*	*Kurzbeschreibung*	*Entw.*	*LZ*
AutoShowChildren	VB4	MDI-Childs automatisch anzeigen	R/W	R/W
NegotiateToolbars	VB5	MDIChild-Objekt-Toolbars zeigen	R/W	–
ScrollBars		ScrollBars zeigen	R/W	R/W

Ereignis	*Read *)*	*Write *)*	*Werte*
AutoShowChildren	Show = [M.]AutoShowChildren	[M.]AutoShowChildren = Boolean	{False|True}
NegotiateToolbars	–	–	Tab. 3.26
ScrollBars	HasScrollBars = [M.]ScrollBars	–	{False|True}

*) Präfix: [M.] = [MDIForm.]

Tab. 3.25: Die MDIForm-Eigenschaften und ihre Syntax

Einstellung	*In der MDIForm werden die Symbolleisten des aktiven Objekts ...*
True	...angezeigt (Voreinstellung). Das aktive Objekt bestimmt, wo (oben oder unten) die Symbolleisten angezeigt werden.
False	... überhaupt nicht oder als unverankerte Symbolleisten angezeigt, wie vom aktiven Objekt bestimmt.

Tab. 3.26: Die Einstellungen der NegotiateToolbars-Eigenschaft

MDIForm-Methoden

Methode	*Ab VB2*	*Syntax*	*Hinweis*
Arrange	Positioniert MDIChilds	[MDIForm.]Arrange = Einstellung	s. Tab. 3.28 u. Abb. 3.5

Tab. 3.27: MDIForm-Methode Arrange und ihre Syntax

Die Tabellen der gemeinsamen Methoden finden Sie im Abschnitt 3.1.3.

Wert	*Konstante*	*Beschreibung*
		Alle sichtbaren, nicht minimierten MDIChild-Formen werden ...
0	vbCascade	überlappt.
1	vbTileHorizontal *)	untereinander angeordnet.
2	vbTileVertical *)	nebeneinander angeordnet.
3	vbArrangeIcons	Symbole für minimierte untergeordnete MDI-Formen werden unten links angeordnet.

*) Die vordefinierten Konstanten sind in VB vertauscht!

Tab. 3.28: Die Arrange-Einstellungen der MDIForm

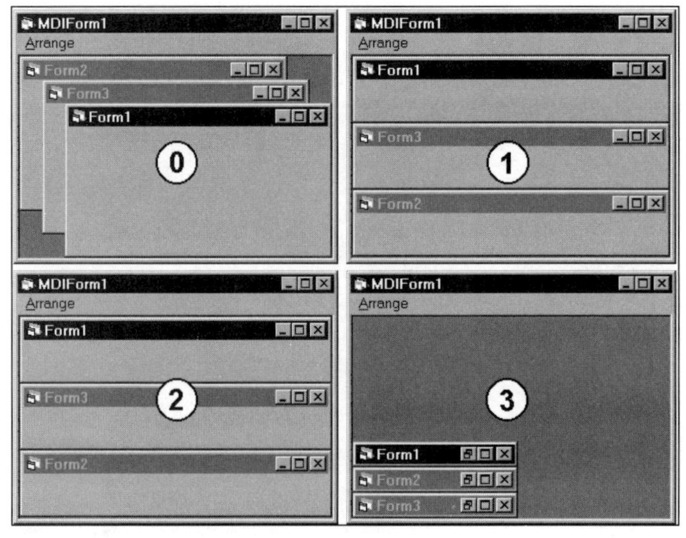

Abb. 3.5: Die richtigen Werte für Arrange

MDIForm-Ereignisse

MIDIFormen registrieren keine spezifischen Ereignisse

Bitte beachten Sie die in den Tabellen im Abschnitt 3.1.5 enthaltenen gemeinsamen Ereignisse.

3.2 User-Komponenten

In Anlehnung an die von Microsoft vorgeschlagenen neuen Bezeichnungen für ActiveX-Komponenten bezeichne ich

- UserControl,
- UserDocument und

als User-Komponenten.

3.2.1 Gemeinsame Eigenschaft der User-Komponenten

Eigenschaft	*Kurzbeschreibung*	*Hinweis*
HyperLink	Zugriff auf das Hyperlink-Objekt	s. Abschnitt 3.2.4

Tab. 3.29: Eine gemeinsame Eigenschaft der User-Komponenten

3.2.2 Gemeinsame Methoden der User-Komponenten

Methode	*Kurzbeschreibung*
AsyncRead	Started asynchrones Einlesen [aus der angegebenen Eigenschaft].
CancelAsyncRead	Bricht eine asynchrone Datenanforderung [der angegebenen Eigenschaft] ab.
PropertyChanged	Benachrichtigt den Container von Änderung [in der angegebenen Eigenschaft].

Tab. 3.30: Gemeinsame Methoden der User-Komponenten

Methode	*Ab Version*	*Syntax *)*	*Hinweis*
AsyncRead	VB5	Objekt.AsyncRead Target, _ AsyncType [, PropertyName]	s. Tab. 3.32
	VB6	Objekt.AsyncRead Target, AsyncType _ [, [PropertyName][, [AsyncReadOptions]]]	s. Tab. 3.33
CancelAsyncRead		Objekt.CancelAsyncRead [PropertyName]	
PropertyChanged		Objekt.PropertyChanged PropertyName	

*) Benannte Argumente:

Target	(String)	Position der Daten. Dies kann ein Pfad oder eine URL sein.
AsyncType	(Long)	Wie werden die Daten bereitgestellt?
PropertyName	(String)	Name der zu ladenden Eigenschaft. Zur Unterscheidung zwischen gleichzeitigen Downloads.
AsyncReadOptions	(String)	Zusätzliche AsyncRead-Optionen

Tab. 3.31: Syntax der gemeinsamen Methoden der User-Komponenten

Wert	*Einstellung *)*	*Beschreibung*
0	vbAsyncTypePicture	Die Daten werden in einem Picture-Objekt bereitgestellt.
1	vbAsyncTypeFile	Die Daten werden in einer von Visual Basic erstellten Datei bereitgestellt.
2	vbAsyncTypeByteArray	Die Daten werden als Byte-Datenfeld bereitgestellt, das die abgerufenen Daten enthält.

*) Die Namen der Konstanten in der VB5-Hilfe sind nicht korrekt!

Tab. 3.32: Einstellungen für AsyncType unter VB5 und VB6

Wert	*Einstellung*	*AsyncRead ...*
&H1	vbAsyncReadSynchronousDownload	kehrt erst zurück, wenn AsyncReadComplete gemeldet wurde.
&H8	vbAsyncReadOfflineOperation	benutzt nur die lokal zwischengespeicherte Quelle.
&HF	vbAsyncReadForceUpdate	lädt Quelldaten vom Server, ignoriert eine lokal zwischengespeicherte Kopie.
&H200	vbAsyncReadResynchronize	erneuert die lokale Kopie, wenn die Server-Version neuer ist.
&H80000	vbAsyncReadGetFromCacheIfNetFail	verwendet die lokale Kopie, wenn Server-Verbindung nicht erfolgreich ist.

Tab. 3.33: Die Einstellungen für AsyncReadOptions unter VB6

3.2.3 Gemeinsame Ereignisse der User-Komponenten

Ereignis	*Ab VB5*	*Kurzbeschreibung*
AsyncReadComplete		Container hat die mit AsyncRead gestartete synchrone Leseanforderung abgeschlossen.
EnterFocus		User-Komponente oder konstituierendes Control hat Fokus erhalten.
ExitFocus		User-Komponente hat Fokus verloren.
Hide		Visible-Eigenschaft ist auf False geändert.
Show		Visible-Eigenschaft ist auf True geändert.
InitProperties		Neue Instanz wurde erstellt.
ReadProperties		Bestehende Instanz wurde geladen.
WriteProperties		Instanz soll gespeichert werden.

Tab. 3.34: Gemeinsame Ereignisse der User-Komponenten

Ereignis	*Syntax*	
AsyncReadComplete	Sub Objekt_AsyncReadComplete AsyncProperty (PropertyValue As AsyncProperty)	s. Tab. 3.36
EnterFocus	Sub Objekt_EnterFocus()	
ExitFocus	Sub Objekt_ExitFocus()	
Hide	Sub Objekt_Hide()	
Show	Sub Objekt_Show()	
InitProperties	Sub Objekt_InitProperties()	
ReadProperties	Sub Objekt_ReadProperties(pb As PropertyBag)	s. Tab. 3.38
WriteProperties	Sub Objekt_WriteProperties(pb As PropertyBag)	s. Tab. 3.38

Tab. 3.35: Syntax der gemeinsamen Ereignisse der User-Komponenten

AsyncProperty-Subobjekt

Das Argument PropertyValue der AsyncReadComplete-Ereignismeldung verweist auf ein AsyncProperty-Objekt. Dieses besitzt Eigenschaften, die alle schreibgeschützt sind.

Eigenschaft	*VB5*	*VB6*	*Beschreibung*
AsyncType	x	x	Typ der von der Value-Eigenschaft zurückgegebenen Daten.
BytesMax	–	x	Voraussichtlich (noch) zu lesende Bytezahl
BytesRead	–	x	Gelesene Bytezahl
PropertyName	x	x	Eigenschaft, die der Value-Eigenschaft zugeordnet wird
Status	–	x	Protokollspezifische Statusinformation
StatusCode	–	x	Code der Statusinformationen, s. Tab. 3.37
Target	–	x	1. Parameter (String) der AsyncRead-Methode (normal: URL)
Value	x	x	Wert der zugeordneten Eigenschaft

Tab. 3.36.1: Eigenschaften des AsyncProperty-Objekts

Eigenschaft	*Read*	*Hinweis*
AsyncType	Einstellung = AsyncProperty.AsyncType	Tab. 3.37.1
BytesMax	Wert& = AsyncProperty.BytesMax	
BytesRead	Wert& = AsyncProperty.BytesRead	
PropertyName	PName$ = AsyncProperty.PropertyName	
Status	Status$ = AsyncProperty.Status	
StatusCode	Einstellung = AsyncProperty.StatusCode	Tab. 3.37.2
Target	Ziel$ = AsyncProperty.Target	
Value	Wert = AsyncProperty.Value	Wert ist Variant

Tab. 3.36.2: Syntax der Eigenschaften des AsyncProperty-Objekts

Wert	*Konstante*	*Die Daten werden zur Verfügung gestellt ...*
0	vbAsyncTypePicture	in einem Picture-Objekt.
1	vbAsyncTypeFile	in einer Datei, die von Visual Basic erstellt wird.
2	vbAsyncTypeByteArray	als Byte-Array, welches die abgerufenen Daten enthält. Es wird vorausgesetzt, daß der Entwickler des Steuerelements weiß, wie die Daten verarbeitet werden müssen.

Tab. 3.37.1: AsyncType-Konstanten

Wert	*Konstante* *Beschreibung*
0	vbAsyncStatusCodeError Ein Fehler ist während des asynchronen Herunterladens aufgetreten. (Value = Fehlernummer)

Wert	Konstante Beschreibung
1	vbAsyncStatusCodeFindingResource AsyncRead sucht die in der Status-Eigenschaft angegebene Ressource mit dem herunterzuladenden Speicherbereich.
2	vbAsyncStatusCodeRedirecting Verbindung zu der in der Status-Eigenschaft angegebenen Ressource mit dem herunterzuladenden Speicherbereich aufbauen.
3	vbAsyncStatusCodeRedirecting AsyncRead wurde auf einen anderen Speicherort umgeleitet, der in der Status-Eigenschaft angegeben ist.
4	vbAsyncStatusCodeBeginDownloadData AsyncRead hat mit dem Empfang von Daten für den in der Status-Eigenschaft angegebenen Speicherbereich begonnen.
5	vbAsyncStatusCodeDownloadingData AsyncRead hat weitere Daten für den in der Status-Eigenschaft angegebenen Speicherbereich erhalten.
6	vbAsyncStatusCodeEndDownloadData AsyncRead hat den Empfang von Daten für den in der Status-Eigenschaft angegebenen Speicherbereich abgeschlossen.
10	vbAsyncStatusCodeUsingCachedCopy AsyncRead ruft den angeforderten Speicherbereich aus einer zwischengespeicherten Kopie ab, weil die Status-Eigenschaft leer ist.
11	vbAsyncStatusCodeSendingRequest AsyncRead fordert den in der Status-Eigenschaft angegebenen Speicherbereich an.
13	vbAsyncStatusCodeMIMETypeAvailable Der MIME-Typ des angeforderten Speicherbereichs ist in der Status-Eigenschaft angegeben.
14	vbAsyncStatusCodeCacheFileNameAvailable Der Dateiname des lokalen Dateicache für angeforderten Speicherbereich ist in der Status-Eigenschaft angegeben.
15	vbAsyncStatusCodeBeginSyncOperation AsyncRead wird synchron ablaufen.
16	vbAsyncStatusCodeEndSyncOperation AsyncRead hat die synchrone Operation abgeschlossen.

Tab. 3.37.2: Einstellungen für AsyncProperty-StatusCode-Eigenschaft

PropertyBag-Objekt

Das Argument pb der ReadProperties- und WriteProperties-Ereignismeldung ist ein PropertyBag-Objekt.

Eigenschaft	*Syntax*
ByteArray	Byte-Array, das den Inhalt der PropertyBag darstellt

Methode	*Syntax*
ReadProperty	Gibt einen gespeicherten Wert aus dem PropertyBag-Objekt.
WriteProperty	Schreibt einen zu speichernden Wert in das PropertyBag-Objekt.

*) Benannte Argumente (s. Abschnitt 24.4.4)
Name = Datenname Value = Zu schreibender Wert DefaultValue = Standardwert

Tab. 3.38.1: Die Methoden des PropertyBag-Objekts

Eigenschaft	*Syntax*
ByteArray	Byte-Array, das den Inhalt der PropertyBag darstellt
Methode	*Syntax*
ReadProperty	PropertyBag.ReadProperty Name[,DefaultValue]
WriteProperty	PropertyBag.WriteProperty Name, Value[,DefaultValue]

*) Benannte Argumente (s. Abschnitt 24.4.4)
Name = Datenname Value = Zu schreibender Wert DefaultValue = Standardwert

Tab. 3.38.2: Die Methoden des PropertyBag-Objekts

3.2.4 Hyperlink, Subobjekt der User-Komponenten

Mit den Methoden des Hyperlink-Objekts kann Ihr ActiveX-Dokument oder ActiveX-Steuerelement einen Hyperlink-fähigen Container wie den Microsoft Internet Explorer anfordern, um zu einer gegebenen URL zu springen.

Das Hyperlink-Objekt hat keine Eigenschaften, verfügt über mehrere Methoden und registriert keine Ereignisse.

Methoden	*Kurzbeschreibung*	*Syntax*
GoBack	Zurück in History-Liste des Containers	Objekt.GoBack
GoForward	Vorwärts in History-Liste des Containers	Objekt.GoForward
NavigateTo	URL gezielt ansteuern	O.NavigateTo Target [, Location[, Framename]]

*) Benannte Argumente (s. Abschnitt 24.4.4)
Target = Ziel Location = Standort FrameName = Rahmenname

Tab. 3.39: Die Methoden des Hyperlink-Objekts und deren Syntax

3.3 UserControl-Objekt

Deutsche Bezeichnung: Benutzersteuerelement

Das UserControl-Objekt ist das Basisobjekt für die Erstellung eines ActiveX-Steuerelements.

Ein ActiveX-Steuerelement, das in VB erstellt wurde, besteht immer aus einem UserControl-Objekt und zumeist zusätzlichen, als konstituierende Steuerelemente bezeichneten Controls, die in dem Benutzersteuerelement positioniert sind. Wie Formen verfügen UserControl-Objekte über Code-Module und visuelle Designer.

3.3.1 UserControl-Eigenschaften

Eigenschaft	*Ab VB5*	*Kurzbeschreibung*	*Entw.*	*LZ*
AccessKeys		Zugriffstasten festlegen. Zugriffstasten für konstituierende Steuerelemente werden implizit übernommen, werden aber nicht in der AccessKeys-Eigenschaft aufgeführt.	R/W	R/W
Ambient		Gibt AmbientProperties-Subobjekt zurück	–	R
BackStyle		Darstellungsstil des Hintergrunds	R/W	R
CanGetFocus	VB6	Kann das UserControl den Fokus erhalten?	R/W	–
EditAtDesignTime		Control zur Entwurfszeit änderbar?	R/W	–
EventsFrozen		Werden Ereignisse des Containers ignoriert?	–	R
Extender		Gibt Extender-Subobjekt zurück.	–	R
MaskColor		RGB-Hintergrundfarbe für MaskPicture wenn BackStyle = 0	R/W	R/W
MaskPicture		Hintergrundbild	R/W	R/W
Palette, PaletteMode		Legen Palette für UserControl fest	R/W	R/W
ParentControls		Auflistung der anderen Controls im gleichen Container	–	R
PropertyPages		Name der verknüpften Eigenschaftenseite	R/W	R
Subobjekte (Auflistungen)				
AmbientProperties		(Aus Ambient-Eigenschaft) Umgebungsinformationen des Containers	–	R
Extender		Enthält die vom Container statt vom Steuerelement selbst gesteuerten Eigenschaften.	–	R
ParentControls		Die anderen Controls im Container.	–	R

Tab. 3.40: Die Eigenschaften der UserControl-Objekts

Eigenschaft	*Read *)*	*Write *)*	*Hinweis*
AccessKeys	Zugriffstasten = O.AccessKeys	O.AccessKeys = Zugriffstasten	
Ambient	Set Verweis = O.Ambient	–	
BackStyle	O.BackStyle = Wert	–	Tab. 3.42
CanGetFocus	–	–	Tab. 3.43 **)
EditAtDesignTime	–	–	Tab. 3.45 **)
EventsFrozen	IgnoresEvents = O.EventsFrozen	–	
Extender	Extender = O.Extender	–	
MaskColor	MColor = O.MaskColor	O.MaskColor = RGB	
MaskPicture	MPicture = O.MaskPicture	O.MaskPicture = Bild	***)
Palette	PalPicturePath = O.Palette	O.Palette = Datei	
PaletteMode	ModusPalette = O.PaletteMode	O.PaletteMode = ModusPalette	Tab. 3.19
ParentControls	PControls = O.ParentControls	–	Subobjekte
PropertyPages	Name = O.PropertyPages (Index)	O.PropertyPages (Index) = Name	

Subobjekte (Detail s. unten)
AmbientProperties
Extender
ParentControls

*) Präfix O. = UserControl-Name
**) Die Einstellungen erfolgen zur Entwurfszeit.
***) Direkte Zuweisung aus Picture-Eigenschaft oder mit LoadPicture(...)

Tab. 3.41: Die Syntax der Eigenschaften des UserControl-Objekts

Einstellung	*Beschreibung*
0	Transparent. Transparenter Hintergrund. Konstituierende Controls nicht sichtbar. Mausereignisse an Container. Auf Transparentfläche kann nicht gezeichnet werden.
1	Opaque (Voreinstellung) Undurchsichtiger Hintergrund.
2	TransparentPaint. Transparenter Hintergrund. Konstituierende Controls sind sichtbar. Mausereignisse an UserControl. Auf Transparentfläche kann gezeichnet werden.

Tab. 3.42: Einstellungen für BackStyle

Einstellung	*Das Steuerelement kann zur Laufzeit den Fokus ...*
True	erhalten. Dies kann aber analog zu Formen nur geschehen, wenn keines der konstituierenden Controls den Fokus erhalten kann.
False	nicht erhalten (Voreinstellung).

Tab. 3.43: Einstellungen für CanGetFocus

Einstellung	*Das Steuerelement kann zur Entwurfszeit des Entwicklers...*
True	aktiv werden. Im Kontextmenü des Steuerelements wird der Menüpunkt »Bearbeiten« angezeigt. Wählt der das Steuerelement verwendende Entwickler »Bearbeiten«, wird das Steuerelement aktiv und verhält sich wie zur Laufzeit des Benutzers.
False	nicht aktiv werden (Voreinstellung).

Tab. 3.44: Einstellungen für EditAtDesignTime

Eigenschaft	*Beschreibung*	*Entw.*	*LZ*
Beschrieben bei User-Komponenten (3.2)			
Hyperlink	Zugriff auf Hyperlink-Objekt	–	R
Beschrieben bei Formen (3.1)	Aktuell aktiviertes Control der Form	–	R
ActiveControl	Auflistung aller Controls der Form	–	R
Controls	Anzahl der Controls	–	R
Controls.Count	Controls beim Neuzeichnen ausschließen	R/W	R
ClipControls	Tastenereignisse (KeyDow, KeyPress u. KeyUp) an die Form	R/W	R/W
KeyPreview			

Tab. 3.45: Gemeinsame Eigenschaften der User-Komponenten

Eigenschaft	*Ab VB5*	*Ab VB5*
Allgemein		
hDC	Tag	
hWnd	MousePointer	
MouseIcon	Name	
Darstellung		
Appearance	DrawMode, DrawStyle	
AutoRedraw	DrawWidth	
BackColor, ForeColor	Enabled	
BorderStyle	FillStyle, FillColor	
Position		
CurrentX, CurrentY	ScaleHeight, ScaleWidth	
Height, Width	ScaleLeft, ScaleTop	
Left, Top	ScaleMode	
Font		
FontName, FontSize etc.	Image	
FontTransparent	Picture	

Eigenschaft	*Ab VB5*	*Ab VB5*
OLE		
OLEDropMode		

Tab. 3.46: Die allgemeinen Eigenschaften des UserControl-Objekts

3.3.2 UserControl-Methoden

Methode	*Ab VB5*	*Kurzbeschreibung*
CanPropertyChange		Eigenschaften änderbar?

Methode	*Syntax*
CanPropertyChange	UserControlname.CanPropertyChange EigenschaftName

Tab. 3.47: Die Syntax der spezifischen UserControl-Methode

Einstellung	*Die in EigenschaftName angegebene Eigenschaft kann zur Zeit...*
True	geändert werden.
False	nicht geändert werden. Der Container hat die gebundene Datentabelle schreibgeschützt geöffnet. Ändern Sie den Eigenschaftenwert nicht, da in manchen Containern des Steuerelements Fehler auftreten könnten.

Tab. 3.48: Rückgabewerte für CanPropertyChange

Methode	*Beschreibung*
Beschrieben bei User-Komponenten (3.2)	
AsyncRead	Started asynchrones Einlesen [aus der angegebenen Eigenschaft].
CancelAsyncRead	Bricht eine asynchrone Datenanforderung [der angegebenen Eigenschaft] ab.
PropertyChanged	Benachrichtigt den Container von Eigenschaftsänderung [in der angegebenen Eigenschaft].
Beschrieben bei Formen (3.1)	
PopupMenu	Zeigt ein Menü als Popup-Menü.

Tab. 3.49.1: Gemeinsame UserControl-Methoden

Methoden	*Ab VB5*	*Ab VB5*
Allgemein		
Refresh	SetFocus	

Methoden	*Ab VB5*		*Ab VB5*
Grafik			
Circle		PaintPicture	
Cls		Point	
Line		PSet	
Text		***OLE***	
TextHeight, TextWidth		OLEDrag	
Position			
Scale		ScaleX, ScaleY	

Tab. 3.49.2: Allgemeine UserControl-Methoden (s. Kap. 22)

3.3.3 UserControl-Ereignisse

Ereignisse	*Ab VB5*	*Kurzbeschreibung*
AccessKeyPress		Zugriffstaste gedrückt
AmbientChange		Wert einer Umgebungseigenschaft geändert

Ereigniss	*Syntax*
AccessKeyPress	Sub Objekt_AccessKeyPress(KeyAscii As Integer)
AmbientChange	Sub Objekt_AmbientChanged(PropertyName As String)

Tab. 3.50: Die spezifischen Ereignisse des UserControl-Objekts

Ereignis	*Beschreibung*
Beschrieben bei User-Komponenten (3.2)	
AsyncReadComplete	Container hat die mit AsyncRead gestartete synchrone Leseanforderung abgeschlossen.
EnterFocus	User-Komponente oder konstituierendes Control hat Fokus erhalten.
ExitFocus	User-Komponente hat Fokus verloren.
Hide	Visible-Eigenschaft ist auf False geändert.
Paint	Die User-Komponente wird neu gezeichnet. (... wurde verändert, verschoben, mit Refresh neu gezeichnet) Paint wird nicht gemeldet, wenn AutoRedraw = True ist.
Show	Visible-Eigenschaft ist auf True geändert.
InitProperties	Neue Instanz wurde erstellt.
ReadProperties	Bestehende Instanz wurde geladen.
WriteProperties	Instanz soll gespeichert werden.

Ereignis	*Beschreibung*
Beschrieben bei Formen (3.1)	
Initialize	Wenn eine Instanz der Form erstellt wurde.
Terminate	Wenn eine Instanz der Form entfernt wurde, alle Verweise auf die Instanz der Form entfernt sind.
Resize	Wenn die Form nach dem Laden angezeigt wird oder die Formabmessungen geändert werden.

Tab. 3.51.1: Gemeinsame UserControl-Ereignisse

Ereignisse	*Ab VB5*	*Ab VB5*
Focus-Ereignisse		
GotFokus		LostFocus
Benutzeraktionen		
Click		MouseDown
KeyDown, KeyUp		MouseMove
KeyPress		MouseUp
DragDrop		
Drag & Drop		DragOver
OLE		
OLECompleteDrag		OLEGiveFeedBack
OLEDragDrop		OLESetData
OLEDragOver		OLEStartDrag

Tab. 3.51.2: Allgemeine UserControl-Ereignisse (s. Kap. 23)

3.3.4 Subobjekte

Subobjekte sind für UserControl:

- AmbientProperties-Objekt
- Controls-,
- Extender- und
- Hyperlink-Auflistung.

AmbientProperties-Objekt

Ein AmbientProperties-Objekt enthält Umgebungsinformationen aus dem Container, die Verhaltensvorschläge für die Steuerelemente in dem Container anbieten.

Das AmbientProperties-Objekt ist beim Auslösen der Ereignisse InitProperties oder ReadProperties verfügbar. Das AmbientProperties-Objekt verfügt nur über mehrere Eigenschaften. Methoden und Ereignisse werden nicht unterstützt.

Eigenschaft	*Ab VB5*	*Beschreibung*
BackColor, ForeColor		Hintergrund-, Vordergrund-Farbe
DisplayAsDefault		UserControl = Standard-Control
Displayname		Name, der angezeigt werden soll
Font		Kopie des UserControl-Fonts
LocaleID		Sprache u. Land des Benutzers
MessageReflect		Container unterstützt Nachrichtenreflektion
Palette		Bild (bmp, dib, gif, pal), das die Palette enthält
ScaleUnits		Koordinateneinheiten des Containers
ShowGrabHandles		Ziehpunkte zum Verschieben anzeigen
ShowHatching		Container unterstützt Schraffuren
SupportsMnemonics		Container unterstützt Zugriffstasten
TextAlign		Textanordnung, die der Container erwartet
UIDead		Benutzeroberfläche interaktiv?
UserMode		Umgebung im Entwurfs- oder Benutzermodus
Allgemein		
RightToLeft	VB6	Umkehrung der Schreib-/Leserichtung

Tab. 3.52: Die Eigenschaften des AmbientProperties-Objekts.

Eigenschaften	*Read *)*	*Werte*	*Standard*
BackColor	HGFarbe = O.BackColor	System, RGB	
ForeColor	FGFarbe = O.ForeColor	System, RGB	Tab. 3.54
DisplayAsDefault	StdCtrl = O.DisplayAsDefault	{False|True}	False
Displayname	DName = O.DisplayName	String	""
Font	MFont = O.Font	Kopie	MS Sans Serif 8
LocaleID	LID = O.LocaleID	Long	ID des aktuellen System-Gebietsschemas
MessageReflect	MsgReflect = O.MessageReflect	{False|True}	False
ScaleUnits	SU = O.ScaleUnits	String	""
ShowGrabHandles	SGH = O.ShowGrabHandles	{True|False}	True
ShowHatchings	SHatch = O.ShowHatchings	{True|False}	True
SupportsMnemonics	SMnemonics = O.SupportsMnemonics	{False|True}	False
TextAlign	TAlgn = O.TextAlign	Tab. 3.55	0 – General Align
UIDead	UID = O.UIDead	{False|True}	False
UserMode	UMode = O.UserMode	{True|False}	True

*) Präfix O. = AmbientProperties.

Tab. 3.53: Syntax der spezifischen AmbientProperties-Eigenschaften

Eigenschaft	*Wert*	*Entspricht*
BackColor	&H80000005	Systemfarbe für den Fensterhintergrund
ForeColor	&H80000008	Systemfarbe für Fenstertext

Tab. 3.54: Standardwerte für AmbientProperties-BackColor und -ForeColor

Einstellung	*Beschreibung*
0-General	Standard Allgemeine Ausrichtung: Text links, Zahlen rechts. Wenn der Container diese Umgebungseigenschaft nicht implementiert, ist dies der Standardwert.
1-Left	Ausrichten nach links
2-Center	Zentriert ausrichten
3-Right	Ausrichten nach rechts
4-FillJustify	Ausfüllen

Tab. 3.55: Einstellungen für TextAlign

Extender-Objekt

Das Extender-Objekt enthält die Eigenschaften des Steuerelements, die zur Zeit von dem Container des Steuerelements statt von dem Steuerelement selbst gesteuert werden.

Das Extender-Objekt ist verfügbar, wenn die Ereignisse InitProperties oder ReadProperties ausgelöst werden.

Eigenschaften des Extender-Objekts

Extender-Eigenschaften sind entweder

- voreingestellte (Standard-)Eigenschaften oder
- nichtvoreingestellte (Extender-)Eigenschaften, die der jeweilige Container zur Verfügung stellt.

Die in der Tabelle mit X markierten Eigenschaften sind voreingestellte Standard-Eigenschaften des Extender-Objekts.

Eigenschaft	*Ab VB5*	*Eigenschaft*	*Ab VB5*
Allgemein			
Cancel	(X)	Name	(X)
CausesValidation	VB6	Parent	(X)
Container		TabIndex	
Default	(X)	TabStop	
Enabled		Tag	
Index		Visible	(X)

Eigenschaft	*Ab VB5*	*Eigenschaft*	*Ab VB5*
Hilfe			
HelpContextID		WhatsThisHelpID	
ToolTipText			
Position			
Align		Left, Top	
Height, Width			
Drag & Drop			
DragMode		DragIcon	
Datenbank			
DataBindings	VB6	DataFormat	VB6
DataChanged	VB6	DataMember	VB6
DataField	VB6	DataSource	

(X) Voreingestellte Eigenschaften

Tab. 3.56: Die Extender-Eigenschaften (s. Kap. 21)

Methoden des Extender-Objekts

Das Extender-Objekt verfügt über keine spezifischen Methoden.

Methode	*Ab VB5*	*Methode*	*Ab VB5*
Allgemein			
Move			
SetFocus		ZOrder	
Drag & Drop		***Hilfe***	
Drag		ShowWhatsThis	

Tab. 3.57: Gemeinsame Extender-Methoden (s. Kap. 22)

VBControlsExtender-Objekt

Ab VB6 wird das Extender-Objekt zum VBControlsExtender-Objekt wegen der Integration der dynamischen Einfügung von Controls.

Das VBControlsExtender-Objekt verfügt über die oben dargestellten Eigenschaften und Methoden.

VBControlsExtender ist ein deklarierbarer Objekt-Datentyp.

Zusätzlich registriert das VBControlsExtender-Objekt das ObjectEvent-Ereignis, das für die Analyse von Ereignissen geschaffen wurde, die von einem dynamisch hinzugefügten Steuerelement ausgelöst werden.

Ereignis	*Ab Version*	*Beschreibung*
ObjectEvent	VB6	Wird gemeldet, wenn ein der VBControlExtenderVariablen zugeordnetes UserControl ein Ereignis auslöst.

Ereignis	*Syntax*
ObjectEvent	Sub extObj_ObjectEvent (Info As EventInfo)

Tab. 3.58.1: Spezifisches Ereignis des Extender-Objekts

Ereignisse	*Ab VB5*		*Ab VB5*
Allgemein		***Focus-Ereignisse***	
Validate	VB6	GotFocus, LostFocus	
Drag & Drop			
DragDrop		DragOver	

Tab. 3.58.2: Allgemeine Extender-Ereignisse (s. Kap. 23)

Hyperlink-Objekt

Das Hyperlink-Objekt ist oben im Abschnitt 3.2.4 »Hyperlink-Objekt« beschrieben.

ParentControls-Auflistung

```
Anzahl = [UserControl.]ParentControls.Count
Element = [UserControl.]ParentControls(Index)
```

ParentControls (in der VB-Hilfe als Eigenschaft beschrieben!) gibt eine Auflistung der auf dem Container des UserControls stehenden, konstituierenden Steuerelemente zurück.

In den meisten Fällen ist der Container des Steuerelements eine Form. Diese Auflistung funktioniert ähnlich wie die Controls-Auflistung in der Form, aber sie enthält auch die Form selbst.

Die ParentControls-Auflistung verfügt über die allgemeinen Collections-Eigenschaften.

3.4 UserDocument-Objekt

Das UserDocument-Objekt ist das Basisobjekt eines ActiveX-Dokuments. Es hat Ähnlichkeit mit einer normalen Form. Ein ActiveX-Dokument ist ein spezieller Typ eines ActiveX-Objektes, das innerhalb von ActiveX-Containern, wie dem Microsoft Internet Explorer, plaziert und aktiviert werden kann.

Deutsche Bezeichnung: Benutzerdokument

ActiveX-Dokumente sind selbständig laufende Anwendungen. Aber die Funktionalität von ActiveX-Dokumenten ist nur innerhalb eines Containers nutzbar. ActiveX-Dokumente erweitern die Funktionalität des Containers. Sie müssen immer vor dem Container gestartet werden, in dem sie genutzt werden sollen.

Wichtig: Sie können keine eingebetteten Objekte (wie z.B. Excel- oder Word-Dokumente) oder OLE-Container-Steuerelemente in einem UserDocument-Objekt (Benutzerdokument) positionieren.

3.4.1 UserDocument-Eigenschaften

Eigenschaft	*Kurzbeschreibung*	*Entw.*	*LZ*
ContainedControls	Verweis auf ContainedControls-Auflistung	–	R
ContinuousScroll	Benutzerdokument bei Scroll neu zeichnen	R/W	R/W
HScrollSmallChange	Horizontaler Bildlauf in Twips	R/W	R/W
VScrollSmallChange	Vertikaler Bildlauf in Twips	R/W	R/W
Hyperlink	Verweis auf Hyperlink-Objekt	–	R
MinHeight, MinWidth	Minimale Abmessungen, ab denen Scrollbars eingefügt werden	R/W	R/W
ViewPortHeight, ViewPortWidth	Viewport-Abmessungen *)	R/W	R/W
ViewPortLeft, ViewPortTop	Viewport-Position *)	R/W	R/W
Subobjekte (s. unten)			
ContainedControls-Auflistung	Alle zur Laufzeit hinzugefügten Controls	–	R

*) ViewPort ist die innere Fläche des UserDocuments
Eigenschaften analog zu ScaleHeight, ScaleWidth etc.

Tab. 3.59: Die spezifischen UserDocument-Eigenschaften

Eigenschaften	*Read*	*Write*
ContainedControls	Element = Objekt.ContainedControls(Index)	
ContinuousScroll	Kontinuierlich = UserDocument.ContinuousScroll	UserDocument.ContinuousScroll = {True|False}

Eigenschaften	Read	Write
HScrollSmallChange*)	Wert = Objekt.HScrollSmallChange	Objekt.HScrollSmallChange = Wert
VScrollSmallChange*)	Wert = Objekt.VScrollSmallChange	Objekt.VScrollSmallChange = Wert
Hyperlink	Verweis = Objekt.Hyperlink	–
MinHeight **)	Hght! = Objekt.MinHeight	Objekt.MinHeight = Hght!
MinWidth **)	Wdth! = Objekt.MinWidth	Objekt.MinWidth = Wdth!
ViewPortHeight	Hght! = Objekt.ViewportHeight	Objekt.ViewportHeight = Hght!
ViewPortWidth	Wdth! = Objekt.ViewportWidth	Objekt.ViewportWidth = Wdth!
ViewPortLeft	Lft! = Objekt.ViewportLeft	Objekt.ViewportLeft = Lft!
ViewPortTop	Tp! = Objekt.ViewportTop	Objekt.ViewportTop = Tp!

*) LargeChange wird durch die Eigenschaften ViewPortHeight und ViewPortWidth des ViewPort-Objekts festgelegt.
**) Standardeinstellungen von MinHeight und MinWidth entsprechen Height und Width.

Tab. 3.60: Syntax der spezifischen UserDocument-Eigenschaften

Eigenschaft	Beschreibung
Beschrieben bei Formen (s. Abschnitt 3.1)	
ActiveControl	ClipControls
Controls	KeyPreview
MDIForm	
ScrollBars	
Subobjekt der Form-Objekte	
Controls-Auflistung	Controls.Count
Beschrieben bei User-Komponenten (s. Abschnitt 3.2)	
Subobjekt der User-Komponenten	Hyperlink

Tab. 3.61: Gemeinsame UserDocument-Eigenschaften

Eigenschaften	Ab VB5		Ab VB5
Allgemein			
hDC		Parent	
hWnd		RightToLeft	VB6
Name		Tag	
Darstellung			
Appearance		FontName, FontSize etc.	
AutoRedraw		FontTransparent	
BackColor, ForeColor		Image	
CurrentX, CurrentY		MouseIcon	

Eigenschaften	*Ab VB5*		*Ab VB5*
DrawMode, DrawStyle, DrawWidth		MousePointer	
FillStyle, FillColor		Palette, PaletteMode	
Font		Picture	
Position			
Height, Width		ScaleLeft, ScaleTop	
Left, Top		ScaleMode	
ScaleHeight, ScaleWidth			
OLE			
OLEDropMode			

Tab. 3.62: Allgemeinene UserDocument-Eigenschaften (s. Kap. 21)

3.4.2 UserDocument-Methoden

Method	*Ab VB5*	*Kurzbeschreibung*
SetViewPort		Linke, obere Ecke des UserDocuments festlegen

Methode	*Syntax*
SetViewPort	Objekt.SetViewPort links, oben

Tab. 3.63: Die Spezifischen Methoden des UserDocument-Objekts

Methoden	*Kurzbeschreibung*
Formen (s. Abschnitt 3.1)	
PopupMenu	Zeigt ein Menü als Popup-Menü.
User-Komponenten (s. Abschnitt 3.2)	
AsyncRead	Started asynchrones Einlesen [aus der angegebenen Eigenschaft].
CancelAsyncRead	Bricht eine asynchrone Datenanforderung [der angegebenen Eigenschaft] ab.
PropertyChanged	Benachrichtigt den Container von Eigenschaftsänderung [in der angegebenen Eigenschaft].

Tab. 3.64: Gemeinsame Methoden des Userdocument-Objekts

Methode	*Ab VB5*	*Methode*	*Ab VB5*
Grafik			
Circle		PrintForm	
Cls		PSet	
Line		Refresh	

Methode	*Ab VB5*	*Methode*	*Ab VB5*
PaintPicture		Text	
Point		TextHeight, TextWidth	
Allgemein		***OLE***	
SetFocus		OLEDrag	
Position			
Scale		ScaleX, ScaleY	

Tab. 3.65: Allgemeine UserDocument-Methoden

UserDocument-Ereignisse

UserDocument registriert keine spezifischen Ereignisse

Ereignisse	*Ab VB5*	*Kurzbeschreibung*	
User-Komponenten (siehe Abschnitt 3.2)			
AsyncReadComplete		Scroll	VB6
AsyncReadProgress	VB6	Show	
EnterFocus		InitProperties	
ExitFocus		ReadProperties	
Hide		WriteProperties	
Paint			
Formen (siehe Abschnitt 3.1)			
Initialize		Resize	
Terminate			

Tab. 3.66: Gemeinsame UserDocument-Ereignisse

Ereignisse	*Ab VB5*		*Ab VB5*
Benutzeraktionen			
Click		KeyUp	
DblClick		MouseDown	
KeyDown		MouseMove	
KeyPress		MouseUp	
Focus-Ereignisse			
GotFocus		LostFocus	
Drag & Drop			
DragDrop		DragOver	

Ereignisse	*Ab VB5*	*Ab VB5*
OLE		
OLECompleteDrag	OLEGiveFeedBack	
OLEDragDrop	OLESetData	
OLEDragOver	OLEStartDrag	

Tab. 3.67: Allgemeine UserDocument-Ereignisse (s. Kap. 23)

3.4.3 Subobjekte

Die folgenden Subobjekte werden automatisch mit dem UserDocument-Objekt erzeugt:

- ContainedControls-Auflistung
- Controls-Auflistung (siehe Abschnitt 3.1.6)
- Hyperlink-Objekt (siehe Abschnitt 3.2.4)

ContainedControls-Auflistung

```
Element = Objekt.ContainedControls(Index)
Anzahl = Objekt.ContainedControls.Count
```

In der ContainedControls-Auflistung werden alle Steuerelemente eingetragen, die vom Entwickler oder vom Benutzer zur Laufzeit zu dem UserDocument hinzugefügt wurden.

Die Auflistung ist nur verfügbar, wenn der Container die ContainedControls-Eigenschaft besitzt.

VB-Formen unterstützen diese Eigenschaft. Andere Container unterstützen sie möglicherweise nicht. Wenn ContainedControls nicht unterstützt wird, führen Aufrufe der Auflistung zu (abfangbaren) Fehlern.

Die Contained-Auflistung verfügt über:

- Count-Eigenschaft
- Item-Eigenschaft

4 Menüs

Grundlage für die Erstellung eigener Menüs ist die Menu-Klasse. Davon werden einzelne Menüsteuerelemente als Instanzen abgeleitet.

4.1 Menüsteuerelemente

Menüsteuerelemente können

- Menüs,
- Submenüs oder
- Menübefehle (kurz: Befehle)

sein.

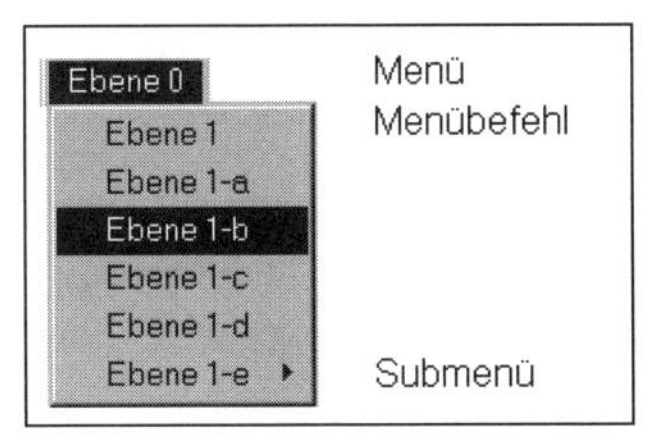

Abb. 4.1: Menü, Menübefehle und Submenü

4.1.1 Menüs

Menüs werden in einer Menüleiste angeordnet. In der Regel werden sie benutzt, um Submenüs zu öffnen.

Für Menüs gelten gegenüber Submenüs oder Menübefehlen zwei wesentliche Einschränkungen:

- Menüs können keine Abkürzungstaste enthalten.
- In Menüleisten ist keine Trennlinie möglich.

4.1.2 Submenüs und Menübefehle

Submenüs sind Menüzeilen, die ihrerseits untergeordnete Menüzeilen öffnen.
Menübefehle sind alle Menüeinträge, deren Anklicken Operationen starten.

Je nach der Anordnung der Menüzeilen unterscheiden wir:

- Pulldown-Menüs
- Popup-Menüs
- Kaskaden-Menüs

Pulldown-Menüs

Pulldown- oder besser Dropdown-Menüs sind die »normalen« an eine Menüleiste gekoppelten Menüfenster, die sich beim Anklicken eines Menüs nach unten öffnen. Wenn Sie ein Menü eine Ebene tiefer anordnen, wird es Submenü unter dem jeweils übergeordneten Menübefehl.

Popup-Menüs

```
PopUpMenu  Menüname
```

Die PopupMenu-Anweisung zeigt (ab VB3) ein Popup-Menü in einem MDIForm- oder Form-Objekt an der aktuellen Mausposition oder an den vorgebbaren Koordinaten an.

Es kann nur jeweils ein Popup-Menü angezeigt werden.

Aufrufe dieser Methode werden ignoriert, wenn bereits ein Popup-Menü angezeigt wird oder ein Dropdown-Menü geöffnet ist.

Zusätzlich zum Menünamen sind optionale Argumente möglich. Benannte Argumente (s. Abschnitt 24.4.4) werden nicht unterstützt.

Die vollständige Syntax ist:

```
' VB3
[Objekt.]PopupMenu Menüname _ [, Flags[, x[, y]]]
' ab VB4
[Objekt.]PopupMenu Menüname _ [,Flags[,x[,y[,FettFormatiert]]]]
```

Eigenschaft	*Kurzbeschreibung*	*siehe*
Flags	Position und Verhalten	Tab. 4.2
X, Y	Ausgabeposition relativ zur angegebenen Form	
Fett	(Nur 32-Bit-Windows) Fett zu markierende Zeile	

Tab. 4.1: Die Parameter der PopupMenu-Anweisung

Wert	*Konstante*	*Bewirkt*
PosFlags		
0	vbPopupMenuLeftAlign	(Voreinstellung) Der linke Rand des Popup-Menüs an der x-Position.
4	vbPopupMenuCenterAlign	Das Popup-Menü ist an der x-Position zentriert.
8	vbPopupMenuRightAlign	Rechter Rand des Popup-Menüs an der x-Position.
KeyFlags		
0	vbPopupMenuLeftButton	(Voreinstellung) Menübefehle reagieren nur auf linke Maustaste.
2	vbPopupMenuRightButton	Menübefehle reagieren auf beide Maustasten
Syntax: Flags = PosFlag [OR KeyFlag]		

Tab. 4.2: Die Flags-Attribute der PopupMenu-Anweisung

Kaskaden-Menüs

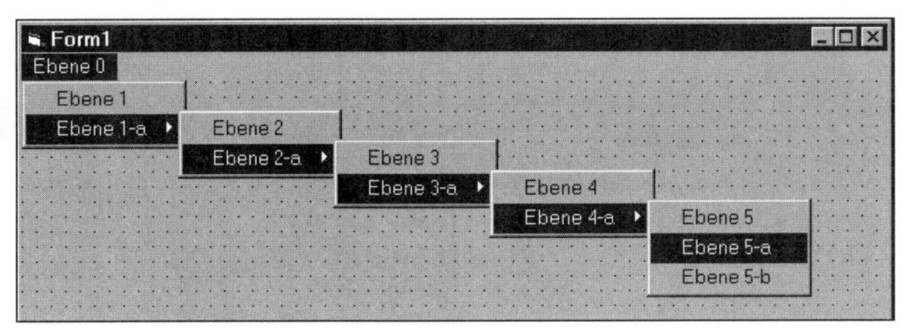

Abb. 4.2: Die Kaskaden des Menüs

Die mehrfache, kaskadenförmige Staffelung hat diesem Menütyp seinen Namen gegeben. Sie können Menüs in bis zu sechs Ebenen einschließlich Hauptmenü staffeln. Bedenken Sie aber bei einer tiefergehenden Staffelung, daß jede Menüebene einen Aufwand für den Benutzer bedeutet.

4.2 Menü-Steuerelement

Ein Menü-Steuerelement (Menu) zeigt ein benutzerdefiniertes Menü für Ihre Anwendung an. Ein Menü kann Befehle, Untermenüs und Trennlinien enthalten. Jedes von Ihnen erstellte Menü kann bis zu fünf Ebenen von Untermenüs haben.

Sie erstellen ein Menü-Steuerelement mit dem Menü-Editor.

In einer MDI-Anwendung ersetzt die Menüleiste einer untergeordneten MDI-Form die Menüleiste des MDIForm-Objekts, wenn die untergeordnete Form aktiv ist.

4.2.1 Die Eigenschaften der Menüs

Eigenschaft	*Ab VB1*	*Kurzbeschreibung*	*Entw.*	*LZ*
Caption *)		Bestimmt den Menü-Text (max. 255 Zeichen)	R/W	R/W
Checked		Markiert ein Menü-Caption	R/W	R/W
NegotiatePosition	VB4	Anzeigen mit OLE-Objekt-Menü wenn Form.NegotiateMenus = True	R/W	–
ShortCut	VB2	Direktzugriffstaste auswählen	R/W	R
Visible **)		Menü anzeigen	R/W	R/W
WindowList	VB2	Bei MDIForm: Liste der aktuell untergeordneten Fenster hier zeigen	R/W	R

*) Ein &-Zeichen markiert nachstehendes Zeichen unterstrichen als Zugriffstaste. && stellt &-Zeichen ohne Unterstrich dar.

**) Erzeugt Fehler von übergeordnetem Menü.

Tab. 4.3: Die spezifischen Eigenschaften des Menü-Steuerelements

Eigenschaft	*Read*	*Write*	*Siehe*
Caption	Bezeichnung = Objekt.Caption	MenuName.Caption = Zeichenfolge	
Checked	IsChecked = MenuName.Checked	MenuName.Checked {False|True}	
NegotiatePosition *)	–	–	Tab. 4.5
ShortCut *)	–	–	
Visible	IsVisible = MenuName.Visible	MenuName.Visible = {False|True}	
WindowList	HasWindowList = [MDIForm.]Menuname.WindowList		

*) nur zur Entwurfszeit schreib- und lesbar.

Tab. 4.4: Die Syntax der spezifischen Menü-Eigenschaften

Einstellung	*Beschreibung*	*Das Menü wird ...*
0	Keine (Voreinstellung)	nicht in der Menüleiste angezeigt, wenn das Objekt aktiv ist.
1	Links	am linken Ende der Menüleiste angezeigt, wenn das Objekt aktiv ist.
2	Mitte	in der Mitte der Menüleiste angezeigt, wenn das Objekt aktiv ist.
3	Rechts	am rechten Ende der Menüleiste angezeigt, wenn das Objekt aktiv ist.

Tab. 4.5: Einstellungen der NegotiatePosition-Eigenschaft

Eigenschaft	*Ab VB1*	*Eigenschaft*	*Ab VB1*
Allgemein			
Enabled		Parent	
Index		Tag	
Name (VB1: CtlName)			
Hilfe			
HelpContextID	VB2		

Tab. 4.6: Allgemeine Eigenschaften des Menü-Steuerelements

4.2.2 Das Click-Ereignis

Menü-Controls registrieren nur das Click-Ereignis.

```
Sub MenuName_Click([Index As Integer])
```

Click wird bei Menüs gemeldet, wenn

- eine Menüzeile markiert ist und die `Return`-Taste gedrückt wird,
- der Benutzer eine Menüzeile mit der Maustaste anklickt,
- wenn die Menüzeile ein Submenü ist und die Zeile durch Verschieben des Balkencursors markiert wird,
- die Taste oder Tastenkombination des Shortcut der Menüzeile gedrückt wurde,
- die Tastenkombination `Alt`+»Zugriffstaste« gedrückt wurde oder
- das Ereignis im Code erzeugt wurde.

4.3 Der Menü-Editor

Sie erstellen für Ihre Projekte die Menüs normalerweise mit dem VB-Menüeditor. Diesen öffnen Sie, wie in der Abbildung gezeigt, entweder mit dem Menü »Extras/Menü-Editor« oder ab VB4 mit dem sich durch rechten Mausklick auf die Form öffnenden Kontextmenü und dann dem Menübefehl »Menü-Editor«

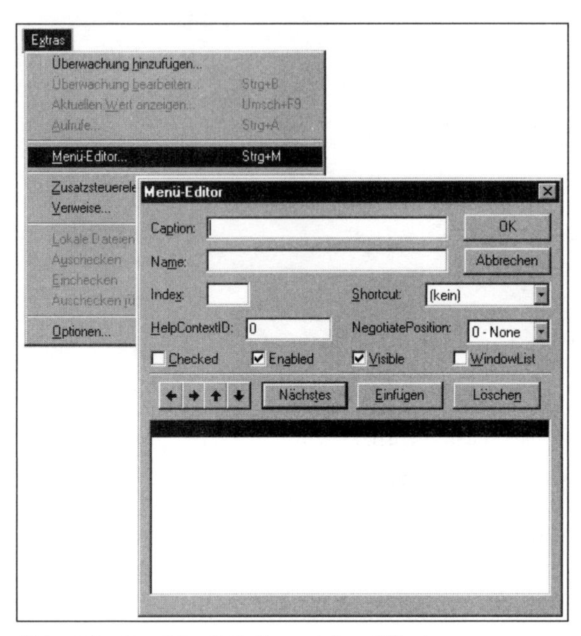

Abb. 4.3: Der Menü-Editor wird geöffnet

5 Textausgabe-Controls

In diesem Kapitel sind die integrierten und Zusatzsteuerelemente zusammengefaßt, die speziell für die Ein- und/oder Ausgabe von Text vorgesehen sind. Sie können außerdem Text auf Form und PictureBox mit der Print-Methode ausgeben.

Klasse	*Deutsche Bezeichnung*	*Beschreibung*
Label	Bezeichnungsfeld	Anzeige von Text, der nicht direkt vom Benutzer geändert wird.
TextBox	Textfeld	Ein- und Ausgabe von Text. Der Gesamttext ist ein Objekt.

Tab. 5.1: Integrierte Controls für Ein- und Ausgabe von Text

Bezeichnung Klasse	*Version*	*Datei*	*Bezeichnung*
Formatierte Bearbeitung	VB2	MSMASKED.VBX	
MaskEdBox	VB3	MSMASKED.VBX	
	VB4-16	MSMASK32.OCX	Microsoft Masked Edit Control 5.0
	VB5	MSMASK32.OCX	Microsoft Masked Edit Control 5.0
	VB6	MSMASK32.OCX	Microsoft Masked Edit Control 6.0
RTF	VB4-32	RICHTX32.OCX	Microsoft Rich Textbox Control 5.0
RichTextBox	VB5	RICHTX32.OCX	Microsoft Rich Textbox Control 5.0
	VB6	RICHTX32.OCX	Microsoft Rich Textbox Control 6.0

Tab. 5.2: Die Text-Zusatzsteuerelemente

5.1 Gemeinsame Eigenschaften, Methoden und Ereignisse der Textausgabe-Controls

Die folgenden Tabellen zeigen die allgemeinen Eigenschaften und Methoden, die mehrere Textausgabe-Controls besitzen, und die allgemeinen Ereignisse, die mehrere Textausgabe-Controls registrieren.

Objekt	*1*	*2*	*3*	*4*		*1*	*2*	*3*	*4*
Eigenschaft	*VB1*	*VB1*	*VB2*	*VB4*	*Eigenschaft*	*VB1*	*VB1*	*VB2*	*VB4*
Allgemein									
Container	4	4	4	x	Object	–	–	5	5
Enabled	x	x	x	x	Parent	x	x	4	x
hWnd	–	2	x	x	TabIndex	x	x	x	x
Index	x	x	x	x	TabStop	–	x	x	x
MouseIcon	4	4	x	x	Tag	x	x	x	x
MousePointer	x	x	4	x	Visible	x	x	x	x
Name	x	x	x	x					
Drag & Drop									
DragIcon	x	x	x	x	DragMode	x	x	x	x
Position									
Height, Width	x	x	x	x	Left, Top	x	x	x	x
Darstellung									
Appearance	4	4	4	x	Font	4	4	4	x
BackColor, ForeColor	x	x	x	x	FontBold, FontItalic etc.	x	x	x	–
BorderStyle	x	x	x	x					
Datenbank									
DataBindings	6	6	6	5	DataFormat	6	6	6	6
DataChanged	3	3	3	x	DataMember	6	6	–	6
DataField	3	3	3	x	DataSource	x	3	3	3
DDE									
LinkItem	x	x	–	–	LinkTimeout	x	x	–	–
LinkMode	x	x	–	–	LinkTopic	x	x	–	–
OLE									
OLEDragMode	–	5	5	5	OLEDropMode	5	5	5	5
Hilfe									
HelpContextID	2	2	x	x	WhatsThisHelpID	4	4	4	x
ToolTipText	5	5	5	5					

Ziffern: VB-Version

Spalten: 1 = Label 2 = TextBox 3 = MaskEdBox 4 = RTF

Tab. 5.3: Allgemeine Eigenschaften der Textausgabe-Controls (s. Kap. 21)

Objekt	*1*	*2*	*3*	*4*		*1*	*2*	*3*	*4*
Methode	*VB1*	*VB1*	*VB2*	*VB4*	*Methode*	*VB1*	*VB1*	*VB2*	*VB4*
Allgemein									
Move	x	x	x	x	SetFocus	–	x	x	x
Refresh	x	x	x	x	ZOrder	2	2	2	x

Objekt *Methode*	*1* *VB1*	*2* *VB1*	*3* *VB2*	*4* *VB4*	*Methode*	*1* *VB1*	*2* *VB1*	*3* *VB2*	*4* *VB4*
Drag & Drop					***OLE***				
Drag	x	x	x	x	OLEDrag	5	5	5	5
DDE									
LinkExecute	x	x	–	–	LinkRequest	x	x	–	–
LinkPoke	x	x	–	–	LinkSend	5	5	–	–
Hilfe									
ShowWhatsThis	4	4	4	x					

Ziffern: VB-Version
Spalten: 1 = Label 2 = TextBox 3 = MaskEdBox 4 = RTF

Tab. 5.4: Allgemeine Methoden der Textausgabe-Controls (s. Kap. 22)

Objekt *Ereignis*	*1* *VB1*	*2* *VB1*	*3* *VB2*	*4* *VB4*	*Ereignis*	*1* *VB1*	*2* *VB1*	*3* *VB2*	*4* *VB4*
Allgemein									
Change	x	x	x	x					
Focus-Ereignisse									
GotFocus	–	x	x	x	LostFocus	–	x	x	x
Benutzeraktionen									
Click	x	x	x	x	MouseDown	x	3	–	x
DblClick	x	x	x	x	MouseMove	x	3	–	x
KeyDown, KeyUp	–	x	x	x	MouseUp	x	3	–	x
KeyPress	–	x	x	x					
Drag & Drop									
DragDrop	x	x	x	x	DragOver	x	x	x	x
DDE									
LinkOpen	x	x	–	–	LinkError	x	x	–	–
LinkClose	x	x	–	–	LinkNotify	x	x	–	–
OLE									
OLECompleteDrag	5	5	5	5	OLEGiveFeedBack	5	5	5	5
OLEDragDrop	5	5	5	5	OLESetData	5	5	5	5
OLEDragOver	5	5	5	5	OLEStartDrag	5	5	5	5

Ziffern: VB-Version
Spalten: 1 = Label 2 = TextBox 3 = MaskEdBox 4 = RTF

Tab. 5.5: Allgemeine Ereignisse der Textausgabe-Controls (s. Kap. 23)

5.2 Label-Control

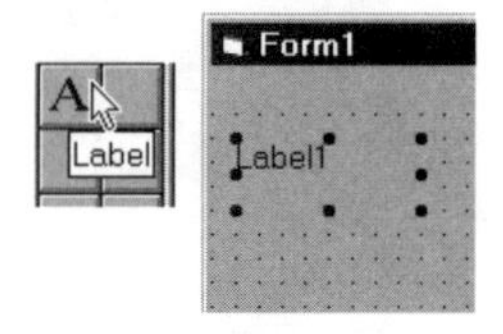

Deutsche Bezeichnung: Bezeichnungsfeld

Klasse: Label

Typ: Integriertes Steuerelement

Label oder Bezeichnungsfeld-Steuerelemente sind grafische Steuerelemente, mit denen Text angezeigt wird, den der Benutzer nicht direkt ändern kann.

Label dienen in der Regel dazu,

- allgemeine Informationen für den Benutzer zu bestimmten Steuerelementen oder Abläufen anzuzeigen;
- als Reaktion auf Ereignisse zur Laufzeit Informationen auszugeben, beispielsweise Statusinformationen zu Programmabläufen.
- Ein Label kann auch das Ziel in einer DDE-Kommunikation darstellen.

Beachten Sie, daß Label nicht den Fokus erhalten können und deshalb keine TabStop-Eigenschaft besitzen. Schaltet der Benutzer mit der Tab-Taste zwischen Elementen weiter, erhält das in der Tabulatorreihenfolge nächstmögliche Steuerelement den Fokus.

Eigenschaften	*Ab VB1*	*Kurzbeschreibung*	*Entwurf*	*LZ*
Alignment		Anordnung des Caption	R/W	R/W
AutoSize		Automatische Größenanpassung	R/W	R/W
BackStyle	VB2	Label durchsichtig oder nicht	R/W	R/W
UseMnemonic *)	VB4	&-Zeichen markiert Zugriffstaste	R/W	R/W
WordWrap	VB2	Zeilenumbruch (wenn AutoSize = True)	R/W	R/W

*) Zugriffstasten werden mit <Alt+Zeichen> genutzt.

Tab. 5.6: Die spezifischen Eigenschaften des Label

Eigenschaften	*Read*	*Write*	*siehe*
Alignment	Wert = Label.Alignment	Label.Alignment = Wert	Tab. 5.8
AutoSize	Wert = Label.AutoSize	Label.AutoSize = {False|True}	
BackStyle *)	Wert = Label.BackStyle	Label.BackStyle = {0|1}	Tab. 5.9

Eigenschaften	*Read*	*Write*	*siehe*
UseMnemonic	IsAcsKey = Label.UseMnemonic	Label.UseMnemonic = {False|True}	
WordWrap *+)	Umbr = Label.WordWrap	Label.WordWrap = {False|True}	

*) Ab VB2 werden die Label (bei Form.AutoRedraw = False) von nachträglich auf der Form mit Print ausgegebenem Text überschrieben, auch wenn BackStyle = 1 (opaque) gesetzt ist!
Tip: Setzen Sie nach dem Form.Print BackStyle zunächst auf 0 und dann wieder auf 1,
oder setzen Sie vor dem Print die Form.AutoRedraw = True (und – optional – danach wieder auf False).

**) Wenn das Bezeichnungsfeld eine feste Breite haben, aber trotzdem unterschiedlich langen Text anzeigen soll, legen Sie nacheinander die Eigenschaften WordWrap = True und AutoSize = True fest.

Tab. 5.7: Die Syntax der spezifischen Eigenschaften des Label

Die allgemeinen Eigenschaften finden Sie in Tabelle 5.3.

Wert	*Konstante*	*Beschreibung*
0	vbLeftJustify	(Voreinstellung). Text wird links ausgerichtet.
1	vbRightJustify	Text wird rechts ausgerichtet.
2	vbCenter	Text wird zentriert.

Tab. 5.8: Alignment-Einstellungen für Label

Wert	*Beschreibung (Keine vordefinierten Konstanten!)*
0	Transparent Grundfarbe des Containers und evtl. darauf vorhandene Grafiken sind hinter dem Steuerelement sichtbar.
1	Undurchsichtig, Opaque (Voreinstellung) Das Label wird durch BackColor ausgefüllt. Farben oder Grafiken des Containers sind nicht sichtbar. Beachten Sie den Hinweis und Tip bei Tab. 5.7!

Tab. 5.9: BackStyle-Einstellungen für Label

Methode	*Ab Version*	*Kurzbeschreibung*
Refresh		Aktualisiert sofort die Label-Ausgabe.
ZOrder *)	VB2	Nur gegenüber grafischen Objekten (Image, Label, Line und Shape) wirksam.

Methode	*Syntax*	*Hinweis*
Refresh	Labelname.Refresh	
ZOrder	ZOrder [{1|0}]	Voreinstellung 1

*) Die Besonderheit ist, daß Label als grafische Objekte in der mittleren Grafikebene liegen und die meisten Controls, die in der darüberliegenden Grafikebene liegen, vom Label nicht überdeckt werden können.

Tab. 5.10: Methoden des Label und ihre Syntax

Label registrieren keine spezifischen Ereignisse. Beachten Sie die Tabelle 5.5.

5.3 TextBox-Control

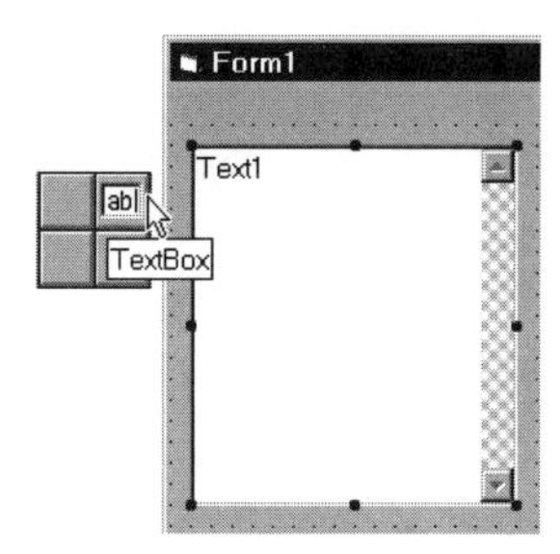

Deutsche Bezeichnung: Textfeld

Klasse: TextBox

Typ: Integriertes Steuerelement

Ein Textfeld-Steuerelement (TextBox, Bearbeitungsfeld) zeigt vom Benutzer eingegebenen Text an oder Text, der dem Steuerelement durch Code zugewiesen wurde.

Eigenschaft	*Ab VB1*	*Kurzbeschreibung*	*Entw.*	*LZ*
Alignment	VB2	Anordnung des Textes bei MultiLine = True	R/W	R
HideSelection	VB2	Textmarkierung bei Fokuswechsel aufheben	R/W	R
Locked	VB4	Änderungen verhindern	R/W	R/W
MaxLength	VB2	Maximale Eingabelänge	R/W	R/W
MultiLine		Mehrzeilige Ausgabe	R/W	R
PasswordChar	VB2	Füllzeichen anstelle Klartext	R/W	R/W
ScrollBars		Bildlaufleisten anzeigen	R/W	R
SelLength		Länge markierter Text	–	R/W
SelStart		Anfangsposition der Markierung (Text-Caret)	–	R/W
SelText		Markierter Text	–	R/W
Text		Gesamter Text (ist ein Objekt)	R/W	R/W

Tab. 5.11: Die spezifischen Eigenschaften der TextBox

Eigenschaft	Read *)	Write *)	Hinweise
Alignment	Wert = TB.Alignment	–	s. Tab. 5.13
HideSelection	IsHSelection = TB.HideSelection	–	
Locked	IsLocked = TB.Locked	TextBoxname.Locked = {False|True}	
MaxLength	Wert = TB.MaxLength	TextBoxName.MaxLength = Wert	
MultiLine	IsML = TB.MultiLine	–	{False|True}
PasswordChar	Zeichen = TextBox.PasswordChar	TextBox.PasswordChar = Zeichen	
ScrollBars	WhatSB = TB.ScrollBars	–	s. Tab. 5.14
SelLength	Anz = TB.SelLength	TextBoxName.SelLength = AnzahlZeichen	
SelStart	POS = TB.SelStart	TextBoxName.SelStart = Position	
SelText	Wert = TB.SelText	TextBoxName.SelText = Wert	
Text	ZS = TB.Text	TextBoxName.Text = Zeichenfolge	**)

*) Präfix TB. = TextBox.

**) Auch bei der SingleLine-TextBox liegt die Maximalzahl der eingelesenen Zeichen bei etwas über 32000 (32756). Ab VB4 können Sie mehrere TextBoxen gleichzeitig mit je 32000 Zeichen auf Ihrer Form haben.

Tab. 5.12: Syntax der spezifischen Eigenschaften der TextBox

Wert	Konstante	Beschreibung
0	vbLeftJustify	(Voreinstellung). Text wird links ausgerichtet.
1	vbRightJustify	Text wird rechts ausgerichtet.
2	vbCenter	Text wird zentriert.

Tab. 5.13: Alignment-Einstellungen für MultiLine-TextBox

Einstellung	Beschreibung
0	None (Voreinstellung, Keine)
1	Horizontal
2	Vertical (Vertikal)
3	Both (Beide)

Tab. 5.14: Einstellungen für TextBox.ScrollBars

5.3.1 TextBox-Methoden und -Ereignisse

Die TextBox verfügt über keine spezifischen Methoden und registriert keine spezifischen Ereignisse.

Die allgemeinen Methoden finden Sie in Tabelle 5.4, die allgemeinen Ereignisse in Tabelle 5.3.

5.4 MaskEdBox

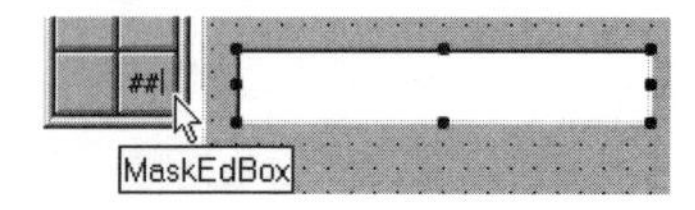

Deutsche Bezeichnung: Formatiertes Bearbeitung-Steuerelement

Klassenname: MaskEdBox

Typ: Zusatzsteuerelement

Version	*Datei*	*Bezeichnung in Komponenten-Liste*
VB2	MSMASKED.VBX	
VB3	MSMASKED.VBX	
VB4-16	MSMASK32.OCX	Microsoft Masked Edit Control 5.0
VB5	MSMASK32.OCX	Microsoft Masked Edit Control 5.0
VB6	MSMASK32.OCX	Microsoft Masked Edit Control 6.0

MaskEdBox ermöglicht eingeschränkte Datenein- und formatierte Datenausgaben.

- MaskEdBox ist eine einzeilige TextBox mit Erweiterungen für optional formatierte Ein- und Ausgaben.
- Für formatierte Ein- und Ausgaben können Strings aus Eingabestellen, Trennzeichen und Literalen (Nichteingabestellen) vorgegeben werden.
- Die MaskEdBox verfügt unter Win95 über das TextBox-Kontextmenü.
- Die MaskdEdBox hat drei gebundene Eigenschaften: DataChanged, DataField und DataSource.
  Wird der Wert des Feldes gelesen, auf den sich die DataField-Eigenschaft bezieht, wird er nach Möglichkeit in eine Zeichenfolge für die Text-Eigenschaft umgewandelt.
  Ist die Datensatzgruppe aktualisierbar, so wird die Zeichenfolge in den Datentyp des Feldes umgewandelt.
- Die Optionen zum dynamischen Datenaustausch (DDE) sind nicht integriert.

5.4.1 Die Eigenschaften

Eigenschaft	*Ab VB2*	*Kurzbeschreibung*	*Entw.*	*LZ*
AllowPrompt		PromptChar zulässiges Eingabezeichen?	R/W	R/W
AutoTab		Nach der Eingabe Fokus auf nächstes Control in der Aktivierreihenfolge?	R/W	R/W

Eigenschaft	*Ab VB2*	*Kurzbeschreibung*	*Entw.*	*LZ*
ClipMode	VB 4	Literale (Formatierungszeichen) bei Ausschneide-/Kopierbefehl?	R/W	R/W
ClipText		Text ohne Literale	–	R
Format		Format, wenn MaskEdBox Fokus verliert.	R/W	W
FormattedText		Text, wenn MaskEd nicht den Fokus hat.	–	R
Mask		Format der Eingabe. Literale werden bei der Eingabe übersprungen.	R/W	W
MaskLength		Maximale Zeichenzahl (1 bis 64)	R/W	R/W
PromptChar		Platzhalter der Eingabeposition Standardwert = "_"	R/W	R/W
PromptInclude		Prompt-Zeichen als Zeichen zulässig. *)	R/W	R/W

*) Ist die MaskEdBox an ein Daten-Steuerelement gebunden, bestimmt die PromptInclude-Eigenschaft, wie das Datensteuerelement den Inhalt der gebundenen Text-Eigenschaft liest.

Tab. 5.15: Die spezifischen MaskEdBox-Eigenschaften

Eigenschaften	*Read*	*Write*	*Siehe*
AllowPrompt	IsAllowPrompt = M.AllowPrompt	M.AllowPrompt = {True|False}	
AutoTab	IsAutoTab = M.AutoTab	M.AutoTab = {True|False}	
ClipMode	IsClipMode = M.ClipMode	M.ClipMode = Einstellung	Tab. 5.17
ClipText	TextOhneLiterale = M.ClipText	–	
Format	–	M.Format = F *)	Tab. 5.18ff.
FormattedText	FormatierterText = M.FormattedText	–	
Mask	–	M.Mask = Zeichenfolge$	Tab. 5.24
MaskLength	Lg = M.MaxLength	M.MaxLength = Einstellung%	
PromptChar	DasEingabezeichen$ = M.PromptChar	M.PromptChar = EinZeichen$	
PromptInclude	IsPromptInclude = M.PromptInclude	M.PromptInclude = {True|False}	
HideSelection	IsHideSelection = M.HideSelection	M.HideSelection= IsHideSelection	
SelStart	Index = M.SelStart	M.SelStart = Index	
SelLength	Zeichenzahl = M.SelLength	M.SelLength = Zeichenzahl	
SelText	Zeichen$ = M.SelText	M.SelText = Zeichen$	
Text	KompletterText = M.Text	M.Text = Zeichenfolge$	

M = MaskEdBox-Name
*) Vor VB4: F = Format$
Ab VB4: F = PosFormat$ [; [NegFormat$][; [NullFormat$][; [KeinFormat$]]]]

Tab. 5.16: Syntax der spezifischen MaskEdBox-Eigenschaften

Die allgemeinen Eigenschaften der MaskEdBox finden Sie Tabelle 5.3.

Wert	*Konstante*	*Literalzeichen sind beim Ausschneiden oder Kopieren ...*
0	mskIncludeLiterals	eingeschlossen.
1	mskExcludeLiterals	ausgeschlossen.

Tab. 5.17: ClipMode-Einstellungen

Argument	*Legt fest die Anzeige ...*
PosFormat$	von positiven Werten.
NegFormat$	von negativen Werten.
NullFormat$	von Nullwerten.
KeinFormat$	nicht vorhandenen und leeren Werten.

Tab. 5.18: Die Format-Argumente ab VB4

Datentyp	*Wert*	*Beschreibung*
		(Voreinstellung) Leere Zeichenfolge. Eingabe unverändert.
Zahl	0	Festes Zahlenformat. Mindestens eine Stelle.
Zahl	0%	Prozentformat. Werte mal 100 und Prozentzeichen.
Zahl	0.00E+00	Wissenschaftliches Format.
Zahl	#,##0	Kommazahlenformat (US-Schreibweise).
Zahl	$#,##0.00; ($#,##0.00)	Währungsformat. (US-Schreibweise). Stellt negative Werte in Klammern dar.

Tab. 5.19: Zahlenformatierung

Datentyp	*Wert*	*Beschreibung*
Datum/Zeit	c	(Voreinstellung) Allgemeines Datums- und Zeitformat.
Datum/Zeit	ddddd	Kurzes Datumsformat, wie in den Ländereinstellungen. Beispiel: 26.5.92.
Datum/Zeit	dddddd	Langes Datumsformat, wie in den Ländereinstellungen. Beispiel: Dienstag, 26. Mai 1992.
Datum/Zeit	dd-mmm-yy	Mittleres Datumsformat. Beispiel: 26. Mai 92.
Datum/Zeit	ttttt	Langes Uhrzeitformat, wie in den Ländereinstellungen. Beispiel: 05:36:17.
Datum/Zeit	hh:mm AM/PM	Mittleres Uhrzeitformat. Beispiel: 05:36 A.M.
Datum/Zeit	hh:mm	Kurzes Uhrzeitformat. Beispiel: 05:36.

Tab. 5.20: Datum/Zeit-Formatierung

Mask-String	*Ergibt*
Nullzeichenfolge	(Voreinstellung) Kein Format. Verhält sich wie ein normales Textfeld.
##-???-##	Mittellanges Datum (USA). Beispiel: 20-May-92
##-##-##	Kurzes Datum (USA). Beispiel: 05-20-92

Mask-String	*Ergibt*
##:## ??	Mittellange Uhrzeit. Beispiel: 05:36 AM
##:##	Kurze Uhrzeit. Beispiel: 17:23
Zeichen	*Beschreibung*
#	Ziffern-Platzhalter.
?	Buchstaben-Platzhalter
A	Platzhalter für alphanumerische Zeichen.
&	Zeichen-Platzhalter. Gültig: ANSI-Zeichen 32-126 und 128-255.
. (Punkt)	Dezimaltrennzeichen gemäß Ländereinstellungen. Dezimaltrennzeichen wird als Literal (s. letzte Zeile) interpretiert. Bei MSMASKED.VBX wird anstelle des Punktes immer ein Komma ausgegeben.
, (Komma)	Tausendertrennzeichen und Datumstrennzeichnen. Tausendertrennzeichen gemäß Ländereinstellungen. Zeichen wird als Literal (s. letzte Zeile) interpretiert. Bei MSMASKED.VBX wird anstelle des Komma immer ein Punkt ausgegeben.
: (Doppelpunkt)	Trennzeichen für Zeitangaben. Trennzeichen gemäß Ländereinstellungen. Zeichen wird als Literal (s. letzte Zeile) interpretiert.
/ (Slash/Schrägstrich)	Trennzeichen für Datumsangaben. Trennzeichen gemäß Ländereinstellung. Zeichen wird als Literal (s. letzte Zeile) interpretiert.
\ (Backslash)	Das dem Backslash nachfolgende Zeichen wird als Literal verwendet. Damit können Sie die Zeichen '#', '&', 'A' und '?' in der Formatierung verwenden. Zeichen wird als Literal (s. letzte Zeile) interpretiert.
Literal	Alle anderen Symbole werden als Literale (also die Zeichen und Symbole selbst) dargestellt.

Tab. 5.21: Die Formatierungs-Zeichenfolgen für Mask

5.4.2 MaskEdBox-Methoden und -Ereignisse

MaskEdBox verfügt über keine spezifischen Methoden. Bitte beachten Sie die Tabelle 5.4.

Ereignis	*Ab VB2*	*Wird gemeldet, wenn ...*
ValidationError		die Eingabe ist unzulässig ist. Zulässige Eingaben werden in Mask festgelegt.

Ereignis	*Syntax*
ValidationError	Private Sub MaskEdBoxName_ValidationError (InvalidText As String; StartPosition As Integer) *)

*) InvalidText ist der Wert von Text (einschließlich des unzulässigen Textteils).
StartPosition ist die Stelle des (ersten) falschen Zeichens.

Tab. 5.22: Das spezifische Ereignis der MaskEdBox und seine Syntax

Die allgemeinen Ereignisse finden Sie in Tabelle 5.5.

5.5 RichTextBox (RTF)

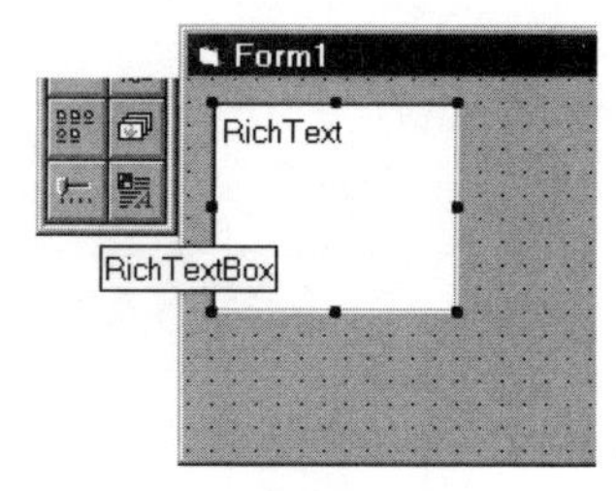

Deutsche Bezeichnung: RichText-Steuerelement

Klassenname: RichTextBox

Typ: 32-Bit Zusatzsteuerelement

Version	*Datei*	*Bezeichnung*
VB4-32	RICHTX32.OCX	Microsoft Rich Textbox Control 5.0
VB5	RICHTX32.OCX	Microsoft Rich Textbox Control 5.0
VB6	RICHTX32.OCX	Microsoft Rich Textbox Control 6.0

Das RTF-Steuerelement (RichTextBox) ermöglicht dem Benutzer Anzeige, Eingabe und Bearbeiten von formatiertem Text.

Im Gegensatz zur TextBox, bei der der Text ein zusammenhängendes Objekt ist, auf das sich Font- und Color-Eigenschaften insgesamt beziehen, kann bei der RTF-Box jedes Zeichen als Einzelobjekt individuelle Eigenschaften besitzen. Der RTF-Text (ab VB6 in TextRTF) enthält zusätzlich zu dem Text die entsprechenden Formatierungsanweisungen.

5.5.1 Eigenschaften

Eigenschaften	*Ab Version*	*Kurzbeschreibung*	*Entw.*	*LZ*
AutoVerbMenu	VB5	Kontextmenü des OLE-Objekts zeigen?	R/W	R/W
BulletIndent		Einzug hinter Bullet (Aufzählungspunkt) wenn SelBullet = True	R/W	R/W
DisableNoScroll		Scrollbars zeigen	R/W	R/W
OLEObjects	VB5	Verweis auf die OLEObjects-Auflistung	–	R/
RightMargin		Rechter Randabstand in Twips	R/W	R/W

Tab. 5.23: Spezifische RTF-Eigenschaften Teil 1

Eigenschaften	*Read*	*Write*	*Hinweis*
AutoVerbMenu	Wert = RTF.AutoVerbMenu	RTF.AutoVerbMenu = Wert	
BulletIndent	Texteinzug = RTF.BulletIndent	RTF.BulletIndent = Texteinzug	Abb. 5.1
DisableNoScroll	ShowsScrollBars = RTF.DisableNoScroll	RTF.DisableNoScroll = ShowsScrollBars	
OLEObjects	EinzelObjekt = RTF.OLEObject(Index)	–	Tab. 5.40 ff
RightMargin	RandRechts = RTF.RightMargin	RTF.RightMargin = RandRechts	Default: 0 *)

*) Ab VB6: Bei Standardeinstellung RightMargin = 0 wird der Text am rechten Rand umbrochen.
Vor VB6: RightMargin muß beim Laden der RTF-Box explizit gesetzt werden. Erst dann erfolgt (auch bei RightMargin = 0) ein Umbruch am rechten Rand.

Tab. 5.24: Syntax der spezifischen RTF-Eigenschaften Teil 1

Eigenschaften	*Ab VB4-32*	*Ausgewählter Text wird ...*	*Entw.*	*LZ*
SelAlignment		im markierten oder Absatz mit dem Caret angeordnet.	–	R/W
SelBold, SelItalic,		mit Font-Eigenschaften versehen.	–	R/W
SelStrikethru, SelUnderline		mit Font-Eigenschaften versehen.	–	R/W
SelBullet		mit Einrückmarken versehen.	–	R/W
SelCharOffset		auf Grundlinie oder hoch-/tiefgestellt.	–	R/W
SelColor		in Farbe ausgegeben.	–	R/W
SelFontName		in Fonttyp verwandelt.	–	R/W
SelFontSize		mit dieser Größe gezeigt.	–	R/W
SelHangingIndent		zweiter Einrückungsebene versehen.	–	R/W
SelIndent		mit linkem Randabstand (erste Einr.Ebene) ausgegeben.	–	R/W
SelProtected	VB5	gegen Änderung geschützt.	–	R/W
SelRightIndent		mit rechtem Randabstand ausgegeben.	–	R/W
SelRTF		im RTF-Format zurückgegeben oder ersetzt.	–	R/W
SelTabCount		Anzahl der Tabs im markierten oder dem Caret folgenden Abschnitt.	–	R/W
SelTabs		Verweis auf die Tabs (SelTabs(Index)).	–	R/W
TextRTF	VB6	Gesamter Text einschließlich RTF-Code.	–	R/W

Tab. 5.25: Spezifische Eigenschaften RTF-Eigenschaften Teil 2

Eigenschaften	*Read*	*Write*	*Hinweis*
SelAlignment	Wert = RTF.SelAlignment	RTF.SelAlignment = Wert	s. Tab. 5.27
SelBold	IsBold = RTF.SelBold	RTF.SelBold = {False|True}	s. Tab. 5.28
SelItalic	IsItalic = RTF.SelItalic	RTF.SelItalic = {False|True}	s. Tab. 5.28

Eigenschaften	*Read*	*Write*	*Hinweis*
SelStrikeThru	IsStrikeThru = RTF.SelStrikethru	RTF.SelStrikethru = {False|True}	s. Tab. 5.28
SelUnderline	IsUnderline = RTF.SelUnderline	RTF.SelUnderline = {False|True}	s. Tab. 5.28
SelBullet	Wert = RTF.SelBullet	RTF.SelBullet = Wert	beachte BulletIndet
SelCharOffset	Offset-Art = RTF.SelCharOffset	RTF.SelCharOffset = Wert	s. Tab. 5.29
SelColor	Farbe& = RTF.SelColor	RTF.SelColor = RGB-Farbe	
SelFontName	FontName = RTF.SelFontName	RTF.SelFontName = FontName	
SelFontSize	PTHeight = RTF.SelFontSize	RTF.SelFontSize = Punkte	max. 2160 Punkte
SelHangingIndent	ZweiteEinrückung = RTF.SelHangingIndent	RTF.SelHangingIndent = Wert	
SelIndent	ErsteEinrückung = RTF.SelIndent	RTF.SelIndent = Wert	
SelRightIndent	RechterRand = RTF.SelRightIndent	RTF.SelRightIndent = Wert	
SelProtected	geschützt = RTF.SelProtected	RTF.SelProtected = {False|True}	s. Tab. 5.30
SelRTF	RTFCode = RTF.SelRTF	RTF.SelRTF = Zeichenfolge	
SelTabCount	Anzahl = RTF.SelTabCount	RTF.SelTabCount = Anzahl	
SelTabs	Position = RTF.SelTabs(Index)	RTF.SelTabs(Index) = Position	
TextRTF	RTFText = RTF.TextRTF	RTF.TextRTF = FormatText	

Tab. 5.26: Syntax der spezifischen RTF-Eigenschaften Teil 2

In Tabelle 5.3 finden Sie die gemeinsamen, allgemeinen Eigenschaften.

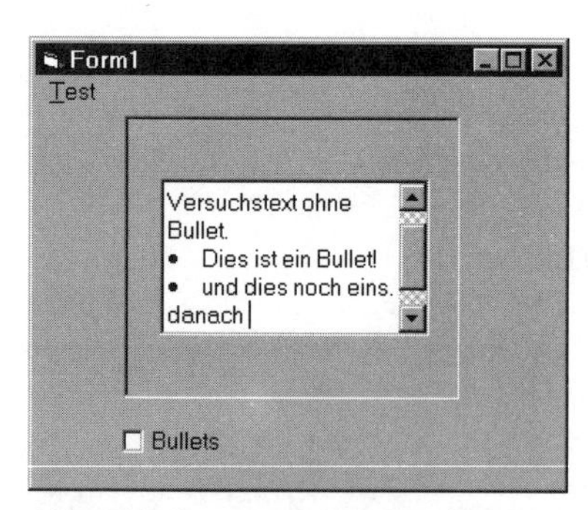

Abb. 5.1: So sehen Bullets (Aufzählungsmarken) aus

Wert	*Konstante*	*Beschreibung*
Null		(Nur Rückgabewert) Nicht eindeutig. Die aktuelle Auswahl umfaßt mehrere Absätze mit unterschiedlichen Ausrichtungen.
0	rtfLeft	(Voreinstellung) Linksbündig. Der Absatz wird am linken Rand ausgerichtet.
1	rtfRight	Rechtsbündig. Der Absatz wird am rechten Rand ausgerichtet.
2	rtfCenter	Zentriert. Der Absatz wird mittig zwischen dem rechten und dem linken Rand ausgerichtet.

Tab. 5.27: SelAlignment-Konstanten

Einstellung	*Beschreibung*
Null	Nicht eindeutig. Die aktuelle Auswahl oder der nach der Einfügemarke stehende Text enthält Zeichen mit unterschiedlichen Schriftstilen.
True	Alle ausgewählten oder hinter der Einfügemarke stehenden Zeichen besitzen den entsprechenden Schriftstil.
False	(Voreinstellung) Keines der ausgewählten oder hinter der Einfügemarke stehenden Zeichen besitzt den entsprechenden Schriftstil.

Tab. 5.28: Rückgabewerte und Einstellungen für SelBold etc.

Offset	*Beschreibung*
Null	Nicht eindeutig. Die Auswahl umfaßt Zeichen mit unterschiedlichem Offset.
0	Normal (Voreinstellung). Sämtliche Zeichen erscheinen auf der Zeilengrundlinie.
Positive Ganzzahl	Hochgestellt. Die Zeichen erscheinen die angegebene Anzahl Twips über der Grundlinie.
Negative Ganzzahl	Tiefgestellt. Die Zeichen erscheinen die angegebene Anzahl Twips unter der Grundlinie.

Tab. 5.29: Die Einstellungen für SelCharOffset

Wert	*Beschreibung*
Null	(Nur Rückgabe) Die Auswahl enthält sowohl geschützte als auch ungeschützte Zeichen.
True	Alle Zeichen in der Auswahl sind geschützt.
False	Keines der Zeichen in der Auswahl ist geschützt.

Tab. 5.30: Die Einstellungen für SelProtected

5.5.2 RTF-Methoden und Ereignisse

Methoden	*Ab 4-32*	*Kurzbeschreibung*
Find		Nach einem String suchen
GetLineFromChar		Zeilennummer eines Zeichens
LoadFile		RTF laden
SaveFile		RTF speichern
SelPrint		Markierter, sonst gesamter Text als RTF-Text an den Drucker
Span		Suchtext hervorheben
UpTo		Einfügemarke vor Suchtext bewegen.

Tab. 5.31: Die spezifischen Methoden von RTF

Methode	*Syntax*	*siehe*
Find *)	Position = RTF.Find (bstrString [, vStart[, vEnd[, vOptions]]]) *)	Tab. 5.33 f.
GetLineFromChar	Zeilennummer = RTF.GetLineFromChar(iChar) **)	
LoadFile	RTF.LoadFile bstrFileName[, vFileType] ***)	Tab. 5.35
SaveFile	RTF.SaveFile bstrFileName[, vFileType] ***)	Tab. 5.35
SelPrint	RTF.SelPrint hDC ****)	
Span	RTF.Span bstrCharacterSet[, vForward[, vNegate]] +)	Tab. 5.36f.
UpTo	RTF.Upto bstrCharacterSet[, vForward[, vNegate]] +)	Tab. 5.36f.

Alle Argumente können als benannte Argumente (s. Abschnitt 24.4.4) übergeben werden.

*) bstrString = Suchstring

**) iChar = ZeichenPosition
Zeilennummer und ZeichenPosition kennzeichnen die Position jeweils beginnend mit 0.

***) bstrFilename = Pfad+Dateiname vFileType = Dateityp

***) Gerätekontext des Printer-Objekts vorher initialisieren (Printer.Print "").

+) bstrCharacterSet = Zeichenmenge vForward = Vorwärts vNegate = negieren

Tab. 5.32: Die Syntax der spezifischen Methoden von RTF

Die gemeinsamen, allgemeinen Methoden finden Sie in Tabelle 5.4.

vStart	*vEnd*	*Suchverhalten*
+	+	Suchbereich vom Anfangspunkt bis zum Endpunkt.
+	./.	Suchbereich vom Anfangspunkt bis zum Ende des Textes.
./.	+	Suchbereich von der aktuellen Caret-Position bis zum Endpunkt.
./.	./.	Ist Text ausgewählt, wird der jeweils ausgewählte Text durchsucht. Ist kein Text ausgewählt, wird der gesamte Text durchsucht.

\+ angegeben ./. nicht angegeben

Tab. 5.33: Die Wirkung der Argumente vStart und vEnd für Find

Wert	*vOptions*	*Gibt an, ob ...*
2	rtfWholeWord	eine Übereinstimmung bei einem ganzen Wort oder einem Wortfragment vorliegt.
4	rtfMatchCase	eine Übereinstimmung auch durch die Groß- und Kleinschreibung bestimmt ist.
8	rtfNoHighlight	die übereinstimmenden Zeichenfolgen im RTF hervorgehoben werden.

Tab. 5.34: Die Einstellungen für Optionen (vOptions) bei Find

Wert	*Dateityp*	*Beschreibung*
0	rtfRTF	RTF (Voreinstellung). Die geladene Datei muß eine gültige .RTF Datei sein.
1	rtfText	Text. Die geladene Datei kann eine beliebige Textdatei sein.

Tab. 5.35: Dateityp-Einstellungen (vFileType) für LoadFile und Savefile

Einstellung	*Der hervorzuhebende Text wird ...*
True	von der aktuellen Position der Einfügemarke oder vom Anfang der aktuellen Hervorhebung nach unten, in Richtung zum Textende, gesucht. (Voreinstellung)
False	von der aktuellen Position der Einfügemarke oder vom Anfang der aktuellen Hervorhebung nach oben, in Richtung zum Textanfang, gesucht.

Tab. 5.36: Einstellungen für vorwärts (vForward) bei Span

Einstellung	*Die im hervorgehobenen Text enthaltenen Zeichen ...*
True	entsprechen den Zeichen, die im Argument Zeichenmenge nicht erscheinen. Dem ausgewählten Text werden keine Zeichen mehr hinzugefügt, sobald das erste Zeichen, das im Argument Zeichenmenge enthalten ist, gefunden wird.
False	entsprechen den Zeichen, die im Argument Zeichenmenge erscheinen. Die Auswahl wird abgeschlossen, sobald das erste Zeichen, das nicht im Argument Zeichenmenge erscheint, gefunden wird. (Voreinstellung).

Tab. 5.37: Einstellungen für negieren (vNegate) bei Span

Einstellung	*Die Einfügemarke wird ...*
True	(Voreinstellung) vorwärts bewegt, in Richtung Textende.
False	rückwärts bewegt, in Richtung Textanfang.

Tab. 5.38: Einstellungen für vorwärts (vForward) bei UpTo

Einstellung	*Zum Bewegen der Einfügemarke werden die Zeichen verwendet, ...*
True	die nicht im Argument Zeichenmenge angegeben sind.
False	die im Argument Zeichenmenge angegeben sind (Default).

Tab. 5.39: Einstellungen für negieren (vNegate) bei UpTo

RTF registriert keine spezifischen Ereignisse. Die gemeinsamen, allgemeinen Ereignisse von RTF finden Sie in Tabelle 5.5.

Hat die RichTextBox den Fokus, werden trotz Form.KeyPreview = True keine Key-Ereignisse an die Form gesandt. Sollen Key-Ereignisse verarbeitet werden, müssen Sie dies außer in der Form auch in den entsprechenden Ereignisprozeduren des RTF-Controls tun oder aus diesen auf die Form-Ereignisse umschalten.

5.5.3 Subobjekte

Die RTF-Klasse verfügt ab VB5 über zwei Sub-Objektklassen:

- OLEObjects-Auflistung
- OLEObject-Objekt

Jedes Objekt, das in das Steuerelement eingefügt ist, wird von einem OLEObject-Objekt dargestellt. Dies kann beispielsweise eine eingebettete Excel-Tabelle, ein Word-Dokument oder ein anderes, auf Ihrem System registriertes OLE-Objekt sein.

Um manuell Objekte in das RTF-Steuerelement einzufügen, zieht der Benutzer mit der Maus einfach die jeweilige Datei (beispielsweise aus dem Explorer von Windows 95) oder den markierten Bereich einer Datei, die in einer anderen Anwendung (z.B. Microsoft Word) geöffnet ist, auf das Steuerelement und legt dieses Objekt dort ab.

OLE-Objekte können vom Benutzer markiert, ausgeschnitten oder kopiert werden. Dazu unterstützt jedes Objekt ein Bearbeiten-Kontextmenü. Dafür muß RTF.AutoVerbMenu = True gesetzt sein.

OLE-Objekte unterstützen keine Sel...-Eigenschaften (z.B. SelBold, Selitalic usw.).

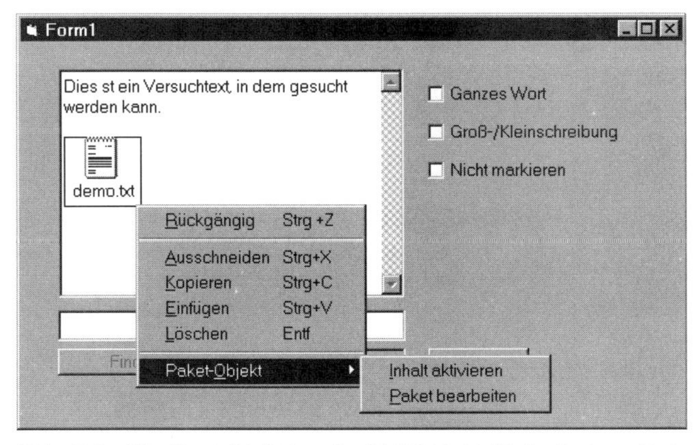

Abb. 5.2: Ein Textobjekt ist als OLEObjekt (Paket) eingefügt

5.5.4 OLEObjects-Auflistung

Jedes eingebettete OLE-Objekt, das in dem RTF-Steuerelement erstellt wurde, wird in die OLEObjects-Auflistung aufgenommen.

Eigenschaft	*Beschreibung*	*Entw.*	*LZ*
Count	Anzahl der Elemente in der OLEObjects-Auflistung.	–	R
Item	Durch die Kennung *) bestimmtes Element (OLEObject-Objekt) der OLEObjects-Auflistung.	–	R

*) Kennung = Index oder Key

Tab. 5.40.1: Eigenschaften der OLEObjects-Auflistung

Eigenschaft	*Syntax *)*	*Bemerkungen*
Count	Anz = Obj.Count	
Item	Element = Obj.Item([Kennung])	

*) Obj = RTF.OLEObjects Kennung = Index oder Key

Tab. 5.40.2: Syntax der Eigenschaften der OLEObjects-Auflistung

Methode	*Beschreibung*
Add	Fügt der OLEObjects-Auflistung ein OLEObject-Objekt hinzu.
Clear	Löscht alle OLEObject-Objekte in der OLEObjects-Auflistung.
RemoveItem	Entfernt ein bestimmtes OLEObject aus der OLEObjects-Auflistung.

Tab. 5.41.1: Methoden der OLEObjects-Auflistung

Methode	*Syntax*)*
Add	AktObj = Obj.Add ([Index], [Key], source[, objclass]) **)
Clear	Obj.Clear
RemoveItem	Obj.RemoveItem(Kennung)

*) Obj = RTF.OLEObjects Kennung = Index oder Key
**) source (erforderlich): Quelldatei-Name oder doppelte Anführungszeichen "" (Leerstring)
objclass (optional) :ProgID, welche von OLE in der Systemregistrierung verwendet wird. Haben Sie einen Dateinamen für source angegeben, wird objclass ignoriert.

Tab. 5.41.2: Syntax der Methoden der OLEObjects-Auflistung

5.5.5 OLEObject-Objekt

```
EinzelObjekt = Objekt.OLEObjects(Index)
```

Die OLEObjects-Auflistung enthält die Liste der zur RTF-Box gehörenden OLEObject-Objekte.

Eigenschaft	*Beschreibung*	*Entw.*	*LZ*
Class	Name der OLE-Klasse des eingefügten Objekts	–	R
DisplayType	Inhalt oder das Symbol des Objekts anzeigen?	–	R/W
Index	Lfd.-Nummer (ab 0 zählend), die das eingefügte Objekt in der OLEObjects-Auflistung eindeutig identifiziert.	–	R
Key	Eindeutige Zeichenfolge, die das Element in der OLEObjects-Auflistung bezeichnet.	–	R/W
ObjectVerbs	Array aus Zeichenfolgen. Die vom Objekt unterstützten Verben (Menübefehle). Wichtig: FetchVerbs muß vorher aufgerufen werden.	–	R
ObjectVerbFlags	Array aus Ganzzahlen. Die Zustandsattribute der ObjectVerbs.	–	R
ObjectVerbsCount	Anzahl der vom Objekt unterstützten Verben. Entspricht Anzahl der Elemente in ObjectVerbs und ObjectVerbFlags.	–	R

Tab. 5.42.1: Eigenschaften der OLEObject-Objekte

Eigenschaft	*Read *)*	*Write *)*	*siehe*
Class	Klasse = Obj(K).Class	–	
DisplayType	Einstellung = Obj(K).DisplayType	Obj(K).~ DisplayType = Wert	Tab. 5.43
Index	Index = Obj(Key).Index	–	**)
Key	Schluessel$ = Obj(Index).Key	Obj(Index).Key = Wert$	

Eigenschaft	*Read *)*	*Write *)*	*siehe*
ObjectVerb~Flags	Flags() = Obj(K).~ ObjectVerbFlags	–	
ObjectVerbs~Count	Anz = Obj(K). ObjectVerbsCount	–	
ObjectVerbs	MenBefehle() = Obj(K). ObjectVerbs As Variant	–	

*) Präfix Obj = RTF.OLEObjects K = Kennung d.h. Index oder Key
**) Unterster Index = 0

Tab. 5.42.2: Syntax der Eigenschaften der OLEObject-Objekte

Wert	*Konstante*	*Im RTF-Steuerelement werden angezeigt...*
0	rtfDisplayContent	... die Daten des Objekts.
1	rtfDisplayIcon	... das Symbol des Objekts.

Tab. 5.43: Einstellungen für OLEObject-DisplayType

Methode	*Syntax *)*	*Bemerkungen*
DoVerb	Obj(K).DoVerb([verb])	Führt das Objektverb der ObjectVerbs-Auflistung aus, das durch den Index verb angegeben wird.
FetchVerbs	[Wert =] Obj(K).FetchVerbs()	Ruft die vom Objekt unterstützten Verben ab. **)

*) Obj = RTF.OLEObjects K = Kennung d.h. Index oder Key
**) Die FetchVerbs-Methode muß vor dem Zugriff auf ObjectVerbs, ObjectVerbFlags und ObjectVerbsCount aufgerufen werden.

Tab. 5.44: Methoden der OLEObject-Objekte

5.6 Text und String

Text-Eigenschaft und String-Datentyp stehen in engem Zusammenhang miteinander. Häufig werden Text-Werte einem String zugewiesen, und umgekehrt. Dabei sind Gemeinsamkeiten und Unterschiede zu beachten.

Version	*Stringspeicher*	*TextBox-Text*	*dito, mit Vergleich (s.u.)*
VB1 – VB3	ca. 65.000	ca. 64.000	ca. 25.400
Ab VB4	ca. 12 MB	ca. 50.700	ca. 25.400

Tab. 5.45: Begrenzungen der String- und Text-Längen

Mit Vergleich ist die ungefähre Zeichenzahl gemeint, ab der eine Fehlermeldung erfolgt, wenn Sie eine der folgenden vergleichbaren Codezeile in der Text_Change-Ereignisprozedur haben:

```
Leer = (Text1.Text = "")
```

Die Textlänge bei RTF wird nur durch den verfügbaren Speicherplatz begrenzt.

Ein String kann alle ANSI-(ab VB5 Unicode-) Zeichen enthalten. Dagegen führt das erste Chr(0)-Zeichen zum Ende der Übertragung in die Text-Eigenschaft. Dieses und alle nachfolgenden Zeichen werden abgeschnitten.

5.6.1 VB-Systemkonstanten für Text

Mit VB4 wurden aus VBA neu definierte Systemkonstanten übernommen.

Zeichen	*Konstante*	*Ab VB4*	*Aktion*
Chr$(8)	vbBack		Rückschritt (Backspace)
Chr$(13)	vbCr		Wagenrücklauf (Carriage Return)
Chr$(13) + Chr$(10)	vbCrLf		Wagenrücklauf/Zeilenvorschub
dito	vbNewLine	VB5	dito
Chr$(10)	vbLf		Zeilenvorschub (Line Feed)
Chr$(0)	vbNullChar		Null-Zeichen
–	vbNullString		String mit Wert 0 (Achtung: Kein Leerstring "")
Chr$(9)	vbTab		Tabulator
Chr$(12)	vbFormFeed		Seitenvorschub *)
Chr$(11)	vbVerticalTab		Vertikaler Tabulator *)

*) Nicht unter Windows

Tab. 5.46: Die Text-Konstanten von VBA

6 Dialoge

Unter VB stehen verschiedene vorgefertigte Dialoge zu Verfügung.

Dialog	*Erstellt durch ...*	*Ergibt*
MsgBox	Anweisung/Funktion	Messagebox
InputBox	Funktion	Eingabebox
CommonDialog	Zusatzsteuerelement	Standarddialog

Tab. 6.1: Vordefinierte VB-Dialoge

6.1 MsgBox, Anweisung und Funktion

```
' vor VB4:
MsgBox prompt[, [buttons][, title]]
ant = MsgBox(prompt[, [buttons][, title]])
' ab VB4: mit benannten Argumenten
MsgBox prompt[, [buttons] [, [title][, helpfile, context]
ant = MsgBox(prompt[, buttons][, title][, helpfile, context])
```

MsgBox ist als Anweisung oder mit Rückgabewert als Funktion nutzbar.
MsgBox zeigt eine Meldung an und wartet auf die Auswahl einer Schaltfläche durch den Benutzer.
Die MsgBox-Funktion gibt einen Wert entsprechend der ausgewählten Schaltfläche zurück.

Argument	*Beschreibung*
prompt	Zeichenfolgenausdruck (Maximallänge ca. 1024 Zeichen). Bei mehrzeiligen Zeichenfolgen erfolgt der Zeilenumbruch durch Wagenrücklauf (vbCr = Chr(13)), Zeilenvorschub (vbLf = Chr(10)) oder Zeilenumbruch (vbCrLf = Chr(13) + Chr(10)).

Argument	*Beschreibung*
buttons	Numerischer Ausdruck (Voreinstellung 0) mit der Summe der Werte, die die Anzahl und den Typ der anzuzeigenden Schaltflächen, das verwendete Symbol, die voreingestellte Schaltfläche und die Bindung des Dialogfeldes angibt.
title	Zeichenfolgenausdruck, der in der Titelleiste des Dialogfeldes erscheint. Wenn Sie title nicht angeben, erscheint der Anwendungsname in der Titelleiste. Ab VB4 sind folgende optional, aber immer zusammen anzugebende Parameter verfügbar:
helpfile	Zeichenfolgenausdruck, der die Hilfedatei mit der kontextbezogenen Hilfe für das Dialogfeld angibt.
context	Numerischer Ausdruck mit der Kennung für den Hilfekontext. Haben Sie helpfile und context angegeben, kann der Benutzer F1 drücken, um das Hilfethema für context anzuzeigen. Einige Host-Anwendungen, zum Beispiel Microsoft Excel, fügen dem Dialogfeld automatisch die Schaltfläche »Hilfe« hinzu.

Tab. 6.2: Argumente von MsgBox

Wert	*Konstante (Ab VB4)*	*Beschreibung*
0	vbOKOnly	»OK«
1	vbOKCancel	»OK« und »Abbrechen«
2	vbAbortRetryIgnore	»Abbruch«, »Wiederholen« und »Ignorieren«
3	vbYesNoCancel	»Ja«, »Nein« und »Abbrechen«
4	vbYesNo	»Ja« und »Nein«
5	vbRetryCancel	»Wiederholen« und »Abbrechen«

Tab. 6.3: Buttons: Angezeigte Schaltflächen

Wert	*Konstante (ab VB4)*	*Anzeigen*
16	vbCritical	Stop-Symbol.
32	vbQuestion	Fragezeichen-Symbol.
48	vbExclamation	Ausrufezeichen-Symbol.
64	vbInformation	Info-Symbol.

Tab. 6.4: Buttons: Angezeigte Symbole

Wert	*Konstante (ab VB4)*	*Standardschaltfläche ist die ...*
0	vbDefaultButton1	erste Schaltfläche.
256	vbDefaultButton2	zweite Schaltfläche.
512	vbDefaultButton3	dritte Schaltfläche.
768	vbDefaultButton4	vierte Schaltfläche.

Tab. 6.5: Button: Default-Button

Wert	*Konstante*	*Beschreibung*
0	vbApplicationModal	An die Anwendung gebunden. Der Benutzer muß einen Button anklicken, bevor er seine Arbeit mit der aktuellen Anwendung fortsetzen kann.
4096	vbSystemModal	An das System gebunden. Alle Anwendungen werden unterbrochen, bis der Benutzer einen Button anklickt.

Tab. 6.6: Buttons (ab VB4): Anbindung

Hinweis: Verwenden Sie beim Addieren der Zahlen zu einem Gesamtwert für das Argument buttons nur eine Zahl aus jeder Gruppe (Tab. 6.3 bis 6.6).

Wert	*Konstante (ab VB4)*	*Beschreibung*
1	vbOK	OK
2	vbCancel	Abbrechen
3	vbAbort	Abbruch
4	vbRetry	Wiederholen
5	vbIgnore	Ignorieren
6	vbYes	Ja
7	vbNo	Nein

Tab. 6.7: Rückgabewerte der MsgBox-Funktion

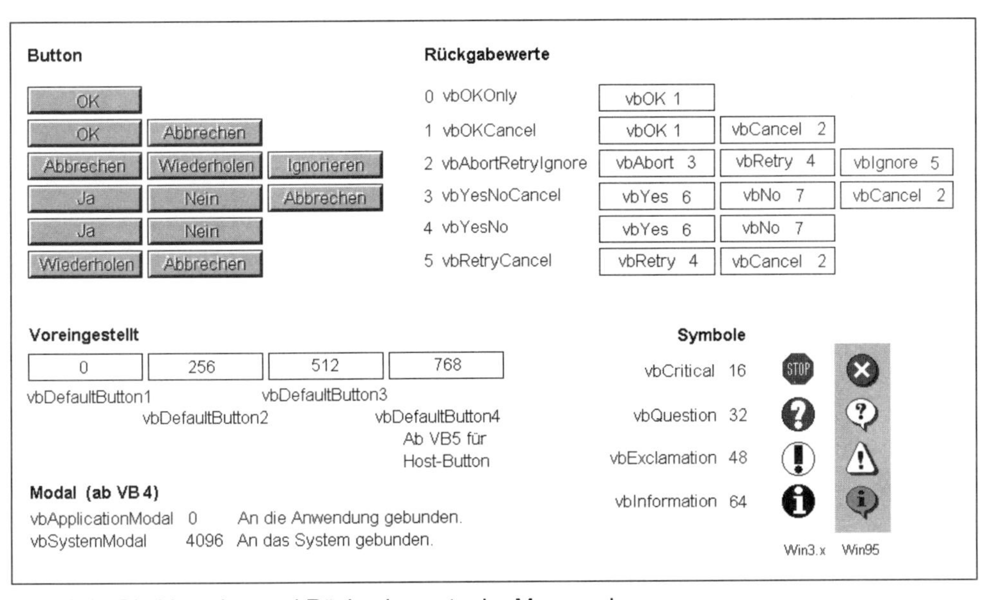

Abb. 6.1: Die Vorgabe- und Rückgabewerte der Messagebox

6.2 InputBox-Funktion

```
' vor VB4:
ant = InputBox[$](prompt[, [title] _
    [, [default] _
    [, xpos, ypos]]])
' ab VB4
ant = InputBox(prompt[, [title] _
    [, [default] _
    [, [xpos, ypos] _
    [, helpfile, context]]]])
```

InputBox zeigt eine Eingabeaufforderung in einem Dialogfeld an, wartet auf die Eingabe eines Textes oder die Auswahl einer Schaltfläche und gibt den Inhalt des Textfeldes zurück.

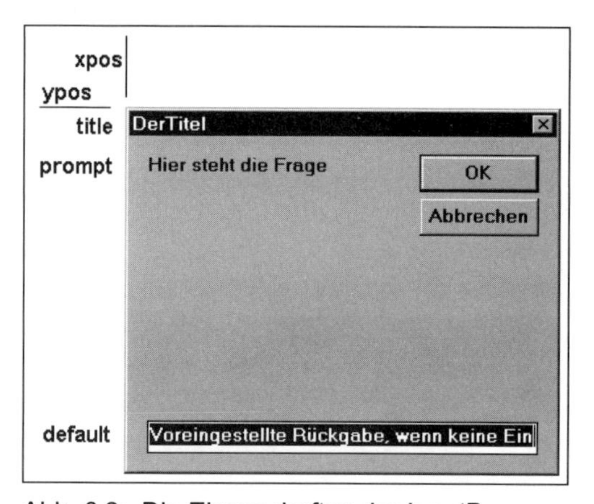

Abb. 6.2: Die Eigenschaften der InputBox

6.3 CommonDialog-Control

Deutsche Bezeichnung: Standarddialog-Steuerelement

Klassenname: CommonDialog

Typ: Zusatzsteuerelement

Version	*Bit*	*Erforderl. Dateien*	*Menübefehl*	*Hinweis, Bezeichnung*
Alle	Alle	COMMDLG.DLL	WindowsSystemdatei	für alle Versionen
vor VB4	16	CMDIALOG.VBX	Datei/Datei hinzufügen...	–
VB4-16	16	COMDLG16.OCX	Extras/Zusatzsteuerelemente	MS Common Dialog Control
VB4-32	32	COMDLG32.OCX	Extras/Zusatzsteuerelemente	MS Common Dialog Control 2.0
VB5	32	COMDLG32.OCX	Projekt/Komponenten	MS Common Dialog Control 5.0
VB6	32	COMDLG32.OCX	Projekt/Komponenten	MS Common Dialog Control 6.0

Tab. 6.8: CommonDialog-Controls integrieren

Im CommonDialog-Control sind verschiedene Standarddialogfelder (Dialoge) für unterschiedliche Operationen zusammengefaßt.

CommonDialog ist ein Zusatzsteuerelement, das eine Schnittstelle zwischen Visual Basic und den Routinen in der Windows-DLL COMMDLG.DLL zur Verfügung stellt.

Sie können mit CommonDialog ein Dialogfeld nur erstellen, wenn sich die Datei COMMDLG.DLL sowie die erforderliche Zusatzsteuerelement-Datei in Ihrem Windows-System-Verzeichnis befindet. Sie erstellen einzelne Dialoge für Ihre Anwendung, indem Sie einer Form ein CommonDialog-Control hinzufügen, dessen Eigenschaften festlegen und den Dialog öffnen.

6.3.1 Eigenschaften des CommonDialog

Das CommonDialog-Control besitzt für das ganze Control geltende allgemeine und spezifische Eigenschaften. Daneben haben die Dialoge spezielle Eigenschaften, die sich nur auf sie auswirken.

Eigenschaft	*Kurzbeschreibung*	*Entw.*	*LZ*
Action	Art des Dialogfeldes	–	W
CancelError *)	Fehlermeldung bei Esc oder Break	–	R/W
Flags	Optionen	–	R/W

*) Vorher On Error-Zeile, damit der Fehler abgefangen wird.

Tab. 6.9: Die spezifischen Eigenschaften des CommonDialog und seiner Dialoge

Eigenschaft	*Read*	*Write*
Action	–	CDia.Action = Wert
CancelError	CancelError = CDia.CancelError	CDia.CancelError {False|True}
Flags *)	Wert = CDia.Flags	CDia.Flags = Wert

*) Die zulässigen Werte finden Sie bei den Beschreibungen der Einzeldialoge.

Tab. 6.10: Syntax der spezifischen Eigenschaften des CommonDialog

Eigenschaft	*Ab VB2*	*Eigenschaft*	*Ab VB2*
Allgemein			
hDC	VB4	Object	VB4
Index		Parent	VB4
Name		Tag	
Position			
Left, Top			

Tab. 6.11: Allgemeine Eigenschaften des CommonDialogs (s. Kap. 21)

6.3.2 Methoden des CommonDialog

Mit der Zuweisung des Wertes 1 an Action-Eigenschaft oder (ab VB4) mit Hilfe der Methoden des CommonDialog-Controls wird zur Laufzeit das jeweilige Dialogfeld (der gewünschte Dialog) geöffnet.

Action-Einstellung	*Methode*
(keine)	AboutBox
1	ShowOpen
2	ShowSave
3	ShowColor
4	ShowFont
5	ShowPrinter
6	ShowHelp

Tab. 6.12: Methoden oder Action-Werte öffnen die Dialoge

6.3.3 File-Dialog

Deutsche Bezeichnung: Dialogfeld Öffnen und Speichern unter... (kurz: Datei-Dialog)

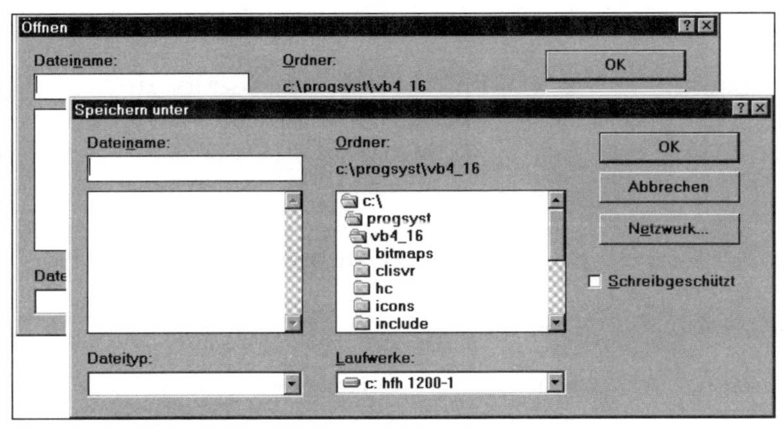

Abb. 6.3: Der Datei-Dialog

Dialogeigenschaften	*Beschreibung*	*Entw.*	*LZ*
DefaultExt	Voreinstellung für die Dateinamenserweiterung	R/W	R/W
DialogTitle	Caption in der Titelleiste des Dialogfeldes	R/W	R/W
FileName *)	Pfad und Name der zu öffnenden oder zu speichernden Datei	R/W	R/W
FileTitle	Name (ohne Pfad) der zu öffnenden oder zu speichernden Datei	–	R
Filter	Filterliste aus durch Pipe-Symbol (| ASC 124) getrennten Elementen (Beschreibung|Pattern)	R/W	R/W
FilterIndex	Elementnummer des voreingestellten Filters	R/W	R/W
Flags	Flags (auch verbunden mit OR) s. Tab. 6.15	R/W	R/W
InitDir	Anfangs-Dateiverzeichnis	R/W	R/W
MaxFileSize	Maximallänge des Namens einer Datei in Byte (1 bis 32768; Voreinstellung: 256)	R/W	R/W

*) Die Einstellung dieser Eigenschaft kann auch ein vollständiger Netzwerkpfad und Dateiname sein, für den folgende Syntax gilt: \\Servername\Freigabename\Pfadname\Dateiname

Tab. 6.13: Die spezifischen Eigenschaften des Datei-Dialogs

Eigenschaften	*Read*	*Write*
DefaultExt	DefExt = CDia.DefaultExt	CDia.DefaultExt = Extension *)
DialogTitle	TitelCaption = CDia.DialogTitle	CDia.DialogTitle = Zeichenfolge
FileName	Name = CDia.FileName	CDia.FileName = Pfad + Name ... = \\Servername\Freigabename\Pfad\Datei
FileTitle	Dateiname = CDia.FileTitle	–
Filter	FilterListe = CDia.Filter	CDia.Filter = Beschreibung1|Filter1[
FilterIndex	FilterNr = CDia.FilterIndex	CDia.FilterIndex = Zahl

Eigenschaften	*Read*	*Write*
Flags	FlagsGesamt = CDia.Flags	CDia.Flags = Flag1 [Or Flag2 [Or ...]]
InitDir	Anfangspfad = CDia.InitDir	CDia.InitDir = Anfangspfad
MaxFileSize	MLen = CDia.MaxFileSize	CDia.MaxFileSize = {1 bis 32768}

*) Nur reine Extension OHNE Punkt und ohne Wildcards (? u. *)

Tab. 6.14: Die Syntax der spezifischen Eigenschaften des Datei-Dialogs

Wert	*Konstante (ab VB4)*	*Bewirkt*
1	cdlOFNReadOnly	Zustand des Kontrollkästchens »Schreibgeschützt«, bei geschlossenem Dialogfeld. Kontrollkästchen »Schreibgeschützt« wird aktiviert, wenn das Dialogfeld erscheint.
2	cdlOFNOverwritePrompt	Der Benutzer muß das Überschreiben der Datei bestätigen. Meldung, wenn die ausgewählte Datei bereits existiert.
4	cdlOFNHideReadOnly	Das Kontrollkästchen »Schreibgeschützt« wird ausgeblendet.
8	cdlOFNNoChangeDir	Verzeichnis, das beim Öffnen des Dialogfeldes angegeben war, wird das aktuelle Verzeichnis.
&H10&	cdlOFNHelpButton	Schaltfläche »Hilfe« wird angezeigt.
&H100&	cdlOFNNoValidate	Das Standarddialogfeld läßt ungültige Zeichen im zurückgegebenen Dateinamen zu.
&H200&	cdlOFNAllowMultiselect	Mehrfachauswahl möglich. Benutzer kann bei gedrückter [Shift]-Taste mit den [↑]- und [↓]-Tasten mehrere Dateien auswählen.
&H400&	cdlOFNExtensionDifferent	Dateinamenserweiterung des zurückgegebenen Dateinamens weicht von DefaultExt ab. Wird nicht gesetzt, wenn die DefaultExt-Eigenschaft den Wert Null hat, die Dateinamenserweiterungen übereinstimmen oder der Dateiname keine Erweiterung hat. Kann beim Schließen des Dialogfeldes abgefragt werden.
&H800&	cdlOFNPathMustExist	Benutzer kann nur gültige Pfadnamen eingeben, sonst erfolgt eine Warnmeldung.
&H1000&	cdlOFNFileMustExist	Im Textfeld »Dateiname« nur Namen existierender Dateien eingebbar, sonst Warnmeldung. Setzt automatisch dlOFNPathMust-Exist. FileName liefert die Liste getrennt durch Leerzeichen.
&H2000&	cdlOFNCreatePrompt	Im Dialogfeld wird gefragt, ob der Benutzer eine Datei erstellen will, die zu diesem Zeitpunkt noch nicht existiert. Setzt automatisch cdlOFNPathMustExist und cdlOFNFileMu-stExist.
&H4000&	cdOFNShareAware	Fehler, die durch den gemeinsamen Zugriff auf Dateien auftreten, werden ignoriert.
&H8000&	cdlOFNNoReadOnlyReturn	Attribut »Schreibgeschützt« wird für die zurückgegebene Datei nicht gesetzt, und die Datei befindet sich nicht in einem schreibgeschützten Verzeichnis.

Wert	*Konstante (ab VB4)*	*Bewirkt*
&H80000&	cdlOFNExplorer	Gibt an, daß ein Dialogfeld zum Öffnen von Dateien wie im Windows 95-Explorer verwendet werden soll. (Nur Win95/98)
&H100000&	cdlOFNNoDereferenceLinks	Verknüpfungen (in der Benutzeroberfläche bzw. Shell) werden nicht dereferenziert. Standardmäßig wird eine Verknüpfung von der Benutzeroberfläche dereferenziert, wenn sie gewählt wird (nur Win95/98).
&H200000&	cdlOFNLongNames	Erlaubt dem Benutzer die Verwendung langer Dateinamen (nur Win95/98).

Tab. 6.15: Die Flags des Datei-Dialogs

6.3.4 Color-Dialog

Deutsche Bezeichnung: Dialogfeld Farbe (kurz: Farbe-Dialog)

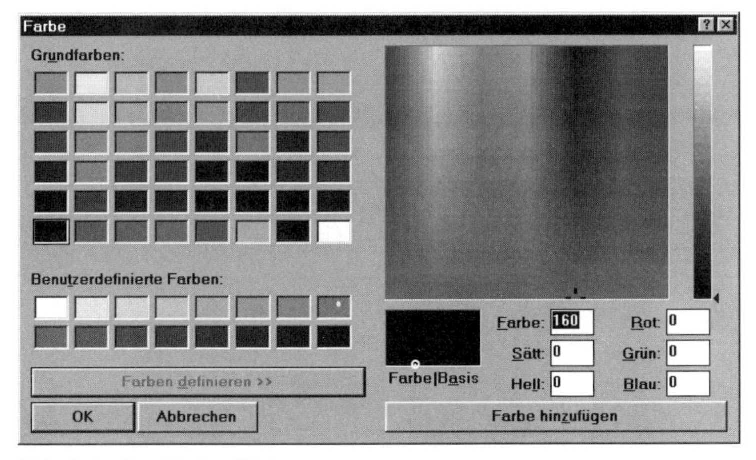

Abb. 6.4: Der Farbe-Dialog

Eigenschaft	*Beschreibung*	*Entw.*	*LZ*
Flags	Flags (auch verbunden mit OR) aus Tabelle 6.17	R/W	R/W
Color	Zuweisung: RGB-Farbe, QBColor, Systemfarbkonstante oder Long- bzw. Hex-Zahlenwert Rückgabe: Long-Wert (RGB)	R/W	R/W

Tab. 6.16: Die spezifischen Eigenschaften des Farb-Dialogs

Eigenschaft	*Read*	*Write*	
Flags	FlagsGesamt = CDia.Flags	CDia.Flags = Flag1 [Or Flag2 [...]]	s. Tab. 6.18
Color	Farbwert& = CDia.Color	CDia.Color = Farbwert	*)

*) Setzen Sie vorher für die Flags-Eigenschaft das Attribut cdlCCRGBInit.

Tab. 6.17: Die Syntax der spezifischen Eigenschaften des Farb-Dialogs

Wert	*Konstante (ab VB4)*	*Bewirkt*
&H1	cdlCCRGBInit	Der Anfangswert der Farbe wird festgelegt. Für Farb-Vorgabe setzen!
&H2	cdCCFullOpen	Gesamtes Dialogfeld einschließlich des Abschnitts »Benutzerdefinierte Farben« wird angezeigt.
&H4	cdlCCPreventFullOpen	Befehlsschaltfläche »Benutzerdefinierte Farben« wird deaktiviert.
&H8	cdlCCHelpButton	Dialogfeld zeigt die Schaltfläche »Hilfe« an.

Tab. 6.18: Die Flags des Farb-Dialogs

Font-Dialog

Deutsche Bezeichnung: Dialogfeld Schriftart (kurz: Schriftart-Dialog)

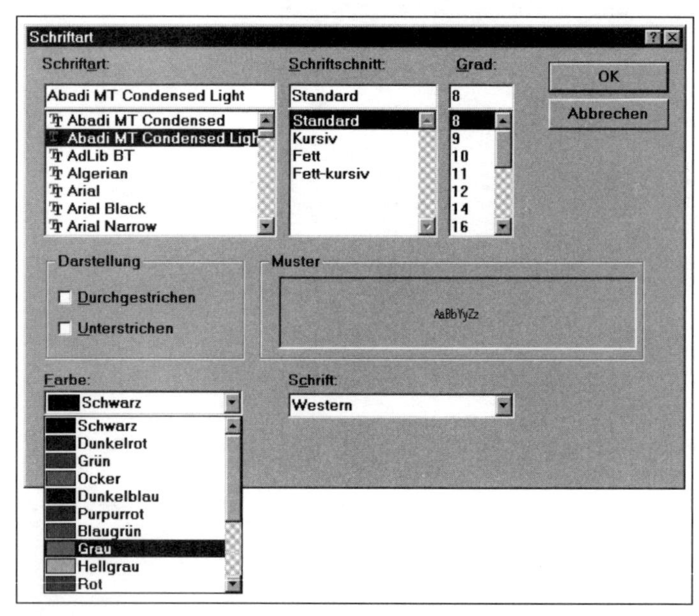

Abb. 6.5: Der Schriftart-Dialog

Bitte beachten Sie: Das Font-Subobjekt ist bei keiner Version des CommonDialog-Controls verfügbar.

Eigenschaft	*Beschreibung*	*Entw.*	*LZ*
Color	Übergebene oder ausgewählte Farbe. *)	R/W	R/W
Flags	Flags (auch verbunden mit OR) aus Tabelle 6.20	R/W	R/W
FontBold	Fett	R/W	R/W
FontItalic	Kursiv	R/W	R/W
FontStrikethru	Durchgestrichen *)	R/W	R/W
FontUnderline	Unterstrichen *)	R/W	R/W
FontName	Name der Schriftart.	R/W	R/W
FontSize	Welche Schriftgröße?	R/W	R/W
Max	Größter zulässiger Schriftgrad in Punkten. **)	R/W	R/W
Min	Kleinster zulässiger Schriftgrad in Punkten. **)	R/W	R/W

*) Setzen Sie vorher das Flags-Attribut cdlCFEffects.

**) Setzen Sie vorher das Flags-Attribut cdlCFLimitSize.

Tab. 6.19: Die spezifischen Eigenschaften des Schriftart-Dialogs

Wert	*Konstante(Ab Vb4)*	*Beschreibung*
&H1	cdlCFScreenFonts	Nur die verfügbaren Bildschirmschriftarten werden angezeigt. *)
&H2	cdlCFPrinterFonts	Nur die verfügbaren Druckerschriftarten werden angezeigt. *)
&H3	cdlCFBoth	Nur die verfügbaren Bildschirm- und Druckerschriftarten werden angezeigt. *) Die hDC-Eigenschaft legt den mit dem Drucker verbundenen Gerätekontext fest.
&H4	cdlCFHelpButton	Die Schaltfläche »Hilfe« wird angezeigt.
&H100	cdlCFEffects	Effekte wie Durchstreichen, Unterstreichen und auch Farbeffekte können aktiviert werden. **)
&H200	cdlCFApply	Aktiviert die Schaltfläche »Übernehmen« im Dialogfeld.
&H400	cdlCFANSIOnly	Nur eine Auswahl der Schriftarten, die den Windows-Zeichensatz verwenden, wird zugelassen. Ist dieses Attribut gesetzt, kann der Benutzer keine Schriftart auswählen, die nur Symbole enthält.
&H800	cdlCFNoVectorFonts	Keine Auswahl von Vektorschriftarten zulässig.
&H1000	cdlCFNoSimulations	Keine Schriftart-Simulationen über GDI (Graphic Device Interface) zulässig.
&H2000	cdlCFLimitSize	Nur Schriftarten mit einem Schriftgrad, können ausgewählt werden, der im durch die Werte der Min- und Max-Eigenschaft festgelegten Bereich liegt.
&H4000	cdlCFFixedPitchOnly	Nur Schriftarten fester Zeichenbreite können ausgewählt werden.
&H8000	cdlCFWYSIWYG	Nur die Auswahl von Schriftarten ist zulässig, die sowohl auf dem Drucker als auch am Bildschirm verfügbar sind. Ist dieses Attribut gesetzt, dann sollten die Attribute cdlCFBoth und cdlCFScalableOnly ebenfalls gesetzt sein.
&H10000	cdlCFForceFontExist	Eine Fehlermeldung wird angezeigt, wenn der Benutzer versucht, eine Schriftart oder einen Schriftstil zu wählen, die/der nicht existiert.

Wert	*Konstante(Ab Vb4)*	*Beschreibung*
&H20000	cdlCFScalableOnly	Nur die Auswahl skalierbarer Schriftarten ist zulässig.
&H40000	cdlCFTTOnly	Nur die Auswahl TrueType-Schriftarten ist zulässig.
&H80000	cdlCFNoFaceSel	Kein Schriftartname ausgewählt.
&H100000	cdlCFNoStyleSel	Kein Schriftstil ausgewählt.
&H200000	cdlCFNoSizeSel	Kein Schriftgrad ausgewählt.

*) Mindestens einen dieser Werte vorgeben, sonst erfolgt eine Fehlermeldung.

**) Für Farb-Vorgabe und -Rückgabe (Color-Eigenschaft) dieses Flag setzen.

Tab. 6.20: Die Flags des Schriftart-Dialogs

Print-Dialog

Deutsche Bezeichnung: Dialogfeld Drucken (kurz: Drucken-Dialog)

Mit dem Print-Dialog legen Sie die Bedingungen fest, unter denen gedruckt werden soll.

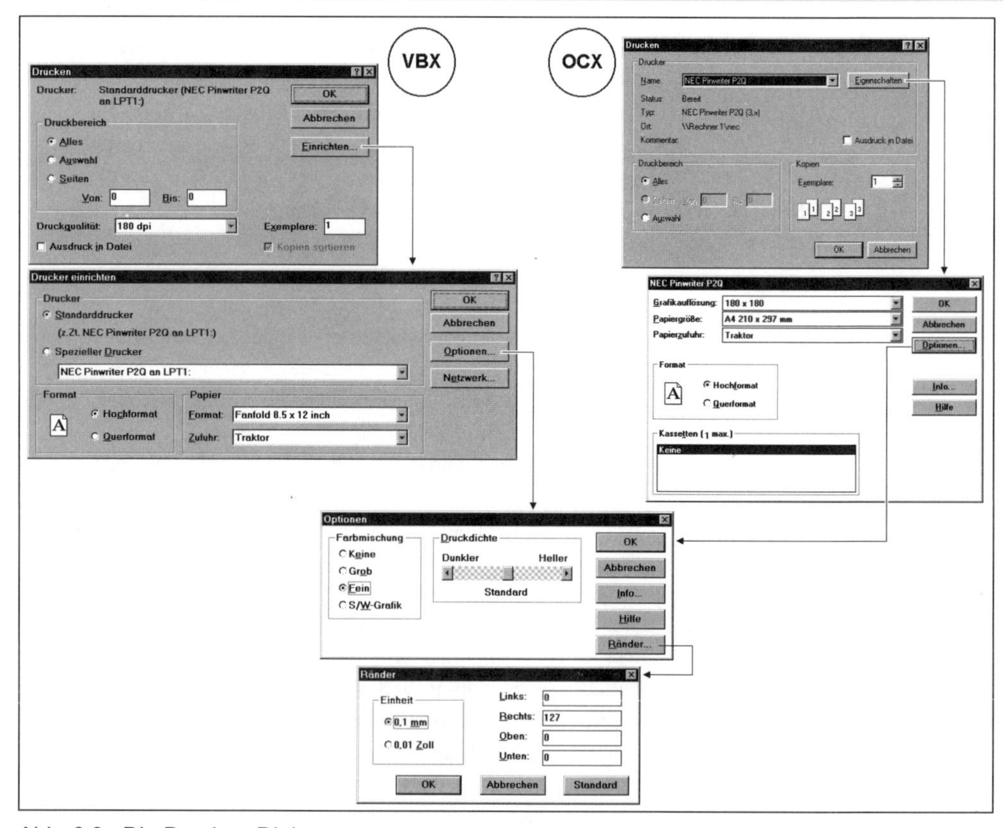

Abb. 6.6: Die Drucken-Dialoge

Eigenschaft	*Information*	*Entw.*	*LZ*
Copies	Zahl der zu druckenden Kopien	R/W	R/W
FromPage	Erste zu druckende Seite *)	R/W	R/W
ToPage	Letzte zu druckende Seite *)	R/W	R/W
Max	Höchste zulässige Seitennummer	R/W	R/W
Min	Niedrigste zulässige Seitennummer	R/W	R/W
PrinterDefault	Soll die getroffene Auswahl für die Systemeinstellung verwendet werden?	–	R/W
hDC	Der Gerätekontext für den ausgewählten Drucker **)	–	R
Flags	Flags (auch verbunden mit OR) aus Tabelle 6.23	R/W	R/W

*) Vorher Flags-Attribut cdlPDPageNums setzen.

**) Vorher Printer initialisieren und Flags-Attribut cdlPDReturnDC oder cdlPDReturnIC setzen.

***) Ab VB4 können Sie mit dem Dialog auch den Systemdrucker vorgeben und ändern.

Tab. 6.21: Die spezifischen Eigenschaften des Print-Dialogs

Eigenschaft	*Read*	*Write*
Copies	AnzKopien = CDia.Copies	CDia.Copies = Anzahl
FromPage	ErsteSeite = CDia.FromPage	CDia.FromPage = ErsteSeite
ToPage	LetzteSeite = CDia.ToPage	CDia.ToPage = LetzteSeite
Max	MaxSeite = CDia.Max	CDia.Max = Wert
Min	MinSeite = CDia.Min	CDia.Min = Wert
PrinterDefault	SystPRN = CDia.PrinterDefault	CDia.PrinterDefault ={True|False}
hDC	PrinterhDC = CDia.hDC	–

*) Ist PrinterDefault = True, können Sie Code schreiben, der die Druckausgabe direkt an das Objekt Printer sendet. Andernfalls müssen Sie GDI-Aufrufe (GDI = Graphic Device Interface) zur Druckausgabe auf dem durch die hDC-Eigenschaft des Steuerelements angegebenen Drucker verwenden.

Tab. 6.22: Die Syntax der spezifischen Eigenschaften des Print-Dialogs

Wert	*Konstante(ab Vb4)*	*Beschreibung*
&H0	cdlPDAllPages	Zustand des Optionsfeldes »Alle Seiten« anzeigen oder festlegen.
&H1	cdlPDSelection	Zustand des Optionsfeldes »Auswahl« anzeigen oder festlegen. Ist weder cdlPDPageNums noch cdlPDSelection angegeben, so hat das Optionsfeld den Zustand Alle.
&H2	cdlPDPageNums	Zustand des Optionsfeldes »Seiten« anzeigen oder festlegen.
&H4	cdlPDNoSelection	Deaktiviert das Optionsfeld »Auswahl«.
&H8	cdlPDNoPageNums	Deaktiviert das Optionsfeld »Seiten« und das zugehörige Bearbeitungs-Steuerelement.
&H10	cdlPDCollate	Zustand des Kontrollkästchens »Sortieren« anzeigen oder festlegen.

Wert	*Konstante(ab Vb4)*	*Beschreibung*
&H20	cdlPDPrintToFile	Zustand des Kontrollkästchens »Ausgabe in Datei« anzeigen oder festlegen.
&H40	cdlPDPrintSetup	Dialogfeld »Druckereinrichtung« anstelle des Dialogfeldes »Drucken« anzeigen.
&H80	cdlPDNoWarning	Keine Warnung, wenn kein Standarddrucker angeschlossen ist.
&H100	cdlPDReturnDC	Gerätekontext für den im Dialogfeld ausgewählten Drucker zurückgeben.
&H200	cdlPDReturnIC	Informationskontext zur im Dialogfeld durchgeführten Druckerauswahl in der hDC-Eigenschaft des Dialogfeldes zurückgeben, ohne einen Gerätekontext zu erstellen.
&H400	cdlPDReturnDefault	Namen des Standarddruckers zurückgeben.
&H800	cdlPDHelpButton	Schaltfläche Hilfe anzeigen.
&H40000	cdlPDUseDevModeCopies	Drehfeld-Steuerelement »Exemplare« wird deaktiviert, wenn der Druckertreiber die Ausgabe mehrerer Kopien nicht unterstützt. Rückgabe zeigt an, daß die gewünschte Anzahl Kopien in der Copies-Eigenschaft gespeichert wird.
&H80000	cdlPDDisablePrintToFile	Kontrollkästchen »Ausgabe in Datei« deaktivieren.
&H100000	cdlPDHidePrintToFile	Anzeige des Kontrollkästchens »Ausgabe in Datei« ausblenden.

Tab. 6.23: Die Flags des Print-Dialogs

Hilfe-Dialog

Hilfe ist kein integrierter, sondern ein selbständiger Dialog. Geöffnet wird das Windows-Hilfemodul (unter 32-Bit: WINHLP32.EXE). Es wird nicht modal geöffnet.

Wichtig: Auch unter VB6 gibt es noch keine integrierte Möglichkeit, den Internet Explorer als Hilfebrowser zu verwenden.

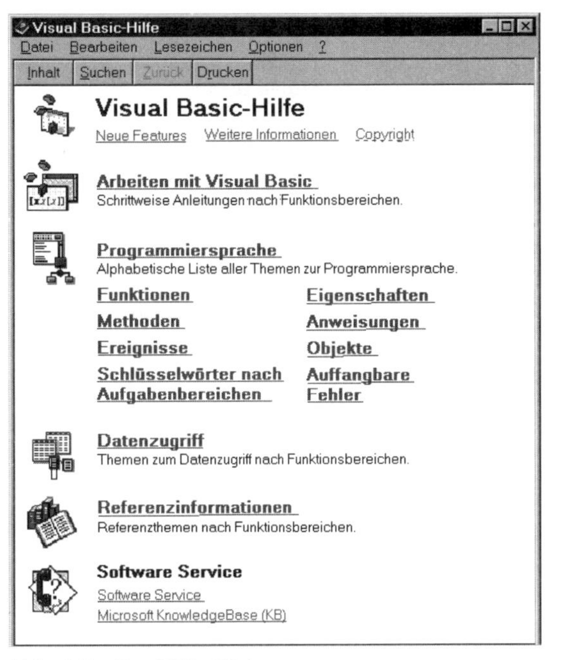

Abb. 6.7: Der Hilfe-Dialog

Eigenschaft	*Beschreibung*	*Entw.*	*LZ*
HelpCommand **)	Art der gewünschten Online-Hilfe s. Tab. 6.26	R/W	R/W
HelpContext	Kontextkennung für das angeforderte Hilfethema	R/W	R/W
HelpFile *)	Pfad und Dateiname der Windows-Hilfedatei	R/W	R/W
HelpKey	Schlüsselwort für das angeforderte Hilfethema	R/W	R/W

*) Geben Sie vor Aufruf des Hilfe-Dialogs die Hilfedatei an.

**) Wollen Sie den Hilfeindex öffnen, setzen Sie HelpCommand = cdlHelpContents.

Ist eine der beiden Eigenschaften nicht gesetzt, erfolgt keine Aktion.

Tab. 6.24: Die spezifischen Eigenschaften des Hilfe-Dialogs

Eigenschaft	*Read*	*Write*	*Hinweis*
HelpCommand	Wert = CDia.HelpCommand	CDia.HelpCommand = Wert	Tab. 6.26
HelpContext	Ix = CDia.HelpContext	CDia.HelpContext = Index	*)
HelpFile	Hilfedatei = CDia.Hilfedatei	CDia.Hilfedatei = Datei	Datei = Pfad\Dateiname
HelpKey	Schlüsselwort = CDia.HelpKey	CDia.HelpKey = Zeichenfolge	**)

*) Legen Sie HelpCommand = cdlHelpContext fest, um das anzuzeigende Hilfethema anzugeben.

**) Legen Sie HelpCommand = cdlHelpKey fest, um das anzuzeigende Hilfethema anzugeben.

Tab. 6.25: Die Syntax der spezifischen Eigenschaften des Hilfe-Dialogs

Wert	*Konstante (ab VB4)*	*Beschreibung*
1	cdlHelpContext	Zeigt die Hilfe für den in der HelpContext-Eigenschaft angegebenen Kontext an.
2	cdlHelpQuit	Schließt die Hilfe-Anwendung.
3	cdlHelpIndex	Zeigt den Index der angegebenen Hilfedatei (mit nur diesem Index) an.
3	cdlHelpContents	Zeigt die durch die Option »Contents« im Abschnitt [OPTION] der .HPJ-Datei definierte Hilfeseite an.
4	cdlHelpHelpOnHelp	Zeigt die Hilfe zur Verwendung der Hilfe-Anwendung selbst an.
5	cdlHelpSetContents	Bestimmt die angezeigte Inhaltsseite, wenn der Benutzer die F1-Taste drückt.
5	cdlHelpSetIndex	Aktueller Index der durch HelpFile angegebenen Hilfedatei mit mehreren Indizes. Der Index bleibt bestehen, bis der Benutzer auf eine andere Hilfedatei zugreift.
8	cdlHelpContextPopup	Zeigt in einem Popup-Fenster ein Hilfethema an, das durch eine im Abschnitt [MAP] der .HPJ-Datei definierte Kontextnummer bestimmt wird.
&H9	cdlHelpForceFile	Sorgt dafür, daß WinHelp die richtige Hilfedatei (sonst keine) anzeigt.
&H101	cdlHelpKey	Zeigt die Hilfe zu dem in der HelpKey-Eigenschaft festgelegten Schlüsselwort an.
&H102	cdlHelpCommand	Führt ein Hilfemakro aus.
&H105	cdlHelpPartialKey	Zeigt das Thema aus dem Stichwortverzeichnis an, das mit dem im Parameter dwData übergebenen Stichwort (auch "") eindeutig übereinstimmt. Andernfalls wird das Dialogfeld »Suchen« angezeigt.

Tab. 6.26: Die HelpCommand-Werte

7 Bild-Controls und -Objekte

Zur Darstellung, Manipulation oder Speicherung von Bildern stehen unter VB folgende Klassen und Objekte zur Verfügung:

Klasse	*Objekttyp*	*Ab VB1*	*Bemerkungen*
Form	Basisobjekt		Beschrieben in Kapitel 3
Image	Control	VB2	
PictureBox	Control		
Picture	Objekt	VB4	
Shape	Control	VB2	Zeichnet Figuren
Line	Control	VB2	Zeichnet Linien
PictureClip	Zusatzcontrol	VB2	Für Bildteile (Button etc.)
ImageList	Zusatzcontrol	VB4	32-Bit-Zusatzcontrol als Ressource für bestimmte andere Controls

Tab. 7.1: Die Bild-Objekte

7.1 PictureBox-Control

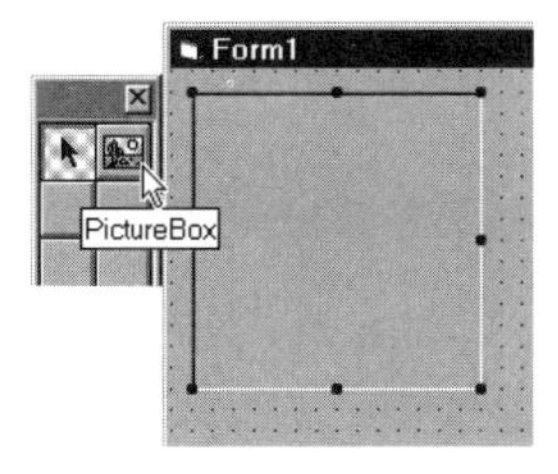

Deutsche Bezeichnung: Bildfeld-Steuerelement

Klasse: PictureBox

Typ: Integriertes Steuerelement

> Eine PictureBox kann den Inhalt von Bilddateien, das Ergebnis von Grafikmethoden und der Print-Anweisung anzeigen. Außerdem kann sie als Container für andere Controls dienen.

7.1.1 Eigenschaften der PictureBox

Eigenschaften	*Ab VB1*	*Kurzbeschreibung*	*Entw.*	*LZ*
Align	VB4	Automatische Positionierung in der Form	R/W	R/W
AutoSize		Anpassung an Bildgröße	R/W	R/W
ClipControls	VB2	Controls beim Neuzeichnen ausschließen? *)	R/W	R

*) Bei ClipControls = False können Controls mit den Grafikmethoden (Line etc.) übermalt werden!

Tab. 7.2.1: Die spezifischen Eigenschaften der PictureBox

Eigenschaften	*Read*	*Write*	
Align	Einstellung = PicBox.Align	PicBox.Align = Wert	s. Tab. 7.5
AutoSize	IsAutoSize = PicBox.AutoSize	PicBox.AutoSize = {False|True}	s. Tab. 7.6
ClipControls	IsClipControls = PicBox.ClipControls	–	s. Abb. 7.1 und 7.2

Tab. 7.3: Die Syntax der spezifischen Eigenschaften der PictureBox

Eigenschaft	*Ab VB1*	*Eigenschaft*	*Ab VB1*
Allgemein			
Container	VB2	Name (CtlName)	
Enabled		Negotiate	VB5
hDC		Parent	
hWnd	VB2	RightToLeft	VB6
Index		TabIndex	
MouseIcon	VB4	TabStop	
LinkItem		Tag	
MousePointer		Visible	
Darstellung			
Appearance	VB4	FillColor, FillStyle	
AutoRedraw		Font	
BackColor, ForeColor		FontName, FontSitze etc.	
BorderStyle		FontTransparent	
CurrentX, CurrentY		Image	VB4
DrawMode, DrawStyle		Picture	
DrawWidth			
Position			
Height, Width		Left, Top	
Skalierung			
ScaleHeight, ScaleWidth		ScaleMode	
ScaleLeft, ScaleTop			

Eigenschaft	*Ab VB1*	*Eigenschaft*	*Ab VB1*
Drag & Drop			
DragIcon		DragMode	
Datenbank			
DataChanged	VB3	DataMember	VB6
DataField	VB3	DataSource	VB3
DataFormat	VB6		
DDE			
LinkMode		LinkTopic	
LinkTimeout			
Hilfe			
HelpContextID	VB2	WhatsThisHelpID	VB4
ToolTipText	VB5		
OLE			
OLEDragMode	VB5	OLEDropMode	VB5

Tab. 7.4: Die allgemeinen Eigenschaften der PictureBox

Hinweis zu VB5: Die Palette-Eigenschaft ist entgegen der Darstellung in der VB5-Onlinehilfe keine Eigenschaft der PictureBox-Controls.

Wert	*Konstante*	*Beschreibung*
0	vbAlignNone	Kein (Voreinstellung in einer Nicht-MDI-Form). Größe und Position können frei auf dem Container zur Entwurfszeit oder im Code festgelegt werden. Diese Einstellung wird nicht beachtet, wenn sich das Objekt in einer MDI-Form befindet.
1	vbAlignTop	Oben ausrichten (Voreinstellung in einer MDI-Form). Breite entspricht der ScaleWidth-Eigenschaft der Form.
2	vbAlignBottom	Unten ausrichten. Breite entspricht der ScaleWidth-Eigenschaft der Form.
3	vbAlignLeft	Links ausrichten. Höhe entspricht der ScaleHeight-Eigenschaft der Form.
4	vbAlignRight	Rechts ausrichten. Höhe entspricht der ScaleHeight-Eigenschaft der Form.

Tab. 7.5: Konstanten der Align-Eigenschaft

Einstellung	*PictureBox-Größe ...*
False	bleibt unverändert. Zu großes Bild wird am rechten und/oder unteren Rand beschnitten.
True	paßt sich Bildgröße an.

Tab. 7.6: Die Einstellungen für AutoSize

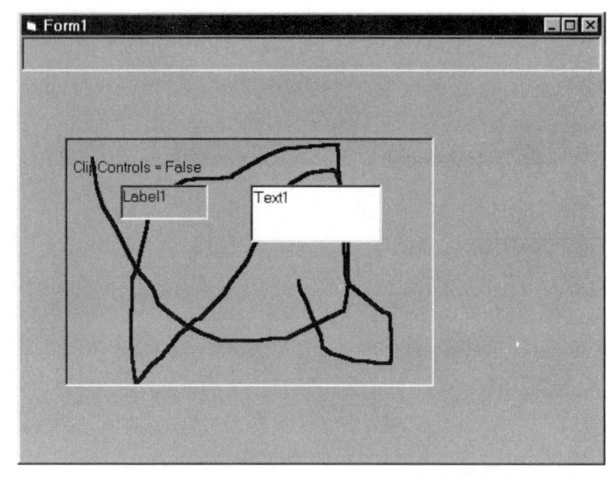

Abb. 7.1: Die Controls werden bei ClipControls = True neu gezeichnet.

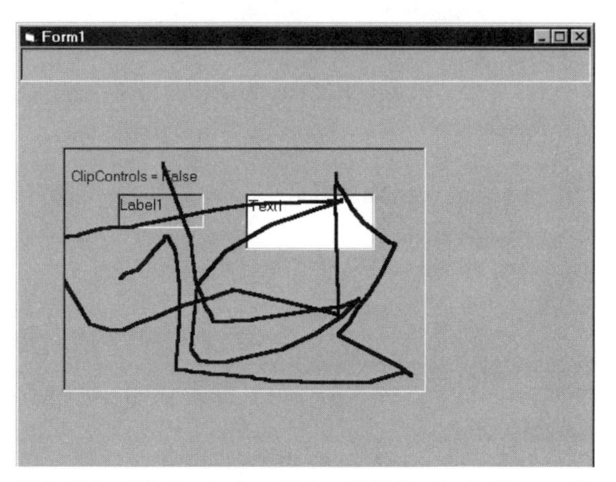

Abb. 7.2: ClipControls = False läßt Controls übermalen.

7.1.2 PictureBox-Methoden und -Ereignisse

PictureBox verfügt über keine spezifischen Methoden.

Methode	*Ab VB1*	*Methode*	*Ab VB1*
Allgemein			
Move		SetFocus	
Refresh		ZOrder	VB2
DDE			
LinkExecute		LinkRequest	
LinkPoke		LinkSend	

Methode	Ab VB1	Methode	Ab VB1
Grafik			
Circle		Point	
Cls		Print	
Line		PSet	
PaintPicture	VB4		
Skalierung			
Scale		ScaleX, ScaleY	VB4
Hilfe		***Text***	
ShowWhatsThis	VB4	TextHeight, TextWidth	
Drag & Drop			
Drag			

Tab. 7.7: Die Methoden der PictureBox

Ereignis	Ab VB1	Kurzbeschreibung
Change		Picture-Eigenschaft mit DDE oder Code geändert (wird nicht gemeldet bei API-Funktionen).
Paint		Nachdem Bildteile verdeckt waren und wieder offengelegt sind (nicht bei AutoRedraw = True).
Resize	VB2	Abmessungen wurden verändert.

Tab. 7.8: Die spezifischen Ereignisse der PictureBox

Ereignisse	Syntax
Change	Private Sub PictureBoxName_Change ([Index As Integer])
Paint	Private Sub Objekt_Paint([Index As Integer])
Resize	Private Sub Objekt_Resize (Height As Single, Width As Single)

Tab. 7.9: Die Syntax der spezifischen Ereignisse der PictureBox

Ereignis	Ab VB1	Ereignis	Ab VB1
Focus-Ereignisse			
GotFocus		LostFocus	
Benutzeraktionen			
Click		MouseDown	
KeyDown, KeyUp		MouseMove	
KeyPress		MouseUp	
Drag & Drop			
DragDrop		DragOver	

Ereignis	*Ab VB1*	*Ereignis*	*Ab VB1*
DDE			
LinkClose		LinkNotify	VB2
LinkExecute		LinkOpen	
LinkError			
OLE			
OLECompleteDrag	VB5	OLEGiveFeedBack	VB5
OLEDragDrop	VB5	OLESetData	VB5
OLEDragOver	VB5	OLEStartDrag	VB5

Tab. 7.10: Die allgemeinen Ereignisse der PictureBox

7.2 Image-Control

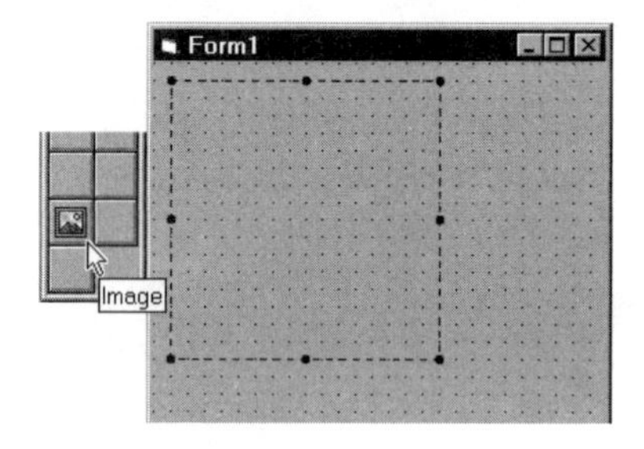

Deutsche Bezeichnung: Anzeige-Steuerelement

Klassenname: Image

Typ: Integriertes Steuerelement

Mit dem Anzeige-Steuerelement (Image) zeigen Sie eine Grafik an. Ein Anzeige-Steuerelement kann eine Grafik aus einer Bitmap, einem Symbol oder einer Datei im Metafile- sowie, ab VB4, einem Cursor und, ab VB5, Dateien im erweiterten Metafile-Format und aus JPEG- oder GIF-Dateien anzeigen.

Eigenschaft	*Kurzbeschreibung*	*Entw.*	*LZ*
Stretch	Bild an Imagefläche anpassen	R/W	R/W

Eigenschaft	*Read*	*Write*
Stretch	IsStretch = ImageName.Stretch	ImageName.Stretch = {False|True}

Tab. 7.11: Spezifische Eigenschaft des Image-Controls und ihre Syntax

Eigenschaften	*Ab VB2*	*Eigenschaft*	*Ab VB2*
Allgemein			
Container	VB4	MousePointer	
Height, Width		Name	
Index		Parent	
Left, Top		Tag	
MouseIcon	VB4	Visible	
Darstellung			
Appearance	VB4	BorderStyle	
Data			
DataChanged	VB4	DataSource	VB3
DataField	VB3		
Drag & Drop			
DragIcon		DragMode	
OLE			
OLEDragMode	VB5	OLEDropMode	VB5
Hilfe			
ToolTipText	VB5		
Picture		WhatsThisHelpID	VB4

Tab. 7.12: Allgemeine Eigenschaften des Image-Controls

Image verfügt über keine spezifischen Methoden.

Methode	*Ab VB2*	*Methode*	*Ab VB2*
Allgemein			
Refresh	VB3	ZOrder	VB3
Drag & Drop			
Drag	VB3	Move	VB3
Hilfe			
ShowWhatsThis	VB4		

Tab. 7.13: Die allgemeinen Methoden des Image-Controls

Image registriert keine spezifischen Ereignisse.

Ereignis	*Ab VB2*	*Ereignis*	*Ab VB2*
Benutzeraktionen			
Click		MouseDown, MouseUp	
DblClick		MouseMove	

Ereignis	*Ab VB2*	*Ereignis*	*Ab VB2*
Drag & Drop			
DragDrop		DragOver	
OLE			
OLECompleteDrag	VB5	OLEGiveFeedBack	VB5
OLEDragDrop	VB5	OLESetData	VB5
OLEDragOver	VB5	OLEStartDrag	VB5

Tab. 7.14: Die allgemeinen Ereignisse des Image-Controls

7.3 Picture: Eigenschaft, Objekt oder Subobjekt

Ab Version	*Picture ist ...*
VB1	die Eigenschaft von Objekten, der ein Bild zugewiesen werden kann.
VB4	das Bild selbst als Subobjekt.
VB4	eine aus der Superklasse StdPicture deklarierbare Klasse.

Tab. 7.15.1: Besonderheiten von Picture

Extension	*Dateityp*	*Ab VB1*	*Anmerkungen*
Clipboard	–		Mit Clipboard-Methoden
.BMP	Windows Bitmap		Auch RLE-Komprimiert
.DIB	Device Independend Bitmap		
.ICO	Icon		
.WMF	Windows Metafile		
.CUR	Windows Cursor	VB4	
.EMF	Extended Metafile	VB4	
.GIF	Graphics Interchange Format	VB5	
.JPG	JPEG	VB5	

Tab. 7.15.2: Bildformate für Picture

7.3.1 Picture-Objekt, ein besonderer Typ

Objekt und Klasse: Picture

Basisklasse: StdPicture

Mit dem selbständigen Picture-Objekt können Sie Grafiken aus dem Clipboard, aus BMP-, ICO- und WMF sowie ab VB6 EMF-, GIF- und JPEG-Dateien im Projekt speichern, ohne sie anzuzeigen.

Basisklasse der ab VB4 verfügbaren Picture-Klasse ist StdPicture.

Voraussetzung für deren Verwendung ist die Integration einer der Bibliotheksdateien aus Tabelle 7.16 über Verweise.

VB-Version	*Datei*	*Bezeichnung in Verweis-Liste*
VB4	OC25.DLL oder	Standard OLE Types
	OLEPRO32.DLL	Standard OLE Types
Ab VB4-32	STDOLE2.TLB	OLE Automation

Tab. 7.16: Für Picture erforderliche Bibliotheks-Dateien

Es muß vor dem Verwenden des Picture-Objekttyps ein Verweis auf eine dieser Bibliotheken aktiviert sein, sonst wird der Fehler »Benutzerdefinierter Typ nicht definiert« gemeldet.

Danach deklarieren Sie eigene Objekte als Picture-Objekttyp. Mit Set initialisieren Sie danach das Picture-Objekt.

```
Dim Pic As Picture
' oder
' Dim Pic As New StdPicture

Set Pic = LoadPicture(Bilddatei)
' oder
' Picture1.Picture = LoadPicture(Bilddatei)
' Set Pic = Picture1

Picture2.Picture = Pic
```

7.3.2 Eigenschaften und Methode des Picture-Objekts

Leider haben die Entwickler dieses Objekts sich in bezug auf die Terminologie überhaupt nicht an vorhandenen Klassen orientiert.

Eigenschaften	*VB4*	*Kurzbeschreibung*	*Entw.*	*LZ*	**)*
Handle		Zugriffsnummer auf Grafik im Objekt	–	R	x
Height, Width		Abmessungen in HiMetric-Einheiten	–	R/W	x
hPal		Zugriffsnummer auf die Palette des Bildes	–	R/W	x
Type		Grafikformat	–	R	x
Methode		*Kurzbeschreibung*	*Entw.*	*LZ*	**)*
Render		Abbildung (auch Teil) in Ziel zeichnen.	–	x	–

*) Verfügbar bei Subobjekt

Tab. 7.17: Spezifische Eigenschaften und Methode der Picture-Objekte

Eigenschaft	*Read *)*	*Write *)*	*Hinweis*
Handle	ZugriffsNr = P.Handle	–	Tab. 7.19
Height	Hght = P.Height	P.Height = Hght	HiMetric Tab. 7.20
Width	Wdth = P.Width	P.Width = Wdth	HiMetric Tab. 7.20
hPal	ZugriffsNr = P.hPal	P.hPal = Wert	
Type	PictureType = P.Type	–	Tab. 7.19

*) Präfix P. = PictureObjekt.

Methode	*Syntax*	*Hinweis*
Render	Quelle.Render Zielhdc, xZiel, yZiel, ZielB, ZielH, _ xQuelle, yQuelle, QuellB, QuellH, wGrenzen	s. Tab. 7.21

Tab. 7.18: Syntax der spezifischen Eigenschaften und der Methode des Picture-Objekts

Wichtig ist: Width und Height werden bei Picture-Objekten immer in HiMetric gemessen. Mit ScaleX/ScaleY erfolgt eine Umskalierung.

Type-Eigenschaft	*Konstante*	*Ab: VB4*	*Typ der Zugriffsnummer*
0 (Empty)	vbPicEmpty		kein Bild
1 (Bitmap)	vbPicTypeBitmap		HBITMAP
2 (Metafile)	vbPicTypeMetafile		HMETAFILE
3 (Symbol)	vbPicTypeIcon		HICON oder HCURSOR
4 (Erweitertes Metafile)	vbPicTypeEMetafile	VB5	HENHMETAFILE

Tab. 7.19: Handle-Rückgabetypen und Type-Eigenschaft

HiMetric	*Entspricht*	*Das ist*	
1	1/100 mm	10^-4 m (10 hoch minus 4 Meter)	oder 0,0001 m
1	0,567 Twips		

Tab. 7.20: HiMetric-Umrechnung

Argumente (Alle erforderlich)	*Beschreibung*
Zielhdc	Die Zugriffsnummer für den Gerätekontext des Zielobjekts.
xZiel, yZiel	Linke, obere Ecke des Ausgabebereichs im Zielobjekt in dessen Skalierungseinheiten.
ZielB, ZielH	Breite/Höhe des Ausgabebereichs im Zielobjekt in dessen Skalierungseinheiten.
xQuelle, yQuelle	Linke, obere Ecke des Ausgabebereichs im Quellobjekt in HIMETRIC-Einheiten.

Argumente (Alle erforderlich)	*Beschreibung*
QuellB, QuellH	Die Breite und Höhe des Ausgabebereichs im Quellobjekt in HIMETRIC-Einheiten.
wGrenzen	Die Begrenzung eines Metafile-Objekts. Dieses Argument sollte mit dem Wert NULL übergeben werden, außer die Ausgabe erfolgt in einem Metafile-Objekt; in diesem Fall wird mit dem Argument ein benutzerdefinierter Typ übergeben, der einer RECTL-Struktur entspricht.

Tab. 7.21: Die Argumente der Render-Methode

7.4 Linien-Controls

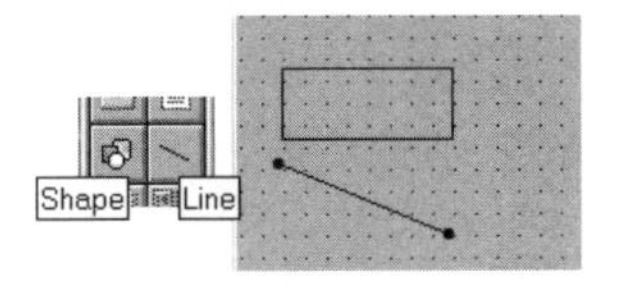

Ich bezeichne die beiden Controls Shape und Line als Linien-Controls, da sie sich funktional ähneln und die meisten Eigenschaften und Methoden gemeinsam haben. Die Linien-Controls registrieren keine Ereignisse.

Wichtig ist, daß weder Shape- noch Line-Objekte den Fokus erhalten können.

7.4.1 Shape-Control

Deutsche Bezeichnung: Figur-Steuerelement

Klassenname: Shape

Typ: Integriertes Steuerelement

Das Figur-Steuerelement (Shape) ist ein grafisches Steuerelement, das als Rechteck, Quadrat, Oval, Kreis, abgerundetes Rechteck oder abgerundetes Quadrat angezeigt wird.

7.4.2 Line-Control

Deutsche Bezeichnung: Linien-Steuerelement

Klassenname: Line

Typ: Integriertes Steuerelement

Das Liniensteuerelement ist ein grafisches Steuerelement, das als horizontale, vertikale oder diagonale Linie erscheint.

7.4.3 Linien-Controls-Methoden und -Eigenschaften

Shape (S) u. Line (L) Eigenschaften	*Ab VB2 bei*	*Kurzbeschreibung*	*Entw.*	*LZ*
BorderColor	S+L	Rand-/Linien-Farbe	R/W	R/W
BorderStyle	S+L	Rand-/Linien-Stil	R/W	R/W
Shape	S	Typ	R/W	R/W
X1, Y1, X2, Y2	L	Eckkoordinaten in Maßeinheiten des Containers	R/W	R/W

Tab. 7.22: Die spezifischen Eigenschaften der Linien-Controls

Eigenschaften	*Read*	*Write*	
BorderColor	Farbwert = {S|L}.BorderColor	{S|L}.BorderColor = Farbe&	Tab. 7.25
BorderStyle	Style = {S|L}.BorderStyle	{S|L}.BorderStyle = Wert	Tab. 7.26
Shape	Aussehen = S.Shape	S.Shape = Wert	Tab. 7.27
X1 etc.	Wert = Linie.X1	Linie.X1 = Wert	

Tab. 7.23: Die Syntax der spezifischen Eigenschaften der Linien-Controls

Eigenschaft	*Ab VB2*	*Eigenschaft*	*Ab VB2*
Allgemein			
Container	S	Parent	S+L
Index	S+L	Tag	S+L
Name	S+L	Visible	S+L
Darstellung			
Appearance	S	DrawMode	S+L
BackColor	S	FillColor	S
BackStyle	S	FillStyle	S
BorderWidth	S+L		
Position			
Height, Width	S	Left, Top	S

Tab. 7.24: Die allgemeinen Eigenschaften der Linien-Controls

Einstellungsbereich	*Beschreibung*
Normale RGB-Farben	Durch die Farbpalette oder durch die RGB- oder QBColor-Werte bestimmte Farben.

Einstellungsbereich	*Beschreibung*
Systemfarben	Durch die Konstanten für Systemfarben bestimmte Farben. Voreingestellt ist die Systemfarbe für Text.

Tab. 7.25: Die Farbwerte für BorderColor der Linien-Controls

Einstellung	*Konstante (ab VB4)*	*Beschreibung*
0	vbTransparent	Transparent
1	vbBSSolid	Ausgefüllt (Voreinstellung). Bei Shape wird der Rahmen auf dem Rand der Figur zentriert. Wird immer eingestellt, wenn BorderWidth > 1 ist.
2	vbBSDash	Strich
3	vbBSDot	Punkt
4	vbBSDashDot	Strich-Punkt
5	vbBSDashDotDot	Strich-Punkt-Punkt
6	vbBSInsideSolid	Innen ausgefüllt. Bei Shape ist der äußere Rand des Rahmens der äußere Rand der Figur.

Tab. 7.26: Die Borderstyle-Einstellungen der Linien-Controls

Einstellung	*Beschreibung*
0	Rectangle (Rechteck, Voreinstellung)
1	Square (Quadrat)
2	Oval (Ellipse)
3	Circle (Kreis)
4	Rounded Rectangle (Gerundetes Rechteck)
5	Rounded Square (Gerundetes Quadrat)

Tab. 7.27: Die Shape-Typen

Shape und Line verfügen über keine spezifischen Methoden.

Shape (S) u. Line (L)	*Ab VB2*	*Besonderheiten*
Allgemein		
Move	(S)	Das Liniensteuerelement wird nicht mit der Move-Methode, sondern durch Ändern seiner X1-, X2-, Y1- und Y2-Eigenschaften verschoben.
Refresh	(S+L)	
ZOrder	(S+L)	

Tab. 7.28: Methoden der Linien-Controls

Die Linien-Controls registrieren keine Ereignisse.

7.5 Image List

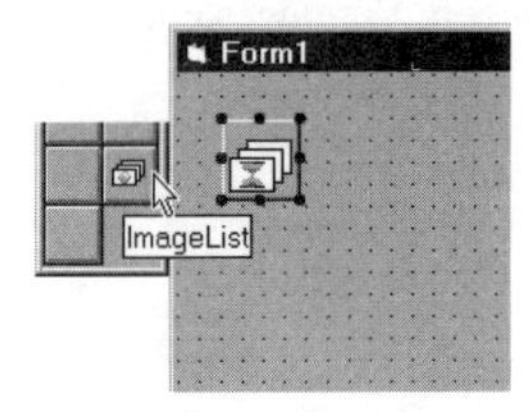

Deutsche Bezeichnung: Abbildungsliste-Steuerelement

Klasse: ImageList

Typ: 32-Bit-Zusatzsteuerelement

Ein ImageList ist ein Objekt, in dem eine Auflistung (ListImages) von ListImage-Objekten zusammengefaßt ist.

Für Version	*Edition*	*Erforderliche Datei/en*	*Bezeichnung in Liste*
VB4-32	Alle	COMCTL32.OCX, CCTLDE32.DLL	Microsoft Windows Common Controls 5.0
VB5	Alle	COMCTL32.OCX, CCTLDE32.DLL	Microsoft Windows Common Controls 5.0
VB6	Alle	MSCOMCTL.OCX	Microsoft Windows Common Controls 6.0

Tab. 7.29: Erforderliche Dateien zu ImageList

ImageList-Controls sind zur Laufzeit nicht sichtbar. Sie registrieren keine Ereignisse.

ImageList ist der »Behälter« für die ListImages-Auflistung. Die ListImages-Auflistung enthält ihrerseits einzelne ListImage-Objekte.

In diese einfügbar sind:

- Bitmap (.BMP)
- Symbol (.ICO)
- Cursor (.CUR)   *) auch schon in VB4-32-Version
- Ab VB5:
- JPEG File Interchange Format (.JPG)
- Graphics Interchange Format (.GIF)

Andere Bilddateien können nicht eingelesen werden. Sie können ein ImageList

1. über die Picture-Eigenschaft der ListImages-Elemente mit allen Controls verbinden, die die Picture-Eigenschaft besitzen;

```
Picture1.Picture = ImageList1.ListImages(Nr).Picture
```

2. direkt über bestimmte Eigenschaften an andere Steuerelemente binden. Solche Steuerelemente sind Listenansicht (ListView), Symbolleiste (ToolBar), Register (TabStrip) und Strukturansicht (TreeView). Damit ein ImageList-Control mit einem dieser Steuerelemente verwendet werden kann, müssen Sie das Steuerelement den nachstehenden Eigenschaften zuweisen:

Objekt	*Eigenschaft, der das ImageList-Control zugewiesen wird*
ListView	Icons und SmallIcons
ToolBar	ImageList
TabStrip	ImageList
TreeView	ImageList
Diverse andere	Picture (s. unten unter 3.)

Tab. 7.30: Direkte Zuweisung des ImagList-Controls

3. als Bilder-Quelle für Formen und Controls mit der Picture-Eigenschaft verwenden. Die Codezeile ist:

```
Objekt.Picture = ImageList1.ListImages(Nr).Picture
```

7.5.1 ImageList-Eigenschaften

Eigenschaften	*Ab VB4*	*Kurzbeschreibung*	*Entw.*	*LZ*
hImageList		Handle auf das Control (für API)	–	R
ImageHeight		Interne Höhe (im Control) aller Images. *)	–	R
ImageWidth		Interne Breite (im Control) aller Images. *)	–	R
ListImages		Verweis auf ListImages-Auflistung **)	–	R
MaskColor		Transparente Farbe festlegen	R/W	R/W
UseMaskColor		MaskColor benutzen	R/W	R/W

*) Diese Eigenschaften legen die Größe fest, mit der alle Bilder intern gespeichert werden. Sie haben Auswirkung auf die Darstellung nur bei der ImageList.Draw- oder ImageList.OverLay-Methode

**) s. Abschnitt »ImageList-Subobjekte«

Tab. 7.31: Spezifische Eigenschaften des ImageList-Controls

Eigenschaften	*Read *)*	*Write *)*	*Hinweise*
hImageList	Hdl = O.hImageList	–	
ImageHeight	Wert = O.ImageHeight	–	Tab. 7.34
ImageWidth	Wert = O.ImageWidth	–	Tab. 7.34

Eigenschaften	*Read *)*	*Write *)*	*Hinweise*
ListImages	Dim LI As ListImages Set LI = O.ListImages	–	
MaskColor	Farbe& = O.MaskColor	O.MaskColor = Farbe&	**)
UseMaskColor	UseMC = O.UseMaskColor	O.UseMaskColor = Wert	***)

*) Präfix O. = ImageList-Name

**) Farbe& als RGB-, System-, QBColor-Farbwert oder Dezimal, Hexwert.

**) {False|True}

Tab. 7.32: Die Syntax der spezifischen Eigenschaften des ImageList-Controls

Eigenschaften	*Ab VB4*		*Ab VB4*
Allgemein			
Index		Parent	
Name		Tag	
Object			
Position		***Darstellung***	
Left, Top		BackColor	

Tab. 7.33: Allgemeine Eigenschaften des ImageList-Controls

Einstellung (Pixel)	*Hinweise*
16 x 16	
32 x 32	
48 x 48	
Benutzerdefiniert	Bei der Einstellung 0, 0 werden die Abmessungen für die interne Speicherung durch das erste eingefügte Bild bestimmt.

Tip: Laden Sie als erstes immer das kleinste Bild oder legen Sie vorher die Abmessungen möglichst klein (> 0) fest.

Tab. 7.34: Die Einstellungen für ImageHeight und ImageWidth

7.5.2 ImageList-Methode

Das ImageList-Control verfügt nur über die

- Overlay-Methode

```
Bild = ImageList.Overlay(Index1, Index2)
```

Overlay zeichnet über das Bild eines ListImages-Elements (mit dem Index1) das Bild aus einem anderen ListImages-Element (mit Index2) und gibt das Ergebnis zurück.

Durch MaskColor bestimmen Sie die Farbe, die in beiden Bildern transparent ist.

7.5.3 ListImages-Auflistung und -Objekt

Die ListImages-Auflistung ist die Auflistung der ListImages-Objekte. Kleinster Index ist 1. Ein ListImages-Objekt ist ein Element der ListImages-Auflistung, das eine gespeicherte Bitmap beliebiger Größe enthält.

Eigenschaft	*Beschreibung*
Index oder Key (= Kennung)	Index (Ganzzahl >= 1) oder/und Key (Zeichenfolge) kennzeichnen ein Element der Auflistung.
Picture	Dem Element zugeordnetes Bild.
Tag	Dem Element zugeordnetes Infofeld.
Auflistung	
Count	Gesamtzahl der Elemente (gleichzeitig höchster verwendeter Index).

Tab. 7.35: Eigenschaften von ListImages

Eigenschaft	*Read *)*	*Write *)*	*Hinweis*
Index	MyIndex = A(Key).Index	–	
Key	MyKey = A(Index).Key	A(Index).Key = Zahl|String	Eindeutig!
Picture	O.Picture = Bild	Bild = O.Picture	
Tag	O.Tag = Text	TagText = O.Tag	
Auflistung			
Count	Anz = A.Count		

*) Präfix A. (Auflistung) = ImageList.ListImages
Präfix O. (Objekt) = ImageList.ListImages({Index|Key})

Tab. 7.36: Syntax der ListImages-Eigenschaften

Methoden	*Beschreibung*
Draw	Gibt die Abbildung im Ziel-Gerätekontext aus. Stil-Eigenschaft bestimmt die grafische Operation. Ziel kann jedes Objekt sein, das hDC und einen Innenbereich für grafische Aktionen besitzt wie Form, PictureBox oder Printer.
ExtractIcon	Formt das Picture im aktuellen ListImages-Objekt zu einem Icon (verwendbar als MouseIcon) um. Das Picture bleibt umgeformt!
Auflistung	
Add	Fügt neues Element hinzu.
Remove	Entfernt Element.
Clear	Löscht alle Elemente.

Tab. 7.37: Methoden der ListImages

Methoden	Syntax *)	Hinweis
Draw	O.Draw ZielhDC[, ZielX[, ZielY[, Stil]]]	Tab. 7.39
ExtractIcon	PicObjekt = O.ExtractIcon	
Remove	O.Remove	
Add	A.Add Kennung, Picture ListImage = A.Add (Kennung, Picture)	
Clear	A.Clear	

*) Präfix A. (Auflistung) = ImageList.ListImages
Präfix O. (Objekt) = ImageList.ListImages({Index|Key})

Tab. 7.38: Syntax der Methoden der ListImages

Wert	Konstante	Beschreibung
0	imlNormal	(Voreinstellung) Normal. Zeichnet die Abbildung ohne Änderung.
1	imlTransparent	Transparent. Zeichnet die Abbildung mit der MaskColor-Eigenschaft, um zu ermitteln, welche Farbe der Abbildung transparent ist.
2	imlSelected	Ausgewählt. Zeichnet die Abbildung so, daß sie mit der Systemfarbe für Hervorhebungen gemischt wird.
3	imlFocus	Fokus. Zeichnet die Abbildung so, daß sie mit der Farbe für Hervorhebungen gemischt und mit einem Streifenmuster versehen wird, wodurch der Eindruck einer Schraffur entsteht, die anzeigt, daß die Abbildung den Fokus hat.

Tab. 7.39: Einstellungen für Draw-Stil

7.6 PictureClip-Control

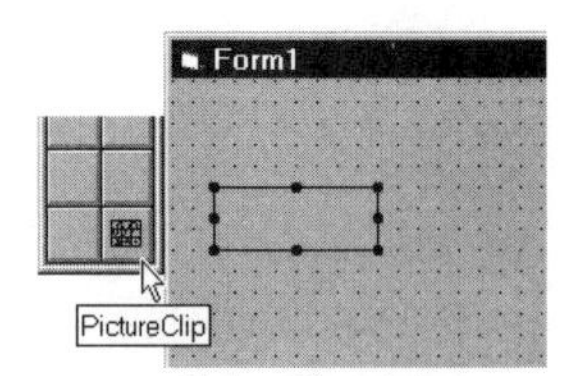

PictureClip zeigt zur Entwurfszeit nur einen Rahmen als Platzhalter

Deutsche Bezeichnung: Bildausschnitt-Steuerelement

Klasse: PictureClip

Typ: Zusatzsteuerelement

In einem PictureClip-Control wird eine Quellbitmap zur Verfügung gestellt, auf deren Bildbereiche in Tabellenform (Matrix) zugegriffen werden kann. PictureClip ist zur Laufzeit nicht sichtbar.

Version	*Edition*	*Erforderliche Datei/en*	*Bezeichnung in Liste*
VB2	Pro/Ent	PICCLIP.VBX	–
VB3	Pro/Ent	PICCLIP.VBX	–
VB4-16	Pro/Ent	PICCLP16.OCX	Microsoft PictureClip Control
VB4-32	Pro/Ent	PICCLP32.OCX	Microsoft PictureClip Control 5.0
VB5	Pro/Ent	PICCLP32.OCX	Microsoft PictureClip Control 5.0
VB6	Pro/Ent	PICCLP32.OCX	Microsoft PictureClip Control 6.0

Tab. 7.40: Erforderliche Dateien zu PictureClip

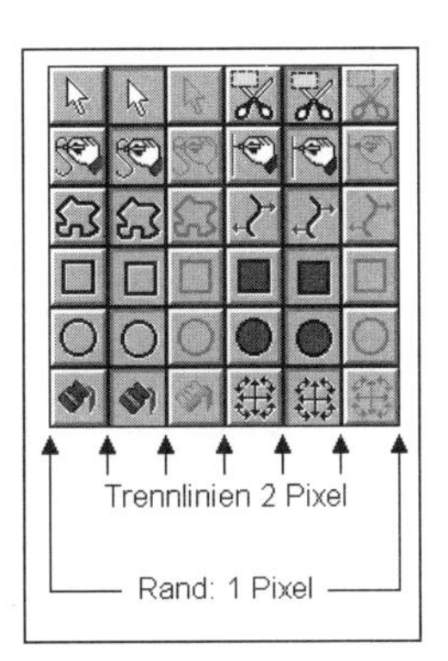

Abb. 7.3: Eine Bitmap für das PictureClip

Setzen Sie ScaleMode = 3 (Pixel) für alle Objekte, die Bilder aus einem PictureClip-Control anzeigen sollen.

Zugriff	*Teilbereich*	*Bereich definieren mit...*	*Zugreifen mit...*	
Wahlfrei	Beliebig	ClipX, ClipY, ClipWidth, ClipHeight	Clip, Optional: StretchX, StretchY	
Numeriert	Alle gleich groß	Rows, Cols CellWidth, CellHeight	GraphicCell (Index)	*)

*) Die Trennlinien zwischen den Buttons müssen 2 Pixel, die Randlinien 1 Pixel breit sein.

Tab. 7.41: Zugriffsarten auf PictureClip-Bildteile

7.6.1 PictureClip-Eigenschaften

PictureClip-Controls verfügen nur über Eigenschaften. Methoden können nicht darauf angewandt werden, und Ereignisse werden nicht registriert.

Eigenschaften	*Zugriffsart*	*Ab VB2*	*Kurzbeschreibung*	*Entw.*	*LZ*
Picture	(Standard-Eigenschaft)		Zuweisung und Zugriff (Gesamtbitmap)	R/W	R/W
Height, Width			Abmessungen der Bitmap in Pixel	–	R

Eigenschaften	*Zugriffsart*	*Ab VB2*	*Kurzbeschreibung*	*Entw.*	*LZ*
Clip	Wahlfrei		Einzelbereich auslesen	–	R
ClipWidth, ClipHeight	Wahlfrei		Einzelbereich in Pixel	–	R/W
ClipX, ClipY	Wahlfrei		Einzelbereichs-Position in Pixel	–	R/W
StretchX, StretchY	Wahlfrei		Zielbereichsabmessungen	–	R/W
CellWidth, CellHeight		VB4	Numeriert Abmessungen aller Zugriffszellen in Pixel	–	R
Cols, Rows	Numeriert		Anzahl Spalten/Zeilen (jeweils > 0) *)	R/W	R/W
GraphicCell	Numeriert		Einzelzelle (über Index) auslesen	–	R

*) Danach Zugriff mit GraphicCell.

Tab. 7.42: Spezifische Eigenschaften des PictureClip-Controls

Eigenschaft	*Read*	*Write*
Picture	Bitmap = PictureClip.Picture	PictureClip.Picture = Quellbild
Height	Höhe = PictureClip.Height	–
Width	Breite = PictureClip.Width	–
Clip	Bildteil = PictureClip.Clip	–
ClipWidth	Ausschnittbreite = PictureClip.CellWidth	PictureClip.ClipWidth = Breite%
ClipHeight	Ausschnitthöhe = PictureClip.CellHeight	PictureClip.ClipHeight = Höhe%
ClipX	X% = PictureClip.ClipX	PictureClip.ClipX = X%
ClipY	Y% = PictureClip.ClipY	PictureClip.ClipY = Y%
StretchX	X% = PictureClip.StretchX	PictureClip.StretchX = X%
StretchY	Y% = PictureClip.StretchY	PictureClip.StretchY = Y%
CellWidth	Wdth = PictureClip.CellWidth	–
CellHeight	Hght = PictureClip.CellHeight	–
Cols	Zeilen% = PictureClip.Rows	PictureClip.Rows = Zeilen%
Rows	Spalten% = PictureClip.Cols	PictureClip.Cols = Spalten%
GraphicCell *)	ZellBild = PictureClip.GraphicCell (Index)	–

*) Die Zellen, auf die die GraphicCell-Eigenschaft zugreift, sind indiziert.
Der Index beginnt bei 0 und wird von links nach rechts sowie von oben nach unten größer.

Tab. 7.43: Syntax der spezifischen PictureClip-Eigenschaften

Eigenschaft	*Ab VB2*		*Ab VB2*
Allgemein			
hWnd		Object	VB4
Index		Parent	
Name		Tag	
Position			
Left, Top			

Tab. 7.44: Allgemeine Eigenschaften des PictureClip-Controls

7.6.2 PictureClip- und Graph-Fehler abfangen

Zum Abfangen der Fehler verwenden Sie die On-Error-Anweisung.

Fehlernummer	*Erklärung der Meldung*
32000	Bildformat nicht unterstützt. Sie können nur Bitmapdateien (.BMP) in ein PictureClip-Control laden.
32001	Anzeigekontext kann nicht bestimmt werden.
32002	Gerätekontext kann nicht bestimmt werden.
32003	Bitmap kann nicht bestimmt werden.
32004	Bitmap-Objekt kann nicht ausgewählt werden.
32005	Speicher für interne Bildstruktur kann nicht reserviert werden.
32006	GraphicCell-Index ungültig. Index-Argument muß im Bereich 0 bis ((PicClip.Rows * PicClip.Cols) – 1) liegen.
32007	GraphicCell-Bildgröße nicht angegeben.
32008	Als GraphicCell-Bilder sind nur Bitmaps zulässig.
32010	Gewünschter Wert für GraphicCell-Eigenschaft kann nicht gesetzt werden.
32012	Fehler beim Aufruf der Windows-Funktion GetObject. GetObject konnte nicht aufgerufen werden.
32014	Fehler beim Aufruf der Windows-Funktion GlobalAlloc. GlobalAlloc konnte nicht aufgerufen werden.
32015	Koordinaten außerhalb Begrenzung für Bildausschnitt. ClipHeight/ClipWidth-Koordinaten liegen außerhalb der Umrandung der Bitmap, die in das PictureClip-Control geladen ist.
32016	Zellgröße zu klein (1 x 1 Pixel Minimum).
32017	Rows-Eigenschaft muß einen Wert größer als 0 haben.
32018	Cols-Eigenschaft muß einen Wert größer als 0 haben.
32019	StretchX-Eigenschaft kann nicht negativ sein.
32020	StretchY-Eigenschaft kann nicht negativ sein.
32021	Kein Bild zugewiesen.

Tab. 7.45: Die Fehlermeldungen des PictureClip- und des Graph-Controls

8 Behälter und Register

Als Behälter bezeichne ich Steuerelemente, die ihrerseits zur Gruppierung und Anzeige von Controls verwendet werden.

Control	*Ab VB1*	*Deutsche Bezeichnung*	*Beschreibung*
Frame		RahmenSteuerelement	
PictureBox		BildfeldSteuerelement	
SSTab	VB4	SSRegisterSteuerelement	Echte Registerblätter
TabStrip	VB4	RegisterSteuerelement	Reine Tabs, keine Registerblätter

Tab. 8.1: Die Behälter- und Register-Controls

8.1 Frame-Control

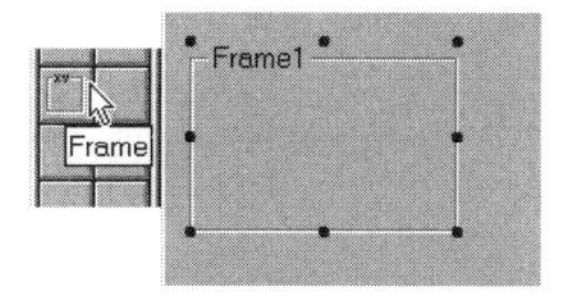

Deutsche Bezeichnung: Rahmen-Steuerelement

Klassenname: Frame

Typ: Integriertes Steuerelement

Frame ist Behälter für zusammengehörende Steuerelemente. Ein Frame kann zum Beispiel Gruppen von OptionButtons (siehe Kapitel 2.9: Button) zusammenfassen.

8.1.1 Eigenschaften von Frame

Eigenschaften	*Ab VB1*	*Kurzbeschreibung*	*Entw.*	*LZ*
Caption		Titel im Rahmen	R/W	R/W
ClipControls		(s. Form) ohne Funktion ?	R/W	R/W
Height, Width		Controlabmessungen	R/W	R/W
Left, Top		Linke, obere Ecke des Controls	R/W	R/W

Tab. 8.2: Die spezifischen Eigenschaften des Rahmens

Eigenschaften	*Read*	*Write*	*Hinweise*
Caption	CText = Frame.Caption	Frame.Caption = CText	max. 255, keine Umbruchzeichen
ClipControls	Clip = F.ClipControl	–	*)
Height	Hght = Frame.Height	Frame.Height = Wert	**) s. Abb. 8.1
Width	Wdth = Frame.Width	Frame.Width = Wert	
Left	Lft = Frame.Left	Frame.Left = Wert	
Top	Tp = FrameTop	Frame.Top = Wert	**)

*) Sie können diese Eigenschaft für Frame-Controls unberücksichtigt lassen, da hier kein Paint-Ereignis gemeldet wird.

**) Zwischen Top und der oberen Begrenzungslinie des Rahmens sind einige Pixel Abstand gegeben. Den Abstand müssen Sie bei der Gestaltung beachten, wenn Sie Frames an anderen Controls ausrichten wollen.

Tab. 8.3 Die Syntax der spezifischen Eigenschaften des Rahmens

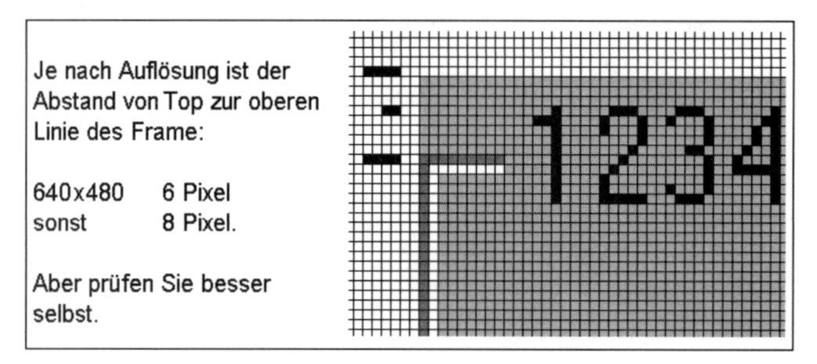

Abb. 8.1: Der kleine Unterschied zwischen Top und Linie.

Eigenschaft	*Ab VB1*	*Eigenschaft*	*Ab VB1*
Allgemein			
Container	VB4	Name	
Enabled		Parent	
hWnd	VB3	RightToLeft	VB6
Index		TabIndex	
MouseIcon	VB4	Tag	
MousePointer		Visible	
Darstellung			
Appearance	VB4	Font	VB4
BackColor, ForeColor		FontBold, FontItalic etc.	
Drag & Drop			
DragIcon		DragMode	
Hilfe			
HelpContextID	VB2	WhatsThisHelpID	VB4
ToolTipText	VB5		

Eigenschaft	*Ab VB1*	*Eigenschaft*	*Ab VB1*
OLE			
OLEDropMode	VB5		

Tab. 8.4: Die allgemeinen Eigenschaften des Rahmens

8.1.2 Frame-Methoden und -Ereignisse

Frame verfügt über keine spezifischen Methoden.

Methoden	*Ab VB1*	*Methode*	*Ab VB1*
Allgemein			
Move		ZOrder	VB2
Refresh			
Drag & Drop		***OLE***	
Drag		OLEDrag	VB5
Hilfe			
ShowWhatsThis	VB4		

Tab. 8.5: Die Methoden des Rahmens

Frame registriert keine spezifischen Ereignisse.

Ereignis	*Ab VB1*	*Ereignis*	*Ab VB1*
Benutzeraktionen			
Click		MouseMove	VB2
DblClick		MouseUp	VB2
MouseDown	VB2		
Drag & Drop			
DragDrop		DragOver	
OLE			
OLECompleteDrag	VB5	OLEGiveFeedBack	VB5
OLEDragDrop	VB5	OLESetData	VB5
OLEDragOver	VB5	OLEStartDrag	VB5

Tab. 8.6: Die allgemeinen Ereignisse des Rahmens

8.2 TabStrip

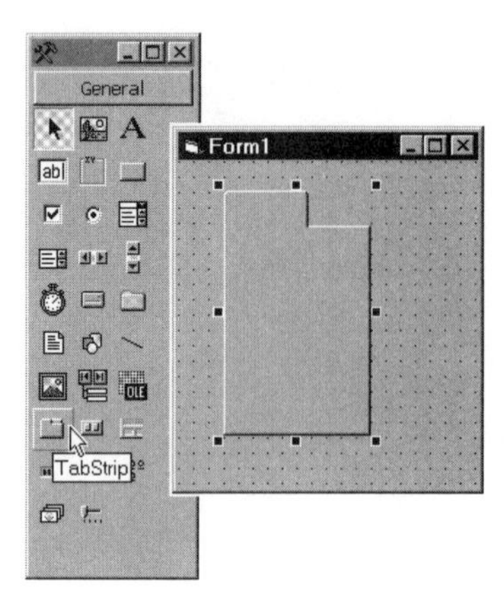

Deutsche Bezeichnung: Register-Steuerelement

Klasse: TabStrip

Typ: 32-Bit-Zusatzsteuerelement

Ein TabStrip besteht aus einem oder mehreren Tab-Objekten in einer Tabs-Auflistung (unterster Index = 1) und einem allen Tab-Objekten gemeinsamen Innenbereich (Client-Bereich) ohne Containerfunktion.

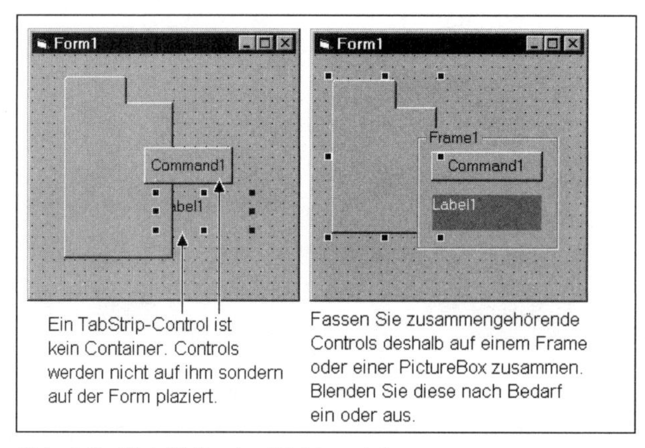

Abb. 8.2: TabStrip, der Nichtcontainer

Bitte beachten Sie den Unterschied zwischen Registern und Registerblättern. Die SSTab-Registerblätter (s.u.) sind komplette Blätter, Container mit weiteren darauf plazierten Controls. Im TabStrip gibt es keine kompletten Registerblätter, keine Container. Das TabStrip besteht nur aus »Griff-«Registern.

Die Fläche unterhalb der Register wird als Innenbereich bezeichnet.

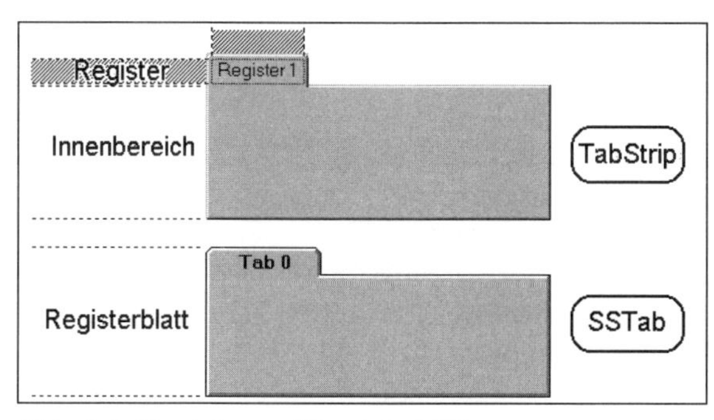

Abb. 8.3: Register und Registerblätter

Der Innenbereich (Client-Bereich)

- gehört zum TabStrip-Objekt, und nicht zu einem einzelnen Registerblatt;
- kann nicht als Container genutzt werden;
- überdeckt zusammen mit den Registern die entsprechende Fläche des Containers, auf dem das TabStrip steht;
- steht gegenüber Label-Controls immer im Vordergrund;
- ist unter VB4 zur Laufzeit gegenüber allen anderen Controls unabhängig von der Festlegung immer im Hintergrund;
- kann ab VB5 gegenüber anderen Controls in den Vordergrund oder Hintergrund gebracht werden.

Die zum jeweiligen Tab gehörenden Seiten und Objekte müssen Sie entweder

- über Visible sichtbar machen (und die der anderen Tabs unsichtbar, oder
- auf Frame-, PictureBox- oder andere Container-Controls plazieren und mit diesen anzeigen bzw. verstecken.

Version	*VB-Edition*	*Erforderliche Dateien Zusatzsteuerelemente*	*Bezeichnung in Liste*
VB4-32	Alle	COMCTL32.OCX, CCTLDE32.DLL	Microsoft Windows Common Controls 5.0
VB5	Alle	COMCTL32.OCX, CCTLDE32.DLL	Microsoft Windows Common Controls 5.0
VB6	Alle	MSCOMCTL.OCX	Microsoft Windows Common Controls 6.0

Tab. 8.7: Die erforderlichen Dateien für TabStrip

8.2.1 TabStrip-Eigenschaften

Eigenschaften	*Ab VB4*	*Kurzbeschreibung*	*Entw.*	*LZ*
Tabs		Verweis auf Tabs-Auflistung der einzelnen Tab-(Register-)Objekte	–	R

Eigenschaften	*Ab VB4*	*Kurzbeschreibung*	*Entw.*	*LZ*
ClientHeight, ClientWidth		Höhe u. Breite des Innenbereichs	–	R
ClientLeft, ClientTop		Linke, obere Ecke des Innenbereichs	–	R
HotTracking	VB6	(FlatButton-)Tabs markieren, wenn Maus darüber (Style =2)	R/W	R
MultiRow		Register in mehreren Zeilen anzeigen	R/W	R/W
Multiselect	VB6	Mehrere (Button-)Tabs zugleich wählbar (bei Style > 0)	R/W	R/W
Placement	VB6	Anordnung der Tabs oben, unten, links oder rechts	R/W	R/W
SelectedItem		Verweis auf Tab-Objekt/Caption des Tab (Style = 2)	R/W	R/W
Separators	VB6	Trennlinien zwischen (FlatButton-) Tabs anzeigen	R/W	R/W
Style		Stil: Tab, Button oder (ab VB6) FlatButton	R/W	R/W
TabFixedHeight		Höhe aller Tabs bei TabWidthStyle = 2 (tabFixed)	R/W	R/W
TabFixedWidth		Breite aller Tabs bei TabWidthStyle= 2 (tabFixed)	R/W	R/W
TabMinWidth	VB6	Kleinste zulässige Tab-Breite	R/W	R/W
TabStyle	VB6	Relative Position der übrigen Tab-Reihen beibehalten (Opposite)	R/W	R/W
TabWidthStyle		Tab-Breite bestimmen	R/W	R/W
Hilfe				
ShowTips		Quickinfo zur Laufzeit anzeigbar?	R/W	R

Tab. 8.8: Die spezifischen Eigenschaften von TabStrip

Eigenschaften	*Read *)*	*Write *)*	*Hinweise*
Tabs	Dim T As Tabs Set T = O.Tabs Anz = T.Count Element = O.Tabs(Index)		
ClientHeight	CHght = O.ClientHeight	–	**)
ClientWidth	CWdth = O.ClientWidth	–	**)
ClientLeft	CLft = O.ClientLeft	–	**)
ClientTop	CTop = O.ClientTop	–	**)
HotTracking	IsHotTracking = O.HotTracking	–	**)
MultiRow	IsMultiRow = O.MultiRow	O.MultiRow = False|True}	
MultiSelect	IsMultiSelect = O.MultiSelect	O.MultiSelect = {False|True}	
Placement	WhatPlacement = O.Placement	O.Placement = Wert	Tab 8.11

Eigenschaften	*Read *)*	*Write *)*	*Hinweise*
SelectedItem	Element = O.SelectedItem	O.SelectedItem = {Index|Key}	
Separators	FlatButtonSeparators = O.Separators	O.Separators = {False|True}	
Style	WhatStyle = O.Style	O.Style = Wert	Tab. 8.12
TabFixedHeight	THght = O.TabFixedHeight	O.TabFixedHeight = Einheiten	**)
TabFixedWidth	TWdth = O.TabFixedWidth	O.TabFixedWidth = Einheiten	**)
TabMinWidth	TMinWdth = O.TabMinWidth	O.TabMinWidth = Einheiten	**)
TabStyle	TStyle = O.TabStyle	O.TabStyle = Wert	Tab. 8.13
TabWidthStyle	TWStyle = O.TabWidthStyle	O.TabWidthStyle = Wert	Tab. 8.14
ShowTips	DoShowToolTips = O.ShowTips	–	{True|False}

*) Präfix O. = TabStrip.
**) Maßeinheiten des Containers.

Tab. 8.9: Die Syntax der spezifischen Eigenschaften von TabStrip

Eigenschaften	*Ab VB4*		*Ab VB4*
Allgemein			
Container		MousePointer	
Enabled		Name	
Font		Object	
Height, Width		Parent	
hWnd		TabIndex	
ImageList		TabStop	
Index		Tag	
Left, Top		Visible	
MouseIcon			
Drag & Drop			
DragIcon		DragMode	
Hilfe			
HelpContextID		WhatsThisHelpID	
ToolTipText	VB6		
Datenbank			
DataBindings	VB6		

Tab. 8.10: Die allgemeinen Eigenschaften von TabStrip

Wert	*Konstante*	*Ab VB6*	*Anordnung*	*Hinweise*
0	tabPlacementTop		Oben	
1	tabPlacementBottom		Unten	
2	tabPlacementLeft		Links	
3	tabPlacementRight		Rechts	Caption kann verschwinden

Tab. 8.11: Einstellungen für TabStrip-Placement

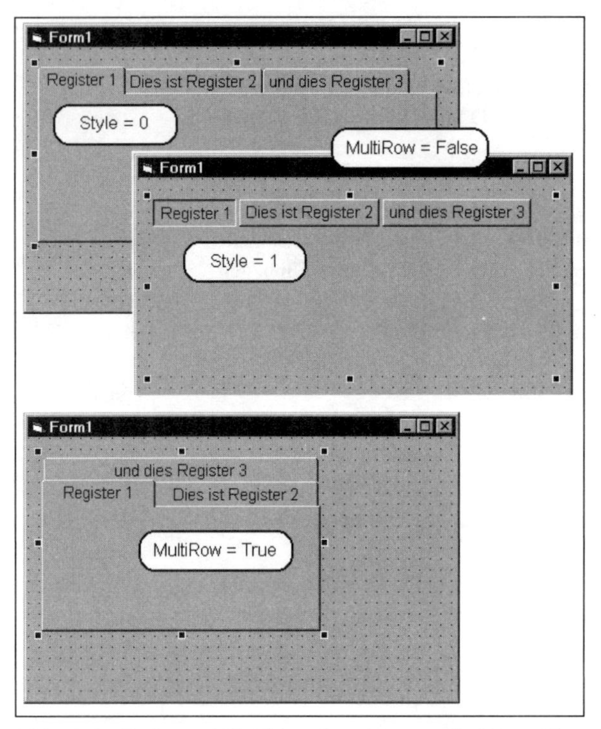

Abb. 8.4: Style und MultiRow bestimmen die Darstellung der Register

Wert	*Konstante*	*Ab VB4*	*TabObjekte erscheinen als ...*
0	tabTabs		Register
1	tabButtons		normale CommandButton
2	tabFlatButtons	VB6	flache Button

Tab. 8.12: Style-Einstellungen für TabStrip

Wert	*Konstante*	*Ab VB6*	*Angeklickte Tab-Reihe wird nach innen verschoben und die inneren Reihen angeordnet ...*
0	tabTabStandard		auf der gleichen Seite.
1	tabTabOpposite		auf der entgegengesetzten Seite.

Tab. 8.13: Einstellungen für TabStrip-TabStyle

Wert	*Konstante*	*Beschreibung*
0	tabJustified	Jedes Register ist breit genug, sein Caption komplett anzuzeigen.
1	tabNonJustified	Jedes Register ist gerade breit genug, das Caption anzuzeigen. Die Zeilen werden nicht ausgerichtet, so daß mehrere Registerkartenzeilen versetzt erscheinen.

Wert	*Konstante*	*Beschreibung*
2	tabFixed	Alle Register sind gleich hoch und gleich breit. Höhe und Breite werden durch die Eigenschaften TabFixedHeight und TabFixedWidth festgelegt.

Tab. 8.14: Die Einstellungen für TabStrip-TabWidthStyle

8.2.2 TabStrip-Methoden und -Ereignisse

Methode	*Ab VB4*	*Kurzbeschreibung*
DeselectAll	VB6	Alle (Button-)Tabs zurücksetzen (wirksam nur bei Style > 0 und MultiSelect = True)

Methode	*Syntax*
DeselectAll	TabStrip.DeselectAll

Tab. 8.15: Die spezifische Methode des TabStrip und ihre Syntax

Methoden	*Ab VB4*		*Ab VB4*
Allgemein			
SetFocus		ZOrder	
Drag & Drop			
Drag		Move	
OLE		***Hilfe***	
OLEDrag	VB5	ShowWhatsThis	

Tab. 8.16: Die allgemeinen Methoden des TabStrip

Ereignis	*Ab VB4*	*Kurzbeschreibung*
BeforeClick		Vor LostFocus und Click, wenn geklickt oder Selected geändert wurde.

Ereignis	*Syntax*	*Hinweis*
BeforeClick	Sub TS_BeforeClick(Cancel As Integer)	*)

*) Mit Cancel = True kann die Ereignismeldung annulliert werden.

Tab. 8.17: Das spezifische Ereignis des TabStrip und seine Syntax

Ereignis	Ab VB4	Ereignis	Ab VB4
Focus-Ereignisse			
GotFocus		LostFocus	
Benutzeraktionen			
Click		MouseDown	
KeyDown, KeyUp		MouseMove	
KeyPress		MouseUp	
Drag & Drop			
DragDrop		DragOver	
OLE			
OLECompleteDrag	VB5	OLEGiveFeedBack	VB5
OLEDragDrop	VB5	OLESetData	VB5
OLEDragOver	VB5	OLEStartDrag	VB5

Tab. 8.18: Die allgemeinen Ereignisse des TabStrip

8.2.3 TabStrip-Subobjekte

Alle Tab-Objekte (»Kartenreiter«) eines TabStrip sind in der Tabs-Auflistung zusammengefaßt. Das erste Tab-Objekt hat den Index 1.

Tabs-Auflistung

Eigenschaft	Ab VB4	Syntax
Count		Anzahl = TabsStrip.Tabs.Count
Item		Element = TabStrip.Tabs[.Item](Kennung)

Tab. 8.19: Eigenschaften der Tabs-Auflistung

Methoden	Syntax	Hinweis
Add	TabStrip.Tabs.Add ...	... = Argumente (s.u.)
	Set Obj = TabStrip.Tabs.Add (...)	... = Argumente (s.u.) in Klammer
Clear	TabStrip.Tabs.Clear	
Remove	TabStrip.Tabs.Remove Kennung	**)

Argumente: [Index[, [Key][, [Caption][, [AbbildungNr]]]]] *)

*) AbbildungNr ist der ListImage-Index einer Abbildung, die sich in einem zugeordneten ImageList-Control befindet. Die jeweilige Abbildung wird auf dem Tab angezeigt.

**) Kennung = {Index|Key}

Tab. 8.20: Methoden der Tabs-Auflistung

Tab-Objekt

Ein Tab-Objekt ist ein einzelnes Register in der Tabs-Auflistung eines TabStrip.

Beschreibung	*Ab VB4*	*Syntax*
Subobjckt zu TabStrip		Tab = TapStrip.Tabs(Index)

Eigenschaften	*Ab VB4*	*Kurzbeschreibung*	*Entw.*	*LZ*
Caption (Standard)		Titeltext des Tabs	R/W	R/W
Height, Width		Höhe/Breite OHNE Innenbereich *)	R/W	R
HighLighted	VB6	Element markieren	–	R/W
Image		ListImage-Index im zugeordneten ImageList-Control	–	R/W
Index		Position in Tabs-Auflistung **)	R/W	R
Key		Eindeutige Kennung	R/W	R/W
Left, Top		Linke, obere Ecke des Tabs *)	R/W	R
Selected		Tab ist ausgewählt	–	R/W

*) Positionsangaben in Maßeinheiten des Containers, auf dem TabStrip steht.
**) StartIndex = 1

Tab. 8.21: Die spezifischen Eigenschaften des Tab-Subobjekts

Eigenschaft	*Read *)*	*Write *?*	*Hinweis*
Caption	Titel$ = O.(K)[.Caption]	O.(K)[.Caption] = Titeltext$	
Height	Reghöhe = O.(K).Height	–	**)
Width	Regbreite = O.(K).Breite	–	**)
HighLighted	IsHL = O.(K).HighLighted	O.(K).HighLighted ={False|True}	
Image	ListImage-Index = O.(K).Image	O.(K).Image = ListImage.{K}	
Index	Position = O.(K).Index	–	
Key	Key = O.(K).Key	O.(K).Key = EindeutigerText	
Left	Lft = O.(K).Left	–	
Top	Tp = O.(K).Top	–	
Selected	IsSel = O.(K).Selected	O.(K).Selected ={False|True}	

*) Präfix O. = TabStrip.Tabs
(K) = Kennung (Index oder Key)
**) Ab VB6: Höhe, Breite immer wie bei TabStrip.Placement < 2

Tab. 8.22: Die Syntax der spezifischen Eigenschaften des Tab-Subobjekts

Eigenschaft	*Eigenschaft*
Allgemein	***Hilfe***
Tag	ToolTipText

Tab. 8.23: Die allgemeinen Eigenschaften der Tab-Objekte

8.3 SSTab

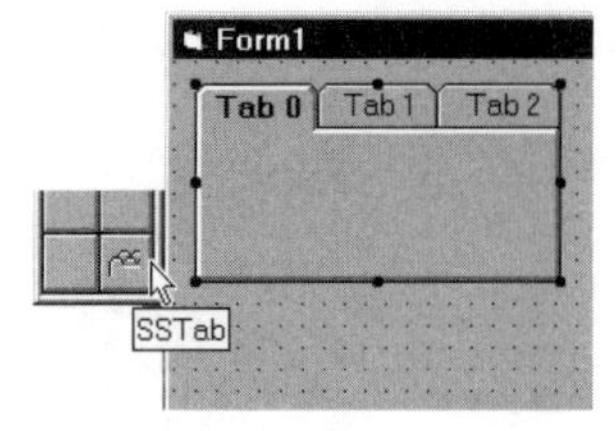

Deutsche Bezeichnung: SSRegister-Steuerelement

Klasse: SSTab

Typ: Zusatzsteuerelement (ab Vb4)

Das SSRegister-Steuerelement (SSTab) stellt eine Gruppe von Registerkarten bereit, von denen jede als Container für andere Steuerelemente fungieren kann.

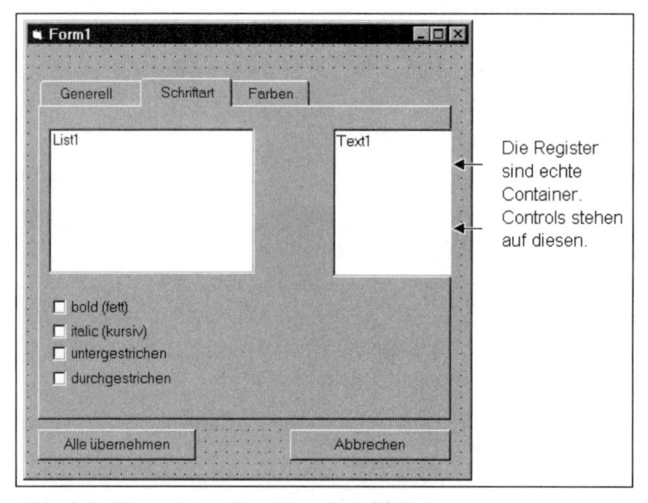

Abb. 8.5: Die echten Register des SSTab

Im Gegensatz zum TabStrip-Control bietet SSTab echte Registerblätter. Jedes dieser Blätter besteht aus einem Griff-Register mit der zugehörigen Registerfläche. Jede Registerfläche ist ein eigener Container.

Bezeichnung *Version*	*Klasse* *Edition*	*Erforderliche Dateien*	*Bezeichnung in Liste Zusatzsteuerelemente*
SSRegister	*SSTab*		
VB4-16	Pro/Ent	TABCTL16.OCX	Microsoft Tabbed Dialog Control
VB4-32	Pro/Ent	TABCTL32.OCX	Microsoft Tabbed Dialog Control 5.0

Bezeichnung Version	*Klasse Edition*	*Erforderliche Dateien*	*Bezeichnung in Liste Zusatzsteuerelemente*
VB5	Pro/Ent	TABCTL32.OCX	Microsoft Tabbed Dialog Control 5.0
VB6	Pro/Ent	TABCTL32.OCX	Microsoft Tabbed Dialog Control 6.0

Tab. 8.24: Die erforderlichen Dateien zu SSTab

8.3.1 Eigenschaften

Eigenschaft	*Ab VB4*	*Kurzbeschreibung*	*Entw.*	*LZ*
BackColor, ForeColor		Hintergrund-/Schriftfarbe des gesamten SSTab (nicht der Register!)	R/W	R/W
Caption		Titel des aktuellen Registers	R/W	R/W
Enabled		Gesamtes SSTab aktivieren/deaktivieren	R/W	R/W
Height, Width		Gesamtabmessungen des SSTab	R/W	R/W
Picture		Aktuelles Register-Bild (BMP, WMF o. ICO)	R/W	R/W
Rows		Anzahl Registerreihen	–	R
ShowFocusRect		Fokus-Markierung zeigen?	R/W	R/W
Style		Darstellungsstil wie Win3.1/Win95	R/W	R/W
Tab		Aktueller Tabindex (Eigenschaftendialog = CurrentTab)	R/W	R/W
TabCaption		Text eines bestimmten Griff-Registers	–	R/W
TabEnabled		Registerkarte aktivieren/deaktivieren	R/W	R/W
TabHeight		Höhe aller Griff-Register (Tabs)	R/W	R/W
TabMaxWidth		Maximale Breite aller Registerblätter (0 = Automatisch) bei Style = 0	R/W	R/W
TabOrientation		Ausrichtung der Register	R/W	R/W
TabPicture		Bild auf bestimmten Griff-Register (Tab)	R/W	R/W
Tabs		Anzahl der Register *)	R/W	R/W
TabsPerRow		Anzahl Register pro Zeile	R/W	R/W
TabVisible		Bestimmtes Registerblatt zeigen/verstecken	–	R/W
WordWrap		Zu langen Captiontext umbrechen?	R/W	R/W

*) Tabs entfernt vorhandene Registerkarten, wenn der übergebene Wert kleiner ist als die Anzahl der Registerkarten.

Tab. 8.25: Die spezifischen Eigenschaften von SSTab

Eigenschaften	*Read *)*	*Write *)*	*Hinweise*
BackColor, ForeColor	Farbe& = O.BackColor	O.BackColor = Farbe&	**)
Caption	Regtitel = O.Caption	O.Caption = Regtitel	***) s. auch Tab Caption
Enabled	Wert = O.Enabled	O.Enabled ={True|False}	Einzelregister s. TabEnabled
Height,	Wert = O.Height	O.Height = Gesamthöhe	Einzelregister s. TabHeight

Eigenschaften	*Read *)*	*Write *)*	*Hinweise*
Width	Wert = O.Width	O.Height = Breite	Einzelregister s. TabMaxWidth
Picture	Bild = O. Picture	O.Picture = Bild	***) s. auch TabPicture
Rows	Anzahl = O.Rows	–	
ShowFocusRect	ShowsFocus = O.ShowFocusRect	O.ShowFocusRect = {True|False}	s. Abb. 8.5
Style	Wert = O.Style	O.Style = Einstellung	s. Tab. 8.28
Tab	RegKarte = O.Tab	O.Tab = RegKarte	beginnend mit 0
TabCaption	Regtitel = O.TabCaption(Index)	O.TabCaption (Index) = Regtitel	s. auch Caption
TabEnabled	Wert = O.TabEnabled(Index)	O.TabEnabled (Index) = {True|False}	
TabHeight	Wert = O.TabHeight	O.TabHeight = Kartenreiterhöhe	
TabMaxWidth	Wert = O.TabMaxWidth	O.TabMaxWidth = Breite	Wert 0 = Automatisch
TabOrientation	Anordnung = O.TabOrientation	O.TabOrientation = Wert	s. Tabelle 8.29
TabPicture	Bild = O.TabPicture(Index)	O.TabPicture (Index) = Bild	s. auch Picture
Tabs	Registerkartenzahl = O.Tabs	O.Tabs = Registerkarten-zahl	
TabsPerRow	RegisterPerZeile = O.TabsPerRow	O.TabsPerRow = Wert	
TabVisible	IsTabVisible = O.TabVisible(Index)	O.TabVisible (Index) = {True|False}	
WordWrap	CaptionUmbruch = O.WordWrap	O.WordWrap = {False|True}	

*) Präfix O. = SSTab.
**) Farbe& = {Systemfarbwert|RGB|QBColor(Farbnummer)
***) Vorher aktuelles Register festlegen mit: SSTab.Tab = Index

Tab. 8.26: Die Syntax der spezifischen Eigenschaften von SSTab

Eigenschaft	*Ab VB4*	*Eigenschaft*	*Ab VB4*
Allgemein			
Container		Object	
hWnd		Parent	
Index		TabStop	
MouseIcon		TabIndex	
MousePointer		Tag	
Name		Visible	

Eigenschaft	*Ab VB4*	*Eigenschaft*	*Ab VB4*
Position		***Darstellung***	
Left, Top		Font	
Data		***OLE***	
DataBindings	VB5	OLEDropMode	VB5
Drag & Drop			
DragIcon		DragMode	
Hilfe			
HelpContextID		WhatsThisHelpID	
ToolTipText	VB5		

Tab. 8.27: Die allgemeinen Eigenschaften des SSTab

Abb. 8.6: ShowFocusRect

Wert	*Konstante*	*Beschreibung*
0	ssStyleTabbedDialog	Registerkarten ähnlich den Dialogen der Anwendungen in Windows 3.1. Schriftart = Fett. Die Breite der Registerkarten kann mit TabMaxWidth vorgegeben werden.
1	ssStylePropertyPage	Registerkarten ähnlich den Registerkarten in Windows 95. Schriftart = Mager. Die Breite der Registerkarten wird unabhängig von TabMaxWidth automatisch der Länge des TabCaption angepaßt.

Tab. 8.28: Die SSTab-Style-Werte

Wert	*Konstante*	*Die Registerkarten erscheinen ...*
0	ssTabOrientationTop	im Kopf des Steuerelements.
1	ssTabOrientationBottom	im Fuß des Steuerelements.
2	ssTabOrientationLeft	auf der linken Seite des Steuerelements.
3	ssTabOrientationRight	auf der rechten Seite des Steuerelements.

Tab. 8.29: Die Werte für SSTab-TabOrientation

8.3.2 SSTab-Methoden und -Ereignisse

SSTab verfügt über keine spezifischen Methoden.

Methode	*Ab VB4*	*Methode*	*Ab VB4*
Allgemein			
SetFocus		Zorder	
Drag & Drop			
Drag		Move	
OLE		***Hilfe***	
OLEDrag	VB5	ShowWhatsThis	

Tab. 8.30: Die Methoden des SSTab

Ereignis	*Ab VB4*	*Beschreibung*
Click		Zusätzlicher Parameter: previoustab = Index der zuvor aktiven Registerkarte. Mit diesem Argument können Sie überprüfen, ob Änderungen vorgenommen wurden, wenn der Benutzer auf eine andere Registerkarte klickt.

Ereignis	*Syntax*
Click	Sub SSTab_Click([Index As Integer,] previoustab As Integer)

Tab. 8.31: Von SSTab registriertes spezifisches Ereignis

Ereignisse	*Ab VB4*		*Ab VB4*
Allgemein			
Validate	VB6		
Focus-Ereignisse			
GotFocus		LostFocus	
Benutzeraktionen			
DblClick		MouseDown	
KeyDown, KeyUp		MouseMove	
KeyPress		MouseUp	
Drag & Drop			
DragDrop		DragOver	
OLE			
OLECompleteDrag	VB5	OLEGiveFeedBack	VB5
OLEDragDrop	VB5	OLESetData	VB5
OLEDragOver	VB5	OLEStartDrag	VB5

Tab. 8.32: Die allgemeinen Ereignisse von SSTab

9 Buttons zur Wahl

Für die Auslösung bestimmter Aktionen durch den Benutzer dienen vor allem Buttons, zu Deutsch: Schaltflächen.

9.1 Die Button-Klassen

Klassenname	*Deutsche Bezeichnung*	*Englische Bezeichnung*
CommandButton	Befehlsschaltfläche	Command Button oder Push Button
CheckBox	Kontrollkästchen	Check Box
OptionButton	Optionsfeld	Option Button oder Radiobutton

Tab. 9.1: Die integrierten Standard-Buttons

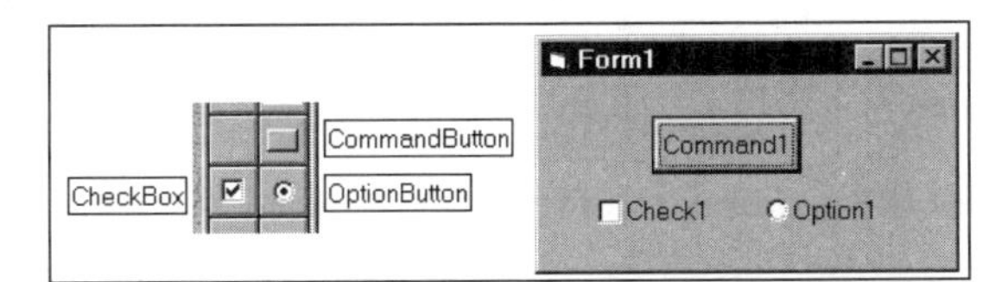

Abb. 9.1: Die integrierten Buttons in Symbolleiste und Form

Klassenname	*Deutsche Bezeichnung*	*Englische Bezeichnung*
AniPushButton	Animierte Schaltfläche	Animated Button
mhState	Tastenstatus	Key Status
SSPanel	3-D-Grundfläche	3-D Panel
SSRibbon	3-D-Gruppenschaltfläche	3-D Group Push Button
SSCheck	3-D-Kontrollkästchen	3-D Check Box
SSOption	3-D-Optionsfeld	3-D Option Button
SSFrame	3-D-Rahmen	3-D Frame
SSCommand	3-D-Befehlsschaltfläche	3-D Command Button

Tab. 9.2: Die Zusatz-Buttons

9.2 Gemeinsame Eigenschaften der Standard-Buttons

Eigenschaft	*Ab VB1*	*Beschreibung*	*Entw.*	*LZ*
DisabledPicture1	VB5	Bild, das bei Enabled = False gezeigt wird.	R/W	R/W
DownPicture	VB5	Im gedrückten Zustand sichtbares Bild.	R/W	R/W
Picture	VB5	Im ungedrückten Zustand sichtbares Bild.	R/W	R/W
Style	VB5	Muß zur Benutzung der drei Eigenschaften auf 1 (Grafisch) gesetzt sein.	R/W	R
MaskColor	VB5	Transparenzfarbe festlegen	R/W	R/W
UseMaskColor	VB5	Wird MaskColor genutzt?	R/W	R/W

Tab. 9.3: Gemeinsame Eigenschaften der Standard-Buttons

Eigenschaft	*Read *)*	*Write *)*	*Hinweise*
DisabledPicture1	Abb = B.DisabledPicture	B.DisabledPicture = Abb	s. Tab. 9.5
DownPicture	Abb = B.DownPicture	B.DownPicture = Abb	s. Tab. 9.5
Picture	Abbildung = B.Picture	B.Picture = Abbildung	s. Tab. 9.5
Style	Einstellung = B.Style	B.Style = Wert	s. Tab. 9.6
MaskColor **)	Farbe = B.MaskColor	B.MaskColor = Farbwert	
UseMaskColor	UsesMaskColor = B.UseMaskColor	B.UseMaskColor = {False|True}	

*) Präfix B. = Button.

**) Farbe muß eine gültige RGB-Farbe sein. Zwar sind auch Systemfarben zulässig, Sie sollten sie aber besser nicht verwenden, da deren Farbwert sich ändern kann.

Tab. 9.4: Syntax der gemeinsamen Eigenschaften der Buttons

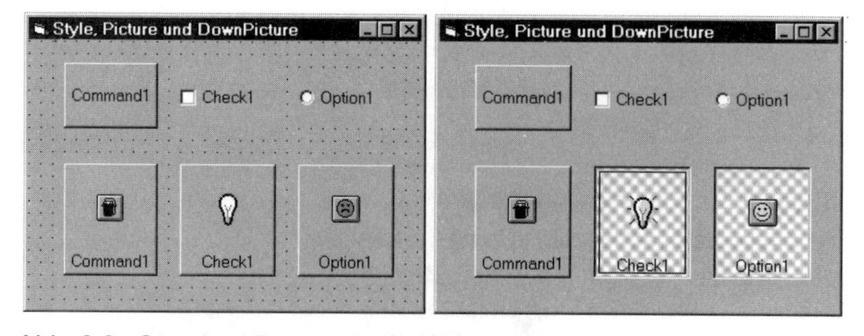

Abb. 9.2: Standard-Button als Grafikbutton ab VB5

Einstellung	*Beschreibung*
(Keine)	(Standard) Keine Abbildung.
(Bitmap, Symbol, Metafile)	Zeigt eine Grafik an.

Tab. 9.5: Das Argument für Abbildung bei DisabledPicture, DownPicture und Picture

Wert	Konstante	Beschreibung
0	vbButtonStandard	Standard (Voreinstellung). Steuerelement wird ohne zugeordnete Grafik dargestellt.
1	vbButtonGraphical	Grafisch. Das Steuerelement wird grafisch dargestellt. CheckBox und OptionButton werden wie ein CommandButton dargestellt. In DownPicture und Picture vorgegebene Grafiken werden sichtbar.

Tab. 9.6: Einstellungen für Style

9.3 CommandButton-Control

Deutsche Bezeichnung: Befehlsschaltfläche-Steuerelement

Klassenname: CommandButton

Tyo: Integriertes Steuerelement

CommandButton dienen in der Regel dazu, Aktionen zu beginnen, zu unterbrechen oder zu beenden. Eine gewählte Befehlsschaltfläche erscheint eingedrückt und wird im Englischen deshalb als »push button« bezeichnet.

9.3.1 CommandButton-Eigenschaften

Eigenschaft	Ab VB1	Kurzbeschreibung	Entw.	LZ
Cancel		Button reagiert direkt bei Esc-Taste	R/W	R/W
Caption		Beschriftung (nicht mehrzeilig, vbCrLf verwendbar)	R/W	R/W
Default		Button reagiert direkt bei Return-Taste	R/W	R/W
Value		Rückgabewert: True = geklickt.	–	R/W

Tab. 9.7.1: Die spezifischen Eigenschaften des CommandButton

Eigenschaft	Read	Write
Cancel	IsCancelButton = CommandButton.Cancel	Cmd.Cancel = {False|True}
Caption	Zeichenfolge = CommandButton.Caption	Cmd.Caption = Zeichenfolge
Default	IsDefaultButton = CommandButton.Default	Cmd.Default = {False|True}
Value	IstGewählt = CommandButton.Value	Cmd.Value = [False|True}

Tab. 9.7.2: Die Syntax der spezifischen Eigenschaften des CommandButton

Eigenschaft	*Read*	*Eigenschaft*	*Write*
DisabledPicture1	VB5	Style	VB5
DownPicture	VB5	MaskColor	VB5
Picture	VB5	UseMaskColor	VB5

Tab. 9.8: Gemeinsame Button-Eigenschaften (s. Tab. 9.3ff.)

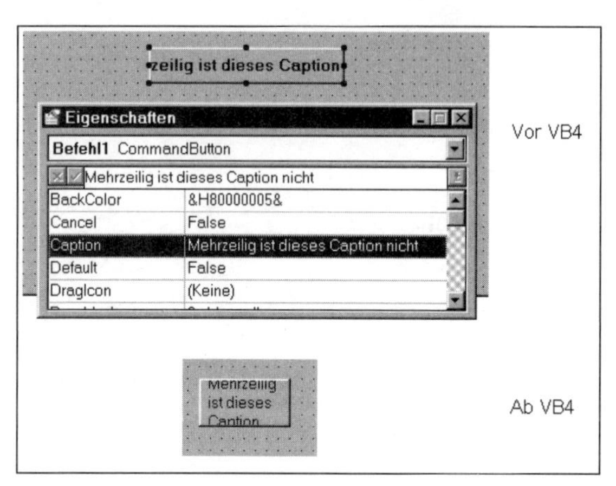

Abb. 9.3: Ein- oder mehrzeiliges Caption

Eigenschaften	*Ab VB1*	*Eigenschaft*	*Ab VB1*
Allgemein			
CausesValidation	VB6	Name	
Container	VB4	Parent	
Enabled		RightToLeft	VB6
hWnd	VB2	TabIndex	
Index		TabStop	
MouseIcon	VB4	Tag	
MousePointer		Visible	
Darstellung			
Apperance	VB4	Font	VB4
BackColor, ForeColor		FontName, FontSize etc.	
Drag & Drop			
DragIcon		DragMode	
Position			
Height, Width		Left, Top	
Hilfe			
HelpContextID	VB2	WhatsThisHelpID	VB4
ToolTipText	VB5		

Eigenschaften	*Ab VB1*	*Eigenschaft*	*Ab VB1*
OLE			
OLEDropMode	VB5		

Tab. 9.9: Die allgemeinen Eigenschaften des CommandButton

9.3.2 CommandButton-Methoden und -Ereignisse

CommandButton verfügen über keine spezifischen Methoden.

Methode	*Ab VB1*	*Methode*	*Ab VB1*
Allgemein			
Move		SetFocus	
Refresh		Zorder	VB2
Drag & Drop		***OLE***	
Drag		OLEDrag	VB5
Hilfe			
ShowWhatsThis	VB4		

Tab. 9.10: Die Methoden der CommandButton

CommandButton registrieren keine spezifischen Ereignisse.

Ereignis	*Ab VB1*	*Ereignis*	*Ab VB1*
Allgemein			
Validate	VB6		
Focus-Ereignisse			
GotFocus		LostFocus	
Benutzeraktionen			
Click		MouseDown	VB3
KeyDown, KeyUp		MouseMove	VB3
KeyPress		MouseUp	VB3
Drag & Drop			
DragDrop		DragOver	
OLE			
OLECompleteDrag	VB5	OLEGiveFeedBack	VB5
OLEDragDrop	VB5	OLESetData	VB5
OLEDragOver	VB5	OLEStartDrag	VB5

Tab. 9.11: Die Ereignisse des CommandButton

9.4 Die Auswahl-Buttons

Für Einfach- und Mehrfachwahl stehen die zwei Buttontypen zur Verfügung:

- CheckBox und
- OptionButton

9.4.1 CheckBox-Control

Deutsche Bezeichnung: Kontrollkästchen-Steuerelement

Klassenname: CheckBox

Eine CheckBox zeigt eine Checkmarke (X) an, wenn ihr Value-Wert größer als Null ist.

Mit einer CheckBox geben Sie dem Benutzer die Möglichkeit, Ja/Nein-Entscheidungen (True/False) zu treffen.

Sie können Kontrollkästchen-Steuerelemente in Gruppen anordnen, um mehrere Wahlmöglichkeiten anzubieten, aus denen der Benutzer eine oder mehrere auswählen kann. Jede einzelne CheckBox bleibt aber für sich anklickbar.

9.4.2 OptionButton-Control

Deutsche Bezeichnung: Optionsfeld-Steuerelement

Klassenname: OptionButton

Ein Gruppe von OptionButtons zeigt Optionen an, von denen eine ausgewählt werden kann.

Unabhängig davon, ob Sie ein OptionButton-Steuerelementefeld erstellt haben oder nicht, werden alle auf dem gleichen Container oder im gleichen Rahmen stehenden OptionButtons als Optionsgruppe behandelt. Nur eines der Controls dieser Gruppe kann eingeschaltet (markiert) sein.

Ein einzelner OptionButton kann nicht durch Mausklick ausgeschaltet werden.

Verwenden Sie in solchem Fall besser eine CheckBox.

Sonst schreiben Sie im Bedarfsfall Code wie

```
Option2.Value = Not Option2.Value
```

aber auf keinen Fall in die Click-Prozedur des OptionButtons. Hier führt diese Zeile zu einer Endlosschleife.

Die Eigenschaften der Auswahl-Buttons

Eigenschaften	Ab VB1	Kurzbeschreibung	Entw.	LZ
Alignment	VB2	Caption-Anordnung	R/W	R
Value		Buttonwert	–	R/W

Tab. 9.12: Die spezifischen Eigenschaften der Auswahl-Buttons

Eigenschaften	Ab VB		Ab VB
DisabledPicture	VB5	Picture	VB5
DownPicture	VB5	Style	VB5
MaskColor	VB5	UseMaskColor	VB5

Tab. 9.13: Die gemeinsamen Buttons-Eigenschaften (s. Tab 9.3 ff)

Eigenschaft	Read	Write	Hinweis
Alignment	Ausrichtung = Objekt.Alignment	–	Tab. 9.16
Value	Wert = Objekt.Value	Objekt.Value = Wert	Tab. 9.17

Tab. 9.14: Syntax der spezifischen Eigenschaften der Auswahl-Buttons

Eigenschaft	Ab VB1	Eigenschaft	Ab VB1
Allgemein			
Caption		Name	
CausesValidation	VB6	Parent	
Container	VB4	RightToLeft	VB6
Enabled		TabIndex	
hWnd	VB2	TabStop	
MouseIcon	VB4	Tag	
MousePointer		Visible	
Position			
Height, Width		Left, Top	
Darstellung			
Appearance		Font	VB4
BackColor, ForeColor	VB4	FontName, FontSize etc.	
Data			
DataChanged	VB4	DataMember	VB6
DataField	VB3	DataSource	VB3
DataFormat	VB6		
Drag & Drop			
DragIcon		DragMode	

Eigenschaft	*Ab VB1*	*Eigenschaft*	*Ab VB1*
OLE			
OLEDropMode	VB5		
Hilfe			
HelpContextID	VB2	WhatsThisHelpID	VB4
ToolTipText	VB5		

Tab. 9.15: Die allgemeinen Eigenschaften der Auswahl-Buttons

Wert	*Konstante*	*Beschreibung*
0	vbLeftJustify	Links ausgerichtet (Voreinstellung). Text wird links ausgerichtet, Steuerelement wird rechts ausgerichtet.
1	vbRightJustify	Rechts ausgerichtet. Text wird rechts ausgerichtet; Steuerelement.

Tab. 9.16: Einstellungen für Alignment der Auswahl-Buttons

Buttontyp	*Wert*	*Konstante*	*Ergibt*
CheckBox	0		»deaktiviert« (Voreinstellung)
	1		»aktiviert«
	2		»abgeblendet«
OptionButton	-1	True	»ausgewählt«
	0	False	(Voreinstellung) »nicht ausgewählt«.

Tab. 9.17: Die Value-Einstellungen der Auswahl-Buttons

9.4.3 Methoden und Ereignisse der Auswahl-Buttons

Die Auswahl-Buttons verfügen über keine spezifischen Methoden.

Methode	*Ab VB1*	*Methode*	*Ab VB1*
Allgemein			
Move		SetFocus	
Refresh		Zorder	VB2
Drag & Drop		***OLE***	
Drag		OLEDrag	VB5
Hilfe			
ShowWhatsThis	VB4		

Tab. 9.18: Die Methoden der Auswahl-Buttons

Die Auswahl-Buttons registrieren keine spezifischen Ereignisse.

Ereignis	*Ab VB1*	*Ereignis*	*Ab VB1*
Allgemein			
Validate	VB6		
Focus-Ereignisse			
GotFocus		LostFocus	
Benutzeraktionen			
Click		KeyPress	
DblClick		MouseDown	VB3
KeyDown		MouseMove	VB3
KeyUp		MouseUp	VB3
Drag & Drop		**DragOver**	
DragDrop			
OLE			
OLECompleteDrag	VB5	OLEGiveFeedback	VB5
OLEDragDrop	VB5	OLESetData	VB5
OLEDragOver	VB5	OLEStartDrag	VB5

Tab. 9.19: Die Ereignisse der Auswahl-Buttons

9.5 Die 3-D-Controls

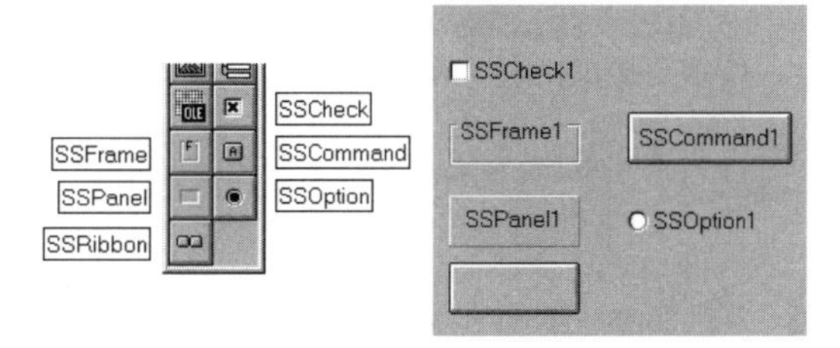

VB-Version	*Edition*	*Erforderliche Dateien*	*Bezeichnung in Liste Zusatzsteuerelemente*
VB2/ VB3	Pro/Ent	THREED.VBX	
VB4-16	Pro/Ent	THREED9.OCX	Sheridan 3-D Controls
VB4-32	Pro/Ent	THREED32.OCX	Sheridan 3-D Controls
VB5 *)			
VB6 *)			

*) Diese zu VB4-32 gelieferten 32-Bit-Controls werden ab VB5 nicht mehr automatisch installiert. Sie finden sie im Tools-Verzeichnis auf Ihrer CD.

Tab. 9.20: Die erforderlichen Dateien für die 3-D-Controls

In den Threed-Dateien sind die in Tabelle 9.21 aufgelisteten 3-D-Controls zusammengefaßt.

Engl. Bezeichnung	*Deutsche Bezeichnung*	*Klasse*	*Kennbuchstabe in den Tabellen*
Panel	3-D-Grundfläche	SSPanel	A
Group Push Button	3-D-Gruppenschaltfläche	SSRibbon	B
Check Box	3-D-Kontrollkästchen	SSCheck	C
Option Button	3-D-Optionsfeld	SSOption	D
Frame	3-D-Rahmen	SSFrame	E
Command Button	3-D-Befehlsschaltfläche	SSCommand	F

Tab. 9.21: Die 3-D-Controls

9.5.1 Die Eigenschaften der 3-D-Controls

Eigenschaft	*Verfügbar bei*						*Beschreibung*	*Entw.*	*LZ*
	A	*B*	*C*	*D*	*E*	*F*			
Alignment	x	–	x	x	x	–	Ausrichtung des Textes	R/W	R/W
AutoSize	x	x	–	–	–	x	Größe an Bild oder anderen Inhalt anpassen	R/W	R/W
BevelInner *)	x	–	–	–	–	–	Aussehen der inneren Schrägkante	R/W	R/W
BevelOuter *)	x	–	–	–	–	–	Aussehen der äußeren Schrägkante	R/W	R/W
BevelWidth *)	x	x	–	–	–	x	Höhe, Breite oder Schatten	R/W	R/W
BorderWidth *)	x	–	–	–	–	–	Breite des Randes (0-30) zwischen innerer u. äußerer Schrägkante	R/W	R/W
FloodColor **)	x	–	–	–	–	–	Innerhalb der inneren Schrägkante zu verwendende Farbe	R/W	R/W
FloodPercent **)	x	–	–	–	–	–	Prozent (0 bis 100) Ausmalung der Innenfläche	R/W	R/W
FloodShowPct **)	x	–	–	–	–	–	Prozent Ausmalung anzeigen?	R/W	R/W
FloodType **)	x	–	–	–	–	–	Wie erfolgt die Ausgabe der FloodColor-Farbe?	R/W	R/W
Font3-D	x	–	x	x	x	x	Dreidimensionaler Stil der Schrift	R/W	R/W
GroupAllowAllUp	–	x	–	–	–	–	Können alle Buttons der Gruppe Up dargestellt werden?	R/W	R/W
GroupNumber	–	x	–	–	–	–	ID-Nummer der Gruppe	R/W	R/W
Negotiate	4	–	–	–	–	–	In Form darstellen, wenn Form.NegotiateToolbars = False	R/W	–
Outline	x	x	–	–	–	x	Zusätzlicher Rahmen	R/W	R/W
Picture	–	–	–	–	–	x	Bild auf dem Button	R	R/W
PictureDisabled	–	x	–	–	–	–	Bild wird angezeigt, wenn SSRibbon deaktiviert ist.	R/W	R/W
PictureDn	–	x	–	–	–	–	Bild wird angezeigt, wenn SSRibbon gedrückt ist.	R/W	R/W
PictureDnChange	–	x	–	–	–	–	Anzeigestil des Bildes	R/W	R/W

Eigenschaft	Verfügbar bei						Beschreibung	Entw.	LZ
PictureUp	–	x	–	–	–	–	Bild wird angezeigt, wenn SSRibbon nicht gedrückt.	R/W	R/W
RoundedCorners	x	x	–	–	–	x	Abgerundete Ecken, wenn Outline = True	R/W	R/W
ShadowColor	x	–	–	–	x	–	Farbe für den Schatten	R/W	R/W
ShadowStyle	–	x	–	–	–	–	Rahmen abgesenkt oder angehoben?	R/W	R/W
Cancel	–	–	–	–	–	4	Button reagiert direkt bei Esc-Taste	R/W	R/W
Caption	x	–	x	x	x	x	Beschriftung (in keiner Version mehrzeilig)	R/W	R/W
Default	–	–	–	–	–	4	Button reagiert direkt bei Return-Taste	R/W	R/W
Value	–	x	x	x	x	x	Rückgabewert: True = geklickt.	–	R/W

A = SSPanel B = SSRibbon C = SSCheck D = SSOption E = SSFrame F = SSCommand

x = In allen THREED-Versionen.
4 ab VB4 verfügbar
*) BevelInner, BevelOuter und BevelWidth bestimmen zusammen mit BorderWidth die 3-D-Erscheinungsweise der 3-D-Controls.
**) Die Flood-Eigenschaften bestimmen die Farbgebung der 3-D-Grundfläche (Panel).

Tab. 9.22: Die spezifischen Eigenschaften der 3-D-Controls

Eigenschaft	Read *)	Write *)	Hinweise
Alignment	Einstellung% = Objekt.Alignment	Objekt.Alignment = Einstellung%	Tab. 9.25
AutoSize	Einstellung% = Objekt.AutoSize	Objekt.AutoSize = Einstellung%	Tab. 9.26
BevelInner	Einstellung% = Objekt.BevelInner	Objekt.BevelInner = Einstellung%	Tab. 9.27
BevelOuter	Einstellung% = Objekt.BevelOuter	Objekt.BevelOuter = Einstellung%	Tab. 9.27
BevelWidth	Breite% = Objekt.BevelWidth	Objekt.BevelWidth = Breite%	Tab. 9.28
BorderWidth	Breite% = Objekt.BorderWidth	Objekt.BorderWidth = Breite%	
Enabled	IsEnabled = Objekt.Enabled	Objekt.Enabled = {True|False}	
FloodType	Einstellung% = Objekt.FloodType	Objekt.FloodType = Einstellung%	Tab. 9.29
FloodColor	Farbe& = Objekt.FloodColor	Objekt.FloodColor = Farbe&	
FloodPercent	Prozent% = Objekt.FloodPercent	Objekt.FloodPercent = Prozent%	
FloodShowPct	ShowPercent = Objekt.FloodShowPct	Objekt.FloodShowPct = {True | False}	
Font3-D	Einstellung% = Objekt.Font3-D	Objekt.Font3-D = Einstellung%	Tab. 9.30
GroupAllowAllUp	AllUpAllwd = Objekt.GroupAllowAllUp	Objekt.GroupAllowAllUp= {True|False}	
GroupNumber	GruppenNummer = Objekt.GroupNumber	Objekt.GroupNumber = Gruppe%	Tab. 9.31
Negotiate	–	–	**)
Outline	IsOutlined = Objekt.Outline	Objekt.Outline = {True | False}	

Eigenschaft	*Read *)*	*Write *)*	*Hinweise*
Picture	Bild = Objekt.Picture	Objekt.Picture = Bild	
PictureDisabled	Bild = Objekt.PictureDisabled	Objekt.PictureDisabled = Bild	
PictureDn	Bild = Objekt.PictureDn	Objekt.PictureDn = Bild	
PictureUp	Bild = Objekt.PictureUp	Objekt.PictureUp = Bild	
PictureDnChange	Einstellung% = Objekt.PictureDnChange	Objekt.PictureDnChange = Einstellung%	Tab. 9.32
RoundedCorners	IsRounded = Objekt.RoundedCorners	Objekt.RoundedCorners = {True|False}	
ShadowColor	Einstellung% = Objekt.ShadowColor	Objekt.ShadowColor = Einstellung%	Tab. 9.33
ShadowStyle	Einstellung% = Objekt.ShadowStyle	Objekt.ShadowStyle = Einstellung%	Tab. 9.34

*) Objekt = SSPanel, SSRibbon, SSCheck, SSOption, SSFrame oder SSCommand
**) nur zur Entwurfszeit

Tab. 9.23: Die Syntax der spezifischen Eigenschaften der 3-D-Controls

Eigenschaften	*Verfügbar bei*					
	A	B	C	D	E	F
Allgemein						
Container	VB4	VB4	VB4	VB4	VB4	VB4
Enabled	x	x	x	x	x	x
hWnd	x	x	x	x	x	x
Index	x	x	x	x	x	x
MouseIcon	VB4	VB4	VB4	VB4	VB4	VB4
MousePointer	x	x	x	x	x	x
Name	x	x	x	x	x	x
Object	VB4	VB4	VB4	VB4	VB4	VB4
Parent	x	x	x	x	x	x
TabIndex	x	VB4	x	x	x	x
TabStop	–	–	x	x	–	x
Tag	x	x	x	x	x	x
Visible	x	x	x	x	x	x
Darstellung						
Align	VB4	–	–	–	–	–
BackColor	x	x	–	–	–	–
Font	VB4	–	VB4	VB4	VB4	VB4
FontNamen, FontBold etc.	x	–	x	x	x	x
ForeColor	x	–	x	x	x	x

Eigenschaften	Verfügbar bei					
Data						
DataChanged	VB4	–	x	–	–	–
DataField	VB4	–	x	–	–	–
DataSource	VB4	–	x	–	–	–
Hilfe						
HelpContextID	x	x	x	x	–	x
WhatsThisHelpID	VB4	VB4	VB4	VB4	VB4	VB4
Position						
Height, Width	x	x	x	x	x	x
Left, Top	x	x	x	x	x	x
Drag & Drop						
DragIcon	x	x	x	x	x	x
DragMode	x	x	x	x	x	x

x = In allen THREED-Versionen.
VB4 = Ab VB4
A = SSPanel B = SSRibbon C = SSCheck D = SSOption E = SSFrame F = SSCommand

Tab. 9.24: Die allgemeinen Eigenschaften der 3-D-Controls

Einstellung	Beschreibung
3-D-Kontrollkästchen-Steuerelement	
0	(Voreinstellung) Beschriftung rechts neben dem Kontrollkästchen.
1	Beschriftung links neben dem Kontrollkästchen.
3-D-Rahmen-Steuerelement	
0	(Voreinstellung) Beschriftung in der oberen Leiste links.
1	Beschriftung in der oberen Leiste rechts.
2	Beschriftung in der oberen Leiste zentriert.
3-D-Optionsfeld-Steuerelement	
0	(Voreinstellung) Beschriftung rechts neben dem Optionsfeld.
1	Beschriftung links neben dem Optionsfeld.
3-D-Grundfläche-Steuerelement	
0	Beschriftung links ausgerichtet am oberen Rand der Grundfläche.
1	Beschriftung links ausgerichtet in der Mitte der Grundfläche.
2	Beschriftung links ausgerichtet am unteren Rand der Grundfläche.
3	Beschriftung rechts ausgerichtet am oberen Rand der Grundfläche.
4	Beschriftung rechts ausgerichtet in der Mitte der Grundfläche.
5	Beschriftung rechts ausgerichtet am unteren Rand der Grundfläche.
6	Beschriftung zentriert am oberen Rand der Grundfläche.
7	(Voreinstellung) Beschriftung zentriert in der Mitte der Grundfläche.
8	Beschriftung zentriert am unteren Rand der Grundfläche.

Tab. 9.25: Einstellungen von Alignment bei 3-D-Controls

Einstellung	Beschreibung
3-D-Schaltfläche-Steuerelement	
0	(Voreinstellung) Weder Bild- noch Schaltflächengröße werden automatisch angepaßt.
1	Bildgröße wird der Befehlsschaltfläche angepaßt.
2	Die Befehlsschaltflächengröße wird dem Bild angepaßt.
	1 und 2 haben keine Auswirkungen, wenn das Bild ein Symbol ist oder eine Beschriftung angegeben wurde.
3-D-Gruppenschaltfläche-Steuerelement	
0	Größe wird nicht automatisch angepaßt.
1	Die Bildgröße wird der Befehlsschaltfläche angepaßt (Voreinstellung). Die Befehlsschaltflächengröße wird dem Bild angepaßt.
3-D-Grundfläche-Steuerelement	
0	(Voreinstellung) Größe wird nicht automatisch angepaßt.
1	Automatische Anpassung der Grundflächenbreite an Beschriftung. Die Breite der Grundfläche wird der Beschriftung in ihrer Innenkante angepaßt. Die Höhe der Grundfläche bleibt unverändert. Beschriftung immer einzeilig.
2	Automatische Anpassung der Grundflächenhöhe an Beschriftung. Die Höhe der Grundfläche wird der Beschriftung in ihrer Innenkante angepaßt. Die Breite der Grundfläche bleibt unverändert. Beschriftung mit Zeilenumbruch.
3	Einzelnes untergeordnetes Steuerelement wird automatisch an die Größe der Grundfläche angepaßt. Wenn das untergeordnete Steuerelement feststehende Abmessungen hat, werden die Abmessungen der Grundfläche an das Steuerelement angepaßt.

Tab. 9.26: Die Einstellungen für AutoSize bei 3-D-Controls

Einstellung	Bezeichnung	Beschreibung
0	(Voreinstellung) None.	Keine innere/äußere Schrägkante.
1	Inset (Abgesenkt).	Innere/äußere Schrägkante abgesenkt.
2	Raised (Abgehoben).	Innere/äußere Schrägkante erhaben.

Tab. 9.27: Die Einstellungen für BevelInner/BevelOuter

Control	Einstellungen
3-D-Grundfläche-Steuerelement	Anzahl der Pixel für innere und äußere Kante (0 bis 30)
3-D-Gruppenschaltfläche	Höhe des dreidimensionalen Schatteneffekts (0 bis 2).
3-D-Schaltfläche-Steuerelement	Anzahl der Pixel (0 bis 10), die um die Kante gezeichnet werden.

Tab. 9.28: Die Einstellungen für BevelWidth

Wert	Einstellung	Beschreibung
0	(Voreinstellung) None	Keine Statusleiste! Beschriftung (Caption) anzeigen.
1	Left To Right (Links nach rechts)	Ausmalung ab der linken inneren Schrägkante.
2	Right To Left (Rechts nach links)	Ausmalung ab der rechten inneren Schrägkante.
3	Top To Bottom (Oben nach unten)	Ausmalung ab der oberen inneren Schrägkante.
4	Bottom To Top (Unten nach oben)	Ausmalung ab der unteren inneren Schrägkante.
5	Widening Circle (Wachsender Kreis)	Mittig angeordneter Kreis. Durchmesser = Wert der FloodPercent-Eigenschaft.

Tab. 9.29: Einstellungen der FloodType-Eigenschaft

Einstellung	Beschreibung	Schrift
0	(Voreinstellung) Keine Schattierung	Flach (nicht dreidimensional)
1	Abgehoben mit leichter Schattierung	Angehoben
2	Abgehoben mit starker Schattierung	Stark angehoben
3	Abgesenkt mit leichter Schattierung	Abgesenkt
4	Abgesenkt mit starker Schattierung	Stark abgesenkt

Tab. 9.30: Die Font3-D-Einstellungen

Einstellung	Beschreibung
0	Schaltfläche gehört zu keiner logischen Gruppe und kann unabhängig von anderen Schaltflächen die Zustände Gedrückt (Dn) und Nicht gedrückt (Up) annehmen.
1 – 99	Gruppennummer (Voreinstellung = 1) Schaltfläche gehört zu einer logischen Gruppe von 3-D-Schaltflächen auf dem Container.

Tab. 9.31: Die Einstellungen der GroupNumber-Eigenschaft

Wert	Bezeichnung	Beschreibung
0	Use PictureUp Bitmap Unchanged	Ungeänderte Nicht-gedrückt-Bitmap (Up-Bitmap)
1	(Voreinstellung) Dither PictureUp Bitmap	Kopie der Nicht-gedrückt-Bitmap erstellen. Farbe aufhellen: BackColor-Pixel in Weiß ändern.
2	Invert PictureUp Bitmap	Nicht-gedrückt-Bitmap invertieren.

Tab. 9.32: Die Einstellungen von SSRibbon.PictureDnChange

Einstellung	*Beschreibung*
0	(Voreinstellung) Dunkelgrau
1	Schwarz

Tab. 9.33: Die Einstellungen von ShadowColor

Einstellung	*Beschreibung*
0	Inset (Voreinstellung, abgesenkt). Der Rahmen erscheint in die Form abgesenkt.
1	Raised (abgehoben). Der Rahmen erscheint von der Form abgehoben.

Tab. 9.34: Die SSFrame.ShadowStyle-Einstellungen

9.5.2 Methoden und Ereignisse der 3-D-Controls

Die 3-D-Controls verfügen über keine spezifischen Methoden.

Methode	*Ab VB2*	*Methode*	*Ab VB2*
Allgemein			
Move		SetFocus	
Refresh		ZOrder	
Drag & Drop		***Hilfe***	
Drag		ShowWhatsThis	VB4

Tab. 9.35: Die Methoden der 3-D-Controls

Die 3-D-Controls registrieren keine spezifischen Ereignisse.

Ereignis	*Ab VB2*	*Ereignis*	*Ab VB2*
Focus-Ereignisse			
GotFocus		LostFocus	
Benutzeraktionen			
Click		MouseDown	
KeyDown, KeyUp		MouseMove	
KeyPress		MouseUp	
Drag & Drop			
DragDrop			
DragOver			

Tab. 9.36: Die Ereignisse der 3-D-Controls

9.6 Animated Button

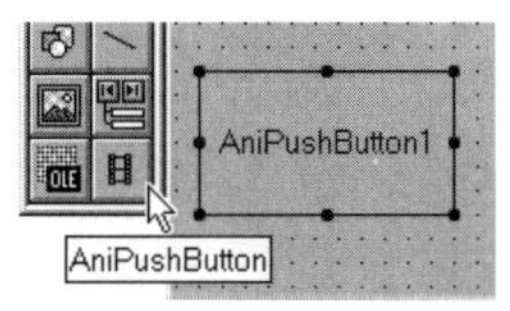

Deutsche Bezeichnung: Animierte Schaltfläche-Steuerelement

Klasse: AniPushButton

Typ: Zusatzsteuerelement

AniPushButton ist ein Schaltflächen-Steuerelement, aus dem Sie mit Symbolen, Bitmaps oder Windows-Metafile-Bildern eigene Schaltflächen-Steuerelemente erstellen.

Steuerelement-Typen umfassen animierte Schaltflächen, Schaltflächen mit Mehrfachstellungen und animierte Kontrollkästchen.

VB-Version	*Edition*	*Erforderliche Dateien*	*Bezeichnung in Liste Zusatzsteuerelemente*
VB2/ VB3	Pro/Ent	ANIBUTON.VBX	
VB4-16	Pro/Ent	ANIBTN9.OCX	Desaware Animated Button Control
VB4-32	Pro/Ent	ANIBTN32.OCX	Desaware Animated Button Control
VB5	Pro/Ent	ANIBTN32.OCX	Desaware Animated Button Control
VB6 *)			

*) Nicht mehr mitgeliefert, aber bei Vorliegen der Lizenz verwendbar.

Tab. 9.37: Die erforderlichen Dateien für AniPushButton

Wichtig: Bitmaps und Symbole in AniPushButton benötigen nur wenig Systemressourcen. Die Daten werden im globalen Speicher in einem eigenen Format gespeichert und benötigen daher keine Zugriffsnummern für Bitmap- oder Symbolressourcen unter Windows.

9.6.1 Die Eigenschaften

Eigenschaft	*Ab VB2*	*Kurzbeschreibung*	*Entw.*	*LZ*
CCBfileSave		Speichert CCB-Daten	W	W
CCBfileLoad		Lädt CCB-Daten	W	W
ClearFirst		Altes Bild vor neuem Bild löschen?	R/W	R/W
ClickFilter		Bereich für Click bestimmen	R/W	R/W
Cycle		Art des Animationszyklus	R/W	R/W
Frame		Aktuelles Bild (Index)	R/W	R/W

Eigenschaft	*Ab VB2*	*Kurzbeschreibung*	*Entw.*	*LZ*
HideFocusbox		Fokusbox ermöglichen	R/W	R/W
Picture		Bild des Frames	R/W	R/W
PictureDrawMode		Frame automatisch oder gezielt festlegen	R/W	R/W
PictureXPos, PictureYPos		Bildposition in Prozent der Resthöhe/-breite	R/W	R/W
SpecialOp		Bild anklickbar (Wert = 1, sonst = 0)	–	W
Speed		Verzögerung der Animation (Integer) in Millisekunden	R/W	R/W
TextPosition		Beschriftung wo?	R/W	R/W
TextXPos, TextYPos		Beschriftungsposition	R/W	R/W
Value		Aktuelle Bildnummer bei Cycle = 1. Festlegen von Value löst kein Click-Ereignis aus!	–	R/W

Tab. 9.38: Die spezifischen Eigenschaften des AniPushButton

Eigenschaft	*Read *)*	*Write *)*	*Hinweis*
CCBfileSave	–	O.CCBfileSave = Dateiname.CCB	Abb. 9.4
CCBfileLoad	–	O.CCBfileLoad = Dateiname.CCB	Abb. 9.4
ClearFirst	ClearsFirst = O.ClearFirst	O.ClearFirst = {False|True}	
ClickFilter	Einstellung% = O.ClickFilter	O.ClickFilter = Einstellung%	Tab. 9.41
Cycle	Einstellung% = O.Cycle	O.Cycle = Einstellung%	Tab. 9.42
Frame	Einstellung% = O.Frame	O.Frame = Einstellung%	
HideFocusbox	IsFboxHidden = O.HideFocusBox	O.HideFocusBox ={False|True}	
Picture	Bild = O.Frame	O.Picture = Bild	**)
PictureDrawMode	Einstellung = O.PictDrawMode	O.PictDrawMode = Wert%	Tab. 9.43
PictureXPos	O.PictureXpos = Wert%	O.PictureXpos = Wert%	0 bis 100
PictureYPos	O.PictureYpos = Wert%	O.PictureYpos = Wert%	0 bis 100
SpecialOp	–	O.SpecialOp = {0|1}	1 = Spezialaktion
Speed	Einstellung% = O.Speed	O.Speed = Millisekunden%	0 {bis 32767)
TextPosition	Einstellung% = O.TextPosition	O.TextPosition = Wert%	Tab. 9.44
TextXPos,	Einstellung% = O.TextXPos	O.TextXPos =Wert	0-100 (def. 50)
TextYPos	Einstellung% = O.TextYPos	O.TextYPos = Wert	0-100 (def. 50)
Value	Einstellung% = O.Value	O.Value = Wert%	Bildnummer

*) Präfix O. = AniPushButton.

**) Vorher Frame auswählen mit: AniPushButton.Frame = Nr

Tab. 9.39: Die Syntax der spezifischen Eigenschaften des AniPushButton

Eigenschaft	*Ab VB2*	*Eigenschaft*	*Ab VB2*
Allgemein			
Caption		MousePointer	
Enabled		Parent	
hWnd		TabIndex	
Index		TabStop	
Name		Tag	
Object		Visible	
MouseIcon	VB4		
Darstellung		**Font**	**VB4**
BackColor, ForeColor		FontName, FontSize etc.	
BorderStyle			
Position			
Height, Width		Left, Top	
Drag & Drop			
DragIcon		DragMode	
Hilfe			
HelpContextID			
WhatsThisHelpID	VB4		

Tab. 9.40: Die allgemeinen Eigenschaften von AniPushButton

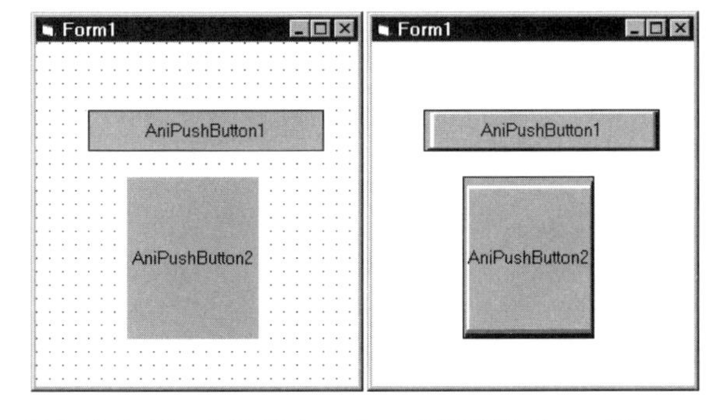

Abb. 9.4: Der CCLfileLoad- und CCBfileSave-Dialog

Einstellung	*Beschreibung*
0	(Voreinstellung) Mausklicks werden überall im Steuerelement erkannt.
1	Mausklicks müssen entweder auf der Beschriftung oder auf dem Bildrahmen erfolgen, um erkannt zu werden.
2	Mausklicks müssen auf dem Bildrahmen erfolgen, um erkannt zu werden.
3	Mausklicks müssen auf der Beschriftung erfolgen, um erkannt zu werden.

Tab. 9.41: Einstellungen der ClickFilter-Eigenschaft

Einstellung	*Beschreibung*
0	(Voreinstellung) 1/2 & 1/2 Spielt die erste Hälfte der Bildfolge ab, wenn der Benutzer auf die Schaltfläche klickt. Läßt der Benutzer die Maustaste los, wird die zweite Hälfte abgespielt, um schließlich wieder zum ersten Bild zurückzukehren. Analog zur Maustaste verwenden Sie die [Space]-Taste.
1	By Frame Springt zum nächsten Bild in der Folge, wenn die Schaltfläche losgelassen wird. Gleichzeitig wird der Wert der Value-Eigenschaft um 1 erhöht. Dadurch wird eine Schaltfläche mit Mehrfachstellung implementiert, die ein Bild pro Zustand anzeigt. Beim Klicken auf die Schaltfläche, wenn die Schaltfläche auf das letzte Bild (letzte Stellung) gesetzt ist, erscheint wieder das erste Bild in der Schaltfläche.
2	2-State 1/2 & 1/2 Spielt die erste Hälfte der Bildfolge ab, wenn der Benutzer zum ersten Mal auf die Schaltfläche klickt, und der Wert der Value-Eigenschaft wird von 1 auf 2 gesetzt. Wenn erneut auf die Schaltfläche geklickt wird, werden die verbleibenden Bilder abgespielt, um dann wieder zum ersten Bild zurückzukehren. In diesem Fall wird die Value-Eigenschaft auf 1 zurückgesetzt. Diese Einstellung erfordert eine Schaltfläche mit 2 Stellungen.

Tab. 9.42: Die Cycle-Einstellungen

Einstellung	*Beschreibung*
0	(Voreinstellung) Positioniert das Bild entsprechend den Werten der Eigenschaften PictureXpos und PictureYpos und setzt die Beschriftung gemäß dem Wert der TextPosition-Eigenschaft.
1	Steuert die Größenänderung automatisch. Die Größe des Animierte Schaltfläche-Steuerelements wird so eingestellt, daß es in den größten Bildrahmen oder zur größten Beschriftung paßt, je nachdem, was größer ist.
2	Zieht das Bild auf die passende Größe. Der Bildrahmen wird gedehnt oder zusammengezogen, um das Steuerelement auszufüllen. In diesem Modus wird die Beschriftung (sofern vorhanden) so ausgegeben, als ob die TextPosition-Eigenschaft den Wert 0 hätte (also über dem Bild).

Tab. 9.43: Einstellungen der PictDrawMode-Eigenschaft

Einstellung	Beschreibung
0	(Voreinstellung) Beschriftung entsprechend TextXpos und TextYpos positioniert. Bild entsprechend PictDrawMode, PictureXpos und PictureYpos positioniert. PictDrawMode = 2 ergibt immer TextPosition = 0
1	Bild erscheint auf der linken Seite des Steuerelements. Beschriftung horizontal entsprechend TextXpos positioniert. Die vertikale Position entspricht TextPosition = 0.
2	Bild erscheint auf der rechten Seite des Steuerelements. Beschriftung horizontal entsprechend TextXpos positioniert. Die vertikale Position entspricht TextPosition = 0.
3	Bild erscheint im unteren Bereich des Steuerelements. Beschriftung vertikal entsprechend TextYpos positioniert. Die horizontale Position entspricht TextPosition = 0.
4	Das Bild erscheint im oberen Bereich des Steuerelements. Beschriftung vertikal entsprechend TextYpos positioniert. Die horizontale Position entspricht TextPosition = 0.

Tab. 9.44: Die Einstellungen der TextPosition

9.6.2 Methoden und Ereignisse von AniPushButton

AniPushButton verfügt über keine spezifischen Methoden.

Methode	Ab VB2	Methode	Ab VB2
Allgemein			
Move		SetFocus	
Refresh		ZOrder	
Drag & Drop		***Hilfe***	
Drag		ShowWhatsThis	VB4

Tab. 9.45: Die Methoden von AniPushButton

AniPushButton registriert keine spezifischen Ereignisse.

Ereignisse	Ab VB2		Ab VB2
Focus-Ereignisse			
GotFocus		LostFocus	
Benutzeraktionen			
Click		KeyPress	
KeyDown		KeyUp	
Drag & Drop			
DragDrop		DragOver	

Tab. 9.46: Die Ereignisse von AniPushButton

9.7 Key State-Control

Deutsche Bezeichnung: Tastenstatus-Steuerelement

Klasse: mhState

Typ: Zusatzsteuerelement

Das Key State-Control legt den Status bestimmter Tasten auf der Tastatur fest oder gibt ihn zurück.

VB-Version	*Edition*	*Erforderliche Dateien*	*Bezeichnung in Liste Zusatzsteuerelemente*
VB2/ VB3	Pro/Ent	KEYSTAT.VBX	
VB4-16	Pro/Ent	KEYSTA16.OCX	Microhelp Key State Control
VB4-32	Pro/Ent	KEYSTA32.OCX	Microhelp Key State Control
VB5 *)	Pro/Ent	KEYSTA32.OCX	Microhelp Key State Control
VB6 **)			

*) Manuell installieren aus CD-Verzeichnis Tools\Controls.

**) Nicht mehr enthalten. Kann bei Vorliegen der Lizenz verwendet werden.

Tab. 9.47: Die erforderlichen Dateien zum Key State-Control

Taste	*Englische Bezeichnung*	*Deutsche Tastenbezeichnung*
<FESTSTELL>	Caps Lock	Umschalt-Feststelltaste
<NUM>	Num Lock	Num-Feststelltaste
<EINFG>	Insert State	Einfügetaste
<ROLLEN>	Scroll Lock	Rollen-Feststelltaste

Tab. 9.48: Die vom Key State-Control steuerbaren Tasten

9.7.1 Die Eigenschaften des Key State-Controls

Eigenschaft	*Ab VB2*	*Kurzbeschreibung*	*Entw.*	*LZ*
Height, Width		Höhe und Breite. Nur änderbar, wenn AutoSize = False	R/W	R/W
Style		Buttontyp	R/W	R/W
TimerInterval		Zeitabstand der Prüfung	R/W	R/W
Value		Aktivierter Status der Taste	–	R/W

Tab. 9.49: Die spezifischen Eigenschaften des Key State-Controls

Eigenschaft	*Read *)*	*Write *)*	
Height	Wert% = O.Height	O.Height = Wert%	
Width	Wert% = O.Width	O.Width = Wert%	
Style	Einstellung% = O.Style	O.Style = Wert%	Tab. 9.51
TimerInterval	Intervall = O.TimerInterval	O.TimerInterval = Millisec	Def. 1000
Value	AktStatus = O.Value	O.Value = {True|False}	

*) Präfix O. = KeyState.

Tab. 9.50: Die Syntax der spezifischen Eigenschaften des Key State-Controls

Einstellung	*Taste*	
0	<FESTSTELL>	Voreinstellung
1	<NUM>	
2	<EINFG>	
3	<ROLLEN>	

Tab. 9.51: Die Einstellungen für mhState.Style

Eigenschaft	*Ab VB2*	*Eigenschaft*	*Ab VB2*
Allgemein			
Container		Object	
Enabled		Parent	
Index		TabIndex	
MouseIcon	VB4	TabStop	
MousePointer		Tag	
Name		Visible	
Darstellung			
AutoSize		BackColor	
Drag & Drop			
DragIcon		DragMode	
Position			
Left, Top			
Hilfe		WhatsThisHelpID	VB4
HelpContextID			

Tab. 9.52: Allgemeine Eigenschaften des Key State-Controls

9.7.2 Methoden und Ereignisse des Key State-Controls

KeyState verfügt über keine spezifischen Methoden.

Methode	*Ab VB2*	*Methode*	*Ab VB2*
Allgemein			
Move		SetFocus	
Refresh		ZOrder	
Hilfe			
ShowWhatsThis	VB4		

Tab. 9.53: Die Methoden des Key State-Controls

Ereignis	*Ab VB2*	*Kurzbeschreibung*	*Syntax*
Change		Value wurde geändert	Private Sub Tastenstatus_Change ()

Tab. 9.54: Das spezifische Ereignis des Key State-Controls und seine Syntax

Ereignis	*Ab VB2*	*Ereignis*	*Ab VB2*
Focus-Ereignisse			
GotFocus		LostFocus	
Benutzeraktionen			
Click		KeyUp	
KeyDown		KeyPress	

Tab. 9.55: Die allgemeinen Ereignisse des Key State-Controls

10 Listen und Tabellen

Zum Anlegen und zur Wiedergabe von Tabellen und Listen gibt es verschiedene Steuerelemente.

Klasse	*Deutsche Bezeichnung*	*Ab VB1*	*Edition*	*Typ*
List-Controls				
ListBox	Listenfeld		Alle	Integriert
ComboBox	Kombinationsfeld		Alle	Integriert
Spezial-Combo-Control				
ImageCombo	ImageCombo	VB6	Alle	Zusatzcontrol
Tabellen-Controls				
Grid	VB2/3: Gitternetz-Steuerelement Ab VB4 = Tabellen-Steuerelement	VB2	Alle	Zusatzcontrol
MSFlexGrid	MSFlexTabelle	VB5	Pro/Ent	Zusatzcontrol
MSHFlexGrid	Hierarchische Flextabelle	VB6	Pro/Ent	Zusatzcontrol
Special-List-Controls				
OutLine	Hierarchie	VB3	Pro/Ent	Zusatzcontrol
ListView	Listenansicht	VB4-32	Pro/Ent	Zusatzcontro
TreeView	Strukturansicht	VB4-32	Pro/Ent	Zusatzcontrol
Database-Controls (s. Kap 17)				
DataCombo	DataKombi	VB6	Alle	Zusatzcontrol
DataGrid	DataTabelle	VB6	Alle	Zusatzcontrol
DataList	DataListe	VB6	Alle	Zusatzcontrol
DBCombo	DBKombi	VB4	Alle	Zusatzcontrol
DBGrid	DBTabelle	VB4	Alle	Zusatzcontrol
DBList	DBListe	VB4	Alle	Zusatzcontrol

Tab. 10.1: Die Listen- und Tabellen-Controls

10.1 List-Controls

ListBox und ComboBox sind zwei ab VB1 integrierte Controls mit einer Vielzahl gleicher Eigenschaften, Methoden und Ereignisse. Sie bezeichne ich wegen ihrer vielen Gemeinsamkeiten als List-Controls.

Eigenschaft *Ab*	*1* *VB1*	*2* *VB1*	*Kurzbeschreibung*	*Entw.*	*LZ*
IntegralHeight	VB4	VB4	Höhenanpassung in Zeilen oder pixelgenau	R/W	R
ItemData	VB2	VB2	Datenfeld, parallel zu List-Feld, für Kennzahlen (ID-Nummer)	R/W *)	R/W
List			Feld der List-Elemente	R/W *)	R/W
ListCount			Anzahl der List-Elemente	–	R
ListIndex			Index des aktuell markierten Items	–	R
NewIndex	VB2	VB2	Index des zuletzt hinzugefügten Items	–	R
Sorted			Liste sortiert	R/W	R
Text			Text des (letzt-)markierten Elements	–	R
TopIndex	VB2	VB5	Index des obersten sichtbaren Elements	–	R/W

Spalten: 1 ListBox 2 ComboBox

*) Vor VB4 zur Entwurfszeit nicht verfügbar. Wollen Sie ItemData zur Entwurfszeit eingeben, müssen Sie ZUVOR die entsprechenden Werte für List vorgeben.

Tab. 10.2.1: Gemeinsame Eigenschaften der List-Controls

Eigenschaft	*Read *)*	*Write *)*	*Hinweise*
IntegralHeight	Boolesch = O.IntegralHeight	–	s. Tab. 10.3
ItemData	KZahl= O.ItemData(Index)	O.ItemData(Index) = Wert	
List	Listeintrag$ = O.List(Index)	O.List(Index) = String	
ListCount	Anzahl = O.ListCount	–	
ListIndex	AktIndex = O.ListIndex	–	**)
NewIndex	Letzter = O.NewIndex	–	
Sorted	IsSorted = O.Sorted	–	{False|True}
Text	Zeichenfolge = O.Text	O.Text = Zeichenfolge	s. Tab. 10.4
TopIndex	IndexOben = O.TopIndex	O.TopIndex = Wert	

*) O = ListBox oder ComboBox

**) Option Base = 1 hat keine Auswirkungen auf die Indizierung in List-Controls. Das erste Element hat immer den Indexwert 0.

Tab. 10.2.2: Die Syntax der gemeinsamen Eigenschaften der List-Controls

Einstellung	*Steuerelement ...*
True (Voreinstellung)	paßt sich in der Höhe an vollständige List-Zeilen an.
False	kann auch in der Höhe pixelgenau justiert werden.

Tab. 10.3: Einstellungen der IntegralHeight-Eigenschaft

Objekt	*Style =*	*Ergibt*	*Entw.*	*LZ*
ComboBox	0 oder 1	Text im Bearbeitungsbereich	R/W	R/W
	2	Ausgewähltes Element	R	R
ListBox		Ausgewähltes Element	R	R

Tab. 10.4.1: Verwendung der Text-Eigenschaft

Objekt	*Zeilen max.*	*Zeichen/Zeile max.*	*Zeichen gesamt max.*
ListBox, ComboBox	32767	1024	ca. 16.500.000

Tab. 10.4.2: Maximal-Kapazität

10.1.1 Gemeinsame Methoden der List-Controls

Methode	*Ab VB1*	*Kurzbeschreibung*
AddItem		List-Element zur Liste hinzufügen (wenn kein Index: bei Sorted einsortieren, sonst am Ende der Liste)
Clear	VB2	Alle List-Elemente löschen
RemoveItem		Einzelnes List-Element löschen

Tab. 10.5.1: Die gemeinsamen Methoden der List-Controls

Methode	*Syntax*
AddItem	Objekt.AddItem Element[, Index]
Clear	Objekt.RemoveItem Index
RemoveItem	Objekt.Clear

Tab. 10.5.2: Die Syntax der gemeinsamen Methoden der List-Controls

10.1.2 ListBox

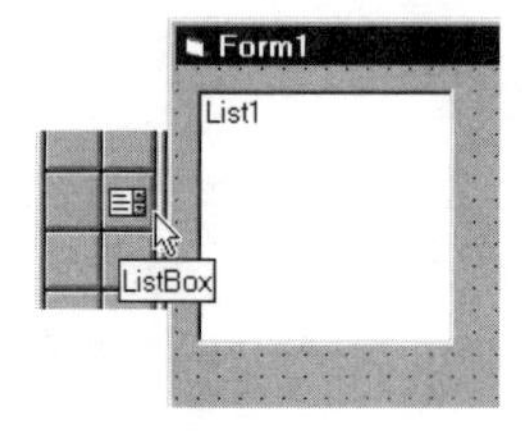

Deutsche Bezeichnung: Listenfeld-Steuerelement

Klassenname: ListBox

Typ: Integriertes Steuerelement

Eine ListBox zeigt eine Liste mit Elementen an, aus der der Benutzer ein oder mehrere Elemente auswählen kann.

ListBox-Eigenschaften

Eigenschaft	*Ab VB1*	*Kurzbeschreibung*	*Entw.*	*LZ*
Columns		Anzahl Spalten	R/W	R/W*)
MultiSelect		Mehrfachwahl ermöglichen	R/W	R
SelCount	VB4	Anzahl ausgewählter Elemente	–	R
Selected		Datenfeld, parallel zu List: Ist Element gewählt?	–	R/W
Style	VB5	Darstellungs-Stil ohne/mit CheckBox **)	R/W	R

*) Sie können zur Laufzeit kein mehrspaltiges in ein einspaltiges Listenfeld oder umgekehrt ändern.
**) Mit der [Leer]-Taste werden die einzelnen Checkmarkierungen ein- und ausgeschaltet.

Tab. 10.6.1: Spezifische ListBox–Eigenschaften

Eigenschaft	*Read *)*	*Write *)*	*Hinweise*
Columns	Spaltenzahl = O.Columns	O.Columns = Zahl	s. Tab. 10.7
MultiSelect	IsMultSel = O.Multiselect	–	s. Tab. 10.8
SelCount	Anzahl = Objekt.SelCount	–	
Selected	IsSel = O.Selected(Index)	O.Selected(Index) = Wert	= {False|True}
Style	WhatStyle = O.Style	–	s. Tab. 10.9 u. Abb. 10.2

*) Präfix O. = List.

Tab. 10.6.2: Die Syntax der spezifischen Eigenschaften der ListBox

Einstellung	*Einträge werden ...*
0	in einer einzelnen Spalte angeordnet. Das Listenfeld führt vertikale Bildläufe durch. (Voreinstellung)
1 bis n	in fortlaufenden Spalten angeordnet. Erst wird die erste Spalte gefüllt, danach die zweite Spalte usw. Das Listenfeld führt horizontale Bildläufe durch und zeigt die angegebene Anzahl von Spalten an.

Tab. 10.7: Einstellungen für Columns

Einstellung	*Beschreibung*
0	(Voreinstellung) Mehrfachauswahl ist nicht möglich.
1	Simple (Einfache Mehrfachauswahl). Elemente werden durch Klicken mit der Maus oder Drücken der `Leertaste` aus- bzw. abgewählt. (Der Fokus wird mit den Pfeiltasten bewegt.)
2	Extended (Erweiterte Mehrfachauswahl). Durch Klicken oder Drücken der Pfeiltasten (`Up`, `Down`, `Left`, `Right`) bei gedrückter `Shift`-Taste wird das aktuelle Element in die Auswahl einbezogen. Durch Klicken bei gedrückter `Ctrl`-Taste werden Elemente in der Liste aus- bzw. abgewählt.

Tab. 10.8: Einstellungen für MultiSelect

Wert	*Konstante(ab VB5)*	*Beschreibung*
0	vbListBoxStandard	Standard Die ListBox wird als eine Liste aus Textelementen dargestellt. (Voreinstellung)
1	vbListBoxCheckbox	Kontrollkästchen Neben jedem Texteintrag wird eine CheckBox dargestellt. Bei MultiSelect können mehrere Einträge ausgewählt werden, indem die nebenstehenden Kontrollkästchen aktiviert werden.

Tab. 10.9: Einstellungen für Style

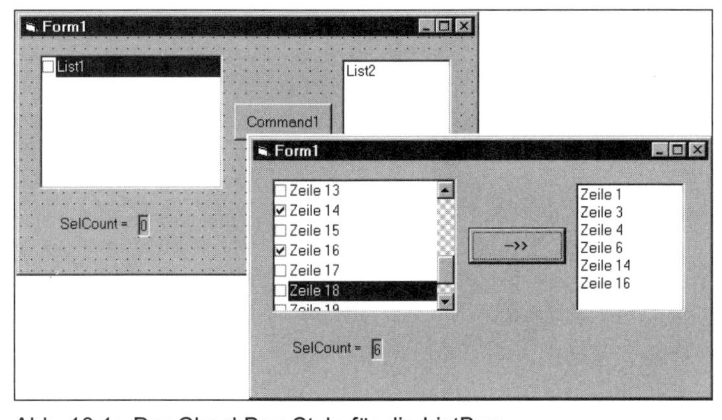

Abb. 10.1: Der CheckBox-Style für die ListBox.

Eigenschaft	*Ab VB1*	*Eigenschaft*	*Ab VB1*
IntegralHeight	VB4	NewIndex	VB2
ItemData	VB2	Sorted	
List		Text	
ListCount		TopIndex	VB2
ListIndex			

Tab. 10.10: Gemeinsame List-Eigenschaften der ListBox (s. Tab. 10.2 ff.)

Eigenschaft	*Ab VB1*	*Eigenschaft*	*Ab VB1*
Allgemein			
Container	VB4	Parent	
hWnd		RightToLeft	VB6
Index		TabIndex	
MouseIcon	VB4	TabStop	
MousePointer		Tag	
Name		Visible	
Darstellung			
Appearance	VB4	FontName, FontSize etc.	
BackColor, ForeColor		Position	
Enabled		Height, Width	
Font	VB4	Left, Top	
Drag & Drop			
DragIcon		DragMode	
Data			
DataChanged	VB3	DataMember	VB6
DataField	VB3	DataSource	VB3
DataFormat	VB6		
Hilfe			
HelpContextID	VB2		
ToolTipText	VB5	WhatsThisHelpID	VB4
OLE			
OLEDragMode	VB5	OLEDropMode	VB5

Tab. 10.11: Die allgemeinen Eigenschaften der ListBox (s. Kap. 21)

ListBox-Methoden und -Ereignisse

ListBox-Controls besitzen nur gemeinsame und allgemeine List-Controls-Methoden.

Methode	*Ab VB1*	*Methode*	*Ab VB1*
AddItem		RemoveItem	
Clear	VB2		

Tab. 10.12: Gemeinsame Methoden der List-Controls (s. Tab. 10.5 ff.)

Methode	*Ab VB1*	*Methode*	*Ab VB1*
Allgemein			
Move		SetFocus	
Refresh		ZOrder	
Drag & Drop		***OLE***	
Drag		OLEDrag	VB5
Hilfe			
ShowWhatsThis	VB4		

Tab. 10.13: Die allgemeinen Methoden der ListBox (s. Kap. 22)

Ereignis	*Ab*	*Kurzbeschreibung*
ItemCheck	VB5	CheckBox-Element wurde angeklickt (bei Style = 1)

Ereignis	*Syntax*
ItemCheck	Sub Objekt_ItemCheck ([Index As Integer])

Tab. 10.14: Das spezifische Ereignis der ListBox und seine Syntax

Ereignis	*Ab VB1*	*Ereignis*	*Ab VB1*
Focus-Ereignisse			
GotFocus		LostFocus	
Benutzeraktionen			
Click		MouseDown, MouseUp	
DblClick		MouseMove	
KeyDown, KeyUp		Scroll	VB5
KeyPress			
Drag & Drop			
DragDrop		DragOver	

Ereignis	*Ab VB1*	*Ereignis*	*Ab VB1*
OLE			
OLECompleteDrag	VB5	OLEGiveFeedBack	VB5
OLEDragDrop	VB5	OLESetData	VB5
OLEDragOver	VB5	OLEStartDrag	VB5

Tab. 10.15: Die allgemeinen Ereignisse der ListBox (s. Kap. 23)

10.1.3 ComboBox-Control

Deutsche Bezeichnung: Kombinationsfeld-Steuerelement

Klassenname: ComboBox

Typ: Integriertes Steuerelement

Eine ComboBox kombiniert die Merkmale einer ListBox mit denen einer TextBox.

Benutzer können im Textfeldbereich Informationen eingeben oder ein Element aus dem Listenfeldbereich des Steuerelements auswählen.

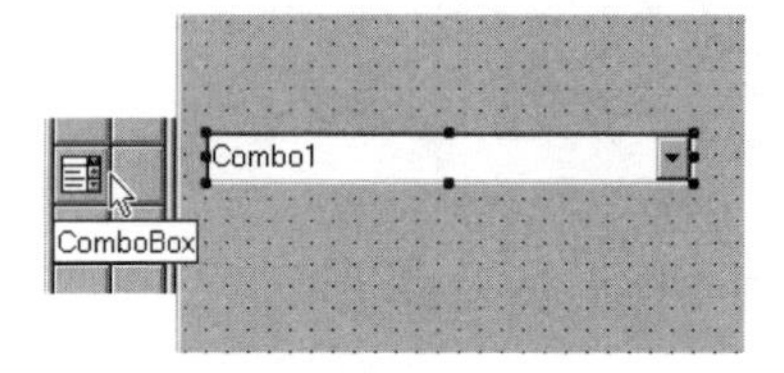

ComboBox-Eigenschaften

Eigenschaft	*Ab VB1*	*Kurzbeschreibung*	*Entw.*	*LZ*
Locked	VB5	Texteingabe ein-/ausgeschaltet	R/W	R
SelLength		Markierte Länge (in TextBox)	–	R/W
SelStart		Markierungsbeginn	–	R/W
SelText		Markierter Text	–	R
Style		Darstellungsstil	R/W	R

Tab. 10.16: Die spezifischen Eigenschaften der ComboBox

Eigenschaften	*Read*	*Write*	*Hinweise*
Locked	IsLocked = Objekt.Locked	–	{False|True}
SelLength	AnzahlMarkierteZeichen = Objekt.SelLength	Objekt.SelLength = Zahl	

Eigenschaften	*Read*	*Write*	*Hinweise*
SelStart	CaretPosition = Objekt.SelStart	Objekt.SelStart=VorDemZeichen	
SelText	AusgewaehlterText = Objekt.SelText	–	
Style	ComboBoxTyp = Objekt.Style	–	Tab. 10.18 u. Abb. 10.4

Tab. 10.17: Die Syntax der spezifischen Eigenschaften der ComboBox

Wert	*Konstante(ab Vb4)*	*Beschreibung*
0	vbComboDropDown	Dropdown-Kombinationsfeld (Voreinstellung) Umfaßt das Textfeld und die Dropdown-Liste. Die Höhe des Textfeldes wird automatisch nach der Zeichenhöhe ausgerichtet. Das DropDown-Listenfeld zeigt maximal 8 Zeilen gleichzeitig.
1	vbComboSimple	Einfaches Kombinationsfeld Umfaßt das Textfeld und die Liste, die immer angezeigt wird. Die Größe eines einfachen Kombinationsfeldes umfaßt die Text- und die Listenkomponente. Standardmäßig ist die Liste nicht sichtbar. Vergrößern Sie die Height-Eigenschaft, um einen größeren Teil der Liste anzuzeigen.
2	vbComboDropDownList	Dropdown-Liste Umfaßt das Textfeld und die Dropdown-Liste. Gegenüber Style = 0 ist das Textfeld schreibgeschützt. Der Benutzer kann nur einen bereits in der Dropdown-Liste vorhandenen Eintrag auswählen.

Tab. 10.18: Einstellungen für Style bei der ComboBox

Eigenschaft	*Ab VB1*	*Eigenschaft*	*Ab VB1*
Allgemein			
Container	VB4	Parent	
Enabled		RightToLeft	VB6
hWnd		TabIndex	
Index		TabStop	
MouseIcon	VB4	Tag	
MousePointer		Visible	
Name			
Darstellung			
Appearance	VB4	Font	VB4
BackColor, ForeColor		FontName, FontSize etc.	
Position			
Height, Width		Left, Top	

Eigenschaft	*Ab VB1*	*Eigenschaft*	*Ab VB1*
Drag & Drop			
DragIcon		DragMode	
OLE			
OLEDragMode	VB5	OLEDropMode	VB5
Data			
DataChanged	VB3	DataSource	VB3
DataField	VB3		
Hilfe			
HelpContextID	VB2	WhatsThisHelpID	VB4
ToolTipText	VB5		

Tab. 10.19: Die allgemeinen Eigenschaften der ComboBox (s. Kap. 21)

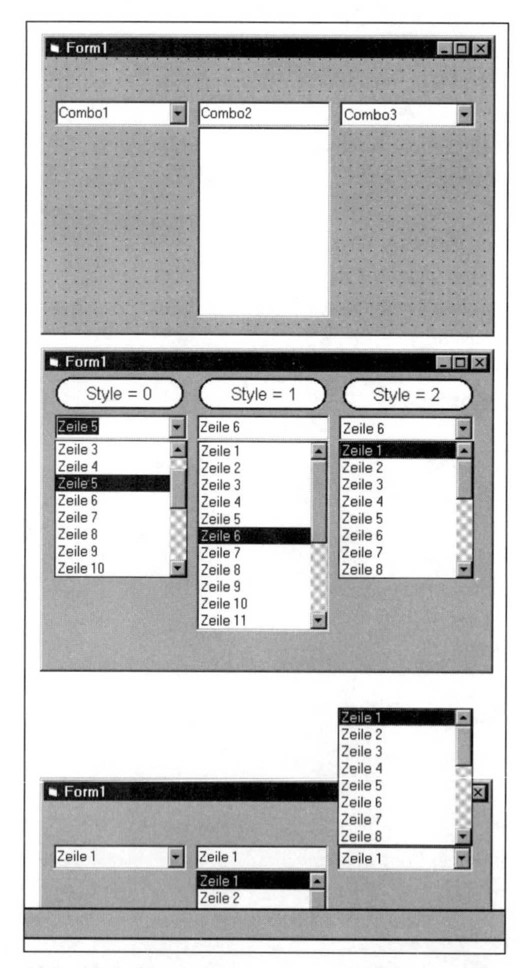

Abb. 10.2: Die Auswirkungen von Style der ComboBox.

ComboBox-Methoden und -Ereignisse

Methode	*Ab VB1*	*Methode*	*Ab VB1*
AddItem		RemoveItem	
Clear	VB2		

Tab. 10.20.1: Gemeinsame List-Methoden der ComboBox (s. Tab. 10.5 ff)

Methode	*Ab VB1*	*Methode*	*Ab VB1*
Allgemein			
Refresh		ZOrder	
SetFocus			
Drag & Drop			
Drag		Move	
OLE		***Hilfe***	
OLEDrag	VB5	ShowWhatsThis	VB4

Tab. 10.20.2: Allgemeine Methoden der ComboBox (s. Kap. 23)

Ereignis	*Ab VB1*	*Kurzbeschreibung*
Change		Benutzer o. Code ändert Text (Bei Style = 0 der 1).
DropDown		Liste wird heruntergeklappt.
Scroll	VB5	Bildlauf wird durchgeführt.

Tab. 10.21.1: Die spezifischen Ereignisse der ComboBox

Ereignis	*Syntax*
Change	Private Sub Objekt_Change([index As Integer])
DropDown	Private Sub Objekt_DropDown([Index As Integer])
Scroll	Private Sub Objekt_Scroll([Index As Integer])

Tab. 10.21.2: Die Syntax der spezifischen Ereignisse der ComboBox

Ereignis	*Ab VB1*	*Ereignis*	*Ab VB1*
Focus-Ereignisse			
GotFocus		LostFocus	
Drag & Drop			
DragDrop		DragOver	

Ereignis	*Ab VB1*	*Ereignis*	*Ab VB1*
Benutzeraktionen			
Click		KeyUp	
DblClick		MouseDown	
KeyDown		MouseMove	
KeyPress		MouseUp	
OLE			
OLECompleteDrag	VB5	OLEGiveFeedBack	VB5
OLEDragDrop	VB5	OLESetData	VB5
OLEDragOver	VB5	OLEStartDrag	VB5

Tab. 10.22: Die allgemeinen Ereignisse der ComboBox

10.2 ImageCombo-Control

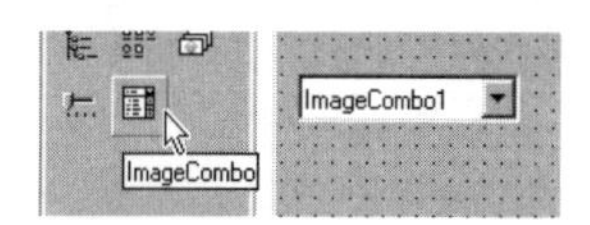

Deutsche Bezeichnung: ImageCombo-Steuerelement

Klasse: ImageCombo

Typ: 32-Bit-Zusatzsteuerelement

Ab VB6 steht ein zusätzliches ComboBox-Control zur Verfügung, das die Optionen der integrierten ComboBox insbesondere um die Möglichkeit des Bildeinfügens erweitert.

Bezeichnung *Version*	*Klasse* *Editionen*	*Erforderliche Datei*	*Bezeichnung in der Liste Zusatzsteuerelemente bzw.Komponenten*
ImageCombo VB6	ImageCombo Alle	MSCOMCTL.OCX	Microsoft Windows Common Controls 6.0

Tab. 10.23: Für ImageCombo erforderliche Dateien

10.2.1 Eigenschaften des ImageCombo-Controls

Eigenschaft	*Ab VB6*	*Kurzbeschreibung*	*Entw.*	*LZ*
ComboItems		Verweis auf die Auflistung der (Zeilen-)Elemente	–	R *)
ImageList		ImageList-Control als Quelle der Bildsymbole	R/W **)	R/W
Indentation		Ebene der Texteinrückung aller Zeilen (in 10-Pixelschritten)	R/W	R/W

Eigenschaft	*Ab VB6*	*Kurzbeschreibung*	*Entw.*	*LZ*
Für Einzelzeilen: *)				
Locked		Texteingabe unterbinden	R/W	R/W
SelectedItem		Verweis auf ausgewähltes ComboItems-Element	–	R***)
SelLength		Markierte Textlänge	–	R/W
SelStart		Erstes Zeichen der Textmarkierung (mit 0 beginnend!)	–	R/W
SelText		Markierter Text	–	R/W
Text		Gesamter Text im Edit-Bereich	R/W	R/W

*) siehe unter: ComboItems-Auflistung
**) in Eigenschaften-Seiten! und nicht im Eigenschaftenfenster
***) SelectedItem hat die gleichen Eigenschaften wie das zugrundeliegende ComboItems-Element (ComboItem-Objekt)

Tab. 10.24: Die spezifischen Eigenschaften des ImageCombo-Controls

Eigenschaft	*Read*	*Write*
ComboItems *)	Set AllItems = O.ComboItems	–
	Element = AllItems(Kennung) **)	AllItems.Add ... *)
ImageList	IList = O.ImageList	O.ImageList = ImageList-Control
Indentation	Einzugsebene = O.Indentation	O.Indentation = Wert
Für Einzelzeilen:		
Locked	Gesperrt = O.Locked	O.Locked = {False|True}
SelectedItem	Gewählt = O.SelectedItem	O.SelectedItem = O.ComboItems(Kennung) **)
SelLength	MarkierungsLänge = O.SelLength	O.SelLength = Wert
SelStart	MarkierungsStart = O.SelStart	O.SelStart = Wert
SelText	MarkierterText = O.SelText	O.SelText = String (auch Leer "")
Text	TextInEdit = O.Text	

*) siehe unter: ComboItems-Auflistung
**) Kennung steht für Index oder (wenn vorgegeben) Key

Tab. 10.25: Die Syntax der spezifischen ImageCombo-Eigenschaften

Eigenschaft	*Ab VB6*	*Eigenschaft*	*Ab VB6*
Allgemein			
CausesValidation		Name	
Container		Object	
Enabled		Parent	
hWnd		TabIndex	
Index		TabStop	
MouseIcon		Tag	
MousePointer			

Eigenschaft	*Ab VB6*	*Eigenschaft*	*Ab VB6*
Darstellung			
BackColor, ForeColor		Font	
Position			
Height, Width		Left, Top	
Drag & Drop			
DragIcon		DragMode	
OLE			
OLEDragMode		OLEDropMode	
Datenbank			
DataBindings		DataMember	
DataField		DataSource	
DataFormat			
Hilfe			
HelpContextID			

Tab. 10.26: Die allgemeinen Eigenschaften des ImageCombo-Controls

10.2.2 ImageCombo-Methoden und -Ereignisse

Methode	*Ab VB6*	*Beschreibung*
GetFirstVisible		Verweis auf erstes sichtbares ComboItem

Methode	*Syntax*
GetFirstVisible	ErstesItem = ImageCombo.GetFirstVisible

Tab. 10.27.1: Die spezifische ImageCombo-Methode und ihre Syntax

Methode	*Ab VB6*	*Methode*	*Ab VB6*
Allgemein			
Move		ZOrder	
Refresh			
Drag & Drop		***OLE***	
Drag		OLEDrag	
Hilfe			
ShowWhatsThis			

Tab. 10.27.2: Allgemeine ImageCombo-Methoden (s. Kap. 22)

Ereignis	*Ab VB1*	*Kurzbeschreibung*
DropDown		Bevor das DropDown-Listfeld heruntergeklappt wird.

Ereignis	*Syntax*
DropDown	Private Sub Image_DropDown()

Tab. 10.28.1: Das spezifische ImageCombo-Ereignis und seine Syntax

Ereignisse	*Ab VB6*	*Ereignis*	*Ab VB6*
Allgemein		***Drag & Drop***	
Change		LostFocus	
GetFocus		Validate	
Benutzeraktionen			
Click		KeyDown, KeyUp	
DblClick		KeyPress	
Drag & Drop			
DragDrop		DragOver	
OLE			
OLECompleteDrag		OLEGiveFeedback	
OLEDragDrop		OLESetData	
OLEDragOver		OLEStartDrag	

Tab. 10.28.2: Die Ereignisse des ImageCombo-Controls

10.2.3 ComboItems, Subobjekte zu ImageCombo

Die ComboItems-Eigenschaft verweist auf die Auflistung der Zeilenelemente, beim ImageCombo-Control ComboItems genannt. Die Elemente der ComboItems-Auflistung sind vom deklarierbaren Objekt-Datentyp ComboItem.

Eigenschaften	*Ab VB6*	*Beschreibung*	*Entw.*	*LZ*
Count		Anzahl der Elemente	–	R
Item		(Standardeigenschaft) Bezeichnet ein spezielles ComboItem-Subobjekt	–	R

Eigenschaften	*Read*	*Write*
Count	AnzahlElemente = ComboItems.Count	–
Item	Einzelelement = ComboItems[.Item](Kennung)	–

Tab. 10.29: Eigenschaften der ComboItems-Auflistung und ihre Syntax

Methoden	*Beschreibung*
Add	Fügt ein Element der Auflistung und damit der Liste im ImageCombo hinzu.
Remove	Entfernt ein bestimmtes Element aus der Auflistung und damit aus der Liste im ImageCombo.
Clear	Entfernt alle Elemente aus der Auflistung und leert damit die Liste im ImageCombo.

Methoden	*Syntax*	*Hinweis*
Add	ComboItems.Add Index[, [Key][, [Text] _ [, [Image][, [SelImage][, [Indentation]]]]]	Parameter s. Tab. 10.31
Clear	ComboItems.Clear	
Remove	ComboItems.Remove Kennung	Kennung = {Index|Key}

Tab. 10.30: Methoden der ComboItems-Auflistung und ihre Syntax

Parameter	*Ab VB6*	*Beschreibung*	*Entw.*	*LZ*
Image *)		ImageList-Kennung des Bildes, das links im gewählten ComboItem-Objekts angeordnet ist/wird	–	R/W
Indentation		Linker Einzug des Textes in 10-Pixel-Schritten (zusätzlich zu Einzug von ImageCombo (s.d.)).	–	R/W
Selected		ComboItem ausgewählt ?	–	R/W
SelImage		ImageList-Kennung des Bildes des gewählten ComboItem-Objekts	–	R
Tag		Inhalt des internen Infofeldes	–	R/W
Text *)		Text im ComboItem-Objekt	–	R/W
Subobjekte				
Index		Positionsnummer	–	R
Key		Vom Programmierer festlegbare eindeutige Ziffer oder Zeichenfolge	–	R/W

*) Wenn die ImageCombo nicht breit genug ist, wird der linke Textteil vom Image verdeckt.

Tab. 10.31: Eigenschaften der ComboItem-Elemente und Add-Argumente

10.3 Tabellen-Zusatzsteuerelemente

Ein Tabellen-Zusatzsteuerelement zeigt mehrere Zeilen und Spalten an. Der Schnittpunkt einer Zeile und Spalte ist eine Zelle.

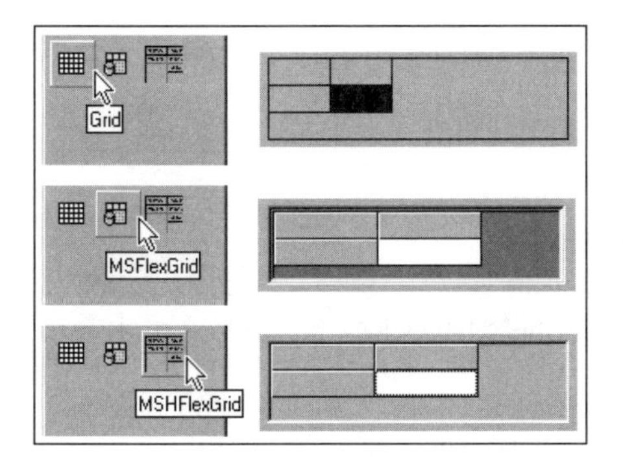

Objekt	*Klasse*
Tabelle	***Grid***

Im Grid können Sie entweder Text oder ein Bild in einer beliebigen Zelle einer Tabelle ablegen. Sie können den Inhalt aller Zellen im Code lesen und festlegen.

MSFlextabelle ***MSFlexGrid***

Das MSFlexTabelle-Steuerelement (MSFlexGrid) zeigt tabellarische Daten an und operiert mit diesen. Es ermöglicht das Sortieren, Gruppieren von Zellen in und Formatieren von Tabellen, die Zeichenfolgen und Bilder enthalten. Ist MSFlexGrid an ein Daten-Steuerelement gebunden, so zeigt es nur schreibgeschützte Daten an.

MSHFlextabelle ***MSHFlexGrid***

Das MSHFlexGrid ist eine Weiterentwicklung des MSFlexGrid, das zusätzlich ADO-Recordsets darstellt, jedes für sich hierarchisch in einem sogenannten Band, und deren getrennte Formatierung erlaubt. Nichthierarchische Recordsets erzeugen immer nur ein Band (Index = 0).

Tab. 10.32: Die Listen- und Tabellen-Zusatzsteuerelemente

10.3.1 Gemeinsame Eigenschaften der Tabellen-Controls

Eigenschaft	*Vorhanden in:*			*Beschreibung*	*Entw.*	*LZ*
	1	*2*	*3*			
BackColor	x	x	x	Farbe der Innenfläche des Controls	R/W	R/W
Clip	x	x	x	Inhalt der ausgewählten Zellen	–	R/W
Col	x	x	x	Spaltennummer der aktuellen Spalte	–	R/W
ColAlignment	x	x	x	Anordnung der Daten in den Zellen der Spalte	–	R/W
ColFixedAlignment	–	–	*)	Entspricht der FixedAlignment-Eigenschaft s.d.		
ColIsVisible	x	x	x	(Col Is Visible) Spalte sichtbar?	–	R/W
ColPos	x	x	x	Abstand der oberen Zellkante zur oberen Control-Innenkante (Twips)	–	R
Cols	x	x	x	Anzahl der Spalten	R/W	R/W
ColWidth	x	x	x	Aktuelle Spaltenbreite	–	R/W

Eigenschaft	*Vorhanden in:*			*Beschreibung*	*Entw.*	*LZ*
FillStyle	x	x	x	Füllmodus für die ausgewählten Zellen festlegen	R/W	R/W
FixedAlignment	x	x	*)	Ausrichtung in den festen Zellen	–	R/W
FixedCols	x	x	x	Anzahl der festen Spalten	R/W	R/W
FixedRows	x	x	x	Anzahl der festen Zeilen	R/W	R/W
ForeColor	x	x	x	Schriftfarbe in den nicht-festen Zellen	R/W	R/W
GridLines	x	x	x	Tabellenlinien sichtbar?	R/W	R/W
GridLineWidth	4	x	x	Stärke der Tabellenlinien in Pixel	R/W	R/W
HighLight	x	x	x	Ausgewählte Zellen markiert darstellen	R/W	R/W
LeftCol	x	x	x	Erste links sichtbare nicht-feste Spalte	–	R/W
Picture	(x)	x	x	Bild der Zellen **)	–	R
Row	x	x	x	Aktuelle Zeile	–	R/W
RowHeight	x	x	x	Höhe der aktuellen Zeile	–	R/W
RowIsVisible	x	x	x	Ist die angegebene Zeile sichtbar?	–	R
RowPos	x	x	x	Abstand der linken Zellkante zur linken Control-Innenkante (Twips)	–	R
Rows	x	x	x	Anzahl der Zeilen	R/W	R/W
ScrollBars	x	x	x	Welche ScrollBars zeigen?	R/W	R/W
Text	x	x	x	Text in der aktuellen Zelle bzw. den markierten Zellen (s. Clip)	–	R/W
TopRow	x	x	x	Erste oben sichtbare nicht-feste Zeile	–	R/W

Spalten: 1 *Grid* 2 *MSFlexGrid* 3 *MSHFlexGrid*

(x) Eigenschaft vorhanden, aber ohne Funktion.
*) FixedAlignment entspricht bei MSHFlexGrid ColFixedAlignment.
**) Enthält alle rechts und unterhalb der links-oben sichtbaren nicht-festen Zelle stehenden festen und nicht-festen Spalten und Zeilen.

Tab. 10.33: Gemeinsame Eigenschaften von Grid, MSFlexGrid und MSHFlexGrid

Eigenschaft	*Read *)*	*Write *)*	*Hinweise*
BackColor, ForeColor	Farbe& = G.BackColor	G.BackColor = Farbwert	RGB, QBColor, System
Clip	Zellinhalt(e) = G.Clip	G.Clip = Zeichenkette	Abschnitt 10.3.2
Col	AktSpalte = G.Col	G.Col = Spalte	
ColAlignment	Einstellung = G.ColAlignment(Spalte)	G.ColAlignment(Spalte) = Wert	Tab. 10.35
ColIsVisible	IsColVisible = G.ColIsVisible	G.ColIsVisible = {True|False}	
ColPos	Abstand = G.ColPos(Spalte)	–	Twips
Cols	AnzSpalten = G.Cols	G.Cols = Spaltenzahl	**) Tab. 10.36
ColWidth	Spaltenbreite = G.ColWidth(Spalte)	G.ColWidth(Spalte) = Spaltenbreite	Grid u. MSFlexGrid
	Spaltenbreite = G.ColWidth(Spalte, BandNr)	G.ColWidth(Spalte, _ BandNr) = Spaltenbreite	MSHFlexGrid

Eigenschaft	*Read *)*	*Write *)*	*Hinweise*
FillStyle	WhatFillStyle = G.FillStyle	G.FillStyle = Wert	Tab. 10.37
FixedAlignment	WhereAligned = G.FixedAlignment(Spalte)	G.FixedAlignment(Spalte) = Wert	Tab. 10.35
FixedCols	Anz = G.FixedCols	G.FixedCols = Wert	
FixedRows	Anz = G.FixedRows	G.FixedRows = Wert	
HighLight	Einstellung = G.HighLight	G.HighLight = Wert	Tab. 10.38
LeftCol	VisCol = G.LetfCol	G.LetfCol = Spalte	
Picture	Bitmap = G.Picture	–	
Row	AktZeile = G.Row	G.Row = Zeile	
RowHeight	RowHght = G.RowHeight	G.RowHeight = Wert	
RowIsVisible	IsRowVisible = G.RowIsVisible (Zeile)	–	
RowPos	WhatRowPos = G.RowPos	–	
Rows	AnzZeilen = G.Rows	G.Rows = Zeilenzahl	**)
ScrollBars	VisibleScrollBars = G.ScrollBars	G.ScrollBars = Einstellung	Tab. 10.39
Text	Tx = G.Text	G.Text = Tx	
TopRow	TopVisRow = G.TopRow	G.TopRow = Zeile	

*) Präfix G. = Grid, MSFlexGrid oder MSGFlexGrid

**) Maximale Spalten-/Zeilenzahl: Grid s. Tabelle 10.45
MSFlexGrid und MSHFlexGrid: Speicherplatzabhängig

Tab. 10.34: Syntax der gemeinsamen Eigenschaften von Grid, MSFlexGrid und MSHFlexGrid

10.3.2 Hinweis zur Clip-Eigenschaft

Sie können mehrere Zellen mit unterschiedlichem Text füllen.

1. Spaltentrenner ist vbTab = Chr(9).

```
Tx = "Name1" & Chr(9) & "Name2" & Chr(9) & "Name3"
```

2. Zeilentrenner ist vbCr = Chr(13).

```
Tx = "Name1" & Chr(13) & "Name2" & Chr(13) & "Name3"
```

Grid sowie (bis VB5) MSFlexGrid

Wert	*Konstanten *)*	*Anordnung der Daten*
0	flexAlignLeft	links (Voreinstellung)
1	flexAlignRight	rechts
2	flexAlignCenter	zentriert
3	–	bei FixedAlignment: Anordnung in der Spalte entprechend ColAlignment (ab VB4)

MSFlexGrid und MSHFlexGrid ab VB6

Wert	*Konstanten ab Vb6 **)*	*Anordnung der Daten*
0	flexAlignLeftTop	links, oben
1	flexAlignLeftCenter	links, zentriert (Voreinstellung für Strings)
2	flexAlignLeftBottom	links, unten
3	flexAlignCenterTop	mittig, oben
4	flexAlignCenterCenter	mittig, zentriert
5	flexAlignCenterBottom	mittig, unten
6	flexAlignRightTop	rechts, oben
7	flexAlignRightCenter	rechts, zentriert (Voreinstellung für Zahlen)
8	flexAlignRightBottom	rechts, unten
9	flexAlignGeneral	entsprechend jeweiliger Voreinstellung

*) Prüfen Sie, ob die Konstanten in Ihrem VB vordefiniert sind! Sie müssen sie sonst selbst mit Const festlegen.

**) Konstanten nur verfügbar, wenn MSFlexGrid und/oder MSHFlexGrid in der Werkzeugsammlung stehen!

Tab. 10.35: Einstellungen für ColAlignment, CellPictureAlignment und FixedAlignment (bei MSHFlexGrid = ColAlignmentFixed)

Wert	*Bewirkt*
-1	Spaltenbreite/Zeilenhöhe auf den Standardwert
0	Spalte/Zeile unsichtbar
Spaltenindex	Breite/Höhe festlegen

Tab. 10.36: Einstellungen für ColWidth und RowHeight

Wert	*Konstanten*	*Bezeichnung*	*Beschreibung*
0	flexFillSingle	Single (Einfach)	Ändern der TextEigenschaft hat nur Auswirkungen auf die aktive Zelle.
1	flexFillRepaet	Repeat (Wiederholen)	Ändern der TextEigenschaft hat Auswirkungen auf alle ausgewählten Zellen.

Tab. 10.37: Einstellungen für FillStyle

Grid

Wert	***Konstante***	***Beschreibung***
0	False	Ausgewählte Zellen werden nie markiert dargestellt.
-1	True	Ausgewählte Zellen werden immer markiert dargestellt.

MSFlexGrid und MSHFlexGrid

Wert	***Konstanten***	***Beschreibung***
0	flexHighlightNever	Ausgewählte Zellen werden nie markiert dargestellt.

MSFlexGrid und MSHFlexGrid		
1	flexHighlightAlways	Ausgewählte Zellen werden immer markiert dargestellt.
2	flexHighlightWithFocus	Ausgewählte Zellen werden markiert dargestellt, wenn das Steuerelement den Fokus hat.

Tab. 10.38: Einstellungen für HighLight

Wert	*Konstante*	*Beschreibung*
0	flexScrollNonne	None (Voreinstellung, Keine)
1	flexScrollHorizontal	Horizontal
2	flexScrollVertical	Vertical (Vertikal)
3	flexScrollBoth	Both (Beide)

Tab. 10.39: Einstellungen für ScrollBars

10.3.3 Gemeinsame Methoden der Tabellen-Controls

Methoden	*1*	*2*	*3*	*Beschreibung*
AddItem	x	x	x	Fügt eine Zeile (optional an bestimmter Stelle) der Tabelle hinzu.
Refresh	x	x	x	Tabelle komplett neu zeichnen.
Removeltem	x	x	x	Entfernt eine bestimmte Zeile.

Spalten: 1 Grid 2 MSFlexGrid 3 MSHFlexGrid

Tab. 10.40: Die gemeinsamen Methoden von Grid, MSFlexGrid und MSHFlexGrid

Methode	*Syntax* *G. =Grid und MSFlexGrid*	*G. = MSHFlexGrid*
AddItem	G.AddItem String[, Index]	G.AddItem String[, [Index][, Bandnummer]]
Refresh	G.Refresh	G.Refresh
Removeltem	G.Removeltem Index	G.Removeltem Index, Bandnummer *)

*) Bandnummer erforderlich, wenn BandDisplay-Eigenschaft = horizontal, bei vertikal nur, wenn das Band nicht eindeutig ist.

Tab. 10.41: Die Syntax der spezifischen Methoden von Grid, MSFlexGrid und MSHFlexGrid

10.3.4 Gemeinsame Ereignisse der Tabellen-Controls

Ereignis	*1*	*2*	*3*	*Beschreibung*
RowColChange	x	x	x	Eine andere Zelle wurde angesteuert (vom Benutzer oder aus dem Code).
SelChange	x	x	x	Die Selektion ändert sich.

Spalten: 1 Grid 2 MSFlexGrid 3 MSHFlexGrid

Tab. 10.42: Die gemeinsamen Ereignisse von Grid, MSFlexGrid und MSHFlexGrid

Ereignis	*Syntax (G. = Grid, MSFlexGrid oder MSGFlexGrid)*
RowColChange	Sub G_wColChange ( )
SelChange	Sub G_SelChange ( )

Tab. 10.43: Die Syntax der spezifischen Ereignisse von Grid, MSFlexGrid und MSHFlexGrid

Aktion durch Code	*Maus links*	*Maus rechts*	*[Pfeil]Tasten*
Ereignismeldungen (Col und Row)			
LeaveCell (Alte Zelle)	=	–	=
EnterCell (Neue Zelle)	=	–	=
RowColChange (Neue Zelle)	=	–	=
	MouseDown (Neue Zelle) MouseUp (Neue Zelle) Click (Neue Zelle)		KEINE KeyDown, KeyPress und KeyUp

Tab. 10.44: Reihenfolge der Ereignisse bei MSFlexGrid und MSHFlexGrid

10.3.5 Grid

Deutsche Bezeichnung: Tabellensteuerelement, Gitternetz-Steuerelement

Klasse: Grid

Typ: Zusatzsteuerelement

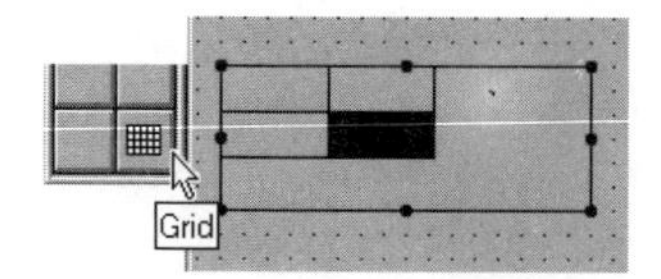

Objekt Version	*Klasse Editionen*	*Dateien*	*Bezeichnung in der Liste Zusatzsteuer-elemente bzw.Komponenten*
Tabelle	***Grid***		
VB2/3	Alle	GRID.VBX	
VB4-16	Alle	GRID16.OCX	Microsoft Grid Control
VB4-32	Alle	GRID32.OCX	Microsoft Grid Control
VB5 *)		GRID32.OCX	Microsoft Grid Control
VB6 *)			
		GSW32.EXE	**)
		GSWDLL32.DLL	**)

*) Das zu VB4-32 gelieferte 32-Bit-Grid-Control wird ab VB5 nicht mehr automatisch installiert. Sie finden es im Unterverzeichnis ...\tools\controls auf Ihrer CD.

**) Beim ab VB6 verfügbaren bidirektionalen Grid (Unterverzeichnis ...\tools\controls\bidi) zusätzlich erforderlich.

Tab. 10.45.1: Für Grid erforderliche Dateien

	GRID.VBX	*GRID.OCX*
Zeilen	2000	16352
Spalten	400	5450

Tab. 10.45.2: Die Maximalwerte für Spalten und Zeilen

Die Eigenschaften des Grid

Eigenschaft	*Ab VB2*	*Beschreibung*	*Entw.*	*LZ*
CellSelected		Bestimmte Zelle ausgewählt	–	R
SelEndCol, SelStartCol		Letzte/erste gewählte Spalte	–	R/W
SelEndRow, SelStartRow		Letzte/erste gewählte Zeile	–	R/W

Tab. 10.46.1: Die spezifischen Grid-Eigenschaften

Eigenschaft	*Read*	*Write*	*Hinweis*
CellSelected	IsSelected = Grid.CellSelected		
GridLines	IsGridLines = Grid.Gridlines	Grid.Gridlines = {True|False}	
GridLineWidth	LineWdth = Grid.GridLineWidth	Grid.GridLineWidth = Wert%	*)
SelEndCol	EndSpalte = Grid.SelEndCol	Grid.SelEndCol = Wert	**)
SelStartCol	StartSpalte = Grid.SelStartCol	Grid.SelStartCol = Wert	**)
SelEndRow	EndZeile = Grid.SelEndRow	Grid.SelEndRow = Wert	
SelStartRow	StartZeile = Grid.SelStartRow	Grid.SelStartRow = Wert	

*) 1 bis 10 Pixel **) Standard = -1

Tab. 10.46.2: Syntax der spezifischen Grid-Eigenschaften

Eigenschaft	*Ab VB2*	*Eigenschaft*	*Ab VB2*
BackColor, ForeColor		FixedCols, FixedRows	
Clip		GridLines	
Col, Row		GridLineWidth	VB4
ColAlignment		HighLight	
ColIsVisible, RowIsVisible	VB4	LeftCol, TopRow	
ColPos, RowPos	VB4	Picture	
Cols, Rows		ScrollBars	
ColWidth, RowHeight		Text	
FillStyle		TopRow	
FixedAlignment			

Tab. 10.47: Gemeinsame Tabellen-Control Eigenschaften (Tab. 10.33 ff.)

Eigenschaft	*Ab VB2*	*Eigenschaft*	*Ab VB2*
Allgemein			
CausesValidation *)	VB6	Parent	
Container	VB3	RightToLeft *)	VB6
Enabled		TabIndex	
hWnd		TabStop	
Index		Tag	
Name		Visible	
Object	VB4		
Darstellung			
BorderStyle		MouseIcon	VB4
Font	VB4	MousePointer	VB4
FontName, FontSize etc.			
Position			
Height, Width		Left, Top	
Drag & Drop			
DragIcon		DragMode	
Hilfe			
HelpContextID		WhatsThisHelpID	VB4

*) Nur bei neuerer Grid-Version (Versionsnummer >= 1.0.2930) die auf der CD im Unterverzeichnis ...\tools\controls\bidi steht.

Tab. 10.48: Allgemeine Eigenschaften des Grid-Controls

Grid-Methoden und -Ereignisse

Methode	*Ab VB2*	*Methode*	*Ab VB2*
AddItem		RemoveItem	
Refresh			

Tab. 10.49.1: Gemeinsame Tabellen-Controls-Methoden (s. Tab. 10.40 ff.)

Methode	*Ab VB2*	*Methode*	*Ab VB2*
Allgemein			
Move		ZOrder	
SetFocus			
Drag & Drop		***Hilfe***	
Drag		ShowWhatsThis	VB4

Tab. 10.49.2: Allgemeine Methoden des Grid (s. Kap. 22)

Ereignis	*Ab VB2*	*Ereignis*	*Ab VB2*
RowColChange		SelChange	

Tab. 10.50.1: Gemeinsame Tabellen-Control-Ereignisse des Grid

Ereignis	*Ab VB2*	*Ereignis*	*Ab VB2*
Focus-Ereignisse			
GotFocus		LostFocus	
Benutzeraktionen			
Click		KeyUp	
DblClick		MouseDown	
KeyDown		MouseMove	
KeyPress		MouseUp	
Drag & Drop			
DragDrop		DragOver	

Tab. 10.50.2: Die Ereignisse des Grid

10.3.6 FlexGrid-Controls

Ab VB5 stehen mit MSFlexGrid und ab VB6 mit MSHFlexGrid zwei weitere Tabellen-Steuerelemente zur Verfügung. Da sie eine Vielzahl gleicher Eigenschaften besitzen, über gleiche Methoden verfügen und gleiche Ereignisse registrieren, fasse ich sie unter der Bezeichnung FlexGrids oder FlexGrid-Controls zusammen.

Die FlexGrid-Controls zeigen Daten tabellarisch an und operieren mit diesen.

Sie ermöglichen das Sortieren, Gruppieren von Zellen in Tabellen, das Formatieren von Tabellen, die Zeichenfolgen und Bilder enthalten. Ist ein FlexGrid an ein Daten-Steuerelement gebunden, so zeigt es nur schreibgeschützte Daten an.

Gemeinsame Eigenschaften der FlexGrid-Controls

Eigenschaft *Ab VB-Version*	*1* *5*	*2* *6*	*Beschreibung*	*Entw.*	*LZ*
Control und Raster					
Alignment Eigenschaften			Ausrichtung in Zellen und Zeilen s.Tab.10.65 f.	–	R/W
AllowBigSelection	x	x	Wählt Klicken ganze Zeile/Spalte?	R/W	R/W
AllowUserResizing	x	x	Größe von Zeilen/Spalten mit Maus änderbar?	R/W	R/W
BackColorBkg	6	x	Hintergrundfarbe im Control außerhalb des Zellbereichs (= BackColor-Wert)	R/W	R/W
BackColorFixed	6	x	Hintergrundfarbe der festen Zellen	R/W	R/W
BackColorSel	6	x	Hintergrundfarbe der danach ausgewählten Zellen	R/W	R/W
FocusRect	x	x	Markierrechteck für Fokus	R/W	R/W
FontWidth	x	x	Schriftbreite in Punkten	–	R/W
ForeColorFixed	x	x	Schriftfarbe in den feststehenden Zellen	–	R/W
ForeColorSel	x	x	Textfarbe für die danach gewählten Zellen	–	R/W
FormatString	x	x	Breiten-, Ausrichtungs-, Textformat feststehender Zeilen	–	R/W
GridColor	x	x	Linienfarbe zwischen freien/feststehenden Zellen	–	R/W
GridColorFixed	x	x	Trennlinienfarbe zwischen festen Zellen	–	R/W
GridLines	x	x	Alle Trennlinien zwischen den Zellen	–	R/W
GridLinesFixed	x	x	Trennlinien zwischen den festen Zellen	–	R/W
MergeCells	x	x	Zellen gleichen Inhalts in eine mehrere Zeilen oder Spalten umfassende Zelle	R/W	R/W
MouseCol	x	x	Spalte, in der der Mauscursor steht	–	R/W
MouseRow	x	x	Zeile, in der der Mauscursor steht	–	R/W
PictureType	x	x	Bildtyp von Picture hochwertig oder monochrom	–	R/W
RowHeightMin	x	x	Kleinste Zeilenhöhe in Twips	R/W	R/W
ScrollTrack	x	x	Scrollaktion direkt ausführen	R/W	R/W
SelectionMode	x	x	Auswahlmodus festlegen	R/W	R/W
TextStyle	x	x	Textdarstellungsstil (Flach, 3D etc.) der nicht-festen Zellen	R/W	R/W

Eigenschaft *Ab VB-Version*	*1* *5*	*2* *6*	*Beschreibung*	*Entw.*	*LZ*
TextStyleFixed	x	x	Textdarstellungsstil der festen Zellen	R/W	R/W
Version	x	x	Version des Controls. Drei Ziffern: Major, Minor, Revision	–	R

Spalten: 1 MSFlexGrid 2 MSHFlexGrid
6 Ab VB6 verfügbar

Tab. 10.51: Die gemeinsamen Eigenschaften der FlexGrids Teil 1

Eigenschaft *Ab VB-Version*	*1* *5*	*2* *6*	*Beschreibung*	*Entw.*	*LZ*
Ausgewählte Zelle/n					
CellAlignment	x	x	Textanordnung in Zelle/Zellbereich	–	R/W
CellBackColor	x	x	Hintergrundfarbe in Zelle/Zellbereich	–	R/W
CellForeColor	x	x	Textfarbe in Zelle/Zellbereich	–	R/W
CellFont...	x	x	s. Tab. 10.53	–	R/W
CellFontWidth	x	x	Zeichenbreite in Zelle/Zellbereich	–	R/W
Cell-Position	x	x	s. Tab. 10.54	–	R/W
CellLeft, ...Top	x	x	Zellenposition (obere,linke Ecke) der Zelle/des Zellbereichs	–	R/W
CellPicture	x	x	Bild in Zelle/n	–	R/W
CellPictureAlignment	x	x	Anordnung des Bildes in Zelle/n	–	R/W
CellTextStyle	x	x	Textstil in Zelle/n	–	R/W
ColData	6	x	(Tag-)Wert der ausgewählten Spalte *)	–	R/W
ColPosition	x	x	Bestimmte Spalte an die angegebene Position verschieben	–	W
ColSel	x	x	Spalten von Col bis ColSel auswählen	–	R/W
MergeCol	x	x	Spalten (gleichen Inhalts und mit MergeRow = True) zusammenfassen	R/W	R/W
MergeRow	x	x	Zeilen (gleichen Inhalts und mit MergeCol = True) zusammenfassen	R/W	R/W
RowData	6	x	(Tag)Wert der ausgewählten Spalte *)	–	R/W
RowPosition	x	x	Bestimmte Zeile an die angegebene Position verschieben	–	W
RowSel	x	x	Zeilen von Row bis RowSel auswählen	–	R/W
Sort	x	x	Sortiermodus in den ausgewählten Zeilen	–	W
TextArray	x	x	Text einer Zelle (Zellenindex)	–	R/W
TextMatrix	x	x	Text einer Zelle (Spalte/Zeile)	–	R/W
WordWrap	x	x	Zeilenumbruch in der aktuellen Zelle (Reduziert Darstellungsgeschwindigkeit !)	–	R/W

Spalten: 1 MSFlexGrid 2 MSHFlexGrid
6 Ab VB6 verfügbar
*) ColData und RowData können analog zur Tag-Eigenschaft verwendet werden.

Tab. 10.52: Die gemeinsamen Eigenschaften der FlexGrids Teil2

Eigenschaft	*Datentyp*	*Setzt oder gibt zurück ...*
CellFontName	String	Namen des Fonts
CellFontBold	boole	Schriftstil »Fett«
CellFontItalic	boole	Schriftstil »Kursiv«
CellFontSize	Integer	Fonthöhe in Punkten
CellFontStrikeThrough	boole	Schriftzeichen durchgestrichen
CellFontUnderline	boole	Schriftzeichen unterstrichen
CellFontWidth	Integer	Zeichenbreite in Punkten

Tab. 10.53: Die CellFont...-Eigenschaften

Eigenschaft	*Maßeinheit*	*Setzt oder gibt zurück ...*
CellHeight	Twips	Höhe der Zelle (Zeile)
CellLeft	Twips	linker Kantenabstand von Innenkannte des Zellbereichs
CellTop	Twips	oberer Kantenabstand von Innenkante des Zellbereichs
CellWidth	Twips	Breite der Zelle (Spalte)

Tab. 10.54: Die Cell.-Positionseigenschaften

Eigenschaft	*Read *)*	*Write *)*	*Hinweis*
Control und Raster			
Alignment-Eigenschaften	s. Tab. 10.66 f.	s. Tab. 10.66 f.	
AllowBigSelection	AllowedBigSel = F.AllowBigSelection	F.AllowBigSelection = {False|True}	
AllowUserResizing	IsAllowed = F.AllowUserResizing	F.AllowUserResizing = Wert	Tab. 10.57
BackColorBkg	Farbwert = F.BackColorBkg	F.BackColorBkg = Farbe&	**)
BackColorFixed	Farbwert = F.BackColorFixed	F.BackColorBkg = Farbe&	**) Abb. 10.5
ColPosition	–	F. ColPosition(Spalte) = Zielspalte	
FocusRect	FocusRectTyp = F.FocusRect	F.FocusRect = Wert	Tab. 10.58
FontWidth	Wdth! = F.FontWidth	F.FontWidth = Wert!	***)
FontWidthFixed	Wdth! = F.FontWidthFixed	F.FontWidthFixed = Wert!	***)
ForeColorFixed	Farbwert = F.ForeColorFixed	F.ForeColorFixed = Farbe&	**)
FormatString	Zeichenfolge = F.FormatString	F.FormatString = Zeichenfolge	Tab. 10.59
GridColor	Farbwert = F.GridColor	F.GridColor = Farbe&	**) ****)
GridColorFixed	Farbwert = F.GridColorFixed	F.GridColorFixed = Farbe&	**) ****)
GridLines	LinienStil = F.GridLines	F.GridLines = Wert	Tab.10.60
GridLinesFixed	LinienStil = F.GridLinesFixed	F.GridLinesFixed = Wert	Tab.10.60
GridLineWidth	Wert% = F.GridLineWidth	F.GridLineWidth = Wert%	1 bis 10 Pixel
GridLineWidthFixed	Wert% = F.GridLineWidth	F.GridLineWidth = Wert%	1 bis 10 Pixel

Eigenschaft	*Read *)*	*Write *)*	*Hinweis*
MergeCells	Wert = F.MergeCells	F.MergeCells = Wert	Tab.10.61
MouseCol	MausColPos = F.MouseCol	–	
MouseRow	MausRowPos = F.MouseRow	–	
PictureType	Typ = F.PictureType	F.PictureType = Typ	Tab.10.62
Redraw	IsRedraw = F.Redraw	F.Redraw = {True|False}	
RowHeightMin	MinHght = F.RowHeightMin	F.RowHeightMin = Wert	
RowPosition	–	F. RowPosition(Zeile) = Zielzeile	
ScrollTrack	DirectScrolling = F.ScrollTrack	F.ScrollTrack = {False|True}	
SelectionMode	AuswahlModus = F.SelectionMode	F.SelectionMode = Zahl	Tab.10.63
TextStyle	Stil = F.TextStyle	F.TextStyle = Stil	Tab.10.64
TextStyleFixed	Stil = F.TextStyleFixed	F.TextStyleFixed = Stil	Tab.10.64

*) F. = MSFlexGrid oder MSHFlexGrid

**) Farbe& = RGW (Dez. o. Hex.), QBColor oder Sytemkonstanten

***) FontWidth in Punkt. Standardbreite = 0.

****) Nur bei GridLines bzw. GridLinesFixed = 1 (Linien).
Angehobene und abgesenkte Rasterlinien immer schwarz und weiß dargestellt.

Tab. 10.56: Die Syntax der gemeinsamen Eigenschaften der FlexGrids Teil1

Wert	*Konstante*	*Einstellung*	*Der Benutzer kann mit der Maus die Größe..*
0	flexResizeNone	(Voreinstellung) Keine	von Spalten und Zeilen nicht verändern.
1	flexResizeColumns	Spalten	von Spalten verändern.
2	flexResizeRows	Zeilen	von Zeilen verändern.
3	flexResizeBoth	Beides	von Spalten und Zeilen verändern.

Tab. 10.57: Einstellungen für AllowUserResizing

Wert	*Konstante*	*Einstellung*	*Um die aktuelle Zelle erscheint*
0	flexFocusNone	Keine	kein Fokusrechteck
1	flexFocusLight	Leicht (Default)	ein Fokusrechteck.
2	flexFocusHeavy	Stark	ein fett umrandetes Fokusrechteck.

Tab. 10.58: Einstellungen für FocusRect

Zeichen	*Beschreibung*
	Begrenzer
|	(Pipe) Trennzeichen der Textsegmente (für Spalten oder Zeilen).

Zeichen	*Beschreibung*
;	(Semikolon) Nachfolgender Teil der Zeichenfolge steht für Zeilenüberschrift/en.
	Text wird Spalte Null zugewiesen. Die längste Zeichenfolge definiert die Breite von Spalte Null.
	Text wird Zeile Null zugewiesen. Dessen Breite definiert die Breite jeder Spalte.
	Ausrichtungszeichen für Spaltenköpfe
<	Spalte links ausgerichtet
^	Spalte zentriert
>	Spalte rechts ausgerichtet

Tab. 10.59: Besondere Zeichen in FormatString

Wert	*Konstante*	*Beschreibung*
0	flexGridNone	Keine Linien. Keine Linien zwischen den Zellen
1	flexGridFlat	Linien (Voreinstellung für GridLines)
2	flexGridInset	Abgesenkte Linien (Voreinstellung für GridLinesFixed)
3	flexGridRaised	Angehobene Linien

Tab. 10.60: Einstellungen für Linienstil bei GridLines-Eigenschaften

Wert	*Konstante*	*Beschreibung*
0	flexMergeNever	(Voreinstellung) Zellen mit gleichen Inhalten werden nie gruppiert
1	flexMergeFree	Frei
2	flexMergeRestrictRows	Beschränkte Zeilen
3	flexMergeRestrictColumns	Beschränkte Spalten
4	flexMergeRestrictBoth	Beides beschränkt

Tab. 10.61: Einstellungen für MergeCells

Wert	*Konstante*	*Beschreibung*
0	flexPictureColor	Kompatible Bilder anzeigen (Hohe Bildqualität)
1	flexPictureMonochrome	Monochrome Bilder anzeigen

Tab. 10.62: Einstellungen für PictureType

Wert	*Konstante*		*Beschreibung*
0	flexSelectionFree	Frei.	Ermöglicht die normale Auswahl von Elementen, wie in Tabellen.
1	flexSelectionByRow	Nach Zeile.	Erzwingt die Auswahl von ganzen Zeilen, wie in einem mehrspaltigen Listenfeld oder einer datensatzbasierten Anzeige.

Wert	Konstante		Beschreibung
2	flexSelectionByColumn	Nach Spalte.	Erzwingt die Auswahl von ganzen Spalten, wie bei der Auswahl von Bereichen in einem Diagramm oder von zu sortierenden Feldern.

Tab. 10.63: Einstellungen für SelectionMode

Wert	Konstante *)	Beschreibung
0	flexTextFlat	Flach (normaler Text)
1	flexTextRaised	Angehoben
2	flexTextInset	Abgesenkt
3	flexTextRaisedLight	Leicht angehoben
4	flexTextInsetLight	Leicht abgesenkt

Tab. 10.64: Einstellungen für Stil bei TextStyle-Eigenschaften

Eigenschaft	Read *)	Write *)	Hinweis
Ausgewählte Zelle/n			
CellAlignment	WhereAligned = F.CellAlignment	F.CellAlignment = Wert	Tab.10.67
CellBackColor	Farbwert& = F.CellBackColor	F.CellBackColor = Farbe&	**)
CellForeColor	Farbwert& = F.CellForeColor	F.CellForeColor = Farbe&	**)
CellFont-Eigenschaften	s.Tab.10.68	s.Tab.10.68	
Cell-Positionseigensch.	s.Tab.10.69	s.Tab.10.69	
CellPicture	Bild = F.CellPicture	F.CellPicture = Bild	
CellPictureAlignment	Anordnung = F.CellPictureAlignment	F.CellPictureAlignment = Wert	Tab.10.67
CellTextStyle	D3_Stil = F.CellTextStyle	F.CellTextStyle = Wert	Tab.10.55
ColData	Wert& = F.ColData(Spalte%)	F.ColData(Spalte%) = Wert&	
ColSel	Spalte% = F.ColSel	F.ColSel = Spalte%	
ForeColorSel	Farbewert& = F.ForeColorSel	F.ForeColorSel = Farbe&	**)
MergeCol	SpaltenGruppieren = F.MergeCol(Spalte)	F.MergeCol (Spalte) = {False|True}	
MergeRow	ZeilenGruppieren = F.MergeRow(Zeile)	F.MergeRow (Zeile) = {False|True}	
RowData	Wert& = F.RowData(Zeile%)	F.RowData(Zeile%) = Wert&	
RowSel	Zeile% = F.RowSel	F.RowSel = Zeile%	
Sort	–	SortierMethode = F.Sort	Tab.10.60
TextArray	Tx$ = F.TextArray(Zellenindex)	F.TextArray (Zellenindex) = Zeichenfolge	

Eigenschaft	*Read *)*	*Write *)*	*Hinweis*
TextMatrix	Tx$ = F.TextMatrix(Zeilen, Spalten)	F.TextMatrix (Zeilen, _ Spalten) = Zeichenfolge	
WordWrap	Umbrechen = F.WordWrap	F.WordWrap = {False|True}	

*) Präfix F. = MSFlexGrid oder MSHFlexGrid
**) Farbe& = RGB (Dez. oder Hex), QBColor oder Systemkonstanten

Tab. 10.65: Syntax der gemeinsamen FlexGrids-Eigenschaften Teil 2

Eigenschaft	*Ausrichtung von...*	*VB5*	*VB6*	*VB6*
		Werte s. Tab. 10.67		
CellAlignment	Text/Zahl in aktueller Zelle	0-9	0-9	0-9
CellPictureAlignment	Bild in aktueller Zelle	0-8	0-8	0-8
ColAlignment	Text/Zahl in bestimmter Spalte	0-2 *)	0-9	0-9
ColAlignmentBand	Text/Zahl in bestimmter Spalte eines Bandes	–	–	0-9
ColAlignmentFixed	Text/Zahl in festen Zellen der Spalte	–	–	0-8
ColAlignmentHeader	Text/Zahl in Kopf der Spalte	–	–	0-9

*) Werte entsprechen 1, 4 bzw. 7 der Tab. 10.67

Tab. 10.66.1: Alignment-Eigenschaften der FlexGrids

Eigenschaft	*Read *)*	*Write *)*
CellAlignment	Wert = F.CellAlignmet	F.CellAlignmet[=Wert]
CellPictureAlignment	Wert = F.CellPictureAlignmet	F.CellPictureAlignmet = Wert
ColAlignment	Wert = F.ColAlignmet(Spalte)	F.ColAlignmet(Spalte) = Wert
ColAlignmentBand	Wert = F.ColAlignmetBand(Spalte)	F.ColAlignmetBand (Spalte) = Wert
ColAlignmentFixed	Wert = F.ColAlignmetFixed(Spalte)	F.ColAlignmetFixed (Spalte) = Wert
ColAlignmentHeader	Wert = F.ColAlignmetHeader(Spalte)	F.ColAlignmetHeader (Spalte) = Wert

*) Präfix F. = MSFlexGrid oder MSHFlexGrid

Tab. 10.66.2: Syntax der Alignment-Eigenschaften der FlexGrids

Wert	*Konstante*	*Zelleninhalt ist...*
0	flexAlignLeftTop	nach links oben ausgerichtet.
1	flexAlignLeftCenter	links zentriert. Voreinstellung: Zeichenfolgen.
2	flexAlignLeftBottom	nach links unten ausgerichtet.
3	flexAlignCenterTop	oben zentriert.
4	flexAlignCenterCenter	in der Mitte zentriert.
5	flexAlignCenterBottom	unten zentriert.

Wert	*Konstante*	*Zelleninhalt ist...*
6	flexAlignRightTop	nach rechts oben ausgerichtet.
7	flexAlignRightCenter	rechts zentriert. Voreinstellung für Zahlen.
8	flexAlignRightBottom	nach rechts unten ausgerichtet.
9	flexAlignGerneral	standardmäßig (Nicht für Bild! Zeichenfolgen links zentriert, Zahlen rechts zentriert.

Tab. 10.67: Einstellungen für CellAlignment etc.

Eigenschaft	*Read *)*	*Write *)*
CellFontName	F.CellFontName = FName	FName = F.CellFontName
CellFontBold	F.CellFontBold = {False|True}	IsCellFontBold = F.CellFontBold
CellFontItalic	F.CellFontItakic = {False|True}	IsCellFontItalic = F.CellFontItalic
CellFontSize	F.CellFontSize = Wert	FSize = F.CellFontSize
CellFontStrikeThrough	F.CellFontStrikeThrough = {False|True}	IsCellFontStrikeThrough = F.CellFontStrikeThrough
CellFontUnderline	F.CellFontUnderline ={False|True}	IsCellFontUnderline = F.CellFontUnderline
CellFontWidth	F.CellFontWidth = Wert	FWidth = F.CellFontWidth

*) Präfix F. = MSFlexGrid oder MSHFlexGrid

Tab. 10.68: Die Syntax der CellFont...-Eigenschaften

Wert	*Konstante*	*Der Text wird angezeigt...*
0	flexTextFlat	als normal, flacher Text (Voreinstellung).
1	flexTextRaised	angehoben
2	flexTextInset	abgesenkt
3	flexTextRaisedLight	leicht angehoben
4	flexTextInsetLight	leicht abgesenkt

Tab. 10.69: Einstellungen für CellTextStyle

Eigenschaft	*Read*	*Write*
CellHeight	Hght = FlGrid.CellHeight	FlGrid.CellHeight = Twipswert
CellLeft	Lft = FlGrid.CellLeft	FlGrid.CellLeft = Twipswert
CellTop	Tp = FlGrid.CellTop	Tp = FlGrid.CellTop = Twipswert
CellWidth	Wdth = FlGrid.CellWidth	FlGrid.CellWidth = Twipswert

Tab. 10.70: Die Syntax der Cell-Positionseigenschaften

Wert	*Konstante*	*Beschreibung*
0	flexSortNone	Keine
1	flexSortGenericAscending	Allgemein, aufsteigend. Behandelt Text nach Gutdünken als Zeichenfolgen oder Zahlen.
2	flexSortGenericDescending	Allgemein, absteigend.
3	flexSortNumericAscending	Numerisch, aufsteigend. Konvertiert Zeichenfolgen in Zahlen.
4	flexSortNumericDescending	Numerisch, absteigend.
5	flexSortStringNoCaseAsending	Zeichenfolge, aufsteigend. Groß-und Kleinschreibung wird nicht beachtet.
6	flexSortNoCaseDescending	Zeichenfolge, absteigend. Groß- und Kleinschreibung wird nicht beachtet.
7	flexSortStringAscending	Zeichenfolge, aufsteigend. Groß-und Kleinschreibung wird beachtet.
8	flexSortStringDescending	Zeichenfolge, absteigend. Groß-und Kleinschreibung wird beachtet.
9	–	Benutzerdefiniert. Verwendet das Compare-Ereignis für den Zeilenvergleich.

Tab. 10.71: Einstellungen für Sort

Methoden und Ereignisse der FlexGrid-Controls

Bitte beachten Sie die gemeinsamen Methoden in Tabelle 10.40 ff.

Methode	*Beschreibung*
Clear	Inhalt aller Elemente entfernen, ohne die Elemente selbst zu löschen.
	*Syntax *)*
Clear	F.Clear

*) Präfix F. = MSFlexGrid oder MSHFlexGrid

Tab. 10.72: Die spezifische Methode der FlexGrid-Controls

Ereignisse	*1*	*2*	*Wird gemeldet, wenn ...*
	Ab VB5	Ab VB6	
Compare	x	x	Sort auf 9 (Custom Sort) gesetzt wurde.
EnterCell	x	x	anstelle der derzeit aktiven Zelle eine andere Zelle ausgewählt wird.
LeaveCell	x	x	unmittelbar vor der Auswahl einer anderen als der momentan aktiven Zelle.
RowColChange	x	x	anstelle der momentan aktiven Zelle eine andere Zelle ausgewählt wird.

Ereignisse	*1*	*2*	*Wird gemeldet, wenn ...*
Scroll	x	x	das MSFlexGrid über Bildlaufleisten, die Tastatur oder durch Code durchsucht wird.
SelChange	x	x	eine andere Zelle oder ein anderer Bereich von Zellen ausgewählt wird.

Spalte: 1 MSFlexGrid 2 MSHFlexGrid

Tab. 10.73: Die gemeinsamen Ereignisse der FlexGrid-Controls

Ereignis	*Syntax *)*	
Compare	Sub F_Compare(row1 As Integer, row2 As Integer, _cmp As Integer)	**)
EnterCell	Sub F_EnterCell ()	
LeaveCell	Sub F_LeaveCell ()	
RowColChange	Sub F_RowColChange ()	
Scroll	Sub F_Scroll ()	
SelChange	Sub F_SelChange ()	

*) Präfix F_ = MSFlexGrid_ oder MSHFlexGrid_

**) row1 Index der ersten Zeile eines Paares, das verglichen werden soll.
row2 Index der zweiten Zeile des Paares
comp Sortierreihenfolge des Paares (s. Tab. 10.65)

Tab. 10.74: Die Syntax der gemeinsamen Ereignisse der FlexGrid-Controls

Wert	*Beschreibung*
–1	Falls row1 vor row2 erscheinen soll.
0	Falls beide Zeilen gleich sind oder jede Zeile vor der anderen erscheinen kann.
1	Falls row1 nach row2 erscheinen soll.

Tab. 10.75: Einstellungen des cmp-Arguments im Compare-Ereignis

MSFlexGrid

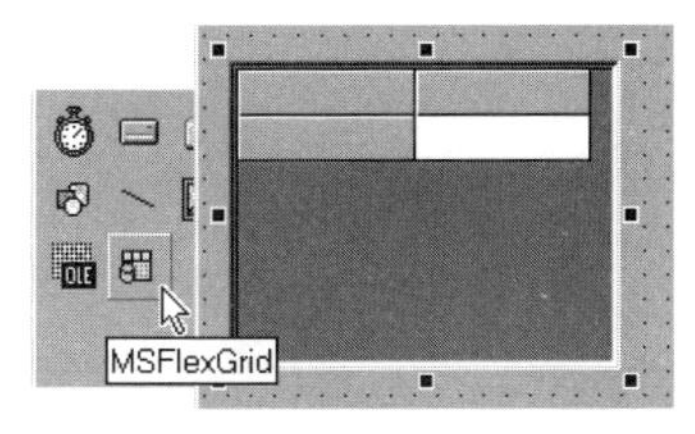

Deutsche Bezeichnung: MSFlexTabelle-Steuerelement

Klasse: MSFlexGrid

Typ: 32-Bit-Zusatzsteuerelement

Das MSFlexTabelle-Steuerelement (MSFlexGrid) zeigt tabellarische Daten an und operiert mit diesen. Es ermöglicht das Sortieren, Gruppieren von Zellen in und Formatieren von Tabellen, die Zeichenfolgen und Bilder enthalten. Ist MSFlexGrid an ein Daten-Steuerelement gebunden, so zeigt es nur schreibgeschützte Daten an.

Objekt *Version*	*Klasse* *Editionen*	*Dateien*	*Bezeichnung in der Liste Zusatzsteuer-* *elemente bzw.Komponenten*
MSFlextabelle	***MSFlexGrid***		
VB4-32 **)			
VB5	Pro/Ent	MSFLXGRD.OCX	Microsoft Flex Grid Control 5.0
VB6	Pro/Ent	MSFLXGRD.OCX	Microsoft Flex Grid Control 6.0

*) Diese zu VB4-32 gelieferten 32-Bit-Controls werden ab VB5 nicht mehr automatisch installiert. Sie finden sie im Unterverzeichnis ...\tools\controls auf Ihrer CD.

**) Fast alle zu VB5 gelieferten Controls können auch unter VB4-32 verwendet werden. Das gleiche gilt für die VB6-Zusatzcontrols unter VB5 und VB4-32. Voraussetzung ist, daß Sie die Entwurfszeitlizenz für das Control haben.

Tab. 10.76: Erforderliche Dateien für MSFlexGrid

Die Eigenschaften des MSFlexGrid

Bitte beachten Sie die Tabellen 10.33ff. und 10.51ff.

Eigenschaft	*Ab VB5*	*Eigenschaft*	*Ab VB5*
Allgemein			
CausesValidation	VB6	Object	
Container		Parent	
Enabled		Redraw	
hWnd		RightToLeft	VB6
Index		TabIndex	
MouseIcon		TabStop	
MousePointer		Tag	
Name			
Darstellung			
Appearance		Font	
BackColor, ForeColor		Visible	*Ab VB5*
BorderStyle			
Position			
Height, Width		Left, Top	
Drag & Drop			
DragIcon		DragMode	

Eigenschaft	*Ab VB5*	*Eigenschaft*	*Ab VB5*
Datenbank			
DataBindings		DataSource	
Hilfe			
HelpContextID		WhatsThisHelpID	
ToolTipText			
OLE			
OLEDropMode			

Tab. 10.77.1: Die allgemeinen Eigenschaften des MSFlexGrid

Die Methoden des MSFlexGrid

Bitte beachten Sie die Tabellen 10.44ff. und 10.72ff.

Methode	*Ab VB5*		*Ab VB5*
Allgemein			
Move		ZOrder	
SetFocus			
Drag & Drop		***OLE***	
Drag		OLEDrag	
Hilfe			
ShowWhatsThis			

Tab. 10.77.2: Allgemeine Methoden des MSFlexGrid

Die Ereignisse des MSFlexGrid

Bitte beachten Sie die Tabellen 10.44ff. und 10.72ff.

Ereignis	*Ab VB5*	*Ereignis*	*Ab VB5*
Focus-Ereignisse			
GotFocus		LostFocus	
Benutzeraktionen			
Click		MouseDown	
KeyDown, KeyUp		MouseUp	
KeyPress		MouseMove	
Drag & Drop			
DragDrop		DragOver	

Ereignis	*Ab VB5*	*Ereignis*	*Ab VB5*
OLE			
OLECompleteDrag	VB5	OLEGiveFeedBack	VB5
OLEDragDrop	VB5	OLESetData	VB5
OLEDragOver	VB5	OLEStartDrag	VB5

Tab. 10.77.3: Die Ereignisse des MSFlexGrid.

MSHFlexGrid

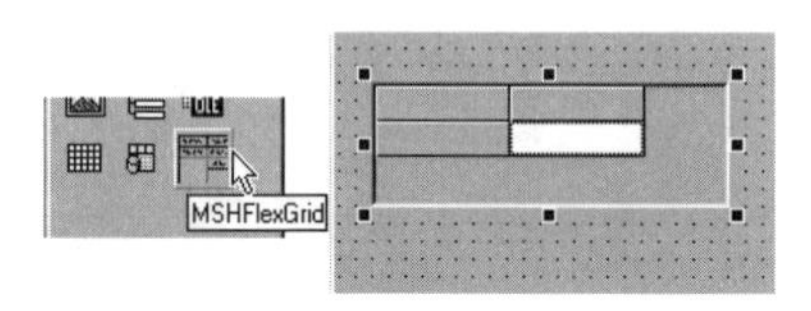

Deutsche Bezeichnung: MSHFlexTabelle-Steuerelement

Klasse: MSHFlexGrid

Typ: 32-Bit-Zusatzsteuerelement (ab VB6)

Das MSHFlexGrid ist eine Weiterentwicklung des MSFlexGrid, das zusätzlich ADO-Recordsets darstellt, jedes für sich hierarchisch in einem sogenannten Band, und deren getrennte Formatierung erlaubt.

Nichthierarchische Recordsets erzeugen immer nur ein Band (Index = 0).

Objekt *Version*	*Klasse* *Editionen*	*Dateien*	*Bezeichnung in der Liste Zusatzsteuer-elemente bzw.Komponenten*
MSHFlextabelle	***MSHFlexGrid***		
VB4-32	**)		
VB5	**)		
VB6	Pro/Ent	MSHFLXGD.OCX	Microsoft Hierarchical FlexGrid Control 6.0 (OLEDB)

*) Diese zu VB4-32 gelieferten 32-Bit-Controls werden ab VB5 nicht mehr automatisch installiert. Sie finden sie im Unterverzeichnis ...\tools\controls auf Ihrer CD.

**) Fast alle zu VB5 gelieferten Controls können auch unter VB4-32 verwendet werden. Das gleiche gilt für die VB6-Zusatzcontrols unter VB5 und VB4-32. Voraussetzung ist, daß Sie die Entwurfszeitlizenz für das Control haben.

Tab. 10.78: Zum MSHFlexGrid erforderliche Dateien

Bezeichnung	*Beschreibung*
Standard	Alle Zellen mit Daten.
Band	Bei mehreren RecordSets der jeweilige Darstellungsbereich
Header	Für jedes Band zwischengefügte Festzeilen zur Information
Indent	Einrückungen bei vertikaler Bandanordnung (s. BandDisplay)
Unpopulated	Zellbereiche rechts und unten außerhalb des Arbeitsbereichs

Tab. 10.79: Zell-Bereiche in einem MSHFlexGrid

Eigenschaft	*Beschreibung*	*Entw.*	*LZ*
BackColorBand	Hintergrundfarbe in einem bestimmten Band	–	R/W
BackColorHeader	Hintergrundfarbe im Header	–	R/W
BackColorIndent	Hintergrundfarbe der Einzüge	–	R/W
BackColorUnpopulated	Hintergrundfarbe in nicht mit Daten gefüllten Zellen	–	R/W
BandColIndex	Aktuelle Spaltennummer im Band	–	R
BandData	(Tag-)Wert (Long) für vorgegebenes Band	–	R/W
BandDisplay	Anordnung der Bänder (wirksam ab zwei Bändern)	–	R/W
BandExpandable	Spalten und Zeilen im Band aus- und einblendbar (expanded, collapsed)	–	R/W
BandIndent	Spaltenzahl der Einrückung im Band	–	R/W
BandLevel	Rückgabe der Band-Nummer der aktuellen Zelle (Col und Row)	–	R
Bands	Gibt die Zahl der dargestellten Bänder zurück (mind. 1)	–	R
CellType	Gibt den Zelltyp der aktuellen Zelle zurück	–	R
ColAlignmentBand	Spalte im Band ausrichten	–	R/W
ColAlignmentFixed	Spalte in den festen Zellen ausrichten	–	R/W
ColAlignmentHeader	Spalte im Header ausrichten	–	R/W
ColHeader	Sollen Header für jedes Band angezeigt werden?	–	R/W
ColHaederCaption	Header-Text im vorgegebenen Band und der vorgegebenen Spalte	–	R/W
FontBand	Font für das Band	–	R/W
FontFixed	Font für feste Zellen	–	R/W
FontHeader	Font für den Header	–	R/W
FontWidth	Schriftbreite in Punkten	–	R/W
FontWidthBand	Schriftbreite in Punkten im Band	–	R/W
FontWidthFixed	Schriftbreite in Punkten in den festen Zellen	–	R/W
FontWidthHeader	Schriftbreite in Punkten im Header	–	R/W
ForeColorBand	Textfarbe im Band	–	R/W
ForeColorHeader	Textfarbe im Header	–	R/W

Eigenschaft	*Beschreibung*	*Entw.*	*LZ*
GridColorBand	Trennlinienfarbe im Band	–	R/W
GridColorHeader	Trennlinienfarbe im Header	–	R/W
GridColorIndent	Trennlinienfarbe des Einzugs	–	R/W
GridColorUnpopulated	Trennlinienfarbe der nicht mit Daten gefüllten Zellen	–	R/W
GridLinesBand	Trennlinien im Band	–	R/W
GridLinesHeader	Trennlinien im Header	–	R/W
GridLinesIndent	Trennlinien nach Einzügen	–	R/W
GridLinesUnpopulated	Trennlinien zwischen nicht mit Daten gefüllten Zellen	–	R/W
GridLineWidthBand	Breite der Trennlinien im Band	–	R/W
GridLineWidthFixed	Breite der Trennlinien zwischen den festen Zellen	–	R/W
GridLineWidthHeader	Breite der Trennlinien im Header	–	R/W
GridLineWidthIndent	Breite der Trennlinien nach Einzügen	–	R/W
GridLineWidthUnpopulated	Breite der Trennlinien zwischen nicht mit Daten gefüllten Zellen	–	R/W
RecordSet	Recordset für das Band	–	R/W
RowExpandable	Zeile expandierbar	–	R/W
RowExpandet	Zeile ist expandiert	–	R/W
RowSizingMode	Größenänderungsmodus der Zeilen im Control	–	R/W
TextStyleBand	Textdarstellungsstil im Band	–	R/W
TextStyleHeader	Textdarstellungsstil im Header	–	R/W

Tab. 10.80.1: Die spezifischen Eigenschaften des MSHFlexGrid

Eigenschaft	*Read*	*Write*	*Hinweise*
BackColorBand	Farbwert& = F.BackColorBand	F.BackColorBand = Farbe&	**)
BackColorHeader	Farbwert& = F.BackColorHeader	F.BackColorHeader = Farbe&	**)
BackColorIndent	Farbwert& = F.BackColorIndent	F.BackColorIndent = Farbe&	**)
BackColorUnpopulated	Farbwert& = F.Back-ColorUnpopulated	F.BackColorUnpopulated = Farbe&	**)
BandColIndex	SpalteImBand = F.BandColIndex	–	
BandData	Zahl& = F.BandData	F.BandData = Zahl&	
BandDisplay	Einstellung = F.BandDisplay	F.BandDisplay ={0|1}	Tab. 10.81
BandExpandable	IsExpdbl = F.BandExpandable	F.BandExpandable = {True|False}	
BandIndent	WhatIndent = F.BandIndent	F.BandIndent = Spaltenzahl	
BandLevel	AktBand = F.BandLevel	–	
Bands	AnzBands = F.Bands	–	

Eigenschaft	*Read*	*Write*	*Hinweise*
CellType	TypeNr = F.CellType	–	Tab. 10.82
ColAlignmentBand	WhereAlign = F.ColAlignmentBand	F.ColAlignmentBand = Einstellung	Tab. 10.66 f.
ColAlignmentFixed	WhereAlign = F.ColAlignmentFixed	F.ColAlignmentFixed = Einstellung	Tab. 10.66 f.
ColAlignmentHeader	WhereAlign = F.ColAlignmentHeader	F.ColAlignmentHeader = Einstellung	Tab. 10.66f.
ColHeader	HowShowHeaders = F.ColHeader	F.ColHeader = Einstellung	Tab. 10.83
ColHaederCaption	CHCaption = F.ColHeaderCaption	F.ColHeaderCaption = Tx$	
FontBand	AktFont = F.FontBand	F.FontBand = FntName$	
FontFixed	AktFont = F.FontFixed	F.FontFixed = FntName$	
FontHeader	AktFont = F.FontHeader	F.FontHeader = FntName$	
FontWidth	AllFntWidth = F.FontWidth	F.FontWidth = Punkte	
FontWidthBand	BndFntWidth = F.FontWidthBand	F.FontWidthBand = Punkte	
FontWidthFixed	FixFntWidth = F.FontWidthFixed	F.FontWidthFixed = Punkte	
FontWidthHeader	HeadFntWidth = F.FontWidthHeader	F.FontWidthHeader = Punkte	
ForeColorBand	Farbwert& = F.ForeColorBand	F.ForeColorBand = Farbe&	**)
ForeColorHeader	Farbwert& = F.ForeColorHeader	F.ForeColorHeader = Farbe&	**)
GridColorBand	Farbwert& = F.GridColorBand	F.GridColorBand = Farbe&	**)
GridColorHeader	Farbwert& = F.GridColorHeader	F.GridColorHeader = Farbe&	**)
GridColorIndent	Farbwert& = F.GridColorIndent	F.GridColorIndent = Farbe&	**)
GridColorUnpopulated	Farbwert& = F.Grid-ColorUnpopulated	F.GridColorUnpopulated = Farbe&	**)
GridLinesBand	Einstellung = F.GridLinesBand	F.GridLinesBand = Wert	s. Tab. 10.60
GridLinesHeader	Einstellung = F.GridLinesHeader	F.GridLinesHeader = Wert	s. Tab. 10.60
GridLinesIndent	Einstellung = F.GridLinesIndent	F.GridLinesIndent = Wert	s. Tab. 10.60
GridLinesUnpopulated	Einst. = F.GridLines-Unpopulated	F.GridLinesUnpopulated = Wert	s. Tab. 10.60
GridLineWidthBand	Breite = F.GridLineWidthBand	F.GridLineWidthBand = Pixel	
GridLineWidthFixed	Breite = F.GridLineWidthFixed	F.GridLineWidthFixed = Pixel	

Eigenschaft	*Read*	*Write*	*Hinweise*
GridLineWidthHeader	Breite = F.GridLineWidthHeader	F.GridLineWidthHeader = Pixel	
GridLineWidthIndent	Breite = F.GridLineWidthIndent	F.GridLineWidthIndent = Pixel	
GridLineWidthUnpopulated	Breite = F.GridLineWidthUnpopulated	F.GridLineWidthUnpopulated = Pixel	
RecordSet	RSetObjekt = F.RecordSet	F.RecordSet = RSetObjekt	
RowExpandable	IsExpdbl = F.RowExpandable	F.RowExpandable = {True|False}	
RowExpandet	IsExpandet = F.RowExpandet	F.RowExpandet = {True|False}	
RowSizingMode	RSizMode = F.RowSizingMode	F.RowSizingMode = Einstellung	s. Tab. 10.84
TextStyleBand	TStyle = F.TextStyleBand	F.TextStyleBand = Einstellung	s. Tab. 10.64
TextStyleHeader	TStyle = F.TextStyleHeader	F.TextStyleHeader = Einstellung	s. Tab. 10.64

*) Präfix F. = MSHFlexGrid

**) Farbe& = RGW (Dez. o. Hex.), QBColor oder Sytemkonstanten

Tab. 10.80.2: Syntax der spezifischen Eigenschaften des MSHFlexGrid

Wert	*Konstante*	*Anordnung der Bänder*
0	flexBandDisplayHorizontal	Horizontale Anordnung der Daten im Band (voreingestellt)
1	flexBandDisplayVertical	Vertikale Anordnung der Daten im Band

Tab. 10.81: BandDisplay-Einstellungen

Wert	*Konstante*	*Zelle*
0	flexCellTypeStandard	Standardzelle
1	flexCellTypeFixed	Feste Zelle
2	flexCellTypeHeader	Zwischenüberschrift
3	flexCellTypeIndent	Einzug
4	flexCellTypeUnpopulated	Nicht mit Daten gefüllt

Tab. 10.82: CellType-Rückgabewerte

Wert	*Konstante*	*Beschreibung*
0	flexColHeaderOn	Header für jedes Band anzeigen
1	flexColHeaderOff	Keinen Header anzeigen
2	flexColHeaderOnce	Gleichen Header im Band nur einmal im ausgeblendeten Modus

Tab. 10.83: ColHeader-Einstellungen

Wert	*Konstante*	*Beschreibung*
0	flexRowSizeIndividual	Nur die Höhe der aktuellen Zeile wird geändert. (Voreinstellung)
1	flexRowSizeAll	Die Höhe aller anderen Zeilen wird auch geändert

Tab. 10.84: Einstellungen für RowSizingMode

Bitte beachten Sie die Tabellen 10.33 ff.

Eigenschaft	*Ab VB5*		*Ab VB5*
Allgemein			
CausesValidation	VB6	Object	
Container		Parent	
Enabled		Redraw	
hWnd		RightToLeft	VB6
Index		TabIndex	
MouseIcon		TabStop	
MousePointer		Tag	
Name			
Darstellung			
Appearance		Font	
BackColor, ForeColor		Visible	
BorderStyle			
Position		***OLE***	
Height, Width		OLEDropMode	
Drag & Drop			
DragIcon		DragMode	
Datenbank			
DataBindings		DataSource	
DataMember			
Hilfe			
HelpContextID		WhatsThisHelpID	
ToolTipText			

Tab. 10.85: Die allgemeinen Eigenschaften des MSHFlexGrid

Die Methoden ünd Ereignisse finden Sie in den Tabellen 10.40 ff. und 10.72 ff.

10.4 Spezial-Listen

Objekt	*Klasse*
Hierarchie	***Outline***

Das Hierarchie-Steuerelement (Outline) ist ein spezieller Listenfeldtyp, mit dem Sie Elemente einer Liste hierarchisch anzeigen können.

Strukturansicht ***TreeView***

Das Strukturansicht- Steuerelement (TreeView) zeigt eine hierarchische Liste von Node-Objekten (Knoten) an, die aus einer Beschriftung und einer optionalen Bitmap bestehen.

ListenAnsicht ***ListView***

Das Listenansicht-Steuerelement (ListView) dient dem Anzeigen von Texten und/oder Bitmaps (aus einem ImageList-Control).

Tab. 10.86: Die Spezial-Listen

10.4.1 Outline

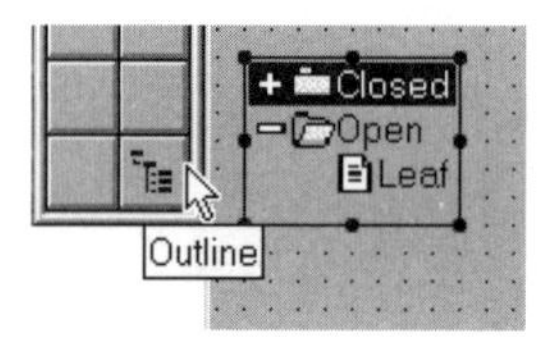

Deutsche Bezeichnung: Hierarchiesteuerelement

Klasse: Outline

Typ: Zusatzsteuerelement

Das Hierarchie-Steuerelement (Outline) ist ein spezieller Listenfeldtyp, mit dem Sie Elemente einer Liste hierarchisch anzeigen können.

Objekt *Version*	*Klasse* *Editionen*	*Dateien*	*Bezeichnung in der Liste Zusatzsteuerelemente bzw.Komponenten*
VB4-16	Pro/Ent	MSOUTL16.OCX	Microsoft Outline Control
VB4-32	Pro/Ent	MSOUTL32.OCX	Microsoft Outline Control
VB5 *)			
VB6 *)			

*) als Bonus im Verzeichnis ...\Tools\Controls

Tab. 10.87: Die Dateien des Outline-Controls

Die Eigenschaften des Outline

Die Elemente eines OutLine-Controls sind in einer Auflisting (List) zusammengefaßt.

Die Werte der Eigenschaften der Elemente werden in automatisch parallel erstellten Variablenfeldern festgehalten.

Beim Einfügen eines Elements in ein Outline-Control wird dem List-Feld und jedem Eigenschaftenfeld automatisch ein Element mit gleichem Index hinzugefügt.

Eigenschaft	*Ab VB4*	*Kurzbeschreibung*	*Entw.*	*LZ*
Gesamtliste				
ListCount		Gesamtzahl der Elemente	–	R
ListIndex		Index des aktuellen Elements	–	R/W
PathSeparator		Trennzeichen (voreingestellt \)	R/W	R/W
PictureClosed		Bild für PictureType = 0 (Style =1,3,5) (def. = CLOSED.BMP) *)	R/W	R/W
PictureLeaf		Bild für PictureType = 0 (Style =1,3,5) (def. = LEAF.BMP) *)	R/W	R/W
PictureMinus		Bild für Style = 2 o. 4 (def. = MINUS.BMP) *)	R/W	R/W
PictureOpen		Bild für PictureType = 0 (Style =1,3,5) (def. = OPEN.BMP) *)	R/W	R/W
PicturePlus		Bild für Style = 2 o. 4 (def. = PLUS.BMP) *)	R/W	R/W
Style		Darstellungsstil	R/W	R/W
TopIndex		Index des obersten Elements	–	R/W
Outline (Einzelelement)				
List		Auflistung aller Elemente	R/W	R/W
Expand		Untergeordnete Elemente sichtbar?	–	R/W
FullPath		Pfad: Ebenen durch PathSeparator getrennt	–	R
HasSubItems		Hat Eintrag Unterelemente?	–	R
Indent		Einrückungsebene	–	R/W
IsItemVisible		Element sichtbar?	–	R
ItemData		ID des Elements	–	R/W
PictureType		PictureClosed(0), PictureOpen(1) oder PictureLeaf(2)	–	R/W
Text		Text des Elements	–	R

*) BMP oder ICO frei ladbar. Größere Bilder werden verkleinert (auf 13x13).
def. = Voreingestellte Bitmaps entsprechen denen im Unterverzeichnis ...\bitmaps\outline

Tab. 10.88.1: Die spezifischen Eigenschaften von Outline

Eigenschaft	*Read*	*Write*	*Hinweis*
Gesamtliste			
ListCount	Anz = O.ListCount	–	
ListIndex	AktIndex = O.ListIndex	O.ListIndex = Index	U-Index = 0
PathSeparator	Trenn$ = O.PathSeparator	O.PathSeparator = Trenn$	

Eigenschaft	*Read*	*Write*	*Hinweis*
PictureClosed	Verweis = O.PictureClosed	O.PictureClosed = Bild	{BMP|ICO}
PictureLeaf	Verweis = O.PictureLeaf	O.PictureLeaf = Bild	{BMP|ICO}
PictureMinus	Verweis = O.PictureMinus	O.PictureMinus = Bild	{BMP|ICO}
PictureOpen	Verweis = O.PictureOpen	O.PictureOpen = Bild	{BMP|ICO}
PicturePlus	Verweis = O.PicturePlus	O.PicturePlus = Bild	{BMP|ICO}
Style	WhatStyle = O.Style	O.Style = Wert	Tab. 10.89 f.
TopIndex	ObIndex = O.TopIndex	O.TopIndex = Wert	
Outline (Einzelelement)			
List	Element = O.List(Index)	O.List(Index) = Element	
Expand	IsExp = O.Expand(Index)	O.Expand(Index) = Wert	{True|False}
FullPath	Pfad$ = O.FullPath(Index)	–	
HasSubItems	SI = O.HasSubItems(Index)	–	{False|True}
Indent	Einrckg = O.Indent(Index)	O.Indent(Index) = Einrckg	**)
IsItemVisible	V = O.IsItemVisible (Index)	–	{True|False}
ItemData	ID& = O.ItemData(Index)	O.ItemData(Index) = Nr&	
PictureType	Typ = O.PictureType(Index)	O.PictureType(Index) = Typ	Tab. 10.89
Text	Zeichenfolge = O.Text	–	

*) Präfix O. = OutLine

**) Haben mehrere Elemente im Root Indent = 0, ist nur das erste sichtbar.

Tab. 10.88.2: Die Syntax der spezifischen Eigenschaften von Outline

Wert	*Einstellung*	*Beschreibung*
0	Text only	Nur Text
1	Picture and text	Bild und Text, Root wird (ohne Bild) angezeigt
2	Plus/minus and text	(Voreinstellung) Plus/Minus und Text
3	Plus/minus, picture, and text	Plus/Minus, Bild und Text. Root wird (mit Bild) angezeigt
4	Tree lines and text	Hierarchielinien und Text
5	Tree lines, picture, and text	Hierarchielinien, Bild und Text

Tab. 10.89: OutLine-Style und die Darstellung

Gezeigt wird	*bei Style =*					
	0	***1***	***2***	***3***	***4***	***5***
Root	–	x	–	x	x	x
Root-Bild (= PictureClosed)	–	–	–	x	–	x
PicturePlus, PictureMinus	–	x	x	x	–	–
PictureOpen, PictureClosed	–	–	–	x	–	x
PictureLeaf	–	x	–	x	–	x
Hierarchielinien	–	–	–	–	x	x

Tab. 10.90: Einstellungen von Style

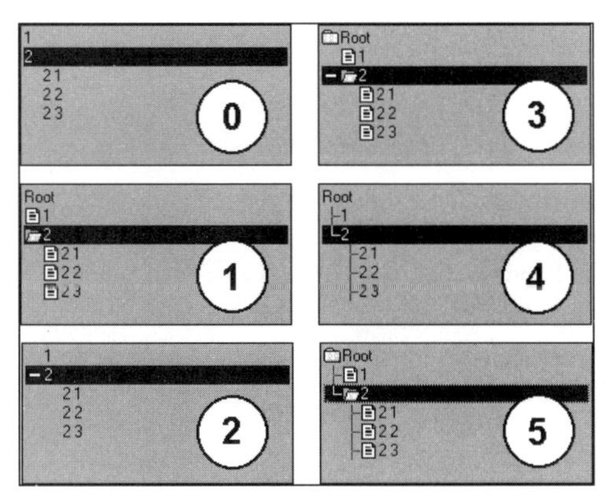

Abb. 10.3: Die Style-Bilder von OutLine

Wert	*Konstante*	*Beschreibung*
0	outClosed	PictureClosed-Bild verwenden
1	outOpen	PictureOpen-Bild verwenden
2	outLeaf	PictureLeaf-Bild verwenden

Tab. 10.91: Einstellungen für PictureType

Eigenschaft	*Ab VB4*	*Eigenschaft*	*Ab VB4*
Allgemein			
Container		MouseIcon	
hWnd		MousePointer	
Index		TabIndex	
Name		TabStop	
Object		Tag	
Parent		Visible	
Darstellung			
BackColor, ForeColor		Font	
BorderStyle		FontName, FontSize ...	
Enabled			
Position			
Height, Width		Left, Top	
Drag & Drop			
DragIcon		DragMode	
Hilfe			
HelpContextID		WhatsThisHelpID	

Tab. 10.92: Die allgemeinen Eigenschaften von Outline

Die Methoden des Outline

Methode	*Ab VB4*	*Kurzbeschreibung*
AddItem		Fügt ein Element hinzu.
Clear		Entfernt alle Elemente.
Refresh		Aktualisiert das Control und zeichnet die vorhandenen Elemente neu.
RemoveItem		Entfernt ein bestimmtes Element.

Tab. 10.93.1: Die spezifischen Methoden der Outline-Controls

Eigenschaft	*Syntax*	*Hinweis*
AddItem	O.AddItem Elementtext[, [Index][, Indent-Ebene]] oder mit : O.List(Index) = Elementtext	Tab. 10.95
Clear	O.Clear	
Refresh	O.Refresh	
RemoveItem	O.RemoveItem Index	

Tab. 10.93.2: Syntax der spezifischen Methoden der Outline-Controls

Methode	*Ab VB4*	*Methode*	*Ab VB4*
Allgemein			
Move		ZOrder	
SetFocus			
Drag & Drop		***Hilfe***	
Drag		ShowWhatsThis	

Tab. 10.94: Allgemeine Methoden der Outline-Controls

Index angegeben	*Element mit Index*	*Verwendeter Index*	*Einrückungsebene*
ja	Vorhanden	Wie angegeben	des alten Elements
ja	Keins	Wie angegeben	0 (Hinweis bei Indent beachten!)
nicht	Nicht relevant	ListCount-Wert	0 (Hinweis bei Indent beachten!)
-1	Nicht relevant	ListCount-Wert	1

Tab. 10.95: AddItem-Besonderheiten

Die Ereignisse des Outline

Alle Ereignisse werden von den Einzelelementen registriert!

Ereignis	*Ab VB4*	*Kurzbeschreibung*
Collapse		Element wurde geschlossen.
Expand		Element wurde geöffnet.
PictureClick		Typbild wurde einmal geklickt.
PictureDblClick		Typbild wurde zweimal geklickt.

Tab. 10.96: Die spezifischen Ereignisse der Outline-Controls

Ereignis	*Syntax*
Collapse	Private Sub Outline_Collapse (Index As Integer)
Expand	Private Sub Outline_Expand (Index As Integer)
PictureClick	Private Sub Outline_PictureClick (Index As Integer)
PictureDblClick	Private Sub Outline_PictureDblClick (Index As Integer)

Tab. 10.97: Die Syntax der spezifischen Ereignisse der OutLine-Controls

Ereignis	*Ab VB4*	*Ereignis*	*Ab VB4*
Focus-Ereignisse			
GotFocus		LostFocus	
Benutzeraktionen			
Click		KeyPress	
DblClick		MouseDown, MouseUp	
KeyDown, KeyUp		MouseMove	
Drag & Drop			
DragDrop		DragOver	

Tab. 10.98: Allgemeine Ereignisse der Outline-Controls

10.4.2 TreeView

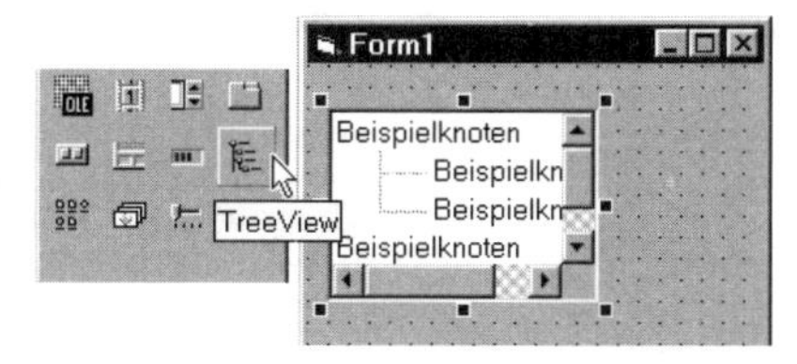

Deutsche Bezeichnung: Strukturansicht-Steuerelement

Klasse: TreeView

Typ: 32-Bit-Zusatzsteuerelement

TreeView zeigt eine hierarchische Liste von Node-Objekten (Knoten) an, die aus einer Beschriftung und einer optionalen Bitmap bestehen.

Objekt Version	*Klasse Editionen*	*Dateien*	*Bezeichnung in der Liste Zusatzsteuer-elemente bzw.Komponenten*
VB4-32/VB5	Pro/Ent	COMCTL32.OCX CCTLDE32.DLL	Microsoft Windows Common Controls 5.0
VB6	Pro/Ent	MSCOMCTL.OCX	Microsoft Windows Common Controls 6.0

Tab. 10.99: Die Dateien des TreeView-Controls

Die Eigenschaften des TreeView

Eigenschaft	*Ab VB4*	*Kurzbeschreibung*	*Entw.*	*LZ*
Nodes		Verweis auf Nodes-Auflistung Beschreibung des Subobjekts s.u.	–	R
CheckBoxes	VB6	CheckBoxen links anzeigen		
DropHightLight		Markiertes Node-Subobjekt (über dem der Mauscursor steht)	–	R/W
FullRowSelect	VB6	Ganze ausgewählte Zeile markieren	R/W	R/W
HideSelection		Markierung ohne Fokus erhalten?	R/W	R/W
HotTracking	VB6	Header durch Mausbewegung markieren?	R/W	R/W
ImageList		Mit TreeView verbundenes ImageList-Control	–	R/W
Indentation		Einzug (min. 18 Pixel)	R/W	R/W
LabelEdit		Node-Bezeichnung bearbeitbar?	R/W	R/W
LineStyle		Hierarchie- oder Wurzellinien (sichtbar: Entwurfszeit und Laufzeit)	R/W	R/W
PathSeparator		Trennzeichen für FullPath (Standard = \)	R/W	R/W
Scroll	VB6	ScrollBars anzeigen?	R/W	R
SelectedItem		Ausgewähltes Node-Objekt oder Index	–	R/W
SingleSel	VB6	Unterelemente anzeigen (expand), wenn Node ausgewählt ist	R/W	R/W
Sorted		Alle Nodes oder die unter dem aktuellen Node sortieren	R/W	R/W
Style		Darstellungsstil (sichtbar: zur Laufzeit)	R/W	R/W

Tab. 10.100.1: Die spezifischen Eigenschaften von TreeView

Eigenschaft	*Read*	*Write*	*Hinweis*
Nodes	NodesObjekt = T.Nodes(Index) Verweis = T.Nodes	– –	

Eigenschaft	*Read*	*Write*	*Hinweis*
CheckBoxes	HasChckBox = T.CheckBoxes	T.CheckBoxes = Wert	{False|True}
DropHightLight	Verweis = T.DropHighlight	T.DropHighlight = Verweis	auf Node
FullRowSelect	IsFRowSel = T.FullRowSelect	T.FullRowSelect = Wert	{False|True}
HideSelection	IsSelVisible = T.HideSelection	T.HideSelection = Wert	{True|False}
HotTracking	AllowHTrack = T.HotTracking	T.HotTracking = Wert	{False|True}
ImageList	ImageList = T.ImageList	Set T.ImageList = ImageList	
Indentation	Einzug = T.Indentation	T.Indentation = Zahl	erster Einzug für alle
LabelEdit	LabelEdit = (T.LabelEdit = 0)	T.LabelEdit ={0|1}	Tab. 10.101
LineStyle	Linientyp = T.LineStyle	T.LineStyle = Wert	Tab. 10.102
PathSeparator	Trenn$ = T.PathSeparator	T.PathSeparator = Trenn$	
Scroll	HasScrollBars = T.Scroll	T.Scroll = {False|True}	
SelectedItem	Dim Verweis As Node	T.SelectedItem = T.Node(Ix)	Ix = Index
– Node-Objekt	Set Verweis = T.SelectedItem		
– Index	Index% = T.SelectedItem	–	
SingleSel	WillExpand = T.SingleSel	T.SingleSel = Wert	{False|True}
Sorted	IsSorted = T.Sorted	T.Sorted = Wert	{False|True}
Style	Anzeigestil = T.Style	T.Style = Einstellung	Tab. 10.102

Tab. 10.100.2: Die Syntax der spezifischen Eigenschaften von TreeView

Wert	*Konstante*	*Beschreibung*
0	tvwAutomatic	Automatisch (Voreinstellung). Das BeforeLabelEdit-Ereignis wird gemeldet, wenn der Benutzer auf die Bezeichnung eines ausgewählten Node-Objekts klickt.
1	tvwManual	Manuell. Das BeforeLabelEdit-Ereignis wird nur dann gemeldet, wenn die StartLabelEdit-Methode aufgerufen wird.

Tab. 10.101: Einstellungen für TreeView-LabelEdit

Wert	*Konstante*	*Beschreibung*
0	tvwTreeLines	Hierarchielinien (Voreinstellung) Zwischen untergeordneten und den jeweils übergeordneten Node-Objekten werden Linien angezeigt.
1	tvwRootLines	Wurzellinien Zusätzlich zu den Linien zwischen den untergeordneten und den jeweils übergeordneten Node-Objekten werden zwischen den Node-Objekten auf der obersten Ebene (Root = Wurzelebene) Linien angezeigt.

Tab. 10.102.1: Einstellungen für TreeView-LineStyle

Wert	Einstellung	Beschreibung
0	Text only	Nur Text
1	Image and text	Bild und Text
2	Plus/minus and text	Plus/Minus-Zeichen und Text
3	Plus/minus, image, and text	Plus/Minus-Zeichen, Bild und Text
4	Lines and text	Linien und Text
5	Lines, image, and text	Linien, Bild und Text
6	Lines, plus/minus, and text	Linien, Plus/Minus-Zeichen und Text
7	Lines, plus/minus, image, and text	(Voreinstellung) Linien, Plus/Minus-Zeichen, Bild und Text

Tab. 10.102.2: Einstellungen für TreeView-Style

Eigenschaft	Ab VB4	Eigenschaft	Ab VB4
Allgemein			
Appearance		Name	
Container		Object	
Enabled		Parent	
hWnd		TabIndex	
Index		TabStop	
MouseIcon		Tag	
MousePointer		Visible	
Darstellung			
BorderStyle		Font	
Position			
Height, Width		Left, Top	
Drag & Drop			
DragIcon		DragMode	
OLE			
OLEDragMode	VB5	OLEDropMode	VB5
Hilfe			
HelpContextID			
ToolTipText	VB5	WhatsThisHelpID	

Tab. 10.103: Die allgemeinen Eigenschaften der TreeView-Controls

Die Methoden des TreeView

Eigenschaft	Ab VB4	Kurzbeschreibung
GetVisibleCount		Anzahl der im Innenbereich anzeigbaren Nodes (Zeilenzahl)
HitText		Das Node-Objekt an X,Y-Position, sonst Nothing

Eigenschaft	*Ab VB4*	*Kurzbeschreibung*
StartLabelEdit		Ab jetzt Bezeichnung des Node-Objekts bearbeiten (entspricht zweitem Klick auf markiertes Node)

Eigenschaft	*Syntax*
GetVisibleCount	Anzeigbar% = TreeView.GetVisibleCount[( )]
HitText	Verweis = TreeView.HitTest (x As Single, y As Single)
StartLabelEdit	TreeView.StartLabelEdit

Tab. 10.104: Die spezifischen Methoden des TreeView und ihre Syntax

Methode	*Ab VB4*	*Methode*	*Ab VB4*
Allgemein			
Move		SetFocus	
Refresh		ZOrder	
Drag & Drop		***OLE***	
Drag		OLEDrag	VB5
Hilfe			
ShowWhatsThis			

Tab. 10.105: Die allgemeinen Methoden des TreeView

Die Ereignisse des TreeView

Eigenschaft	*Ab VB4*	*Kurzbeschreibung*
AfterLabelEdit		Nach der Änderung einer Bezeichnung
BeforeLabelEdit		Vor der Änderung einer Bezeichnung
Collapse		Untergordnete Nodes wurden verborgen
Expand		Untergeordnete Nodes wurden wieder gezeigt
NodeClick		Node-Objekt angeklickt

Eigenschaft	*Syntax *)*	
AfterLabelEdit	Sub T_AfterLabelEdit (Cancel As Integer, _Newstring As String)	**)
BeforeLabelEdit	Sub T_BeforeLabelEdit (Cancel As Integer)	**)
Collapse	Sub T_Collapse (ByVal node As Node)	***)
Expand	Sub T_Expand(ByVal node As Node)	***)
NodeClick	Sub T_NodeClick (ByVal node As Node)	***)

*) Präfix T_ = TreeView
**) Cancel: Voreingenstellt = False. Auf True gesetzt, wird aktuelle Aktion abgebrochen. NewString enthält den geänderten Text.
***) node ist der aktuelle Knoten. Ohne weitere Eigenschaftsangabe wird die Beschriftung (Wert der Text-Eigenschaft) zurückgegeben.

Tab. 10.106: Die spezifischen Ereignisse des TreeView und ihre Syntax

Ereignis	Ab VB4	Ereignis	Ab VB4
Focus-Ereignisse			
GotFocus		LostFocus	
Benutzeraktionen			
Click		KeyPress	
DblClick		MouseDown, MouseUp	
KeyDown, KeyUp		MouseMove	
Drag & Drop			
DragDrop		DragOver	
OLE			
OLECompleteDrag	VB5	OLEGiveFeedBack	VB5
OLEDragDrop	VB5	OLESetData	VB5
OLEDragOver	VB5	OLEStartDrag	VB5

Tab. 10.107: Die allgemeinen Ereignisse von TreeView

Subobjekte des TreeView

Die einzelnen Einträge in einem TreeView-Control sind in der Nodes-Auflistung zusammengefaßte Node-Objekte.

Die Nodes-Eigenschaft des TreeView gibt den Verweis auf die Node-Objekte zurück.

```
Verweis = TreeView.Nodes(Index)
```

Eigenschaften und Methoden der Nodes-Auflistung

Eigenschaft	Kurzbeschreibung	Entw.	LZ
Count	Anzahl Node-Objekte im TreeView	–	R
Item	Einzelnes Node-Objekt	–	R

Eigenschaft	Syntax *)	Hinweis
Count	Anz = T.Nodes.Count	
Item	Objekt = T.Nodes.Item(Kennung)	**)

*) Präfix T. = TreeView

**) Kennung ist Index oder Key (s. unten Node-Eigenschaften)

Tab. 10.108: Eigenschaften der Nodes-Auflistung und ihre Syntax

Methode	Kurzbeschreibung	Hinweis
Add	Fügt ein Element (optional an bestimmter Stelle) der Nodes-Auflistung hinzu	

Methode	*Kurzbeschreibung*	*Hinweis*
Clear	Entfernt alle Nodes-Objekte der Auflistung	
Remove	Entfernt ein durch die Kennung (Index oder Key) bestimmtes Element der Nodes-Auflistung	
Methode	*Syntax*	
Add	Set Obj = TreeView.Nodes.Add(Arg) oder TreeView.Nodes.Add Arg	*)
Clear	TreeView.Nodes.Clear	
Remove	TreeView.Nodes.Remove Kennung	

*) Arg = Argumentenliste =
[Relative], [RelationsShip], [Key], Text[,[Image][,SelectedImage]]
Achtung: Text ist erforderlich! Damit sind alle vorhergehenden Kommata erforderlich!

Tab. 10.109: Methoden der Nodes-Auflistung und ihre Syntax

Parameter	*Beschreibung*
Relative	= Relativ (Optional) Indexnummer/Schlüssel eines bereits bestehenden Node-Objekts. Das nächste Argument, Beziehung, legt die Beziehung des neuen Node-Objekts zum bereits bestehenden Node-Objekt fest. Ist kein Node-Objekt angegeben, dann wird das neue Node-Objekt an letzter Position in der höchsten Hierarchieebene plaziert.
Relationship	= Beziehung (Optional) Relative Positionierung des Node-Objekts (s. Tab. 10.111)
Key	= Schlüssel (Optional) Eindeutige Zeichenfolge, die zum Abrufen des Node-Objekts mit Hilfe der Item-Methode verwendet werden kann.
Text	(Erforderlich) Zeichenfolge, die im Node-Objekt angezeigt wird.
Image	= Bild (Optional) Index eines Bildes im zugeordneten ImageList-Control.
SelectedImage	= Ausgewähltes Bild (Optional) Index des (beim Auswählen des Node-Objekts) angezeigten Bildes im zugeordneten ImageList-Control.

Tab. 10.110: Parameter der Add-Methode

Wert	*Konstante*	*Beschreibung*
1	tvwLast	Letzte Das Node-Objekt wird hinter allen anderen Node-Objekten derselben Stufe plaziert, die der Stufe des in relativ angegebenen Node-Objekts entspricht.
2	tvwNext	Nächste Das Node-Objekt wird hinter dem in relativ angegebenen Node-Objekt plaziert.

Wert	*Konstante*	*Beschreibung*
3	tvwPrevious	Vorheriges Das Node-Objekt wird vor dem in relativ angegebenen Node-Objekt plaziert.
4	tvwChild	(Voreinstellung) Untergeordnetes Node-Objekt. Das Node-Objekt ist dem in relativ angegebenen Node-Objekt untergeordnet.

Tab. 10.111: Einstellungen für Relationship (Beziehung)

Eigenschaften und Methoden der Node-Objekte

Eigenschaft	*Kurzbeschreibung*	*Entw.*	*LZ*
Child	Erstes untergeordnetes Objekt	–	R
Children	Anzahl der untergeordneten Objekte	–	R
Enabled	Node anklickbar?	–	R/W
Expanded	Node geöffnet (Children sichtbar)	–	R/W
ExpandedImage	Verbundenes ListImage-Bild	–	R/W
FirstSibling	Erstes gleichgeordnetes Element	–	R
LastSibling	Letztes gleichgeordnetes Element	–	R
Next	Nächstes gleichgeordnetes Element	–	R
Previous	Vorhergehendes gleichgeordnetes Element	–	R
FullPath	Pfad; durch PathSeparator (s. TreeView-Eigenschaften) getrennte Texte	–	R
Image	Kennung des ListImage-Objekts im ImagList-Control	–	R/W
Index	Stelle als Kennung des Node-Objekts	–	R
Key	Eindeutige Bezeichnung als Kennung des Node-Objekts	–	R/W
Parent	Übergeordnetes Node-Objekt	–	R/W
Root	Oberstes Node-Objekt	–	R
Selected	Node-Objekt ausgewählt	–	R/W
SelectedImage	Kennung des ListImage des Node-Objekts	–	R/W
Tag	Für Zusatzinfo	–	R/W
Text	Der angezeigte Text	–	R/W
Visible	Node sichtbar?	–	R/W

Tab. 10.112: Eigenschaften der Node-Objekte

Eigenschaft	*Read *)*	*Write *)*
Child	FirstChild = T(K).Child	–
Children	Anz = T(K).Children	–
Enabled	IsEnabled = T(K).Enabled	T(K).Enabled = {True|False}
Expandet	IsExpandet = T(K).Expandet	T(K).Expanded = {True|False}
ExpandetImage	BildNr = T(K).ExpandedImage	T(K).ExpandedImage = Kennung

Eigenschaft	*Read *)*	*Write *)*
FirstSibling	Verweis = T(K).FirstSibling	–
LastSibling	Verweis = T(K).LastSibling	–
Next	Verweis = T(K).Next	–
Previous	Verweis = T(K).Previous	–
FullPath	Pfad$ = TreeView.FullPath	–
Image	BildNr = TreeView.Image	TreeView.Image = Kennung
Index	Index = T(Key).Index	–
Key	Key = T(Index).Key	T(Index).Key = Schlüssel$
Parent	UpNode = T(K).Parent	T(K).Parent = Bezeichnung
Root	Verweis = T(K).Root	–
Selected	IsSelected = T(K).Selected	T(K).Selected = {False|True}
SelectedImage	LIK = T(K).SelectedImage	T(K).SelectedImage = LIK
Tag	Info$ = T(K).Tag	T(K).Tag = Zeichenfolge$
Text	Tx$ = T(K).Text	T(K).Text = Zeichenfolge$
Visible	IsVisible = T(K).Visible	T(K).Visible = {True|False}

*) T( ) = TreeView.Nodes( ) (K) = Kennung = Index% oder Key$
LIK = Kennung des ListImage-Objekts im ImageList-Control. Bei LIK = 0 Maske der Standardabbildung.

Tab. 10.113: Syntax der Eigenschaften der Node-Objekte

Methode	*Kurzbeschreibung*
CreateDragImage	Aus Bild und Text das Image für Drag&Drop-Aktionen erstellen
EnsureVisible	Node in den sichtbaren Bereich

Methode	*Syntax*	*Hinweis*
CreateDragImage	TreeView.Nodes(Kennung).CreateDragImage	Kennung = Index% oder Key$
EnsureVisible	[Wert =]TreeView.Nodes(Kennung).EnsureVisible	*)

*) Wenn nötig, werden das TreeView geöffnet und Bildläufe durchgeführt.
In diesem Fall ist der (optionale) Rückgabewert = True sonst = False.

Tab. 10.114: Die Methoden von Node und ihre Syntax

10.4.3 ListView

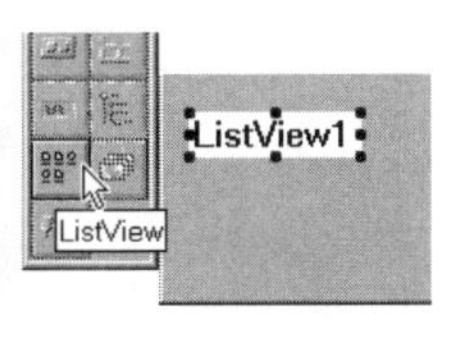

Deutsche Bezeichnung: Listenansicht-Steuerelement

Klasse: ListView

Type: 32-Bit-Zusatzsteuerelement

Ein Listenansicht-Steuerelement (ListView) dient dem Anzeigen von Texten und/oder Bitmaps (aus einem ImageList-Control).

Objekt Version	*Klasse Editionen*	*Dateien*	*Bezeichnung in der Liste Zusatzsteuerelemente bzw.Komponenten*
VB4-32/VB5	Pro/Ent	COMCTL32.OCX CCTLDE32.DLL	Microsoft Windows Common Controls 5.0
VB6	Pro/Ent	MSCOMCTL.OCX	Microsoft Windows Common Controls 6.0

*) als Bonus im Verzeichnis ...\Tools\Controls

Tab. 10.115: Die Dateien des ListView-Controls

Die Eigenschaften des ListView

Eigenschaft	*Ab VB4*	*Kurzbeschreibung*	*Entw.*	*LZ*
AllowColumnReorder	VB6	Spalten im Report mit der Maus verschieben (s. ColumnHeaders.Position)	R/W	R/W
Arrange		Anordnung in Ansichten »Symbol« und »Kleines Symbol«	R/W	R/W
CheckBoxes	VB6	CheckBoxen links neben ListItem anzeigen	R/W	R/W
ColumnHeaderIcons	VB6	ImageList-Control mit den Bildern für die ColumnHeader	R/W	R/W
ColumnHeaders		Auflistung der ColumnHeader-Objekte	–	R
DropHighlight		ListItem, das hervorgehoben wird	–	R/W
FlatScrollBar	VB6	2-D-Bildlaufleiste(flache)	R/W	R/W
FullRowSelect	VB6	Ganze Zeile markieren (ListItem + SubItems)	R/W	R/W
GridLines	VB6	GridLines zeigen	R/W	R/W
HideColumnHeaders		ColumnHeader-Objekte in Berichtsansicht ausgeblendet?	R/W	R/W
HotTracking	VB6	Header durch Mausbewegung markieren? Mauscursor wird Hand	R/W	R/W
HoverSelection	VB6	ListItem markieren, wenn der Mauscursor darüber stehen bleibt	R/W	R/W
Icons		ImageList-Quelle für normale ListItem-Symbole (s. auch View)	R/W	R/W
SmallIcons		ImageList-Quelle für kleine ListItem-Symbole (s. auch View)	R/W	R/W

Eigenschaft	*Ab VB4*	*Kurzbeschreibung*	*Entw.*	*LZ*
LabelEdit		Wann erfolgt BeforeLabelEdit-Ereignismeldung?	R/W	R/W
LabelWrap		Zeilenumbruch in Bezeichnungen bei (View = 0)?	R/W	R/W
ListItems		Verweis auf die ListItems-Auflistung	–	R/W
MultiSelect		Mehrfachwahl möglich	R/W	R/W
Picture	VB6	Hintergrundbild	R/W	R/W
PictureAlignment	VB6	Anordnung des Hintergrundbildes in ListItems/ColHeaders-Fläche	R/W	R/W
SelectedItem		(Erstes) ausgewähltes ListItem-Objekt	–	R/W
Sorted		Sortieren (entsprechend SortKey)	R/W	R/W
SortKey		Sortieren nach ListItem oder SubListItems	R/W	R/W
SortOrder		Auf-/Absteigend sortiert	R/W	R/W
TextBackground	VB6	Textfläche transparent/opak	R/W	R/W
View		Erscheinungsbild der ListItem-Objekte	R/W	R/W

Tab. 10.116.1: Die spezifischen Eigenschaften von ListView

Eigenschaft	*Read*	*Write*	
AllowColumnReorder	AllwReorder = LV.AllowColumnReorder	LiV.AllowColumnReorder = {False|True}	
Arrange	Anordnung = LV.Arrange	LV.Arrange = {0|1|2}	Tab. 10.117
CheckBoxes	HasCheckBoxes = LV.CheckBoxes	LV.CheckBoxes = {False|True}	
ColumnHeaderIcons	IcoQuelle = LV.ColumnHeaderIcons	LV.ColumnHeaderIcons = ImageList-Quelle	
ColumnHeaders	Verweis = LV.ColumnHeaders	–	s. unten Subobjekte
DropHighlight	Verweis = LV.DropHighlight.	LV.DropHighlight = ListItem-Objekt	
FlatScrollBar	FlatSBar = LV.FlatScrollBar	LVFlatScrollBar = {False|True}	
FullRowSelect	FullRow = LV.FullRowSelect	LV.FullRowSelect = {False|True}	
GridLines	GLines = LV.GridLines	LV.GridLines = {False|True}	
HideColumnHeaders	AreHidden = LV.HideColumnHeaders	LV.HideColumnHeaders = {False|True}	*)
HotTracking	AllowHTracking = LV.HotTracking	LV.HotTracking = {False|True}	
HoverSelection	AllowHovSel = LV.HoverSelection	LV.HoverSelection = {False|True}	
Icons, SmallIcons	IcoQuelle = LV.Icons	LV.{Icons|SmallIcons} = ImageList-Quelle	
LabelEdit	EditNow = LV.LabelEdit	LV.LabelEdit = {0|1}	Tab. 10.118

<table>
<tr><th>Eigenschaft</th><th>Read</th><th>Write</th><th></th></tr>
<tr><td>LabelWrap</td><td>TextUmbruch = LV.LabelWrap</td><td>LV.LabelWrap = {False|True}</td><td></td></tr>
<tr><td>ListItems</td><td>Verweis = LV.ListItems</td><td>–</td><td>s. unten Subobjekte</td></tr>
<tr><td>MultisSelect</td><td>AllowMultiSel= LV.Multiselect</td><td>LV.Multiselect = {False|True}</td><td></td></tr>
<tr><td>Picture</td><td>Bild = LV.Picture</td><td>LV.Picture = Bild</td><td></td></tr>
<tr><td>PictureAlignment</td><td>Anordnung = LV.PictureAlignment</td><td>LV.PictureAlignment = Einstellung</td><td>Tab. 10.119</td></tr>
<tr><td>SelectedItem</td><td>AktElement = LV.SelectedItem</td><td>LV.SelectedItem = Kennung</td><td></td></tr>
<tr><td>Sorted</td><td>SortMode = LV.Sorted</td><td>LV.Sorted = {False|True}</td><td></td></tr>
<tr><td>SortKey</td><td>SortColumn = LV.SortKey</td><td>LV.SortKey = ColIndex</td><td>Tab. 10.120</td></tr>
<tr><td>SortOrder</td><td>SortOrder = LV.SortOrder</td><td>LV.SortOrder = {0|1}</td><td>Tab. 10.121</td></tr>
<tr><td>TextBackground</td><td>IsTransparent = (LV.TextBackground = 0)</td><td>LV.TextBackground = {0|1]</td><td>Tab. 10.122</td></tr>
<tr><td>View</td><td>WhatView = LV.View</td><td>LV.View = Wert *)</td><td>Tab.10.123</td></tr>
</table>

*) Setzen Sie immer bei einem Wechsel des View-Modus HideColumnHeaders = False.

Tab. 10.116.2: Die Syntax der spezifischen Eigenschaften von ListView

Wert	*Konstante*	*Beschreibung*
0	lvwNoArrange	Keine Ausrichtung (Voreinstellung).
1	lvwAutoLeft	Oben. Elemente werden automatisch entlang des oberen Steuerelementrandes ausgerichtet.
2	lvwAutoTop	Links. Elemente werden entlang des linken Steuerelementrandes ausgerichtet.

Tab. 10.117: Einstellungen für Arrange

Wert	*Konstante*	*Einstellung*	*BeforeLabelEdit-Ereignis wird gemeldet, ...*
0	lvwAutomatic	Automatisch	wenn der Benutzer auf ein ListItem-Objekt klickt (Voreinstellung).
1	lvwManual	Manuell	nur wenn die StartLabelEdit-Methode aufgerufen wird.

Tab. 10.118: Einstellungen für ListView-LabelEdit

Wert	*Konstante*	*Bild wird angeordnet ....*	*Hinweis*
0	lvwTopLeft	oben links	Voreinstellung
1	lvwTopRight	oben rechts	
2	lvwBottomLeft	unten links	
3	lvwBottomRight	unten rechts	

Wert	Konstante	Bild wird angeordnet	Hinweis
4	lvwCenter	zentriert	
5	lvwTile	(mehrfach angeordnet) gekachelt	

Tab. 10.119: Einstellungen für ListView-PictureAlignment

Einstellung	Beschreibung
0	Zum Sortieren wird die Text-Eigenschaft des ListItem-Objekts verwendet.
>= 1	Zum Sortieren wird das Unterelement (ab VB6: ListSubItems) mit diesem Column-Index verwendet.

Tab. 10.120: Einstellungen für ListView-SortKey

Wert	Konstante	Sortierrichtung
0	lvwAscending	Aufsteigend (Voreinstellung)
1	lvwDescending	Absteigend

Tab. 10.121: Einstellungen für ListView-SortOrder

Wert	Konstante	Texthintergrund ist ...
0	lvwTransparent	durchsichtig (Picture sichtbar)
1	lvwOpaque	undurchsichtig (Hintergrundfabe)

Tab. 10.122: Einstellungen für ListView-TextBackground

Wert	Konstante	Beschreibung
0	lvwIcon	Symbol (Voreinstellung) Jedes ListItem-Objekt wird durch ein Symbol in voller Größe (Voreinstellung) und eine Bezeichnung repräsentiert.
1	lvwSmallIcon	Kleines Symbol Jedes ListItem-Objekt wird durch ein kleines Symbol und eine an der rechten Seite des Symbols angezeigte Bezeichnung repräsentiert. Die Elemente erscheinen horizontal.
2	lvwList	Liste Jedes ListItem-Objekt wird durch ein kleines Symbol und eine an der rechten Seite des Symbols angezeigten Bezeichnung repräsentiert. Die ListItem-Objekte werden vertikal angeordnet. Jedes Element erhält eine eigene Zeile, die jeweiligen Informationen werden in Spalten angeordnet.

Wert	*Konstante*	*Beschreibung*
3	lvwReport	Bericht Jedes ListItem-Objekt wird durch ein kleines Symbol und eine Bezeichnung repräsentiert. Sie können weitere Informationen zu jedem ListItem-Objekt in einem Unterelement hinzufügen. Die Symbole, Bezeichnungen und Informationen erscheinen in Spalten, wobei die am weitesten links stehende Spalte das kleine Symbol enthält, gefolgt von der Beschriftung. Die weiteren Spalten enthalten den jeweiligen Text für jedes Unterelement.

Tab. 10.123: Einstellungen für ListView-View

Eigenschaft	*Ab VB4*	*Eigenschaft*	*Ab VB4*
Allgemein			
CausesValidation	VB6	Name	
Container		Object	
Enabled		Parent	
hWnd		TabIndex	
HideSelection		TabStop	
Index		Tag	
MouseIcon		Visible	
MousePointer			
Darstellung			
Appearance	VB5	BorderStyle	
BackColor, ForeColor		Font	
Position		Left, Top	
Height, Width			
Drag & Drop			
DragIcon		DragMode	
OLE			
OLEDragMode	VB5	OLEDropMode	VB5
Hilfe			
HelpContextID		WhatsThisHelpID	
ToolTipText	VB5		

Tab. 10.124: Die allgemeinen Eigenschaften der ListView-Controls

Die Methoden des ListView

Eigenschaft	Ab VB4	Kurzbeschreibung
FindItem		ListItem, das den Suchkriterien entspricht
GetFirstVisible		Erstes sichtbares ListItem (analog TopIndex bei ListBox)
HitTest		ListItem an Position (X,Y)
StartLabelEdit		Bearbeiten ermöglichen

Eigenschaft	Syntax *)	Hinweis
	`Vorher: Dim itmX As ListItem`	
FindItem	Set itmX = LV.FindItem (sz[, [Where][, [Index] _[, fPartial])	**) Tab. 10.126 f.
GetFirstVisible	ErstesSichtbares = LV.GetFirstVisible()	
HitTest	Set itmX = LV.HitTest (x As Single, y As Single)	**)
StartLabelEdit	LV.StartLabelEdit	

*) Präfix LV = ListView
**) Benannte Argumente (s. Abschnitt 24.4.4)

Tab. 10.125: Die spezifischen ListView-Methoden und ihre Syntax

Argument	Verwendung	Beschreibung
lz	Erforderlich	Die Zeichenfolge, nach der in den ListItem-Objekten gesucht wird.
Where	Optional	Soll die Zeichenfolge mit der Text-, Subitems- oder Tag-Eigenschaft des ListItem-Objekts verglichen werden? (s. Tab. 10.127.1)
Index	Optional	Kennung (Index oder Key) des Objekts, das Ausgangspunkt des Suchvorgangs wird. Standardwert = 1.
fPartial	Optional	Völlige oder partielle Übereinstimmung feststellen? (s. Tab. 10.127.2)

Tab. 10.126: Argumente von ListView-FindItem

Wert	Konstante	Es wird geprüft, ob die Zeichenfolge übereinstimmt mit...
0	lvwText	der Text-Eigenschaft (Voreinstellung).
1	lvwSubitem	(vor VB6) der Zeichenfolge einer SubItems-Eigenschaft bzw. (ab VB6) einem ListSubItem.
2	lvwTag	der Tag-Eigenschaft irgendeines ListItem-Objekts.

Tab. 10.127.1: Einstellungen für ListView-FindItem-Where

Wert	Konstante	Eine Übereinstimmung wird festgestellt, wenn ...
0	lvwWholeWord	die Text-Eigenschaft mit dem ganzen Wort beginnt, nach dem gesucht wird (Voreinstellung).
1	lvwPartial	die Text-Eigenschaft mit der Zeichenfolge beginnt, nach der gesucht wird.

Tab. 10.127.2: Einstellungen für ListView-FindItem-fPartial

Methode	*Ab VB4*	*Methode*	*Ab VB4*
Allgemein			
Move		SetFocus	
Refresh		ZOrder	
Drag & Drop		***OLE***	
Drag		OLEDrag	VB5
Hilfe			
ShowWhatsThis			

Tab. 10.128: Die allgemeinen Methoden des ListView-Controls

Die Ereignisse des ListView

Ereignis	*Ab VB4*	*Kurzbeschreibung*
AfterLabelEdit		Bezeichnung wurde geändert. (bei LabelEdit = 0 oder StartLabelEdit-Methode)
BeforeLabelEdit		Bezeichnung soll geändert werden. (bei LabelEdit = 0 oder StartLabelEdit-Methode)
ColumnClick		Spalte wurde angeklickt (View = 3).
ItemCheck	VB6	Die CheckBox des ListItems ist markiert.
ItemClick		Ein ListItem wurde angeklickt.

Ereignis	*Syntax*	
AfterLabelEdit	Sub LV_AfterLabelEdit(Cancel As Integer, _ Newstring As String)	**)
BeforeLabelEdit	Sub LV_BeforeLabelEdit(Cancel As Integer)	**)
ColumnClick	Sub LV_ColumnClick (ByVal ColumnHeader As _ ColumnHeader)	
ItemCheck	Sub LV_ItemCheck (ByVal Item As _ MSComctlLib.ListItem)	
ItemClick	Sub LV_ItemClick(ByVal Item As ListItem)	***)

*) Präfix LV_ = ListView_

**) Cancel = {False|True} Cancel = True bricht den Edit-Vorgang ab.
Newstring ist die vom Benutzer eingegebene Zeichenfolge oder Null, wenn die Operation abgebrochen wurde.

***) VB4: ListItem VB5: ComcltLib.ListItem VB6: MSComctl.Lib.ListItem
Beachten Sie Tabelle 10.133: Die ListItems-Deklarationen

Tab. 10.129: Die spezifischen ListView-Ereignisse und ihre Syntax

Ereignis	*Ab VB4*	*Ereignis*	*Ab VB4*
Allgemein			
Validate	VB6		

Ereignis	*Ab VB4*	*Ereignis*	*Ab VB4*
Focus-Ereignisse			
GotFocus		LostFocus	
Benutzeraktionen			
Click		KeyPress	
DblClick		MouseDown, MouseUp	
KeyDown, KeyUp		MouseMove	
Drag & Drop			
DragDrop		DragOver	
OLE			
OLECompleteDrag	VB5	OLEGiveFeedBack	VB5
OLEDragDrop	VB5	OLESetData	VB5
OLEDragOver	VB5	OLEStartDrag	VB5

Tab. 10.130: Die allgemeinen Eigenschaften der ListView-Controls

Subobjekte des ListView

ListView besitzt:

- ListItem-Objekte in der ListItems-Auflistung
  Diese entsprechen dem Element in der ersten Spalte (mit Index = 1).

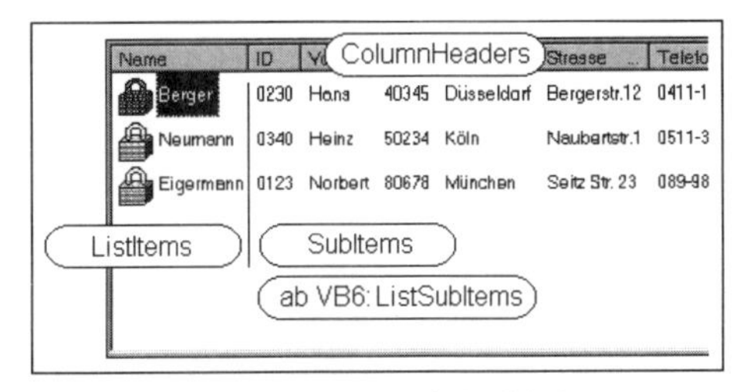

Abb. 10.4: Die ListView-Subobjekte

- ColumnHeader-Objekte in der ColumnsHeaders-Auflistung.
  Diese entsprechen den Spaltenköpfen. Sie erzeugen

- SubItem-Elemente
  Automatisch wird zu jedem ListItem mit jeder weiteren Spalte durch das jeweilige ColumnHeader-Objekt ein Element in einem SubItem-Variablenfeld erzeugt.
  Dessen Index entspricht dem Index des ColumnHeaders – 1.

- Ab VB6 sind die SubItem-Elemente als (Text-Eigenschaft der) ListSubItem-Objekte in der ListSubItems-Auflistung zusammengefaßt.

  Ein neues ListSubItem-Objekt erzeugt automatisch ein entsprechendes ColumnHeader-Objekt,

- für alle anderen ListItems das entsprechende SubItem-Variablenfeld-Element und damit
- (ab VB6) ein entsprechendes ListSubItems-Objekt, das der ListSubItems-Auflistung hinzugefügt wird.

ListItems-Auflistung und ListItem-Objekte

Die ListItems-Auflistung in einem ListView-Control enthält ein oder mehrere ListItem-Objekte.

Eigenschaft	*Ab VB4*	*Beschreibung*	*Entw.*	*LZ*
Count		Anzahl der ListItems-Objekte	–	R
Item		Einzelobjekt (Standardeigenschaft)	–	R
Methoden	*Ab VB4*	*Beschreibung*		
Add		Element hinzufügen		
Clear		Alle Elemente entfernen		
Remove		Bestimmtes Element entfernen		

Tab. 10.131: Die Eigenschaften und Methoden der ListItems-Auflistung

Eigenschaft	*Beschreibung*	
Count	Anzahl = LV.ListItems.Count	
Item	Einzelobjekt = LV.ListItems.Item(Kennung)	*)
Methoden	*Beschreibung*	
Add	Set Verweis = LV.Add(Parameterliste)	
	Alternativ: LV.Add Parameterliste	* *)
Clear	LV.Clear	
Remove	LV.Remove Kennung	*)

*) Kennung = {Index|Key}

**) Parameterliste = [Index][, [Schlüssel][, [Text][, [IndexFürSymbol][, IndexFürkleinesSymbol]]]]

Tab. 10.132: Die Syntax der Eigenschaften und Methoden der ListItems-Auflistung

Ein ListItem-Objekt besteht aus Text, (optional) den Indizes je eines Symbols für große und kleine Symboldarstellung, einem SubItems-Variablenfeld mit Zeichenfolgen, ab VB6 erweitert durch eine ListSubItems-Auflistung, die die Unterelemente enthalten.

ListItem ist ein deklarierbarer Objekt-Datentyp.

Version	*Standarddeklaration*	*Optionale Deklaration*
VB4	ListItem	ComctlLib.ListItem
VB5	ComctlLib.ListItem	ListItem
VB6	MSComctlLib.ListItem	ListItem

Tab. 10.133: Die ListItems-Deklarationen

Die Standarddeklarationen werden von VB in den Ereignisprozeduren automatisch verwendet. Zm Umsetzen auf eine andere VB-Version können sie durch die optionalen Deklarationen ersetzt werden.

Eigenschaft	*Ab VB4*	*Beschreibung*	*Entw.*	*LZ*	*Hinweis*
Ghosted		Element abgeblendet?	–	R/W	
Icon, SmallIcon		Kennung für ListImage im zugeordneten ImageList-Control	–	R/W	
Index, Key		Kennung (Position, Zeichenfolge) des Elements	–	R/W	
Selected		Ist Element gewählt?	–	R/W	
SubItems		SubItems-Variablenfeld (Startindex = 1)	–	R/W	Abb. 10.2
ListSubItems	VB6	ListSubItems-Auflistung (erweitert SubItems)	–	R/W	s.u.
Tag		Für Zusatzinfo	–	R/W	
Text		Der Textinhalt des ListItem-Objekts. Steht für das Objekt selbst.	–	R/W	
Height, Width		Höhe u. Breite des Elements	–	R	
Left, Top		Linke, obere Ecke	–	R	

Tab. 10.134.1: Die Eigenschaften der ListItem-Objekte

Eigenschaft	*Read*	*Write*	
Ghosted	Abgeblendet = LV.ListItems(Index).Ghosted	LV.ListItems(Index). Ghosted = {False|True}	
Icon	Index% = LV.ListItems(Kennung).Icon	LV.ListItems(Kennung). Icon = Kennung	
SmallIcon	Index% = LV.ListItems(Kennung).SmallIcon	LV.ListItems(Kennung). SmallIcon = Kennung	
Index	AktIndex = LV.SelectedItem.Index	LV.ListItems(Kennung). Index = Wert	
Key	AktKey = LV.SelectedItem.Key	LV.ListItems(Index).Key = Zeichenfolge	
Selected	IsSelected = LV.ListItem.Selected	LV.ListItem.Selected = {False|True}	
SubItems	Element = LV.ListItems(Kennung). SubItems(Index%)	LV.ListItems(Kennung). SubItems(SubIndex%) = Tx$	*)

Eigenschaft	*Read*	*Write*	
Tag	Info = LV.ListItems(Kennung).Tag	LV.ListItems(Kennung). Tag = Tx$	
Text	Tx$ = LV.ListItems(Kennung).Text	LV.ListItems(Kennung). Text = Tx$	
Height, Width	{H|W} = LV.ListItems(Kennung). {Height|Width}	–	Werte in Twips
Left, Top	{Lft|Tp} = LV.ListItems(Kennung). {Letf|Top}	–	Werte in Twips

*) s. auch: ListSubItems-Auflistung

Tab. 10.134.2: Die Syntax der Eigenschaften der ListItem-Objekte

Methode	*Beschreibung*
CreateDragImage	Erstellt durch Überlagerung des zugehörigen Bildes und der Beschriftung ein Bild für Drag&Drop-Operationen.
EnsureVisible	Verschiebt die Tabelle, damit das Objekt sichtbar wird.
CreateDragImage	LV.ListImages(Kennung).CreateDragImage
EnsureVisible	LV.ListImages(Kennung).EnsureVisible

Tab. 10.135: Die Methoden der ListItem-Objekte und ihre Syntax

ColumnHeaders, ColumnHeader

```
Anz = ListView.ColumnHeaders.Count
ListView.ColumnHeaders.Clear

ListView.ColumnHeaders(Kennung)= Zeichenfolge$
Element = ListView.ColumnHeaders(Kennung)
```

Die ColumnHeaders-Auflistung in einem ListView-Control enthält ein oder mehrere ColumnHeader-Objekte.

Eigenschaften	*Beschreibung*	*Entw.*	*LZ*
Count	Anzahl der ColumnHeaders-Objekte	–	R
Item	Einzelobjekt (Standardeigenschaft)	–	R
Methoden	*Beschreibung*		
Add	Element hinzufügen		
Clear	Alle Elemente entfernen		
Remove	Bestimmtes Element entfernen		

Tab. 10.136.1: Eigenschaften/Methoden der ColumnHeaders-Auflistung

Eigenschaft	*Beschreibung*	*Hinweis*
Count	Anzahl = LV.ColumnHeaders.Count	
Item	Einzelobjekt = LV. ColumnHeaders.Item(Kennung)	*)
Methoden	*Beschreibung*	
Add	Set Verweis = LV.ColumnHeaders.Add(Parameterliste)	
	Alternativ: ~~.Add Parameterliste	* *)
Clear	LV.ColumnHeaders.Clear	
Remove	LV.ColumnHeaders.Remove Kennung	*)

*) Kennung = {Index|Key}

**) Parameterliste = [Index][, [Schlüssel][, [Text][, [Breite][, Ausrichtung]]]]

Tab. 10.136.2: Die Syntax der Eigenschaften/Methoden von ColumnHeaders

Ein ColumnHeader-Objekt ist das einer Spalte zugeordnete Element, das den Text der Überschrift der Spalte enthält. Die Anzahl der ColumnHeader-Objekte bestimmt die Anzahl der Spalten im ListView-Control.

Beachten Sie ab VB6 den Zusammenhang mit den weiter unten beschriebenen ListSubItems.

Eigenschaft	*Ab VB4*	*Kurzbeschreibung*	*Entw.*	*LZ*
Alignment		Textanordnung	–	R/W
Index		Lfd.Nr in der ColumnHeaders-Auflistung	–	R
Key		(optional) eindeutiger Text	–	R/W
Position	VB6	Aktuelle Position in der Spaltenkopf-Leiste (linke Spalte = 0)	–	R/W
Tag		Eigenschaft für Infos	–	R/W
Text		Text des Spaltenkopfes (Standardeigenschaft)	–	R/W
SubItemIndex		Index des zugehörigen SubItems	–	R
Left		Linker Rand der Spalte (in Twips)	–	R
Width		Spaltenbreite (in Twips)	–	R/W

Tab. 10.137: Die Eigenschaften der ColumnHeader-Objekte

Eigenschaft	*Read *)*	*Write *)*	*Hinweis*
Alignment	TextWhere = LC.Alignment	LC.Alignment = Wert	Tab. 10.139
Index	ColIndex = LC.Index	–	
Key	ColKey = LC.Key	LC.Key = Tx$	
Position	ColPos = LC.Position	LC.Position = Wert	
Tag	ColTag = LC.Tag	LC.Tag = Tx$	
Text	ColText = LC.Text	LC.Text = Tx$	

Eigenschaft	*Read *)*	*Write *)*	*Hinweis*
SubItemIndex	ColSII = LC.SubItemIndex	–	
Left	ColLeft = LC.Left	–	
Width	ColWidth = LC.Width	LC.Width = Wert	(Twips)

**) Präfix LC.* = LV.ColumnHeaders(Kennung).

Tab. 10.138: Die Syntax der Eigenschaften der ColumnHeader-Objekte

Wert	*Konstante*	*Beschreibung*
0	lvwColumnLeft	Links (Voreinstellung). Text wird linksbündig ausgerichtet.
1	lvwColumnRight	Rechts. Text wird rechtsbündig ausgerichtet.
2	lvwColumnCenter	Mitte. Text wird zentriert.

Tab. 10.139: Einstellungen für ColumnHeader-Alignment

SubItems

SubItems gibt ein automatisch erstelltes, jedem ListItem untergeordnetes Variablenfeld (Startindex = 1) mit Zeichenfolgen zurück oder legt sie fest. Die Anzahl der SubItems entspricht der Anzahl der ColumnHeader-Objekte minus 1.

Die SubItems-Zeichenfolgen sind im ListView-Control nur sichtbar, wenn es sich in der Berichtsansicht (View = 3 Report) befindet. Auf sie kann aber in jedem View-Modus zugegriffen werden.

```
ItemText = LV.ListItems(Kennung).SubItem(Index)
LV.ListItems(Kennung).SubItem(Index) = Tx$
```

ListSubItems-Auflistung und ListSubItem-Objekte

Ab VB6 sind die Elemente des SubItems-Variablenfeldes zusätzlich in der ListSubItems-Auflistung zusammengefaßt. Jedes Element der ListSubItems-Auflistung eines ListItem-Objekts ist ein ListSubItem-Objekt.

ListSubItem ist ein deklarierbarer Objekt-Datentyp.

Die Elementzahl der ListSubItems-Auflistung korrespondiert direkt mit der in der ColumnHeaders-Auflistung. Werden ListSubItems-Elemente hinzugefügt/weggenommen, wird die Zahl der ColumnHeader-Objekte gleichfalls erhöht/reduziert.

Eigenschaft	*Ab VB6*	*Beschreibung*	*Entw.*	*LZ*
Count		Anzahl der ListSubItems-Objekte	–	R
Item		Einzelobjekt (Standardeigenschaft)	–	R

Methode	*Kurzbeschreibung*
Add	Fügt ein ListSubItem-Objekt (und das zugehörige ColumnHeaders-Objekt) hinzu.
Clear	Alle ListSubItems- (und ColumnHeaders-) Elemente entfernen.
Remove	Bestimmtes ListSubItems- (und das zugehörige ColumnHeaders-) Element entfernen.

Tab. 10.140: ListSubItems-Eigenschaften und Methoden

Eigenschaft	*Beschreibung*	*Hinweis*
Count	Anzahl = LV. ListSubItems.Count	
Item	Set Einzelobjekt = LV. ListSubItems.Item(Kennung)	*)
Methode	*Beschreibung*	*Hinweis*
Add	Set Verweis = LV. ListSubItems.Add (Parameterliste)	* *)
	Alternativ: LV.Add Parameterliste	* *)
Clear	LV. ListSubItems Clear	
Remove	LV. ListSubItems Remove Kennung	*)

*) Kennung = {Index|Key}

**) Parameterliste = [Index][, [Schlüssel][, [Text][, [Breite][, Ausrichtung]]]]

Tab. 10.141: Syntax der ListSubItems-Eigenschaften und -Methoden

Eigenschaft	*Beschreibung*	*Entw.*	*LZ*
BackColor	Hintergundfarbe im aktuellen Objekt	–	R/W
ForeColor	Textfarbe im aktuellen Objekt	–	R/W
Bold	Schrift fett darstellen?	–	R/W
Index	Spaltenindex bei der Erstellung *)	–	R
ReportIcon	{Index|Key} des ImageList (für SmallIcon) für Symbol des aktuellen Objekts	–	R/W
Tag	Infotext zum aktuellen Objekt	–	R/W
Text	Text des aktuellen Objekts (Standardeigenschaft)	–	R/W
ToolTipText	QuickInfo-Text des aktuellen Objekts	–	R/W

*) Beachten Sie den Unterschied zur ColumnHeader-Position-Eigenschaft

Tab. 10.142: Die ListSubItem-Eigenschaften

Eigenschaft	*Read *)*	*Write *)*	
BackColor	Farbwert& = LI.BackColor	LI.BackColor = Farbe&	**)
ForeColor	Farbwert& = LI.ForeColor	LI.ForeColor = Farbe&	**)
Bold	IsBold = LI.Bold	LI.Bold = {False|True}	
Index	Ix = LI.Index	–	
ReportIcon	Ix = LI.ReportIcon	LI.ReportIcon = ImgListKennung	
Tag	Info$ = LI.Tag	LI.Tag = Tx$	

Eigenschaft	*Read *)*	*Write *)*
Text	Tx$ = LI.Text	LI.Text = Tx$
ToolTipText	QuickInfo$ = LI.ToolTipText	LI.ToolTipText = Tx$

*) Präfix LI. = ListView.ListItems(Kennung).ListSubItems(Index)

**) Farbe& = RGB, QBColor oder System

Tab. 10.143: Die Syntax der ListSubItem-Eigenschaften

11 Bildlaufleisten und Regler

Schon mit VB1 wurden uns Bildlaufleisten – ich nenne sie zumeist mit ihrem englischen Namen ScrollBars – zur Verfügung gestellt. Inzwischen sind weitere Varianten dieser Regler verfügbar.

Klasse	*Beschreibung*
HScrollBar, VScrollBar	Horizontale und vertikale Bildlaufleisten (Scrollbars) sind in allen VB-Versionen integriert. Mit ihnen verändern Sie Werte und – in der Regel – Positionen.
FlatScrollBar	Die flache Bildlaufleiste ist ein ab VB6 verfügbares Zusatzsteuerelement. Es erweitert die Funktionalität der integrierten Bildlaufleisten und ermöglicht Darstellungsweisen analog zum Internet Explorer 4.0.
UpDown SpinButton Slider	Diese drei Controls sind speziell zum Inkremetieren und Dekrementieren von Werten geschaffen. Ihre Beschreibungen finden Sie im Abschnitt 11.2 »Regler«

Tab. 11.1: Bildlaufleisten und Regler

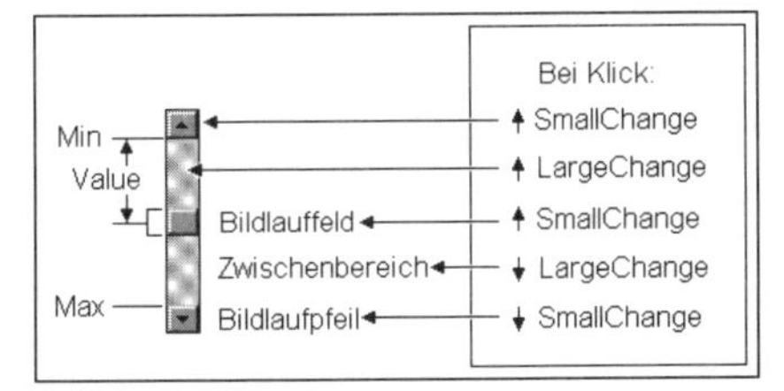

Abb. 11.1: Die Elemente der Bildlaufleisten

11.1 Bildlaufleisten

Bildlaufleisten dienen dazu, kontinuierliche Werte auszugeben.

Als Bildlaufleisten stehen zur Verfügung:

- integrierte horizontale und vertikale Bildlaufleisten sowie
- flache Bildlaufleiste (ab VB6).

11.1.1 Die integrierten Bildlaufleisten

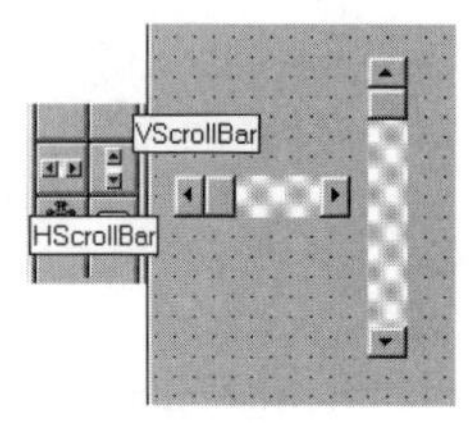

Horizontale und vertikale Bildlaufleisten (Scrollbars) sind in allen VB-Versionen integriert.

ScrollBar-Eigenschaften

Eigenschaft	*Ab: VB1*	*Kurzbeschreibung*	*Entw.*	*LZ*
LargeChange		Große Bildlaufleisten-Verschiebung	R/W	R/W
SmallChange		Kleine Bildlaufleisten-Verschiebung	R/W	R/W
Max		Maximalwert für Value	R/W	R/W
Min		Minimalwert für Value	R/W	R/W
Value		Aktueller Wert (Stand des Bildlaufs)	R/W	R/W

Tab. 11.2.1: Spezifische ScrollBar-Eigenschaften

Eigenschaft	*Read*	*Write*	*Hinweise*
LargeChange	Zahl = SB.LargeChange	SB.LargeChange = Wert	{1 bis 32767} Default = 1
SmallChange	Zahl = SB.SmallChange	SB.SmallChange = Wert	{1 bis 32767} Default = 1
Max	MaxWert = SB.Max	SB.Max = Wert	{-32768 bis 32767} Default = 32767 **)
Min	MinWert = SB.Min	SB.Min = Wert	{-32768 bis 32767} Default = 0 **)
Value	AktWert = SB.Value	SB.Value = Wert	

*) Präfix SB. = {H|V}ScrollBar.

**) Bei HScrollBars ist die übliche Laufrichtung von links nach rechts, bei VScrollBars von oben nach unten. Um die Laufrichtung umzukehren, wechseln Sie einfach den Min- und den Max-Wert.

Tab. 11.2.2: Syntax der spezifischen ScrollBar-Eigenschaften

Eigenschaft	*Ab: VB1*	*Eigenschaft*	*Ab: VB1*
Allgemein			
Container		Name (VB1: CtlName)	
Enabled		Parent	
hWnd		TabIndex	

Eigenschaft	*Ab: VB1*	*Eigenschaft*	*Ab: VB1*
Index		TabStop	
MouseIcon	VB4	Tag	
MousePointer		Visible	
Position			
Height, Width		Left, Top	
Drag & Drop			
DragIcon		DragMode	
Hilfe			
HelpContextID		WhatsThisHelpID	

Tab. 11.3: Allgemeine ScrollBars-Eigenschaften (s. Kap. 21)

ScrollBar-Methoden und -Ereignisse

ScrollBars verfügen über keine spezifischen Methoden.

Methode	*Ab: VB1*	*Methode*	*Ab: VB1*
Allgemein			
Move		SetFocus	
Refresh		ZOrder	
Drag & Drop		***Hilfe***	
Drag		ShowWhatsThis	VB4

Tab. 11.4: Die allgemeinen Methoden der ScrollBars (s. Kap. 22)

Ereignisse	*Ab: VB1*	*Kurzbeschreibung*
Change		Value-Änderung durch Klick oder durch Code.
Scroll	VB2	Value-Änderung beim Schieben des Bildlauffeldes.

Tab. 11.5.1: Die spezifischen Ereignisse der ScrollBars

Ereignisse	*Syntax*
Change	Private Sub Objekt_Change([Index As Integer])
Scroll	Private Sub Objekt_Scroll([Index As Integer])

Tab. 11.5.2: Die Syntax der spezifischen Ereignisse der ScrollBars

Ereignis	Ab: VB1	Ereignis	Ab: VB1
Focus-Ereignisse			
GotFocus		LostFocus	
Benutzeraktionen			
KeyDown, KeyUp		KeyPress	
Drag & Drop			
DragDrop		DragOver	

Tab. 11.6: Die allgemeinen Ereignisse der ScrollBars (s. Kap. 23)

11.1.2 FlatScrollBar

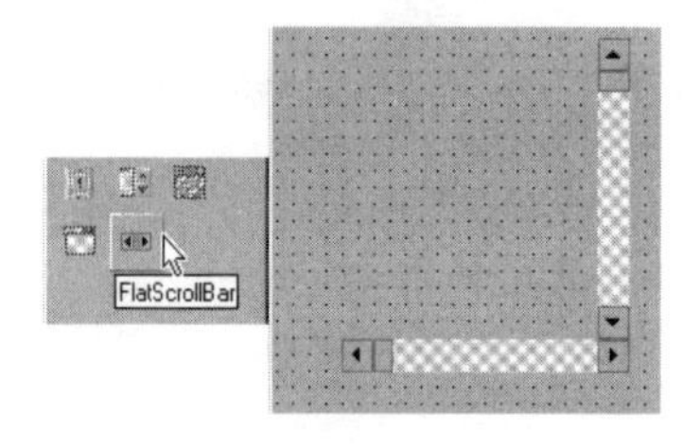

Deutsche Bezeichnung: Flache Bildlaufleiste

Klasse: FlatScrollBar

Typ: 32-Bit-Zusatzsteuerelement (ab VB6)

Die flache Bildlaufleiste ist ein ab VB6 verfügbares Zusatzsteuerelement. Es erweitert die Funktionalität der integrierten Bildlaufleisten und ermöglicht Darstellungsweisen analog zum Internet Explorer 4.0.

Bezeichnung *VB-Version*	*Klasse* *Edition*	*Erforderliche* *Dateien*	*Bezeichnung in Liste* *Zusatzsteuerelemente*
Flache Bildlaufleiste VB6	FlatScrollBar Pro/Ent	MSCOMCT2.OCX	Microsoft Windows Common Controls-2 6.0

Tab. 11.7: Die erforderliche Datei zur FlatScrollBar

Eigenschaften der FlatScrollBar

Eigenschaft	*Ab: VB6*	*Kurzbeschreibung*	*Entw.*	*LZ*
Appearance		Flache oder 3-D-Darstellung	R/W	R/W
Arrows		Welcher Bildlaufpfeil anklickbar?	R/W	R/W

Eigenschaft	*Ab: VB6*	*Kurzbeschreibung*	*Entw.*	*LZ*
LargeChange		Große Bildlaufleisten-Verschiebung	R/W	R/W
SmallChange		Kleine Bildlaufleisten-Verschiebung	R/W	R/W
Max		Maximalwert für Value	R/W	R/W
Min		Minimalwert für value	R/W	R/W
Orientation		Horizontale/vertikale Bildlaufleiste	R/W	R/W
Value		Aktueller Wert (Stand des Bildlaufs)	R/W	R/W

Tab. 11.8: Die spezifischen Eigenschaften der FlatScrollBar

Eigenschaft	*Read *)*	*Write *)*	*Hinweise*
Appearance	Darstllg = FSB.Appearance	FSB.Appearance = Wert	s. Tab. 11.10
Arrows	PfeileAktiv = FSB.Arrows	FSB.Arrows = Wert	s. Tab. 11.11
LargeChange	Zahl = FSB.LargeChange	FSB.LargeChange = Wert	{1 bis 32767} Default = 1
SmallChange	Zahl = FSB.SmallChange	FSB.SmallChange = Wert	{1 bis 32767} Default = 1
Max	MaxWert = FSB.Max	FSB.Max = Wert	{-32768 bis 32767} Default = 32767 **)
Min	MinWert = FSB.Min	FSB.Min = Wert	{-32768 bis 32767} Default =0**)
Orientation	SBTyp = FSB.Orientation	FSB.Orientation = Wert	s. Tab. 11.12
Value	AktWert = FSB.Value	FSB.Value = Wert	

*) Präfix FSB. = FlatScrollBar.

**) Bei HScrollBars ist die übliche Laufrichtung von links nach rechts, bei VSCrollBars von oben nach unten. Um die Laufrichtung umzukehren, wechseln Sie einfach den Min- und den Max-Wert.

Tab. 11.9: Die Syntax der spezifischen Eigenschaften der FlatScrollBar

Wert	*Konstante*	*Bewirkt*
0	fsb3-D	3-D-Darstellung wie Standardbildlaufleiste
1	fsbFlat	(Voreinstellung) Flache 2-D-Darstellung
2	fsbTrack3-D	Flache 2-D-Darstellung. Bildlauffeld und Bildlaufpfeil werden 3-D, wenn Cursor darübersteht.

Tab. 11.10: Die Einstellungen für FlatScrollBar-Appearance

Wert	*Konstante*	*Anklickbar sind*
0	cc2Both	(Voreinstellung) beide Bildlaufpfeile.
1	cc2LeftUp	linker/Oberer Bildlaufpfeil (abhängig von Orientation).
2	cc2RightDown	rechter/Unterer Bildlaufpfeil (abhängig von Orientation).

Tab. 11.11: Die Einstellungen für FlatScrollBar-Arrows

Wert	*Konstante*	*Scrollbar ist ...*
0	cc2OrientationVerticale	senkrechte Bildlaufleiste.
1	cc2OrientationHorizontal	(Voreinstellung) waagerechte Bildlaufleiste.

Tab. 11.12: Die Einstellungen für FlatScrollBar-Orientation

Eigenschaft	*Ab: VB6*	*Eigenschaft*	*Ab: VB6*
Allgemein		**Name**	
CausesValidation		Object	
Container		Parent	
Enabled		TabIndex	
hWnd		TabStop	
Index		Tag	
MouseIcon		Visible	
MousePointer			
Position			
Height, Width		Left, Top	
Drag & Drop			
DragIcon		DragMode	
Hilfe			
HelpContextID		WhatsThisHelpID	
ToolTipText			

Tab. 11.13: Die allgemeinen FlatScrollBar-Eigenschaften (s. Kap. 21)

Methoden und Ereignisse der FlatScrollBar

FlatScrollBar verfügt über keine spezifischen Methoden.

Methode	*Ab: VB1*	*Methode*	*Ab: VB1*
Allgemein			
Move		SetFocus	
Refresh		ZOrder	
Drag & Drop			
Drag			

Tab. 11.14: Allgemeine Methoden der FlatScrollBar

Ereignisse	*Ab: VB6*	*Kurzbeschreibung*
Change		Value-Änderung durch Klick oder durch Code.
Scroll		Value-Änderung beim Schieben des Bildlauffeldes.

Ereignisse	*Syntax*
Change	Private Sub Objekt_Change([Index As Integer])
Scroll	Private Sub Objekt_Scroll([Index As Integer])

Tab. 11.15: Die spezifischen Ereignisse der FlatScrollBar und ihre Syntax

Ereignis	*Ab: VB6*	*Ereignis*	*Ab: VB6*
Focus-Ereignisse			
GotFocus		LostFocus	
Benutzeraktionen			
KeyDown, KeyUp		KeyPress	
Drag & Drop			
DragDrop		DragOver	
OLE			
OLECompleteDrag		OLEGiveFeedback	
OLEDragDrop		OLESetData	
OLEDragOver		OLEStartDrag	

Tab. 11.16: Die allgemeinen Ereignisse des FlatScrollBar-Controls

11.2 Regler

Außer den ScrollBars können Sie als Regler folgende Controls verwenden:

Bezeichnung	*Klasse*
AufAb	***UpDown***
Ein AufAb-Steuerelement (UpDown) verfügt über zwei Pfeil-Schaltflächen, auf die der Benutzer klicken kann, um einen Wert zu erhöhen oder zu verringern. Dieser Wert kann z.B. eine Bildlaufposition sein oder insbesondere ein Wert in einem über seine BuddyControl-Eigenschaft verknüpften Steuerelement (Buddy).	
Drehschaltfläche	***SpinButton***
Ein SpinButton ist ein für Drehfelder verwendetes Steuerelement, das Sie mit anderen Steuerelementen kombinieren können, um Zahlen zu inkrementieren und dekrementieren.	
Schieberegler	***Slider***
Ein Slider ist ein Fenster, das einen Schieberegler, eine optionale Skala und, ab VB6, einen optionalen Text enthält. Der Benutzer kann den Schieberegler bewegen, indem er das Bildlauffeld zieht, mit der Maus auf eines der beiden Enden des Schiebereglers klickt oder Pfeiltasten verwendet.	

Tab. 11.17: Die Regler-Controls

11.3 UpDown

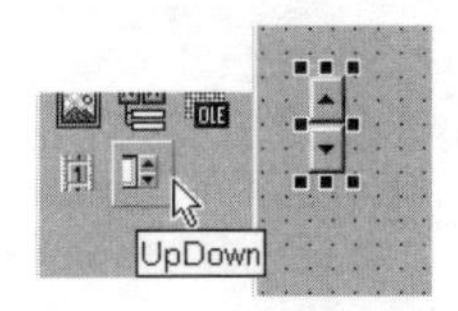

Deutsche Bezeichnung: AufAb-Steuerelement

Klasse: UpDown

Typ: 32-Bit-Zusatzsteuerelement (ab VB5)

Ein AufAb-Steuerelement (UpDown) verfügt über zwei Pfeil-Schaltflächen, auf die der Benutzer klicken kann, um einen Wert zu erhöhen oder zu verringern. Dieser Wert kann z.B. eine Bildlaufposition sein oder insbesondere ein Wert in einem über seine BuddyControl-Eigenschaft verknüpften Steuerelement (Buddy).

Das AufAb-Steuerelement ersetzt ab VB5 das Spin-Steuerelement.

Bezeichnung *VB-Version*	*Klasse* *Edition*	*Erforderliche* *Dateien*	*Bezeichnung in Liste Zusatzsteuerelemente*
AufAb	***UpDown***		
VB5	Pro/Ent	COMCT232.OCX	Microsoft Windows Common Controls -2 5.0
VB6	Pro/Ent	MSCOMCT2.OCX	Microsoft Windows Common Controls -2 6.0

Tab. 11.18: Erforderliche Dateien zum UpDown-Control

Die Eigenschaften des UpDown

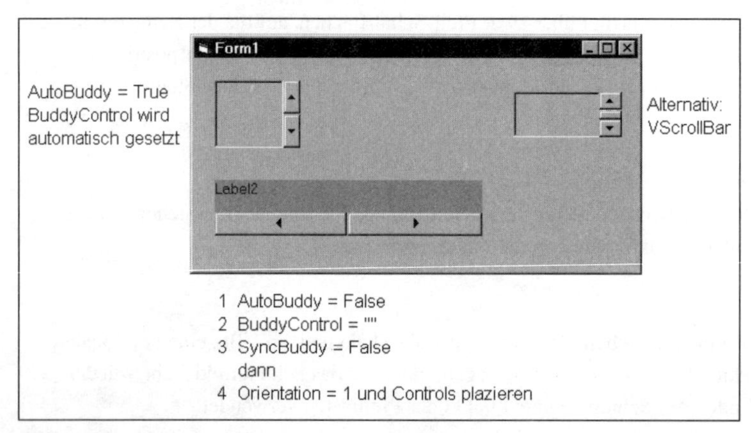

Abb. 11.2: Die Zusammenhänge zwischen den Buddy-Eigenschaften

Eigenschaft	*Ab: VB5*	*Beschreibung*	*Entw.*	*LZ*
Alignment		Ausrichtung am Buddy Effekte bei der Änderung beachten	R/W	R/W
AutoBuddy		Automatisch am Buddy ausrichten	R/W	R/W
BuddyControl		Verknüpftes Steuerelement	R/W	R/W
BuddyProperty		Zu synchronisierende Eigenschaft	R/W	R/W
Increment		Änderungsabstand für Value	R/W	R/W
Min, Max		Kleinster/größter Value-Wert	R/W	R/W
Orientation		Ausrichtung der Pfeilflächen	R/W	R
SyncBuddy		Value mit Buddy synchronisiert?	R/W	R/W
Value		Aktueller Bildlaufwert	R/W	R/W
Wrap		Bei Value > Max zu Min und umgekehrt	R/W	R/W

Tab. 11.19.1: Die spezifischen Eigenschaften des UpDown

Eigenschaft	*Read *)*	*Write *)*	*Hinweis*
Alignment	Anordnung = U.Alignment	U.Alignment = {1|0}	**)Tab. 11.20
AutoBuddy	IsBuddy = U.AutoBuddy	U.AutoBuddy = {False|True}	
BuddyControl	Name$ = U.BuddyControl	U.BuddyControl = CtlName$	***)
BuddyProperty	BProp = U.BuddyProperty	U.BuddyProperty = BProp	****)
Increment	Wert = U.Increment	U.Increment = Wert	(1 – 32767)
Min	Wert = U.Min	U.Min = Wert	+)
Max	Wert = U.Max	U.Max = Wert	+)
Orientation	Wert = U.Orientation	–	
SyncBuddy	IsSync = U.SyncBuddy	UpDow.SyncBuddy = Wert	{False|True}
Value	AktWert = U.Value	U.Value = Long	
Wrap	IsWrap = U.Wrap	U.Wrap = {False|True}	

*) Präfix U. = UpDown.

**) Es erfolgen auch Größen- und Positionsänderungen, wenn vorher BuddyControl festgelegt wurde. Testen Sie dies vor allem, bevor Sie Alignment zur Laufzeit ändern.

***) Sie können fast alle Controls als BuddyControl einsetzen. Ob dies sinnvoll nutzbar ist, hängt von Ihnen ab. Wichtig: Die BuddyControl-Eigenschaft muß vor der BuddyProperty-Eigenschaft festgelegt werden, sonst tritt ein Fehler auf.

****) BuddyProperty kann jede Eigenschaft sein, die den Value-Wert des UpDown verarbeiten kann. Dies sind z.B.Text, Caption, Value, Height, Width, Left, Top.

+) Ist Max kleiner ist als Min, arbeitet das UpDown-Control in die entgegengesetzte Richtung.

Tab. 11.19.2: Die Syntax der spezifischen Eigenschaften des UpDown

Wert	*Konstante*	*Beschreibung*
0	cc2AlignmentLeft	Links am verknüpften Steuerelement ausgerichtet.
1	cc2AlignmentRight	(Voreinstellung) Rechts am verknüpften Steuerelement ausgerichtet

Tab. 11.20: Die Alignment-Einstellungen

Wert	*Konstante*	*Beschreibung*
0	cc2OrientationVertical	(Voreinstellung) Die Pfeil-Schaltflächen sind vertikal ausgerichtet.
>=1	cc2OrientationHorizontal	Die Pfeil-Schaltflächen sind horizontal ausgerichtet

Tab. 11.21: Die Orientation-Einstellungen

Eigenschaft	*Ab: VB4*	*Eigenschaft*	*Ab: VB4*
Allgemein			
Container		Parent	
Enabled		TabIndex	
hWnd		TabStop	
Index		Tag	
Name		Visible	
Object			
Position			
Height, Width		Left, Top	
Drag & Drop			
DragIcon		DragMode	
OLE			
OLEDropMode			
Hilfe			
HelpContextID		WhatsThisHelpID	
ToolTipText			

Tab. 11.22: Die allgemeinen UpDow-Eigenschaften (s. Kap. 21)

11.3.1 Methoden und Ereignisse von UpDown

UpDown verfügt über keine spezifischen Methoden.

Methode	*Ab: VB5*	*Methode*	*Ab: VB5*
Allgemein			
SetFocus		ZOrder	
Drag & Drop			
Drag		Move	
OLE		***Hilfe***	
OLEDrag		ShowWhatsThis	

Tab. 11.23: Die allgemeinen Methoden des UpDown (s. Kap. 22)

Ereignis	*Ab: VB5*	*Kurzbeschreibung*
Change		Value geändert
DownClick		Down-Pfeilfläche geklickt
UpClick		Up-Pfeilfläche geklickt

Ereignis	*Syntax*
Change	Private Sub Objekt_Change([Index As Integer])
DownClick	Private Sub Objekt_DownClick ([Index as Integer])
UpClick	Private Sub Objekt_UpClick([Index As Integer])

Tab. 11.24: Die spezifischen UpDown-Ereignisse und ihre Syntax

Ereignis	*Ab: VB5*	*Ereignis*	*Ab: VB5*
Focus-Ereignisse			
GotFocus		LostFocus	
Benutzeraktionen			
MouseDown		MouseMove	
MouseUp			
Drag & Drop			
DragDrop		DragOver	
OLE			
OLECompleteDrag		OLEGiveFeedBack	
OLEDragDrop		OLESetData	
OLEDragOver		OLEStartDrag	

Tab. 11.25: Die allgemeinen Ereignisse des UpDown (s. Kap. 23)

11.4 SpinButton

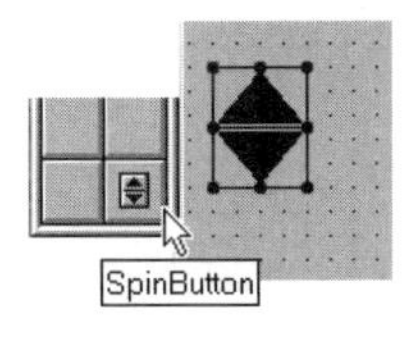

Deutsche Bezeichnung: Drehschaltfläche-Steuerelement

Klasse: SpinButton

Typ: Zusatzsteuerelement

Ein SpinButton ist ein für Drehfelder verwendetes Steuerelement, das Sie mit anderen Steuerelementen kombinieren können, um Zahlen zu inkrementieren und dekrementieren.

Bezeichnung VB-Version	*Klasse Edition*	*Erforderliche Dateien*	*Bezeichnung in Liste Zusatzsteuerelemente*
Drehschaltfläche	***SpinButton***		
VB2/3	Pro/Ent	SPIN.VBX	
VB4-16	Pro/Ent	SPIN16.OCX	Outrider Spin Control
VB4-32	Pro/Ent	SPIN32.OCX	Outrider Spin Control
VB5	Pro/Ent *)		
VB6	Pro/Ent *)		

*) Als Bonus im CD-Verzeichnis ...\Tools\Controls

Tab. 11.26: Die erforderlichen Dateien zum SpinButton

11.4.1 Die Eigenschaften des SpinButton

Eigenschaft	*Ab: VB2*	*Kurzbeschreibung*	*Entw.*	*LZ*
BorderColor		Farbe des Randes	R/W	R/W
BorderThickness		Randbreite (in Pixel)	R/W	R/W
Delay		Verzögerung (Abstand der Ereignisse SpinUp und SpinDown bei gedrückter Maustaste)	R/W	R/W
LightColor		Farbe der linken und oberen Kante (wenn TdThickness > 1)	R/W	R/W
ShadeColor		Farbe der rechten und unteren Kante (wenn TdThickness > 1)	R/W	R/W
ShadowBackColor		Hintergrundfarbe für Schatten (wenn ShadowThickness > 0)	R/W	R/W
ShadowForeColor		Vordergrundfarbe für Schatten (wenn ShadowThickness > 0)	R/W	R/W
ShadowThickness		Äußere Schattenbreite *)	R/W	R/W
SpinOrientation		Pfeilspitzen-Ausrichtung	R/W	R/W
TdThickness		Breite des Rahmens aus LightColor und ShadeColor (in Pixel)	R/W	R/W

*) Der äußere Schatten wird rechts-unten angeschlagen in der SpinButton-Fläche erzeugt. Der Button wird oben-links angeschlagen entsprechend verkleinert.

Tab. 11.27.1: Die spezifischen Eigenschaften des SpinButton

Eigenschaft	*Read *)*	*Write *)*	*Hinweise*
BorderColor	Farbe& = SB.BorderColor	SB.BorderColor =Farbe&	**)
BorderThickness	Dicke = SB.BorderThickness	SB.BorderThickness = Wert	Pixel Tab. 11.28

Eigenschaft	*Read *)*	*Write *)*	*Hinweise*
Delay	Verzoegerung = SB.Delay	SB.Delay = Wert	Tab. 11.29
LightColor	Farbe& = SB.LightColor	SB.LightColor = Farbe&	**)
ShadeColor	Farbe& = SB.ShadeColor	SB.ShadeColor = Farbe&	**)
ShadowBackColor	Farbe& = SB.ShadowBackColor	SB.ShadowBackColor = Farbe&	**)
ShadowForeColor	Farbe& = SB.ShadowForeColor	SB.ShadowForeColor = Farbe&	**)
ShadowThickness	Wert = SB.ShadowThickness	SB.ShadowThickness = Wert	Pixel
SpinOrientation	Richtg = SB.SpinOrientation	SB.SpinOrientation = Wert	{0|1} Tab. 11.30
TdThickness	Wert% = SB.TdThickness	SB.TdThickness = Wert	Tab. 11.31

*) Präfix SB. = SpinButton.

**) RGB, QBColor oder System

Tab. 11.27.2: Die Syntax der spezifischen Eigenschaften des SpinButton

Einstellung	*Effekt*
0	Kein Rahmen
1	(Voreinstellung) 1 Pixel breiter Rahmen
> 1	Breite des dreidimensionalen Rahmens

Tab. 11.28: SpinButton-BorderThickness-Einstellungen

Einstellung	*Beschreibung*
250	(Voreinstellung) 250 Millisekunden, 1/4 Sekunde
0 bis 32767	Millisekunden Verzögerung zwischen Ereignissen

Tab. 11.29: SpinButton-Delay-Einstellungen

Einstellung	*Beschreibung*
0	(Voreinstellung) Vertikal: die Pfeilspitzen zeigen nach oben o. unten.
1	Horizontal: die Pfeilspitzen zeigen nach links bzw. rechts.

Tab. 11.30: SpinButton-SpinOrientation-Einstellungen

Einstellung	*Beschreibung*
0	(Voreinstellung) Kein dreidimensionaler Effekt
> 0	Die Breite des dreidimensionalen Randes in Pixel

Tab. 11.31: Die SpinButton-TdThickness-Einstellungen

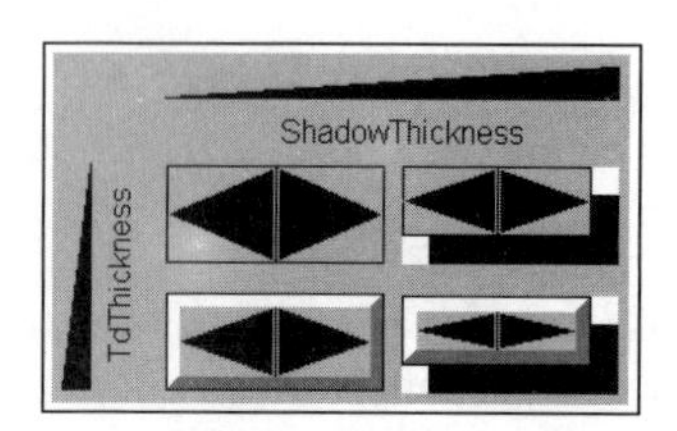

Abb. 11.3: Die Wirkung von TdThickness und ShadowThickness

Eigenschaft	*Ab: VB2*	*Eigenschaft*	*Ab: VB2*
Allgemein			
Container	VB4	Name	
Enabled		Object	VB4
hWnd		Parent	VB4
Index		TabIndex	VB4
MouseIcon	VB4	Tag	
MousePointer		Visible	
Darstellung			
BackColor, ForeColor			
Position			
Height, Width		Left, Top	
Drag & Drop			
DragIcon		DragMode	
Hilfe			
HelpContextID		WhatsThisHelpID	VB4

Tab. 11.32: Die allgemeinen SpinButton-Eigenschaften (s. Kap. 21)

11.4.2 Methoden und Ereignisse des SpinButton

Das SpinButton-Control verfügt über keine spezifischen Methoden.

Methode	*Ab: VB2*	*Methode*	*Ab: VB2*
Allgemein			
Move		ZOrder	
Refresh			
Drag & Drop		***Hilfe***	
Drag		ShowWhatsThis	VB4

Tab. 11.33: Die allgemeinen SpinButton-Methoden (s. Kap. 22)

Ereignis	Ab: VB2	Kurzbeschreibung
SpinDown		Down-Pfeil geklickt
SpinUp		Up-Pfeil geklickt

Ereignis	Syntax
SpinDown	Private Sub Drehschaltfläche_SpinDown ()
SpinUp	Private Sub Drehschaltfläche_SpinUp ()

Tab. 11.34: Die spezifischen Ereignisse des SpinButton-Controls und ihre Syntax

Ereignis	Ab: VB2	Ereignis	Ab: VB2
Drag & Drop			
DragDrop		DragOver	

Tab. 11.35: Die allgemeinen SpinButton-Ereignisse (s. Kap. 23)

11.5 Slider

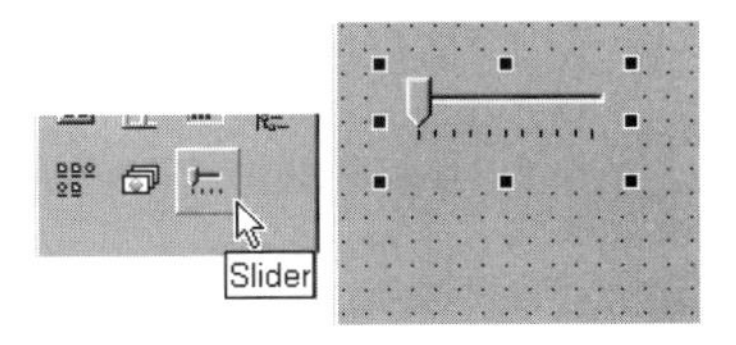

Deutsche Bezeichnung: Schieberegler

Klasse: Slider

Typ: Zusatzsteuerelement

Ein Slider ist ein Fenster, das einen Schieberegler, eine optionale Skala und, ab VB6, einen optionalen Text enthält. Der Benutzer kann den Schieberegler bewegen, indem er das Bildlauffeld zieht, mit der Maus auf eines der beiden Enden des Schiebereglers klickt oder Pfeiltasten verwendet.

Bezeichnung VB-Version	Klasse Edition	Erforderliche Dateien	Bezeichnung in Liste Zusatzsteuerelemente
Schieberegler	***Slider***		
VB4-32	Pro/Ent	COMCTL32.OCX	Microsoft Windows Common Controls 5.0
VB5	Pro/Ent	COMCTL32.OCX	Microsoft Windows Common Controls 5.0
VB6	Pro/Ent	MSCOMCTL.OCX	Microsoft Windows Common Controls 6.0

Tab. 11.36: Die erforderlichen Dateien des Slider-Controls

11.5.1 Die Eigenschaften des Slider-Controls

Eigenschaft	*Ab: VB4*	*Kurzbeschreibung*	*Entw.*	*LZ*
LargeChange, SmallChange		Value-Sprünge	R/W	R/W
Max, Min		Höchster/niedrigster Valuewert	R/W	R/W
Orientation		Ausrichtung	R/W	R/W
SelectRange		Fläche zeigen?	R/W	R/W
SelLength, SelStart		Auswahllänge/-Start bei SelRange = True	R/W	R/W
Text	VB6	Text im Infofensterchen	–	R/W
TextPosition	VB6	Position des Infofensterchens oder links, rechts	R/W	R/W
TickFrequency		Anzahl der Markierungen	R/W	R/W
TickStyle		Position der Einteilung	R/W	R/W
Value		Wert	R/W	R/W

Tab. 11.37.1: Die spezifischen Eigenschaften des Slider-Controls

Eigenschaft	*Read *)*	*Write *)*	*Hinweis*
LargeChange	Sprung = SL.LargeChange	SL.LargeChange = Wert	Tab. 11.38
SmallChange	Sprung = SL.SmallChange	SL.SmallChange = Wert	Tab. 11.38
Max	Wert = SL.Max	SL.Max = Wert	Tab. 11.39
Min	Wert = SL.Min	SL.Min = Wert	Tab. 11.39
Orientation	Einstellung = SL.Orientation	SL.Orientation = Wert	Tab. 11.40
SelectRange	HasSelR = SL.SelectRange	SL.SelectRange = Wert	{False|True}
SelLength	Wert = SL.SelLength	SL.SelLength = Wert	
SelStart	Wert = SL.SelStart	SL.SelStart = Wert	
TextPosition	TPosition = SL.TextPosition	SL.TextPosition = Wert	Tab. 11.41
TickFrequency	Anz = SL.TickFrequency	SL.TickFrequency = Zahl	
TickStyle	Einstellung = SL.TickStyle	SL.TickStyle = Wert	Tab. 11.42
Value	Wert = SL.Value	SL.Value = Ganzzahl	

*) Präfix SL. = Slider

Tab. 11.37.2: Die Syntax der spezifischen Eigenschaften des Slider-Controls

Eigenschaft	*Def.*	*Orientation*	*Value-Änderung bei:*	
LargeChange	5	0 oder 1	<Bild Auf>	<Bild Ab>
		0	Mausklick links	Mausklick rechts
		1	Mausklick oben	Mausklick unten
SmallChange	1	0 oder 1	<Linke Pfeiltaste>	<Rechte Pfeiltaste>

Tab. 11.38: LargeChange- und SmallChange-Auswirkungen

	Standard	Von	Bis
Max	32767	–32768	+32767
Min	0	–32768	+32767

Tab. 11.39: Die Werte für Min und Max beim Slider-Control

Wert	Konstante	Beschreibung
0	sldHorizontal	(Voreinstellung) Horizontal. Die Bildlaufleiste bewegt sich horizontal.
1	sldVertical	Vertikal. Die Bildlaufleiste bewegt sich vertikal. Die Position der Skalenmarkierungen bestimmt die TickStyle-Eigenschaft.

Tab. 11.40: Die Orientation-Einstellungen

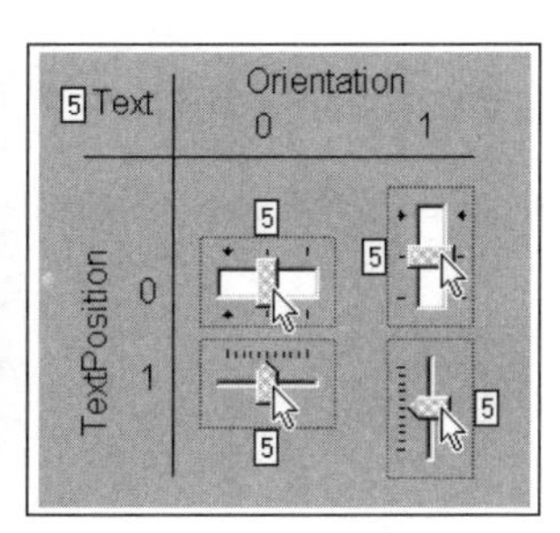

Abb. 11.4: Die Wirkung von Orientation und Textposition bei Slider

Wert	Konstante	Textanordnung bei horizontal Slider	vertikal Slider
0	sldAboveLft	oben	links
1	sldBelowRight	unten	rechts

Tab. 11.41: Einstellungen für Slider-Textposition

Wert	Konstante	Beschreibung
0	sldBottomRight	(Voreinstellung) Unten/Rechts. Skalenmarkierungen unterhalb/rechts.
1	sldTopLeft	Oben/Links. Skalenmarkierungen oberhalb/links.
2	sldBoth	Beide. Skalenmarkierungen auf beiden Seiten oder ober- und unterhalb.
3	sldNoTicks	Keine. Keine Skalenmarkierungen.

Tab. 11.42: Die Slider-TickStyle-Einstellungen

Eigenschaft	Ab: VB4	Eigenschaft	Ab Version
Allgemein			
Container		Object	

Eigenschaft	*Ab: VB4*	*Eigenschaft*	*Ab Version*
Enabled		Parent	
hWnd		TabIndex	
Index		TabStop	
MouseIcon		Tag	
MousePointer		Visible	
Name			
Darstellung			
BorderStyle			
Position			
Height, Width		Left, Top	
Drag & Drop			
DragIcon		DragMode	
Data		***OLE***	
DataBindings	VB5	OLEDropMode	VB5
Hilfe			
HelpContextID		WhatsThisHelpID	VB4
ToolTipText	VB5		

Tab. 11.43: Die allgemeinen Slider-Eigenschaften (s. Kap. 21)

11.5.2 Methoden und Ereignisse von Slider

Methode	*Ab: VB4*	*Kurzbeschreibung*
ClearSel		Aktuelle Auswahl löschen. Setzt SelStart und SelLength auf 0.
GetNumTicks		Anzahl Markierungen

Methode	*Syntax*
ClearSel	Objekt.ClearSel
GetNumTicks	AnzTicks = Objekt.GetNumTicks[( )]

Tab. 11.44: Die spezifischen Slider-Methoden und ihre Syntax

Methoden	*Ab: VB4*	*Methode*	*Ab: VB4*
Allgemein			
Move		SetFocus	
Refresh		ZOrder	
Drag & Drop		***OLE***	
Drag		OLEDrag	VB5

Methoden	*Ab: VB4*	*Methode*	*Ab: VB4*
Hilfe			
ShowWhatsThis			

Tab. 11.45: Die allgemeinen Slider-Methoden (s. Kap. 22)

11.5.3 Die Ereignisse

Ereignis	*Ab: VB4*	*Kurzbeschreibung*
Change		Position des Bildlauffeldes wurde geändert.
Scroll		Position des Bildlauffeldes wird geändert.
Ereignis		*Syntax*
Change		Private Sub Objekt_Change([index As Integer])
Scroll		Private Sub Objekt_Scroll( )

Tab. 11.46: Die spezifischen Slider-Ereignisse und ihre Syntax

Ereignis	*Ab:VB4*	*Ereignis*	*Ab: VB4*
Focus-Ereignisse			
GotFocus		LostFocus	
Benutzeraktionen			
Click		MouseDown, MouseUp	
KeyDown, KeyUp		MouseMove	
KeyPress		Validate	VB6
Drag & Drop			
DragDrop		DragOver	
OLE			
OLECompleteDrag	VB5	OLEGiveFeedBack	VB5
OLEDragDrop	VB5	OLESetData	VB5
OLEDragOver	VB5	OLEStartDrag	VB5

Tab. 11.47: Die allgemeinen Slider-Ereignisse (s. Kap. 23)

12 Datei-Controls und -Objekte

Für Datei- und Pfadwahl stehen außer dem im Kapitel 6 »Dialoge« beschriebenen Standarddialog unter VB drei spezielle List-Objekttypen zur Verfügung:

Klasse	*Beschreibung*
DriveListBox	Mit dem DriveListBox-Steuerelement können Sie eine Liste aller gültigen Laufwerke im System eines Benutzers anzeigen. Der Benutzer kann zur Laufzeit ein gültiges Laufwerk auswählen.
DirListBox	DirListBox zeigt alle Verzeichnisse des aktuellen Pfades hierarchisch gegliedert an.
FileListBox	Eine FileListBox zeigt die Dateien an, die im durch Path vorgegebenen Verzeichnis stehen und einer bestimmten Dateimaske (Pattern) entsprechen.

Tab. 12.1: Die Datei-Controls

Ab VB6 ist zusätzlich die SCRRUN.DLL verfügbar, mit der sogenannte Dateisystemobjekte in ein Projekt eingefügt werden.

Diese Objekte sind im Abschnitt 12.4 »Dateisystemobjekte« beschrieben.

12.1 DriveListBox-Control

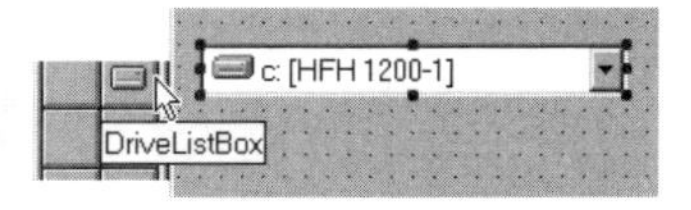

Deutsche Bezeichnung: Laufwerklistenfeld-Steuerelement

Klasse: DriveListBox

Typ: Integriertes Steuerelement

Mit dem DriveListBox-Steuerelement können Sie eine Liste aller gültigen Laufwerke im System eines Benutzers anzeigen. Der Benutzer kann zur Laufzeit ein gültiges Laufwerk auswählen.

12.1.1 DriveListBox-Eigenschaften

Eigenschaft	*Ab VB1*	*Kurzbeschreibung*	*Entw.*	*LZ*
Drive		Laufwerksbezeichnung	–	R/W

Tab. 12.2.1: Die spezifische Eigenschaft der DriveListBox

Eigenschaft	*Read*	*Write*
Drive	AktDrive = DriveListBox.Drive	DriveListBox.Drive = Drivename

Tab. 12.2.2: Die Syntax der spezifischen Eigenschaft der DriveListBox

Eigenschaften	*Ab VB1*	*Eigenschaften*	*Ab VB1*
List		ListIndex	
ListCount		TopIndex	VB5

Tab. 12.3: Gemeinsame List-Controls-Eigenschaften (s. Tab. 10.2. ff)

Eigenschaften	*Ab VB1*	*Eigenschaften*	*Ab VB1*
Allgemein			
Container	VB4	Name	
Enabled		Parent	
hWnd	VB3	TabIndex	
Index		TabStop	
MouseIcon	VB4	Tag	
MousePointer		Visible	
Position			
Height, Width		Left, Top	
Darstellung			
Appearance	VB4	Font	VB4
BackColor, ForeColor		FontBold, FontItalic etc.	
Drag & Drop			
DragIcon		DragMode	
Hilfe			
HelpContextID	VB2	WhatsThisHelpID	VB4
ToolTipText	VB5		
OLE			
OLEDropMode	VB5		

Tab. 12.4: Die allgemeinen Eigenschaften des DriveListBox-Controls

12.1.2 DriveListBox-Methoden und -Ereignisse

DriveListBox verfügt über keine spezifischen Methoden.

Methoden	*Ab VB1*	*Methoden*	*Ab VB1*
Allgemein			
Move		ZOrder	VB2
Refresh		Drag & Drop	
SetFocus		Drag	
Hilfe		***OLE***	
ShowWhatsThis	VB4	OLEDrag	VB5

Tab. 12.5: Die Methoden der DriveListBox

DriveListBox registriert keine spezifischen Ereignisse.

Ereignisse	*Ab VB1*	*Ereignisse*	*Ab VB1*
Allgemein			
Change			
Focus-Ereignisse			
GotFocus		LostFocus	
Drag & Drop			
DragDrop		DragOver	
Benutzeraktionen			
KeyDown, KeyUp		Scroll	VB5
KeyPress			
OLE			
OLECompleteDrag	VB5	OLEGiveFeedBack	VB5
OLEDragDrop	VB5	OLESetData	VB5
OLEDragOver	VB5	OLEStartDrag	VB5

Tab. 12.6: Die Ereignisse der DriveListBox

12.2 DirListBox-Control

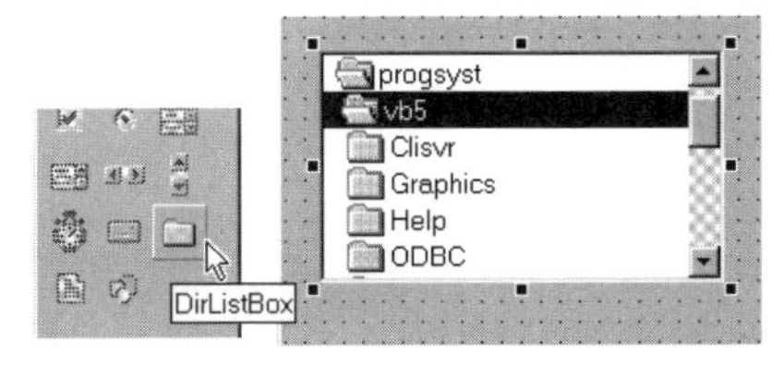

Deutsche Bezeichnung: Verzeichnislistenfeld-Steuerelement

Klasse: DirListBox

Typ: Integriertes Steuerelement

DirListBox zeigt alle Verzeichnisse des aktuellen Pfades hierarchisch gegliedert an.

12.2.1 DirListBox-Eigenschaften

Eigenschaften	*Ab VB1*	*Kurzbeschreibung*	*Entw.*	*LZ*
Path		Aktueller Pfad	–	R/W
ListIndex		Markiertes Verzeichnis	–	R/W
TopIndex	VB5	Index der obersten sichtbaren Zeile	–	R

Tab. 12.7.1: Die spezifischen Eigenschaften der DirListBox

Eigenschaften	*Read *)*	*Write *)*	*Hinweis*
Path	AktPfad = Objekt.Path	Objekt.Path = Pfadname	
ListIndex	AktIndex = Objekt.ListIndex	Objekt.ListIndex = Index	**)
TopIndex	ObersterIndex = Objekt.ListIndex	Objekt.ListIndex = Index	**)

*) Objekt = DirListBox

**) Bei DirListBox-Controls geht der Indexbereich von -n bis ListCount -1.
Der ListIndex des aktuell gewählten Verzeichnisses ist immer = – 1

Tab. 12.7.2: Die Syntax der spezifischen Eigenschaften der DirListBox

Eigenschaften	*Ab VB1*	*Eigenschaften*	*Ab VB1*
List		ListCount	

Tab. 12.8: Gemeinsame List-Controls-Eigenschaften (s. Tab. 10.2 ff.)

Eigenschaften	*Ab VB1*		*Ab VB1*
Allgemein			
Container	VB4	Name (VB1: CtlName)	
Enabled		Parent	
hWnd	VB3	TabIndex	
Index		TabStop	
MouseIcon	VB4	Tag	
MousePointer		Visible	

Eigenschaften	*Ab VB1*		*Ab VB1*
Darstellung			
Appearance	VB4	Font	VB4
BackColor, ForeColor		FontBold, FontItalic etc.	
Position			
Height, Width		Left, Top	
Drag & Drop			
DragIcon		DragMode	
OLE			
OLEDragMode	VB5	OLEDropMode	VB5
Hilfe			
HelpContextID	VB2	WhatsThisHelpID	VB4
ToolTipText	VB5		

Tab. 12.9: Die allgemeinen Eigenschaften der DirListBox

12.2.2 DirListBox-Methoden und -Ereignisse

DirListBox verfügt über keine spezifischen Methoden.

Methoden	*Ab VB1*	*Methoden*	*Ab VB1*
Allgemein			
Move		SetFocus	
Refresh		ZOrder	VB2
Drag & Drop		***Hilfe***	
Drag		ShowWhatsThis	VB4
OLE			
OLEDrag	VB5		

Tab. 12.10: Die Methoden der DirListBox

DirListBox registriert keine spezifischen Ereignisse.

Ereignisse	*Ab VB1*	*Ereignisse*	*Ab VB1*
Allgemein			
Change			
Focus-Ereignisse			
GotFocus		LostFocus	

Ereignisse	*Ab VB1*	*Ereignisse*	*Ab VB1*
Benutzeraktionen			
Click		MouseDown, MouseUp	VB2
KeyDown, KeyUp		MouseMove	VB2
KeyPress			
Drag & Drop			
DragDrop		DragOver	
OLE			
OLECompleteDrag	VB5	OLEGiveFeedBack	VB5
OLEDragDrop	VB5	OLESetData	VB5
OLEDragOver	VB5	OLEStartDrag	VB5

Tab. 12.11: Die Ereignisse der DirListBox

12.3 FileListBox-Control

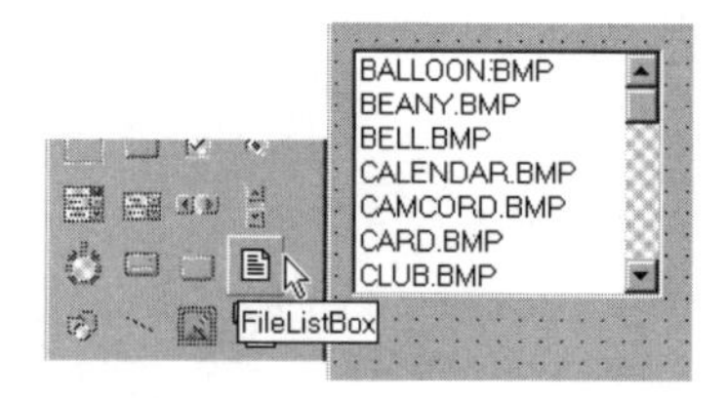

Deutsche Bezeichnung: Dateilistenfeld-Steuerelement

Klasse: FileListBox

Typ: Integriertes Steuerelement

Eine FileListBox zeigt die Dateien an, die im durch Path vorgegebenen Verzeichnis stehen und einer bestimmten Dateimaske (Pattern) entsprechen.

Bitte beachten Sie die Besonderheiten bei den Pfad- und Dateinamen im Abschnitt »Pfadnamen und Dateinamen« am Ende dieses Kapitels.

12.3.1 FileListBox-Eigenschaften

Eigenschaften	*Kurzbeschreibung*	*Entw.*	*LZ*
FileName *)	Dateiname (ohne Pfad)	–	R/W
Path	Aktueller Pfad	–	R/W
Pattern **)	Aktuelle Dateimaske (Pattern)	–	R/W

Eigenschaften	*Kurzbeschreibung*	*Entw.*	*LZ*
Attribute **)	*Dateien anzeigen mit Attribut:*		
Archive	Nicht gespeichert	R/W	R/W
Hidden	versteckt	R/W	R/W
Normal	Standard	R/W	R/W
ReadOnly	Nur Lese-Modus	R/W	R/W
System	Systemdatei	R/W	R/W

*) Im CommonDialog entspricht FileName dem Dateinamen mit dem Pfad der Datei, in der FileListBox ohne den Pfad.

**) Dateimuster (*. + Dateiendung; Voreinstellung ist »*.*«.).
Mehrere Muster müssen jeweils durch ein Semikolon (;) getrennt sein. Wichtig: Leerzeichen als Füller vermeiden.

***) Nur als allgemeine Einstellung.

Tab. 12.12.1: Die spezifischen Eigenschaften der FileListBox

Eigenschaften	*Read*	*Write*	*siehe*
FileName	DateiName = Objekt.FileName	Objekt.FileName = DateiName	
Path	AktPfad = Objekt.Path	Objekt.Path = Pfadname	
Pattern	DateiEndungsmuster = Objekt.Pattern	Objekt.Pattern = Wert	
Attribute			Tab. 12.14
Archive	ZeigtArchivDateien = Objekt.Archive	Objekt.Archive = {True|False}	
Hidden	ZeigtHiddenDateien = Objekt.Hidden	Objekt.Hidden = {False|True}	
Normal	ZeigtNormalDateien = Objekt.Normal	Objekt.Normal = {True|False}	
ReadOnly	ZeigtReadOnlyDateien = Objekt.ReadOnly	Objekt.ReadOnly = {True|False}	
System	ZeigtSystemDateien = Objekt.System	Objekt.System = {False|True}	

Tab. 12.12.2: Die Syntax der spezifischen Eigenschaften der FileListBox

Eigenschaften	*Ab VB1*	*Eigenschaften*	*Ab VB1*
List		MultiSelect	VB2
ListCount		Selected	VB2
ListIndex		TopIndex	VB2

Tab. 12.13: Gemeinsame List-Controls-Eigenschaften (s. Tab 10.2 ff)

Einstellung	*Beschreibung*
True	(Voreinstellung für Archive und Normal) Zeigt Dateien mit dem Attribut der Eigenschaft im Dateilistenfeld-Steuerelement an.
False	(Voreinstellung für Hidden und System) Zeigt Dateien ohne das Attribut der Eigenschaft im Dateilistenfeld-Steuerelement an.

Tab. 12.14: Die Attribute-Einstellungen der FileListBox

Eigenschaften	*Ab VB1*		*Ab VB1*
Allgemein			
Container	VB4	Name (VB1: CtlName)	
Enabled		Parent	
hWnd	VB3	TabIndex	
Index		TabStop	
MouseIcon	VB4	Tag	
MousePointer		Visible	
Darstellung			
Appearance	VB4	Font	VB4
BackColor, ForeColor		FontBold, FontItalic etc.	
Position			
Height, Width		Left, Top	
Drag & Drop			
DragIcon		DragMode	
OLE			
OLEDragMode	VB5	OLEDropMode	VB5
Hilfe			
HelpContextID	VB2	WhatsThisHelpID	VB4
ToolTipText	VB5		

Tab. 12.15: Die allgemeinen Eigenschaften der FileListBox

12.3.1 FileListBox-Methoden und -Ereignisse

FileListBox verfügt über keine spezifischen Methoden.

Methoden	*Ab VB1*	*Methoden*	*Ab VB1*
Allgemein			
Move		SetFocus	
Refresh		ZOrder	VB2
Drag & Drop		***Hilfe***	
Drag		ShowWhatsThis	VB4
OLE			
OLEDrag	VB5		

Tab. 12.16: Die Methoden der FileListBox

Ereignis	*Ab VB1*	*Pfad geändert durch Setzen im Code der ...*
PathChange		FileName- oder Path-Eigenschaft.
PatternChange		FileName- oder Pattern-Eigenschaft.

Tab. 12.17.1: Die spezifischen Ereignisse der FileListBox

Ereignis	*Syntax*
PathChange	Private Sub FileListBox_PathChange ([Index As Integer])
PatternChange	Private Sub FileListBox_PatternChange ([Index As Integer])

Tab. 12.17.2: Die Syntax der spezifischen Ereignisse der FileListBox

Ereignisse	*Ab VB1*	*Ereignisse*	*Ab VB1*
Benutzeraktionen			
Click		DblClick	
Focus-Ereignisse			
GotFocus		LostFocus	
Drag & Drop			
DragDrop		DragOver	
Benutzeraktionen			
Click		MouseDown, MouseUp	VB2
KeyDown, KeyUp		MouseMove	VB2
KeyPress		Scroll	VB5
OLE			
OLECompleteDrag	VB5	OLEGiveFeedBack	VB5
OLEDragDrop	VB5	OLESetData	VB5
OLEDragOver	VB5	OLEStartDrag	VB5

Tab. 12.18: Die allgemeinen Ereignisse der FileListBox

12.4 Dateisystemobjekte

Dateisystemobjekte bieten eine Gruppe von Routinen zum Durchlaufen des Dateisystems und zum Erstellen von Textdateien und Verzeichnissen.

Die Dateisystemobjekte können zusammen mit den Dateicontrols eingesetzt werden. Sinnvoll ist auch eine Verbindung mit List- oder Tabellen-Steuerelementen (s. Kap. 10).

Damit Sie die Dateisystemobjekte nutzen können, müssen Sie die erforderliche DLL über Verweise in Ihr Projekt einfügen. Danach erstellen Sie die Objekte zur Laufzeit im Code.

Klassen	*Ab*	*Dateiname*	*Bezeichnung in der Verweisliste*
s. Tab. 12.20	VB6	SCRRUN.DLL	Microsoft Scripting Runtime

*) Die Scripting-Runtime-DLL wird erst ab VB6 geliefert. Sie können Sie aber ab VB4-32 in allen 32-Bit-VB einbinden und nutzen.

Tab. 12.19: Die Datei für Dateisystem-Objekte

Beachten Sie bitte:

In der MS Scripting Runtime-DLL befinden sich zwei Hauptklassen:

1. FileSystemObject (hier beschrieben)
2. Dictionary (im Kapitel 25 im Anschluß an Collection besprochen)

Objekt	*Verwendung*
Hauptobjekt der Gruppe	
FileSystemObject	Laufwerke, Ordner und Dateien erstellen, verschieben, löschen. Informationen zu diesen beziehen und allgemein manipulieren. Dazu werden zumeist die Methoden in den Subobjekten verwendet. Bitte beachten Sie: Ich verwende in dieser Referenz auch die Abkürzung FSO für das FileSystemObject-Objekt.
Subobjekte (Auflistungen)	
Drives	Informationen über lokale und remote angeschlossene Laufwerke.
Folders	Ordner erstellen, löschen, verschieben und Ordner-Informationen.
Files	Dateien erstellen, löschen, verschieben und Datei-Informationen.
Subobjekt	
TextStream	Textdateien lesen und schreiben.

Tab. 12.20: Die Dateisystem-Klassen

12.4.1 Besonderheit der Scripting-Auflistungen

Die Elemente der Auflistungen in einem FileSystemObject-Objekt besitzen keine Index-Eigenschaft.

Die Liste der Elemente dieser Auflistungen erhalten Sie deshalb über eine For-Each-Next-Schleife, und nicht mit einer For-Next-Schleife.

```
For Each Element In ...
  ...
Next
```

12.4.2 FileSystemObject – Klasse und Datentyp

FileSystemObject ist

- eine Klasse der Scripting-DLL,
- ein deklarierbarer Objekt-Datentyp.

Aus der FileSystemObject-Klasse können Sie (auch mehrere) Objekte des FileSystemObject-Objektdatentyps ableiten.

Sie erstellen ein Objekt der FileSystemObject-Klasse (FSO) mit folgenden Codezeilen:

```
' 1. Objekt-Variable erstellen
Dim FSO As FileSystemObject
' 2. Objekt erstellen und der Variablen zuweisen
Set FSO = CreateObject("Scripting.FileSystemObject")
```

Wichtig: Diese zwei Codezeilen sind Voraussetzung für die in diesem Abschnitt gezeigten Syntaxzeilen und Beispiele.

Es entspricht gutem Programmierstil, bei Beenden des Programm dieses Objekt wieder zu entfernen. Dazu verwenden Sie folgende Codezeile:

```
Set FSO = Nothing
```

Drives – Eigenschaft des FSO-Objekts

Eigenschaft	*Beschreibung*	*LZ*
Drives	Auflistung der Laufwerke	R

Tab. 12.21: Die Eigenschaft des FileSystemObject-Objekts

Die Details der Verwendung dieser Eigenschaft finden Sie unten im Abschnitt 12.4.3 »Subobjekte des FileSystemObject-Objekts«.

Methoden des FSO-Objekts

In den nachstehenden Tabellen fasse ich die Methoden nach Funktionsgruppen zusammen.

Methode	*Beschreibung*	*Hinweis*
BuildPath	Pfad aus bestehendem Pfad und Namen generieren	
CreateFolder	Einen Ordner erstellen	s. »Folders und Folder«
CopyFile	Eine Datei kopieren	
CopyFolder	Einen Ordner kopieren	

Methode	*Beschreibung*	*Hinweis*
MoveFile	Eine Datei verschieben	
MoveFolder	Einen Ordner verschieben	
DeleteFile	Eine Datei löschen	
DeleteFolder	Einen Ordner löschen	

Tab. 12.22.1: FSO-Methoden zum Erstellen, Kopieren, Verschieben und Löschen von Folder- und File-Objekten

Methode	*Syntax*	*Hinweis*
BuildPath	Rückgabe$ = FSO.BuildPath(Path, Name)	*)
CopyFile	FSO.CopyFile(Source, Destination[, OverWriteFiles])	**)
CopyFolder	CopyFolder(Source, Destination[, OverWriteFiles])	**)
CreateFolder	AktFolder = CreateFolder(Path)	***)
MoveFile	Sub MoveFile _ (Source As String, Destination As String)	**)
MoveFolder	Sub MoveFolder _ (Source As String, Destination As String)	**)
DeleteFile	DeleteFile(FileSpec [, Force])	****)
DeleteFolder	DeleteFolder(FolderSpec[, Force])	****)

*) Path= Pfad Name = Neuer Ordnername

**) Source = Quelle Destination = Ziel OverWriteFiles = Überschreiben {True|False}

***) Path = Vorhandener Pfad + neuer Ordnername

****) FileSpec = Pfad und Dateiname (Für Dateiname Platzhalter zulässig: * und ?)
FolderSpec = Laufwerk (ohne/mit : und \) oder Netzwerkpfad (\\computer\Freigabepfad)
Force = Löschen-Aktion auch bei Schreibschutz? {False|True}

Tab. 12.22.2: Syntax der FSO-Methoden zum Erstellen, Kopieren, Verschieben und Löschen

Die folgenden Methoden prüfen das Vorhandensein einer Datei, eines Pfades oder eines Laufwerks.

Methode	*Überprüfen, ob ...*
DriveExists	das Laufwerk oder die Freigabe existiert.
FileExists	die Datei existiert.
FolderExists	der Pfad existiert.

Tab. 12.23.1: Die FSO-Exists-Methoden

Methode	*Syntax *)*
DriveExists	DrvExists = FSO.DriveExists(DriveSpec)
FileExists	FExists= FSO.FileExists(FileSpec)
FolderExists	FldExists = FSO.FolderExists(FolderSpec)

*) DriveSpec = Laufwerksbuchstabe oder vollständiger Pfad
FileSpec = Pfad und Dateiname (Platzhalter zulässig)
FolderSpec = Laufwerk (ohne/mit : und \) oder Netzwerkpfad (\\computer\Freigabepfad)

Tab. 12.23.2: Syntax der FSO-Exists-Methoden

Die folgenden Get-Methoden für Pfad- und Dateinamen geben jeweils einen String zurück.

Methode	*Gibt zurück ...*
GetAbsolutePathName	den vollständigen, eindeutigen Pfadnamen
GetBaseName	den Basisnamen (ohne Pfad und Extension) von Pfad
GetDriveName	das Laufwerk von Pfad
GetExtensionName	die Erweiterung von Pfad
GetFileName	den Namen (ohne übergeordneten Pfad) von Pfad
GetParentFolderName	den Pfad des übergeordneten Ordners
GetTempName *)	den zum Benennen einer temporären Datei verwendbaren Namen

*) Dieser Name wird jedesmal beim Aufruf der Funktion vom System neu vergeben!

Tab. 12.24.1: FSO-Get-Methoden für Pfad- und Dateinamen

Methode	*Syntax*)*	*Siehe*
GetAbsolutePathName	AbsPath$ = FSO.GetAbsolutePathName(Path)	
GetBaseName	NameOhneExt$ = FSO.GetBaseName(Path)	
GetDriveName	Laufwerk$ = FSO.GetDriveName(Path)	
GetExtensionName	Ext$ = FSO.GetExtensionName(Path)	
GetFileName	Dateiname$ = FSO.GetFileName(Path)	
GetParentFolder	ÜberOrdner$ = FSO.GetParentFolderName(Path)	
GetTempName	TmpFile$ = FSO.GetTempName( )	

*) Path = String. Kompletter oder (basierend auf CurDir) aktueller Pfad- bzw. Pfad- und Dateiname.

Tab. 12.24.2: Syntax der FSO-Get-Methoden für Pfad- und Dateinamen

Methode	*Gibt zurück ein Objekt vom Typ ...*	*Siehe*
GetDrive	Drive (Laufwerk oder UNC-Freigabe)	
GetFile	File (Datei)	
GetFolder	Folder (Ordner)	
GetSpecialFolder	Folder (Adresse des gegebenen Systemordners)	

Tab. 12.25.1: FSO-Get-Methoden für Drive-, Folder- und File-Objekte

Methode	*Syntax *)*	*Objekttyp s. Subobjekte*
GetDrive	Set ThisDrive = FSO.GetDrive(DriveSpec) As Drive	Drive
GetFile	Set ThisFile = FSO.GetFile(FilePath)	File
GetFolder	Set ThisFolder = FSO.GetFolder(FolderPath)	Folder
GetSpecialFolder	Set SpecFolder = FSO.GetSpecialFolder(SpecialFolder)	Folder

*) DriveSpec = Laufwerksbuchstabe oder vollständiger Pfad.
FilePath = Pfad und Dateiname (Platzhalter zulässig)
FolderPath = Laufwerk (ohne/mit : und \) oder Netzwerkpfad (\\computer\Freigabepfad)
SpecialFolder-Einstellungen s. Tab. 12.26

Tab. 12.25.2: Syntax der FSO-Get-Methoden für Drive-Objekte etc.

Wert	*Konstante*	*Entspricht*
0	WindowsFolder	Windows-Ordner. Enthält die vom Betriebssystem Windows installierten Dateien.
1	SystemFolder	Systemordner. Enthält Bibliotheken, Schriften und Gerätetreiber.
2	TemporaryFolder	Temp-Ordner. Wird zum Speichern temporärer Dateien verwendet. Sein Pfad ist in der TMP-Umgebungsvariablen enthalten.

Tab. 12.26: SpecialFolder-Einstellungen

Methode	*Beschreibung*	*Hinweis*
CreateTextFile	Datei erstellen	
OpenTextFile	Datei öffnen	
	Die beiden Methoden geben ein TextStream-Objekt zurück. Entspricht etwa dem Öffnen eines Datenkanals beim Laden mit Load und Speichern mit Save.	Näheres dazu im Abschnitt »TextStream«

Tab. 12.27: Methoden zur TextStream-Erstellung

12.4.3 Subobjekte des FileSystemObject-Objekts

Mit FSO sind einige Auflistungen und andere Subobjekte nutzbar.

Wichtig: Erstellen Sie, wie oben gezeigt, jeweils erst das FSO-Objekt, bevor Sie die nachstehenden Codes verwenden.

Drives und Drive

Mit der Drives-Eigenschaft des FSO greifen Sie auf die Auflistung aller verfügbaren Laufwerke zu. Sie lesen sie mit einer For-Each-Schleife aus.

Drives und Drive sind deklarierbare Objektdatentypen, wenn das Scripting-Modul in das Projekt eingefügt wurde.

```
Dim Drvs As Drives, Drv As Drive
Set Drvs = FSO.Drives

For Each Drv In Drvs
  ...
Next
```

Eigenschaft	*Beschreibung*	*Syntax*	*Hinweis*
Count	Anzahl Elemente	Anz = Drvs.Count	
Item	Einzelelement Standardeigenschaft	Drv = Drvs[.Item](Kennung)	*)

*) Kennung ist der Laufwerksbuchstabe optional ohne/mit Doppelpunkt und Backslash

Tab. 12.28: Drives-Eigenschaften

Die einzelnen Elemente der Drives-Auflistung sind Drive-Objekte. Diese besitzen Eigenschaften, verfügen aber nicht über Methoden und registrieren keine Ereignisse.

Eigenschaft	*Beschreibung*	*LZ*
FileSystem	Typ des Dateisystems	R
SerialNumber	Seriennummer	R
ShareName	Freigabename	R
Volumename	Name des Laufwerks	
DriveLetter	Laufwerkbuchstabe	R
DriveType	Laufwerkstyp	R
Path	Pfad zu Ordner	R
RootFolder	Stammordner	R
IsReady	Überprüfen, ob Laufwerk verfügbar ist	R
AvailableSpace	Verfügbaren Speicherplatz abrufen	R
FreeSpace	Freien Laufwerkspeicherplatz abrufen	R
TotalSize	Gesamtgröße des Laufwerks abrufen	R

Tab. 12.29.1: Drive-Eigenschaften (in Funktionsgruppen)

Eigenschaft	*Read*	*Write*	*Hinweis*
FileSystem	FATSystem$ = Drv.FileSystem	–	
SerialNumber	Nr = Drv.SerialNumber	–	
ShareName	NetzName$ = Drv.ShareName	–	
Volumename	VName$ = Drv.VolumeName	Drv.VolumeName = N$	DOS: Label

Eigenschaft	*Read*	*Write*	*Hinweis*
DriveLetter	AktDrv$ = Drv.DriveLetter	–	Buchstabe
DriveType	DrvTyp% = Drv.DriveType	–	Tab. 12.30
Path	Pfad$ = Drv.Path	–	
RootFolder	Set Fld = Drv.RootFolder	–	Folder
IsReady	LWReady =Drv.IsReady	–	boolesch
AvailableSpace	Verfügbar = Drv.AvailableSpace	–	Bytes
FreeSpace	Frei = Drv.FreeSpace	–	Bytes
TotalSize	Gesamt = Drv.TotalSize	–	Bytes

Tab. 12.29.2: Syntax der Drive-Eigenschaften

Gemeinsame Eigenschaften der Folder- und File-Objekte

```
Vorher:
  Set F = FSO.GetFolder(Pfad)
bzw.
  Set F = FSO.GetFile(File) ' Pfad+Name
```

Eigenschaften	*Beschreibung*	*LZ*
Attributes	Addition der Ordner-/Dateiattribute	R/[W]
DateCreated	Erstelldatum des Ordners/der Datei	R
DateLastAccessed	Letzter Zugriff auf den Ordner/die Datei	R
DateLastModified	Letzte Änderung des Ordners/der Datei	R
Drive	Laufwerk, das den Ordner/die Datei enthält	R
Name	Name (ohne Pfad)	R/W
ParentFolder	Übergeordneter Ordner Wichtig: Nicht bei Root verwenden (Fehler!) Vorher Prüffunktion »IsRootFolder« verwenden	R
Path	Pfad des aktuellen Ordners (und Dateiname)	R
ShortPath	Kurzpfad (und Dateiname) in 8.3-Syntax	R
ShortName	Name des Ordners/der Datei in 8.3-Syntax	R
Size	Speicherbedarf in Byte von Ordner (mit Unterordnern) bzw. der aktuellen Datei	R
Type	Typbeschreibung des Ordners/der Datei	R

Tab. 12.30.1: Gemeinsame Eigenschaften der Folder-/File-Objekte

Eigenschaften	*Read *)*	*Write *)*	
Attributes	A = F.Attributes	F.Attributes = Wert	Tab. 12.31
DateCreated	CreaDate = F.DateCreated	–	Date

Eigenschaften	*Read *)*	*Write *)*	
DateLastAccessed	LastAccDate = F.DateLastAccessed	–	Date
DateLastModified	LastMDate = F.DateLastModified	–	Date
Drive	MyDrive = F.Drive	–	Drive
Name	MyName = F.Name	F.Name = Aktdatei$	String
ParentFolder	ParFldr = F.ParentFolder	–	Folder
Path	AktPfad$ = F. Path	–	String
ShortPath	Kurzpfad$ = F. ShortPath	–	String
ShortName	Kurzname$ = F. ShortName	–	String
Size	Größe = F. Size	–	Variant
Type	Typ$ = F.Property	–	String

*) Präfix F. = Folder-Objekt oder File-Objekt

Tab. 12.30.2: Die Syntax der Folder-/File-Eigenschaften

Werte	*Attribute*	*Datei/Ordner*	*LZ*
0	Normal	Nornal (keine Attribute festgelegt)	–
1	ReadOnly	Schreibgeschützt	R/W
2	Hidden	Verborgen	R/W
4	System	Systemdatei	R/W
8	Volume	Datenträgerbezeichnung des Laufwerks	R
&H10 (= 16)	Directory	Ordner oder Verzeichnis	R
&H20 (=32)	Archive	Seit letzter Sicherung geändert	R/W
&H40 (=64)	Alias	Verknüpfung	R
&H800 (=128)	Compressed	Komprimierte Datei	R

Tab. 12.31: Die Attribute-Einstellungen

Gemeinsame Methoden der Folder- und File-Objekte

```
Vorher:
  Set F = FSO.GetFolder(Pfad)
bzw.
  Set F = FSO.GetFile(File) ' Pfad+Name
```

Methode	*Syntax *)*	*Datei/Ordner ...*	
Copy	F.Copy Destination[, OverwriteFiles]	... kopieren	**)
Delete	F.Delete [Force]	... löschen	**)
Move	F.Move (Destination)	... verschieben	**)

*) Präfix F. = Folder- oder File-Objekt. Ist F nicht vorhanden, wird ein Fehler gemeldet.
**) Benannte Argumente (s. Abschnitt 24.4.4)

Tab. 12.32: Gemeinsame Folder-/File-Methoden und ihre Syntax

Argument	*Beschreibung*	*Wert*
Destination	Ziel	Pfad [+ Datei$]
OverwriteFiles	Gleichnamige/n vorhandene/n Datei/Ordner überschreiben?	{True|False}
Force	Schreibgeschützte/n Datei/Ordner löschen?	{False|True}

Tab. 12.33: Argumente der gemeinsamen Folder-/File-Methoden

Folder und Folders

Folder ist das Objekt, das einen bestimmten Ordner repräsentiert.

Folders ist die Auflistung der dem aktuellen Folder untergordneten Folder-Objekte, auf die durch die SubFolders-Eigenschaft des aktuellen Folder-Objekts zugeriffen wird.

Sowohl Folder wie Folders sind deklarierbare Objektdatentypen, wenn das Scripting-Modul in das Projekt eingebunden ist.

Bitte beachten Sie:

Um auf die Folders-Auflistung zugreifen zu können, bestimmen Sie

- erst mit der FSO.GetFolder-Methode (s.o.) das Folder-Objekt für den Ordner und
- danach die Auflistung der diesem Ordner direkt untergeordneten Ordner mit der SubFolders-Eigenschaft des Folder-Objekts.

```
Dim Fld As Folder, Fldrs As Folders
Set Fld = FSO.GetFolder("c:\") ' oder anderer Pfad
Set Fldrs = Fld.SubFolders
```

Danach haben Sie Zugriff auf die Folders-Eigenschaften und deren Methode.

Eigenschaft	*Beschreibung*
Count	Anzahl Folder
Item	Das aktuelle Folder-Objekt (Standardeigenschaft)
Eigenschaft	*Syntax*
Count	Anz = Fldrs.Count
Item	Set Fld = Fldrs[.Item]

Tab. 12.34: Die Folders-Eigenschaften und ihre Syntax

Die Folders-Auflistung verfügt nur über eine Methode. Diese kann als Funktion oder Sub aufgerufen werden.

Methode	*Beschreibung*
Add	Fügt der Folders-Auflistung ein Element hinzu.

Methode	*Syntax*
Add	Fldrs.Add "Ordnername" alt.: FldObject = Fldrs.Add("Ordnername")

Tab. 12.35: Die Folders-Methode und ihre Syntax

Außer den in Tabelle 12.29 ff. gezeigten gemeinsamen Eigenschaften besitzen Folder-Objekte die folgenden spezifischen Eigenschaften:

Eigenschaft	*Beschreibung*	*LZ*
IsRootFolder	Ist dieser Ordner oberster im Laufwerk?	R
Auflistungen		
Files	Verweis auf die Auflistung der enthaltenen Dateien	R
SubFolders	Verweis auf die Auflistung untergordneter Ordner	R

Tab. 12.36: Spezifische Folder-Eigenschaften

Eigenschaft	*Syntax*	
IsRootFolder	IsRoot = Fld.IsRootFolder	
Auflistungen		Elemente auslesen mit:
Files	Set Fls = Fld.Files	For Each Fl In Fls ... Next
SubFolders	Set Fldrs = Fld.SubFolders	For Each F In Fldrs ... Next

Tab. 12.37: Syntax der spezifischen Folder-Eigenschaften

Files und File

Files ist die Auflistung aller File-Objekte (Dateien) in einem Ordner.

Files und File sind deklarierbare Objektdatentypen, wenn das Scripting-Modul im Projekt angemeldet ist.

Den Zugriff auf die Files-Auflistung erhalten Sie wie folgt:

- Erstellen Sie ein FileSystemObject.
- Verwenden Sie dessen GetFolder-Methode, um das zu einem bestimmten Ordner gehörende Folder-Objekt zu erstellen.
- Greifen Sie dann mit einer For-Each-Next-Schleife auf die in der Files-Auflistung des Folders stehenden Files zu.

```
Dim FSO As FilSystemObject
Set FSO = CreateObject("Scripting.FileSystemObject")

Dim Fldr As Folder
Set Fldr = FSO.GetFolder(Ordner)

Dim Fls As Files, Fl As File
Set Fls = Fldr.Files
  For Each Fl in Fls
    '...
  Next
```

Eigenschaft	*Beschreibung*
Count	Anzahl der File-Objekte in der Files-Auflistung
Item	Das aktuell gewählte File-Objekt (Standardeigenschaft)
Eigenschaft	*Syntax*
Count	Anz = Fls.Count
Item	Set Fl = Fls[.Item]

Tab. 12.38: Die Eigenschaften der Files-Auflistung

Die Files-Auflistung verfügt über keine Methoden.

Die gemeinsamen Eigenschaften und Methoden der File-Objekte finden Sie oben in den Tabellen 12.29 ff. Außer diesen besitzt ein File-Objekt noch die Function OpenAsTextStream.

Methode	*Beschreibung*
OpenAsTextStream	Datei als TextStream öffnen
Methode	*Syntax*
OpenAsTextStream	Dim TS As TextStream Set TS = Fl.OpenAsTextStream([IOMode][, [Format]])

Tab. 12.39: TextStream-Methode des File-Objekts

12.4.5 TextStream

TextStream ist ein spezieller Objekttyp, mit dessen Hilfe auf (sequentielle) Textdateien zugegriffen wird.

Zur Deklaration, zum Erstellen und zum Zugriff auf Textdateien stellt FSO die TextStream-Klasse zur Verfügung.

Textstream erstellen und nutzen

Die folgenden Methoden dienen dazu, Textdateien zu öffnen oder zu erstellen und auf sie über das erstellte Textstream-Objekt zuzugreifen.

TextStream ist ein ableitbares Objekt und deklarierbarer Objektdatentyp.

Methode	*Methode von Objekt*	*Aktion: Datei als TextStream ...*
CreateTextFile	FileSystemObject	erstellen
OpenTextFile	FileSystemObject	öffnen
OpenAsTextStream	File	öffnen

Tab. 12.40.1: Methoden zum Erstellen von TextStream-Objekten

Methode	*Syntax*	*Hinweis*
	{Private|Dim} TS As TextStream	
CreateTextFile	Set TS = FSO.CreateTextFile(FileName _ [, [Overwrite][, Unicode]])	*)
OpenTextFile	Set TS = FSO.OpenTextFile(FileName _ [, [IOMode][, [Create][, Format]]])	*)
OpenAsTextStream	Dim Fl As File Set Fl = FSO.GetFile(FilePath) Set TS = FL.OpenAsTextStream([IOMode] _ [, Format])	*)

*) Argumente (s. Tab. 12.41) können als benannte Argumente (s. Abschnitt 24.4.4) übergeben werden

Tab. 12.40.2: Syntax der Methoden zum Erstellen von TextStream-Objekten

Parameter	*Argument*	*Beschreibung*	*Hinweis*
FileName	Pfad + Datei	String Dateiname	
FilePath	Pfad + Datei	String Dateiname	
Create	{True|False}	Erstellen, wenn nicht vorhanden?	Voreinstellung = True
Format	s. Tab. 12.43	Textformat der Datei	
IOMode	s. Tab. 12.42	Ein-/Ausgabemodus	Drei Werte (nicht nur zwei wie in VB6-Hilfe angegeben
Overwrite	{False|True}	Vorhandene Datei überschreiben?	Voreinstellung = False In VB6-Objektbibliothek (Wahr) nicht korrekt angegeben
Unicode	{False|True}	Als Unicode- oder ASCII-Datei erstellen?	Voreinstellung = False

Tab. 12.41: Parameter und Argumente

Wert	*Konstante*	*Öffnet die Datei ...*
1	ForReading	nur zum Lesen (Voreinstellung). Sie können nicht in diese Datei schreiben.
2	ForWriting	zum Schreiben. Gibt es bereits eine Datei mit dem gleichen Namen, wird deren Inhalt überschrieben.
8	ForAppending	und schreibt an das Ende.

Tab. 12.42: Argumentwerte für IOMode

Wert	*Konstante*	*Öffnet die Datei ...*
–2	TristateUseDefault	mit den Systemvorgaben.
–1	TristateTrue	als Unicode-Datei.
0	TristateFalse	als ASCII-Datei (Voreinstellung).

Tab. 12.43: Argumentwerte für Format

Eigenschaft	*Beschreibung*	*Syntax*	*LZ*
AtEndOfLine	Aktuelle Position am Zeilenende?	EOL = Fs.AtEndOfLine	R
AtEndOfStream	Aktuelle Position am Textende?	EOF = Fs.AtEndOfStream	R
Column	Aktuelle Spaltennummer	Spalte = Fs.Column	R
Line	Aktuelle Zeilennummer	Zeile = Fs.Line	R

Tab. 12.44: TextStream-Eigenschaften und ihre Syntax

Methode	*Beschreibung*
Close	Einen Textstrom schließen
Read	Eine bestimmte Anzahl von Zeichen in eine Zeichenfolge einlesen
ReadAll	Den ganzen Datenstrom in eine Zeichenfolge einlesen
ReadLine	Die aktuelle ganze Zeile in eine Zeichenfolge einlesen
Skip	Eine bestimmte Anzahl von Zeichen überspringen
SkipLine	Eine Zeile überspringen
Write	Eine Zeichenfolge in den Datenstrom schreiben
WriteBlankLines	Eine bestimmte Zahl von leeren Zeilen in den Datenstrom schreiben
WriteLine	Eine Zeichenfolge und ein Zeilenende in den Datenstrom schreiben

Tab. 12.45.1: Die Methoden des TextStreams

Methode	*Syntax*	*Hinweis*
Close	TS.Close	
Read	Tx$ = TS.Read(Characters)	Characters = Zeichenzahl (Long)
ReadAll	Tx$ = TS.ReadAll()	
ReadLine	Tx$ = TS.ReadLine()	

Methode	*Syntax*	*Hinweis*
Skip	TS.Skip Characters	Characters = Zeichenzahl (Long)
SkipLine	TS.SkipLine	
Write	TS.Write Tx$	
WriteBlankLines	TS.WriteBlankLines(Lines)	Lines = Zeilenzahl (Long)
WriteLine	TS.WriteLine Tx$	

Tab. 12.45.2: Die Syntax der Methoden des TextStreams

12.5 Pfadnamen und Dateinamen

Ab Windows 95 verarbeitet das 32-Bit-System auch lange Dateinamen und einige Zeichen, die unter 16-Bit nicht zulässig sind (Leerzeichen, eckige Klammern etc.). Unter 16-Bit werden die unzulässigen Zeichen automatisch entfernt. Lange Pfad- und Dateinamen werden auf die 8.3-Form reduziert, wobei überlange Dateinamen mit einer Tilde und einer von Windows vergebenen laufenden Nummer gekürzt werden.

Das kann bei Anwendungen, die für 32-Bit und 16-Bit entwickelt wurden (VB4-Pro-Versionen), zu Problemen führen (Beispiel: Longname-Dateien in Projektbeschreibungsdateien bei VB4-16).

Typ	*Max. Zeichen*	*Zeichen*
8.3 Win3.xx	Dateiname: 8 Zeichen Extension (optional, nach Punkt): 3 Zeichen	Beginnen mit alphanumerischem Zeichen (kein Sonder oder Leer). Im Namen kein unzulässiges Zeichen verwenden. Nicht zulässig sind: . , ; : " / \ [ ] | ? * < >
Lang 32-Bit Windows	Gesamt: 255 Zeichen	Beginnen mit beliebigem zulässigem (auch Leer-) Zeichen. Im Namen kein unzulässiges Zeichen verwenden. Nicht zulässig sind: ; : "/ \ | ? * < >

Ein paar Besonderheiten herausgegriffen

1. Der Unterstrich ist in Dateinamen ein zulässiges Zeichen. In den Befehlen Kill, FileCopy führen Dateien mit diesem Zeichen zur Fehlermeldung: »Datei nicht gefunden«.

2. Verwenden Sie in einem Dateinamen das gleichfalls zulässige §-Zeichen wird diese Datei in der FileListBox mit einem Unterstrich _ anstelle des §-Zeichens, im Standarddialog korrekt angezeigt. Übernehmen Sie diese Schreibweise in den Kill- oder den FileCopy-Befehl, führt dies zur Fehlermeldung: »Datei nicht gefunden«, die Verwendung des §-Zeichens dagegen nicht.

3. Beginnt unter 32-Bit ein Dateiname mit dem Bindestrich, wird er zwar im Windows-Explorer, nicht aber in der FileListBox von VB und dem Standarddialog angezeigt. Die Dateibefehle Kill und FileCopy werden ohne Fehlermeldung ausgeführt.

Wollen Sie in Ihren Dateinamen Sonderzeichen verwenden, prüfen Sie, ob der Name

- in der FileListBox,
- im Standarddialog bzw.
- im Windows-Explorer

angezeigt wird.

13 Zeit und Kalender

Klasse	*Deutsche Bezeichnung*	*Ab:*	*Typ*
MonthView	***Monatsübersicht***	VB6	Zusatzsteuerelement
MonthView ist ein Control, mit dem Sie über eine kalenderähnliche Benutzeroberfläche Datumsinformationen einsehen und festlegen.			
DateTimePicker	***DateTimePicker***	VB6	Zusatzsteuerelement
Das DateTimePicker-Control zeigt ein bestimmtes Datum und/oder eine bestimmte Zeit an. Je nach Modus wird mit UpDown-Elementen oder einem ausklappbaren Monatskalender zwischen Daten weitergeschaltet.			
Timer	***Zeitmesser***	VB1	integriert
Das Zeitgeber-Steuerelement (Timer) ist ein zur Laufzeit unsichtbares Control, bei dem in bestimmten Zeitintervallen ein Timer-Ereignis ausgelöst wird. In der Timer-Ereignisprozedur stehender Code kann so in regelmäßigem Abstand ausgeführt werden.			

Tab. 13.1: Die Zeit- und Kalender-Controls

13.1 MonthView-Control

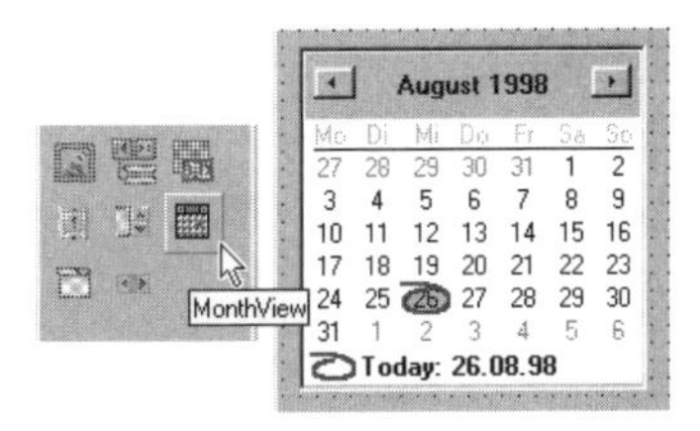

Deutsche Bezeichnung: Monatsübersicht-Steuerelement

Klasse: MonthView

Typ: 32-Bit-Zusatzsteuerelement

Bezeichnung *Version*	*Klasse* *Editionen*	*Dateien*	*Bezeichnung in der Liste* *der Zusatzsteuerelemente*
Monatsübersicht	***MonthView***		
VB6	Pro/Ent	MSCOMCT2.OCX	Microsoft Windows Common Controls-2 6.0

Tab. 13.2: Für MonthView erforderliche Dateien

MonthView ist ein (ab VB6 verfügbares) Control, mit dem Sie über eine kalenderähnliche Benutzeroberfläche Datumsinformationen einsehen und festlegen.

Eigenschaften des MonthView-Controls

Eigenschaft	*Ab: VB6*	*Beschreibung*	*Entw.*	*LZ*
MonthBackColor		Hintergrundfarbe der Monatsflächen	R/W	R/W
TitleBackColor		Hintergrundfarbe im Monatstitel	R/W	R/W
TitleForeColor		Schriftfarbe im Monatstitel	R/W	R/W
TrailingForeColor		Schriftfarbe der von anderen Monaten überhängenden Tage	R/W	R/W
MaxDate, MinDate		Obere/untere Grenze des Datumsbereichs	R/W	R//W
Year		Jahr (yyyy) des aktuellen Tages	–	R
Month		Monat (m) des aktuellen Tages	–	R
Week		Kalenderwoche (w) des aktuellen Tages	–	R
Day		Tagesnummer (1 bis 31) des aktuellen Tages	–	R
DayOfWeek		Tag der Woche	–	R/W
DayBold		Tag in Fettschrift markiert (mehrfach möglich)	–	R/W
MonthColumns, MonthRows		Anzahl der dargestellten Monate pro Spalte/Zeile	R/W	R/W
ShowWeekNumbers		Wochennummern links anzeigen?	R/W	R/W
StartOfWeek		Starttag der Woche	R/W	R/W
ShowToday		Heutigen Tag unten im Control anzeigen?		
VisibleDays		Datenfeld der sichtbaren Tage (StartIndex = 1)	–	R
MaxSelCount		Wieviel Tage maximal bei Multiselect?	R/W	R/W
Multiselect		Mehrfachwahl (maximal = MaxSelCount) erlaubt?	R/W	R/W
SelEnd, SelStart		Ende/Anfang der gewählten Tage	–	R/W
ScrollRate		Anzahl Monate scrollen bei Klick auf einen der Buttons	R/W	R/W
Value		Angeklickter Tag, sonst Now	–	R/W

Tab. 13.3: Die spezifischen Eigenschaften des MonthView-Controls

Eigenschaft	*Read *)*	*Write *)*	*Hinweis*
MonthBackColor	Farbwert& = MV.MonthBackColor	MV.MonthBackColor = Farbe&	**)
TitleBackColor	Farbwert& = MV.MonthBackColor	MV.MonthBackColor = Farbe&	**)

Eigenschaft	*Read *)*	*Write *)*	*Hinweis*
TitleForeColor	Farbwert& = MV.MonthBackColor	MV.MonthBackColor = Farbe&	**)
TrailingForeColor	Farbwert& = MV.MonthBackColor	MV.MonthBackColor = Farbe&	**)
MaxDate	MaxDatum = MV.MaxDate	MV.MaxDate = Datum	Tab. 13.5
MinDate	MinDatum = MV.MinDate	MV.MinDate = Datum	Tab. 13.5
Year	Jahr = MV.Year	–	
	IsCalYear = (MV.Year = Wert)		{False|True}
Month	Monat = MV.Month	–	
	IsCalMonth = (MV.Month = Wert)		{False|True}
Week	KalenderWoche = MV.Week	–	
	IsCalWeek = (MV.Week = Wert)		{False|True}
Day	Nr = MV.Day	–	
	IsMonthDay = (MV.Day = Wert)		{False|True}
DayOfWeek	Wochentag% = MV.DayOfWeek	MV.DayOfWeek = Nr	Tab. 13.6
DayBold	Fett = MV.DayBold(Datum)	MV.DayBold(Datum) = Wert	{False|True}
MonthColumns	Spalten = MV.MonthColumns	MV.MonthColumns = Anzahl	***)
MonthRows	Zeilen = MV.MonthRows	MV.MonthRows = Anzahl	***)
VisibleDays	{Datum|Fehler} = MV.VisibleDays(Nr)	–	****)
ShowToday	HeuteMarkieren = MV.ShowToday	MV.ShowToday = {True|False}	
ShowWeekNumbers	KWZeigen = MV.ShowWeekNumbers	MV.ShowWeekNumbers = Wert	{False|True}
StartOfWeek	Erster = MV.StartOfWeek	StartOfWeek = Wert	Tab. 13.6
MaxSelCount	Anz = MV.MaxSelCount	MV.MaxSelCount = Wert%	
Multiselect	IsMultiSel = MV.Multiselect	MV.Multiselect = {False|True}	
SelEnd	LetztesDatum = MV.SelEnd	MV.SelEnd = Datum	
SelStart	ErstesDatum = MV.SelStart	MV.SelStart = Datum	
ScrollRate	AnzMonate = MV.ScrollRate	MV.ScrollRate = AnzahlMonate	
Value	Wert{&|$) = MV.Value	MV.Value = {Datum|Tagesnummer}	

*) Präfix MV. = MonthView.
**) RGB, QBColor oder System
***) Monatsmatrix darstellbar in maximal Spalten * Zeilen = 12
****) Fehler abfangen!

Tab. 13.4: Die Syntax der spezifischen Eigenschaften des MonthView-Controls

Änderung in...	*Änderbar sind...*	*Voreinstellung (abhängig vom Betriebssystem)*		
	MinDate	*MaxDate*		
Eigenschaftenfenster	Alle Werte, auch das Jahrhundert.	01.01.1753	31.12.9999	
Eigenschaftenseite	Nur Tag, Monat und das Jahr im aktuellen Jahrhundert.	01.01.53	31.12.99	*)

*) Die Einstellungen entsprechen den darüberstehenden langen Datumsangaben.

Tab. 13.5: MinDate und MaxDate bei MonthView und DateTimePicker

Wert	*Konstante*	*Entspricht*
1	mvwSunday	Sonntag
2	mvwMonday	Montag
3	mvwTuesday	Dienstag
4	mdwWednesday	Mittwoch
5	mdwThursday	Donnerstag
6	mdwFriday	Freitag
7	mvwSaturday	Samstag

Tab. 13.6: Einstellungen für DayOfWeek und StartOfWeek

13.1.1 MonthView-Methoden und -Ereignisse

Methode	*Ab: VB6*	*Beschreibung*	*Hinweis*
HitTest		Zum Ermitteln des an Pos X,Y stehenden Datums	Achtung! Result beachten!
ComputeControlSize		Abmessungen für eine vorgegebene Zahl von Rows und Columns errechnen	

Methode	*Syntax *)*	*Hinweis*
HitTest	Result = MV.HitText[X, Y, Date)	**) Tab. 13.8
ComputeControlSize	MV.ComputeControlSize Rows, Columns, _ Width, Height	***)

*) Präfix MV. = MonthView.
Argumente können als benannte Argumente (s. 24.4.4) übergeben werden.

**) Ist an der Stelle des Mauscursors kein Datum = 00:00:00

***) Rows (Zeilen) und Columns (Spalten) vorgeben. In den Variablen Width und Height stehen dann die Abmessungen. Datum, wird im Bereich der Datumsmatrix ein falsches Datum zurückgegeben.

Tab. 13.7: Die Methoden des MonthView-Controls

Wert	*Konstante*	*Beschreibung*
0	mvwCalendarBack	Hintergrund
1	mvwCalendarDate	Datum
2	mvwCalendarDateNext	Tage des Folgemonats. Hier klicken, es wird der nächste Monat angezeigt.
3	mvwCalendarDatePrev	Tage des Vormonats. Hier klicken, es wird der nächste Monat angezeigt.
4	mvwCalendarDay	Tagesnamen über den Daten
5	mvwCalendarWeekNum	Nummern der Kalenderwochen (wenn ShowWeekNumbers = True)
6	mvwNoWhere	Ecken des Controls
7	mvwTitleBack	Kalenderhintergrund
8	mvwTitleBtnNext	<Next>-Button (rechts oben)
9	mvwTitleBtnPrev	<Previous>-Button (links oben)
10	mvwTitleMonth	Monatsname im Titel
11	mvwTitleYear	Jahreszahl im String
12	mvwTodayLink	ToDay-Ausgabebereich. Wenn ShowToday = True und hier geklickt wird, wird der Monat mit dem aktuellen Tag in sichtbaren Bereich befördert.

Tab. 13.8: Die Result-Rückgabe zur HitTest-Methode

Methode	*Ab: VB6*	*Methode*	*Ab: VB6*
Allgemein			
Move		SetFocus	
Refresh		Zorder	
Drag & Drop		***OLE***	
Drag		OLEDrag	
Hilfe			
ShowWhatsThis			

Tab. 13.9: Die allgemeinen Methoden des MonthView-Controls

Ereignis	*Ab: VB6*	*Beschreibung*
DateClick		Ein Datum wurde angeklickt.
DateDblClick		Ein Datum wurde doppelgeklickt.
GetDayBold		Für bestimmte Daten wird State (LfdNr) = True gesetzt (ergibt: DayBold = True)
SelChange		Ein neues Datum wurde angeklickt oder eine neue Auswahl von Daten wurde markiert.

Ereignis	*Syntax*
DateClick	Sub MonthView_DateClick ([Index As Integer,] DateClicked As Date)
DateDblClick	Sub MonthView_DateDblClick ([Index As Integer,] _ DateDblClicked As Date)

Ereignis	*Syntax*
GetDayBold	Sub MonthView_GetDayBold([Index As)Integer,] StartDate As Date, _ Count As Integer, State( ) As Boolean)
SelChange	Sub MonthView_SelChange([Index As)Integer,] StartDate As Date, _ EndDate As Date, Cancel As Boolean)

Tab. 13.10: Die spezifischen Ereignisse des MonthView-Controls und ihre Syntax

Ereignis	*Ab: VB6*	*Ereignis*	*Ab: VB6*
Allgemein			
GetFocus, LostFocus		Validate	
Benutzeraktionen			
Click		KeyPress	
DblClick		MouseDown, MouseUp	
KeyDown, KeyUp		MouseMove	
Drag & Drop			
DragDrop		DragOver	
OLE			
OLECompleteDrag		OLEGiveFeedback	
OLEDragDrop		OLESetData	
OLEDragOver		OLEStartDrag	

Tab. 13.11: Die allgemeinen Ereignisse des MonthView-Controls

13.2 DateTimePicker-Control

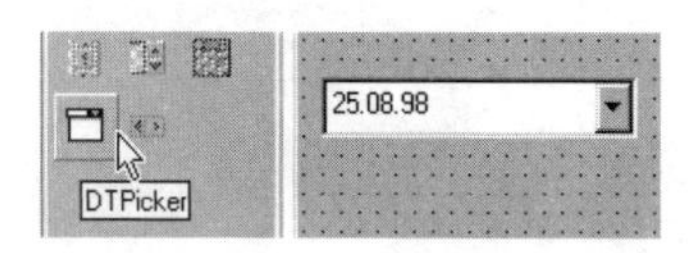

Deutsche Bezeichnung: DateTimePicker-Steuerelement

Klasse: DTPicker

Typ: 32-Bit-Zusatzsteuerelement

Das DateTimePicker-Control zeigt ein bestimmtes Datum und/oder eine bestimmte Zeit an. Je nach Modus wird mit UpDown-Elementen oder einem ausklappbaren Monatskalender zwischen Daten weitergeschaltet.

Bezeichnung *Version*	*Klasse* *Editionen*	*Dateien*	*Bezeichnung in der Liste* *der Zusatzsteuerelemente*
DateTimePicker VB6	*DTPicker* Pro/Ent	MSCOMCT2.OCX	Microsoft Windows Common Controls-2 6.0

Tab. 13.12: Für DateTimePicker erforderliche Dateien

Eigenschaft	*Ab: VB6*	*Beschreibung*	*Entw.*	*LZ*
CalendarBackColor		Hintergrundfarbe des ausklappbaren Kalenders	R/W	R/W
CalendarForeColor		Schriftfarbe des ausklappbaren Kalenders	R/W	R/W
CalendarTitleBackColor		Hintergrundfarbe der Titelleiste des Kalenders	R/W	R/W
CalendarTitleForeColor		Schriftfarbe der Titelleiste des Kalenders	R/W	R/W
CalendarTrailingForeColor		Farbe der im Kalenderteil angezeigten Vor- und Nachmonatstage	R/W	R/W
CheckBox		Vor dem Wert wird eine CheckBox angezeigt.	R/W	R/W
UpDown		Am rechten Rand werden die UpDown-Buttons angezeigt. Damit inkrementiert/dekrementiert der Benutzer den aktuell markierten Wert im Ausgabebereich.	R/W	R/W
CustomFormat		Benutzerdefiniertes Datumsformat	R/W	R/W
Format		Formatierungstyp	R/W	R/W
MaxDate, MinDate		Obere/untere Grenze des Datumsbereich	R/W	R/W
Hour		Stunde (Integer)	–	R/W
Minute		Minute (Integer)	–	R/W
Second		Sekunde (Integer)	–	R/W
Year		Jahr (yyyy) des aktuellen Tages	–	R
Month		Monat (m) des aktuellen Tages	–	R
Week		Kalenderwoche (w) des aktuellen Tages	–	R
DayOfWeek		Tag der Woche	–	R/W
Value		Datums-/Zeit-Wert im kurzen Systemformat	–	R/W

Tab. 13.13: Die spezifischen Eigenschaften des DateTimePicker-Controls

Eigenschaft	*Read* *)	*Write* *)	*Hinweis*
~ =Calendar			
~BackColor	Farbe& = D.~BackColor	D.~BackColor = Farbe&	**)
~ForeColor	Farbe& = D.~ForeColor	D.~ForeColor = Farbe&	**)
~TitleBackColor	Farbe& = D. ~TitleBackColor	D. ~TitleBackColor = Farbe&	**)

Eigenschaft	*Read *)*	*Write *)*	*Hinweis*
~TitleForeColor	Farbe& = D. ~TitleForeColor	D. CalendarTitleForeColor = Farbe&	**)
~TrailingForeColor	Farbe& = D.~TrailingForeColor	D.~TrailingForeColor = Farbe&	**)
CheckBox	HasCBox = D.CheckBox	D.CheckBox = Wert	{False|True}
UpDown	HasUpDw = D.UpDown	D.UpDown = Wert	{False|True}
CustomFormat	F$ = D. CustomFormat	D.CustomFormat=F$	Tab. 13.15
Format	FmtTyp% = D.Format	D.Format = Einstellung	Tab. 13.16
MaxDate	MaxDatum = D.MaxDate	D.MaxDate = Date	Tab. 13.5
MinDate	MinDatum = D.MinDate	D.MinDate = Date	Tab. 13.5
Hour	Stunde = D.Hour	D.Hour = Wert	***)
Minute	Minute = D.Minute	D.Minute = Wert	***)
Second	Sekunde = D.Second	D.Secand = Wert	***)
Year	Jahr% = D.Year	D.Year = Jahr	***)
	CalYear = (D.Year = Wert%)		{False|True}
Month	Monat% = D.Month	D.Month = Monat	***)
	CalM = (D.Month = Wert%)		{False|True}
Week	KalWoch% = D.Week	D.Week = Woche	***)
	CalW = (D.Week = Wert%)		{False|True}
DayOfWeek	WTg% = D.DayOfWeek	D.DayOfWeek = Nr	Tab. 13.6
Value	AktWert = D.Value	D.Value = Datum/Zeit	***)

*) Präfix D. = DTPicker.

**) Farbe& = RGW, QBColor oder System.

***) Rückgabewert im eingestellten Systemformat. Eingabe in beliebigem Long-/Kurz-Format.

Bitte bei Vergleichen beachten: Vergleichen Sie mit Date- oder Integer-Werten und nicht mit Strings!

Tab. 13.14: Syntax der spezifischen DateTimePicker-Eigenschaften

Zeichen	*Beschreibung*
d	Ein/Zwei Zeichen Tageszahl.
dd	Zwei Zeichen Tageszahl. Bei Werten unter 10 wird eine 0 davor eingefügt.
ddd	Wochentagsabkürzung (drei Zeichen)
dddd	Voller Wochentagsname
h	Ein/Zwei Zeichen Stundenzahl im 12-Stunden Format
hh	Zwei Zeichen Stundenzahl im 12-Stunden Format. Bei Werten unter 10 wird eine 0 davor eingefügt.
H	Ein/Zwei Zeichen Stundenzahl im 24-Stunden Format
HH	Zwei Zeichen Stundenzahl im 24-Stunden Format. Bei Werten unter 10 wird eine 0 davor eingefügt.
m	Ein/Zwei Zeichen Minutenzahl
mm	Zwei Zeichen Minutenzahl. Bei Werten unter 10 wird eine 0 davor eingefügt.

Zeichen	*Beschreibung*
M	Ein/Zwei Zeichen Monatszahl
MM	Zwei Zeichen Monatszahl. Bei Werten unter 10 wird eine 0 davor eingefügt.
MMM	Monatsabkürzung (drei Zeichen)
MMMM	Voller Monatsname
s	Ein/Zwei Zeichen Sekundenzahl
ss	Zwei Zeichen Sekundenzahl. Bei Werten unter 10 wird eine 0 davor eingefügt.
t	Ein Zeichen AM/PM Abkürzung (Aus »AM« wird »A«)
tt	Zwei Zeichen AM/PM Abkürzung komplett
X	(Großes X verwenden!) Ein Callback-Feld im Format-String Derartige Felder können vom Programm her mit bestimmten Textteilen gefüllt werden. Legen Sie in der DTPicker_Format-Ereignisprozedur den einzufügenden String fest. Die DTPicker_FormatSize-Ereignisprozedur verwenden Sie, die einzufügende Länge (Size) zu bestimmen. Für weitere Callback-Felder verwenden Sie jeweils eine identifizierende Anzahl von X.
y	Ein Zeichen Jahreszahl (letzte Ziffer der Zahl)
yy	Zwei Zeichen Jahreszahl (letzten zwei Ziffern der Zahl)
yyy	Ganze Jahreszahl (vier Ziffern)

Tab. 13.15: Die Formatierungszeichen für DTPicker-CustomFormat

Wert	*Konstante*	*Beschreibung*
0	dtpLongDate	Langes Systemformat ("Freitag, 14. November 1972").
1	dtpShortDate	Kurzes Systemformat ("14.11.72").
2	dtpTime	Zeitformat ("15:31:47").
3	dtpCustom	Benutzerdefiniertes Format (Stringteile dazu s. Tab. 13.15)

Tab. 13.16: Einstellungen für DTPicker-Format

DTPicker-Methoden und -Ereignisse

DateTimePicker verfügt über keine spezifischen Methoden.

Methode	*Ab: VB6*	*Methode*	*Ab: VB6*
Allgemein			
Move		SetFocus	
Refresh		Zorder	
Drag & Drop		***OLE***	
Drag		OLEDrag	

Methode	*Ab: VB6*	*Methode*	*Ab: VB6*
Hilfe			
ShowWhatsThis			

Tab. 13.17: Die allgemeinen Methoden des DateTimePicker-Controls

Ereignis	*Ab: VB6*	*Beschreibung*
CallBackKeyDown		Eine Taste wurde gedrückt, während ein CallBack-Feld markiert ist.
Change		Der Inhalt des DTPicker-Feldes wurde geändert.
CloseUp		Der Drop-Down-Kalender wurde geschlossen.
DropDown		Der Drop-Down-Kalender wurde ausgeklappt.
Format		Control hat den Fokus erhalten und ein CallBack-Feld ist vorhanden.
FormatSize		Control-Format ist dtpCustom und hat {alte|neue} Formatierung erhalten.

Ereignis	*Syntax*	
CallBackKeyDown	Sub D_CallBackKeyDown ([Index%,]Parameterliste)	*)
Change	Sub D_Change ([Index As Integer])	
CloseUp	Sub D_CloseUp ([Index As Integer])	
DropDown	Sub D_DropDown ([Index As Integer])	
Format	Sub D_Format ([Index As Integer,]Parameterliste)	**)
FormatSize	Sub D_FormatSize ([Index As Integer,]Parameterliste)	***)

*) ... KeyCode As Integer, Shift As Integer, CallBackField As String, CallBackDate As Date
**) ... CallBackField As String, FormattedString As Long
***) ... CallBackField As String, Size As Long

CallBackDate	Der aktuelle Datumswert.
CallBackField	Callback-Feld durch bestimmte Anzahl X im CustomFormat festgelegt.
FormattedString	Der String, der anstelle der X in das CallBack-Feld angefügt wird.
Size	Länge des Strings, der in das CallBack-Feld eingefügt wurde.

Tab. 13.18: Die spezifischen DateTimePicker-Ereignisse und ihre Syntax

Ereignis	*Ab: VB6*	*Ereignis*	*Ab: VB6*
Allgemein			
GetFocus, LostFocus		Validate	
Benutzeraktionen			
Click		KeyPress	
DblClick		MouseDown, MouseUp	
KeyDown, KeyUp		MouseMove	
Drag & Drop			
DragDrop		DragOver	

Ereignis	*Ab: VB6*	*Ereignis*	*Ab: VB6*
OLE			
OLECompleteDrag		OLEGiveFeedback	
OLEDragDrop		OLESetData	
OLEDragOver		OLEStartDrag	

Tab. 13.19: Die allgemeinen Ereignisse des DateTimePicker-Controls

13.3 Timer-Control

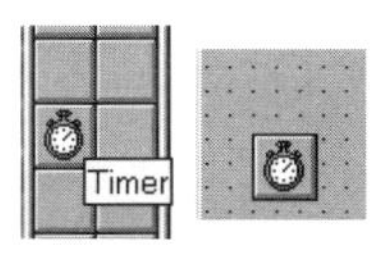

Deutsche Bezeichnung: Zeitgeber-Steuerelement

Klasse: Timer

Typ: Integriertes Steuerelement

Ein Zeitgeber-Steuerelement (Timer) ist ein zur Laufzeit unsichtbares Control. Es kann Code in bestimmten Zeitintervallen ausführen, indem es ein Timer-Ereignis auslöst.

13.3.1 Timer-Eigenschaften und -Ereignis

Eigenschaft	*Ab: VB1*	*Kurzbeschreibung*	*Entw.*	*LZ*
Enabled		Zeitgeber aus-/eingeschaltet {False|True}	R/W	R/W
Interval		Zeiteinheit in Millisekunden	R/W	R/W

Eigenschaft	*Read *)*	*Write *)*	
Enabled	Lauf = T.Enabled	T.Enabled = {False|True}	Def: False
Interval	Intervall = T.Interval	T.Interval = Millisekunden	Tab. 13.21

*) Präfix T. = Timer.

Ereignis	*Syntax*
Timer	Sub Objekt_Timer([Index As Integer])

Tab. 13.20: Timer-Eigenschaften und -Ereignis und ihre Syntax

Wert	*Ergibt*
0	(Voreinstellung) Sperrt den Zeitablauf im Zeitgeber und verhindert die Meldung des Timer-Ereignisses.
1 bis 65535	Setzt ein Intervall (gemessen in Millisekunden), das aktiviert wird, wenn die Enabled-Eigenschaft des Zeitgebers auf True gesetzt wird.

Tab. 13.21: Einstellungen für Timer-Interval

Eigenschaft	*Ab: VB1*	*Eigenschaft*	*Ab: VB1*
Allgemein			
Enabled		Parent	
Index		Tag	
Name (VB1: CtlName)			
Position			
Left, Top (nur im Entwurfsmodus) VB2			

Tab. 13.22: Allgemeine Eigenschaften des Timer-Controls

14 Datenpräsentation

Außer allgemeinen Grafik-Controls sind für die grafische Darstellung von Daten folgende Steuerelemente verwendbar:

Klasse	*Deutsche Bezeichnung*	*Ab:*	*Typ*
Gauge	***Meßgerät***	VB2	Zusatzsteueelement
Mit dem Gauge erstellen Sie Meßgeräte mit balken-/zeigerorientierten Anzeigen.			
Graph	***Diagramm***	VB2	Zusatzsteueelement
Das Graph-Control ist Grundlage für das interaktive Entwerfen von Diagrammen in Formen.			
Chart	***Diagramm***	Ab: VB5	Zusatzsteueelement
MSChart ist ein Steuerelement, das in einem Diagramm Daten graphisch anzeigt.			

Tab. 14.1: Die Zusatzcontrols für Datenpräsentation

14.1 Gauge

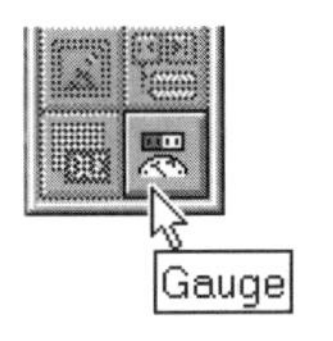

Deutsche Bezeichnung: Meßgerät-Steuerelement

Klasse: Gauge

Typ: 16-/32-Bit-Zusatzsteuerelement

Mit dem Meßgerät-Steuerelement (Gauge) erstellen Sie benutzerdefinierte Meßgeräte mit einer Auswahl von balken- oder zeigerorientierten Anzeigen.

Control Klasse	*Für Version*	*Edition*	*Datei/en*	*Bezeichnung in Liste Zusatzsteuerelemente*
Meßgerät				
Gauge	VB2	Pro/Ent	GAUGE.VBX	
	VB3	Pro/Ent	GAUGE.VBX	

Control Klasse	*Für Version*	*Edition*	*Datei/en*	*Bezeichnung in Liste Zusatzsteuerelemente*
	VB4-16	Pro/Ent	GAUGE16.OCX	Microhelp Gauge Control
	VB4-32	Pro/Ent	GAUGE32.OCX	Microhelp Gauge Control
	VB5	Pro/Ent *)		
	VB6	Pro/Ent *)		

*) Ab VB5 wird das Gauge-Control nicht mehr automatisch installiert. Sie finden es im Verzeichnis ...\tools\controls.

Tab. 14.2: Erforderliche Dateien für Gauge

14.1.1 Die Eigenschaften des Gauge-Controls

Eigenschaften	*Ab: VB2*	*Kurzbeschreibung*	*Entw.*	*LZ*
BackColor		Hintergrundfarbe (Style 0 und 1) wenn kein Picture	R/W	R/W
ForeColor		Farbe für Innenbereich (Style 0 und 1) *)	R/W	R/W
InnerLeft, InnerTop		Innenbereichsabstand oben und links *)	R/W	R/W
InnerRight, InnerBottom		Innenbereichsabstand rechts und unten *)	R/W	R/W
Min, Max		Anzeigewertebereich (0 bis 32767)	R/W	R/W
NeedleWidth		Breite des Zeigers (Style 2 und 3)	R/W	R/W
Picture		Hintergrundbild (BMP oder ICO)	R/W	R/W
Style		Anzeigestil (0 bis 3)	R/W	R/W
Value		Aktueller Anzeigewert (Min bis Max)	R/W	R/W

*) Innenbereich ist der Bereich, in dem sich der Balken (Style 0 und 1) bzw. der Zeiger (Style 2 und 3) bewegt. Er wird begrenzt durch InnerLeft, InnerTop, InnerRight und InnerBottom.

Tab. 14.3: Die Eigenschaften von Gauge

Eigenschaften	*Read *)*	*Write *)*	*Hinweis*
BackColor	Farbwert& = Objekt.BackColor	Objekt.BackColor = Farbe&	**)
ForeColor	Farbwert& = Objekt.ForeColor	Objekt.ForeColor = Farbe&	**)
InnerLeft	Pixel% = Objekt.InnerLeft	Objekt.InnerLeft = Pixel	
InnerTop	Pixel% = Objekt.InnerTop	Objekt.InnerTop = Pixel	
InnerRight	Pixel% = Objekt.InnerRight	Objekt.InnerRight = Pixel	
InnerBottom	Pixel% = Objekt.InnerBottom	Objekt.InnerBottom = Pixel	
Min	LowestVal% = Objekt.Min	Objekt.Min = Einstellung%	Tab. 14.5
Max	HighestVal% = Objekt.Max	Objekt.Max = Einstellung%	Tab. 14.5
NeedleWidth	NWidth% = Objekt.NeedleWidth	Objekt.NeedleWidth = Wert	Tab. 14.5
Picture	Bild = Objekt.Picture	Objekt.Picture = Bitmap/Icon	

Eigenschaften	*Read *)*	*Write *)*	*Hinweis*
Style	Einstellung% = Objekt.Style	Objekt.Style = Einstellung%	Tab. 14.6
Value	Einstellung% = Objekt.Value	Objekt.Value = Einstellung%	

*) Objekt = Graph

Tab. 14.4: Die Syntax der Eigenschaften von Gauge

Eigenschaft	*Wertebereich*	*Voreingestellt*
Min	0 bis 32767	0
Max	0 bis 32767	100
NeedleWidth	0 bis 32767	1

Tab. 14.5: Wertebereiche für Min, Max und NeedleWidth

Wert	*Konstante*	*Beschreibung*
0	GauHoriz	(Voreinstellung) Horizontale Balkenanzeige
1	GauVert	Vertikale Balkenanzeige
2	GauSemi	180°-Zeiger
3	GauFull	360°-Zeiger

Tab. 14.6: Die Einstellungen der Style-Eigenschaft

Eigenschaft	*Ab: VB2*	*Eigenschaft*	*Ab: VB2*
Allgemein			
Container		Object	VB4
Enabled		Parent	
hWnd		TabIndex	
Index		TabStop	
MouseIcon	VB4	Tag	
MousePointer		Visible	
Name			
Position			
AutoSize		Height, Width	
Drag & Drop		***DragMode***	
DragIcon			
Hilfe			
HelpContextID		WhatsThisHelpID	VB4

Tab. 14.7: Die allgemeinen Eigenschaften von Gauge

14.1.2 Gauge-Methoden und -Ereignisse

Gauge verfügt über keine spezifischen Methoden.

Methode	*Ab: VB2*		*Ab: VB2*
Allgemein			
Drag		SetFocus	
Move		ZOrder	
Refresh			
Hilfe			
ShowWhatsThis	VB4		

Tab. 14.8: Die Methoden des Gauge-Controls

Ereignis	*Ab: VB2*	*Kurzbeschreibung*	*Syntax*
Change		Value-Wert wurde geändert	Sub Objekt_Change ()

Tab. 14.9: Das spezifische Ereignis des Gauge-Controls und seine Syntax

Allgemeine Ereignisse	*Ab: VB2*		*Ab: VB2*
Benutzeraktionen			
Click		KeyPress	
DblClick		MouseDown	
KeyDown		MouseUp	
KeyUp		MouseMove	
Focus-Ereignisse			
GotFocus		LostFocus	
Drag & Drop			
DragDrop			
DragOver			

Tab. 14.10: Die allgemeinen Ereignisse des Gauge-Controls

14.2 Graph-Control

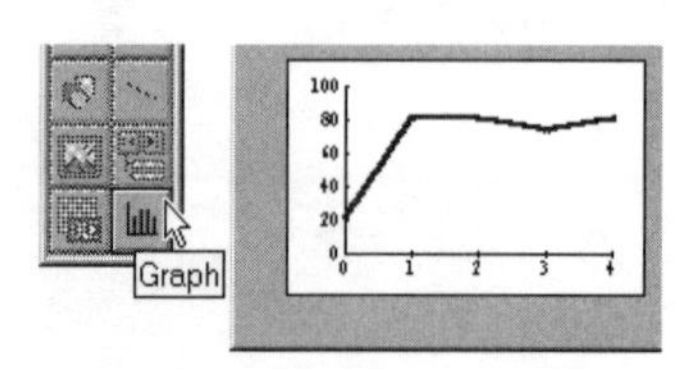

Deutsche Bezeichnung: Diagramm-Steuerelement

Klasse: Graph

Typ: Zusatzsteuerelement

Das Graph-Control ermöglicht das interaktive Entwerfen von Diagrammen in Formen. Zur Laufzeit können Sie neue Daten an die Diagramme senden und die Diagramme zeichnen, drucken, in die Zwischenablage kopieren oder ihren Stil und ihre Gestalt ändern.

Die Daten sind bei Graph Elemente ein- oder zweidimensionaler Felder. Diese besitzen eigene Eigenschaften. Sehen Sie dazu in dem Abschnitt »Datenelement-Eigenschaften« nach.

Bezeichnung Klasse	*Ab:*	*Edition*	*Erforderliche Datei/en*	*Bezeichnung in Liste Zusatzsteuerelemente*
Diagramm	VB2	Pro/Ent	GRAPH.VBX,	
Graph			GSWDLL.DLL,	**)
			GSW.EXE	
	VB3	Pro/Ent	dito	
	VB4-16	Pro/Ent	GRAPH16.OCX	Pinnacle-BPS Graph Control
			GSWDLL16.DLL,	**)
			GSW16.EXE	
	VB4-32	Pro/Ent	GRAPH32.OCX	Pinnacle-BPS Graph Control
			GSWDLL32.DLL,	
			GSW32.EXE	**)
	VB5	Pro/Ent		*)
	VB6	Pro/Ent		*) ***)

*) Ab VB5 wird das Graph-Control mit den Graphics Server-Dateien nicht mehr automatisch installiert. Sie finden sie im Verzeichnis ...\tools\controls.

**) Diese Dateien sind für die Grafikdarstellung unbedingt erforderlich. Sie installieren den Graphics Server.

***) Verwenden Sie besser MSChart.

Tab. 14.11: Die erforderlichen Dateien zum Graph-Control

14.2.1 Eigenschaften von Graph

Die spezifischen Eigenschaften von Graph lassen sich in zwei Gruppen gliedern:

- Graph-Control-Eigenschaften, die die Daten allgemein betreffen und insbesondere der Gestaltung dienen, und
- Graph-Datenelement-Eigenschaften, die spezielle Datenfeld-Elemente betreffen.

Control-Eigenschaften

Eigenschaften	*Ab: VB2*	*Kurzbeschreibung*	*Entw.*	*LZ*
CtlVersion		Graph-Control-Version	R	R
AutoInc		Automatische Werte-Inkrementierung (ThisPoint = ThisPoint + 1)	R/W	R/W
BackGround		QB-Color-Farbnummer der Hintergrundfarbe	R/W	R/W
BottomTitle		Text an der horizontalen Achse	R/W	R/W
ColorData		Farben für Datengruppen (für Punkte bei NumSets = 1)	R/W	R/W
DataReset		Entfernen bestimmter bzw. aller Datenfeldinformationen	–	R/W
DrawMode		Ausgabe-Modus	R/W	R/W
DrawStyle		Diagramm monochrom/Farbe *)	R/W	R/W
ExtraData		Kreis: Segment herausgestellt	R/W	R/W
		3-D-Balken: Farbe der Seitenflächen	R/W	R/W
Foreground		Farbe von Titeln, Labeln, Legenden, Achsen	R/W	R/W
FontFamily		Schriftart-Familie	R/W	R/W
FontSize		Relative Schriftgröße (von 50 bis 500 Prozent)	R/W	R/W
FontStyle		Schriftstil (bold, italic etc.)	R/W	R/W
FontUse		Schrift anwenden auf ...	R/W	R/W
GraphCaption		Textzeile bei DrawMode = 1	R/W	R/W
GraphStyle		Darstellungs-Merkmale jedes Diagrammtyps	R/W	R/W
GraphTitle		Zeichenfolge über dem Diagramm	R/W	R/W
GraphType		Diagrammtyp	R/W	R/W
GridStyle		Hilfsraster auf den Diagrammachsen anzeigen	R/W	R/W
ImageFile		Zieldatei bei DrawMode = 6. **)	R/W	R/W
LabelEvery		Häufigkeit der Label (auf der X-Achse)	R/W	R/W
Labels		Label (wo ?) anzeigen	R/W	R/W
LabelText		Text/e für Label. Texte werden durch Kommata getrennt	R/W	R/W
LeftTitle		Text für vertikale Achse	R/W	R/W
LegendStyle		Monochrome/Farbige Darstellung der Legende	R/W	R/W
LineStats		Log/Lin-Diagramm mit statistischen Linien	R/W	R/W
NumPoints		Anzahl Datenpunkte in jeder Datengruppe	R/W	R/W
NumSets		Anzahl Datengruppen im Diagramm	R/W	R/W
Palette		Gruppe von Palettenfarben verwenden	R/W	R/W
PatternedLines		Stil der Linien, die Datenpunkte verbinden	R/W	R/W
Picture		Bild des Diagramms	–	R
PrintStyle		Druckoptionen bei DrawMode = 5 (Drucken)	–	R/W
QuickData		Daten im GraphData-Variablenfeld	–	R/W
RandomData		Zufallsdaten erzeugen	R/W	R/W
SeeThru		Hintergrund nicht durchsichtig	–	R/W
ThickLines		Linienstärke	R/W	R/W
TickEvery		Markierungsabstand auf x-Achse, wenn XPosData nicht festgelegt	R/W	R/W
Ticks		Welche Achsenmarkierungen zeigen?	R/W	R/W

Eigenschaften	*Ab: VB2*	*Kurzbeschreibung*	*Entw.*	*LZ*
YAxisMin, YAxisMax		Minimal-/Maximalwert für Y-Achse bei YAxisStyle = 2	R/W	R/W
YAxisPos		Position der Y-Achse (links/rechts)	R/W	R/W
YAxisStyle		Methode für Skalieren/Ändern der Y-Achse	R/W	R/W
YAxisTicks		Anzahl Markierungen auf Y-Achse	R/W	R/W

*) Hintergrund weiß und alle Farben schwarz bei Einstellung »Monochrome«. Sind die Eigenschaften PatternData, SymbolData oder GraphStyle nicht gesetzt, stellt DrawStyle Standardmuster und Symbole bereit.

**) Dateinamenerweiterung (.BMP oder .WMF) wird automatisch angehängt.

***) Alle Punkte der Datengruppe sind durch ein Tabulatorzeichen (Chr$(9)) und alle Datengruppen durch Wagenrücklauf+Zeilenvorschub (Chr$(13) + Chr$(10)) voneinander zu trennen.

Tab. 14.12: Die Graph-Control-Eigenschaften

Eigenschaften	*Read *)*	*Write *)*	*Hinweis*
CtlVersion	Versionsnr$ = G.CtlVersion	–	
AutoInc	IsAutoInc = G.AutoInc	G.AutoInc = Wert%	
BackGround	QB-FarbNr% = G.Background	G.Background = QB-FarbNr%	
BottomTitle	Horiz$ = G.BottomTitle	G.BottomTitle = Titel$	
ColorData	QB-Nr%= G.ColorData	G.ColorData = QB-Nr%	
DataReset	Wert% = G.DataReset	G.DataReset = Wert%	Tab. 14.14
DrawMode	Modus% = G.DrawMode	G.DrawMode = Modus%	Tab. 14.15
DrawStyle	Stil% = G.DrawStyle	G.DrawStyle = Stil%	Tab. 14.16
ExtraData	Wert% = G.ExtraData	G.ExtraData = Wert%	Tab. 14.17
FontFamily	Wert% = G.FontFamily	G.FontFamily = Wert%	Tab. 14.18
FontSize	Wert% = G.FontSize	G.FontSize = Wert%	Tab. 14.19
FontStyle	Wert% = G.FontStyle	G.FontStyle = Einstellung%	Tab. 14.20
FontUse	Wert% = G.FontUse	G.FontUse = Einstellung%	Tab. 14.21
Foreground	QB-Nr% = G.Foreground	G.Foreground = QB-Nr%	
GraphCaption	Titel$ = G.GraphCaption	G.GraphCaption = Titel$	
GraphStyle	Typ% = G.GraphStyle	G.GraphStyle = Typ%	Tab. 14.22.1/8
GraphTitle	Titel$ = G.GraphTitle	G.GraphTitle = Titel$	max. 80 Zeich
GraphType	Wert% = G.GraphType	G.GraphType = Einstellung%	Tab. 14.23
GridStyle	Wert% = G.GridStyle	G.GridStyle = Einstellung%	Tab. 14.24
ImageFile	Datein$ = G.ImageFile	G.ImageFile = Dateiname$	
LabelEvery	Häufigkeit% = G.LabelEvery	G.LabelEvery = Häufigkeit%	1 (Def) bis 1000
Labels	Einstellung% = G.Labels	G.Labels = Einstellung%	Tab. 14.25
LabelText	Bezeichn$ = G.LabelText	G.LabelText = Bezeichnung$	mx. 80 Zeichn
LeftTitle	Titel$ = G.LeftTitle	G.LeftTitle = Titel$	mx. 80 Zeichn
LegendStyle	Wert% = G.LegendStyle	G.LegendStyle = Wert%	Tab. 14.16
LineStats	Wert% = G.LineStats	G.LineStats = Einstellung%	Tab. 14.26
NumPoints	Punkte% = G.NumPoints	G.NumPoints = Punkte%	min. 2, Def. 5 **)
NumSets	Gruppen% = G.NumSets	G.NumSets = Gruppen%	min. 1, Def. 1 **)
Palette	Einstellung% = G.Palette	G.Palette = Einstellung%	Tab. 14.27

Eigenschaften	*Read *)*	*Write *)*	*Hinweis*
PatternedLines	Wert% = G.PatternedLines	G.PatternedLines = Einstellung%	Tab. 14.29
Picture	Verweis = G.Picture	–	
PrintStyle	Stil% = G.PrintStyle	G.PrintStyle = Stil%	Tab. 14.28
QuickData	Daten$ = G.QuickData	G.QuickData = Daten$	***)
RandomData	Wert% = G.RandomData	G.RandomData = Einstellg%	Tab. 14.29
SeeThru	Wert% = G.SeeThru	G.SeeThru = Einstellung%	Tab. 14.30
ThickLines	Wert% = G.ThickLines	G.ThickLines = Einstellung%	Tab. 14.31
TickEvery	Abstand% = G.TickEvery	G.TickEvery = Abstand%	1 (def) bis 1000
Ticks	Einstellung% = G.Ticks	G.Ticks = Einstellung%	Tab. 14.32
YAxisMin	Wert! = G.YAxisMin	G.YAxisMin = Min!	
YAxisMax	Wert! = G.YAxisMax	G.YAxisMax = Max!	
YAxisPos	Position% = G.YAxisPos	G.YAxisPos = Position%	Tab. 14.33
YAxisStyle	Stil% = G.YAxisStyle	G.YAxisStyle = Stil%	Tab. 14.34
YAxisTicks	Anz% = G.YAxisTicks	G.YAxisTicks = Marken%	1 (def) bis 100

*) Präfix G. = Graph.

**) NumPoints x NumSets <= 3800

***) Das QuickData-Format ist gleich dem von der Clip-Eigenschaft des Grid-Controls verwendeten Format. Mit Graph1.QuickData = Grid1.Clip weisen Sie die Daten eines Grid einem Graph-Datenfeld zu.

Tab. 14.13: Die Syntax der Graph-Control-Eigenschaften

Einstellung	*Beschreibung*
0	None (Voreinstellung, Kein)
1	GraphData
2	ColorData
3	ExtraData
4	LabelText
5	LegendText
6	PatternData
7	SymbolData
8	XPosData
9	All Data (Alle Daten)

Tab. 14.14: Die Graph.DataReset-Einstellungen

Wert	*Einstellung*	*Beschreibung*
0	No Action (Keine Aktion)	Steuerelement bleibt leer
1	Clear (Löschen)	Kein Diagramm, aber BackGround-Farbe
2	Draw (Zeichnen)	(Anstelle Refresh verwenden!) Diagramm wird neu gezeichnet
3	Blit (alternativ)	Image (BMP) wird (mit BitBlt) erstellt u. gezeigt
4	Copy (Kopieren)	Kopien in das Clipboard BMP wenn vorher Blit, sonst WMF

Wert	Einstellung	Beschreibung
5	Print (Drucken)	Bild ausdrucken (s. auch PrintStyle-Eigenschaft)
6	Write (Schreiben)	Bild als Datei speichern BMP wenn vorher Blit, sonst WMF

Tab. 14.15: Die Graph.DrawMode-Modi

Einstellung	Beschreibung
0	Monochrome (Monochrom)
1	Color (Voreinstellung, Farbe)

Tab. 14.16: Die Graph.DrawStyle- und Graph.LegendStyle-Einstellungen

Kreisdiagramm	Beschreibung
0	Not exploded (Voreinstellung) Segment nicht herausgestellt.
1	Exploded. Segment herausgestellt.
3-D-Balken	*Beschreibung*
0 bis 15	QBColor-Farbnummer der Seitenfarben

Tab. 14.17: Die Graph.Extradata-Einstellungen

Einstellung	Beschreibung
0	(Voreinstellung) Roman
1	Swiss
2	Modern

Tab. 14.18: Die Graph.FontFamilies

FontUse-Einstellung	FontSize-Voreinstellung	Zulässig
0 (Diagrammtitel)	200%	50 bis 500 Prozent
1 (Andere Titel)	150%	50 bis 500 Prozent
2 (Bezeichnungsfelder)	100%	50 bis 500 Prozent
3 (Legende)	100%	50 bis 500 Prozent

Tab. 14.19: Die Voreinstellungen von FontSize

Einstellung	Beschreibung
0	(Voreinstellung)
1	Italic (Kursiv)
2	Bold (Fett)

Einstellung	*Beschreibung*
3	Bold italic (Fett und kursiv)
4	Underlined (Unterstrichen)
5	Underlined italic (Unterstrichen und kursiv)
6	Underlined bold (Unterstrichen und fett)
7	Underlined bold italic (Unterstrichen, fett und kursiv)

Tab. 14.20: Die Graph.FontStyle-Einstellungen

Einstellung	*Beschreibung*
0	Graph title (Voreinstellung, Diagrammtitel)
1	Other titles (Andere Titel)
2	Labels (Bezeichnungsfelder)
3	Legend (Legende)
4	All text (Sämtlicher Text)

Tab. 14.21: Die Graph.FontUse-Einstellungen

Wert	*GraphStyle-Einstellung (GraphType = 1 und 2)*
0	Voreinstellung, Linien zwischen Beschriftung und Kreis
1	Keine Linien
2	Farbbeschriftung
3	Farbbeschriftung ohne Linien
4	%-Beschriftung
5	%-Beschriftung ohne Linien
6	%-Farbbeschriftung
7	%-Farbbeschriftung ohne Linien
	Wurden Werte für LabelText festgelegt, so werden diese verwendet. Andernfalls dient der numerische Wert als Bezeichnung.

Tab. 14.22.1: GraphStyle und 2-D- und 3-D-Balken

Wert	*GraphStyle-Einstellung (GraphType = 3)*
0	Voreinstellung, Vertikale Balken, gruppiert, wenn NumSets > 1
1	Übereinander
3	Nebeneinander
4	Übereinander %
5	Nebeneinander %
	Wenn NumSets = 1, hat jeder Balken eine andere Farbe.
	Wenn NumSets > 1, hat jede Datengruppe eine andere Farbe.

Tab. 14.22.2: GraphStyle und 2-D-Balkendiagramm

Wert	GraphStyle-Einstellung (GraphType = 4)
0	Voreinstellung, Vertikale Balken, gruppiert, wenn NumSets > 1
1	Übereinander
3	Nebeneinander
4	Übereinander %
5	Nebeneinander %
	Wenn NumSets = 1, hat jeder Balken eine andere Farbe.
	Wenn NumSets > 1, hat jede Datengruppe eine andere Farbe.
6	Z-gruppiert
7	Horizontal Z-gruppiert
	Z-gruppiert bedeutet, daß die Datenpunkte für aufeinanderfolgende Gruppen jeweils vor der vorherigen gezeichnet werden. Das erzeugt einen Tiefeneffekt.

Tab. 14.22.3: GraphStyle und 3-D-Balkendiagramm

Wert	GraphStyle-Einstellung (GraphType = 5
0	Voreinstellung, aneinander anliegende Balken
1	Balken mit Abstand
	Balken mit Abstand werden mit einer Balkenbreite Abstand angezeigt.

Tab. 14.22.4: GraphStyle und GanttDiagramm

Wert	GraphStyle-Einstellung (Graphtype = 6, 7 oder 10)
0	Voreinstellung, Linien
1	Symbole
2	Striche
3	Striche und Symbole
4	Linien
5	Linien und Symbole
6	Linien und Striche
7	Linien, Striche und Symbole
	Sie können breite oder gemusterte Linien erstellen, indem Sie die Eigenschaft ThickLines oder PatternedLines auf 1 (on = ein) setzen.

Tab. 14.22.5: GraphStyle und Linien-, Log/Lin- und Polardiagramm

Wert	GraphStyle-Einstellung (GraphType = 8)
0	Voreinstellung, Datengruppen stapeln
1	Absolut
2	Prozentsatz
	Die Einstellung Absolut verwendet absolute Werte ab Y = 0 (Werte können also verborgen sein). Die Einstellung Prozentsatz zeigt die Gruppen als Prozentsatz der Gesamtheit an.

Tab. 14.22.6: GraphStyle und Flächendiagramm

Wert	*GraphStyle-Einstellung (GraphType = 9)*
0	Voreinstellung, nur Symbole Für Punktdiagramme ist XPosData erforderlich.

Tab. 14.22.7: GraphStyle und Punktdiagramm

Wert	*GraphStyle-Einstellung (GraphType = 10)*
0	Voreinstellung, kleinster, größter und Schlußwert
1	Kein Schlußwert
2	Keine kleinsten und größten Werte
3	Keine Balken
	ThickLines kann verwendet werden.

Tab. 14.22.8: GraphStyle und Diagrammtyp für HLC

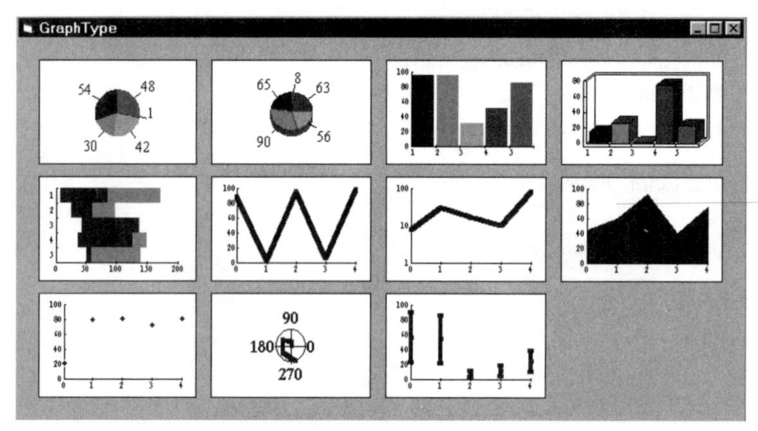

Abb. 14.1: Die Diagrammtypen von Graph

GraphType	*Diagrammtyp*
0	None (Kein)
1	2-D pie (2-D-Kreis)
2	3-D pie (3-D-Kreis)
3	2-D bar (Voreinstellung, 2-D-Balken)
4	3-D bar (3-D-Balken)
5	Gantt (Balken)
6	Line (Linie)
7	Log/Lin
8	Area (Fläche)
9	Scatter (Punkt)
10	Polar
11	HLC (Highest, Lowest, Close)

Tab. 14.23: Die Graph.GraphType-Diagrammtypen

Einstellung	Beschreibung
0	(Voreinstellung) None (Kein)
1	Horizontal
2	Vertikal
3	Horizontal und vertikal

Tab. 14.24: Einstellungen von Graph.GridStyle

Einstellung	Beschreibung
0	(Voreinstellung) Off (Aus)
1	On (Ein)
2	Bezeichnungsfelder auf X-Achse
3	Bezeichnungsfelder auf Y-Achse

Tab. 14.25: Die Graph.Labels-Einstellungen

Einstellung	Beschreibung
0	None (Keine)
1	Mean (Mittelwert)
2	MinMax (MinMax)
3	Mean and MinMax (Mittelwert und MinMax)
4	StdDev (StdAbw)
5	StdDev (StdAbw und Mittelwert)
6	StdDev and MinMax (StdAbw und MinMax)
7	StdDev and MinMax and Mean (StdAbw und MinMax und Mittelwert)
8	BestFit (Automatische Anpassung)
9	BestFit and Mean (Automatische Anpassung und Mittelwert)
10	BestFit and MinMax (Automatische Anpassung und MinMax)
11	BestFit and MinMax and Mean (Automatische Anpassung und MinMax und Mittelwert)
12	BestFit and StdDev (Automatische Anpassung und StdAbw)
13	BestFit and StdDev and Mean (Automatische Anpassung und StdAbw und Mittelwert)
14	BestFit and StdDev and MinMax (Automatische Anpassung und StdAbw und MinMax)
15	All (Alle)

Tab. 14.26: Die Graph.LineStats-Einstellungen

Einstellung	Beschreibung
0	Solid (Voreinstellung, Basisfarben)
1	Pastel (dithered) (Pastell, gemischt)
2	Grayscale (dithered) (Graustufen, gemischt)

Tab. 14.27: Die Graph.Palette-Einstellungen

Einstellung	*Beschreibung*
0	(Voreinstellung) Monochrome (Monochrom)
1	Color (Farbe)
2	Monochrome with border (Monochrom mit Rand)
3	Color with border (Farbe mit Rand)

Tab. 14.28: Die Graph.PrintStyle-Einstellungen

Einstellung	*Beschreibung*	*PatternedLines*	*RandomData*
0	Off (Aus)	Voreinstellung	–
1	On (Ein)	–	Voreinstellung

Tab. 14.29: Die Graph.PatternedLines-Einstellungen

Einstellung	*Beschreibung*	
0	Off (Voreinstellung, Aus)	Diagrammhintergrund sichtbar
1	On (Ein)	Diagrammhintergrund nicht sichtbar (wenn DrawMode <> 3 (Blit))

Tab. 14.30: Die Graph.SeeThru-Einstellungen

Einstellung	*Beschreibung*	*DrawStyle = 0 (Monochrom)*	*sonst*
0	Off (Voreinstellung, Aus)		
1	On (Ein)	3 Pixel oder Datenelement.PatternData	

Tab. 14.31: Die Graph.ThickLines-Einstellungen

Einstellung	*Beschreibung*
0	Off (Voreinstellung, Aus)
1	On (Ein)
2	X ticks (X-Markierungen)
3	Y ticks (Y-Markierungen)

Tab. 14.32: Die Graph.Ticks-Einstellungen

Einstellung	*Beschreibung*
0	(Voreinstellung) Die Y-Achse erhält automatisch eine Position entsprechend der XPosData-Werte. Sind die Werte alle positiv, so erscheint die Y-Achse an der linken Seite des Diagramms. Sind die Werte alle negativ, so erscheint die Y-Achse an der rechten Seite des Diagramms.

Einstellung	*Beschreibung*
1	Left (Links)
2	Right (Rechts)

Tab. 14.33: Die Graph.YAxisPos-Einstellungen

Einstellung	*Beschreibung*
0	(Voreinstellung) Der Bereich der Y-Achse wird automatisch aufgrund der im Diagramm darzustellenden Daten berechnet. Der Maximalwert der Y-Achse ist größer oder gleich dem Maximalwert der Daten. Der Minimalwert der Achse ist 0, oder, wenn die Daten auch negative Werte umfassen, kleiner oder gleich dem Minimalwert der Daten. Die Y-Achse enthält also immer den Null-Ursprung (0).
1	Variable origin (Variabler Ursprung). Der Maximalwert der Y-Achse ist größer oder gleich dem Maximalwert der Daten. Der Minimalwert der Y-Achse ist kleiner oder gleich dem Minimalwert der Daten, unabhängig davon, ob die Daten auch negative Werte umfassen. Die Y-Achse enthält daher möglicherweise den Null-Ursprung (0) nicht. Der Stil »Variable origin« (Variabler Ursprung) ist dann hilfreich, wenn Sie Daten mit geringer Abweichung um einen Wert ungleich Null im Diagramm darstellen möchten. Bei Verwendung der Voreinstellung ist die Abweichung möglicherweise nicht sichtbar.
2	User-defined origin (Benutzerdefinierter Ursprung). Die Eigenschaften YAxisMax, YAxisMin und YAxisTicks geben den Bereich gemeinsam an. Verwenden Sie den Stil »User-defined origin« (Benutzerdefinierter Ursprung), wenn Sie Daten in einer bestimmten Art und Weise darstellen möchten.

Tab. 14.34: Die Graph.YAxisStyle-Einstellungen

Eigenschaft	*Ab VB2*	*Eigenschaft*	*Ab VB2*
Allgemein			
Container		Object	
Height, Width		Parent	
hWnd		TabIndex	
Index		TabStop	
Left, Top		Tag	
Name			
Darstellung			
BorderStyle		Enabled	
Drag & Drop			
DragIcon		DragMode	
Hilfe			
HelpContextID		WhatsThisHelpID	VB4

Tab. 14.35: Die allgemeinen Eigenschaften des Graph-Controls

Graph-Fehler abfangen

Fehler fangen Sie bei Graph mit der On Error-Anweisung ab.

Die Liste der Fehlermeldungen finden Sie im Kapitel 7, Abschnitt 7.6.2.

Datenelement-Eigenschaften

Graph-Datenelement-Eigenschaften sind die Eigenschaften, die spezielle Datenfeld-Elemente betreffen.

Bei Graph sind die Daten Elemente ein- oder zweidimensionaler Felder. Die Dimensionen der Datenfelder sowie das Element, auf das aktuell zugegriffen werden soll, legen Sie mit ThisSet und ThisPoint fest.

Eigenschaften	*Ab: VB2*	*Kurzbeschreibung*	*Entw.*	*LZ*
ThisPoint		Nummer des aktuellen Punktes (1 bis NumPoints)	R/W	R/W
ThisSet		Dimensionierung oder Nummer der aktuellen Datengruppe	R/W	R/W
GraphData		Variablenfeld der Daten	R/W	R/W
IndexStyle		Indexstil des Datenfeldes	R/W	R/W
LegendText		Text für Legende	R/W	R/W
PatternData		Ausfüllmuster (0 bis 7 u. 16 bis 31) oder Linienmuster oder Linienstärke (Pixel)	R/W	R/W
SymbolData		Linien-, Log/Lin-, Punkt-, Polar-Symbole	R/W	R/W
XPosData		Wert für die durch ThisPoint festgelegte X-Position (nicht bei Kreis und Gantt)	–	R/W

Tab. 14.36: Graph-Datenelement-Eigenschaften

Eigenschaften	*Read *)*	*Write *)*	
ThisPoint	Punkt% = G.ThisPoint	G.ThisPoint = Punkt%	
ThisSet	Gruppe% = G.ThisSet	G.ThisSet = Gruppe%	
	Vorher:		
	G.ThisPoint = ...	=	
	G.ThisSet = ...	=	
GraphData	Wert! = G.GraphData	G.GraphData = Wert!	
IndexStyle	Wert% = G.IndexStyle	G.IndexStyle = Einstellg%	Tab. 14.38
LegendText	Text$ = G.LegendText	G.LegendText = Text$	max. 80 Zeichn
PatternData	Mustr% = G.PatternData	G.PatternData = Muster%	
SymbolData	Symb% = G.SymbolData	G.SymbolData = Symbol%	Tab. 14.40
XPosData	xWert! = G.XPosData	G.XPosData = xWert!	

*) Präfix G. = Graph.

Tab. 14.37: Syntax der Graph-Datenelement-Eigenschaften

Einstellung	Beschreibung
0	(Voreinstellung) Standard. Auf eindimensionale Datenfelder wird durch die ThisPoint-Eigenschaft zugegriffen.
1	Enhanced (Erweitert). Auf Datenfelder wird wie in Tabelle 14.38 zugegriffen.

Tab. 14.38: Die Graph.IndexStyle-Einstellungen

Datenfeld	Verwendete Eigenschaften	Hinweis
GraphData	ThisSet und ThisPoint (zweidimensionales Datenfeld)	
ColorData	ThisSet oder ThisPoint	
ExtraData	ThisSet oder ThisPoint	
LabelText	ThisPoint	
LegendText	ThisSet oder ThisPoint	
PatternData	ThisSet oder ThisPoint	
SymbolData	ThisSet	Tab. 14.40
XPosData	ThisSet und ThisPoint (zweidimensionales Datenfeld)	

Tab. 14.39: Datenfeld bestimmt die This-Element-Eigenschaften

Einstellung	Beschreibung
0	Cross (+) (Kreuz) (Voreinstellung)
1	Cross (X) (Diagonalkreuz)
2	Triangle (up) (Dreieck, aufwärts)
3	Solid Triangle (up) (Ausgefülltes Dreieck, aufwärts)
4	Triangle (down) (Dreieck, abwärts)
5	Solid Triangle (down) (Ausgefülltes Dreieck, abwärts)
6	Square (Quadrat)
7	Solid Square (Ausgefülltes Quadrat)
8	Diamond (Raute)
9	Solid Diamond (Ausgefüllte Raute)

Tab. 14.40: Die durch Graph.SymbolData bestimmten Symbole

14.2.2 Graph-Methoden und -Ereignisse

Graph verfügt über keine spezifischen Methoden.

Methode	Ab: VB2	Methode	Ab: VB2
Allgemein			
Refresh		ZOrder	
SetFocus			

Methode	*Ab: VB2*	*Methode*	*Ab: VB2*
Drag & Drop		***Hilfe***	
Drag		ShowWhatsThis	

Tab. 14.41: Die Methoden von Graph

Graph registriert keine spezifischen Ereignisse.

Ereignis	*Ab: VB2*	*Ereignis*	*Ab: VB2*
Benutzeraktionen			
Click		KeyPress	
DblClick		MouseDown, MouseUp	
KeyDown, KeyUp		MouseMove	
Focus-Ereignisse			
GotFocus		LostFocus	
Drag & Drop			
DragDrop		DragOver	

Tab. 14.42: Die Ereignisse des Graph-Controls

14.3 MSChart-Steuerelement

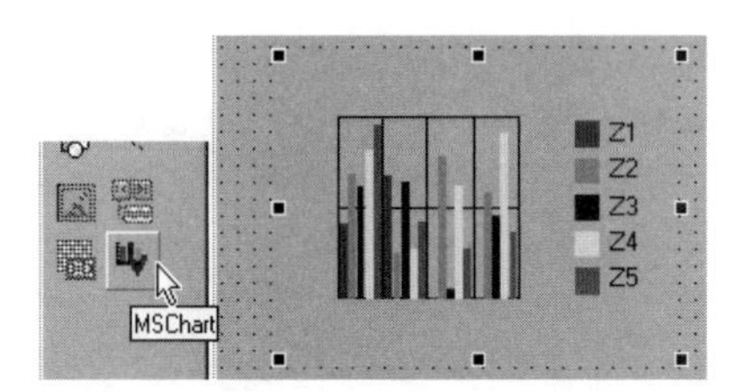

Deutsche Bezeichnung: Diagramm-Steuerelement

Klasse: MSChart

Typ: 32-Bit-Zusatzsteuerelement

MSChart ist ein (ab VB5 verfügbares) Steuerelement, das in einem auf verschiedene Weise gestaltbaren Diagramm Daten graphisch anzeigt.

Das MSChart-Steuerelement unterstützt folgende Funktionen:

- echte dreidimensionale Darstellung;
- alle wichtigen Diagrammtypen;
- Belegung von Datenrastern über Zufallsdaten und Datenfelder.

Bezeichnung Klasse	*Version*	*Edition*	*Datei*	*Bezeichnung in Liste Zusatzsteuerelemente*
Diagramm	VB5	Pro/Ent	MSCHART.OCX	Microsoft Chart Control *)
Chart	VB6	Pro/Ent	MSCHRT20.OCX	Microsoft Chart Control 6.0

*) Auch unter Vb4-32 verwendbar.

Tab. 14.43: Die zum MSChart erforderlichen Dateien

Bitte beachten Sie:

MSChart hat eine sehr komplexe Objektstruktur.

Der besseren Übersicht halber unterscheide und beschreibe ich getrennt:

- Das MSChart-Control mit seinen spezifischen Eigenschaften, Methoden und Ereignissen.
- Primäre Subobjekte, das sind direkt dem MSChart untergeordnete Subobjekte. Im entsprechenden Abschnitt sind auch die Subobjekte beschrieben, die nur als Subobjekte bestimmter primärer Subobjekte existieren.
- Sekundäre Subobjekte, das sind unterschiedlichen Subobjekten untergeordnete Objekte. Einige der sekundären Subobjekte sind in Auflistungen zusammengefaßt. Das Backdrop-Objekt wird bei den sekundären Subobjekten besprochen, da es außer dem MSChart auch mehreren anderen Objekten untergeordnet ist.

Das MSChart-Control steuert als übergeordnetes Objekt die allgemeine Gestaltung und den Zugriff auf die primären Subobjekte.

Es verfügt dazu über Eigenschaften und Methoden und registriert die Ereignismeldungen.

14.3.1 MSChart-Eigenschaften

Eigenschaft	*Ab: VB5*	*Kurzbeschreibung*	*Entw.*	*LZ*
Allgemeine Gestaltung				
Backdrop		Verweis auf Backdrop-Subobjekt (Hintergrund: Schatten, Muster, Bild)	–	R
FootNote		Verweis auf FootNote-Subobjekt (Fußnote)	–	R
Legend		Verweis auf Legend-Subobjekt (Legende Erklärung der Farben)	–	R
Title		Verweis auf Title-Subobjekt (Titel)	–	R
Datenobjekte				
DataGrid		Verweis auf DataGrid-Subobjekt (enthält die Daten)	–	R
Plot		Verweis auf Plot-Subobjekt (Darstellung der Daten)	–	R

Tab. 14.44.1: Die Objektverweise zum Zugriff auf die primären Subobjekte

Eigenschaften	*Read *)*	*Write *)*
Allgemeine Gestaltung		
Backdrop	Verweis = MSC.Backdrop	–
FootNote	Verweis = MSC.Footnote	–
Legend	Verweis = MSC.Legend	–
Title	Verweis = MSC.Title	–
Datenobjekte		
DataGrid	Verweis = MSC.DataGrid	–
Plot	Verweis = MSC.Plot	–

Tab. 14.44.2: Die Syntax der Verweise auf die primären Subobjekte

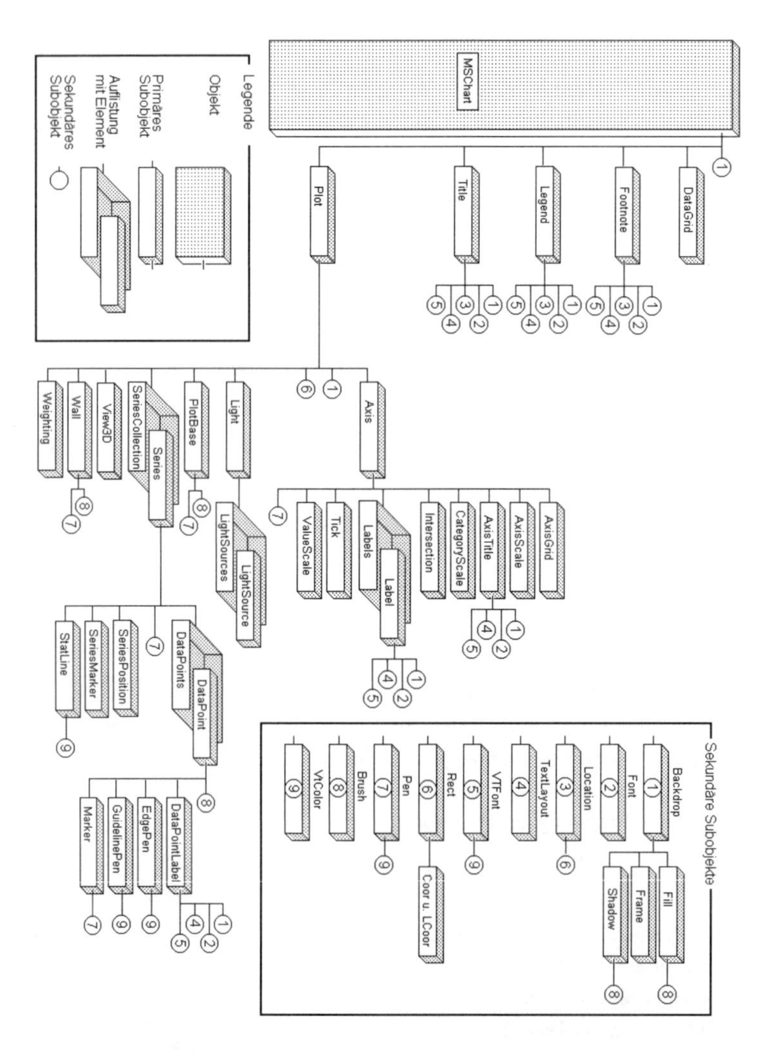

Abb. 14.2: Die Objektstruktur des MSChart-Controls

Eigenschaft	*Ab: VB5*	*Kurzbeschreibung*	*Entw.*	*LZ*
Datenfeld				
ChartData		Variablenfeld der Diagramm-Daten (Standardeigenschaft)	–	*R/W*
Sonstige				
ActiveSeriesCount		Anzahl Reihen	–	R
AllowDithering		Mischfarben rastern?	R/W	R/W
AllowDynamicRotation		Rotation mit <Ctrl>-Taste? *)	R/W	R/W
AllowSelections		Diagrammobjekte auswählbar?	R/W	R/W
AllowSeriesSelection		Reihe durch Datenpunkt-Anklicken wählbar	R/W	R/W
AutoIncrement		Automatische Wert-Erhöhung	R/W	R/W
Chart3-D		3-D- Diagramm?	–	R
ChartType		Diagrammtyp	R/W	R/W
ColumnCount		Anzahl Spalten	R/W	R/W
Column		Bestimmt aktuelle Spalte	–	R/W
ColumnLabel		Etikettentext aktuelle Spalte	R/W	R/W
ColumnLabelCount		Anzahl der Spalten-Etiketten	R/W	R/W
ColumnLabelIndex		Identifiziert Spalten-Etiketten	R/W	R/W
Data		Wert aktueller Datenpunkt	R/W	R/W
DoSetCursor		Diagrammcursor zulassen	–	R/W
DrawMode		Diagramm neu zeichnen	R/W	R/W
FootNoteText		Text der Fußnote; entspricht FootNote.Text	–	R/W
LabelLevelCount		Anzahl Etikettenebenen	–	R/W
RandomFill		Zufallsdaten verwenden	R/W	R/W
Repaint		Nach Änderung neu zeichnen	R/W	R/W
Row		Bestimmt aktuelle Zeile	–	R/W
RowCount		Anzahl Zeilen	R/W	R/W
RowLabel		Etikettentext, aktuelle Zeile	R/W	R/W
RowLabelCount		Anzahl der Zeilen-Etiketten	R/W	R/W
RowLabelIndex		Identifiziert Zeilen-Etikett	R/W	R/W
SeriesColumn		Position aktuelle Reihendaten	R/W	R/W
SeriesType		Anzeigetyp aktuelle Spalte	R/W	R/W
ShowLegend		Legende anzeigen (Standard: rechts neben Diagramm)	R/W	R/W
Stacking		Reihen gestapelt darstellen	–	R/W
TextLengthType		Anzeige optimieren (Bildschirm oder Drucker)	R/W	R/W
TitleText		Dem Titel zugewiesener Text; entspricht Title.Text.	R/W	R/W

*) Mauscursor auf das Diagramm bewegen. Ctrl drücken. Bei gedrückter Maustaste läßt sich die Ansichtsposition des Diagramms mit der Maus ändern s. Abb. 14.3.

Tab. 14.45: Die anderen spezifischen Eigenschaften des MSChart-Controls

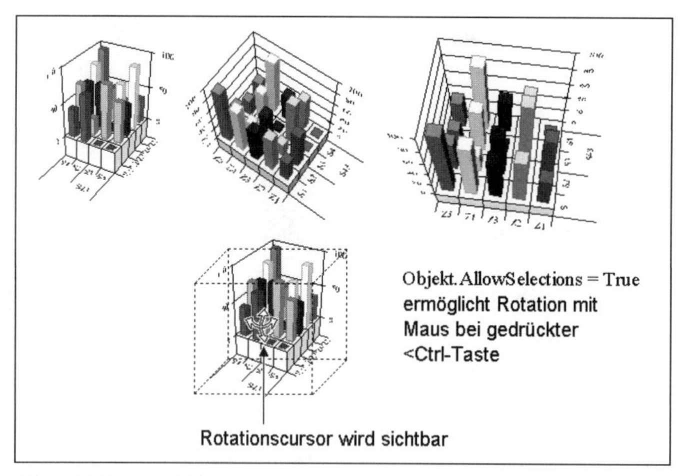

Abb. 14.3: Das Diagramm rotieren

Sonstige	*Read *)*	*Write *)*	*Hinweis*
ChartData	s. unten Abschnitt »ChartData-Variablenfeld«		
ActiveSeriesCount	AnzReihen = C.ActiveSeriesCount	–	
~ = Allow			
~Dithering	DithAllwd = C.~Dithering	C.~Dithering = Wert	{True|False}
~DynamicRotation	Rot = C.~DynamicRotation	C.~DynamicRotation = Wert	{True|False}
~Selections	SelAllwd = C.~Selections	C.~Selections = Wert	{True|False}
~SeriesSelection	SelSer = C. ~SeriesSelection	C.~SeriesSelection = Wert	{True|False}
AutoIncrement	AIncr = C.AutoIncrement	C.AutoIncrement = Wert	{False|True}
Chart3-D	Is3-D = C.Chart3-D	–	
ChartType	Typ = C.ChartType	C.ChartType =Typ	Tab. 14.47
ColumnCount	AnzSpalten = C.ColumnCount	C.ColumnCount = Wert	
Column	Spalte = C.Column	C.Column = Spalte	
ColumnLabel	Text = C.ColumnLabel	C.ColumnLabel = Text	
ColumnLabelCount	Anzahl = C.ColumnLabelCount	C. ColumnLabelCount = Anzahl	mind. 1
ColumnLabelIndex	Index = C.ColumnLabelIndex	C. ColumnLabelIndex = Index	
Data	Wert = C.Data	C.Data = Wert	
DoSetCursor	SetCursor = C.DoSetCursor	C.DoSetCursor = Wert	{False|True}
DrawMode	Modus = C.DrawMode	C.DrawMode = Modus	Tab. 14.48

Sonstige	*Read *)*	*Write *)*	*Hinweis*
FootnoteText	Text = C.FootnoteText	C.FootnoteText = Tx$	
LabelLevelCount	Anzahl = C.LabelLevelCount	C. LabelLevelCount = Anzahl	
RandomFill	RandomFilled = C.RandomFill	C.RandomFill = Wert	{True|False}
Repaint	DoRepaint = C.Repaint	C.Repaint = Wert	{True|False}
Row	Zeile = C.Row	C.Row = Zeile	
RowCount	AnzZeilen = C.RowCount	C.RowCount = Wert	mind. 1
RowLabel	Text = C.RowLabel	C.RowLabel = Text	
RowLabelCount	Anzahl = C.RowLabelCount	C.RowLabelCount = Anzahl	
RowLabelIndex	Index = C.RowLabelIndex	C.RowLabelIndex = Index	
SeriesColumn	Position = C.SeriesColumn	C.SeriesColumn = Position	
SeriesType	Typ = C.SeriesType	C.SeriesType = Typ	Tab. 14.50
ShowLegend	ShowsLegend = C.ShowLegend	C.ShowLegend = Wert	{False|True}
Stacking	Gestapelt = C.Stacking	C.Stacking = Wert	{False|True}
TextLengthType	Typ = C.TextLengthType	C.TextLengthType = Typ	Tab. 14.50
TitleText	Text = C.TitleText	C.TitleText = Text	

*) Präfix C. = MSChart.

Tab. 14.46: Die Syntax der spezifischen Eigenschaften des MSChart-Controls

ChartData-Variablenfeld

ChartData (Standardeigenschaft des MSChart) ist das Variablenfeld, in dem die Diagramm-Daten stehen.

ChartData-Beispiel:

```
1. Dim D(3, 2)
2. Werte zuweisen
  Objekt.ChartData  = D

  Dim D As Variant
  D = Objekt.ChartData
  L1 = LBound(D, 1): U1 = UBound(D, 1)
  L2 = LBound(D, 2): U1 = UBound(D, 2)
  For m = L1 To U1
    For n = L2 To U2
      Wert(m, n) = D(m, n)
    Next
  Next
```

Wert	*Konstante*	*Beschreibung*
0	VtChChartType3-DBar	3-D-Balken
1	VtChChartType2-DBar	2-D-Balken
2	VtChChartType3-DLine	3-D-Linie
3	VtChChartType2-DLine	2-D-Linie
4	VtChChartType3-DArea	3-D-Fläche
5	VtChChartType2-DArea	2-D-Fläche
6	VtChChartType3-DStep	3-D-Stufe
7	VtChChartType2-DStep	2-D-Stufe
8	VtChChartType3-DCombination	3-D-Kombination
9	VtChChartType2-DCombination	2-D-Kombination
14	VtChChartType2-DPie	2-D-Kreis
16	VtChChartType2-DXY	2-D-XY

Tab. 14.47: Die ChartType-Konstanten (VtChChartType)

Wert	*Konstante*	*Beschreibung*
0	VtChDrawModeDraw	Zeichnet direkt auf das Anzeigegerät.
1	VtChDrawModeBlit	Kopiert ein Speicherabbild des Diagramms im Blit-Modus zum Anzeigegerät.

Tab. 14.48: Die DrawMode-Konstanten (VtChDrawMode)

Wert	*Konstante*	*Reihentyp*
0	VtChSeriesType3-DBar	3-D-Balken
1	VtChSeriesType2-DBar	2-D-Balken
2	VtChSeriesType3-DLine	3-D-Linie
3	VtChSeriesType2-DLine	2-D-Linie
4	VtChSeriesType3-DArea	3-D-Fläche
5	VtChSeriesType2-DArea	2-D-Fläche
6	VtChSeriesType3-DStep	3-D-Stufe
7	VtChSeriesType2-DStep	2-D-Stufe
8	VtChSeriesType2-DXY	2-D-XY
9	VtChSeriesType2-DPie	2-D-Kreis

Tab. 14.49: SeriesType-Konstanten (VtChSeriesType)

Wert	*Konstante*	*Beschreibung*
0	VtTextLengthTypeVirtual	Wählen Sie diese Konstante, um die virtuellen Schriftartmetriken von TrueType zur Optimierung der Druckerausgabe von Text einzusetzen.

Wert	Konstante	Beschreibung
1	VtTextLengthTypeDevice	Wählen Sie diese Konstante, um die Textanordnung für den Bildschirm zu optimieren. In Diagrammen, die für Bildschirmdarstellung ausgelegt sind, paßt der Text immer korrekt in den vorgesehenen Diagrammbereich.

Tab. 14.50: Die TextLengthType-Konstanten (VtTextLengthType)

Eigenschaft	Ab: VB5	Eigenschaft	Ab: VB5
Allgemein			
Container		Object	
Enabled		Parent	
hWnd		TabIndex	
Index		TabStop	
MousePointer		Tag	
Name		Visible	
Darstellung			
BorderStyle			
Position			
Height, Width		Left, Top	
Drag & Drop			
DragIcon		DragMode	
Hilfe			
HelpContextID		WhatsThisHelpID	
ToolTipText			
Data			
DataBindings			

Tab. 14.51: Die allgemeinen Eigenschaften der MSChart-Controls

14.3.2 MSChart-Methoden

Methoden	Ab VB5	Kurzbeschreibung
EditCopy		Kopiert das aktuelle Diagramm als WMF (mit der Datentabelle) in das Clipboard. *)
EditPaste		Fügt aus dem Clipboard eine WMF-Datei oder die Daten einer Tab-begrenzten Tabelle ein. *)
GetSelectedPart		Identifiziert das derzeit gewählte Diagrammelement.

Methoden	*Ab VB5*	*Kurzbeschreibung*
Layout		Ordnet ein Diagramm an und erzwingt die Neuberechnung von automatischen Werten.
SelectPart		Wählt den angegebenen Bestandteil des Diagramms aus.
ToDefaults		Setzt das Diagramm auf seine ursprünglichen Einstellungen zurück.
TwipsToChartPart		Identifiziert einen Bestandteil eines Diagramms mit Hilfe der X- und Y-Koordinatengruppe.

*) Das Bild wird als WMF, die Daten als Tab-begrenzte Textmatrix in das und aus dem Clipboard kopiert.

Tab. 14.52.1: Die spezifischen Methoden des MSChart-Controls

Methoden	*Syntax *)*	*Hinweis*
EditCopy	MSC.EditCopy	
EditPaste	MSC.EditPaste	
GetSelectedPart	MSC.GetSelectedPart Teil, Index1, Index2, Index3, Index4	Tab. 14.53
Layout	MSC.Layout	
SelectPart	MSC.SelectPart Teil, Index1, Index2, Index3, Index4	Tab. 14.53
ToDefaults	MSC.ToDefaults	
TwipsToChartPart	MSC.TwipsToChartPart xVal, yVal, Teil, Index1, Index2, Index3, Index4	Tab. 14.53

Tab. 14.52.2: Syntax der spezifischen Methoden des MSChart-Controls

Argument	*Beschreibung*	*Hinweis*
xVal, yVal	Long. Horizontale und vertikale Koordinaten des Punktes.	
Teil	Integer. Gibt das Diagrammelement an. Zulässige Konstanten sind VtChPartType.	Tab. 14.55
Index1 etc.	Integer. Reihennummer (ab 1 von links nach rechts), wenn Teil eine Reihe oder ein Datenpunkt ist. Achsentyp (VtChAxisId-Konstante), wenn Teil ein/e Achsenetikett/Achse ist.	Tab 14.56
Index2	Integer. Datenpunkt in der durch Index1 angegebenen Reihe, wenn sich Teil auf einen Datenpunkt bezieht. Ist Teil eine Achse, ein Achsentitel oder ein Achsenetikett, verwenden Sie den Wert 1.	
Index3	Integer. Ebene des Etiketts, nur wenn sich Teil auf ein Achsenetikett bezieht, sonst nicht verwendet.	
Index4	Integer. Dieses Argument wird nicht verwendet.	

*) MSC = MSChart

Tab. 14.53: Argumente der spezifischen Methoden des MSChart-Controls

Wert	Konstante	Ab Version	Identifiziert ...
		VB5	
0	VtChPartTypeChart		das Chart-Control (Chart).
1	VtChPartTypeTitle		den Diagramm-Titel (Title).
2	VtChPartTypeFootnote		die Diagramm-Fußnote (Footnote).
3	VtChPartTypeLegend		die Diagramm-Legende (Legend).
4	VtChPartTypePlot		den Diagramm-Plot (PLot).
5	VtChPartTypeSeries		eine Reihe des Diagramms.
6	VtChPartTypeSeriesLabel	VB6	ein Reihenetikett.
7	VtChPartTypePoint		einen einzelnen Datenpunkt.
8	VtChPartTypePointLabel		das Label eines Punktes.
9	VtChPartTypeAxis		eine Achse.
10	VtChPartTypeAxisLabel	VB6	ein Achsenetikett.
11	VtChPartTypeAxisTitle	VB6	einen Achsentitel.
12	VtChPartTypeSeriesName	VB6	den Namen einer Datenreihe.
13	VtChPartPointLabel	VB6	das Etikett eines Punktes.
14	VtChPartTypeCount	VB6	die Anzahl der Elemente in der Auflistung.

Tab. 14.54: VtChPartType-Konstanten für Teil in GetSelectedPart, SelectPart und TwipsToChartPart

Wert	Konstante	Steht für:
0	VtChAxisIdX	X-Achse
1	VtChAxisIdY	Y-Achse
2	VtChAxisIdY2	sekundäre Y-Achse
3	VtChAxisIdZ	Z-Achse

Tab. 14.55: VtChAxisId-Konstanten für Index1 in GetSelectedPart, SelectPart und TwipsToChartPart

Methode	Ab: VB5	Methode	Ab: VB5
Allgemein			
Move		SetFocus	
Refresh		ZOrder	
Drag & Drop		***OLE***	
Drag		OLEDrag	VB6
Hilfe			
ShowWhatsThis			

Tab. 14.56: Die allgemeinen Methoden des MSChart-Controls

14.3.3 MSChart-Ereignisse

Ereignis	*Ab: VB5*	*Wird gemeldet*
DonePainting		unmittelbar nachdem das Diagramm erneut gezeichnet wurde.

	Aktion		
	Doppelklick	***Klick***	***Daten geändert***
im Bereich ...	***registiert als ...***		
Alle Daten	–	–	DataUpdated
Achse	AxisActivated	AxisSelected	AxisUpdated
Achsenetikett	AxisLabelActivated	AxisLabelSelected	AxisLabelUpdated
Achsentitel	AxisTitleActivated	AxisTitleSelected	AxisTitleUpdated
Fußnote	FootnoteActivated	FootnoteSelected	FootnoteUpdated
Legend	LegendActivated	LegendSelected	LegendUpdated
Plot	PlotActivated	PlotSelected	PlotUpdated
Punkt	PointActivated	PointSelected	PointUpdated
Punktetikett	PointLabelActivated	PointLabelSelected	PointLabelUpdated
Reihe	SeriesActivated	SeriesSelected	SeriesUpdated
Titel	TitleActivated	TitleSelected	TitleUpdated
Alle übrigen	ChartActivated	ChartSelected	ChartUpdated

Tab. 14.57: Die spezifischen Ereignisse des MSChart

Ereignis	*Syntax *)*
DonePainting	Sub MSC_DonePainting ( )
DataUpdated	Sub MSC_DataUpdated (row%, column%, labelRow%, labelColumn%, labelSetIndex%, updateFlag%)
ChartActivated	Sub MSC_ChartActivated (mouseFlag%, cancel%)
ChartSelected	Sub MSC_ChartSelected (mouseFlag%, cancel%)
ChartUpdated	Sub MSC_ChartUpdated (updateFlags%)
FootnoteActivated	Sub MSC_FootnoteActivated (mouseFlag%, cancel%)
FootnoteSelected	Sub MSC_FootnoteSelected (mouseFlag%, cancel%)
FoootnoteUpdated	Sub MSC_FootnoteUpdated (updateFlag%)
LegendActivated	Sub MSC_LegendActivated (mouseFlag%, cancel%)
LegendSelected	Sub MSC_LegendSelected (mouseFlag%, cancel%)
LegendUpdated	Sub MSC_LegendUpdated (updateFlag%)
PlotActivated	Sub MSC_PlotActivated (mouseFlag%, cancel%)
PlotSelected	Sub MSC_PlotSelected (mouseFlag%, cancel%)
PlotUpdated	Sub MSC_PlotUpdated (updateFlag%)

Ereignis	*Syntax *)*
TitleActivated	Sub MSC_TitleActivated (mouseFlag%, cancel%)
TitleSelected	Sub MSC_TitleSelected (mouseFlag%, cancel%)
TitleUpdated	Sub MSC_TitleUpdated (updateFlag%)
AxisActivated	Sub MSC_AxisActivated (axisId%, axisIndex%, mouseFlag%, cancel%)
AxisSelected	Sub MSC_AxisSelected (axisId%, axisIndex%, mouseFlag%, cancel%)
AxisUpdated	Sub MSC_AxisUpdated (axisId%, axisIndex%, updateFlag%)
AxisLabelActivated	Sub MSC_AxisLabelActivated (axisId%, axisIndex%, labelSetIndex%, labelIndex%, mouseFlag%, cancel%)
AxisLabelSelected	Sub MSC_AxisLabelSelected (axisId%, axisIndex%, labelSetIndex%, labelIndex%, mouseFlag%, cancel%)
AxisLabelUpdated	Sub MSC_AxisLabelUpdated (axisId%, axisIndex%, labelSetIndex%, labelIndex%, updateFlag%)
AxisTitleActivated	Sub MSC_AxisTitleActivated (axisId%, axisIndex%, mouseFlag%, cancel%)
AxisTitleSelected	Sub MSC_AxisTitleSelected (axisId%, axisIndex%, mouseFlag%, cancel%)
AxisTitleUpdated	Sub MSC_AxisTitleUpdated (axisId%, axisIndex%, updateFlag%)
PointActivated	Sub MSC_PointActivated (series%, dataPoint%, mouseFlag%, cancel%)
PointSelected	Sub MSC_PointLabelSelected (series%, dataPoint%, mouseFlag%, cancel%)
PointUpdated	Sub MSC_PointUpdated (series%, dataPoint%, updateFlags%)
PointLabelUpdated	Sub MSC_PointLabelActivated (series%, dataPoint%, mouseFlag%, cancel%)
PointLabelSelected	Sub MSC_PointLabelSelected (series%, dataPoint%, mouseFlag%, cancel%)
PointLabelUpdated	Sub MSC_PointLabelUpdated (series%, dataPoint%, updateFlag%)
SeriesActivated	Sub MSC_SeriesActivated (series%, mouseFlag%, cancel%)
SeriesSelected	Sub MSC_SeriesSelected (series%, mouseFlag%, cancel%)
SeriesUpdated	Sub MSC_SeriesUpdated (series%, updateFlag%)

*) MSC = MSChart Alle »As Integer«-Deklarationen sind durch % ersetzt. Argumente s. Tab. 10.59.

Tab. 14.58: Die Syntax der spezifischen Ereignisse des MSChart

Argument	*Beschreibung*	*Hinweis*
axisId	Integer. Identifiziert eine bestimmte Achse.	Tab. 14.55
axisIndex	Integer. Für die zukünftige Verwendung reserviert. 1 ist der einzige zulässige Wert für dieses Argument.	
cancel	Integer. Zur Zeit nicht verwendet.	
column	Integer. Spalte des Datenrasters.	
dataPoint	Integer. Position des Datenpunkts in der Reihe. Erster Punkt = 1.	
labelRow	Integer. Zeilenetikett.	
labelColumn	Integer. Spaltenetikett.	
labelIndex	Integer. Zur Zeit nicht verwendet.	

Argument	*Beschreibung*	*Hinweis*
labelSetIndex	Integer. Identifiziert die Etikettenebene. Etikettenebenen werden mit 1 beginnend von der Achse aus nach außen numeriert.	
mouseFlag	Integer. Shift oder Ctrl gedrückt, wenn auf die Maustaste gedrückt wird.	Tab. 14.61
row	Integer. Gibt die Zeile des Datenrasters an.	
updateFlag	Integer. Informationen über die Aktualisierung des Etiketts.	Tab. 14.62

Tab. 14.59: Die Argumente der spezifischen MSChart-Ereignisse

Wert	*Konstante *)*	*Beschreibung*
4	VtChMouseFlagShiftKeyDown	Die UMSCHALT-Taste ist gedrückt.
8	VtChMouseFlagControlKeyDown	Die STRG-Taste ist gedrückt.

*) Prüfen Sie, ob die Konstanten in Ihrem System initialisiert sind!

Tab. 14.60: mouseFlag-Einstellungen der MSChart-Ereignisse

Wert	*Konstante *)*	*Beschreibung*
0	VtChNoDisplay	Keine Aktualisierungskennzeichen gesetzt; die Diagrammdarstellung ist nicht betroffen. (Definiert als 0.)
1	VtChDisplayPlot	Die Aktualisierung führt zur erneuten Zeichnung des Plots.
2	VtChLayoutPlot	Die Aktualisierung führt zur erneuten Anordnung des Plots.
4	VtChDisplayLegend	Die Aktualisierung führt zur erneuten Zeichnung der Legende.
8	VtChLayoutLegend	Die Aktualisierung führt zur erneuten Anordnung der Legende.
16	VtChLayoutSeries	Die Aktualisierung führt zur erneuten Anordnung der Reihe.
32	VtChPositionSection	Ein Diagrammabschnitt wurde verschoben, oder seine Größe wurde geändert.

*) Prüfen Sie, ob die Konstanten in Ihrem System initialisiert sind!

Tab. 14.61: updateFlag-Einstellungen der MSChart-Ereignisse

Ereignis	*Ab Version*	*Ereignis*	*Ab Version*
Focus-Ereignisse			
GotFocus		LostFocus	
OLE			
OLECompleteDrag	VB6	OLEGiveFeedback	VB6
OLEDragDrop	VB6	OLESetData	VB6
OLEDragOver	VB6	OLEStartDrag	VB6

Tab. 14.62: Die allgemeinen Ereignisse des MSCHart-Controls

14.3.4 MSChart-Subobjekte

Einige der Subobjekte verfügen über Methoden. Ereignisse werden von keinem der Subobjekte registriert.

Wichtig: Klasse oder Objekt-Datentyp

Es gibt leider auch in den VB-Dokumentationen mißverständliche Informationen, die zu Fehlern führen können. An einem Beispiel sei dies gezeigt.

Sie lesen bei der Plot-Eigenschaft LocationRect: »gibt einen Verweis auf ein Rect-Objekt zurück, das ...«.

Demnach ist man versucht, folgende Codezeile zu verwenden, um eine der Positionseigenschaften des Diagramms zu gewinnen:

```
' Fehlerhafte Zeile
X = MSChart1.Plot.Rect.Min.X
```

Diese Zeile führt zu der Fehlermeldung: »...Datenobjekt nicht gefunden!«

Korrekt wäre in der VB-Dokumentation die Information: »gibt einen Verweis auf ein LocationRect-Objekt vom Datentyp Rect zurück ...«.

```
' So funktioniert es:
X = MSChart1.Plot.LocationRect.Min.X

' oder umfangreicher:
Dim R As Rect
Set R = MSChart1.Plot.LocationRect
X = R.Min.X
```

Rect ist bei MSChart eine Basisklasse, die wohl zur Deklaration des Datentyps (As Rect), nicht aber als Verweis auf ein Objekt verwendet wird. Hierfür sind immer die von Rect abgeleiteten Klassen wie beispielsweise Plot.LocationRect oder Backdrop.Shadow.Offset zu verwenden.

Bitte beachten Sie immer den Unterschied zwischen dem für die Objekt- und Parameter-Deklaration zu verwendenden Objekt-Datentyp und der zuzuweisenden Objektklasse bzw. Objektklasse des zu übergebenden Arguments.

Objekt o. Eigenschaft	*Parameter deklarieren*	
EdgePen	... As Pen	Plot.Series.DataPoint-Subobjekt
GuidelinePen	... As Pen	Plot.Series-Subobjekt
LocationRect	... As Rect	Plot-Subobjekt
Offset	... As Rect	Bei DataPointLabel- u. Shadow-Objekten
Min/Max	... As Coor	Bei Rect-, LocationRect- u. Offset-Objekten

Tab. 14.63: Objekt und Parameterdeklaration

14.3.5 Primäre Subobjekte und ihre Subobjekte

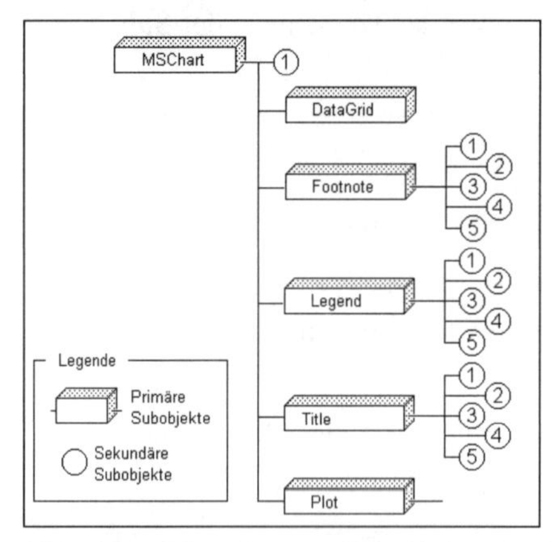

Abb. 14.4: Die primären Subobjekte des MSChart-Controls

Klasse	*DataGrid*	*Footnote*	*Legend*	*Title*	*Plot*
Datentyp	DataGrid	Footnote	Legend	Title	Plot
Subobjekt zu:	MSChart	MSChart	MSChart	MSChart	MSChart

Tab. 14.64: Die primären Subobjekte des MSChart

DataGrid-Subobjekt

```
Verweis = Objekt.DataGrid
```

DataGrid ist ein Datenraster für ein Diagramm.

DataGrid ist Subobjekt von MSChart.

Eigenschaften des DataGrid-Objekts

Eigenschaft	*Kurzbeschreibung*
ColumnCount	Spaltenzahl
ColumnLabel	Etikettentext einer Spalte
ColumnLabelCount	Anzahl Etiketten pro Spalte
CompositeColumnLabel	String eines Mehrebenen-Etiketts in der Spalte
CompositeRowLabel	String eines Mehrebenen-Etiketts in der Zeile
RowCount	Zeilenzahl
RowLabel	Etikettentext einer Zeile
RowLabelCount	Anzahl Etiketten pro Zeile

Tab. 14.65: Die DataGrid-Eigenschaften

Eigenschaft	*Read *)*	*Write *)*
ColumnCount	Anzahl = DG.ColumnCount	DG.ColumnCount = Anzahl
ColumnLabel	Text = DG.ColumnLabel	DG.ColumnLabel = Text
ColumnLabelCount	Anz = DG.ColumnLabelCount	DG.ColumnLabelCount = Anz
CompositeColumnLabel	Lbl$ = DG.CompositeColumnLabel(Sp)	–
CompositeRowLabel	Lbl$ = DG.CompositeRowLabel(Z)	–
RowCount	Anzahl = DG.RowCount	DG.RowCount = Anzahl
RowLabel	Text = DG.RowLabel	DG.RowLabel = Text
RowLabelCount	Anzahl = DG.RowLabelCount	DG.RowLabelCount = Anzahl

*) Präfix DG. = MSChart.DataGrid.
Argumente: Sp = Spalte Z = Zeile

Tab. 14.66: Die Syntax der DataGrid-Eigenschaften

Methoden des DataGrid

Methode	*Kurzbeschreibung*
	Alle Methoden beziehen sich auf das Datenraster.
InsertColumns	Fügt vor Spalte Anzahl Spalten hinzu.
InsertRows	Fügt vor Zeile Anzahl Zeilen hinzu.
DeleteColumns	Löscht Spaltendaten und -Etiketten.
DeleteRows	Löscht Datenzeilen und -Etiketten.
GetData	Gibt Wert aus Datenpunkt (Zeile/Spalte) zurück.
MoveData	Verschiebt den Bereich nach Offset.
SetData	Setzt Wert in Datenpunkt (Zeile/Spalte).
SetSize	Ändert Zeilen, Spalten- und Etikettenzahl.
RandomDataFill	Füllt komplett mit Zufallsdaten.
RandomFillColumns	Füllt Anzahl Spalten mit Zufallszahlen.
RandomFillRows	Füllt Anzahl Zeilen mit Zufallszahlen.
InitializeLabels	Kennzeichner für die Etiketten der ersten Ebene.
InsertColumnLabels	Fügt Spalten Etikettenebenen hinzu.
InsertRowLabels	Fügt Zeilen Etikettenebenen hinzu.
DeleteColumnLabels	Löscht Etikettenebenen spaltenweise.
DeleteRowLabels	Löscht Anzahl Etiketten zeilenweise.

Tab. 14.67.1: Die DataGrid-Methoden

Methode	*Syntax *)*
InsertColumns	DG.InsertColumns (Column, Count)
InsertRows	DG.InsertRows (Row, Count)
DeleteColumns	DG.DeleteColumns (Column, Count)
DeleteRows	DG.DeleteRows (Row, Count)

Methode	*Syntax *)*
GetData	DG.GetData (Row, Column, DataPoint, nullFlag)
MoveData	DG.MoveData (top, left, bottom, right, OverOffset, DownOffset)
SetData	DG.SetData (Row, Column, DataPoint, nullFlag)
SetSize	DG.SetSize (RowLabelCount, ColumnLabelCount, _ DataRowCount, DataColumnCount)
RandomDataFill	DG.RandomDataFill
RandomFillColumns	DG.RandomFillColumns (Column, Count)
RandomFillRows	DG.RandomFillRows (Row, Count)
InitializeLabels	DG.InitializeLabels
InsertColumnLabels	DG.InsertColumnLabels (LabelIndex, Count)
InsertRowLabels	DG.InsertRowLabels (LabelIndex, Count)
DeleteColumnLabels	DG.DeleteColumnLabels (LabelIndex, Count)
DeleteRowLabels	DG.DeleteRowLabels (LabelIndex, Count)

*) Präfix DG. = MSChart.DataGrid
Argumente können als benannte Argumente (s. Abschnitt 24.4.4) übergeben werden.

Tab. 14.67.2: Die Syntax der DataGrid-Methoden

Argument	*Datentyp*	*Beschreibung*	*Hinweis*
Column	Integer	Spalte, die den Datenpunkt enthält	
Row	Integer	Zeile, die den Datenpunkt enthält	
Count	Integer	Anzahl der zu einzufügenden (insert) oder zu löschenden (delete) Spalten bzw. Zeilen	
dataPoint	Double	Wert des Datenpunkts	
nullFlag	Integer	Ist Datenpunktwert ein Nullwert?	
top (oben)	Integer	Erste Zeile des zu verschiebenden Bereichs	
left *(links)*	Integer	Erste Spalte des zu verschiebenden Bereichs	
bottom *(unten)*	Integer	Letzte Zeile des zu verschiebenden Bereichs	
right *(rechts)*	Integer	Letzte Spalte des zu verschiebenden Bereichs	
overOffset	Integer	Horizontale Richtung der Verschiebung	Tab. 14.68.2
downOffset	Integer	Vertikale Richtung der Verschiebung	Tab. 14.68.2
ColumnLabelCount	Integer.	Gewünschte Anzahl Spaltenetiketten	
DataRowCount	Integer	Gewünschte Anzahl Zeilen	
DataColumnCount	Integer	Gewünschte Anzahl Spalten	
RowLabelCount	Integer.	Gewünschte Anzahl Zeilenetiketten	
LabelIndex	Integer	Nummer der ersten einzufügenden/zu löschenden Ebene von Etiketten	*)

*) Etikettenebenen werden mit 1 beginnend bei Spalten von unten nach oben, bei Zeilen von links nach rechts numeriert.

Tab. 14.68.1: Argumente der DataGrid-Methoden

Argument	*Wert* *Positiv*	*Negativ*
overOffset	nach rechts	nach links
downOffset	nach unten	nach oben

Tab. 14.68.2: Werte und Wirkung der Verschiebeargumente

Footnote-, Legend- und Title-Objekt

```
Verweis = Objekt.Footnote
Verweis = Objekt.Legend
Verweis = Objekt.Title
```

Das Footnote-Objekt kennzeichnet den beschreibenden Text, der unterhalb des Diagramms angezeigt wird. Legend repräsentiert den graphischen Schlüssel und den Begleittext (die Legende), mit dem die Elemente der Diagrammreihe beschrieben werden. Title ist der Text, der das Diagramm identifiziert.

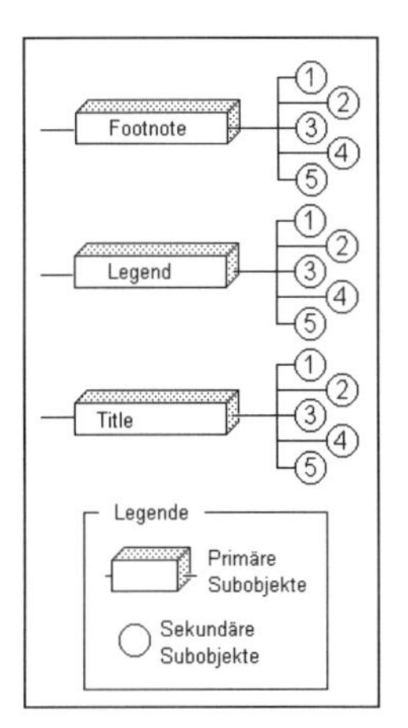

Abb. 14.5: Die Subobjekte Footnote, Legend und Title

Diese Objekte sind Subobjekte von MSChart.

Eigenschaften von Footnote, Legend und Title

Eigenschaft	*Kurzbeschreibung*	*Nr. in den Abbildungen*
Backdrop	Verweis auf Backdrop-Objekt	(1)
Font	Verweis auf Font-Objekt	(2)
Location	Verweis auf Location-Objekt	(3)
TextLayout	Verweis auf TextLayout-Objekt	(4)
VtFont	Verweis auf VTFont-Objekt	(5)

Eigenschaft	*Kurzbeschreibung*	*Nr. in den Abbildungen*
Text	Der Footnote-Text	
TextLength	Zeichenzahl des Textes	

Tab. 14.69: Die Eigenschaften der Footnote-, Legend- und Title-Objekte

Eigenschaft	*Read *)*	*Write *)*
Font	Verweis = Objekt.Font	–
Location	Verweis= Objekt.Location	–
TextLayout	Verweis = Objekt.TextLayout	–
VtFont	Verweis auf VTFont-Objekt	–
Text	Text = Objekt.Footnote.Text	Objekt.Footnote.Text = Text
TextLength	Anzahl = Objekt.TextLength	Objekt.TextLength = Anzahl

*) Objekt = MSChart.FootNote, MSChart.Legend bzw. MSChart.Title

Tab. 14.70: Die Syntax der Footnote-, Legend- und Title-Eigenschaften

Die Methode der Footnote-, Legend- und Title-Objekte

Die einzige für die Objekte verfügbare Methode ist:

- Select

Die Select-Methode wählt das angegebene Diagrammelement aus.

```
Element = Objekt.Select
```

Plot-Objekt und untergeordnete Objekte

Plot ist der Bereich, in dem das Diagramm angezeigt wird.

Eigenschaft	*Kurzbeschreibung*
Axis	Verweis auf Axis-Objekt
Light	Verweis auf Light-Objekt (3-D-Beleuchtung)
LocationRect	Verweis auf LocationRect-Objekt (Max- und Min-Position) Datentyp: Rect
PlotBase	Verweis auf PlotBase-Objekt (Untergrund des Diagramms)
SeriesCollection	Verweis auf SeriesCollection-Auflistung
View3-D	Verweis auf View3-D-Objekt
Wall	Verweis auf Wall-Objekt
Weighting	Verweis auf Weighting-Objekt (Kreisgrößen-Verhältnisse)
AngleUnit	Maßeinheit für alle Winkel im Diagramm
AutoLayout	Automatischer oder manueller Anordnungsmodus

Eigenschaft	*Kurzbeschreibung*
Backdrop	Verweis auf Backdrop-Objekt
BarGap	Abstand zwischen Balken einer Kategorie
ClockWise	Kreisdiagramm im Uhrzeigersinn?
DataSeriesInNow	Reihendaten (Spalte/Zeile) lesen?
DefaultPercentBasis	Standard-Basisprozentsatz für Achsen
DepthToHeightRatio	Digrammhöhe in Prozent der Breite
Projection	Projektionstyp (VtProjectionType-Konstanten)
Sort	Kreisdiagramm Sortierfolge (VtSortType-Konstanten)
StartingAngle	Startposition für Zeichnen des Kreisdiagramms
SubPlotLabelPosition	Position für Label im Kreisdiagramm (VtChSubPlotLabelLocationType-Konstante)
UniformAxis	Alle Diagramm-Maßstäbe gleich?
WidthToHeightRatio	Diagrammbreite in Prozent der Höhe
XGap	Abstand der Balken in Prozent der Balkenbreite
ZGap	Abstand der 3-D-Balken in Prozent der Balkentiefe

Tab. 14.71: Die Eigenschaften des Plot-Objekts

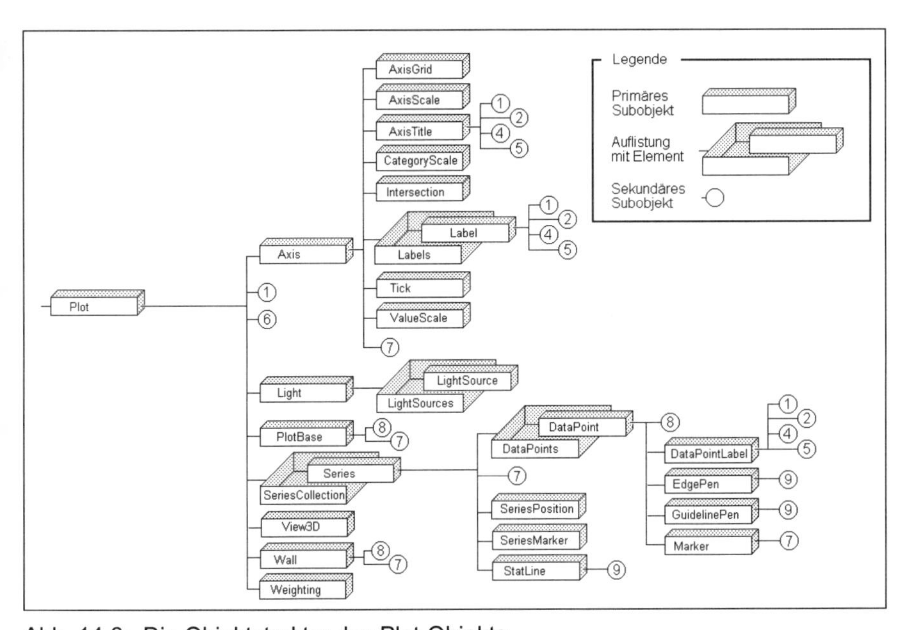

Abb. 14.6: Die Objektstruktur des Plot-Objekts

Eigenschaft	*Read *)*	*Write*	*Hinweis*
Axis	Verweis = PL.Axis	–	
Backdrop	Verweis = PL.Backdrop	–	
Light	Verweis = PL.Light	–	

Eigenschaft	Read *)	Write	Hinweis
LocationRect	Verweis = PL.LocationRect	–	Datentyp: Rect
PlotBase	Verweis = PL.PlotBase	–	
SeriesCollection	Verweis = PL.SeriesCollection	–	
View3-D	Verweis = PL.View3-D	–	
Wall	Verweis = PL.Wall	–	
Weighting	Verweis = PL.Weighting	–	

*) Präfix PL. = MSChart.Plot.

Tab. 14.72: Die Verweise der Plot-Eigenschaften

Eigenschaft	Read *)	Write *)	Hinweis
AngleUnit	Einheit = PL.AngleUnit	PL.AngleUnit = Einh	
AutoLayout	IsAutoLayout = PL.AutoLayout	PL.AutoLayout = {False|True}	
BarGap	Wert = PL.BarGap	PL.BarGap = Wert	
Clockwise	IsClockwise = PL.Clockwise	PL.Clockwise =	**)
DataSeriesInRow	IsInRow = PL.DataSeriesInRow	PL.DataSeriesInRow = Wert	**)
DefaultPercentBasis	Wert = PL.DefaultPercentBasis	–	
DepthToHeightRatio	Proz = PL.DepthToHeightRatio	PL.DepthToHeightRatio = Proz	
Projection	Typ = PL.Projection	PL.Projection = Typ	
Sort	SortTyp = PL.Sort	PL.Sort = Typ	
StartingAngle	StartWinkel = PL.StartingAngle	PL.StartingAngle = Winkel	
SubPlotLabelPosition	Pos = PL.SubPlotLabelPosition	PL.SubPlotLabelPosition = Pos	
UniformAxis	IsUniform = PL.UniformAxis	PL.UniformAxis = Wert	**)
WidthToHeightRatio	Proz = PL.WidthToHeightRatio	PL.WidthToHeightRatio = Proz	
XGap	Abstand = PL.xGap	PL.xGap = Abstand	
ZGap	Abstand = PL.zGap	PL.zGap = Abstand	

*) Präfix PL. = MSChart.Plot.
**) {True|False}

Tab. 14.73: Die Syntax der Plot-Eigenschaften

	Eigenschaft Projection	
Wert	Konstante	Projektionsart
0	VtProjectionTypePerspective	3-Fluchtpunkt-zentralperspektivisch
1	VtProjectionTypeOblique	2,5 Parallelperspektive
2	VtProjectionTypeOrthogonal	Parallelperspektive
3	VtProjectionTypeFrontal	Frontansicht
4	VtProjectionTypeOverhead	Draufsicht (overhead)

Tab. 14.74.1: Die VTProjectionType-Konstanten

	Eigenschaft: Sort	
Wert	*Konstante*	*Sortierung*
0	VtSortTypeNone	keine
1	VtSortTypeAscending	aufsteigend
2	VtSortTypeDescending	absteigend

Tab. 14.74.2: Die VTSortType-Konstanten

	Eigenschaft: SubPlotLabelPosition	
Wert	*Konstante*	*Orientierung des Labels*
0	VtChSubPlotLabelLocationTypeNone	keine
1	VtChSubPlotLabelLocationTypeAbove	oberhalb
2	VtChSubPlotLabelLocationTypeBelow	unterhalb
3	VtChSubPlotLabelLocationTypeCenter	zentriert

Tab. 14.74.3: Die VtChSubPlotLabelLocationType-Konstanten

Axis und untergeordnete Objekte

```
Objekt = MSChart.Plot.Axis(AxisID[, Index])
```

Das Axis-Objekt steht für eine Achse im Diagramm.

axisID ist eine VtChAxisId-Konstante (s. Tab. 14.74), die eine bestimmte Achse identifiziert.

Der optionale Parameter Index (Voreinstellung = 1) ist für die zukünftige Verwendung reserviert. Er identifiziert eine bestimmte Achse, wenn es mehrere mit derselben axisID gibt.

Subobjekt von Plot.

Wert	*Konstante*	*Beschreibung*
0	VtChAxisIdX	identifiziert die X-Achse
1	VtChAxisIdY	identifiziert die Y-Achse.
2	VtChAxisIdY2	identifiziert die sekundäre Y-Achse.
3	VtChAxisIdZ	identifiziert die Z-Achse.
4	VtChAxisIdNone	hebt die Achsenidentifizierung auf.

Tab. 14.75: Die axisID-Einstellungen (VtChAxisId)

Eigenschaft	*Kurzbeschreibung*	*Syntax *)*
AxisGrid	Verweis auf AxisGrid-Objekt	Verweis = AX.AxisGrid
AxisScale	Verweis auf AxisScale-Objekt	Verweis = AX.AxisScale
AxisTitle	Verweis auf AxisTitle-Objekt	Verweis = AX.AxisTitle

Eigenschaft	*Kurzbeschreibung*	*Syntax *)*
CategoryScale	Verweis auf CategoryScale-Objekt	Verweis = AX.CategoryScale
Intersection	Verweis auf Intersection-Objekt	Verweis = AX.Intersection
Labels	Verweis auf Labels-Auflistung	Verweis = AX.Labels.Item(LblIndex)
Pen	Verweis auf Pen-Objekt	Verweis = AX.Pen
Tick	Verweis auf Tick-Objekt	Verweis = AX.Tick
ValueScale	Verweis auf ValueScale-Objekt	Verweis = AX.ValueScale
LabelLevelCount	Anzahl Etikettenebenen	Anzahl = AX.LabelLevelCount

*) Präfix AX. = MSChart.Plot.Axis(axisID).

Tab. 14.76: Die Eigenschaften des Axis-Objekts und ihre Syntax

AxisGrid-Objekt

AxisGrid ist der ebene Bereich um eine Diagrammachse.

Eigenschaft	*Kurzbeschreibung*
MajorPen	Verweis auf das MajorPen-Objekt. Erscheinungsbild der Hauptgitterlinien der Achse.
MinorPen	Verweis auf das MinorPen-Objekt. Erscheinungsbild der Nebengitterlinien der Achse.

Eigenschaft	*Syntax*	*Hinweis*
MajorPen	Verweis = AXG.MajorPen	Datentyp: Pen
MinorPen	Verweis = AXG.MinorPen	Datentyp: Pen

*) Präfix AXG. = MSChart.Plot.Axis(axisID).AxisGrid

Tab. 14.77: Die Eigenschaften von AxisGrid und ihre Syntax

AxisScale-Objekt

AxisScale steuert das Plotten von Diagrammwerten auf einer Achse.

Eigenschaft	*Kurzbeschreibung*
Hide	Achse verborgen?
LogBase	Logarithmenbasis fürs Plotten (zulässig 2 bis 100). Die Standardbasis ist 10
PercentBasis	Prozentberechnung für Max oder Summe (VtChPercentAxisBasis-Konstante)
Type	Diagramm-Typ (wie bei MSChart) (VtChScaleType-Konstante)

Tab. 14.78: Die Eigenschaften von AxisScale

Eigenschaft	*Read *)*	*Write *)*	*Hinweis*
Hide	IsHidden = AGSHide	AGSHide = Wert	{False|True}
LogBase	LogBasis = AGSLogBase	AGSLogBase = Basis	
PercentBasis	ProzentTyp = AGSPercentBasis	AGSPercentBasis = Typ	Tab. 14.80
Type	DiagrammTyp = AGSType	AGSTyp = Typ	Tab. 14.81

*) Präfix AGS. = MSChart.Plot.Axis(axisID).AxisScale.

Tab. 14.79: Die Syntax der AxisScale-Eigenschaften

Wert	*Konstante*	*Logarithmenbasis ist*
0	VtChPrecentAxisBasisMaxChart	der Maximalwert im Chart.
1	VtChPrecentAxisBasisMaxRow	der Maximalwert der Zeile.
2	VtChPrecentAxisBasisMaxColumn	der Maximalwert der Spalten.
3	VtChPrecentAxisBasisSumChart	die Summe aller Werte.
4	VtChPrecentAxisBasisSumRow	die Summe aller Zeilen.
5	VtChPrecentAxisBasisSumColumn	die Summe aller Spalten.

Tab. 14.80: VtChPrecentAxisBasis für AxisScale

Wert	*Konstante*	*Skalierungstyp*
0	VtChScaleTypeLinear	Linear
1	VtChScaleTypeLogarithmic	Logarithmisch
2	VtChScaleTypePercent	Prozent

Tab. 14.81: VtChScaleType-Konstanten für AxisScale

AxisTitle-Objekt

AxisTitle kennzeichnet einen Achsentitel in einem Diagramm.

Eigenschaft	*Kurzbeschreibung*
BackDrop	Verweis auf Backdrop-Objekt
Font	Verweis auf Font-Objekt
TextLayout	Verweis auf TextLayout-Objekt
VtFont	Verweis auf VtFont-Objekt
Text	Text im Objekt
TextLength	Länge des Textes (Anzahl Zeichen)
Visible	Objekt sichtbar

Tab. 14.82: Die Eigenschaften von AxisTitle

Eigenschaft	*Read *)*	*Write *)*
BackDrop	Verweis = AXT.Backdrop	–
Font	Verweis = Font	–
TextLayout	Verweis = AXT.TextLayout	–
VtFont	Verweis = AXT.VtFont	–
Text	TheText = AXT.Text	AXT.Text = Text
TextLength	Zeichenzahl = AXT.TextLength	AXT.TextLength = AnzahlZeichen
Visible	IsVisible = AXT.Visible	AXT.Visible = {True|False}

*) Präfix AXT. = MSChart.Plot.Axis(axisID).AxisTitle.

Tab. 14.83: Die Syntax der AxisTitle-Eigenschaften

CategoryScale-Objekt

CategoryScale bestimmt die Skalierungsmodi der Skala für eine Kategorienachse.

Eigenschaft	*Beschreibung*
Auto	Achse automatisch skalieren oder entsprechend DivisionsPerLabel und DivisionsPerTick?
DivisionsPerLabel	Anzahl der Unterteilungen zwischen je zwei Etiketten (Bezeichnungen)
DivisionsPerTick	Anzahl der Unterteilungen zwischen je zwei Skalenmarkierungen
LabelTick	Etiketten einer Kategorienachse auf einer Skalenmarkierung der Achse zentrieren?

Tab. 14.84: Die Eigenschaften des CategoryScale-Objekts

Eigenschaft	*Read *)*	*Write *)*	
Auto	AutoScale = CS.Auto	CS.Auto = {True|False}	**)
DivisionPerLabel	Anz = CS.DivisionsPerLabel	CS.DivisionsPerLabel = Num%	setzt Auto auf False
DivisionPerTick	Anz = CS.DivisionsPerTick	CS.DivisionsPerTick= n%	setzt Auto auf False
LabelTick	LabelsCenter = CS.LabelTicks	CS.LabelTicks = Wert	{True|False}

*) Präfix CS. = MSChart.Plot.Axis(axisID).CategoryScale.

**) Bei False: Werte von DivisionsPerLabel und DivisionsPerTick

Tab. 14.85: Die Syntax der Eigenschaften des CategoryScale-Objekts

Intersection-Objekt

Intersection kennzeichnet den Punkt, an dem sich eine Achse im Diagramm mit einer anderen schneidet.

Eigenschaft	*Kurzbeschreibung*
Auto	Wert von Point zu Positionierung der Achse?
AxisID	Achse, die die aktuelle Achse schneidet
Index	Welche der Achsen mit gleichem Index schneidet die aktuelle Achse?
LabelsInsidePlot	Bleiben Achsenetiketten bei Achsverschiebung am alten Platz? Setzt Auto auf False!
Point	Punkt, an dem aktuelle Achse eine andere schneidet. Setzt Auto auf False!

Tab. 14.86: Die Eigenschaften des Intersection-Objekts

Eigenschaft	*Read *)*	*Write *)*
Auto	AutoSkalierung = Objekt.Auto	Objekt.Auto = {True|False}
AxisID	AchsenID = Objekt.AxisID	–
Index	AchsenIndex = Objekt.Index	–
LabelsInsidePlot	AlterPlatz = Objekt.LabelsInsidePlot	Objekt.LabelsInsidePlot = {False|True}
Point	Schnittpunkt# = Objekt.Point	Objekt.Point = Wert#

*) Objekt = MSChart.Plot.Axis(axisID).Intersection

Tab. 14.87: Die Syntax der Intersection-Eigenschaften

Labels-Auflistung und Label-Objekte

Die Labels-Auflistung faßt alle Label-Objekte, die Etiketten für Diagrammachsen, zusammen.

Eigenschaft	*Read *)*	*Write *)*
Count	Anz = Objekt.Labels.Count	Objekt. Labels.Count = Anz%
Item	Element = Objekt.Labels.Item(Index)	Objekt.Labels.Item(Index) = Wert
	alternativ:	
	Element = Objekt.Labels(Index)	Objekt.Labels(Index) = Wert

*) Objekt = MSChart.Plot.Axis(axisID)

Tab. 14.88: Die Eigenschaften der Labels-Auflistung

Jedes Label-Objekt ist ein Element in einer Labels-Auflistung, das ein bestimmtes Etikett einer Diagrammachse beschreibt.

Eigenschaft	*Kurzbeschreibung*
Backdrop	Hintergrundtyp. Verweis auf Backdrop-Objekt
Font	Schriftart. Verweis auf Font-Objekt
TextLayout	Position und Ausrichtung des Textes. Verweis auf TextLayout-Objekt
VtFont	Schriftart für Text. Verweis auf VtFont-Objekt

Eigenschaft	*Kurzbeschreibung*
Auto	Achsenetiketten automatisch drehen?
Format	Format beim Anzeigen
FormatLength	Zeichenzahl des Formatstrings
Standing	Achsenetiketten horizontal (X/Z-Ebene) oder vertikal (Y-Ebene)

Tab. 14.89: Die Eigenschaften des Label-Objekts

Eigenschaft	*Read *)*	*Write *)*	
Backdrop	Verweis = LB.Backdrop	–	
Font	Verweis = LB.Font	–	
TextLayout	Verweis = LB.TextLayout	–	
VtFont	Verweis = LB.VtFont	–	
Auto	LabelsRotate = LB.Auto	LB.Auto = Wert	{False|True} True = rotieren
Format	Fmt = LB.Format	LB.Format = Fmt$	String für Formatangabe
FormatLength	Lg = LB.FormatLength	–	Länge des Format-Strings
Standing	Anordnung = LB.Standing	LB.Standing = Wert	{True|False} True = Vertikal (Y-Achse) False = Horizontal (X- o. Z-Achse)

*) Präfix LB. = MSChart.Plot.Axis(axisID).Labels(Index)

Tab. 14.90: Die Syntax der Label-Eigenschaften

Tick-Objekt

Tick beschreibt eine Markierung, die eine Unterteilung entlang einer Diagrammachse festlegt.

Eigenschaft	*Kurzbeschreibung*
Length	Länge der Achsenmarkierungen (in Punkt)
Style	Stil beim Zeichnen der Markierungen

Tab. 14.91: Die Eigenschaften des Tick-Objekts

Eigenschaft	*Read *)*	*Write *)*	*Hinweis*
Length	Länge = Objekt.Length	Markierungslänge = Objekt.Length	
Style	Stil = Objekt.Style	Objekt.Style = Markierungsstil	s. Tab. 14.93

*) Objekt = MSChart.Plot.Axis(axisID).Tick

Tab. 14.92: Die Syntax der Tick-Eigenschaften

Wert	*Konstante*	*Markierungsstil für Achsen*
0	VtChAxisTickStyleNone	keiner
1	VtChAxisTickStyleCenter	zentriert
2	VtChAxisTickStyleInside	innen
3	VtChAxisTickStyleOutside	außen

Tab. 14.93: Die Tick-Style-Konstanten für Tick (VtChAxisTickStyle)

ValueScale-Objekt

ValueScale bestimmt den zur Anzeige einer Wertachse verwendeten Maßstab.

Eigenschaft	*Kurzbeschreibung*
Auto	Automatische Skalierung beim Zeichnen der Werteachse
MajorDivision	Hauptunterteilungen der Achse. Auto wird auf False gesetzt!
MinorDivision	Zwischenunterteilungen der Achse. Auto wird auf False gesetzt!
Maximum	Höchster oder End-Wert auf der Werteachse
Minimum	Kleinster oder Anfangs-Wert auf der Werteachse

Tab. 14.94: Die Eigenschaften des ValueScale-Objekts

Eigenschaft	*Read *)*	*Write *)*
Auto	AutoScale = Objekt.Auto	Objekt.Auto = {True|False}
MajorDivision	Anzahl = Objekt.MajorDivision	Objekt.MajorDivision = Anz%
MinorDivision	Anzahl = Objekt.MinorDivision	Objekt.MinorDivision = Anz%
Maximum	Highest# = Objekt.Maximum	Objekt.Maximum = Wert#
Minimum	Lowest# = Objekt.Minimum	Objekt.Minimum = Wert#

*) Objekt = MSChart.Plot.Axis(axisID).ValueScale

Tab. 14.95: Die Syntax der ValueScale-Eigenschaften

Light und untergeordnete Objekte

Light repräsentiert die Lichtquelle, die ein dreidimensionales Diagramm beleuchtet.

Eigenschaft	*Kurzbeschreibung*
LightSources	Alle Lichtquellen des Diagramms. Verweis auf LightSources-Auflistung
AmbientIntensity	Umgebungslicht (Prozent)

Eigenschaft	*Kurzbeschreibung*
EdgeIntensity	Objektkantenlicht (Prozent)
EdgeVisible	Kanten zeichnen?
Methode	*Kurzbeschreibung*
Set	Bestimmt die X u. Y-Koordinaten

Tab. 14.96: Eigenschaften und Methode des Light-Objekts

Eigenschaft	*Read *)*	*Write *)*
AmbientIntensity	Intensität = Objekt.AmbientIntensity	Objekt.AmbientIntensity = Intensität
EdgeIntensity	Kantenbelichtung = Objekt.EdgeIntensity	Objekt.EdgeIntensity = {1, 0}
EdgeVisible	EdgesVisible = Objekt.EdgeVisible	Objekt.EdgeVisible = {True|False}
LightSources	Verweis = Objekt.LightSources	–

Methode	*Syntax*
Set	Objekt.Set x, y

*) Objekt = MSChart.Plot.Light

Tab. 14.97: Die Syntax der Light-Eigenschaften und -Methode

LightSources-Auflistung

Ein LightSource-Objekt repräsentiert eine Lichtquelle zur Beleuchtung von Elementen in einem dreidimensionalen Diagramm. Alle LightSource-Objekte sind Elemente der LightSources-Auflistung.

Eigenschaft	*Read *)*	*Write *)*
Count	Anz = Objekt.LightSources.Count	Objekt.LightSources.Count = Anz%
Item	Element = Objekt.LightSources. Item(Index) alternativ: Element = Objekt.LightSources(Index)	Objekt.LightSources.Item (Index) = Wert Objekt.LightSources(Index) = Wert

*) Objekt = MSChart.Plot.Light

Tab. 14.98: Die Syntax der LightSources-Eigenschaften

Methode	*Kurzbeschreibung*
Add	Fügt ein LightSource-Objekt zur LightSources-Auflistung hinzu.
Remove	Entfernt ein LightSource-Objekt aus der LightSources-Auflistung.

Tab. 14.99: Die Methoden der LightSources-Auflistung

Methode	*Syntax*	
Add	Objekt.Add x,y,z,Intensität	' x%, y%, z% = Position; Intensität! = Intensität der Lichtquelle
Remove	Objekt.Remove index	' index = Position in der LightResources-Liste.

*) Objekt = MSChart.Plot.Light.LightSources(Index)

Tab. 14.100: Die Syntax der LightSources-Methoden

Eigenschaft	*Kurzbeschreibung*
Intensity	Lichtstärke (Prozentwert) der Lichtquelle
X	X-Wert in schwebendem X-Y-Koordinatenpaar
Y	Y-Wert in schwebendem X-Y-Koordinatenpaar
Z	Z-Wert (Tiefe) einer Koordinatenposition
Methode	*Kurzbeschreibung*
Set	Stellt die X- und Y-Koordinatenwerte für das LightSource-Objekt ein.

Tab. 14.101: Eigenschaften und Methode des LightSource-Objekts

Eigenschaft	*Read *)*	*Write *)*
Intensity	ProzentLichtstärke = Objekt.Intensity	Objekt.Intensity = Wert! (0 bis 1)
X	X = Objekt.X	Objekt.X = Wert!
Y	Y = Objekt.Y	Objekt.Y = Wert!
Z	Z = Objekt.Z	Objekt.Z = Wert!
Methode	*Syntax*	
Set	Objekt.Set X, Y	

*) Objekt = MSChart.Plot.Light.LightSources(Index)

Tab. 14.102: Die Syntax der LightSource-Eigenschaften und -Methode

LocationRect-Objekt

Bitte beachten Sie: Diese Objekt-Klasse wird in VB5-Onlinehilfe, VB5-Objektbibliothek und VB5-Online-Dokumentation nicht beschrieben!

LocationRect kennzeichnet die Position des Ausgabebereichs des Diagramms.

LocationRect ist Subobjekt von Plot.

Wichtig: LocationRect ist eine von Rect abgeleitete Klasse. Für die Typdeklaration verwenden Sie den Rect-Datentyp.

Eigenschaft	*Kurzbeschreibung*
Max	Die End-Ecke des Darstellungsrechtecks
Min	Die Anfangs-Ecke des Darstellungsrechtecks

*Read *)*	*Write *)*
X = Objekt.LocationRect.{Max|Min}	Objekt.LocationRect.{Max|Min} = Wert
Y = Objekt.LocationRect.{Max|Min}	Objekt.LocationRect.{Max|Min} = Wert
X = Objekt.LocationRect.{Max|Min}.X	Objekt.LocationRect.{Max|Min}.X = Wert
Y = Objekt.LocationRect.{Max|Min}.Y	Objekt.LocationRect.{Max|Min}.Y = Wert

*) Objekt = MSChart.Plot.
LocationRect ist die Eigenschaft und das Objekt. Rect ist der Datentyp.

Tab. 14.103: Die Eigenschaften des LocationRect-Objekts

Beachten Sie die Hinweise bei den sekundären Subobjekten Coor und LCoor.

PlotBase-Objekt

PlotBase kennzeichnet den Bereich, auf dem ein Diagramm liegt.

Eigenschaft	*Kurzbeschreibung*
Brush	Verweis auf das Brush-Objekt, das den Typ des Füllmusters bestimmt.
Pen	Verweis auf das Pen-Objekt, das Farbe und Muster von Linien oder Kanten bei Diagrammelementen beschreibt.
BaseHeight	Höhe der dreidimensionalen Diagrammbasis in Punkten.

Tab. 14.104: Die Eigenschaften von PlotBase

Eigenschaft	*Read *)*	*Write *)*
Brush	Verweis = Objekt.Brush	–
Pen	Verweis = Objekt.Pen	–
BaseHeight	Hght = Objekt.BaseHeight	Objekt.BaseHeight = Hght

*) Objekt = MSChart.Plot.PlotBase

Tab. 14.105: Die Syntax der Eigenschaften von PlotBase

SeriesCollection und untergeordnete Objekte

Series ist ein Element, das eine Gruppe von Datenpunkten in einem Diagramm repräsentiert. Alle Series-Objekte eines Digramms sind in der SeriesCollection zusammengefaßt. Die SeriesCollection stellt Informationen über die Reihen bereit, aus denen ein Diagramm besteht.

Eigenschaft	*Read *)*	*Write *)*	*Hinweis*
Count	Anz = PL.SeriesCollection.Count	PL.SeriesCollection.Count = Anz%	= ColumnsCount
Item	Element = PL.SeriesCollection.Item(Ix) alternativ: Element = PL.SeriesCollection(Index)	PL.SeriesCollection.Item(Ix) = Wert PL.SeriesCollection(Index) = Wert	

*) Objekt = MSChart.Plot

Tab. 14.106: Die Eigenschaften der SeriesCollection-Auflistung

Eigenschaft	*Kurzbeschreibung*
DataPoints	Verweis auf DataPoints-Auflistung
GuidelinePen	Verweis auf GuideLinePen-Objekt. Muster und Farbe der Hilfslinien
Pen	Verweis auf Pen-Objekt für Farbe und Muster
Position	Verweis auf Position-Objekt (Typ: SeriesPosition), Position der Reihe relativ zu anderer Reihe
SeriesMarker	Verweis auf SeriesMarker-Objekt
StatLine	Verweis auf StatLine-Objekt (Statistiklinien zeigen?)
LegendText	Text, der eine Reihe identifiziert (Standard = Text des ColumnLabel-Objekts)
SecondaryAxis	Reihe auf Sekundärachse darstellen?
SeriesType	Typ der aktuellen Reihe
ShowGuideLines	Verbindungslinien der Datenpunkte der Reihe zeigen?
ShowLine	Alle Verbindungslinien zeigen?
Methoden	
Select	Wählt das angegebene Diagrammelement aus.
TypeByChartType	Reihentyp zur Darstellung einer Reihe anzeigen (nicht ändern!), wenn Diagrammtyp auf ChType gesetzt ist.

Tab. 14.107: Die Eigenschaften des Series-Objekts

Eigenschaft	*Read *)*	*Write *)*	
DataPoints	Verweis = SC.DataPoints	–	
GuidelinePen	Verweis = SC.GuidelinePen	–	Datentyp: Pen
Pen	Verweis = SC.Pen	–	
Position	Verweis = SC.Position	–	Datentyp: SeriesPosition
SeriesMarker	Verweis = SC.SeriesMarker	–	
StatLine	Verweis = SC.StatLine	–	
LegendText	Text = SC.LegendText	SC.LegendText = Tx$	
SecondaryAxis	AlignSecAx = SC.SecondaryAxis	SC.SecondaryAxis = {False|True}	

Eigenschaft	*Read *)*	*Write *)*	
SeriesType	Typ = SC.SeriesType	SC.SeriesType = Wert%	
ShowGuideLines	Show = SC.ShowGuideLines(axId)	SC.ShowGuideLines(axId) = {False|True}	
ShowLine	ShowsLines = SC.ShowLine	SC.ShowLine = {True|False}	
Select	SC.Select		
TypeByChartType	Tp = SC.TypeByChartType (ChType)	SC.TypeByChartType (ChType) = Reihentyp	Tab. 14.109 Tab. 14.110

*) Objekt = MSChart.Plot.SeriesCollection(Index)

Tab. 14.108: Die Syntax der Series-Eigenschaften

Wert	*Konstante*	*Beschreibung*
-1	VtChSeriesTypeDefault	Voreinstellung
0	VtChSeriesType3-DBar	3-D-Balken
1	VtChSeriesType2-DBar	2-D-Balken
5	VtChSeriesType3-DLine	3-D-Linie
6	VtChSeriesType2-DLine	2-D-Linie
7	VtChSeriesType3-DArea	3-D-Fläche
8	VtChSeriesType2-DArea	2-D-Fläche
9	VtChSeriesType3-DStep	3-D-Stufe
10	VtChSeriesType2-DStep	2-D-Stufe
11	VtChSeriesType2-DXY	2-D XY
24	VtChSeriesType2-DPie	2-D-Kreis

Tab. 14.109: Die TypeByChartType-Rückgabewerte (VtChSeriesType)

Wert	*Konstante*	*Beschreibung*
0	VtChChartType3-DBar	3-D-Balken
1	VtChChartType2-DBar	2-D-Balken
2	VtChChartType3-DLine	3-D-Linie
3	VtChChartType2-DLine	2-D-Linie
4	VtChChartType3-DArea	3-D-Fläche
5	VtChChartType2-DArea	2-D-Fläche
6	VtChChartType3-DStep	3-D-Stufe
7	VtChChartType2-DStep	2-D-Stufe
8	VtChChartType3-DCombination	3-D-Kombination
9	VtChChartType2-DCombination	2-D-Kombination
14	VtChChartType2-DPie	2-D-Kreis
16	VtChChartType2-DXY	2-D-XY

Tab. 14.110: Die ChartType-Konstanten (VtChChartType)

Position- und SeriesPosition-Objekt

SeriesPosition kennzeichnet die Position, an der eine Diagrammreihe gezeichnet wird, relativ zu anderen Reihen. Wenn alle Reihen dieselbe Ordnung (Position) haben, werden sie gestapelt.

Beachten Sie bitte: Mit der Plot-Position-Eigenschaft erhalten Sie einen Verweis auf das Position-Objekt vom Datentyp SeriesPosition.

Eigenschaft	*Kurzbeschreibung*
Excludet	Reihe in das Diagramm aufnehmen?
Hidden	Reihe anzeigen?
Order	Position der Reihe im Diagramm. Bei gleicher Position stapeln.
StackOrder	Position, wenn mehrere Reihen gestapelt werden.

Tab. 14.111: Die Eigenschaften des SeriesPosition-Objekttyps Position

Eigenschaft	*Read *)*	*Write *)*
Excludet	IsExcludet = Objekt.Excluded	Objekt.Excluded = {False|True}
Hidden	IsHidden = Objekt.Hidden	Objekt.Hidden {False|True}
Order	Pos = Objekt.Order	Objekt.Order = Position%
StackOrder	Pos = Objekt.StackOrder	Objekt.StackOrder = Position%

*) Objekt = MSChart.Plot.SeriesCollection(Index).Position
Position ist die Eigenschaft und das Objekt. SeriesPosition ist der Objekt-Datentyp!

Tab. 14.112: Die Syntax der SeriesPosition-Eigenschaften

StatLine-Objekt

StatLine beschreibt, wie Statistikzeilen in einem Diagramm angezeigt werden.

Eigenschaft	*Kurzbeschreibung*
VtColor	Verweis auf das VtColor-Objekt für diese Statistikzeile
Flag	Welche statistischen Linien werden für eine Datenreihe angezeigt?
Style	Linientyp zum Anzeigen der statistischen Linie
Width	Stärke der statistischen Linie in Punkten

Tab. 14.113: Die Eigenschaften des StatLine-Objekts

Eigenschaft	*Read *)*	*Write *)*	
VtColor	Verweis = Objekt.VtColor	–	
Flag	Typ = Objekt.Flag	Objekt.Flag = Typ%	**)

Eigenschaft	*Read *)*	*Write *)*	
Style	Stil = Objekt.Style (Type)	Objekt.Style(Typ) = Stil%	**)
Width	Linienbreite = Objekt.Width	Objekt.Width = Wert!	

*) Objekt = MSChart.Plot.SeriesCollection(Index).Statline
**) Typ s. Tab. 14.115 Stil s. Tab. 14.116

Tab. 14.114: Die Syntax der StatLine-Eigenschaften

Wert	*Konstante*	*Zeigt an ...*
1	VtChStatsMinimum	den kleinsten Wert in der Datenreihe.
2	VtChStatsMaximum	den größten Wert in der Datenreihe.
4	VtChStatsMean	den mathematischen Mittelwert der Werte in der Datenreihe.
8	VtChStatsStddev	die Standardabweichung der Werte in der Datenreihe.
16	VtChStatsRegression	eine auf den Werten in der Datenreihe basierende Trendlinie.

Tab. 14.115: Die VtChStats-Konstanten für Style-Typ

Wert	*Konstante*	*Linie*
0	VtPenStyleNull	Keine
1	VtPenStyleSolid	Durchgehend
2	VtPenStyleDashed	Striche
3	VtPenStyleDotted	Punkte
4	VtPenStyleDashDot	Strich-Punkt
5	VtPenStyleDashDotDot	Strich-Punkt-Punkt
6	VtPenStyleDitted	Kästchen
7	VtPenStyleDashDit	Strich-Kästchen
8	VtPenStyleDashDitDit	Strich-Käschen-Kästchen

Tab. 14.116: Die VtPenStyle-Konstanten für Style-Stil

GuidelinePen-Objekt

Wichtig: GuidelinePen ist in der VB5-Dokumentation nur als Eigenschaft des Series-Objekts beschrieben. Diese Eigenschaft verweist aber nicht, wie in der VB5-Dokumentation beschrieben, auf ein Pen-Objekt, sondern auf ein GuidelinePen-Objekt vom Datentyp Pen.

GuidelinePen beschreibt Muster und Farbe der Hilfslinien

GuidelinePen ist Subobjekt vom

- Series-Subobjekt,

einem Element der SeriesCollection. Für die Parameter-Deklaration verwenden Sie das sekundäre Subobjekt Pen. Die Eigenschaften entsprechen denen des Pen-Objekts und werden anolog zu diesem angesprochen.

DataPoints-Auflistung und untergeordnete Objekte

DataPoints faßt eine Gruppe von Diagramm-Datenpunkten zusammen.

Eigenschaft	*Read *)*	*Write *)*
Count	Anz = Objekt.DataPoints.Count	Objekt.DataPoints.Count = Anz%
Item	Element = Objekt.DataPoints.Item(Index) alternativ: Element = Objekt.DataPoints(Index)	Objekt.DataPoints.Item(Index) = Wert Objekt.DataPoints(Index) = Wert

*) Objekt = MSChart.Plot.SeriesCollection(Index)

Tab. 14.117: Die Eigenschaften der DataPoints-Auflistung

Jedes Element in einer DataPoints-Auflistung ist ein DataPoint-Objekt, das die Attribute eines einzelnen Datenpunkts im Diagramm beschreibt.

DataPoint-Objekt

Eigenschaft	*Kurzbeschreibung*
Brush	Füllmustertyp. Verweis auf ein Brush-Objekt
DataPointLabel	Etikett für einen Datenpunkt. Verweis auf ein DataPointLabel-Objekt
EdgePen	Kantenstil. Verweis auf ein Pen-Objekt
Marker	Markersymbol. Verweis auf ein Marker-Objekt
Offset	Verschiebung gegenüber Standardposition (gemäß Systemeinstellung: Zentimeter oder Zoll)

Tab. 14.118: Die Eigenschaften des DataPoint-Objekts

Eigenschaft	*Read *)*	*Write *)*
Brush	Verweis = Objekt.Brush	–
DataPointLabel	Verweis = Objekt.DataPointLabel	–
EdgePen	Verweis = Objekt.EdgePen	–
Marker	Verweis = Objekt.Marker	–
Offset	Abstand = Objekt.Offset	Objekt.Offset = offset

*) Objekt = MSChart.Plot.SeriesCollection(sIndex).DataPoints(dIndex)

Tab. 14.119: Die Syntax der DataPoint-Eigenschaften

Methode	*Kurzbeschreibung*	*Syntax*
ResetCustom	Setzt alle Werte für einen Datenpunkt auf Standardwerte.	Objekt.ResetCustom
Select	Wählt das angegebene Diagrammelement aus.	Objekt.Select

Tab. 14.120: Die Methoden des DataPoint-Objekts und ihre Syntax

DataPointLabel-Objekt

Ein DataPointLabel-Objekt ist das Etikett für einen Datenpunkt im Diagramm.

Eigenschaft	*Kurzbeschreibung*
Backdrop	Hintergrundgestaltung. Verweis auf ein Backdrop-Objekt
Font	Schriftart für Text. Verweis auf ein Font-Objekt
Offset	Position (X und Y). Verweis auf Coor-Objekt
TextLayout	Position und Ausrichtung des Textes. Verweis auf TextLayout-Objekt
VtFont	Schriftartgestaltung für Text. Verweis auf VtFont-Objekt
Component	Typ des Etiketts (VtChLabelComponent-Konstante)
Custom	Zur Etikettierung des Datenpunkts benutzerdefinierten Text verwenden?
LineStyle	Linientyp zur Verbindung Datenpunkt-Etikett (VtChLabelLineStyle-Konstante)
LocationType	Standardposition des Diagramms (VtChLabelLocationType-Konstante)
PercentFormat	Formatzeichenfolge für Prozentdarstellung (0%, 0,0% oder 0.00%)
Text	Text des Datenpunktetiketts
TextLength	Anzahl Zeichen von Text
ValueFormat	Formatzeichenfolge für Wertdarstellung (wie Format-Methode s. Kapitel 5.2)

Tab. 14.121: Die Eigenschaften des DataPointLabel-Objekts

Eigenschaft	*Read *)*	*Write *)*	*Hinweis*
Backdrop	Verweis = DPL.Backdrop	–	
Font	Verweis = DPL.Font	–	
TextLayout	Verweis = DPL.TextLayout	–	
VtFont	Verweis = DPL.VtFont	–	
Component	Typ = DPL.Component	DPL.Component = Typ	Tab. 14.123
Custom	IsCustom = DPL.Custom	DPL.Custom = Wert	{True|False}
LineStyle	Typ = DPL.LineStyle	DPL.LineStyle = Typ	Tab. 14.124
LocationType	Pstn = DPL.LocationType	DPL.LocationType = Pstn	Tab. 14.125
Offset	Coor-Objekt = DPL.Offset		
	X = DPL.Offset.X	–	
	Y = DPL.Offset.Y	–	
PercentFormat	Format = DPL.PercentFormat	DPL.PercentFormat =Fmt$	Tab. 14.126
Text	LabelText = DPL.Text	DPL.Text = Tx$	
TextLength	Lg = DPL.TextLength	DPL.TextLength = Anz%	
ValueFormat	Format = DPL.ValueFormat	DPL.ValueFormat = Frmt$	Tab 14.126

*) Präfix DPL. = MSChart.Plot.SeriesCollection(sIndex).DataPoints(zIndex).DataPointLabel

Tab. 14.122: Die Syntax der DataPointLabel-Eigenschaften

Wert	*Konstante*	*Im Bezeichnungsfeld wird angezeigt...*
1	VtChLabelComponentValue	Wert des Datenpunkts
2	VtChLabelComponentPercent	Wert als Prozentsatz des Gesamtwerts der Datenreihe
4	VtChLabelComponentSeriesName	Name der Datenreihe
8	VtChLabelComponentPointName	Datenpunktname

Tab. 14.123: Konstanten der DataPointLabel.Component-Eigenschaft (VtChLabelComponent)

Wert	*Konstante*	*Bezeichnungslinienstil*
0	VtChLabelLineStyleNone	Keine Linie
1	VtChLabelLineStyleStraight	Gerade Linie
2	VtChLabelLineStyleBent	Gekrümmte Linie

Tab. 14.124: Konstanten der DataPointLabel.LineStyle-Eigenschaft (VtChLabelLineStyle)

Wert	*Konstante*	*Bezeichnungsposition*
0	VtChLabelLocationTypeNone	Keine Bezeichnung
1	VtChLabelLocationTypeAbovePoint	Über Punkt
2	VtChLabelLocationTypeBelowPoint	Unter Punkt
3	VtChLabelLocationTypeCenter	Zentriert
4	VtChLabelLocationTypeBase	Basis
5	VtChLabelLocationTypeInside	Innerhalb Kreis oder Ring
6	VtChLabelLocationTypeOutside	Außerhalb Kreis oder Ring
7	VtChLabelLocationTypeLeft	Links
8	VtChLabelLocationTypeRight	Rechts

Tab. 14.125: Konstanten der DataPointLabel.LocationStyle-Eigenschaft (VtChLabelLocationType)

Die folgende Tabelle führt mehrere Beispiele für Zeichenfolgen von Prozentformaten auf. Die Werte auf der linken Seite sind die zulässigen Formate:

PercentFormat	*Werte*		
	3	*–3*	*.3*
	Ergebnis		
0%	300%	–300%	30%
0.0%	300.0%	–300.0%	30.0%
0.00%	300.00%	–300.00%	30.00%

Tab. 14.126: PercentFormat und Formatierung

Methode	*Kurzbeschreibung*
ResetCustomLabel	Setzt Attribute des Datenpunktetiketts im Diagramm auf die Standardwerte der Reihe zurück.
Select	Wählt das angegebene Diagrammelement aus.

Tab. 14.127: Die Methoden des DataPointLabel-Objekts

Methode	*Syntax *)*
ResetCustomLabel	Objekt.ResetCustomLabel
Select	Objekt.Select

*) Objekt = MSChart.Plot.SeriesCollection(sIndex).DataPoints(dIndex).DataPointLabel

Tab. 14.128: Die Syntax der DataPointLabel-Methoden

EdgePen-Objekt

Das EdgePen-Objekt gibt das EdgePen-Objekt (Datentyp: Pen) zurück, das zum Zeichnen der Kante des Datenpunkts in einem Diagramm verwendet wird.

Alle Details finden Sie in der Beschreibung des Pen-Objekts unten im Abschnitt »Sekundäre Subobjekte«.

Marker-Objekt

Marker kennzeichnet eine Markierung, die einen Datenpunkt in einem Diagramm identifiziert.

Eigenschaften	*Kurzbeschreibung*
FillColor	Füllfarbe der Markierung. Verweis auf ein VtColor-Objekt
Pen	Farbe und Muster von Linien und Kanten. Verweis auf Pen-Objekt
Size	Größe in Punkten
Style	Typ der Markierung (VtMarkerStyle-Konstante)
Visible	Ist die Markierung sichtbar?

Tab. 14.129: Die Eigenschaften des Marker-Objekts

Eigenschaften	*Read *)*	*Write *)*	*Hinweis*
FillColor	Verweis = Objekt.FillColor	–	
Pen	Verweis = Objekt.Pen	–	
Size	Größe = Objekt.Size	Objekt.Size = Punkte	
Style	Stil = Objekt.Style	Objekt.Style = Wert%	s. Tab. 14.131

Eigenschaften	*Read *)*	*Write *)*	*Hinweis*
Visible	Visible = Objekt.Visible	Objekt.Visible = {True|False}	

*) Objekt = MSChart.Plot.SeriesCollection(sIndex).DataPoints(dIndex).Marker

Tab. 14.130: Die Syntax der Marker-Eigenschaften

Wert	*Konstante*	*Beschreibung*
15	VtMarkerStyleNull	Unterdrückt
0	VtMarkerStyleDash	Bindestrich-Markierung
1	VtMarkerStylePlus	Plus-Markierung
2	VtMarkerStyleX	X-Markierung
3	VtMarkerStyleStar	Stern-Markierung
4	VtMarkerStyleCircle	Kreis-Markierung
5	VtMarkerStyleSquare	Quadrat-Markierung
6	VtMarkerStyleDiamond	Rauten-Markierung
7	VtMarkerStyleUpTriangle	Dreieck-Markierung
8	VtMarkerStyleDownTriangle	Dreieck-Markierung, Spitze nach unten
9	VtMarkerStyleFilledCircle	Gefüllte Kreis-Markierung
10	VtMarkerStyleFilledSquare	Gefüllte Quadrat-Markierung
11	VtMarkerStyleFilledDiamond	Gefüllte Rauten-Markierung
12	VtMarkerStyleFilledUpTriangle	Gefüllte Dreieck-Markierung
13	VtMarkerStyleFilledDownTriangle	Gefüllte Dreieck-Markierung, Spitze nach unten
14	VtMarkerStyle3-DBall	Dreidimensionale Ball-Markierung

Tab. 14.131: Die Marker.Style-Konstanten (VtMarkerStyle)

Wall-Objekt

Wall kennzeichnet den ebenen Bereich, der die Y-Achsen in einem dreidimensionalen Diagramm dargestellt.

Eigenschaft	*Kurzbeschreibung*
Brush	Füllmustertyp. Verweis auf ein Brush-Objekt
Pen	Kantenstil. Verweis auf ein Pen-Objekt
Width	Breite eines Diagrammelements in Punkt

Tab. 14.132: Eigenschaften des Wall-Objekts

Eigenschaft	*Read *)*	*Write *)*
Brush	Verweis = Objekt.Brush	–
Pen	Verweis = Objekt.EdgePen	–

Eigenschaft	*Read *)*	*Write *)*	
Width	Wdth = Objekt.Width	Objekt.Width = Wert%	(in Punkt)

*) Objekt = MSChart.Plot.Wall

Tab. 14.133: Die Syntax der Eigenschaften des Wall-Objekts

Weighting-Objekt

Weighting repräsentiert die Größe eines Kreises im Verhältnis zu anderen Kreisen im selben Diagramm.

Eigenschaften von Weighting

Eigenschaft	*Beschreibung*
Basis	Art der Gewichtung für Kreisgröße (VtChPieWeightBasis-Konstanten)
Style	Methode der Gewichtung (VtChPieWeightStyle-Konstanten)
Methode	*Beschreibung*
Set	Basis und Stil des Weighting-Objekts

Tab. 14.134: Eigenschaften und Methode von Weighting

Eigenschaft	*Read *)*	*Write *)*	*Hinweis*
Basis	Gewichtung = Objekt.Basis	Objekt.Basis = Wert%	s. Tab. 14.136
Style	Methode = Objekt.Style	Objekt.Style = Wert%	s. Tab. 14.137

Methode	*Syntax*	*Hinweis*
Stil	Objekt.Set Basis, Stil	s. Tab. 14.131 u. 14.132

*) Objekt = MSChart.Plot.Weighting

Tab. 14.135: Die Syntax der Weighting-Eigenschaften und -Methode

Wert	*Eigenschaft*	*Kreisausschnittbasis*
0	VtChPieWeightBasisNone	Keine
1	VtChPieWeightBasisTotal	Gesamt
2	VtChPieWeightBasisSeries	Datenreihe

Tab. 14.136: Die Weighting.Basis-Konstanten (VtChPieWeightBasis)

Wert	*Eigenschaft*	*Kreisstil*
0	VtChPieWeightStyleArea	Fläche
1	VtChPieWeightStyleDiameter	Durchmesser

Tab. 14.137: Die Weighting.Style-Konstanten (VtChPieWeightStyle)

14.3.6 Sekundäre Subobjekte

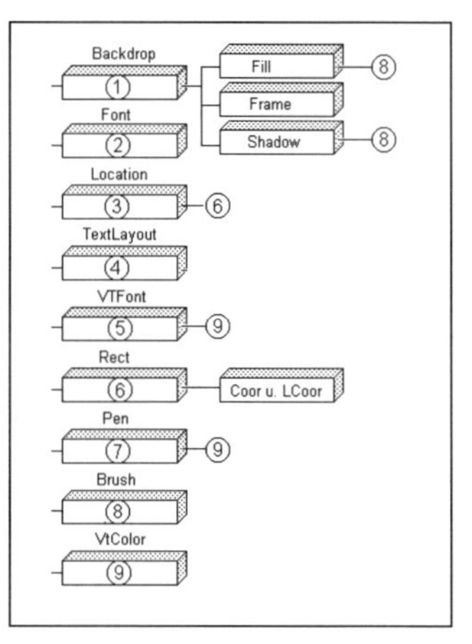

Abb. 14.6: Die sekundären Subobjekte von MSChart

Backdrop-Objekt und seine Subobjekte

```
Verweis = Objekt.Backdrop
```

Das Backdrop-Objekt erstellt einen Schatten oder ein Muster hinter dem Diagrammelement.

Backdrop ist Subobjekt bei:

- Footnote
- Legend
- Title
- Plot
- AxisTitle
- Label
- DataPointLabel

Eigenschaft	*Kurzbeschreibung*
Fill	Verweis auf das sekundäre Subobjekt Fill (Typ u. Erscheinungsbild des Hintergrunds)
Frame	Verweis auf das sekundäre Subobjekt Frame (Erscheinungsbild des Rahmens)
Shadow	Verweis auf das sekundäre Subobjekt Shadow (Erscheinungsbild des Schattens)

Tab. 14.138: Backdrop-Eigenschaften

Eigenschaft	*Read*	*Write*
Fill	Verweis = Objekt.Backdrop.Fill	–
Frame	Verweis = Objekt.Backdrop.Frame	–
Shadow	Verweis = Objekt.Backdrop.Shadow	–

Tab. 14.139: Syntax der Backdrop-Eigenschaften

Fill-Objekt

Fill beschreibt Typ und Erscheinungsbild des Hintergrundes eines Objekts in einem Diagramm.

Fill ist Subobjekt bei Backdrop.

Eigenschaft	*Beschreibung*
Brush	Verweis auf Brush-Objekt
Style	Stil der Hintergrundstruktur

Eigenschaft	*Read *)*	*Write *)*	*Hinweis*
Brush	Verweis = Objekt.Brush	–	
Style	Stil = Objekt.Style	Objekt.Style =	Tab. 14.141

*) Objekt = ~.Backdrop

Tab. 14.140: Die Eigenschaften von Fill und ihre Syntax

Wert	*Konstante*	*Beschreibung*
0	VtFillStyleNull	Keine Füllung (Hintergrund scheint durch)
1	VtFillStyleBrush	Durchgehende VtColor oder Musterfüllung

Tab. 14.141: Die Fill.Style-Konstanten (VtFillStyle)

Frame-Objekt

Frame enthält Informationen über das Erscheinungsbild des Rahmens um ein Diagrammelement.

Frame ist Subobjekt bei Backdrop.

Eigenschaft	*Kurzbeschreibung*	
FrameColor	Rahmenfarbe	Verweis auf ein VtColor-Objekt
SpaceColor	Füllung des Doppelrahmenzwischenraums	Verweis auf ein VtColor-Objekt
Style	Rahmentyp (VtFrameStyle-Konstante)	
Width	Rahmenbreite in Punkt	

Tab. 14.142: Die Eigenschaften des Frame-Objekts

Eigenschaft	*Read *)*	*Write *)*	*Hinweis*
FrameColor	Verweis = Objekt.FrameColor	–	
SpaceColor	Verweis = Objekt.SpaceColor	–	
Style	Stil = Objekt.Style	Objekt.Style = Wert%	s. Tab. 14.144
Width	Rahmenbreite = Objekt.Width	Objekt.Width = Wert!	

*) Objekt = ~.Backdrop

Tab. 14.143: Die Syntax der Frame-Eigenschaften

Wert	*Konstante*	*Bewirkt...*
0	VtFrameStyleNull	keine Linie.
1	VtFrameStyleSingleLine	einfache Linie.
2	VtFrameStyleDoubleLine	zwei Linien gleicher Stärke.
3	VtFrameStyleThickInner	eine starke innere und eine dünnere äußere Linie.
4	VtFrameStyleThickOuter	eine dünne innere und eine starke äußere Linie.

Tab. 14.144: Die Werte für Frame.Style

Shadow-Objekt

Shadow enthält Informationen über das Erscheinungsbild eines Schattens auf dem Diagrammelement.

Shadow ist Subobjekt zu Backdrop.

Eigenschaft	*Kurzbeschreibung*
Brush	Füllmustertyp. Verweis auf ein Brush-Objekt
Offset	Abstand, um den das Diagrammelement (gegenüber LocationType-Werten) versetzt oder verschoben ist
Style	Schattentyp (VtShadowStyle-Konstante)

Tab. 14.145: Die Eigenschaften des Shadow-Objekts

Eigenschaft	Read *)	Write *)	
Brush	Verweis = Objekt.Brush	–	
Offset	Coor-Objekt = Objekt.Offset	–	
	X = Objekt.Offset.X	–	
	Y = Objekt.Offest.Y	–	
Style	Stil = Objekt.Style	Objekt.Style = {0|1}	s. Tab. 14.147

*) Objekt = ~.Shadow

Tab. 14.146: Die Syntax der Shadow-Eigenschaften

Wert	Konstante	Bewirkt...
0	VtShadowStyleNull	kein Schatten
1	VtShadowStyleDrop	Schatten anzeigen

Tab. 14.147: Die Shadow.Style-Konstanten (VtShadowStyle)

Brush-Objekt

Brush ist der beim Anzeigen des Diagrammelements verwendete Typ des Füllmusters.

Brush ist Subjekt zu:

- PlotBase
- Wall
- DataPoint

und den sekundären Subobjekten

- Pen
- VtFont

Eigenschaft	Kurzbeschreibung	
FillColor	Verweis auf das sekundäre Subobjekt VTColor für Füllfarbe	
PatternColor	Verweis auf das sekundäre Subobjekt VTColor für Farbe des Musters	
Index	Muster oder Schraffur (gemäß Konstanten)	(Wirkung abhängig von Brush.Style)
Style	Stil beim Zeichnen	

Tab. 14.148: Die Eigenschaften des Brush-Objekts

Eigenschaft	Read *)	Write *)
FillColor	Verweis = Objekt.FillColor	–
PatternColor	Verweis = Objekt.VtColor	–

Eigenschaft	*Read *)*	*Write *)*	
Index	num = Objekt.Index	Objekt.Index = num	s. Tab. 14.150 ff.
Style	Stil = Objekt.Style	Objekt.Style = Wert%	s. Tab. 14.150 ff.

*) Objekt = ~.Brush

Tab. 14.149: Die Syntax der Brush-Eigenschaften

Brush.Index = (Wenn Brush.Style = VtBrushStyleHatch)

Wert	*Konstante*	*Beschreibung*
0	VtBrushHatchHorizontal	Horizontale schraffierte Linien
1	VtBrushHatchVertical	Vertikale schraffierte Linien
2	VtBrushHatchDownDiagonal	Abwärts diagonale schraffierte Linien
3	VtBrushHatchUpDiagonal	Aufwärts diagonale schraffierte Linien
4	VtBrushHatchCross	Gekreuzte schraffierte Linien
5	VtBrushHatchDiagonalCross	Diagonal gekreuzte schraffierte Linien

Tab. 14.150: Die Konstanten für die Linienart (VtBrushHatch)

Brush.Index = (Wenn Brush.Style = VtBrushStylePattern)

Wert	*Konstante*	*Beschreibung*
0	VtBrushPattern94percent	94%-Musterfarbe
1	VtBrushPattern88percent	88%-Musterfarbe
2	VtBrushPattern75percent	75%-Musterfarbe
3	VtBrushPattern50percent	50%-Musterfarbe
4	VtBrushPattern25percent	25%-Musterfarbe
5	VtBrushPatternBoldHorizontal	Fette horizontale Linien
6	VtBrushPatternBoldVertical	Fette vertikale Linien
7	VtBrushPatternBoldDownDiagonal	Fette abwärts diagonale Linien
8	VtBrushPatternBoldUpDiagonal	Fette aufwärts diagonale Linien
9	VtBrushPatternChecks	Karomuster
10	VtBrushPatternWeave	Webmuster
11	VtBrushPatternHorizontal	Horizontale Linien
12	VtBrushPatternVertical	Vertikale Linien
13	VtBrushPatternDownDiagonal	Abwärts diagonale Linien
14	VtBrushPatternUpDiagonal	Aufwärts diagonale Linien
15	VtBrushPatternGrid	Gittermuster
16	VtBrushPatternTrellis	Spaliermuster
17	VtBrushPatternInvertedTrellis	Invertiertes Spaliermuster

Tab. 14.151: Die Konstanten für die Liniengestaltung (VtBrushPattern)

Brush.Style =		
Wert	*Konstante*	*Beschreibung*
0	VtBrushStyleNull	Kein Pinsel (Hintergrund scheint durch)
1	VtBrushStyleSolid	Gefüllter VtColor-Pinsel
2	VtBrushStylePattern	Pinsel mit Bitmap-Muster
3	VtBrushStyleHatched	Schraffierter Pinsel

Tab. 14.152: Die Brush.Style-Konstanten (VtBrushStyle)

Font-Objekt

Das Font-Objekt enthält die zum Formatieren des Textes benötigten Informationen.

Font ist Subobjekt zu:

- Footnote
- Legend
- Title
- AxisTitle
- Label
- DataPointLabel

Eigenschaft	*Beschreibung*	*Read *)*	*Write *)*
Name	Font-Name	AktFont = Objekt.Name	Objekt.Name = Schriftart
Schriftstil			
Bold	Fett	IsBold = (Objekt.Bold = True)	Objekt.Bold = {False|True}
Italic	Kursiv	IsItalic = (Objekt.Italic = True)	Objekt.Italic = {False|True}
StrikeThrough	Durchgestrichen	IsStriked = (Objekt.StrikeThrough =True)	Objekt.StrikeThrough = {False|True}
Underline	Unterstrichen	IsUndeline = (Objekt.Underline = True)	Objekt.Underline = {False|True}
Abmessungen			
Size	Schriftgröße	AktSize = Objekt.Size	Objekt.Size = Wert%
Weight	Dicke der Zeichen oder Schriftschnitt	AktWeight = Objekt.Weight	Objekt.Weight = {400|700}**)

*) Objekt = ~.Font

**) Voreinstellung: Bold = 700 sonst 400. Weight > 400 und < 551 wird in 400, Weight > 550 wird in 700 umgewandelt.

Tab. 14.153: Die Eigenschaften des Font-Objekts und ihre Syntax

Location-Objekt

Repräsentiert die aktuelle Position eines Textelements im Diagramm.

Location ist Subobjekt zu:

- Title
- Legende
- Footnote

Eigenschaft	*Kurzbeschreibung*
Rect	Koordinatenposition. Verweis auf Rect-Objekt
LocationType	Standardposition des Diagrammelements (VtChLocationType-Konstante)
Visible	Diagrammelement sichtbar?

Tab. 14.154: Die Eigenschaften des Location-Objekts

Eigenschaft	*Read *)*	*Write *)*	*Hinweis*
Rect	Verweis = Objekt.Rect	–	
LocationType	Typ = Objekt.LocationType	Objekt.LocationType = Typ	s.Tab. 14.156
Visible	IsVisible = Objekt.Visible	Objekt.Visible = {True|False}	

*) Objekt = ~.Location

Tab. 14.155: Die Syntax der Location-Eigenschaften

Wert	*Konstante*	*Standardposition*
0	VtChLocationTypeTopLeft	Oben links
1	VtChLocationTypeTop	Oben mitte
2	VtChLocationTypeTopRight	Oben rechts
3	VtChLocationTypeLeft	Links
4	VtChLocationTypeRight	Rechts
5	VtChLocationTypeBottom	Unten mitte
6	VtChLocationTypeBottomLeft	Unten links
7	VtChLocationTypeBottomRight	Unten rechts
8	VtChLocationTypeCustom	Benutzerdefiniert

Tab. 14.156: Die Pen.LocationType-Konstanten (VtChLocationType)

Offset-Objekt

Offset gibt die Entfernung/en zurück, um die ein Diagrammelement von seiner Standardposition versetzt bzw. verschoben ist.

Offset ist Subobjekt bei:

- DataPointLabel
- Shadow

Eigenschaft	*Kurzbeschreibung*	*Datentyp*	*Read *)*	*Write *)*
X	x-Koordinate	Long	x = Objekt.X	Objekt.X = x
Y	y-Koordinate	Long	y = Objekt.Y	Objekt.Y = y
Methode	*Kurzbeschreibung*	*Datentyp*	*Syntax*	
Set	Setzt die Werte	Long	Objekt.Set x, y	

*) Objekt = ~.Offset

Tab. 14.157: Eigenschaften und Methode des Offset-Objekts

Pen-Objekt

Pen beschreibt Farbe und Muster von Linien oder Kanten in einem Diagramm.

Pen ist Subobjekt bei

- Axis
- DataPoint (als EdgePen)
- Marker
- PlotBase
- Series
- Wall

Eigenschaft	*Kurzbeschreibung*
VtColor	Zeichnungsfarbe. Verweis auf VtColor-Objekt
Cap	Art der Linienenden (VtPenCap-Konstante)
Join	Sollen Liniensegmente gebildet werden? (VtPenJoin-Konstante)
Limit	Vielfaches der Linienstärke s. Width. Wichtig für Zusammenführung der Linien. Ist der Abstand innere zu äußerer Kante der beiden Linien > Limit, wird die Ecke abgeschrägt.
Style	Stiftstil (VtPenStyle-Konstante)
Width	Zeichnungsbreite in Punkt

Tab. 14.158: Die Eigenschaften des Pen-Objekts

Eigenschaft	*Read *)*	*Write *)*	
VtColor	Verweis = Objekt.VtColor	–	
Cap	Typ = Objekt.Cap	Objekt.Cap = Typ	s. Tab. 14.160

Eigenschaft	*Read *)*	*Write *)*	
Join	Typ = Objekt.Join	Objekt.Join = Typ	s. Tab. 14.160
Limit	Grenzwert = Objekt.Limit	Objekt.Limit = joint!	
Style	Stiftstil = Objekt.Style	Objekt.Style = Stil	s. Tab. 14.161
Width	Stiftbreite = Objekt.Width	Objekt.Width = Breite	

*) Objekt – ~.Pen

Tab. 14.159: Die Syntax der Pen.Eigenschaften

	Pen.Cap-Konstanten (VtPenCap)	
Wert	*Konstante*	*Beschreibung*
0	VtPenCapButt	Rechter Winkel
1	VtPenCapRound	Abgerundet
2	VtPenCapSquare	Verlängerung und rechter Winkel

Tab. 14.160.1: Die Pen.Cap-Einstellungen

	Pen.Join-Konstanten (VtPenJoin)	
Wert	*Konstante*	*Beschreibung*
0	VtPenJoinMiter	Verbindung durch Kantenverlängerung
1	VtPenJoinRound	Verbindung durch kreisförmigen Bogen
2	VtPenJoinBevel	Verbindung durch aufgefüllten Einschnitt

Tab. 14.160.2: Die Pen.Join-Einstellungen

Wert	*Konstante*	*Beschreibung*
0	VtPenStyleNull	Es wird kein Stift verwendet
1	VtPenStyleSolid	Durchgehende Linie
2	VtPenStyleDashed	Gestrichelte Linie
3	VtPenStyleDotted	Gepunktete Linie
4	VtPenStyleDashDot	Strich-Punkt
5	VtPenStyleDashDotDot	Strich-Punkt-Punkt
6	VtPenStyleDitted	Feingestrichelte Linie
7	VtPenStyleDashDit	Strich – Feiner Strich
8	VtPenStyleDashDitDit	Strich – Feiner Strich – Feiner Strich
9	VtPenStyleNative	Strich – Kästchen – Kästchen

Tab. 14.161: Die Pen.Style-Einstellungen (VtPenStyle)

Rect-Objekt

Rect definiert eine Koordinatenposition.

Rect ist Subobjekt von Location.

Eigenschaft	*Kurzbeschreibung*
Max	Die End-Ecke des Darstellungsrechtecks
Min	Die Anfangs-Ecke des Darstellungsrechtecks

Tab. 14.162: Die Eigenschaften des Rect-Objekts

Eigenschaft	*Read *)*	*Write *)*	
Max|Min	X = L.Rect.{Max|Min}.X	L.Rect.{Max|Min}.X = Wert	**)
Max|Min	Y = L.Rect.{Max|Min}.Y	L.Rect.{Max|Min}.Y = Wert	**)

*) Präfix L. = MSChart.Obj.Location. Darin ist Obj = Footnote, Legend oder Title

**) s. bei »Coor und LCoor«

Tab. 14.163: Die Syntax der Rect-Eigenschaften

Coor und LCoor

Coor (Abk. von Coordinates = Koordinaten) beschreibt ein schwebendes X-Y-Koordinatenpaar für ein Diagramm. LCoor (Low Coor) beschreibt ein auf der Basis plaziertes X-Y-Koordinatenpaar.

Coor und LCoor sind die deklarierbaren Objektdatentypen. Die einzelnen Punkte

- Rect.Min, Rect.Max
- LocationRect.Min, LocationRect.Max sowie
- Offset (bei DataPointLabel u. Shadow)

sind Coor- bzw LCoor-Datentypen.

Bitte beachten Sie: Coor und LCoor sind Objektdatentypen, keine Objekte. Verwenden Sie an deren Stelle die auf sie verweisenden Eigenschaften (Rect.{Min|Max}.{X|Y}. Die Objekte oder Parameter zur Übernahme dieser Eigenschaften werden ... As Coor deklariert.

```
Private Sub Command1_Click()
  Dim C As Coor
  Set C = MSChart1.Plot.LocationRect.Min
  ShowIt C
  ' oder
  ' ShowIt MSChart1.Plot.LocationRect.Min
End Sub

Sub ShowIt(R As Coor)
  X = R.X - 100
  Y = R.Y - 100
  If X < -2000 Then X = -2000
```

```
  If Y < -240 Then Y = -240
  R.X = X
  R.Y = Y
End Sub
```

Eigenschaft	*Kurzbeschreibung*	*Datentyp*	*Read *)*	*Write *)*	
		Coor	LCoor		
X	x-Koordinate	Single	Long	x = Objekt.X	Objekt.X = x
Y	y-Koordinate	Single	Long	y = Objekt.Y	Objekt.Y = y

Methode	*Kurzbeschreibung*	*Syntax*
Set	Setzt die X-, Y-Werte	Objekt.Set x, y

*) Beachten Sie die Hinweise oben und bei Rect.

Tab. 14.164: Eigenschaften und Methode von Coor und LCoor

TextLayout-Objekt

TextLayout repräsentiert Position und Ausrichtung von Text.

TextLayout ist Subobjekt zu

- Footnote
- Legend
- Title

Eigenschaften von TextLayout

Eigenschaft	*Kurzbeschreibung*
HorzAlignment	Horizontale Ausrichtung von Text. (VtHorizontalAlignment-Konstanten)
Orientation	Die Orientierung von Text. (VtOrientation-Konstanten)
VertAlignment	Vertikale Ausrichtung von Text (VtVerticalAlignment-Konstanten)
WordWrap	Textumbruch

Tab. 14.165: Die Eigenschaften des TextLayout-Objekts

Eigenschaft	*Read*	*Write*	*Hinweis*
HorzAlignment	Ausr = TL.HorzAlignment	TL.HorzAlignment = Wert	Tab. 14.167
Orientation	Orient = TL. Orientation	TL. Orientation = Wert	Tab. 14.168
VertAlignment	Ausr = TL. VertAlignment	TL. VertAlignment = Wert	Tab. 14.169

Eigenschaft	Read	Write	Hinweis
WordWrap	Umbruch = TL.WordWrap	TL.WordWrap = Wert	{False|True}

*) Präfix TL. = MSChart.Obj.TextLayout. Darin ist Obj = Footnote, Legend oder Title

Tab. 14.166: Die Syntax der TextLayout-Eigenschaften

Wert	Konstante	Horizontale Textausrichtung
0	VtHorizontalAlignmentLeft	Links
1	VtHorizontalAlignmentRight	Rechts
2	VtHorizontalAlignmentCenter	Zentriert
3	VtHorizontalAlignmentFill	Füllen
4	VtHorizontalAlignmentFlush	Entleeren

Tab. 14.167: Die TextLayout.HorzAlignment-Konstanten (VtHorizontalAlignment)

Wert	Konstante	Textorientierung
0	VtOrientationHorizontal	Horizontal
1	VtOrientationVertical	Vertikal
2	VtOrientationUp	Aufwärts
3	VtOrientationDown	Abwärts

Tab. 14.168: Die TextLayout.Orientation-Konstanten (VtOrientation)

Wert	Konstante	Vertikale Textausrichtung
0	VtVerticalAlignmentTop	Oben
1	VtVerticalAlignmentBottom	Unten
2	VtVerticalAlignmentCenter	Zentriert

Tab. 14.169: Die TextLayout.VertAlignment-Kosntanten (VtVerticalAlignment)

VtColor-Objekt

VtColor beschreibt eine Zeichnungsfarbe in einem Diagramm.

VtColor ist Subobjekt von

- Pen
- StatLine
- VtFont

Eigenschaft	*Kurzbeschreibung*
Automatic	Farbe für Kantenstifte automatisch berechnen?
Blue	Blau-Komponente des RGB-Farbwertes (0 bis 255)
Red	Rot-Komponente des RGB-Farbwertes (0 bis 255)
Green	Grün-Komponente des RGB-Farbwertes (0 bis 255)
Methode	*Kurzbeschreibung*
Set	Stellt den Rot-, Grün- und Blauwert des VtColor-Objekts ein.

Tab. 14.170: Eigenschaften und Methode des VtColor-Objekts

Eigenschaft	*Read *)*	*Write *)*		
Automatic	IsAutomatic = Objekt.Automatic	Objekt.Automatic= Wert	{True|False}	
Red	RotWert = Objekt.Red	Objekt.Red = Wert%	(0 bis 255)	R
Green	Grünwert = Objekt.Green	Objekt.Green = Wert%	(0 bis 255)	G
Blue	BlauWert = Objekt.Blue	Objekt.Blue = Wert%	(0 bis 255)	B

Methode	*Syntax*
Set	Objekt.Set R, G, B

*) Objekt = ~.{Pen|StatLine|VtFont}.VtColor

Tab. 14.171: Syntax der VtColor-Eigenschaften und -Methode

VtFont-Objekt

VtFont ist die zur Textdarstellung im Diagramm verwendete Schriftart.

VtFont ist Subobjekt von

- AxisTitle
- DataPointLabel
- Footnote
- Label
- Legend
- Title

Eigenschaft	*Kurzbeschreibung*
VtColor	Verweis auf VtColor-Objekt
Effect	Schrifteffekte im Diagramm
Name	Name der Schriftart (Standardeigenschaft)

Eigenschaft	*Kurzbeschreibung*
Size	Zeichengröße
Style	Schriftstil (VtFontStyle-Konstante)

Tab. 14.172: Die Eigenschaften von VtFont

Eigenschaft	*Read *)*	*Write *)*	*Hinweis*
VtColor	Verweis = VT.VtColor	–	
Effect	AktEffekt = VT.Effekt	VT.Effekt = Effekte%	s. Tab. 14.74
Name	FntName = VT.Name	VT.Name = Fontname	
Size	FntGröße = VT.Size	VT.Size = Size%	
Style	Stil = VT.Style	VT.Style = Wert%	s. Tab. 14.175

*) Präfix VT. = ~.VtFont.

Tab. 14.173: Die Syntax der VtFont-Eigenschaften

Hexadezimal	*Dezimal*	*Konstante*	*Effekt*
&H100	256	VtFontEffectStrikeThrough	Zeichen durchgestrichen
&H200	512	VtFontEffectUnderline	Zeichen unterstrichen

Tab. 14.174: Die VtFont-Effect-Konstanten (VtFontEffect)

Wert	*Konstante*	*Schriftstil*
1	VtFontStyleBold	Fett
2	VtFontStyleItalic	Kursiv
4	VtFontStyleOutline	Kontour

Tab. 14.175: Die VtFont.Style-Konstanten (VtFontStyle)

15 Multimedia

In diesem Kapitel sind folgende Zusatzsteuerelemente zusammengefaßt:

Bezeichnung	*Klasse*	*Ab:*	*Typ*
Animation	***Animation***	VB5	32-Bit-Zusatzsteuerelement
Mit dem Animation-Steuerelement erstellen Sie Schaltflächen, die Animationen wie z.B. .AVI-Dateien anzeigen, sobald auf sie geklickt wird. Das Steuerelement kann nur .AVI-Dateien ohne Klang abspielen. Des weiteren zeigt das Steuerelement nur zwei Typen von AVI-Dateien an, entweder unkomprimiert oder komprimiert im RLE8-Format.			
Multimedia MCI	***MMControl***	VB2/3	16/32-Bit-Zusatzsteuerelement
Das Multimedia MCI-Steuerelement (MCI = Media Control Interface) verwaltet die Aufzeichnung und Wiedergabe von Multimedia-Dateien auf MCI-Geräten (Soundkarten, MIDI-Sequencer, CD-ROM-Laufwerke, Audio-CD-Spieler, Bildplatten-Abspielgeräte, Video-Recorder und -Abspielgeräte).			

Tab. 15.1 Die Präsentations-Steuerelemente

15.1 Animation-Control

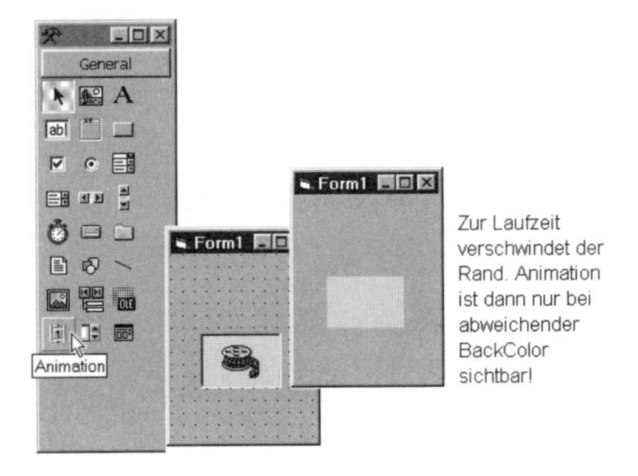

Deutsche Bezeichnung: Animation-Steuerelement

Klasse: Animation

Typ: 32-Bit-Zusatzsteuerelement

Mit dem Animation-Steuerelement erstellen Sie Schaltflächen, die Animationen wie z.B. .AVI-Dateien anzeigen, sobald auf sie geklickt wird.

Das Steuerelement kann nur .AVI-Dateien ohne Klang abspielen. Des weiteren zeigt das Steuerelement nur zwei Typen von AVI-Dateien an, entweder unkomprimiert oder komprimiert im RLE8-Format.

Das zu VB5 und VB6 gelieferte Zusatzsteuerelement können Sie auch unter VB4-32 einsetzen.

Bezeichnung Ab:	*Klasse Edition*	*Erforderliche Dateien*	*Bezeichnung in Liste Zusatzsteuerelemente*
Animation	***Animation***		
VB5	Pro/Ent	COMCT232.OCX	Microsoft Windows Common Controls 2-5.0
VB6	Pro/Ent	MSCOMCT2.OCX	Microsoft Windows Common Controls 2-6.0

Tab. 15.2: Erforderliche Dateien zum Animation-Steuerelement

15.1.1 Eigenschaften des Animation-Controls

Eigenschaft	*Ab: VB5*	*Beschreibung*	*Entw.*	*LZ*
AutoPlay		AVI-Datei direkt in einer fortlaufenden Schleife abspielen?	R/W	R/W
BackColor		Hintergrundfarbe im Abspielfenster	R/W	R/W
BackStyle		Hintergrund transparent?	R/W	R/W
Center		Ausgabefenster zentriert	R/W	R/W

Tab. 15.3.1: Spezifische Eigenschaften des Animation-Steuerelements

Eigenschaft	*Read *)*	*Write *)*	*Hinweis*
AutoPlay	IsAutoPlay = A.Autoplay	A.Autoplay = Wert	{True|False}
BackColor	Farbwert& = A.BackColor	A.BackColor = Farbe&	**)
BackStyle	IsTransparent = (A.BackStyle = 1)	A.BackStyle = {0|1}	Tab. 15.4
Center	IsCentered = A.Center	A.Center = {True|False}	Tab.15.5

*) Objekt = Animation

**) RGB, QBColor o. System

AVI-Dateien, die mit RLE8 komprimiert sind, erlauben nur die Anzeige von 8-Bit-Farben.

Die BackColor-Eigenschaft wird auf die nächste 8-Bit-Farbe in der Standardpalette »gerundet«.

Tab. 15.3.2: Syntax der spezifischen Animation-Eigenschaften

Einstellung	*Beschreibung*
0	(Voreinstellung) Durchsichtig. Die Hintergrundfarbe des Steuerelements ist sichtbar.
1	Undurchsichtig. Die Hintergrundfarbe füllt das Steuerelement und verbirgt alle dahinterliegenden Farben.

Tab. 15.4: Einstellungen für BackStyle beim Animation-Control

Einstellung	*Anzeige der AVI-Datei*
True (Voreinstellung)	Mitte des Steuerelements, basierend auf der Größe des Bildes Die Kanten des AVI-Rahmens werden beim Abspielen nicht angezeigt, wenn dieser größer ist als das Steuerelement.
False	Position 0,0 im Steuerelement

Tab. 15.5: Einstellungen von Center beim Animation-Control

Eigenschaft	*Ab: VB5*	*Eigenschaft*	*Ab: VB5*
Allgemein			
Container		Object	
Enabled		Parent	
hWnd		TabIndex	
Index		TabStop	
Name		Visible	
Darstellung			
ForeColor			
Position			
Height, Width		Left, Top	
Drag & Drop			
DragIcon		DragMode	
Hilfe			
HelpContextID		ToolTipText	
Tag		WhatsThisHelpID	
OLE			
OLEDropMode			

Tab. 15.6: Die allgemeinen Eigenschaften des Animation-Controls

15.1.2 Methoden des Animation-Controls

Methode	*Ab: VB5*	*Kurzbeschreibung*
Open		Datei zum Abspielen öffnen
Close		Datei schließen
Play, Stop		Abspielen starten/stoppen

Tab. 15.7: Die spezifischen Methoden des Animation-Controls

Methode	*Syntax*	*Hinweis*
Open	Objekt.Open Datei	
Close	Objekt.Close	

Methode	*Syntax*	*Hinweis*
Play	Objekt.Play [= Wiederholung, Beginn, Ende]	Parameter s. Tab. 15.9
Stop	Objekt.Stop	**)

*) Objekt = Animation

**) Ist Autoplay-Eigenschaft = True führt die Verwendung der Stop-Methode zur Rückgabe eines Fehlers (35759).

Tab. 15.8: Die Syntax der spezifischen Methoden des Animation-Controls

Parameter	*Beschreibung*
Wiederholung	Bestimmt die Wiederholungen des Clips. Voreinstellung ist –1. (= unbegrenzte Wiederholung).
Beginn	Kennzeichnet den Startrahmen. Der maximale Wert ist 65535. Voreinstellung ist 0 (= Clip im ersten Rahmen starten).
Ende	Ist der Endrahmen. . Der maximale Wert ist 65535. Voreinstellung ist –1(= Clip im letzten Rahmen starten).

Tab. 15.9: Optionale Parameter zur Animation.Play-Methode

Methoden	*Ab: VB5*	*Methode*	*Ab: VB5*
Allgemein			
Objekt		SetFocus	
Move		ZOrder	
Drag & Drop		***OLE***	
Drag		OLEDrag	
Hilfe			
ShowWhatsThis			

Tab. 15.10: Die allgemeinen Methoden des Animation-Controls

15.1.3 Die Ereignisse des Animation-Controls

Animation registriert keine spezifischen Ereignisse.

Ereignis	*Ab: VB5*	*Ereignis*	*Ab: VB5*
Benutzeraktionen			
Click		MouseDown, MouseUp	
DblClick		MouseMove	
Focus-Ereignisse			
GotFocus		LostFocus	
DDE			
LinkClose		LinkError	
LinkExecute		LinkOpen	

Ereignis	*Ab: VB5*	*Ereignis*	*Ab: VB5*
Drag & Drop			
DragDrop		DragOver	
OLE			
OLECompleteDrag		OLEGiveFeedBack	
OLEDragDrop		OLESetData	
OLEDragOver		OLEStartDrag	

Tab. 15.11: Die Ereignisse des Animation-Controls

15.2 Multimedia MCI-Control

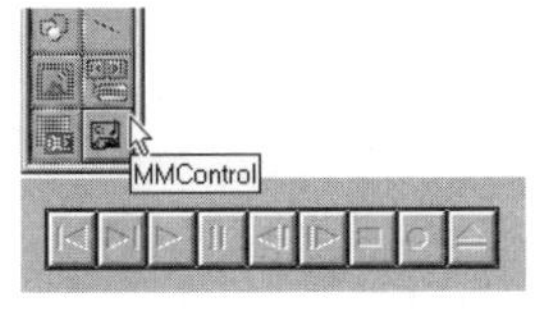

Deutsche Bezeichnung: Multimedia oder MCI-Steuerelement

Klasse: MMControl

Typ: 16-/32-Bit-Zusatzsteuerelement

Das Multimedia MCI-Steuerelement verwaltet die Aufzeichnung und Wiedergabe von Multimedia-Dateien auf MCI-Geräten (MCI = Media Control Interface).

Dieses Steuerelement besteht aus einer Reihe von Schaltflächen, die MCI-Befehle an Geräte wie

- Soundkarten,
- MIDI-Sequencer,
- CD-ROM-Laufwerke,
- Audio-CD-Spieler,
- Bildplatten-Abspielgeräte sowie
- Video-Recorder und -Abspielgeräte

senden. Das MCI-Steuerelement unterstützt außerdem das

- Abspielen von Video für Windows-Dateien (*.avi-Dateien).

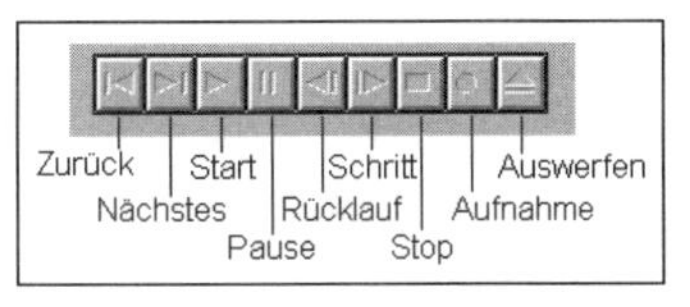

Abb. 15.1: Die MCI-Schaltflächen

Bezeichnung Version	*Klasse Edition*	*Erforderliche Dateien*	*Bezeichnung in Liste Zusatzsteuerelemente*
Multimedia MCI	***MMControl***		
VB2/3	Pro/Ent	MCI.VBX	
VB4-16	Pro/Ent	MCI16.OCX	Microsoft Multimedia Control 5.0
VB4-32	Pro/Ent	MCI32.OCX	Microsoft Multimedia Control 5.0
VB5	Pro/Ent	MCI32.OCX	Microsoft Multimedia Control 5.0
VB6	Pro/Ent	MCI32.OCX	Microsoft Multimedia Control 6.0

15.2.1 Die Eigenschaften des MMControls

Eigenschaft	*Ab: VB2*	*Kurzbeschreibung*	*Entw.*	*LZ*
AutoEnable		Schaltflächen automatisch aktivierbar? Setzt BUTTONEnabled = False	R/W	R/W
BUTTONEnabled		Bestimmter Button aktiviert	R/W	R/W
BUTTONVisible		Bestimmter Button sichtbar	R/W	R/W
CanEject		Auswurf des Mediums möglich?	–	R
CanPlay		Abspielen möglich?	–	R
CanRecord		Aufnahme möglich?	–	R
CanStep		Schrittweises Abspielen möglich?	–	R
Command		MCI-Befehl ausführen	–	W
DeviceID		Gerätekennung für aktuelles Gerät	–	R
DeviceType		Typ des aktuellen Geräts	R/W	R/W
Enabled		Gerät aktiviert? Setzt AutoEnable und BUTTONEnabled außer Kraft	R/W	R/W
Error		Fehlercode	–	R
ErrorMessage		Fehlermeldung	–	R
FileName		Dateiname für Open und Save	R/W	R/(W)
Frames		BilderZahl für Step und Back	–	R/W
From, To		Start-/Endzeitpunkt für Play und Record	–	R/W
hWndDisplay		Ausgabefenster für MMMovie und Overlay	–	R
Length		Wiedergabelänge (Einheiten entsprechend TimeFormat-Eigenschaft)	–	R
Mode		Modus des aktuellen Geräts	–	R
Notify		Nächster Befehl Done auslösen Im nächsten Befehl MCI-Benachrichtigungs-dienste benutzen	–	R/W
NotifyMessage		Done-Nachricht wenn Notify = True	–	R
NotifyValue		Ergebnis des letzten Done	–	R
Orientation		Ausrichtung des MMControls	R/W	R/W
Position		Aktuelle Position des MMControl (Einheiten entsprechend TimeFormat)	–	R

Eigenschaft	*Ab: VB2*	*Kurzbeschreibung*	*Entw.*	*LZ*
RecordMode		Aktueller Aufzeichnungsmodus (bei MCI-Geräten mit CanRecord = True)	R/W	R/W
Shareable		Mehrere Programme können auf dasselbe MCI-Gerät zugreifen?	R/W	R/W
Silent		Werden Klänge wiedergegeben?	R/W	R/W
Start		Aktuelle Startposition. (Einheiten entsprechend TimeFormat)	–	R
TimeFormat		Zeitformat für Positionseigenschaften	–	R/W
Track		Spur für Track-Informationen	–	R/W
TrackLength		Länge der Track-Spur	–	R
TrackPosition		Startposition der Track-Spur (Einheiten entsprechend TimeFormat)	–	R
Tracks		Anzahl Spuren	–	R
UpdateInterval		Millisekunden Abstand zwischen StatusUpdate-Ereignissen	R/W	R/W
UsesWindows		Wird vom aktuellen MCI-Gerät ein Fenster verwendet? (MMMovie, Overlay oder VCR)	–	R
Visible		Gesamtes MMControl sichtbar?	R/W	R/W
Wait		Steuerung direkt an Anwendung zurück?	–	R/W

Tab. 15.12: Die spezifischen Eigenschaften des MMControls (MCI)

Eigenschaft	*Read *)*	*Write *)*	
AutoEnable	IsAuto = MM.AutoEnable	MM.AutoEnable = {True|False}	Tab.15.14
BUTTONEnabled	IsEnabled = MM.BUTTONEnabled	MM.BUTTONEnabled = {True|False} **)	s.Abb.15.2
BUTTONVisible	IsVisible = MM.BUTTONVisible	MM.BUTTONVisible = {True|False} **)	s. Abb.15.2
CanEject	IsCanEject = MM.CanEject	–	
CanPlay	IsCanPlay = MM.CanEject	–	
CanRecord	IsCanRecord = MM.CanEject	–	
CanStep	IsCanStep = MM.CanStep	–	
Command	–	MM.Command = BefehlsZF$	s.Tab.15.15
DeviceID	Kennung% = MM.DeviceID	–	
DeviceType	Gerätetyp$ = MM.DeviceType	MM.DeviceType = Typ$	***)
Enabled	IsEnabled = MM.Enabled	MM.Enabled = {True|False}	
Error	ErrorCode = MM.Error	–	s.Tab.15.16
ErrorMessage	Fehlermeldung = MM.ErrorMessage	–	s.Tab.15.16
FileName	ZFAusdruck$ = MM.FileName	MM.FileName = ZFAusdruck$	****)
Frames	Bilderzahl& = MM.Frames	MM.Frames = Bilderzahl&	
From, To	Stelle& = MM.{From|To}	MM.{From|To} = Stelle&	
hWndDisplay	Nr = MM.hWndDisplay	–	0 = Standardfenster

Eigenschaft	*Read *)*	*Write *)*	
Length	Länge& = MM.Length	–	
Mode	AktModus = MM.Mode	–	s.Tab.15.17
Notify	IsNotify = MM.Notify	MM.Notify = {False|True}	
NotifyMessage	Info$ = MM.NotifyMessage	–	
NotifyValue	Ergebnis = MM.NotifyValue	–	s.Tab.15.18
Orientation	Vert = (MM.Orientation = 1)	MM.Orientation = {0|1}	s.Tab.15.19
Position	AktPosition = MM.Position	–	
RecordMode	RecMode = MM.RecordMode	MM.RecordMode = {1|0}	s.Tab.15.20
Shareable	IsShareable = MM.Shareable	MM.Shareable = {False|True}	
Silent	IsSilent = MM.Silent	MM.Silent = {False|True}	
Start	Start = MM.Start	–	
TimeFormat	Format& = MM.TimeFormat	MM.TimeFormat = Format&	s.Tab.15.21
Track	Spurnummer& = MM.Track	MM.Track = Spur&	
TrackLength	Länge& = MM.TrackLength	–	
TrackPosition	Pos& = MM.TrackPosition	–	
Tracks	Anz& = MM.Tracks	–	
UpdateInterval	Intervall% = MM.UpdateInterval	MM.UpdateInterval = Millisekunden%	
UsesWindows	UsesWindows = MM.UsesWindows	–	
Visible	IsTotalVisible = MM.Visible	MM.Visible = {True|False}	
Wait	WillWait = MM.Wait	MM.Wait = {False|True}	

*) Präfix MM. = MMControl.

**) Verbindet den in der Tab. 15.14 stehenden BUTTON mit der spezifischen Eigenschaft, z.B. Objekt.StopEnabled = {True|False}

***) Typ$ = AVIVideo, CDAudio, DAT, DigitalVideo, MMMovie, Overlay, Scanner, Sequencer, VCR, Videodisc, WaveAudio oder Other.

****) Um FileName-Eigenschaft zur Laufzeit zu ändern, müssen Sie das Multimedia MCI-Steuerelement schließen und erneut öffnen.

Tab. 15.13: Die Syntax der spezifischen Eigenschaften des MMControls (MCI)

Bezeichnung	*BUTTON*	*Modus*					
			Wiedergabe Aufnahme	*Pause*	*Stop*	*Geöffnet*	*Suchen* Nicht bereit
Zurück	Prev		+	+	+	–	–
Nächstes	Next		+	+	+	–	–
Start	Play	x	–	+	+	–	–
Pause	Pause		+	+	–	–	–
Rücklauf	Back	x	+	+	+	–	–
Schritt	Step	x	+	+	+	–	–
Stop	Stop		+	+	–	–	–
Aufnahme	Record	x	–	+	+	–	–

Bezeichnung	*BUTTON*	*Modus*					
Auswerfen	Eject	x	+	+	+	+	–

+ = Schaltfläche aktiviert – gesperrt
x Schaltfläche aktiviert, wenn vom geöffneten MCI-Gerät unterstützt.

Tab. 15.14: Schaltflächenaktivierung und MCI-Modus

Befehl	*Kurzbeschreibung*	*1*	*2*	*3*	*4*	*5*	*6*	*7*	*8*	*9*
Open	Öffnet ein Gerät mit MCI_OPEN.	x	x	x	x	x	–	–	–	–
Close	Schließt ein Gerät mit MCI_CLOSE.	x	x	–	–	–	–	–	–	–
Play	Spielt ein Gerät mit MCI_PLAY ab.	x	x	–	–	–	x	x	–	–
Pause	Wiedergabe oder Aufnahme mit MCI_PLAY abbrechen (oder fortsetzen).	x	x	–	–	–	–	–	–	–
Stop	Wiedergabe oder Aufnahme mit MCI_STOP beenden.	x	x	–	–	–	–	–	–	–
Back	Geht einen Schritt rückwärts mit MCI_STEP.	x	x	–	–	–	–	–	x	–
Step	Geht einen Schritt vorwärts mit MCI_STEP.	x	x	–	–	–	–	–	x	–
Prev	Geht mit dem Befehl »Seek« an den Anfang der aktuellen Spur. Doppelt innerhalb drei Sekunden: An den Anfang der vorhergehenden/ersten Spur	x	x	–	–	–	–	–	–	–
Next	Geht mit dem Befehl »Seek« an den Anfang der nächsten Spur.	x	x	–	–	–	–	–	–	–
Seek	Keine Wiedergabe: Position mit MCI_SEEK suchen. Wiedergabe: ab der Position mit MCI_PLAY fortsetzen.	x	x	–	–	–	–	x	–	–
Record	Führt eine Aufnahme mit MCI_RECORD durch.	x	x	–	–	–	x	x	–	x
Eject	Wirft Medien mit MCI_SET aus.	x	x	–	–	–	–	–	–	–
Sound	Spielt einen Klang mit MCI_SOUND ab.	x	x	–	–	x	–	–	–	–
Save	Speichert eine geöffnete Datei mit MCI_SAVE.	x	x	–	–	x	–	–	–	–

Spalten:
1 Notify 2 Wait 3 Shareable 4 DeviceType
5 FileName 6 From 7 To 8 Frames
9 RecordMode

Tab. 15.15: Command-Befehle und verwendete Eigenschaften

	Bezeichnung	BUTTON
	Zurück	Prev
	Nächstes	Next
	Start	Play
	Pause	Pause
	Rücklauf	Back
	Schritt	Step
	Stop	Stop
	Aufnahme	Record
	Auswerfen	Eject

Abb. 15.2: Die Schaltflächen (BUTTON) des MMControl

Code	*Fehlermeldung*
Error	ErrorMessage
30001	Schaltfläche konnte nicht erstellt werden.
30002	Es konnte keine Zeitgeber-Ressource erstellt werden.
30003	Zeichenfolge konnte nicht erstellt werden. Die Zeichenfolge ist entweder zu lang, oder der Arbeitsspeicher ist zu klein.

Tab. 15.16: Die Fehlercodes des MMControls

Wert	*Einstellung/Gerätemodus*	*Beschreibung*
524	mciModeNotOpen	Gerät ist nicht geöffnet.
525	mciModeStop	Gerät wurde angehalten.
526	mciModePlay	Gerät ist im Wiedergabemodus.
527	mciModeRecord	Gerät ist im Aufnahmemodus.
528	mciModeSeek	Gerät ist im Suchmodus.
529	mciModePause	Gerät wurde unterbrochen.
530	mciModeReady	Gerät ist bereit.

Tab. 15.17: Rückgabewerte der Mode-Eigenschaft

Wert	*Konstante*	*Gerätemodus*
1	mciNotifySuccessful	Befehl erfolgreich ausgeführt.
2	mciNotifySuperseded	Befehl wurde durch einen anderen Befehl außer Kraft gesetzt.
4	mciNotifyAborted	Befehl wurde vom Benutzer abgebrochen.
8	mciNotifyFailure	Befehl konnte nicht ausgeführt werden.

Tab. 15.18: Rückgabewerte von NotifyValue

Wert	*Konstante*	*Beschreibung*
0	mciOrientHorz	Schaltflächen werden horizontal angeordnet.
1	mciOrientVert	Schaltflächen werden vertikal angeordnet.

Tab. 15.19: Die Einstellungen der Orientation-Eigenschaft

Wert	*Konstante*	*Aufnahmemodus*
0	mciRecordInsert	Insert (Einfügen) Für WaveAudio-Geräte nur dieser Modus!
1	mciRecordOverwrite	Overwrite (Überschreiben)

Tab. 15.20: Einstellungen der RecordMode-Eigenschaft

Wert	*Konstante*
	Zeitformat
0	mciFormatMilliseconds Millisekunden als Ganzzahlvariable mit 4 Bytes gespeichert.
1	mciFormatHms Stunden, Minuten und Sekunden in einer einzelnen Ganzzahlvariablen mit 4 Bytes gespeichert. Die einzelnen Werte sind (vom niederstwertigen bis zum höchstwertigen Byte): Stunden (niederstwertiges Byte) Minuten Sekunden Nicht verwendet (höchstwertiges Byte)
2	mciFormatMsf Minuten, Sekunden und Bilder in einer einzelnen Ganzzahlvariablen mit 4 Bytes gespeichert. Die einzelnen Werte sind (vom niederstwertigen bis zum höchstwertigen Byte): Minuten (niederstwertiges Byte) Sekunden Bilder Nicht verwendet (höchstwertiges Byte)
3	mciFormatFrames Bilder als Ganzzahlvariable mit 4 Bytes gespeichert.
4	mciFormatSmpte24 24-Bilder SMPTE legt die folgenden Werte in einer Variablen mit 4 Bytes ab. Die einzelnen Werte sind (vom niederstwertigen bis zum höchstwertigen Byte): Stunden (niederstwertiges Byte) Minuten Sekunden Bilder (höchstwertiges Byte) SMPTE-Zeit (SMPTE = Society of Motion Picture and Television Engineers) ist ein absolutes Zeitformat, das in Stunden, Minuten, Sekunden und Bildern angegeben wird. Die SMPTE-Standardtypen unterscheiden 24, 25 und 30 Bilder pro Sekunde.
5	mciFormatSmpte25 25-Bilder SMPTE. Werte in einer 4-Bytes-Variablen. Verwendet dieselbe Reihenfolge wie 24-Bilder SMPTE.
6	mciFormatSmpte30 30-Bilder SMPTE. Werte in einer 4-Bytes-Variablen. Verwendet dieselbe Reihenfolge wie 24-Bilder SMPTE.
7	mciFormatSmpte30Drop 30-Drop-Bilder SMPTE. Werte in einer 4-Bytes-Variablen. Verwendet dieselbe Reihenfolge wie 24-Bilder SMPTE.

Wert	Konstante
8	mciFormatBytes Bytes werden als Ganzzahlvariable mit 4 Bytes gespeichert.
9	mciFormatSamples Samples werden als Ganzzahlvariable mit 4 Bytes gespeichert.
10	mciFormatTmsf Spuren, Minuten, Sekunden und Bilder in einer einzelnen Ganzzahlvariablen mit 4 Bytes gespeichert. Die einzelnen Werte sind (vom niederstwertigen bis zum höchstwertigen Byte): Spuren (niederstwertiges Byte) Minuten Sekunden Bilder (höchstwertiges Byte)

Hinweis MCI verwendet eine fortlaufende Spurnumerierung.

Tab. 15.21: Einstellungen der TimeFormat-Eigenschaft

Eigenschaft	Ab: VB2	Eigenschaft	Ab: VB2
Allgemein			
Container	VB4	Name	
hWnd		Parent	VB4
Index		TabIndex	
MouseIcon	VB4	TabStop	
MousePointer		Tag	
Darstellung			
BorderStyle			
Position			
Height, Width		Left, Top	
Drag & Drop			
DragIcon		DragMode	
Data			
DataBindings	VB5		
Hilfe			
HelpContextID		WhatsThisHelpID	
ToolTipText	VB5		

Tab. 15.22: Die allgemeinen Eigenschaften des MCI-Controls

15.2.2 Die Methoden des MMControls

Das MMControl verfügt über keine spezifischen Eigenschaften.

Methode	*Ab: VB2*	*Methode*	*Ab: VB2*
Allgemein			
Move		SetFocus	
Refresh		Zorder	
Drag & Drop		***OLE***	
Drag		OLEDrag	VB5
Hilfe			
ShowWhatsThis			

Tab. 15.23: Die Methoden des MMControls

15.2.3 Die Ereignisse des MMControls

Ereignis	*Kurzbeschreibung*	*Hinweis*
Done	MCI-Befehl (Notify = True) ausgeführt	
BUTTONClick	Button über BUTTON geklickt *)	
BUTTONCompleted	MCI-Befehl ausgeführt	BUTTON s. Tab. 15.14
BUTTONGotFocus	Button erhielt Fokus	BUTTON s. Tab. 15.14
BUTTONLostFocus	Button verlor Fokus	BUTTON s. Tab. 15.14
StatusUpdate	UpdateInterval-Zeitintervall	

*) Code wird immer ausgeführt, danach der standardmäßige MCI-Befehl (s. Tab 15.27), wenn Cancel = True gesetzt wurde.

Tab. 15.24: Die spezifischen Ereignisse des MMControls

Ereignis	*Syntax *)*	*Hinweis*
Done	Sub Objekt_Done(NotifyCode As Integer)	NotifyCode Tab. 15.26
BUTTONClick	Sub Objekt_BUTTONClick (Cancel As Integer)	**) ***)
BUTTONCompleted	Sub Objekt_BUTTONCompleted(Errorcode As Long)	**) ErrorCode: Tab. 15.28
BUTTONGotFocus	Sub Objekt_BUTTONGotFocus ()	**)
BUTTONLostFocus	Sub Objekt_SchaltflächeLostFocus ()	**)
StatusUpdate	Sub Objekt_StatusUpdate ()	

*) Objekt = MMControl
**) BUTTON s. Tab. 15.14
***) Cancel = True: BUTTONCompleted-Ereignis wird nicht ausgelöst.

Tab. 15.25: Die Syntax der spezifischen Ereignisse des MMcontrols

Wert	*Konstante*	*Ergebnis*
1	mciSuccessful	Befehl erfolgreich abgeschlossen.
2	mciSuperseded	Befehl wurde durch einen anderen Befehl außer Kraft gesetzt.
4	mciAborted	Befehl wurde durch den Benutzer abgebrochen.
8	mciFailure	Befehl konnte nicht ausgeführt werden.

Tab. 15.26: Einstellungen für NotifyCode

Schaltfläche	*Befehl*
Back	MCI_STEP
Step	MCI_STEP
Play	MCI_PLAY
Pause	MCI_PAUSE
Prev	MCI_SEEK
Next	MCI_SEEK
Stop	MCI_STOP
Record	MCI_RECORD
Eject	MCI_SET mit dem Parameter MCI_SET_DOOR_OPEN

Tab. 15.27: MCI-Befehle, die bei BUTTONClick ausgeführt werden, wenn Cancel = False.

Einstellung	*Beschreibung*
0	Befehl erfolgreich ausgeführt.
Anderer Wert	Befehl nicht erfolgreich ausgeführt.

Tab. 15.28: Einstellungen für Errorcode

Ereignis	*Ab: VB2*	*Ereignis*	*Ab: VB2*
Focus-Ereignisse			
GotFocus		LostFocus	
Drag & Drop			
DragDrop		DragOver	
OLE			
OLECompleteDrag	VB5	OLEGiveFeedback	VB5
OLEDragDrop	VB5	OLESetData	VB5
OLEDragOver	VB5	OLEStartDrag	VB5

Tab. 15.29: Die allgemeinen Ereignisse des MMControls

16 Information

Bezeichnung	*Klasse*	*Ab:*	*Nutzbar ab*
Fortschrittsleiste	***ProgressBar***	*VB4*	*VB4-32*
Das ProgressBar-Control zeigt den Fortschritt einer längeren Operation an, indem ein Rechteck von links nach rechts aufgefüllt wird.			
Statusleiste	***StatusBar***	*VB4*	*VB4-32*
Eine StatusBar stellt ein Fenster bereit, gewöhnlich am unteren Rand einer übergeordneten Form, in dem in Panel-Objekten verschiedene Arten von Statusdaten angezeigt werden.			
Symbolleiste	***Toolbar***	*VB4*	*VB4-32*
In einer ToolBar werden Button-Objekte (deutsche Bezeichnung: Schaltfläche) und (in Buttons mit Style = 4 - tbrPlaceholder) VB-Controls plaziert.			
CoolBar	***CoolBar***	*VB6*	*VB6*
Ein CoolBar-Steuerelement enthält eine Auflistung von Band-Objekten, die verwendet werden, um mit konstituierenden Controls eine konfigurierbare Symbolleiste zu erstellen			
Sysinfo	***Sysinfo***	*VB5*	*VB4-32*
Mit dem SysInfo-Steuerelement überwachen Sie vom Betriebssystem bereitgestellte Informationen und reagieren auf Ereignisse, die vom System ausgelöst werden. Das Control ist zur Laufzeit nicht sichtbar!			
Die 32-Bit-Zusatzcontrols sind (ausgenommen VB6-Coolbar) in der Regel auch unter den anderen 32-Bit-Versionen verwendbar.			

Tab. 16.1 Die Info-Controls

16.1 ProgressBar-Control

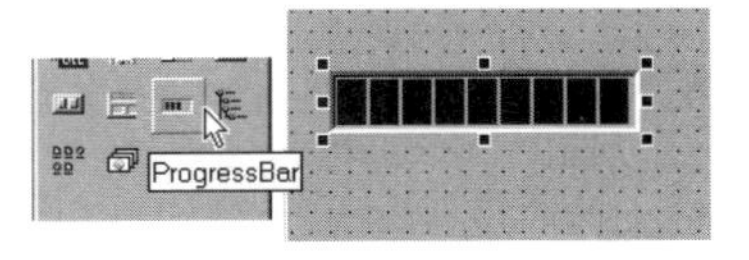

Deutsche Bezeichnung: Fortschrittsleiste-Steuerelement

Klasse: ProgressBar

Typ: 32-Bit-Zusatzsteuerelement

Das ProgressBar-Control zeigt den Fortschritt einer längeren Operation in einem Rechteck an, das von links nach rechts aufgefüllt wird.

Sie können ein ProgressBar-Control auch auf einer MDI-Form plazieren!

Bezeichnung *Version*	*Klasse* *Edition*	*Erforderliche Dateien*	*Bezeichnung in Liste* *Zusatzsteuerelemente*
Fortschrittsleiste	*ProgressBar*		
VB4-32	Alle	COMCTL32.OCX	Microsoft Windows Common Controls 5.0
VB5	Alle	COMCTL32.OCX	Microsoft Windows Common Controls 5.0
VB6	Alle	MSCOMCTL.OCX	Microsoft Windows Common Controls 6.0

16.1.1 Die Eigenschaften der ProgressBar

Eigenschaft	*Ab: VB4*	*Kurzbeschreibung*	*Entw.*	*LZ*
Align		Anordnung im Container	R/W	R/W
Appearance		3-D oder Flach	R/W	R
Max, Min		Maximal-/Minimalwert für Value	R/W	R/W
Negotiate		ProgBar bei Objekten mit Symbolleisten anzeigen?	R/W	–
Orientation	VB6	Horizontal/Vertikal anordnen	R/W	R/W
Scrolling	VB6	Fortschrittsanzeige in Segmenten oder zusammenhängend	R/W	R/W
Value		Aktueller Wert	R/W	R/W

Tab. 16.2: Die spezifischen Eigenschaften der ProgressBar

Eigenschaft	*Read*	*Write*	*Hinweis*
Align	AlignWo = ProgBar.Align	ProgBar.Align = Wert%	Tab. 16.4
Appearance	IsFlat = ProgBar.Appearance	–	
Max	GroesterWert = ProgBar.Max	ProgBar.Max = Wert	*)
Min	KleinsterWert = ProgBar.Min	ProgBar.Min = Wert	*)
Negotiate	–	–	Nur in Entw. verfügbar
Orientation	Horz = (ProgBar.Orientation = 0)	ProgBar.Orientation = Wert	Tab. 16.5
Scrolling	Unterbr = (ProgBar.Scrolling = 0)	ProgBar.Scrolling = Wert	Tab. 16.6
Value	Wert = ProgBar.Value	ProgBar.Value = Ganzzahl	

*) Max (Voreinstellung = 100) und Min (Voreinstellung = 0

Tab. 16.3: Die Syntax der spezifischen Eigenschaften der ProgressBar

Setzen Sie ProgBar.Width > = 12 * ProgBar.Height. Dies erhöht die Lesbarkeit.

Wert	Konstante	Beschreibung	Hinweis
0	vbAlignNone	Keine Ausrichtung. Wird nicht beachtet, wenn sich das Objekt in einer MDI-Form befindet.	*)
1	vbAlignTop	Oben ausrichten (Voreinstellung bei MDI-Form). Breite = ScaleWidth(-Eigenschaft.des Containers)	
2	vbAlignBottom	Unten ausrichten (Voreinstellung bei Standardform). Breite = ScaleWidth	
3	vbAlignLeft	Links ausrichten	**)
4	vbAlignRight	Rechts ausrichten	**)

*) Align der ProgBar ist nur bei Formen und UserControls auf einen anderen Wert als vbAlignNone änderbar.
**) Zulässig, aber wenig sinnvoll! In beiden Fällen entspricht die Höhe der ScaleHeight-Eigenschaft der Form. Da die Darstellung der Werte in der ProgressBar immer von links nach rechts erfolgt, sehen Sie die Änderungen nicht bei senkrechter Anordnung.
Beachten Sie ab VB6 die Orientation-Eigenschaft!

Tab. 16.4: Einstellungen für Align

Wert	Konstante	Beschreibung
0	ccOrientationHorizontal	Horizontale Fortschrittsanzeige
1	ccOrientationVertical	Vertikale Fortschrittsanzeige

Wichtig: Beachten Sie den Unterschied zu Align. Bei Align >= 3 setzen Sie (leider erst ab VB6 möglich) Orientation = 1.

Tab. 16.5: Die Einstellungen für Orientation

Wert	Konstante	Beschreibung
0	ccScrollingStandard	Segmente
1	ccScrollingSmooth	Durchgehend

Tab. 16.6: Die Einstellungen für Scrolling

Eigenschaft	Ab: VB4	Eigenschaft	Ab: VB4
Allgemein			
Container		Name	
Enabled		Object	
hWnd		Parent	
Index		TabIndex	
MouseIcon		Tag	
MousePointer			

Eigenschaft	*Ab: VB4*	*Eigenschaft*	*Ab: VB4*
Darstellung		***OLE***	
BorderStyle		OLEDropMode	VB5
Position			
Height, Width		Left, Top	
Drag & Drop			
DragIcon		DragMode	
Hilfe			
ToolTipText		WhatsThisHelpID	

Tab. 16.7: Allgemeine Eigenschaften der ProgressBar

16.1.2 Die Methoden der ProgressBar

ProgressBar verfügt über keine spezifischen Methoden.

Methode	*Ab: VB4*	*Methode*	*Ab: VB4*
Allgemein			
Move		ZOrder	
Drag & Drop		***OLE***	
Drag		OLEDrag	VB5
Hilfe			
ShowWhatsThis			

Tab. 16.8: Die Methoden der ProgressBar

16.1.3 Die Ereignisse der ProgressBar

ProgressBar registriert keine spezifischen Ereignisse.

Ereignis	*Ab: VB4*	*Ereignis*	*Ab: VB4*
Benutzeraktionen			
Click		MouseMove	
MouseDown, MouseUp			
Drag & Drop			
DragDrop		DragMove	

Ereignis	*Ab: VB4*	*Ereignis*	*Ab: VB4*
OLE			
OLECompleteDrag	VB5	OLEGiveFeedBack	VB5
OLEDragDrop	VB5	OLESetData	VB5
OLEDragOver	VB5	OLEStartDrag	VB5

Tab. 16.9: Die Ereignisse der ProgressBar

16.2 StatusBar-Control

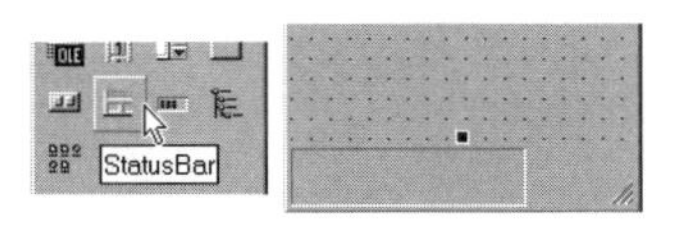

Deutsche Bezeichnung: Statusleiste-Steuerelement

Klasse: StatusBar

Typ: 32-Bit-Zusatzsteuerelement

Eine StatusBar stellt ein Fenster bereit, gewöhnlich am unteren Rand einer übergeordneten Form, in dem verschiedene Arten von Statusdaten angezeigt werden.

Eine StatusBar besteht aus einem Hintergrundobjekt (StatusBar) und darauf plazierten, in der Panels-Auflistung enthaltenen Panel-Objekten (s. Abschnitt »Subobjekte der StatusBar«).

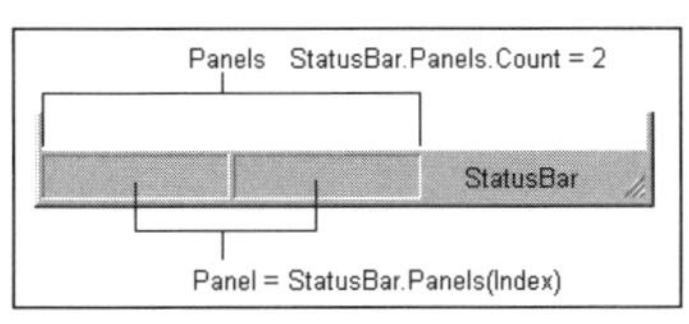

Abb. 16.1: StatusBar und Panels

Bezeichnung *Version*	*Klasse* *Edition*	*Erforderliche Dateien*	*Bezeichnung in Liste Zusatzsteuerelemente*
Statusleiste	***StatusBar***		
VB4-32	Alle	COMCTL32.OCX	Microsoft Windows Common Controls 5.0
VB5	Alle	COMCTL32.OCX	Microsoft Windows Common Controls 5.0
VB6	Alle	MSCOMCTL.OCX	Microsoft Windows Common Controls 6.0

16.2.1 Die Eigenschaften der StatusBar

Eigenschaft	*Kurzbeschreibung*	*Entw.*	*LZ*
Panels	Verweis auf Panels-Auflistung	–	R
Align	Anordnung im Container	R/W	R/W
ShowTips	Quickinfos anzeigbar	R/W	R/W
SimpleText	Text, wenn Style = 1 (Simple)	R/W	R/W
Style	Stil normal (0) oder simple (1)	R/W	R/W
Left	Linke Kante (immer 0)	–	R
Top	Obere Kante (in Maßstab des Containers)	–	R/W
Width	Breite (immer = Container.ScaleWidth)	–	R

Tab. 16.10: Die spezifischen Eigenschaften der StatusBar

Eigenschaft	*Read *)*	*Write *)*	*Hinweis*
Panels	Verweis = SB.Panels	–	s. »Subobjekte der StatusBar«
	Element = StausBar.Panels(Index)	–	
Align	Where = SB.Align	SB.Align = Wert	Tab. 16.4 (bei ProgBar)
ShowTips	IsShowTips = SB.ShowTips	SB.ShowTips = Wert	{True|False}
SimpleText	Text = SB.SimpleText	SB.SimpleText = String	
Style	Darstellung = SB.Style	SB.Style = Wert	Tab. 16.2 **)
Left	Lft = SB.Left (immer 0)	–	
Top	Tp = SB.Top	SB.Top = Wert	
Width	Wdth = SB.Width	–	

*) Präfix SB. = StatusBar.

**) Bitte beachten Sie: StatusBar.Style legt den Stil der StatusBar insgesamt fest. StatusBar.Panels(Nr).Style legt den individuellen Stil der Grundfläche Nr fest. (s. »Subobjekte Panel und Panels«)

Tab. 16.11: Die Syntax der spezifischen Eigenschaften der StatusBar

Wert	*Konstante*	*Wert*	*Beschreibung*
0	sbrNormal	Normal (Voreinstellung)	Das Statusleiste-Steuerelement zeigt alle Panel-Objekte an.
1	sbrSimple	Einfach	Das Steuerelement zeigt nur ein großes Panel-Objekt an.

Tab. 16.12: Einstellungen für StatusBar-Style

Eigenschaft	*Ab: VB4*	*Eigenschaft*	*Ab: VB4*
Allgemein			
Container		Name	
Enabled		Object	
hWnd		Parent	
Index		TabIndcx	
MouseIcon		Tag	
MousePointer		Visible	
Darstellung		***OLE***	
Font		OLEDropMode	VB5
Drag & Drop			
DragIcon		DragMode	
Hilfe			
ToolTipText		WhatsThisHelpID	

Tab. 16.13: Die allgemeinen Eigenschaften der StatusBar

16.2.2 Die Methoden der StatusBar

Die StatusBar verfügt über keine spezifischen Methoden.

Methode	*Ab: VB4*	*Methode*	*Ab: VB4*
Allgemein			
Move		ZOrder	
Refresh			
Drag & Drop		***OLE***	
Drag		OLEDrag	VB5
Hilfe			
ShowWhatsThis			

Tab. 16.14: Die Methoden der StatusBar

16.2.3 Die Ereignisse der StatusBar

Ereignis	*Ab: VB4*	*Kurzbeschreibung*
PanelClick		Panel angeklickt
PanelDblClick		Panel doppelgeklickt

Tab. 16.15: Die spezifischen Ereignisse der StatusBar

Ereignnis	*Syntax*	*Hinweis*
PanelClick	Sub Objekt_PanelClick (ByVal panel As Panel)	*)
PanelDblClick	Sub Objekt_PanelDblClick(ByVal panel As Panel)	*)

*) Ab VB5 werden vom System die Zusatzdeklarationen gemäß Tab. 16.18 vorgeschlagen.

Tab. 16.16: Die Syntax der spezifischen Ereignisse der StatusBar

Ereignis	*Ab Version*	*Ereignis*	*Ab Version*
Benutzeraktionen			
Click		MouseDown, MouseUp	
DblClick		MouseMove	
Drag & Drop			
DragDrop		DragMove	
OLE			
OLECompleteDrag	VB5	OLEGiveFeedBack	VB5
OLEDragDrop	VB5	OLESetData	VB5
OLEDragOver	VB5	OLEStartDrag	VB5

Tab. 16.17: Die allgemeinen Ereignisse der StatusBar

16.2.4 SubObjekte der StatusBar

Die StatusBar besitzt Panel-Objekte (deutsch: Grundflächen), die in einer Panels-Auflistung zusammengefaßt sind.

Panels-Auflistung

Eine Panels-Auflistung kann 0 bis 16 Panel-Objekte enthalten. Der Zugriff auf bestimmte Panel-Objekte erfolgt über die Panels-Auflistung.

Eigenschaften	*Ab: VB4*	*Beschreibung*
Count		Anzahl der Panel-Objekte in der Panels-Auflistung
Item		Bestimmtes Panel-Element der Panels-Auflistung

Methode	*Ab VB4*	*Kurzbeschreibung*
Add		Fügt ein Panel-Objekt der Panels-Auflistung hinzu.
Remove		Entfernt ein bestimmtes Panel-Element aus der Panels-Auflistung
Clear		Entfernt alle Panel-Elemente aus der Panels-Auflistung

Tab. 16.18: Spezifische Panels-Eigenschaften und Methoden

Eigenschaft	*Read *)*	*Write*	*Hinweis*
Count	Anz = SB.Panels.Count	–	
Item	Set Element = SB.Panels.Item(Kennung)	–	**)
	oder:		
	Set Element = SB.Panels(Kennung)	–	**)
Methode	*Syntax*		
Add	SB.Panels.Add ArgListe oder:		***)
	Set Obj = SB.Panels.Add (ArgListe)		***)
Remove	SB.Panels.Remove Kennung		**)
Clear	SB.Panels.Clear		

*) Präfix SB. = StatusBar.

**) Kennung = {Index|Key}

***) ArgListe = [Index][, [Key][, [Text][, [Style][, Picture]]]] (s. Tab. 16.20)

Tab. 16.19: Syntax der spezifischen Panels-Eigenschaften und Methoden

Parameter	*Verwendung*	*Erwartetes Argument (benannte Argumente zulässig s. Abschnitt 24.4.4)*
Index	optional	Ganzzahl. Einfügeposition (Startindex = 1) in der Panels-Auflistung (sonst als letztes Element).
Key	optional	Eindeutige Zeichenfolge, welche das bestimmte Panel-Objekt kennzeichnet.
Text	optional	Zeichenfolge (), die im ButtonMenu-Objekt erscheint.
Style	optional	Stil der Grundfläche. Die Einstellung entspricht der Style-Eigenschaft.
Picture	optional	Bitmap (ListImage-Index) im ImageList-Control, die im Panel-Objekt standardmäßig angezeigt wird.

Tab. 16.20: Die Parameter der Panels.Add-Methode

Panel-Objekt

Panel ist der deklarierbare Objektdatentyp eines einzelnen Elements der Panels-Auflistung.

Version	*Standarddeklaration*	*Zusätzlich möglich*
VB4-32	panel As Panel	–
VB5:	panel As ComCtlLib.Panel	panel As Panel
VB6:	panel As MSComCtlLib.Panel	panel As Panel

Tab. 16.21: Panel-Datentyp-Deklarationen

Ein Panel-Objekt stellt eine einzelne Grundfläche in der Panels-Auflistung einer StatusBar dar. Ein Panel-Objekt kann Text und eine Bitmap enthalten.

```
Panel = Panels(Index).Eigenschaft
```

Eigenchaft	*Ab: VB4*	*Beschreibung*	*Entw.*	*LZ*
Alignment		Ausrichtung des Textes und – optional – eines Bildes im Panel-Objekt	R/W	R/W
AutoSize		Breite des Panel-Objekts an seinen Inhalt anpassen?	R/W	R/W
Bevel		Bevel (Schrägung) ist der Kantenstil des Panel-Objekts	R/W	R/W
Enabled		Benutzeraktionen möglich?	R/W	R/W
Index		Position in der Panels-Auflistung	R/W	R
Key		Eindeutiges Schlüsselwort	R/W	R/W
Left		Abstand linke Kante des Controls zu linke Kante des Panel-Objekts	–	R
MinWidth		Minimale Breite des Panel-Objekts (AutoSize >= 1)	R/W	R/W
Picture		Bild im Panel	R/W	R/W
Style		Stil des Panel-Objekts	R/W	R/W
Visible		Panel sichtbar?	R/W	R/W
Width		Aktuelle Breite (> = MinWidth) des Panel-Objekts	R	R/W

Allgemeine Eigenschaften	*Ab: VB4*		*Ab: VB4*
Allgemein		***Hilfe***	
Tag		ToolTipText	

Tab. 16.22: Die Eigenschaften des Panel-Objekts

Eigenschaft	*Read*	*Write*	*Hinweis*
Alignment	Ausrichtung = SB.Alignment	SB.Alignment = {0|1|2}	Tab. 16.24
AutoSize	AnpassungsStil = SB.AutoSize	SB.AutoSize = {0|1|2}	Tab. 16.25
Bevel	KantenStil = SB.Bevel	SB.Bevel = {0|1|2}	Tab. 16.26
Enabled	IsEnabled = SB.Enabled	SB.Enabled = {True|False}	
Index	Ix = SB.Panels(Key).Index	–	
Key	Key = SB.Panels(Index).Key	SB.Panels(Index).Key = Text	
Left	Links = SB.Left	–	
MinWidth	MinBreite = SB.MinWidth	SB.MinWidth = Zahl	
Picture	Bild = SB..Picture	SB.Picture = Bild	**)
Style	PanelStyle = SB.Style	SB.Style = Wert	Tab. 16.27
Visible	IsVisible = SB.Visible	SB.Visible = {True|False}	
Width	PanelBreite = SB.Width	SB.Width = Zahl	

*) Präfix SB = SB.Panels(Kennung).
Kennung = {Index|Key}
**) BMP, ICO, WMF

Tab. 16.23: Die Syntax der spezifischen Eigenschaften der StatusBar

Wert	Konstante	Beschreibung
0	sbrLeft	(Voreinstellung). Text erscheint linksbündig und rechts neben der Bitmap.
1	sbrCenter	Text erscheint zentriert und rechts neben der Bitmap.
2	sbrRight	Text erscheint rechtsbündig und links neben der Bitmap.

Tab. 16.24: Einstellungen für Alignment

Wert	Konstante	Beschreibung
0	sbrNoAutoSize	Keine (Voreinstellung). Keine automatische Größenanpassung. Breite ist immer genau gleich Width.
1	sbrSpring	Anpassen. Zusätzlicher Platz wird bei Breitenänderung unter allen Grundflächen mit dieser Einstellung aufgeteilt. Die Breite der Grundflächen ist niemals geringer als MinWidth.
2	sbrContents	Inhalt. Breite wird an den Inhalt angepaßt, ist aber niemals geringer als MinWidth.

Tab. 16.25: Einstellungen für AutoSize

Wert	Konstante	Beschreibung
0	sbrNoBevel	Keine. Das Panel-Objekt zeigt keine Kante an.
1	sbrInset	Abgesenkt (Voreinstellung). Das Panel-Objekt wird in der Statusleiste abgesenkt dargestellt.
2	sbrRaised	Angehoben. Das Panel-Objekt wird in der Statusleiste angehoben dargestellt.

Tab. 16.26: Einstellungen für Bevel

Wert	Konstante	Beschreibung	
0	sbrText	(Voreinstellung) Text und/oder Bitmap Legen Sie Text mit der Text-Eigenschaft fest.	
1	sbrCaps	<Feststell>-Taste Angezeigter Text: FEST	*)
2	sbrNum	<Num>-Taste Angezeigter Text: NUM	*)
3	sbrIns	<Insert>-Taste Angezeigter Text: EINFG	*)
4	sbrScrl	<Scroll>-TasteAngezeigter Text: ROLL	*)
5	sbrTime	Zeit. Zeigt die aktuelle Zeit im Systemformat an.	
6	sbrDate	Datum. Zeigt das aktuelle Datum im Systemformat an.	
7	sbrKana	Kana. (Win95 japanisch) Angezeigter Text: KANA	*)

*) Der Text wird fett formatiert angezeigt, wenn die <...>-Taste aktiviert ist, und abgeblendet, wenn sie deaktiviert ist.

Tab. 16.27: Einstellungen für Style

16.3 Toolbar

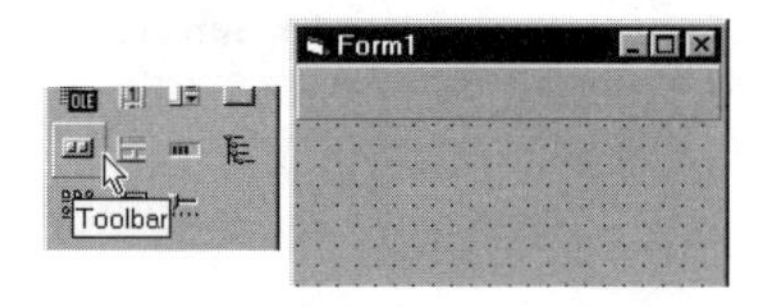

Deutsche Bezeichnung: Symbolleiste-Steuerelement

Klasse: Toolbar

Typ: 32-Bit-Zusatzsteuerelement

In einer ToolBar werden Button-Objekte (deutsche Bezeichnung: Schaltfläche) und (in Buttons mit Style = tbrPlaceholder = 4) VB-Controls plaziert.

Die Button-Objekte sind in der Buttons-Auflistung zusammengefaßt.

Bezeichnung Version	*Klasse Edition*	*Erforderliche Dateien*	*Bezeichnung in Liste Zusatzsteuerelemente*
Symbolleiste	***Toolbar***		
VB4-32	Alle	COMCTL32.OCX	Microsoft Windows Common Controls 5.0
VB5	Alle	COMCTL32.OCX	Microsoft Windows Common Controls 5.0
VB6	Alle	MSCOMCTL.OCX	Microsoft Windows Common Controls 6.0

16.3.1 Die Toolbar-Eigenschaften

Bitte beachten Sie: Die ab VB6 verfügbare Eigenschaft »ButtonMenus« zum Verweis auf die Auflistung ist eine Eigenschaft der Button-Objekte.

Eigenschaft	*Ab: VB4*	*Kurzbeschreibung*	*Entw.*	*LZ*
Buttons		Verweis auf die Buttons-Auflistung	–	R
Controls		Verweis auf die Auflistung der Controls auf der Toolbar	–	R
DisabledImageList	VB6	ImageList-Control für Disabled-Button einbinden	R/W	R/W
HotImageList	VB6	ImageList-Control für HotTracking-Button einbinden *)	R/W	R/W
ImageList		ImageList-Control für Standard-Button einbinden	R/W	R/W

Eigenschaft	*Ab: VB4*	*Kurzbeschreibung*	*Entw.*	*LZ*
Align		Anordnung im Container	R/W	R/W
AllowCustomize		Dialog »Symbolleiste anpassen« durch Doppelklick zu öffnen.	R/W	R/W
ButtenHeight, ButtonWidth		Standardhöhe/-breite der Button	R/W	R/W
ShowTips		Quickinfo zeigen?	R/W	R/W
Style	VB6	Erscheinungsweise der ToolBar	R/W	R/W
TextAlignment	VB6	Text unter (default) oder rechts neben dem Bild.	R/W	R/W
Wrappable		Button auch mehrzeilig?	R/W	R/W
Positions-Eigenschaften		s. Tab. 16.30		

*) HotTracking nennt MS die Einstellung, bei der flache Buttons beim Darüberstreichen des Mauscursors hervorgehoben werden.

Tab. 16.28: Die spezifischen Eigenschaften der Toolbar

Eigenschaft	*Read *)*	*Write *)*	*Hinweis*
Buttons	Verweis = TB.Buttons	–	
Controls	Verweis = TB.Controls	–	
DisabledImageList	Verweis = TB.DisabledImageList	Set TB.DisabledImageList = ImageListControl	**)
HotImageList	Verweis = TB.HotImageList	Set TB.HotImageList = ImageList	**)
ImageList	Verweis = TB.ImageList	Set TB.ImageList = ImageList	**)
Align	Anordnung = TB.Align	TB.Align = Wert	
AllowCustomize	AllowCust = TB.AllowCustomize	TB.AllowCustomize =	{True|False}
ButtenHeight	Hght = TB.ButtonHeight	TB.ButtonHeight = Zahl	
ButtonWidth	Wdth = TB.ButtonWidth	TB.ButtonWidth = Zahl	
ShowTips	ShowQuickInf = TB.ShowTips	TB.ShowTips = Wert	{True|False}
Style	Stil = TB.Style	TB.Style = Einstellung	Tab. 16.31
TextAlignment	Wo = TB.TextAlignment	TB.TextAlignment = W	s. Tab. 16.32
Wrappable	MultiLine = TB.Wrappable	TB.Wrappable = Wert	{False|True}

*) Präfix TB. = Toolbar.
**) ImageListControl muß vorher initialisiert sein, d.h. mindestens ein Bild enthalten.

Tab. 16.29: Die Syntax der spezifischen Eigenschaften der Toolbar

Eigenschaft	*Beschreibung*	*Align =*	*0*	*1*	*2*	*3*	*4*
Height	Höhe der ToolBar		R/W	R/W	R/W	R	R
Width	Breite der ToolBar		R/W	R	R	R/W	R/W
Left	Linke Kante der ToolBar		R/W	R	R	R	R
Top	Obere Kante der ToolBar		R/W	R	R	R	R

Tab. 16.30: Die spezifischen Positions-Eigenschaften der ToolBar und ihre Verwendbarkeit

Wichtige Hinweise zur ToolBar-Style-Eigenschaft: In der VB6-Hilfe sind die im Abschnitt 2 dieser Tabelle gezeigten Einstellungen aufgelistet. Diese waren in der mir zur Verfügung stehenden Version nicht initialisiert. Sie erreichen analoge Wirkungen, wenn Sie zusätzlich zur Style- noch die TextAlignment-Eigenschaft festlegen. Transparenz der Buttons war nicht erreichbar.

	Verwendbare Einstellungen		
Wert	*Konstante*	*Beschreibung*	
0	tbrStandard	3-D-Darstellung der Buttons	
1	tbrFlat	Flache Buttons (erst durch Maus sichtbare Kanten) Hot-Tracking aktiviert	*)
	In VB6 Online-Hilfe aufgeführt, aber nicht verwendbar		
Wert	*Konstante*	*Beschreibung*	
0	tbrStandard	(Default) Standard-Toolbar	
1	tbrTransparent	Buttons und Toolbar transparent, Button-Text unter Button-Bitmaps. HotTracking aktiviert	*)
2	tbrRight	Entspricht tbrTransparent, nur der Text steht rechts	

*) HotTracking nennt MS die Einstellung, bei der flache Buttons beim Darüberstreichen des Mauscursors hervorgehoben werden.

Tab. 16.31: Die ToolBar-Style-Einstellungen

Wert	*Konstante*	*Beschreibung*
0	tbrTextAlignBottom	(Default) Text wird unterhalb eines Bildes angezeigt.
1	tbrTextAlignRight	Text wird rechts neben einem vorhandenen Bild angezeigt.

Tab. 16.32: Die ToolBar-TextAlignment-Einstellungen

Eigenschaft	*Ab: VB4*	*Eigenschaft*	*Ab: VB4*
Allgemein			
Container		Name	
Enabled		Object	
hWnd		Parent	

Eigenschaft	*Ab: VB4*	*Eigenschaft*	*Ab: VB4*
Index (Toolbar-Array)		TabIndex	
MouseIcon		Visible	
MousePointer			
Darstellung			
Appearance		BorderStyle	
Drag & Drop			
DragIcon			
DragMode			
OLE		***Data***	
OLEDropMode		DataBinding	
Hilfe			
HelpContestID		WhatsThisHelpID	
ToolTipText	VB5		

Tab. 16.33: Die allgemeinen Eigenschaften der ToolBar

16.3.2 Methoden der ToolBar

Methode	*Ab: VB4*	*Beschreibung*	*Hinweis*
Customize		Dialog »Symbolleiste« öffnen.	Abb. 16.2
RestoreToolbar		Ursprünglichen Zustand aus Registerdaten wiederherstellen.	
SaveToolbar		Zustand in Registerdaten speichern.	

Methode	*Syntax *)*	*Hinweis*
Customize	Objekt.Customize [( )]	
RestoreToolbar	Objekt.RestoreToolbar ArgListe	**)
oder	OK = Objekt.RestoreToolbar (ArgListe)	
SaveToolbar	Objekt.SaveToolbar ArgListe	**)
oder	OK = Objekt.SaveToolbar (ArgListe)	

*) Objekt = Toolbar

**) ArgListe = Key, SubKey, Value (Schlüssel, Unterschlüssel und Wert für Registry-Eintrag)
Buttons ohne ListImage-Bild werden nicht direkt gezeigt. Dazu mit Customize die Dialogbox »Symbolleiste« öffnen.

Tab. 16.34: Die Methoden der Toolbar und ihre Syntax

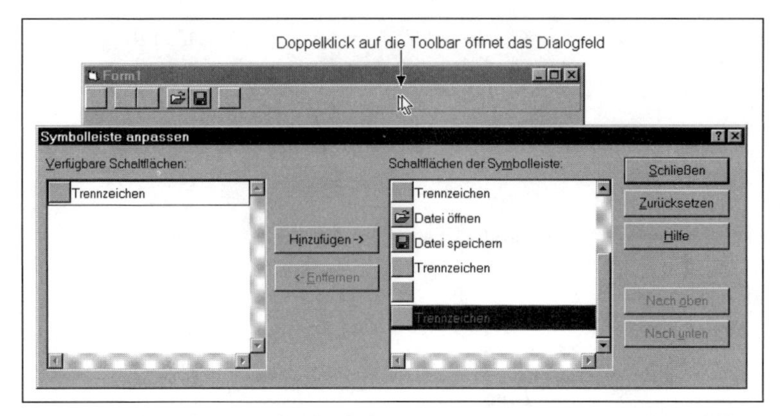

Abb. 16.2: Den Dialog »Symbolleiste anpassen« mit Doppelklick öffnen.

Methode	*Ab: VB4*	*Methode*	*Ab: VB4*
Allgemein			
Move		ZOrder	
Darstellung		***Hilfe***	
Refresh		ShowWhatsThis	
Drag & Drop		***OLE***	
Drag		OLEDrag	VB5

Tab. 16.35: Die allgemeinen Methoden der ToolBar

16.3.3 Die Ereignisse

Ereignis	*Ab: VB4*	*Wird gemeldet, wenn ...*
ButtonClick		ein Button angeklickt wurde.
ButtonDropDown	VB6	das Menü eines DropDown-Buttons (Button.Style = 5) heruntergeklappt wird.
ButtonMenuClick	VB6	ein ButtonMenu geklickt wird.
Change		die Leiste mit dem Dialogfeld geändert wird.
DblClick		DblClick wird nicht registriert, obwohl als Ereignis angegeben und als Ereignisprozedur angeboten!

Tab. 16.36: Die spezifischen Toolbar-Ereignisse

Ereignis	*Syntax*	*Hinweis*
ButtonClick	Sub Objekt_ButtonClick(ByVal Button As Button)	*)
ButtonDropDown	Sub Objekt_ButtonDropDown(ByVal Button As Button)	*)

Ereignis	*Syntax*	*Hinweis*
ButtonMenuClick	Sub TB_ButtonMenuClick(ByVal ButtonMenu As ButtonMenu)	**)
Change	Sub Objekt_Change()	

*) Aus Button erhalten Sie einen Verweis auf das Button-Objekt, auf das geklickt wurde.
Typ-Deklaration entsprechend Tabelle 16.42!
Ohne Verweis oder zusätzliche Eigenschaftsangabe (z.B. Button.Index) wird Caption zurückgegeben (s. Listing).

**) Aus ButtonMenu erhalten Sie einen Verweis auf das ButtonMenu-Objekt, auf das geklickt wurde bzw. dessen Menüs ausgeklappt wurden.

Tab. 16.37: Die Syntax der spezifischen Toolbar-Ereignisse

```
Sub Toolbar1_ButtonClick(ByVal Button As Button)
  ' ...
  Dim B As Button
  Set B = Button
  Select Case B.Eigenschaft
  ' ...
' oder
  Select Case Button.Eigenschaft
  ' ...
End Sub
```

Ereignis	*Ab:VB4*	*Ereignis*	*Ab: VB4*
Benutzeraktionen			
Click		MouseMove	
MouseDown, MouseUp			
Drag & Drop			
DragDrop		DragMove	
OLE			
OLECompleteDrag	VB5	OLEGiveFeedBack	VB5
OLEDragDrop	VB5	OLESetData	VB5
OLEDragOver	VB5	OLEStartDrag	VB5

Tab. 16.38: Die allgemeinen Ereignisse der ToolBar

16.3.4 Subobjekte der ToolBar

Die Toolbar besitzt

- eine Buttons-Auflistung mit ihr untergeordneten Button-Objekten;
- ab VB6 für jedes Button-Objekt optional eine Auflistung von ButtonMenus (Menüzeilen). Diese Menüzeilen können nur angezeigt werden, wenn Button.Style = tbrDropDown (= 5) gesetzt ist;
- eine Controls-Auflistung analog zur Form.Controls-Auflistung.

Buttons-Auflistung

Auf einer ToolBar sind Button-Objekte zu plazieren. Diese sind in der Buttons-Auflistung zusammengefaßt. Der Zugriff auf die Buttons erfolgt im Entwurfsmodus über die Eigenschaftenseiten.

Eigenschaft	*Ab: VB4*	*Kurzbeschreibung*	*LZ*
Count		Anzahl der Button-Objekte in der Auflistung	R/W
Item		Bestimmtes Button-Element der Auflistung	R

Methode	*Kurzbeschreibung*
Add	Fügt ein Button-Objekt der Buttons-Auflistung hinzu.
Remove	Entfernt ein bestimmtes Button-Element aus der Buttons-Auflistung.
Clear	Entfernt alle Button-Elemente aus der Buttons-Auflistung.

Tab. 16.39: Eigenschaften und Methoden der Buttons-Auflistung.

Eigenschaft	*Read *)*	*Write*	*Hinweis*
Count	Anz = Objekt.Buttons.Count	–	
Item	Element = Objekt.Buttons.Item(Kennung)	–	*)
oder:	Element = Objekt.Buttons(Kennung)	–	**)

Methode	*Syntax *)*	**)*
Add	Objekt.Buttons.Add ArgListe	**)
oder:	Obj = Objekt.Buttons.Add (ArgListe)	**)
Remove	Objekt.Buttons.Remove Kennung	***)
Clear	Objekt.Buttons.Clear	

*) Objekt = ToolBar
**) ArgListe = [Index][, [Key][, [Text][, [Style][, Picture]]]] (s. Tab. 16.41)
***) Kennung = {Index|Key}

Tab. 16.40: Die Syntax der Eigenschaften und Methoden der Buttons-Auflistung

Parameter	*Verwendung*	*Erwartetes Argument (benannte Argumente zulässig s. Abschnitt 24.4.4)*
Index	optional	Ganzzahl. Einfügeposition (Startindex = 1) in der Buttons-Auflistung (sonst als letztes Element).
Key	optional	Eindeutige Zeichenfolge, welche das bestimmte Button-Objekt kennzeichnet.
Text	optional	Zeichenfolge (), die im Button-Objekt erscheint.

Parameter	*Verwendung*	*Erwartetes Argument (benannte Argumente zulässig s. Abschnitt 24.4.4)*
Style	optional	Stil der Grundfläche. Die Einstellung entspricht der Style-Eigenschaft.
Picture	optional	Bitmap (ListImage-Index) im beigeordneten ImageList-Control, die im Button standardmäßig angezeigt wird.

Tab. 16.41: Die Parameter der Buttons-Add-Methode

Auf jedes Element (Button-Objekt) der Buttons-Auflistung kann mit Hilfe seines Indexes oder eines eindeutigen Schlüssels (Key) zugegriffen werden.

Button-Objekt

Jede Toolbar besitzt eine Buttons-Auflistung der in ihr enthaltenen Button-Objekte. Unterster Index dieser Auflistung ist 1.

Buttons und Button sind deklarierbare Objektdatentypen.

Version	*Standarddeklaration*	*Zusätzlich möglich*
VB4-32	Button As Button	–
VB5:	Button As ComCtlLib.Button	Button As Button
VB6:	Button As MSComCtlLib.Button	Button As Button
VB6	ButtonMenu As MSComCtlLib.ButtonMenu	ButtonMenu As ButtonMenu

Tab. 16.42: Button-Datentyp-Deklarationen

Ein Button-Objekt stellt eine einzelne Schaltfläche in der Buttons-Auflistung einer Toolbar dar.

```
Kennung = {Index|Key}

Dim btnX As Button
Set btnX = ToolbarName.Buttons(Kennung)
' oder
Set btnX = ToolbarName.Buttons.Item(Kennung)
```

Kennung ist entweder

- der Index (= Position; Startindex = 1) oder
- die eindeutige Key-Zeichenfolge.

Eigenschaft	*Ab: VB4*	*Kurzbeschreibung*	*Entw.*	*LZ*
ButtonMenus	VB6	Verweis auf die ButtonMenus-Auflistung	R/W	R
Caption		(Standardeigenschaft) Beschriftung des Buttons	R/W	R/W

Eigenschaft	*Ab: VB4*	*Kurzbeschreibung*	*Entw.*	*LZ*
Description		Infotext für Dialogfeld »Symbolleiste anpassen«	R/W	R/W
Index		Position in der Buttons-Auflistung	R/W	R
Key		Optionale eindeutige ID	R/W	R/W
MixedState		Abgeblendet zeigen?	R/W	R/W
Style		Erscheinungsbild und Verhalten	R/W	R/W
Value		Wert (0 oder 1)	R/W	R/W

Tab. 16.43: Die spezifischen Eigenschaften der Button-Objekte

Eigenschaft	*Read *)*	*Write *)*	*Hinweis*
ButtonMenus	Dim Btn As Button	–	
	Set Btn = ToolBar.Buttons(K)		
	Dim BMn = ButtonMenu	–	**)
	Set BMn = Btn.ButtonMenus(x)		
Caption	Beschriftung = B.(K).Caption	B.(K).Caption = String	
Description	Info$ = B.(K).Description	B.(K).Description = String	
Index	Ix = B.(Key).Index	–	
Key	IdentKey = B.(Index).Key	B.(Index). Key = String	
MixedState	IsMState = B. (K).MixedState	B.(K).MixedState = Wert	{False|True}
Style	ButtonStyle = B. (K).Style	B.(K).Style = Einstellung	Tab. 16.45
Value	Wert = B. (K).Value	B.(K).Value = Ganzzahl	Tab. 16.46

*) B = ToolBar.Buttons K = Kennung (= Index oder Key des Button-Objekts)

**) x = Index oder Key des ButtonMenu-Objekts

Tab. 16.44: Die Syntax der spezifischen Eigenschaften der Button-Objekte

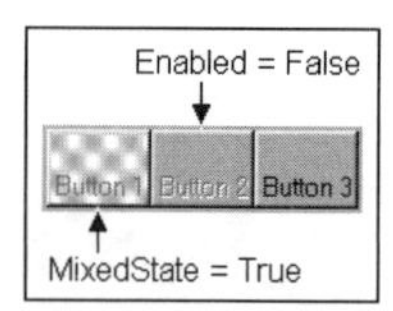

Abb. 16.3: Die Wirkung von MixedState und Enabled

Je nach Style-Einstellung ist die Funktion und Darstellungsweise jedes Button-Objekts individuell änderbar.

In Button-Objekten mit Style = tbrPlaceholder können Sie andere Steuerelemente plazieren. Diese müssen über die ZOrder-Methode verfügen.

- Weisen Sie einem Button-Objekt den Stil »Platzhalter« zu.

Fügen Sie danach das neue Steuerelement auf der Toolbar ein und setzen Sie zur Laufzeit für das Steuerelement ZOrder 0.

Wert	*Konstante*	*Ab: VB4*	*Der Button ist ...*
0	tbrDefault		eine normale Befehlschaltfläche (Taster) (Default).
1	tbrCheck		ein Umschalter (Ein-/Ausschalter).
2	tbrButtonGroup		eine Schaltflächengruppe (wie OptionButton).
3	tbrSeparator		eine Trennlinie (feste Breite von 8 Pixel).
4	tbrPlaceholder		ein Platzhalter (Trennlinie mit änderbarer Breite).
5	tbrDropDown	VB6	eine DropDown-Schaltfläche (für ButtonMenus).

Tab. 16.45: Einstellungen für ToolBar.Buttons(Kennung).Style

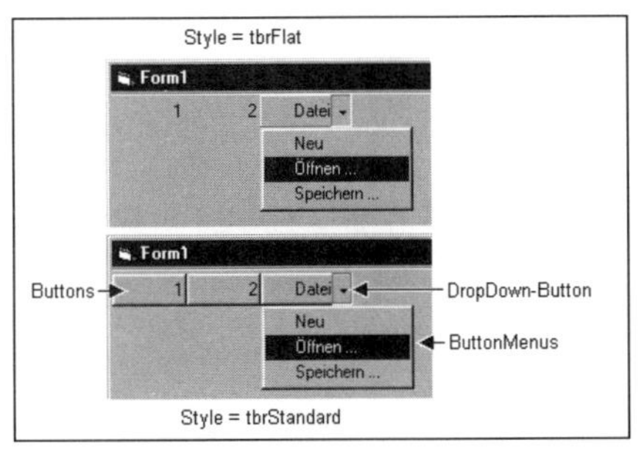

Abb. 16.4: DropDown-Schaltfläche und die ButtonMenus

Wert	*Konstante*	*Beschreibung*
0	tbrUnpressed	(Voreinstellung). Die Schaltfläche ist momentan nicht gedrückt oder aktiviert.
1	tbrPressed	Die Schaltfläche ist momentan gedrückt oder aktiviert.

Tab. 16.46: Die Einstellungen für ToolBar.Buttons(Kennung).Value

Eigenschaft	*Ab: VB4*	*Eigenschaft*	*Ab: VB4*
Allgemein			
Enabled		Visible	
Tag			
Position			
Height, Width		Left, Top	
Darstellung		***Hilfe***	
Picture		ToolTipText	VB5

Tab. 16.47: Die allgemeinen Eigenschaften der ToolBar-Buttons

ButtonMenus-Auflistung

Jedes Button-Objekt kann ab VB6 eine ButtonMenus-Auflistung mit Buttonmenu-Objekten (Menüzeilen) besitzen. Anzeigen lassen sich die ButtonMenu-Objekte allerdings nur, wenn der betreffende Button ein DropDown-Button (Style = 5) ist. Unterster Index dieser Auflistung ist 1.

Buttonmenus und Buttonmenu sind deklarierbare Objektdatentypen.

Eigenschaften	*Ab: VB6*	*Kurzbeschreibung*
Count		Anzahl der ButtonMenus-Objekte in der Auflistung
Item		Bestimmtes ButtonMenu-Element der Auflistung

Methode	*Kurzbeschreibung*
Add	Fügt ein ButtonMenu-Objekt der ButtonMenus-Auflistung hinzu.
Remove	Entfernt ein bestimmtes ButtonMenu-Element aus der ButtonMenus-Auflistung.
Clear	Entfernt alle ButtonMenu-Elemente aus der ButtonMenus-Auflistung.

Tab. 16.48: Eigenschaften und Methoden der ButtonMenus-Auflistung

Eigenschaft	*Read *)*	*Write*	*Hinweis*
Count	Anz = Objekt.ButtonMenus.Count	–	
Item	Element = Objekt.ButtonMenus.Item(Kennung)	–	**)
oder:	Element = Objekt.ButtonMenus(Kennung)	–	**)

Methode	*Syntax *)*	*Hinweis*
Add	Objekt.ButtonMenus.Add [Index], [Key], Text	Tab. 16.50
oder:	Obj = Objekt.ButtonMenus.Add([Index], [Key], Text)	Tab. 16.50
Remove	Objekt.ButtonMenus.Remove Kennung	**)
Clear	Objekt.ButtonMenus.Clear	

*) Objekt = ToolBar

**) Kennung = {Index|Key}

Tab. 16.49: Syntax der ButtonMenus-Eigenschaften und -Methoden

Parameter	*Verwendung*	*Erwartetes Argument (benannte Argumente zulässig s. Abschnitt 24.4.4)*
Index	Optional	Ganzzahl. Einfügeposition (Startindex = 1) in der ButtonMenus-Auflistung (sonst als letztes Element).
Key	Optional	Eindeutige Zeichenfolge, welche das bestimmte Button-Objekt kennzeichnet.
Text	Erforderlich	Zeichenfolge (), die im ButtonMenu-Objekt erscheint.

Tab. 16.50: Die Parameter der ButtonMenus-Add-Methode

Die einzelnen Elemente der ButtonMenus-Auflistung sind ButtonMenu-Objekte. Diese besitzen Eigenschaften, verfügen selbst über keine Methoden und registrieren keine Ereignisse.

Eigenschaft	*Ab VB6*	*Beschreibung*	*Entw.*	*LZ*
Parent		Verweis auf den übergeordneten Button	R	
Text		Beschriftung der Menüzeile. Entspricht in normalen Menüs dem Caption.	R/W	R/W

Eigenschaft	*Read *)*	*Write *)*	*Hinweis*
	' Vorher: Dim Btn As Button Set Btn = Toolbar.Buttons(Kennung) Dim BMn As ButtonMenu Set BMn = Btn.ButtonMenus(x)		Siehe auch Tab. 16.44
Parent	Dim Prnt As Button Set Prnt = BMn.Parent	–	
Text	Text = BMn.Text	BMn.Text = String	

Tab. 16.51: Spezifische ButtonMenu-Eigenschaften und ihre Syntax

Eigenschaft	*Ab: VB6*	*Eigenschaft*	*Ab: VB6*
Allgemein			
Enabled		Key	
Index		Visible	

Tab. 16.52: Allgemeine Eigenschaften der ButtonMenu-Objekte

16.3.5 Controls-Auflistung und Control-Objekte

In der Toolbar.Controls-Auflistung sind die auf der Toolbar plazierten, zusätzlichen Steuerelemente als Control-Objekte zusammengefaßt.

Diese werden durch Zuordnung zu einem bestimmten Button zu konstituierenden Controls.

Unterster Index der Controls-Auflistung der Toolbar ist 1.

Die Button-Objekte sind nicht in der Controls-Auflistung, sondern nur in der Buttons-Auflistung enthalten.

Alle zusätzlichen Controls sind auch in der Controls-Auflistung der Form enthalten. (Beachten Sie die unterschiedlichen untersten Indizes (0 bei Form.Controls, 1 bei Toolbar.Controls).

Die Controls-Auflistung ist sonst analog zur Form.Controls-Auflistung aufgebaut. Sie verfügt über zwei Eigenschaften.

Eigenschaft	*Ab: VB4*	*Beschreibung*	*Syntax*
Count		Anzahl der Control-Objekte	Anz = ToolBar.Controls.Count
Item		Einzelnes Element	Ctl = ToolBar.Controls(Index)

Tab. 16.53: Eigenschaften der Controls-Auflistung und ihre Syntax

Jedes Control verfügt über die Eigenschaften und Methoden und registriert die Ereignisse seiner Objektklasse.

16.4 CoolBar

Deutsche Bezeichnung: CoolBar-Steuerelement

Klasse: CoolBar

Typ: 32-Bit-Steuerelement

Bezeichnung *Version*	*Klasse* *Edition*	*Erforderliche Dateien*	*Bezeichnung in Liste* *Zusatzsteuerelemente*
CoolBar VB6	***CoolBar*** Pro und Ent	COMCT332.OCX	Microsoft Windows Common Controls-3 6.0

Ein CoolBar-Steuerelement ist ein Steuerelement, das normalerweise zwei oder mehr Band-Subobjekte enthält. Die Bandobjekte dienen dazu, sogenannte konstituierende Steuerelemente aufzunehmen. Damit entsteht eine konfigurierbare Symbolleiste.

16.4.1 Eigenschaften der CoolBar

Eigenschaft	*Ab: VB6*	*Beschreibung*	*Entw. *)*	*LZ*
Bands		Verweis auf die Auflistung von Band-Objekten	–	R
BandBorders		Trennlinien zwischen Bands sichtbar?	R/W	R/W
EmbossPicture		Hintergrundbild in zwei oder mehr Farben anzeigen	R/W	R/W
EmbossHighlight		Helle Farbe bei Zweifarbendarstellung	R/(W)	R/W
EmbossShadow		Dunkle Farbe bei Zweifarbendarstellung	R/(W)	R/W
FixedOrder		Benutzer kann Anordnung der Bänder ändern.	R/W	R/W
Orientation		Legt einen Wert fest, der anzeigt, ob das CoolBar-Steuerelement horizontal oder vertikal ausgerichtet ist.	R/W	R/W
ImageList		Verweis auf das ImageList-Control, daß die Bilder enthält.	R/W	R/W

Eigenschaft	Ab: VB6	Beschreibung	Entw. *)	LZ
Picture		Die als Hintergrund aller Bands angezeigteGrafik (BMP, JPEG, GIF)	R/W	R/W
RowCount		Anzahl der Zeilen	–	R
VariantHeight		Bänder unterschiedlich hoch?	R/W	R/W

*) R/(W) Write nur, wenn EmbossPicture = False

Tab. 16.54.1 Spezifische Eigenschaften der Coolbar

Eigenschaft	Read *)	Write *)	Hinweis
Bands	Dim BNds As Bands Set Bnds = C.Bands Element = Bnds(Kennung)	–	
BandBorders	Brders = C.BandBorders	C.BandBorders = Wert	{True|False}
EmbossPicture	MehrF = C.EmbossPicture	C.EmbossPicture = Wert	{True|False}
EmbossHighlight	F& = C.EmbossHighlight	C.EmbossHighlight = Frb&	**)
EmbossShadow	F& = C.EmbossShadow	C.EmbossShadow = Frb&	**)
FixedOrder	FOrdr = C.FixedOrder	C.FixedOrder = Wert	{False|True}
Orientation	Orient = C.Orientation	C.Orientation = Wert	Tab. 16.55
ImageList	IList = C.ImageList	C.ImageList = IListName	
Picture	Set Pic = C.Picture	C.Picture = Picture	***)
RowCount	ZeilenZahl = C.RowCount	–	
VariantHeight	VarH = C.VariantHeight	C.VariantHeight = Wert	{True|False}

*) Präfix C. = CoolBar.
**) RGB, System, QBColor
Voreinstellungen: EmbossHightLeight = &H80000014
EmbossShadow = & H8000000F
***) BMP, JPEG, GIF

Tab. 16.54.2 Syntax der spezifischen Eigenschaften der Coolbar

Wert	Konstante	Beschreibung
0	cc3OrientationHorizontal	Horizontale Ausrichtung
1	cc3OrientationVertical	Vertikale Ausrichtung *)

*) Ein Band wird bei vertikaler Ausrichtung nur angezeigt, wenn außer Visible auch AllowVertical auf True gesetzt ist.

Tab. 16.55 Orientation-Einstellungen

Beachten Sie, daß die meisten Controls keine vertikale Ausrichtung zulassen!

Wenn Sie zur Laufzeit zwischen horizontaler und vertikaler Ausrichtung wechseln, nutzen Sie die Positions-Eigenschaften (s. Tab.16.56) für die Festlegung von Position und Größe.

Eigenschaft	Ab: VB6	Eigenschaft	Ab: VB6
Allgemein			
Enabled		Object	
hWnd		Parent	
MouseIcon		Container	
MousePointer		TabIndex	
Name			
Darstellung			
Align		BackColor, ForeColor	
BackColor, ForeColor			
Drag&Drop			
DragIcon		DragMode	
Position			
Left, Top		Width, Height	
Hilfe			
ToolTipText		WhatsThisHelpID	
OLE			
OLEDropMode			

Tab. 16.56 Allgemeine Eigenschaften der CoolBar

16.4.2 Methoden und Ereignisse der CoolBar

Die CoolBar verfügt über keine spezifischen Methoden.

Methode	Ab VB6	Methode	Ab VB6
Allgemein			
Move		Refresh	
Drag&Drop		***OLE***	
Drag		OLEDrag	

Tab. 16.57 Allgemeine Methoden der CoolBar

Ereignis	Beschreibung
HeightChanged	Höhe hat sich geändert

Ereignis	*Syntax *)*
HeightChanged	Sub C_HeightChanged([Index As Integer], NewHeight As Single) **)

*) Präfix C = CoolBar
**) NewHeight = Neue Höhe in Einheiten des Containers

Tab. 16.58 Spezifisches Ereignis der CoolBar und seine Syntax

Ereignis	*Ab: VB6*	*Ereignis*	*Ab: VB6*
Allgemein			
Click		MouseMove	
DblClick		Resize	
MouseDown, MouseUp			
DragDrop			
DragOver			
OLE			
OLEDragDrop		OLESetData	
OLEDragOver		OLEStartDrag	
OLEFeedback			

Tab. 16.59 Allgemeine Ereignisse der CoolBar

16.4.3 Subobjekte der CoolBar

Eine CoolBar besitzt Band-Objekte, die in einer Bands-Auflistung zusammengefaßt sind.

Band und Bands sind deklarierbare Objekt-Datentypen.

Bands-Auflistung

Die Bands-Auflistung besitzt nur die Eigenschaft Count.

Eigenschaft	*Beschreibung*
Count	Anzahl der Band-Objekte auf der CoolBar
Eigenschaft	*Syntax*
Count	Anzahl = CoolBar.Bands.Count

Tab. 16.60: Die Eigenschaft der CoolBar-Bands-Auflistung

Methode	*Ab: VB6*	*In Bands-Auflistung und CoolBar ...*
Add		... ein Band-Objekt hinzufügen
Clear		... alle Band-Objekte entfernen
Remove		... ein bestimmtes Band-Objekt entfernen

Tab. 16.61.1: Die Methoden der CoolBar-Bands-Auflistung

Methode	*Syntax *)*	*Hinweis*
Add	C.Bands.Add (ArgListe)	**)
oder	Dim Bnd As Band Set Bnd = C.Bands.Add(ArgListe)	
Clear	C.Bands.Clear	
Remove	C.Bands(K),Remove	

*) Präfix C. = CoolBar.

**) ArgListe = [Index As Long[, [Key As String][, [Caption As String][, [Image][, [NewRow As Boolean][, [Child], [Visible As Boolean]]]]]]

Argumente (s. Tab. 16.62) als benannte Argumente (s. Abschnitt 24.4.4) übergebbar.

Tab. 16.61.2: Syntax der Methoden der CoolBar-Bands-Auflistung

Parameter	*Verwendung*	*Beschreibung*	*Hinweis*
Index	optional	Einfügeposition (Standard = -1 am Ende einfügen)	
Key	optional	Eindeutiger Schlüssel	
Caption	optional	Beschriftung des Band-Objekts	
Image	optional	ListImage-Index des Bildes im mit der CoolBar verbundenen ImageList-Control, das bei Band.UseCoolBarPricture = False den Hintergrund bildet.	
NewRow	optional	Band in neuer Zeile anfügen?	{False|True}
Child	optional	Verweis auf das untergeordnete Control	{False|True}
Visible	optional	Band nach dem Einfügen sichtbar?	{True|False}

Tab. 16.62: Parameter bzw. Argumente der Add-Methode

Wird ein auf der CoolBar plaziertes Control mit einem Band-Objekt verbunden, wird es konstituierendes Control.

Auf der CoolBar plazierte, aber keinem Band als Child zugewiesene Controls bezeichne ich als »vagabundierende« Controls.

Vagabundierende Controls können zwar benutzt werden, ordnen sich aber nicht den Strukturen der CoolBar unter. Wollen Sie Controls erst zur Laufzeit Band-Objekten zuordnen, sollten Sie deren Eigenschaft Visible bis zu diesem Zeitpunkt auf False setzen.

Band-Objekte

Die einzelnen Abschnitte auf der CoolBar sind die in der Bands-Auflistung zusammengefaßten Band-Objekte.

Eigenschaft	*Ab: VB6*	*Beschreibung*	*Entw.*	*LZ*	*Hinweis*
Index		Position des Bands in der Auflistung.	R	R	
Key		Eindeutige Bezeichnung	R/W	R	
Caption		Beschriftung vor dem konstituierenden Control. Erweitert den Zugriffsbereich des Band-Objekts.	R/W	R/W	
Tag		Info ohne Auswirkungen	R/W	R/W	
AllowVertical		Band auch anzeigen, wenn CoolBar.Orientation = 1	R/W	R/W	
Style		Größenänderung zulassen? Griff zeigen?	R/W	R/W	
Child		Verweis auf dem Band untergeordnetes Control	R/W	R/W	*)
FixedBackground		Hintergrundbild behält Position	R/W	R/W	
Image		ListImage-Index für Hintergrundbild	(R/W)	(R/W)	**)
Picture		Hintergrundbild für das Band	R/W	R/W	***)
UseCoolbarColors		Farben der CoolBar verwenden?	R/W	R/W	
UseCoolbarPicture		Hintergrundbild der CoolBar verwenden?	R/W	R/W	***)
BackColor		Hintergrundfarbe, wenn kein Bild	R/W	R/W	****)
ForeColor		Schriftfarbe für Caption	R/W	R/W	****)
EmbossPicture		Soll Zweifarbendarstellung des speziellen Bildes für das Band setzen	R/W	R/W	***)
EmbossHighLight		Für einzelnes Band nicht nutzbar	R/W	R/W	***)
EmbossShadow		Für einzelnes Band nicht nutzbar	R/W	R/W	***)
Height		Höhe des Band-Objekts	–	R/W	
Width		Breite des Band-Objekts	R/W	R/W	
MinHeight		Mindesthöhe des Band-Objekts	R/W	R/W	
MinWidth		Mindestbreite des Bandobjekts	R/W	R/W	
NewRow		Band in neuer Zeile anzeigen?	W	R/(W)	+)
Position		Aktuelle Position des Band-Objekts in der Darstellung	–	R	
Visible		Band sichtbar?	R/W	R/W	

*) Setzen Sie kein Child zusätzlich in ein Band mit schon einem Child. Das gibt Funktionalitätsprobleme des neuen Child!
**) Nur wenn CoolBar.Image = ImageList gesetzt ist.
***) Beachten Sie den Hinweis unten auf den »Fehler im Control«.
****) Nur wenn UseCoolbarColors = False.
+) R/(W) = ReadOnly wenn Style = 1 oder das Band in Position = 1 steht.

Tab. 16.63.1 Eigenschaften der Band-Objekte

Eigenschaft	*Read *)*	*Write *)*	*Hinweis*
Index	Ix = B(Key).Index	–	
Key	K$ = B(Index).Key	B(Index).Key = Wert	
Caption	Cp$ = Bd.Caption	Bd.Caption = Wert	
AllowVertical	AV = Bd.AllowVertical	Bd.AllowVertical = W	True|False Tab. 16.55
Style	Stl = Bd.Style	Bd.Style = Wert	Tab. 16.64
Child	Set Chld = Bd.Child	Set Bd.Child = Control	
FixedBackground	F = Bd.FixedBackground	Bd.FixedBackground = Wert	
Image	Nr = Bd.Image	Bd.Image = Index	
Picture	Bild = Bd.Picture	Bd.Picture = Bild	**)
UseCoolbarColors	C = Bd.UseCoolbarColors	Bd.UseCoolbarColors = Wert	True|False
UseCoolbarPicture	P = Bd.UseCoolbarPicture	Bd.UseCoolbarPicture = Wert	True|False ***)
BackColor, ForeColor	F& = Bd.BackColor	Bd.BackColor = Farbe&	****)
EmbossPicture	EP = Bd.EmbossPicture	Bd.EmbossPicture = Wert	False|True ***)
EmbossHighLight	EH = Bd.EmbossHighLight	Bd.EmbossHighLight = Farbe&	***) ****)
EmbossShadow	ES = Bd.EmbossShadow	Bd.EmbossShadow = Farbe&	***) ****)
Height, Width	Hght =		+) ++)
MinHeight, MinWidth	MH= Bd.MinHeight	Bd.MinWidth = Wert	+) +++)
NewRow	NeueZeile = Bd.NewRow	Bd.NewRow =Wert	False|True ++++)
Position	Ps = Bd.Position	Bd.Position = Nr	1 - ...
Visible	Vs= Bd.Visible	Bd.Visible = Wert	True|False

*) Präfix B = Coolbar.Bands Präfix Bd = CoolBar.Bands(Kennung)
Kennung = {Index|Key}
**) BMP, JPEG, GIF
***) EmbossHighLight und EmbossShadow nur setzbar, wenn EmbossPicture = True
Siehe unten den Hinweis auf den »Fehler im Control«.
****) RGB, System oder QBColor
+) Maßeinheiten des Containers
++) Ändern von Height nur bei vertikaler Orientation, Width nur bei horizontaler wirksam.
+++) Bei CoolBar.Orientation = 1 (Vertikal) bestimmt MinHeight die Breite, MinWidth die Höhe.
++++) R/(W) = ReadOnly wenn Style = 1 oder das Band in Position = 1 steht.

Tab. 16.63.2 Syntax der Eigenschaften der Band-Objekte

Fehler im Control

Um ein individuelles Bild (Picture-Eigenschaft) in einem Band anzeigen zu können, müssen Sie neben dessen UseCoolbarPicture- auch die EmbossPicture-Eigenschaft auf False setzen. Daher kann EmbossPicture mit den untergeordneten EmbossHighLight und -Shadow für das Band nicht genutzt werden.

Wert	*Konstante*	*Beschreibung*
0	cc3BandNormal	(Voreinstellung) Größe des Bandes kann geändert werden. Der Schiebegriff wird nur angezeigt, wenn das CoolBar-Steuerelement zwei oder mehr Bänder enthält.
1	cc3BandFixedSize	Die Größe des Bandes kann nicht geändert werden. Der Schiebegriff wird nicht angezeigt.

Tab. 16.64: Einstellungen für Band-Style

16.5 SysInfo-Control

Deutsche Bezeichnung: Systeminformation-Steuerelement

Klasse: SysInfo

Typ: 32-Bit-Zusatzsteuerelement

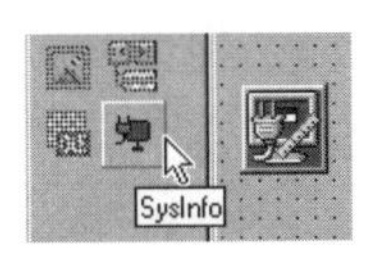

Mit dem SysInfo-Steuerelement können Sie vom Betriebssystem bereitgestellte Informationen überwachen und auf Ereignisse reagieren, die vom System ausgelöst werden. Das Control ist zur Laufzeit nicht sichtbar!

Bezeichnung *Version*	*Klasse* *Edition*	*Erforderliche* *Dateien*	*Bezeichnung in Liste Zusatzsteuerelemente*
Sysinfo	***Sysinfo***		
VB5	Ent	SYSINFO.OCX	Microsoft Sysinfo Control 5.0
VB6	Ent	SYSINFO.OCX	Microsoft Sysinfo Control 6.0

Tab. 16.65: Dateien der CoolBar

16.5.1 Die SysInfo-Eigenschaften

Eigenschaft	*Ab: VB5*	*Kurzbeschreibung*	*Entw.*	*LZ*
ACStatus		System an Netzstrom angeschlossen?	–	R
BatteryFullTime		Maximale Batteriezeit in Sekunden (-1 = Dauer unbekannt)	–	R
BatteryLifePercent		Restliche Batteriezeit in Prozent	–	R
BatteryLifeTime		Restliche Batteriezeit in Sekunden (-1 = Dauer unbekannt)	–	R

Eigenschaft	*Ab: VB5*	*Kurzbeschreibung*	*Entw.*	*LZ*
BatteryStatus		Ladezustand der Batterie	–	R
OSBuild		Revisionsnummer des Betriebssystems	–	R
OSPlatform		Betriebssystem	–	R
OSVersion		Versionsnummer des Betriebssystems	–	R
ScrollBarSize		Standardbreite (Twips) der Bildlaufleisten	–	R
WorkAreaHeight		Höhe (Twips) des DeskTop ohne Taskleiste	–	R
WorkAreaLeft		Linke Kante (Twips) des DeskTop ohne Taskleiste	–	R
WorkAreaTop		Obere Kante (Twips) des DeskTop ohne Taskleiste	–	R
WorkAreaWidth		Breite (Twips) des DeskTop ohne Taskleiste	–	R

Tab. 16.66.1: Die spezifischen SysInfo-Eigenschaften

Eigenschaft	*Read (Alle Eigenschaften sind Read Only) *)*	*Hinweis*
ACStatus	Wert = Objekt.ACStatus	Tab. 16.67
BatteryFullTime	MaxBetriebsdauer = Objekt.BatteryFullTime	
BatteryLifePercent	BatLifePrecent = Objekt.BatteryLifePercent	Tab. 16.68
BatteryLifeTime	Restbetriebsdauer = Objekt.BatteryLifeTime	
BatteryStatus	Batteriestatus = Objekt.BatteryStatus	Tab. 16.69
OSBuild	Build = Objekt.OSBuild	
OSPlatform	Betriebssystem = Objekt.OSPlatform	Tab. 16.70
OSVersion	Version = Objekt.OSVersion	
ScrollBarSize	SBarSize = Objekt.ScrollBarSize	
WorkAreaHeight	InnerHeight = Objekt.WorkAreaHeight	**)
WorkAreaLeft	InnerLeft = Objekt.WorkAreaLeft	
WorkAreaTop	InnerTop = Objekt.WorkAreaTop	
WorkAreaWidth	InnerWidth = Objekt.WorkAreaWidth	

*) Objekt = SysInfo

**) Die WorkArea-Eigenschaften geben Positionen und Abmessungen des sichtbaren Desktops unter Berücksichtigung der Windows 95-Task-Leiste (wenn im System »Automatisch im Hintergrund« deaktiviert ist) in Twips zurück.

Tab. 16.66.2 Die Syntax der spezifischen SysInfo-Eigenschaften

Rückgabewert	*Beschreibung*
0	Das System arbeitet nicht mit Netzspannung.
1	Das System arbeitet mit Netzspannung.
255	Der Zustand der Netzstromversorgung ist unbekannt.

Tab. 16.67 Einstellungen für die ACStatus-Eigenschaft

Rückgabewert	Beschreibung
0 – 100	Verbleibender Prozentsatz der vollen Batteriekapazität.
255	Der Ladezustand der Batterie ist unbekannt.

Tab. 16.68 Einstellungen für die BatteryLifePercent

Rückgabwert	Beschreibung
1	Batterieladung hoch
2	Batterieladung niedrig
4	Batterieladung kritisch
8	Batterie wird geladen
128	Keine Batterie im System vorhanden
255	Ladezustand der Batterie unbekannt

Tab. 16.69 Einstellungen für die BatteryStatus

Wert	Beschreibung
0	Win32s
1	Windows 95
2	Windows NT

Tab. 16.70 Einstellungen von OSPlatform

Eigenschaft	Ab: VB5	Eigenschaft	Ab: VB5
Allgemein			
Index		Parent	
Name		Tag	
Object			

Tab. 16.71 Die allgemeinen Eigenschaften des SysInfo-Controls

16.5.2 Die SysInfo-Ereignisse

Ereignis	Ab: VB5	Kurzbeschreibung	Hinweis
ConfigChangeCancelled		Änderung am Hardware-Profil abgebrochen.	
ConfigChanged		Änderung am Hardware-Profil.	*)
DeviceArrival		Neues Gerät hinzugefügt.	
DeviceOtherEvent		Anderes Ereignis.	
DeviceQueryRemove		Bevor Gerät aus dem System entfernt wird.	
DeviceQueryRemoveFailed		Code hat das Entfernen abgebrochen.	

Ereignis	*Ab: VB5*	*Kurzbeschreibung*	*Hinweis*
DeviceRemoveComplete		Gerät wurde entfernt.	
DeviceRemovePending		Gerät wird entfernt und alle Anwendungen stimmen zu.	
DevModeChange		Gerätemodus vom Benutzer geändert.	
DisplayChanged		Bildschirmauflösung ändert sich.	
PowerQuerySuspend		Stromversorgung kurz vor Unterbrechung.	
PowerResume		Unterbrechungsmodus wird verlassen.	
PowerStatusChanged		Stromversorgungszustand ändert sich.	**)
PowerSuspend		System geht in Unterbrechungsmodus.	
QueryChangeConfig		Änderung des Hardwareprofils oder An-/Abdocken.	
SettingChanged		Systemweiter Parameter wurde geändert.	
SysColorChanged		Farbeinstellung wird geändert.	
TimeChanged		Systemzeit wird geändert.	

*) Wird gemeldet bei An-/Abdocken eines tragbaren Computers an einer Dockstation, nachdem das System den Betrieb wieder aufgenommen hat.

**) Batterieladung niedrig.Umschalten zwischen Netz- und Batteriestromversorgung. Laden der Batterie beendet.

Tab. 16.72.1 Die SysInfo-Ereignisse

Ereignis	*Syntax *)*	*Argumente*
ConfigChangeCancelled	Sub S_ConfigChangeCancelled ()	
ConfigChanged	Sub S_ConfigChanged _ (ByVal oldconfignum As Long, _ ByVal newconfignum As Long)	Tab. 16.61
DeviceArrival	Sub S_DeviceArrival _ (ByVal devicetype As Long, _ ByVal deviceid As Long, _ ByVal devicename As String, _ ByVal devicedata As Long)	Tab. 16.61
DeviceOtherEvent	Sub S_DeviceOtherEvent _ (ByVal devicetype As Long, _ ByVal eventname As String, _ ByVal datapointer As Long)	Tab. 16.61
DeviceQueryRemove	Sub S_DeviceQueryRemove (Arg)	
DeviceQueryRemoveFailed	Sub S_DeviceQueryRemoveFailed (Arg)	**)
DeviceRemoveComplete	Sub S_DeviceQueryRemoveComplete(Arg)	**)
DeviceRemovePending	Sub S_DeviceRemovePending(Arg)	**)
DevModeChange	Sub S_DevModeChange _ (ByVal devicename As String)	
DisplayChanged	Sub S_DisplayChanged( )	
PowerQuerySuspend	Sub S_PowerQuerySuspend _ (cancel As Boolean)	

Ereignis	*Syntax *)*	*Argumente*
PowerResume	Sub S_PowerResume( )	
PowerStatusChanged	Sub S_PowerStatusChanged( )	
PowerSuspend	Sub S_PowerSuspend( )	
QueryChangeConfig	Sub S_QueryChangeConfig _ (cancel As Boolean)	
SettingChanged	Sub S_SettingChanged _ (ByVal item As Integer, _ ByVal section As Integer)	
SysColorChanged	Sub S_SysColorsChanged( )	
TimeChanged	Sub S_TimeChanged( )	

*) Präfix S = SysInfo
**) Arg = ByVal devicetype As Long, ByVal deviceid As Long, _
ByVal devicename As String, ByVal devicedata As Long, cancel As Boolean (s. Tab. 16.73)

Tab. 16.72.2 Die Syntax der SysInfo-Ereignisse

Argument	*Beschreibung*
datapointer	Wert vom Typ Long, der auf gerätespezifische Daten verweist.
cancel	Ist ein boolescher Wert, der anzeigt, ob (True) das System die Aktion verhindert.
devicetype	Gibt den Typ des aktuellen Gerätes an. (s.Tabelle 16.74)
deviceid	Identifiziert das Gerät. (s.Tabelle 16.74)
devicename	(s.Tabelle 16.74)
devicedata	(s.Tabelle 16.74)
eventname	Zeichenfolgenausdruck, der den Namen eines Ereignisses ergibt.
item	Enthält die geänderten Systemparameterinformationen. Falls die Nachricht nicht von USER32 gesendet wurde, ist dieser Systemparameter immer Null.
newconfignum	Schlüsselname für die neue Systemkonfiguration in der Windows-Registrierung.
oldconfignum	Schlüsselname für die alte Systemkonfiguration in der Windows-Registrierung.
section	Zeichenfolgenausdruck, der den Namen des Abschnitts ergibt, der den geänderten Systemparameter enthält.

Tab. 16.73 Argumente der SysInfo-Ereignisprozeduren

Wert	*Typ des Geräts* *devicetype*	*deviceid*	*devicedata*	*devicename*
	OEM-definierter Gerätetyp.			
0	DeviceTypeOEM	dbco_identifier	dbco_suppfunc	Null
	Devnode-Nummer (Windows 95)			
1	DeviceTypeDevNode	dbcd_devnode	Null	Null
	Log. Laufwerk (Plattenlaufwerk)			
2	DeviceTypeVolume	dbcv_unitmask	dbcv_flags	Null

Wert	*Typ des Geräts* *devicetype*	*deviceid*	*devicedata*	*devicename*
	Serieller/ paralleler Anschluß			
3	DeviceTypePort	Null	Null	dbcp_name
	Netzwerk-Ressource			
4	DeviceTypeNet	dbcn_resource	dbcn_flags	Null

Tab. 16.74: Einstellungen für devicetype, deviceid, devicedata und devicename

17 Datenbankcontrols

Seit VB3 (Professional) stehen dem VB-Entwickler eine von Version zu Version steigende Zahl von Controls zum Zugriff auf Datenbanken zur Verfügung.

Bezeichnung	*Beschreibung*
Daten-Steuerelemente	Verknüpfen Datenbank und anbindbare oder gebundene Steuerelemente, die zum Verändern der Daten verwendet werden.
Datenbezogene Controls	Datenbezogen sind alle Controls, die über die Eigenschaften DataSource verfügen. Datenbezogene Controls können anbindbar oder datengebunden sein.
Anbindbare Controls	Anbindbare Controls sind auch ohne Datenbankanbindung nutzbar. Sie können an ein einzelnes Feld eines Recordset-Objekts gebunden werden, das von einem Daten-Steuerelement verwaltet wird.
Datengebundene Controls	Datengebundene Controls können nur in Verbindung mit einem Daten-Steuerelement (Anbindung über DataSource-Eigenschaft) genutzt werden. Sie verfügen nicht über Methoden wie AddItem oder Remove. Die datengebundenen Controls können Gruppen von Datensätzen verwalten. Sie können mehrere Datensätze gleichzeitig anzeigen.

Tab. 17.1: Datenbankcontrols

Sie fügen Datenbank-Zusatzsteuerelemente ein über die Menübefehle

- VB3 und VB4 Extras/Zusatzsteuerelemente
- VB5 und VB6 Projekt/Komponenten

17.1 Datenzugriffskonzepte und -steuerelemente

Wir unterscheiden drei unterschiedliche Datenzugriffskonzepte

- DAO Data Access Objects ab VB3
- RDO Remote Data Objects ab VB4 (32-Bit)
- ADO ActiveX Data Objects ab VB6

Für jedes dieser Konzepte steht ein spezielles Datenzugriffs-Steuerelement zur Verfügung.

Abkürzung	*Steuerelement*	*Klasse*	*Ab: VB3*	*Typ*
DAO	**Daten-Steuerelement**	**Data**	**VB3**	**integriert**
Data ermöglicht, unter Verwendung eines der drei möglichen Typen von Recordset-Objekten, den Zugriff auf Daten, die in Datenbanken gespeichert sind.				
RDO	**Remote Daten Steuerelement**	**MSRDC**	**VB4-32**	**Zusatzsteuerelement**
Das Remote-Daten-Steuerelement stellt (ab VB4) eine Schnittstelle zwischen Remote-Datenquellen und datenbezogenen, gebundenen Steuerelementen bereit.				
ADO	**ADO Datensteuerelement**	**ADO**	**VB6**	**Zusatzsteuerelement**
ADO (ActiveX Data Objects) ist ab VB6 die Datenschnittstelle, die Sie für sämtliche Client/Server- und WWW-basierten Datenzugriffslösungen einsetzen können.				

Tab. 17.2: Datenzugriffs-Steuerelemente

Wenn Sie VB zum ersten Mal installieren, wird die entsprechende Objektbibliothek zur Unterstützung der Datenzugriffsobjekte automatisch aktiviert. In den meisten Fällen wird die Bibliothek auch aktiviert, wenn Sie eines der Daten-Steuerelemente (Data-, RDO, ADO) und gebundene Steuerelemente verwenden. Ist dies nicht der Fall, müssen Sie die entsprechende Bibliothek manuell mit dem Dialogfeld

- VB3 und VB4 Extras/Verweise
- VB5 und VB6 Projekt/Verweise

aktivieren.

Die erforderlichen Bibliotheken stehen in der Regel in einem Unterverzeichnis des Verzeichnisses »Programme\Gemeinsame Dateien« oder in »Windows\System«.

Version	*Control*	*Datei*	*Bezeichnung in Verweisliste*
VB4-16	Data	DAO2516.DLL	Microsoft DAO 2.5 Object Library
VB4-32	Data	DAO3032.DLL	Microsoft DAO 3.0 Object Library
VB5	Data	DAO350.DLL	Microsoft DAO 3.5 Object Library
	RDO	MSRDO35.DLL	Microsoft Remote Data Control
VB6	Data	DAO350.DLL	Microsoft DAO 3.51 Object Library
	RDO	MSRDO20.DLL	Microsoft Remote Data Object 2.0
	ADO	MSADO15.DLL	Microsoft ActiveX Data Objects 2.0 Library

Tab. 17.3.1: Datensystem-Bibliotheken

Version	*Control*	*Datei*	*Bezeichnung in Verweisliste*
VB4-32	Data	DAO2532.TLB	Microsoft DAO 2.5/3.0 Compatibility Library
VB5	Data	DAO2535.TLB	Microsoft DAO 2.5/3.5 Compatibility Library

Tab. 17.3.2: Alternative 16-Bit-Datensystem-Bibliotheken

Die in Tabelle 17.3.2 aufgeführten Dateien stehen alternativ zu den in Tabelle 17.3.1 genannten zur Verfügung, wenn Sie 16-Bit-Anwendungen anpassen.

17.1.1 Data-Control

Deutsche Bezeichnung: Daten-Steuerelement

Klasse: Data

Typ: Integriertes Steuerelement

Konzept	*Steuerelement*	*Ab*	*Control*	*Bezeichnung in Liste*
DAO	Daten-Steuerelement	VB3	DATA	– (integriert)

Data ermöglicht, unter Verwendung eines der drei möglichen Typen von Recordset-Objekten, den Zugriff auf Daten, die in Datenbanken gespeichert sind.

Die Eigenschaften von Data

Eigenschaft	*Ab VB3*	*Kurzbeschreibung*	*Entw.*	*LZ*
BOFAction, EOFAction	VB4	Operation des Data-Controls, wenn BOF/EOF auf True	R/W	R/W
Connect		Herkunft der Datenbank oder Tabelle	R/W	R/W
Database		Verweis auf das zugrundeliegende Database-Objekt		
DatabaseName		Pfad und Name der Datenquelle	R/W	R/W
DefaultCursorType	VB5	Cursortreibertyp bei DefaultType = dbUseODBC	R/W	R/W
DefaultType	VB5	Jet-Datenbankmodul oder ODBCDirect	R/W	R/W
EditMode		Bearbeitungszustand des aktuellen Datensatzes	–	R
Exclusive		Mehrbenutzer- oder Einzelbenutzerzugriff (schnellerer Zugriff!)	R/W	R/W
Options		Merkmale des Recordsets	R/W	R/W
ReadOnly		Datenbank mit Schreibschutz geöffnet?	R/W	R/W
Recordset		Verweis auf das zu verwendende Recordset-Objekt	R/W	R/W
RecordsetType	VB4	Typ des RecordSets	R/W	R/W
RecordSource		Tabelle, SQL-Anweisung oder QueryDef-Objekt	R/W	R/W

Tab. 17.4.1: Spezifische Eigenschaften des Data-Controls

Eigenschaft	*Read *)*	*Write *)*	*Hinweis*
Database	Verweis = D.Database	–	
Recordset	Verweis = D.Recordset	D.Recordset = Objektvariable	
RecordSource	Zugriffsobjekt = D.RecordSource	D.RecordSource = Wert	Tab.17.16
BOFAction	Wert% = D.BOFAction	D.BOFAction = Ganzzahl	Tab. 17.7
EOFAction	Wert% = D.EOFAction	D.EOFAction = Ganzzahl	Tab. 17.8
Connect	D.Connect = ConnectString$	ConnectString$ = [DBTyp][;[Parameter] _[;[...]]]	Tab. 17.9
DatabaseName	Datenquelle = D.DatabaseName	D.DatabaseName = Datenquelle	Tab. 17.10 **)
DefaultCursorType	Wert% = D.DefaultCursorType	D.DefaultCursorType = Einstellung	Tab.17.11
DefaultType	Datenquelltyp = D.DefaultType	D.DefaultType = Wert	Tab.17.12
EditMode	Einstellung& = D.EditMode	–	Tab.17.13
Exclusive	IsExclusive = D.Exclusive	D.Exclusive = {False|True}	***)
Options	Merkmale = D.Options	D.Options = Wert	Tab.17.14**)
ReadOnly	IsReadOnly = D.ReadOnly	D.ReadOnly = {False|True}	
RecordsetType	Tpy = D.RecordsetType	D.RecordsetType = Einstellung	Tab.17.15

*) Argumente s. Tab. 17.6

**) Verwenden Sie immer, wenn Sie die Eigenschaft zur Laufzeit ändern, die Refresh-Methode, um die neue Datenbank zu öffnen.

***) Wird bei Datenbanken ignoriert, auf die über ODBC zugegriffen wird.

Tab. 17.4.2: Die Syntax der spezifischen Eigenschaften der Data-Controls

Eigenschaft	*Ab VB3*		*Ab VB3*
Allgemein			
Appearance	VB5	Name	
Caption		Parent	VB5
Enabled		RightToLeft	VB6
Index		Tag	
MouseIcon	VB5	Visible	
MousePointer			
Darstellung			
Align	VB4	Font	VB4
BackColor, ForeColor		FontName, FontSize etc.	
Position			
Height, Width		Left, Top	
Drag & Drop			
DragIcon		DragMode	

Eigenschaft	*Ab VB3*		*Ab VB3*
Hilfe		***OLE***	
ToolTipText	VB5	OLEDropMode	VB5
WhatsThisHelpID	VB5		

Tab. 17.5: Allgemeine Eigenschaften der Data-Controls

Eigenschaft	*Argument*	*Beschreibung*
Connect	DBTyp	ODBC-Datenbanktyp (Zeichenfolgenausdruck). Jet-Datenbanken geben Sie dieses Argument nicht an.
	Parameter	Zeichenfolgenausdruck der (durch Semikola getrennte) Parameter für ISAM- und ODBC-Treiber.

Tab. 17.6: Argumente zu Eigenschaften der Data-Controls

Wert	*Konstante*	*Bezeichnung: Beschreibung*
0	vbBOFActionMoveFirst	MoveFirst (Voreinstellung): Behält den ersten Datensatz als aktuellen Datensatz.
1	vbBOFActionBOF	BOF: Der Wechsel vor dem Anfang eines Recordset-Objekts löst das Validate-Ereignis für den ersten Datensatz aus, gefolgt von einem Reposition-Ereignis für den ungültigen Datensatz (BOF). Zu diesem Zeitpunkt wird die Schaltfläche im Data-Control für den Wechsel zum vorhergehenden Datensatz deaktiviert.

Tab. 17.7 Einstellungen für BOFAction

Wert	*Konstante*	*Einstellung: Beschreibung*
0	vbEOFActionMoveLast	MoveLast (Voreinstellung): Behält den letzten Datensatz als aktuellen Datensatz.
1	vbEOFActionEOF	EOF: Der Wechsel hinter das Ende eines Recordset-Objekts löst das Validation-Ereignis für den letzten Datensatz aus, gefolgt von einem Reposition-Ereignis für den ungültigen Datensatz (EOF). Zu diesem Zeitpunkt wird die Schaltfläche im Data-Control für den Wechsel zum nächsten Datensatz deaktiviert.
2	vbEOFActionAddNew	AddNew: Der Wechsel hinter den letzten Datensatz löst das Validation-Ereignis für den aktuellen Datensatz aus, auf das automatisch ein Aufruf der AddNew-Methode folgt. Anschließend wird das Reposition-Ereignis für den neuen Datensatz ausgelöst. Ist EOFAction = vbEOFActionAddNew und setzt der Benutzer den aktuellen Datensatzzeiger mit dem Data-Control auf EOF, wird der aktuelle Datensatz auf einen neuen bearbeitbaren Datensatz im Kopierpuffer gesetzt.

Tab. 17.8: Einstellungen für EOFAction

Datenbanktyp	*Kennzeichen*	*Pfad*
Microsoft JetDatenbank	[Datenbank]	;Laufwerk:\Pfad\Dateiname.MDB
dBASE III	dBASE III	;Laufwerk:\Pfad
dBASE IV	dBASE IV	;Laufwerk:\Pfad
dBASE 5	dBASE 5	;Laufwerk:\Pfad
Paradox 3.x	Paradox 3.x	;Laufwerk:\Pfad
Paradox 4.x	Paradox 4.x	;Laufwerk:\Pfad
Paradox 5.x	Paradox 5.x	;Laufwerk:\Pfad
FoxPro 2.0	FoxPro 2.0	;Laufwerk:\Pfad
FoxPro 2.5	FoxPro 2.5	;Laufwerk:\Pfad
FoxPro 2.6	FoxPro 2.6	;Laufwerk:\Pfad
Excel 3.0	Excel 3.0	;Laufwerk:\Pfad\Dateiname.xls
Excel 4.0	Excel 4.0	;Laufwerk:\Pfad\Dateiname.xls
Excel 5.0 oder Excel 95	Excel 5.0	;Laufwerk:\Pfad\Dateiname.xls
Excel 97	Excel 97	;Laufwerk:\Pfad\Dateiname.xls
Text	Text	;Laufwerk:\Pfad
HTML-Import	HTML Import	;Laufwerk:\Pfad\Dateiname
HTML-Export	HTML Export	;Laufwerk:\Pfad\
ODBC	ODBC _	Keine Angabe DATABASE=Datenbank _ ;UID=Benutzer;PWD=Kennwort _ ;DSN=Datenquellenname _ ;LOGINTIMEOUT=Sekunden
Exchange	Exchange _	;Laufwerk:\Pfad\Dateiname.mdb ;MAPILEVEL=Ordnerpfad _ ;TABLETYPE={0|1} _ ;PROFILE=Profil _ ;PWD=Kennwort _ ;DATABASE=Datenbank
Netzwerkdatei	vollständiger Netzwerk-Pfadname	z.B. \\RECHNER1\JET\DB1.MDB

Tab. 17.9: Datenbankkennzeichen und Pfade für Connect

Datenquelle	*Öffnet*
.MDB-Datei	Microsoft Access-Datenbank
Ordner mit .DBF-Datei(en)	dBASE-Datenbank
Ordner mit .XLS-Datei	Microsoft Excel-Datenbank
Ordner mit .DBF-Datei(en)	FoxPro-Datenbank
Ordner mit .WK1-, .WK3-, .WK4-, o. .WKS-Datei(en).	Lotus-Datenbank
Ordner mit .PDX-Datei(en)	Paradox-Datenbank
Ordner mit Datenbankdateien im Textformat	Datenbank im Textformat

Tab. 17.10: Einstellungen für Datenquelle bei DataBaseName

Wert	*Konstante*	*Beschreibung*
0	vbUseDefaultCursor	Der ODBC-Treiber bestimmt den Cursor-Typ.
1	vbUseODBC	Verwendung der ODBC-Cursorbibliothek. Diese Option bietet bessere Leistungen für kleine Ergebnisgruppen, ist jedoch schwächer in der Leistung für größere Ergebnisgruppen.
2	vbUseServerSideCursor	Verwendung von Server-Cursorn. Diese Option bietet bessere Leistungen für die meisten großen Operationen, kann aber zu mehr Netzwerkverkehr führen.

Tab. 17.11: Einstellungen für DefaultCursorType

Wert	*Einstellung*	*Beschreibung*
1	dbUseODBC	ODBCDirect wird zum Datenzugriff verwendet. *)
2	dbUseJet	(Voreinstellung) Microsoft Jet-Datenbankmodul wird zum Datenzugriff verwendet.

*) Bei DefaultType = dbUseODBC, leitet DAO alle Datenzugriffsoperationen über eine RDO-DLL (RDO = Remote Data Objects) weiter. Dabei wird das Jet-Datenbankmodul völlig umgangen.

Tab. 17.12: Einstellungen für DefaultType

Wert	*Konstante*	*Beschreibung*
0	dbEditNone	Momentan findet keine Bearbeitung statt.
1	dbEditInProgress	Die Edit-Methode wurde aufgerufen. Der aktuelle Datensatz befindet sich im Kopierpuffer.
2	dbEditAdd	Die AddNew-Methode wurde aufgerufen. Der aktuelle Datensatz im Kopierpuffer ist ein neuer Datensatz, der in der Datenbank gespeichert wird, wenn er Daten enthält.

Tab. 17.13: Rückgabwerte von EditMode

Wert	*Konstante*	*Beschreibung*
1	dbDenyWrite	In einer Mehrbenutzerumgebung können andere Benutzer keine Änderungen an Datensätzen im Recordset-Objekt vornehmen.
2	dbDenyRead	In einer Mehrbenutzerumgebung können andere Benutzer keine Datensätze lesen (nur Recordset-Objekte vom Typ Tabelle).
4	dbReadOnly	Sie können keine Änderungen an Datensätzen im Recordset-Objekt vornehmen.
8	dbAppendOnly	Sie können dem Recordset-Objekt neue Datensätze hinzufügen, aber keine bestehenden Datensätze lesen.
16	dbInconsistent	Aktualisierungen gelten für alle Felder des Recordset-Objekts, auch wenn sie die Verknüpfungsbedingung nicht erfüllen.
32	dbConsistent	(Voreinstellung) Aktualisierungen gelten nur für Felder, die die Verknüpfungsbedingung erfüllen.

Wert	Konstante	Beschreibung
64	dbSQLPassThrough	Wenn Daten-Steuerelemente mit einer SQL-Anweisung in der RecordSource-Eigenschaft verwendet werden, wird die SQL-Anweisung zur Ausführung an eine ODBC-Datenbank (z.B. SQL Server- oder Oracle-Datenbank) gesendet.
256	dbForwardOnly	Das Recordset-Objekt kann nur vorwärts (in Richtung vom ersten zum letzten Datensatz) durchlaufen werden. Die einzige zulässige Move-Methode ist MoveNext. Diese Option kann nicht für Recordset-Objekte verwendet werden, die mit dem Daten-Steuerelement verändert wurden.
512	dbSeeChanges	Löst einen auffangbaren Fehler aus, wenn ein anderer Benutzer Daten ändert, die von Ihnen bearbeitet werden.

Tab. 17.14: Einstellungen für Options (Addition möglich)

Wert	Einstellung	Beschreibung
0	vbRSTypeTable	Recordset vom Typ Tabelle
1	vbRSTypeDynaset	(Voreinstellung) Recordset vom Typ Dynaset
2	vbRSTypeSnapshot	Recordset vom Typ Snapshot

Tab. 17.15: Einstellungen für RecordsetType

Einstellung	Beschreibung
Ein Tabellenname	Name einer der Tabellen, die in der DataBase.TableDefs-Auflistung definiert sind
Eine SQL-Abfrage	Gültige SQLZeichenfolge mit einer für die Datenquelle geeigneten Syntax
Ein QueryDef-Objekt	Name eines DataBase.QueryDefs(Kennung)-Objekts beim Zugriff auf eine Jet-Datenbank)

Tab. 17.16: Einstellungen für RecordSource

Die Methoden von Data

Methode	Ab VB3	Beschreibung	
Refresh		Aktualisiert die Daten.	
UpdateControls		Wiederherstellen der aktuellen Daten aus der Datenbank. Beendet anstehende Edit- oder AddNew-Operationen.	*)
UpdateRecord		Speichern der aktuellen Daten ohne Auslösen der Validate-Ereignismeldung.	*)

*) Alle Änderungen des Anwenders werden von den Originaldaten der Datenbank überschrieben.

**) Daten werden in die Datenbank geschrieben, wenn der Anwender ...

- zu einem neuen Datensatz springt.
- einen neuen Datensatz erstellt.

Methode	*Syntax*
Refresh	Data.Refresh
UpdateControls	Data.UpdateControls
UpdateRecord	Data.UpdateRecord

Tab. 17.17: Methoden der Data-Controls und ihre Syntax

Methode	*Ab VB3*	*Methode*	*Ab VB3*
Allgemein			
Move		ZOrder	
Drag & Drop		***OLE***	
Drag		OLEDrag	VB5
Hilfe			
ShowWhatsThis	VB5		

Tab. 17.18: Allgemeine Methoden der Data-Controls

Die Ereignisse von Data

Ereignis	*Ab VB3*	*Ereignis wird ausgelöst ...*
Error		Ein nicht vom Code ausgelösten Fehler.
Reposition		Ein Datensatz wurde aktueller Datensatz.
Validate		Bevor anderer Datensatz aktueller Datensatz wird.

Ereignis	*Syntax*
Error	Sub Data_Error ([Index As Integer,]Dataerr As Integer, Response As Integer)
Reposition	Sub Data_Reposition ([Index As Integer])
Validate	Sub Data_Validate ([Index As Integer,] Action As Integer, Save As Integer)

Tab. 17.19: Die Ereignisse des Data-Controls und ihre Syntax

Ereignis	*Ab VB3*	*Ereignis*	*Ab VB3*
Allgemein			
MouseDown		MouseMove	
MouseUp		Resize	VB5
Drag & Drop			
DragDrop		DragOver	

Ereignis	Ab VB3	Ereignis	Ab VB3
OLE			
OLECompleteDrag	VB5	OLEGiveFeedback	VB5
OLEDragDrop	VB5	OLESetData	VB5
OLEDragOver	VB5		

Tab. 17.20: Allgemeine Ereignisse der Data-Controls

Argument	Beschreibung	Hinweis
Action	Gewählte Operation	Tab. 17.23
Dataerr	Fehlernummer	
Response	Einstellung, die der gewünschten Reaktion entspricht	Tab. 17.21
Save	Wurden gebundene Daten geändert? Ist beim Beenden des Ereignisses Save = True, werden die Methoden Edit und UpdateRecord aufgerufen.	

Tab. 17.21: Argumente der spezifischen Ereignisse der Data-Controls

Wert	Konstante	Beschreibung
0	vbDataErrContinue	Ausführung fortsetzen
1	vbDataErrDisplay	(Voreinstellung) Fehlermeldung anzeigen

Tab. 17.22: Einstellungen für response

Wert	Konstante	Beschreibung
0	vbDataActionCancel	Operation abbrechen, wenn Sub-Prozedur beendet
1	vbDataActionMoveFirst	MoveFirst-Methode
2	vbDataActionMovePrevious	MovePrevious-Methode
3	vbDataActionMoveNext	MoveNext-Methode
4	vbDataActionMoveLast	MoveLast-Methode
5	vbDataActionAddNew	AddNew-Methode
6	vbDataActionUpdate	Update-Operation (nicht UpdateRecord)
7	vbDataActionDelete	Delete-Methode
8	vbDataActionFind	Find-Methode
9	vbDataActionBookmark	Bookmark-Eigenschaft wurde gesetzt
10	vbDataActionClose	Close-Methode
11	vbDataActionUnload	Form wird entladen

Tab. 17.23: Einstellungen für Action

17.1.2 RDO – RemoteData-Control

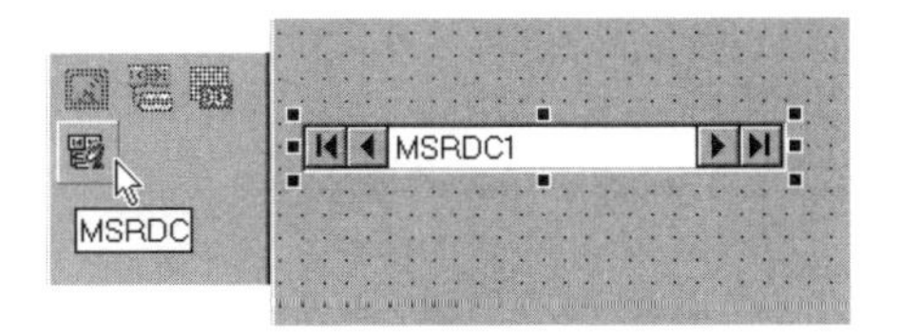

Deutsche Bezeichnung: Remote-Daten-Steuerelement

Klasse: MSRDC (Achtung! Führt bei TypeOf zu Fehler!)

Typ: Zusatzsteuerelement

Konzept	*Steuerelement*	*Ab*	*Control*	*Bezeichnung in Liste*
RDO 1.0	Remote Daten Steuerelement	VB4-32	MSRDC32.OCX	Microsoft RemoteData Control
RDO 2.0	Remote Daten Steuerelement	VB5	MSRDC20.OCX	Microsoft RemoteData Control 2.0
RDO 2.0	Remote Daten Steuerelement	VB6	MSRDC20.OCX	Microsoft RemoteData Control 6.0

Das Remote-Daten-Steuerelement stellt (ab VB4) eine Schnittstelle zwischen Remote-Datenquellen und datenbezogenen, gebundenen Steuerelementen bereit.

Mit dem Remote-Daten-Steuerelement haben Sie folgende Möglichkeiten:

- Einrichten einer Verbindung zu einer Datenquelle, basierend auf dessen Eigenschaften.
- Übergeben der aktuellen Zeilendaten an die entsprechenden gebundenen Steuerelemente.
- Dem Benutzer das Positionieren des aktuellen Zeilenzeigers erlauben.
- Zurückgeben aller an den gebundenen Steuerelementen durchgeführten Änderungen an die Datenquelle.

Außerdem können Sie mit dem RDO-Control ein rdoResultset-Objekt erstellen.

Ein rdoResultset enthält die bei einer Abfrage zurückgegebenen Zeilen.

Sie können mit relativ geringem Aufwand Anwendungen mit DAO-Zugriffen auf RDO umsetzen.

DAO-Objekt/Begriff	*RDO-Objekt/Begriff*	*Anmerkungen*
DBEngine	rdoEngine	Basisobjekt
Workspace	rdoEnvironment	Objekt und Auflistung
Database	rdoConnection	Objekt und Auflistung

DAO-Objekt/Begriff	*RDO-Objekt/Begriff*	*Anmerkungen*
Recordset	rdoResultset	Objekt und Auflistung
Recordset (Dynaset)	rdoResultset (Schlüsselgruppe)	Objekt und Auflistung
Recordset (Snapshot)	rdoResultset (Statisch)	Objekt und Auflistung
–	rdoResultset (Dynamisch)	Kein DAO-Äquivalent
Recordset (Tabelle)	–	Kein RDO-Äquivalent
–	rdoResultset-Objekt (Vorwärts)	Kein Jet-Äquivalent
Vorw. Recordset (Snapshot)	–	Kein RDO-Äquivalent
Error	rdoError	Objekt und Auflistung
Field	rdoColumn	Objekt und Auflistung
QueryDef	rdoPreparedStatement	Objekt und Auflistung
TableDef	rdoTable	Objekt und Auflistung
Parameter	rdoParameter	Objekt und Auflistung
Datensatz	Zeile	Begriff
Feld	Spalte	Begriff

Tab. 17.24: Von DAO nach RDO

RemoteData-Control: Eigenschaften

Eigenschaft	*Ab VB4*	*Beschreibung*	*Entw.*	*LZ*
BatchCollisionCount		Anzahl Zeilen, die bei letzter Aktualisierung im Stapelmodus nicht bearbeitet wurden.	–	R
BatchCollisionRows		Lesezeichen (Datenfeld) der Zeilen, die bei letzter Aktualisierung Kollisionen generiert haben.	–	R
BatchSize		Anzahl der in jedem Stapel an den Server zurückgesendeten Anweisungen.	R/W	R/W
BOFAction EOFAction		Aktion, wenn die BOF-Eigenschaft den Wert True hat. Aktion, wenn die EOF-Eigenschaft den Wert True hat.	R/W	R/W
Connect		Informationen zur Herkunft eines geöffneten rdoConnection-Objekts.	R/W	R/(W) *)
Connection		Verweis auf das dem RemoteData zugrundeliegende rdoConnection-Objekt.	–	R
CursorDriver		Gibt an, welche Art von CursorDriver erstellt werden soll.	R/W	R/W
DataSourceName		Registrierter Name der Datenquelle.	R/W	R/W
EditMode		Bearbeitungszustand der aktuellen Zeile.	–	R
Environment		Verweis auf das dem RemoteData zugrundeliegende rdoEnvironment-Objekt	–	R
ErrorThreshold		Ab welchem Grad wird ein Fehler als schwerwiegender Fehler eingestuft?	R/W	R/W **)
KeysetSize		Anzahl Zeilen im Puffer für die Schlüsselgruppe (Voreinstellung: 0)	R/W	R/W

Eigenschaft	*Ab VB4*	*Beschreibung*	*Entw.*	*LZ*
LockType		Welche Art der Parallelverarbeitung?	R/W	R/W
LoginTimeout		Maximale Wartezeit (in Sekunden) bei Öffnung der Verbindung (Voreinstellung: 15)	R/W	R/W
LogMessages		Pfad der ODBC-Protokolldatei (ASCII-Test)	R/W	R/W
MaxRows		Maximale Zeilenzahl für/aus Abfragen (Voreinst.: 0 – Alle Zeilen !Fehler in Onlinehilfen!)	R/W	R/W
Name		Name des Controls	R/W	R
Options		Merkmale des RDO	R/W	R/W
Password		Kennwort, das während der Erstellung des rdoEnvironment-Objekts verwendet wurde	R/W	R
Prompt		Soll der ODBC-Treiber-Manager bei fehlenden Argumenten für die Verbindungszeichenfolge zur Eingabe dieser Argumente auffordern?	R/W	R/W
QueryTimeout		Maximale Wartezeit (in Sekunden) bei Abfrage (Voreinstellung: 30)	R/W	R/W
ReadOnly		rdoConnection-Objekt schreibgeschützt?	R/W	R/W
Resultset		rdrResultSet-Objekt, durch RDO definiert oder OpenResultset-Methode zurückgegeben	–	R/W
ResultsetType		Typ des Cursors für das rdoResultset-Objekt	R/W	R/W
RowsetSize		Anzahl der Zeilen in einem rdoResultset- Cursor (Voreinstellung: 100)	R/W	R/W
SQL		Quelle der Datenzeilen der gebundenen Controls	R/W	R/W
UpdateCriteria		Konstruktion des WHERE-Abschnitts bei eingeschränkter Stapelaktualisierung	–	R/W
UpdateOperation		Soll die eingeschränkte Stapelaktualisierung eine UPDATE-Anweisung oder eine von einer INSERT-Anweisung gefolgte DELETE-Anweisung enthalten?	–	R/W
UserName		Benutzername der ODBC-Verbindung	R/W	R/W
Version		Die Version der dem Objekt zugeordneten Datenquelle	–	R

*) ReadOnly, wenn Verbindung hergestellt.
**) Ab RDO 2.0 nur noch wegen der Abwärtskompatibilität zu RDO 1.0.
Das InfoMessage-Ereignis des rdoEngine-Objekts bietet ab RDO 2.0 die gleiche Funktionalität.

Tab. 17.25: Die spezifischen Eigenschaften der RDO-Controls

Eigenschaft	*Read *)*	*Write *)*	*Hinweis*
BatchCollisionCount	Zeilenzahl = Objekt.BatchCollisionCount	–	
BatchCollisionRows	Lesezeichenfeld = Objekt.BatchCollisionRows	–	
BatchSize	Anweisungszahl = Objekt.BatchSize	Objekt.BatchSize = Anzahl	

Eigenschaft	*Read *)*	*Write *)*	*Hinweis*
BOFAction	Aktionsart = Objekt.BOFAction	Objekt.BOFAction = Einstellung	Tab. 17.27
EOFAction	Aktionsart = Objekt.EOFAction	Objekt.EOFAction = Einstellung	Tab. 17.28
Connect	Verbindung$ = Objekt.Connect	Objekt.Connect = Wert**)	Tab. 17.29
Connection	Set Verbindung = Objekt.Connection	–	
CursorDriver	Einstellung = Objekt.CursorDriver	Objekt.CursorDriver = Wert	Tab. 17.30
DataSourceName	Name = Objekt.DataSourceName	Objekt.DataSourceName = Name	
EditMode	Modus = Objekt.EditMode	–	Tab. 17.31
Environment	Set Umgebung = Objekt.Environment	–	
ErrorThreshold	Wert = Objekt.ErrorThreshold	Objekt.ErrorThreshold	
KeysetSize	Anzahl = Objekt.KeysetSize	Objekt.KeysetSize = Wert	
LockType	Wert = Objekt.LockType	Objekt.LockType = Wert	Tab. 17.32
LoginTimeout	Wartezeit = Objekt.LoginTimeout	Objekt.LoginTimeout = Sekunden	
LogMessages	Protokolldatei = Objekt.LogMessages	Objekt.LogMessages = Pfad + Datei	
MaxRows	ZeilenZahl = Objekt.MaxRows	Objekt.MaxRows = Anzahl	(0 oder > 0)
Name	MyName = Objekt.Name	–	
Options	Merkmale = Objekt.Options	Objekt.Options = Einstellung	Tab. 21.33
Password	PW$ = Objekt.Password	–	
Prompt	Einstellung = Objekt.Prompt	Objekt.Prompt = Einstellung	Tab. 17.34
QueryTimeout	Wartezeit = Objekt.QueryTimeout	Objekt.QueryTimeout = Sekunden	
ReadOnly	IsReadOnly = Objekt.ReadOnly	Objekt.ReadOnly = {False|True}	
Resultset			
(1)	Set rdoResultset-Objekt = rdoConnection. _ OpenResultset _ (Name[, Typ[,Sperrtyp[, _ Option]]])		
(2)	Set rdoResultset-Objekt = _ Objekt.OpenResultset _ ([Typ[, Sperrtyp [, Option]]]) Set Objekt.Resultset = rdoResultset-Objekt		

Eigenschaft	*Read *)*	*Write *)*	*Hinweis*
ResultsetType	Cursortyp = Objekt.ResultsetType	Objekt.ResultsetType = Einstellung	Tab. 17.35
RowsetSize	Zeilenzahl = Objekt.RowsetSize	Objekt.RowsetSize = Anzahl	(>= 1)
SQL	String = Objekt.SQL	Objekt.SQL = Wert	
UpdateCriteria	Kriterien = Objekt.UpdateCriteria	Objekt.UpdateCriteria = Wert	Tab. 17.36
UpdateOperation	Operation = Objekt.UpdateOperation	Objekt.UpdateOperation = Wert	Tab. 17.37
UserName	Benutzer = Objekt.UserName	Objekt.UserName = Wert	
Version	Quellversion = Objekt.Version	–	

*) Objekt = RDO-Control (MSRDC)
**) ReadOnly, wenn Verbindung hergestellt.

Tab. 17.26: Die Syntax der Eigenschaften des RDO

Wert	*Konstante*	*Bezeichnung*	*Beschreibung*
0	rdMoveFirst	MoveFirst	Erste Zeile bleibt die erste Zeile. (Default)
1	rdBOF	BOF	Beim Bewegen vor den Anfang eines rdoResultset-Objekts wird das Validate-Ereignis für die erste Zeile ausgelöst, gefolgt von einem Reposition-Ereignis für die ungültige Zeile (BOF). Die Schaltfläche zum Bewegen auf die vorhergehende Zeile im RDOControl wird deaktiviert.

Tab. 17.27: Einstellungen für BOFAction beim RDO-Control

Wert	*Konstante*	*Bezeichnung*	*Beschreibung*
0	rdMoveLast	MoveLast	(Voreinstellung) Die letzte Zeile bleibt die aktuelle Zeile.
1	rdEOF	EOF	Beim Bewegen hinter das Ende eines rdoResultsetObjekts wird das Validate-Ereignis für die letzte Zeile ausgelöst, gefolgt von einem Reposition-Ereignis für die ungültige Zeile (EOF). Die Schaltfläche zum Bewegen auf die nächste Zeile wird deaktiviert.
2	rdAddNew	AddNew	Beim Bewegen hinter die letzte Zeile wird das Validate-Ereignis für die aktuelle Zeile ausgelöst, gefolgt von einem automatischen Aufruf der AddNew-Methode und einem Reposition-Ereignis für die neue Zeile.

Tab. 17.28: Einstellungen für EOFAction des RDO-Controls

Parameter	*Zusatzinfo*	*Beispiel (Semikola als Begrenzer)*
DSN	Registrierte ODBC-Datenquelle (Name). Wird die Datenquelle beim Herstellen einer Verbindung ohne DSN festgelegt, muß es sich bei DSN um das *letzte* Argument handeln.	`DSN=MyDataSource;`
UID	Benutzername eines erkannten Benutzers der Datenbank.	`UID=Victoria;`
PWD	Kennwort, das dem Benutzernamen zugeordnet ist.	`PWD=ChemMajor;`
DRIVER	Beschreibung des Treibers (Treibernamen, die Leerstellen enthalten, in Klammern.)	`DRIVER={SQL Server};`
DATABASE	Standarddatenbank, die nach dem Verbinden verwendet werden soll.	`DATABASE=Pubs;`
SERVER	Name des Remote-Servers.	`SERVER=SEQUEL;`
WSID	Kennung der Arbeitsstation (Net-Name Ihres Systems).	`WSID=MYP5`
APP	Name der Anwendung. Designmodus: Projektname. Laufzeit: Namen der EXE-Datei.	`APP=Accounting`

Hinweis: Einige ODBC-Driver erfordern andere Parameter, die nicht in dieser Liste enthalten sind.

Tab. 17.29: Argumente für ODBC-Verbindungszeichenfolgen bei Connect

Wert	*Konstante*	*Beschreibung*
0	rdUseIfNeeded	Der ODBC-Treiber wählt die geeignete Art von Cursor. Server-Cursor werden verwendet, wenn sie verfügbar sind.
1	rdUseOdbc	RDO verwendet die ODBC-Cursor-Bibliothek.
2	rdUseServer	RDO verwendet Server-Cursor.
3	rdUseClientBatch	RDO verwendet die eingeschränkte Stapel-Cursor-Bibliothek.

Tab. 17.30: Einstellungen für CursorDriver

Wert	*Konstante*	*Beschreibung*
0	rdEditNone	Es erfolgt momentan keine Bearbeitung.
1	rdEditInProgress	Die Edit-Methode wurde aufgerufen, und die aktuelle Zeile befindet sich im Kopierpuffer.
2	rdEditAdd	Die AddNew-Methode wurde aufgerufen, und die aktuelle Zeile im Kopierpuffer ist eine neue Zeile, die noch nicht in der Datenbank gespeichert ist.

Tab. 17.31: Einstellungen für EditMode

Wert	*Konstante*	*Beschreibung*
1	rdConcurReadOnly	(Voreinstellung) Der Cursor ist schreibgeschützt. Aktualisierungen sind nicht zulässig.

Wert	Konstante	Beschreibung
2	rdConcurLock	Vollständiges Sperren.
3	rdConcurRowVer	Teilweises Sperren, basierend auf der Zeilenkennung.
4	rdConcurValues	Eingeschränktes Sperren, basierend auf Zeilenwerten.
5	rdConcurBatch	Eingeschränktes Sperren mit Stapelaktualisierungen. Für jede erfolgreich aktualisierte Zeile werden Status-Werte zurückgegeben.

Tab. 17.32: Einstellungen für LockType

Wert	Konstante	Beschreibung
32	rdAyncEnable	Asynchrones Ausführen der Abfrage.
64	rdExecDirect	Verwenden Sie die ODBC SQLExecDirect-API-Funktion zur Ausführung der Abfrage.

Tab. 17.33: Merkmale bei Options

Wert	Konstante	Beschreibung
0	rdDriverPrompt	Der Treiber-Manager zeigt das Dialogfeld ODBC-Datenquellen an. Die Verbindungszeichenfolge, die verwendet wird, um die Verbindung herzustellen, wird aus dem ausgewählten Namen der Datenquelle (DSN) erstellt und durch den Benutzer mit den Dialogfeldern vervollständigt. Wurde kein DSN gewählt und ist die DataSource-Name-Eigenschaft leer, wird der Standard-Datenquellenname verwendet.
1	rdDriverNoPrompt	Treiber-Manager verwendet Verbindungszeichenfolge, die in Verbindung zur Verfügung gestellt wird. Werden nicht genügend Informationen angegeben, löst die OpenConnectionMethode einen auffangbaren Fehler aus.
2	rdDriverComplete	Enthält die angegebene Verbindungszeichenfolge das DSN-Schlüsselwort, verwendet der Treiber-Manager die Zeichenfolge, wie sie in Verbindung angegeben wurde. Andernfalls verhält sich der Treiber, als wäre rdDriverPrompt angegeben worden.
3	rdDriverCompleteRequired	(Voreinstellung) Verhält sich wie rdDriverComplete, außer daß der Treiber die Steuerelemente für alle Angaben deaktiviert, die nicht benötigt werden, um die Verbindung zu vervollständigen.

Tab. 17.34: Einstellungen für Prompt

Wert	Konstante	Ein rdoResultset-Objekt vom Typ ...
1	rdOpenKeyset	Schlüsselgruppe (Voreinstellung)
3	rdOpenStatic	Statisch

Tab. 17.35: Cursortypen des rdoResultset-Objekts

Wert	*Konstante*	*rdoResultset-Typ verwendet ...*
0	rdKey	nur die Schlüsselspalte(n) im WHERE-Abschnitt. (Voreinstellung)
1	rdKeyAndUdatable	die Schlüsselspalte(n) und alle aktualisierten Spalten im WHERE-Abschnitt.
2	rdKeyAndModified	die Schlüsselspalte(n) und alle Spalten im WHERE-Abschnitt.
3	rdKeyAndTimestamp	nur die Zeitangabespalte, falls verfügbar (sonst Laufzeitfehler).

Tab. 17.36: Einstellungen für UpdateCriteria

Wert	*Konstante*	*UpdateOperation-Typ*
0	rdUpdate	(Voreinstellung) Verwendet für jede geänderte Zeile eine UPDATE-Anweisung.
1	rdInsertDelete	Verwendet für jede geänderte Zeile eine Kombination aus je einer DELETE- und INSERT-Anweisung.

Tab. 17.37: Einstellungen für UpdateOperation-Eigenschaft

Eigenschaft	*Ab VB4*	*Eigenschaft*	*Ab VB4*
Allgemein			
Caption		Negotiate	
Container		Object	
Enabled		Parent	
Index		Tag	
Name		Visible	
Darstellung			
Align		BackColor, ForeColor	
Appearance		Font	
Position			
Height, Width		Left, Top	
Drag & Drop			
DragIcon		DragMode	
Hilfe			
HelpContextID	Nicht VB6	WhatsThisHelpID	
ToolTipText	VB5		

Tab. 17.38: Die allgemeinen Eigenschaften des RDO

17.1.3 RemoteData-Control: Methoden und Ereignisse

Methode	*Ab VB4*	*Beschreibung*
BeginTrans		Startet eine neue Transaktion.
CommitTrans		Beendet die aktuelle Transaktion und speichert die Änderungen.

Methode	Ab VB4	Beschreibung
RollbackTrans		RollbackTrans beendet die aktuelle Transaktion. Es stellt für die Datenbanken, die sich im rdoEnvironment-Objekt befinden, die Zustände bei Beginn der aktuellen Transaktion wieder her.
Cancel		Bricht die Verarbeitung einer Abfrage ab, die im asynchronen Modus ausgeführt wird, oder verwirft offenstehende Ergebnisse für das angegebene RDO-Objekt.
Refresh		Schließt das rdoResultset-Objekt, das durch ein RemoteData-Control erstellt wurde, und erstellt es neu.
UpdateControls		Ruft die aktuelle Zeile vom rdoResultset-Objekt eines RemoteData-Control ab und zeigt die zugehörigen Daten in Steuerelementen an, die an das RemoteData-Control gebunden sind.
UpdateRow		Speichert die aktuellen Werte gebundener Steuerelemente in der Datenbank.

Tab. 17.39: Die spezifischen Methoden der RemoteData-Controls

Methode	Syntax *)
BeginTrans	Objekt.BeginTrans
CommitTrans	Objekt.CommitTrans
RollbackTrans	Objekt.RollbackTrans
Cancel	Objekt.Cancel
Refresh	Objekt.Refresh
UpdateControls	Objekt.UpdateControls
UpdateRow	Objekt.UpdateRow

*) Objekt = RemoteData-Control

Tab. 17.40: Die Syntax der spezifischen Methoden der RemoteData-Controls

Methode	Ab VB4	Methode	Ab VB4
Allgemein			
Move		ZOrder	
Refresh			
Drag & Drop		***Hilfe***	
Drag		ShowWhatsThis	

Tab. 17.41: Die allgemeinen Methoden der RemoteData-Controls

Ereignis	Ab VB4	Ereignis wird ausgelöst, wenn ...
Error		ein nicht vom VB-Code erzeugter Datenzugriffsfehler gemeldet wird.
QueryCompleted		ein vom RDO erzeugtes rdoResultset-Objekt die erste Ergebnismenge zurückgibt.

Ereignis	*Ab VB4*	*Ereignis wird ausgelöst, wenn ...*
Reposition		eine Zeile aktive Zeile wurde.
Validate		eine andere Zeile zur aktiven Zeile wird.

Tab. 17.42: Die spezifischen Ereignisse der RemoteData-Controls

Ereignis	*Bechreibung *) **)*
Error	Sub Objekt_Error([Index As Integer,]Number As Long, _ Description As String, SCode As Long, Source As String, _ HelpFile As String, HelpContext As Long, _ CancelDisplay As Boolean)
QueryCompleted	Sub Objekt_QueryCompleted ([Index As Integer])
Reposition	Sub Objekt_Reposition ([Index As Integer])
Validate	Sub Objekt_Validate ([Index As Integer,] Action As Integer, _ Reserved As Integer)

*) Objekt = RemoteData-Control
**) Argumente s. Tab. 17.44

Tab. 17.43: Die Syntax der spezifischen Ereignisse der RemoteData-Controls

Argument	*Beschreibung*	*Hinweis*
Action	Wert oder Konstante, die die Operation anzeigt, die das Ereignis ausgelöst hat.	Tab. 17.45
CancelDisplay	Nach Fehlermeldung auszuführende Aktion.	Tab. 17.46
Description	Beschreibt den Fehler.	
HelpContext	Kontextnummer in der Hilfedatei.	
HelpFile	Pfad zu der Hilfedatei, die weitere Informationen über den Fehler enthält.	
Number	Die systemeigene Fehlernummer.	
Save	Gebundene Daten wurden geändert (True), sonst False. Wird ab RDO 2.0 ignoriert. (Nur noch wegen Kompatbilität zu RDO 1.0 beibehalten)	
SCode	Rückgabewert des ODBC-Fehlers.	
Source	Quelle des Fehlers.	

Tab. 17.44: Die Argumente der Ereignisprozeduren

Wert RDO 1.0	*Wert RDO 2.0*	*Konstante*	*Beschreibung*
0	0	rdActionCancel	Operation abbrechen, wenn Sub beendet ist
1	1	rdActionMoveFirst	MoveFirst-Methode
2	2	rdActionMovePrevious	MovePrevious-Methode
3	3	rdActionMoveNext	MoveNext-Methode

Wert RDO 1.0	*Wert RDO 2.0*	*Konstante*	*Beschreibung*
4	4	rdActionMoveLast	MoveLast-Methode
5	5	rdActionAddNew	AddNew-Methode
6	6	rdActionUpdate	Update-Operation (nicht UpdateRow)
7	7	rdActionDelete	Delete-Methode
–	8	rdActionFind	Find-Methode (nicht implementiert)
8	9	rdActionBookmark	Die Bookmark-Eigenschaft wurde gesetzt
9	10	rdActionClose	Die Close-Methode
10	11	rdActionUnload	Die Form wird gerade entladen
–	12	rdActionUpdateAddNew	Eine neue Zeile wurde in die Ergebnismenge eingefügt
–	13	rdActionUpdateModified	Die aktuelle Zeile hat sich geändert
–	14	rdActionRefresh	Refresh-Methode wurde ausgeführt
–	15	rdActionCancelUpdate	Aktualisierung abgebrochen
–	16	rdActionBeginTransact	BeginTrans-Methode
–	17	rdActionCommitTransact	CommitTrans-Methode
–	18	rdActionRollbackTransact	RollbackTrans-Methode
–	19	rdActionNewParameters	Änderung der Parameter oder der Reihenfolge von Spalten bzw. Zeilen
–	20	rdActionNewSQL	SQL-Anweisung geändert

Tab. 17.45: Einstellungen für Action

Wert	*Konstante*	*Beschreibung*
0	rdDataErrContinue	Fortfahren
1	rdDataErrDisplay	(Voreinstellung) Die Fehlermeldung anzeigen

Tab. 17.46: Einstellungen für CancelDisplay

Ereignis	*Ab VB4*	*Ereignis*	*Ab VB4*
Benutzeraktionen		***Drag & Drop***	
MouseDown, MouseUp		DragDrop	
MouseMove		DragOver	

Tab. 17.47: Allgemeine Ereignisse der RemoteData-Controls

17.1.4 ADO-Control

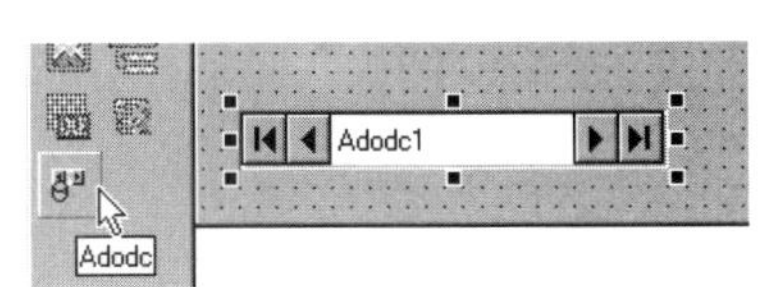

Deutsche Bezeichnung: ADO-Steuerelement

Klasse: ADO

Typ: Zusatzsteuerelement

Konzept	*Steuerelement*	*Ab*	*Control*	*Bezeichnung in Liste*
ADO	ADO Datensteuer-element	VB6	MSADODC.OCX	Microsoft ADO Data Control 6.0

ADO (ActiveX Data Objects) ist ab VB6 die Datenschnittstelle, die Sie für sämtliche Client/Server- und WWW-basierten Datenzugriffslösungen einsetzen können.

ADO ist, unabhängig von der verwendeten Datenquelle, überaus flexibel und kann an die Anforderungen an den Datenzugriff einer Anwendung angepaßt werden. Die Systemleistung von ADO ist gegenüber DAO und RDO erheblich gesteigert.

Älterer, in RDO und DAO geschriebener Code kann nicht automatisch in ADO-Code konvertiert werden. Erwägen Sie einen Systemübergang zu ADO, müssen Sie entscheiden, ob die Merkmale und Vorzüge von ADO die Kosten für das Umwandeln vorhandener Software rechtfertigen.

Typischer Ablauf in einer ADO-Anwendung

- Erstellen des Connection-Objekts. Bestimmen der Verbindungszeichenfolge mit Informationen wie z. B. Datenquellenname, Benutzeridentifikation, Kennwort, Verbindungszeitlimit, Standarddatenbank und Cursorposition. Ein Connection-Objekt stellt eine eindeutige Sitzung mit einer Datenquelle dar. Über die Methoden BeginTrans, CommitTrans und RollbackTrans können Sie sogar Transaktionen über das Connection-Objekt steuern.
- Öffnen der ADO-Verbindung mit der Datenquelle.
- Ausführen einer SQL-Anweisung Nach dem Öffnen der Verbindung können Sie eine Abfrage ausführen. Sie können die Abfrage asynchron ausführen und sich auch für die asynchrone Verarbeitung der Ergebnismenge der Abfrage entscheiden. ADO weist den Cursortreiber an, die Ergebnismenge im Hintergrund aufzufüllen. Dadurch kann eine Anwendung andere Prozesse ausführen, ohne warten zu müssen.
- Verwenden der Ergebnismenge. Der Anwendung steht nun die Ergebnismenge zur Verfügung. Je nach Cursortyp können Sie die Zeilendaten entweder auf der Server- oder der Clientseite durchsuchen und bearbeiten.
- Beenden der Verbindung mit der Datenquelle.

Eigenschaft	*Ab VB6*	*Beschreibung*	*Entw.*	*LZ*
BOFAction		Welche Operation, wenn BOF =True gesetzt ist. (Voreinstellung: 0 adToMoveFirst)	R/W	R/W
EOFAction		Welche Operation, wenn EOF = True gesetzt ist. (Voreinstellung: 0 adToMoveLast)	R/W	R/W
CacheSize		Anzahl gleichzeitig eingelesener Datensätze. (Voreinstellung: 1)	R/W	R/W
CommandTimeout		Wartezeit (Sekunden) während der Ausführung eines Befehls, bevor der Versuch abgebrochen und ein Fehler ausgelöst wird. (Voreinstellung: 30)	R/W	R/W
CommandType		Typ des Command-Objekts.	R/W	R/W
ConnectionString		Einrichtungsinformationen der Verbindung zur Datenquelle.	R/W	R/W
ConnectionTimeout		Wartezeit (Sekunden) bei Einrichtung der Verbindung, bevor der Versuch abgebrochen und ein Fehler ausgelöst wird. (Voreinstellung: 15)	R/W	R/W
CursorLocation		Position des Cursormoduls.	R/W	R/W
CursorType		Verwendeter Cursortyp.	R/W	R/W
LockType		Art der Sperrung während des Bearbeitens. (Voreinstellung: 3 adLockOptimistic)	R/W	R/W
MaxRecords		Maximal aus einer Abfrage an ein RecordSet-Objekt zurückgegebene Datensatzzahl. (Voreinstellung: 0. Ergibt alle gewünschten Datensätze.)	R/W	R/W
Mode		Art der Berechtigungen für das Ändern von Daten. (Voreinstellung: 0 adModeUnkown)	R/W	R/W
Recordset		Verweis auf das ADO Recordset	–	R/W
RecordSource		Datensatzname oder SQL-Anweisung zum Zurückgeben einer Datensatzgruppe.	R/W	R/W
Password		Kennwort zum Erstellen eines ADO Recordsets.	R/W	R
Provider		Name des Providers (Daten-Anbieters). Ohne Vorgabe: MSDASQL (Microsoft OLE DB Provider für ODBC)	–	R/(W)
UserName		Benutzername (Syntax abhängig von Datenquelle).	R/W	R/W

R/(W) R/W, wenn die Verbindung geschlossen ist. R, wenn die Verbindung geöffnet ist.

Tab. 17.48: Die spezifischen Eigenschaften der ADO-Controls

Eigenschaft	*Read *)*	*Write *)*	*Hinweis*
BOFAction	Aktion = O.BOFAction	BOFAction = Enstellung	Tab. 17.50
EOFAction	Aktion = O.EOFAction	EOFAction = Enstellung	Tab. 17.50
CacheSize	Groesse = O.CacheSize	O.CacheSize = Wert	(> 0)
CommandTimeout	s = O.CommandTimeout	O.CommandTimeout = s	Sekunden
CommandType	Type = O.CommandType	O.CommandType = Wert	Tab. 17.51
ConnectionString	A$ = O.ConnectionString	O.ConnectionString = A$	Tab. 17.52

Eigenschaft	*Read *)*	*Write *)*	*Hinweis*
ConnectionTimeout	s = O.ConnectionTimeout	O.ConnectionTimeout = s	Sekunden
CursorLocation	Posit = O.CursorLocation	O.CursorLocation = Wert	Tab. 17.53
CursorType	Typ = O.CursorType	O.CursorType = Wert	Tab. 17.54
LockType	Typ = O.LockType	O.LockType =Wert	Tab. 17.55
MaxRecords	Anz = O.MaxRecords	O.MaxRecords = Wert	(0 = alle)
Mode	Berechtigung = O.Mode	O.Mode = Einstellung	Tab. 17.56
Recordset	Set = O.Recordset	O.Recordset = Gruppe	
RecordSource	Gruppe = O.RecordSource	O.RecordSource = Wert	
Password	–	O.Password = String	
Provider	Prov$ = O.Provider	O.Provider = String	Tab. 17.52.2
UserName	Name$ = O.UserName	O.UserName = String	

*) Präfix O. = ADO.

Tab. 17.49: Die Syntax der spezifischen Eigenschaften des ADO-Controls

Wert	*Konstante*	*Beschreibung*
0	vbBOFActionMoveFirst	MoveFirst (Voreinstellung): Behält den ersten Datensatz als aktuellen Datensatz.
1	vbBOFActionBOF	BOF: Der Wechsel vor den Anfang eines Recordset-Objekts löst das Validate-Ereignis des ADO-Steuerelements für den ersten Datensatz aus, gefolgt von einem Reposition-Ereignis für den ungültigen Datensatz (BOF). Die Schaltfläche für den Wechsel zum nächsten Datensatz wird deaktiviert.

Tab. 17.50.1: Einstellungen für BOFAction

Wert	*Konstante*	*Beschreibung*
0	vbEOFActionMoveLast	MoveLast (Voreinstellung): Behält den letzten Datensatz als aktuellen Datensatz.
1	vbEOFActionEOF	EOF: Der Wechsel hinter das Ende eines Recordset-Objekts löst das Validation-Ereignis des ADO-Steuerelements für den letzten Datensatz aus, gefolgt von einem Reposition-Ereignis für den ungültigen Datensatz (EOF). Die Schaltfläche für den Wechsel zum nächsten Datensatz wird deaktiviert.
2	vbEOFActionAddNewAddNew	Der Wechsel hinter den letzten Datensatz löst das Validation-Ereignis des ADO-Steuerelements für den aktuellen Datensatz aus, auf das automatisch ein Aufruf der AddNew-Methode folgt. Anschließend wird das Reposition-Ereignis für den neuen Datensatz ausgelöst.

Tab. 17.50.2: Einstellungen für BOFAction und EOFAction

Wert	*Konstante*	*CommandText ist ...*
1	adCmdText	die Textdefinition eines Befehls oder Aufruf einer gespeicherten Prozedur.
2	adCmdTable	der Name der Tabelle, deren Spalten vollzählig von einer intern generierten SQL-Abfrage zurückgegeben werden.
4	adCmdStoredProc	der Name einer gespeicherten Prozedur.
8	adCmdUnknown	ein unbekannter Befehl. (Voreinstellung)
128	adExecuteNoRecords	ein Befehl oder eine gespeicherte Prozedur. Abgerufene Zeilen werden verworfen und nicht zurückgegeben. Wird immer mit adCmdText oder adCmdStoredProc kombiniert.
256	adCommandFile	der Dateiname eines beständigen Recordset-Objekts.
512	adCmdTableDirect	der Name der Tabelle, deren Spalten vollzählig zurückgegeben werden.

Tab. 17.51: CommandType-Werte

Benanntes Argument	*Legt den Namen ...*
(Begrenzer: Semikola)	
Provider=	des Providers fest, der für die Verbindung verwendet wird.
File Name=	einer providerspezifischen Datei fest, die die voreingestellten Verbindungsinformationen enthält.
Remote Provider=	des Providers fest, der beim Öffnen einer clientbasierten Verbindung verwendet wird. (Nur RDS)
Remote Server=	des Servers fest, der beim Öffnen einer clientbasierten Verbindung verwendet wird. (Nur RDS)

Tab. 17.52.1: Argumente im ConnectionString

Bereich	*Provider (= Hilfe-Stichwort)*	*Wert für Provider-Argument*
ODBC-Datenbank	Microsoft OLE DB-Provider für ODBC	MSDASQL (Voreinstellung)
Microsoft Microsoft Index Server	Microsoft OLE DB-Provider für Microsoft Index Server	MSIDXS
Microsoft Active Directory Service	Microsoft OLE DB-Provider für Microsoft Active Directory Service	ADSDSOObject
Microsoft Jet-Datenbanken	OLE DB-Provider für Microsoft Jet	Microsoft.Jet.OLEDB.3.51
Microsoft SQL Server	Microsoft SQL Server OLE DB-Provider	SQLOLEDB
Oracle-Datenbanken	Microsoft OLE DB-Provider für Oracle	MSDAORA

Tab. 17.52.2: Verfügbare Provider

Wert	Konstante	Beschreibung
1	adUseNone	Es werden keine Cursordienste verwendet.
2	adUseServer	(Voreinstellung) Verwendet durch Datenprovider oder Treiber zur Verfügung gestellte Cursor. Diese Cursor sind zum Teil sehr flexibel. Sie ermöglichen eine zusätzliche Sensibilität gegenüber Änderungen, die von anderen Personen an der Datenquelle vorgenommen werden. Einige Features von Microsoft Client Cursor Provider (z. B. nicht zugeordnete Recordsets) können mit serverbasierten Cursorn nicht simuliert werden. Diese Features stehen bei dieser Einstellung nicht zur Verfügung.
3	adUseClient	(= adUseClientBatch) Verwendet clientbasierte Cursor, die durch eine lokale Cursorbibliothek zur Verfügung gestellt werden. Lokale Cursormodule lassen häufig eine Vielzahl von Features zu, die bei treibergestützten Cursorn nicht zulässig sind. Daher kann die Verwendung dieser Einstellung im Hinblick auf die zu aktivierenden Features von Vorteil sein.

Tab. 17.53: CursorLocation-Einstellungen

Wert	Konstante	Beschreibung
0	adOpenForwardOnly	Vorwärts-Cursor – Voreinstellung. Dieser Cursor ist identisch mit einem statischen Cursor, mit dem Unterschied, daß ein Bildlauf durch die Datensätze nur in Vorwärtsrichtung möglich ist. Dies verbessert die Leistung in Situationen, in denen nur ein einziger Durchlauf durch ein Recordset durchgeführt werden muß.
1	adOpenKeyset	Cursor vom Typ Keyset. Ähnelt einem dynamischen Cursor, mit dem Unterschied, daß durch andere Personen hinzugefügte Datensätze nicht angezeigt werden können, obwohl ein Zugriff auf von anderen Benutzern gelöschte Datensätze von Ihrem Recordset aus nicht möglich ist. Durch andere Personen vorgenommene Datenänderungen können weiterhin angezeigt werden.
2	adOpenDynamic	Dynamischer Cursor. Durch andere Personen vorgenommene Hinzufügungen, Änderungen und Löschvorgänge können angezeigt werden. Alle Bewegungsarten durch den Datensatz sind zulässig, mit Ausnahme vom Provider nicht unterstützter Lesezeichen.
3	adOpenStatic	Statischer Cursor. Eine statische Kopie einer Gruppe von Datensätzen, anhand derer Daten gesucht und Berichte generiert werden können. Durch andere Benutzer vorgenommene Hinzufügungen, Änderungen oder Löschvorgänge können nicht angezeigt werden.

Tab. 17.54: CursorType-Einstellungen

Wert	Konstante	Beschreibung
1	adLockReadOnly	(Voreinstellung) Schreibgeschützt Sie können die Daten nicht ändern.
2	adLockPessimistic	Vollständiges Sperren, Datensatz für Datensatz. Der Provider führt die notwendigen Schritte aus, um das erfolgreiche Bearbeiten der Datensätze sicherzustellen, üblicherweise indem er Datensätze in der Datenquelle sofort beim Bearbeiten sperrt.
3	adLockOptimistic	Teilweises Sperren, Datensatz für Datensatz Der Provider verwendet teilweises Sperren, indem er Datensätze nur sperrt, wenn Sie die Update-Methode aufrufen.
4	adLockBatchOptimistic	Teilweise Stapelaktualisierungen Erforderlich für den Stapelaktualisierungsmodus, im Gegensatz zum Modus für sofortige Aktualisierung.

Tab. 17.55: LockType-Einstellungen

Wert	Konstante	Beschreibung
0	adModeUnknown	(Voreinstellung) Die Berechtigungen wurden noch nicht festgelegt oder können nicht bestimmt werden.
1	adModeRead	Gibt schreibgeschützte Berechtigungen an.
2	adModeWrite	Gibt Nur-Lese-Berechtigungen an.
3	adModeReadWrite	Gibt Schreib-/Leseberechtigungen an.
4	adModeShareDenyRead	Verhindert das Öffnen einer Verbindung mit Leseberechtigungen durch andere Personen.
8	adModeShareDenyWrite	Verhindert das Öffnen einer Verbindung mit Schreibberechtigungen durch andere Personen.
12	adModeShareExclusive	Verhindert das Öffnen einer Verbindung durch andere Personen.
16	adModeShareDenyNone	Verhindert das Öffnen einer Verbindung mit beliebigen Berechtigungen durch andere Personen.

Tab. 17.56: Mode-Einstellungen

Eigenschaft	Ab VB6	Eigenschaft	Ab VB6
Allgemein			
Container		Parent	
Caption		TabIndex	
Enabled		TabStop	
Index		Tag	
Name		Visible	
Object			
Position			
Height, Width		Left, Top	

Eigenschaft	Ab VB6	Eigenschaft	Ab VB6
Drag & Drop			
DragIcon		DragMode	
OLE			
OLEDropMode			
Hilfe			
HelpContextID		WhatsThisHelpID	
ToolTipText			

Tab. 17.57: Allgemeine Eigenschaften der ADO-Controls

Methode	Ab VB6	Methode	Ab VB6
Allgemein			
Move		ZOrder	
Drag & Drop		***OLE***	
Drag		OLEDrag	
Hilfe			
ShowWhatsThis			

Tab. 17.58: Allgemeine Methoden der ADO-Controls

17.2 Datenbezogene Steuerelemente

Datenbezogen ist ein Steuerelement, das durch Anbindung an ein Datenzugriffs-Steuerelement auf Daten aus einer Datenbank zugreifen kann.

Datenbezogene Controls können anbindbar oder datengebunden sein.

- Anbindbare Controls sind alle Steuerelemente, die sowohl ohne wie mit Anbindung an eine Datenbank verwendet werden können. Zur Anbindung verfügen sie über die DataSource-Eigenschaft.
- Datengebunden sind datenbezogene Steuerelemente, die speziell und nur für den Zugriff auf Felder in einer Datenbank mit Hilfe eines Datenzugriffs-Steuerelements zur Verfügung stehen.

Eigenschaft	Ab VB3	DataSource	DataChanged	DataField
Anbindbare integrierte Controls				
CheckBox		X	X	X
ComboBox		X	–	X

Eigenschaft	*Ab VB3*	*DataSource*	*DataChanged*	*DataField*
Image		X	X	X
Label		X	X	X
ListBox		X	–	X
OLEContainer		X	–	–
TextBox		X	X	X
Anbindbare Zusatzcontrols				
3D-CheckBox		X	X	X
3D-Panel		X	X	X
MaskEdit/MaskEdBox		X	X	X
RTF		X	X	X
Datengebundene Controls				
DBGrid	VB4	X	X	X
DBCombo	VB4	X	X	X
DBList	VB4	X	X	X
OLEDB-bezogene Versionen der DB-Controls				
DataGrid	VB6	X	X	X
DataCombo	VB6	X	X	–
DataList	VB6	X	X	–

Tab. 17.59: Gemeinsame Datenbank-Eigenschaften der datenbezogenen Controls

Eigenschaft	*Kurzbeschreibung*
DataChanged	Daten geändert?
DataField	Feld des RecordSets
DataSource	Verbundenes Datenzugriffs-Control

Eigenschaft	*Read *)*	*Write *)*
DataChanged	Datengeaendert = O.DataChanged	O.DataChanged = {False|True}
DataField	Feldname$ = O.DataField	O.DataField = Wert$
DataSource	–	–

*) Präfix O. s. Tab. 17.59 und die Folgetabellen ab Tab. 17.61

Tab. 17.60: Gemeinsame Eigenschaften der datenbezogenen Controls und ihre Syntax

17.2.1 Gebundene Daten-Steuerelemente

Ab VB4 stehen gebundene Datensteuerelemente zur Verfügung. Diese sind in Verbindung mit einem Datenzugriffs-Steuerelement nutzbar.

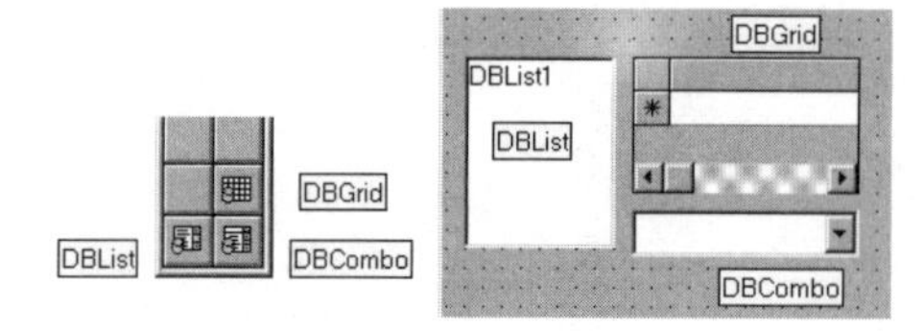

17.2.2 Datenlist-Controls

Ich fasse die Zusatzsteuerelemente DBList, DBCombo und DataList, DataCombo unter dem Sammelbegriff Datenlist-Controls zusammen.

Die Datenlist-Controls sind datengebundene Listenfelder, welche automatisch von einem Feld des zugehörigen Datenzugriffs-Steuerelements aufgefüllt werden.

Control/Klasse		*VB*	*Datei*	*Bezeichnung*
DBList	DBListe	4-16	DBLIST16.OCX	Microsoft Data Bound List Controls
DBCombo	DBKombi	4-16	DBLIST16.OCX	Microsoft Data Bound List Controls
DBList	DBListe	4-32 u. 5	DBLIST32.OCX	Microsoft Data Bound List Controls
DBCombo	DBKombi	4-32 u. 5	DBLIST32.OCX	Microsoft Data Bound List Controls
DataList	DataListe	6	MSDATLST.OCX	Microsoft Data List Controls 6.0
DataCombo	DataKombi	6	MSDATLST.OCX	Microsoft Data List Controls 6.0

Tab. 17.61: Die Datenlist-Controls

Datenlist-Controls: Eigenschaften

Eigenschaften	*(1)*	*(2)*	*(3)*	*(4)*	*Kurzbeschreibung*	*Entw.*	*LZ*
DataChanged	x	x	x	x	Daten wurden geändert	–	R
DataField	x	x	x	x	Feldname im RecordSet	R/W	R/W
DataSource	x	x	x	x	Verbundenes Datenzugriffs-Control	R/W	–
BoundColumn	x	x	x	x	Quellfeldname in RecordSet-Objekt	–	R
BoundText	x	x	x	x	Inhalt des BoundColumn-Feldes	–	R
DataBindings	x	x	5	5	Auflistung der bindbaren Eigenschaften	–	R
DataFormat	x	x	–	–	Legt das Datenformat fest (im Eigenschaftenfenster!)	R/W	–
DataMember	x	–	–	–	Angegebenes Datenelement	R/W	R/W
ListField	x	x	x	x	Name des verbundenen Feldes	–	R/W
Locked	x	x	x	x	Textbereich manuell bearbeitbar?	R/W	R/W
MatchedWithList	x	x	x	x	BoundText enstpricht einem Datensatz	–	R
MatchEntry	x	x	x	x	Suchstil	R/W	R/W
RowMember	x	x	–	–	Zu verwendendes Datenelement	R/W	R/W

Eigenschaften	*(1)*	*(2)*	*(3)*	*(4)*	*Kurzbeschreibung*	*Entw.*	*LZ*
RowSource	x	x	x	x	Verbundenes Data-Control	R/W	–
SelectedItem	x	x	5	x	Lesezeichen des gewählten Datensatzes	–	R
SelStart	x	–	x	–	Startposition (von Null zählend) der Auswahl	–	R/W
SelLength	x	–	x	–	Länge des ausgewählten Textes	–	R/W
SelText	x	–	x	–	Ausgewählter Text	–	R/W
Style	x	–	x	–	Combo-Typ	R/W	R
Text	x	x	x	x	Angezeigter Text	–	R/W
VisibleCount	x	x	x	x	Anzahl der sichtbaren Elemente	–	R
VisibleItems	x	x	x	x	Variablenfeld der sichtbaren Elemente	–	R

(1) DataCombo (2) DataList (3) DBCombo (4) DBList

Tab. 17.62: Die spezifischen Eigenschaften der Datenlist-Controls

Eigenschaft	*Read *)*	*Write *)*	*Hinweis*
BoundColumn	Quellfeld = O.BoundColumn	–	
BoundText	Datenwert$ = O.BoundText	–	
DataBindings	Verweis = O.DataBindings	–	
DataFormat	**)	**)	
DataMember	WhatMemb = O.DataMember	O.DataMember = String	
ListField	Feldname$ = O.ListField	O.ListField = Wert$	
Locked	IsLock = DBCombo.Locked	DBCombo.Locked = Wert	{False|True}
MatchedWithList	IsEqu = O.MatchedWithList	–	{True|False}
MatchEntry	Abglvers = O.MatchEntry	O.MatchEntry = Wert	Tab. 17.64
RowMember	Name = O.RowMember	O.RowMember = String	
RowSource	–	–	
SelectedItem	Lesezeich = O.SelectedItem	–	
SelStart	StartPosition = O.SelStart	O.SelStart = Zeichen	(Startindex 0)
SelLength	AnzahlZeich = O.SelLength	O.SelLength = Zahl	
SelText	MarkierterText$ = O.SelText	O.SelText = Wert$	
Style	DarstellungsStil = O.Style	–	Tab. 17.65
Text	Zeichenfolge = O.Text	O.Text = Zeichenfolge	
VisibleCount	Anzahl = O.VisibleCount	–	
VisibleItems	Set VIt = O.VisibleItems Set Element = VIt(Index)	–	

*) Präfix O = DBList, DBCombo, DataList oder DataCombo.

**) DataFormat gibt zur Laufzeit einen Verweis auf das DataFormat-Objekt (Objekttyp: StdDataFormat) zurück. Dessen Eigenschaften können gelesen und gesetzt werden.
Näheres zum StdDataFormat-Objekt finden Sie im geplanten Erweiterungsband »Visual Basic Objekt-Referenz«.

Tab. 17.63: Syntax der spezifischen Eigenschaften der Datenlist-Controls

Wert	*Einstellung*	*Beschreibung*
0	dblBasicMatching	Basisabgleich (Voreinstellung) Das Steuerelement sucht nach der nächsten Übereinstimmung mit den eingegebenen Zeichen, wobei die ersten Buchstaben der Listeneinträge untersucht werden. Wiederholtes Eingeben desselben Buchstabens führt dazu, daß alle Listeneinträge, die mit diesem Buchstaben beginnen, durchlaufen werden.
1	dblExtendedMatching	Erweiterter Abgleich Das Steuerelement sucht nach einem Eintrag, der mit allen eingegebenen Zeichen übereinstimmt. Die Suche wird durchgeführt, während Zeichen eingegeben werden, und durch die Eingabe immer weiter eingegrenzt.

Tab. 17.64: Einstellungen für MatchEntry

Wert	*Konstante*	*Beschreibung*
0	vbComboDropDown	Dropdown-Kombinationsfeld (Voreinstellung) Dropdown-Liste und ein Textfeld. Der Benutzer kann aus der Liste auswählen oder Text im Textfeld eingeben.
1	vbComboSimple	Einfaches Kombinationsfeld Textfeld und eine Liste, die immer angezeigt wird. Der Benutzer kann aus der Liste auswählen oder Text im Textfeld eingeben.
2	vbComboDrop-DownList	Dropdown-Liste Nur bereits in der Dropdown-Liste vorhandene Einträge auswählbar.

Tab. 17.65: Einstellungen für Style

Eigenschaft	*(1)*	*(2)*	*(3)*	*(4)*	*Eigenschaft*	*(1)*	*(2)*	*(3)*	*(4)*
Allgemein									
CausesValidation	x	x	–	–	Object	x	x	x	x
Container	x	x	x	x	Parent	x	x	x	x
hWnd	x	x	x	x	RightToLeft	x	x	x	x
Index	x	x	x	x	TabIndex	x	x	x	x
MouseIcon	x	x	x	x	TabStop	x	x	x	x
MousePointer	x	x	x	x	Tag	x	x	x	x
Name	x	x	x	x	Visible	x	x	x	x
Position									
Height, Width	x	x	x	x	Left, Top	x	x	x	x
Hilfe									
HelpContextID	x	x	x	x	WhatsThisHelpID	x	x	x	x
ToolTipText	x	x	5	5					

Eigenschaft	*(1)*	*(2)*	*(3)*	*(4)*	*Eigenschaft*	*(1)*	*(2)*	*(3)*	*(4)*
Darstellung									
Appearance	x	x	x	x	Font	x	x	x	x
BackColor, ForeColor	x	x	x	x	IntegralHeight	x	x	x	x
Enabled	x	x	x	x					
Drag & Drop									
DragIcon	x	x	x	x	DragMode	x	x	x	x
OLE									
OLEDragMode	x	x	5	5					

(1) DataCombo (2) DataList (3) DBCombo (4) DBList

Tab. 17.66: Die allgemeinen Eigenschaften der Datenlist-Controls

Methoden und Ereignisse der Datenlist-Controls

Methode	*(1)*	*(2)*	*(3)*	*(4)*	*Kurzbeschreibung*	*Syntax*
AboutBox	–	–	5	5	About-Box des Controls zeigen	Objekt.AboutBox
Refill	x	x	x	x	Inhalt aktualisieren und zeigen	Objekt.ReFill
Refresh	x	x	x	x	Inhalt ohne Aktualisierung zeigen	Objekt.Refresh

(1) DataCombo (2) DataList (3) DBCombo (4) DBList

Tab. 17.67: Die spezifischen Methoden der Datenlist-Controls und ihre Syntax

Eigenschaft	*(1)*	*(2)*	*(3)*	*(4)*	*Eigenschaft*	*(1)*	*(2)*	*(3)*	*(4)*
Allgemein									
SetFocus	x	x	x	x	ZOrder	x	x	x	x
Benutzeraktionen					***Hilfe***				
Move	x	x	x	x	ShowWhatsThis	x	x	x	x
Drag & Drop					***OLE***				
Drag	x	x	x	x	OLEDrag	x	x	5	5

(1) DataCombo (2) DataList (3) DBCombo (4) DBList

Tab. 17.68: Allgemeine Methoden der Datenlist-Controls

Ereignis	*(1)*	*(2)*	*(3)*	*(4)*	*Kurzbeschreibung*
Click	x	x	x	x	Maustaste über dem Control oder [Pfeil ↓], [Pfeil ↑] gedrückt und losgelassen.

Ereignis	*(1)*	*(2)*	*(3)*	*(4)*	*Kurzbeschreibung*
DblClick	x	x	x	x	Maustaste über dem Control kurz nacheinander zweimal gedrückt und losgelassen.
Validate	x	x	–	–	Bevor der Fokus zu einem (zweiten) Steuerelement mit CausesValidation = True wechselt.

Ereignis	*Syntax *)*	*Hinweis*
Click	Sub Objekt_Click([Index As Integer ,] Area As Integer)	**)
DblClick	Sub Objekt_DblClick ([Index As Integer,] Area As Integer)	
Validate	Sub Objekt_Validate(KeepFocus As Boolean)	{False|True} ***)

*) Objekt = Ein Datenlist-Control (1) bis (4)

**) Area zeigt den Bereich an, der geklickt wurde. s. Tab. 17.70

***) KeepFocus = True Vorheriges Steuerelement behält den Fokus.

(1) DataCombo (2) DataList (3) DBCombo (4) DBList

Tab. 17.69: Die spezifischen Ereignisse der DB-Listcontrols und ihre Syntax

Wert	*Konstante*	*Beschreibung*
0	dbcAreaButton	Schaltflächenbereich
1	dbcAreaEdit	Bearbeitungsbereich
2	dbcAreaList	Listenbereich

Tab. 17.70: Bereiche aus Area

Ereignis	*(1)*	*(2)*	*(3)*	*(4)*	*Ereignis*	*(1)*	*(2)*	*(3)*	*(4)*
Benutzeraktionen									
KeyDown	x	x	x	x	MouseDown	x	x	x	x
KeyPress	x	x	x	x	MouseMove	x	x	x	x
KeyUp	x	x	x	x	MouseUp	x	x	x	x
Focus-Ereignisse									
GotFocus	x	x	x	x	LostFocus	x	x	x	x
Drag & Drop									
DragDrop	x	x	x	x	DragOver	x	x	x	x
OLE									
OLECompleteDrag	x	x	5	5	OLEGiveFeedBack	x	x	5	5
OLEDragDrop	x	x	5	5	OLESetData	x	x	5	5
OLEDragOver	x	x	5	5	OLEStartDrag	x	x	5	5

Tab. 17.71: Allgemeine Ereignisse der Datenlist-Controls

17.2.3 Datentabellen-Controls

Ich fasse die Zusatzsteuerelemente DBGrid und dessen Nachfolger DataGrid unter dem Sammelbegriff Datentabellen-Controls zusammen.

DBGrid (vor VB6) und DataGrid (ab VB6) zeigen in einer Zelle Daten aus Datensätzen und Feldern eines Recordset Objekts und erlauben deren Bearbeitung.

Die Zellen werden gebildet aus Spalten und Zeilen. Jede Zelle kann Text- oder Bildwerte enthalten, aber keine verknüpften oder eingebetteten Objekte. Das DBGrid kann auch im ungebundenen Modus verwendet werden (s. DataMode-Eigenschaft).

Control/Klasse		*Version*	*Datei*	*Bezeichnung*
DBGrid	DBTabelle	VB4-16	DBGRID16.OCX	Microsoft Data Bound Grid Control
DBGrid	DBTabelle	VB4-32	DBGRID32.OCX	Microsoft Data Bound Grid Control
DBGrid	DBTabelle	VB5	DBGRID32.OCX	Microsoft Data Bound Grid Control
DataGrid	DataGrid	VB6	MSDATGRID.OCX	Microsoft Data Grid Control 6.0

Tab. 17.72: Die Datentabellen-Controls

Eigenschaften der Datentabellen-Controls

Eigenschaft	*(1)*	*(2)*	*Kurzbeschreibung*	*Entw.*	*LZ*
DataChanged		5	Daten wurden geändert	–	R
DataSource			Verbundenes Data-Control	R/W	R/W
AddNewMode	x	5	Standort der aktuellen Zelle	–	R
Align	x	x	Anordnung auf dem Container	R/W	R/W
AllowAddNew	x	x	Dürfen neue Datensätze hinzugefügt werden?	R/W	R/W
AllowArrows	x	5	Cursor mit Pfeiltasten bewegbar?	R/W	R/W
AllowDelete	x	x	Dürfen Datensätze entfernt werden?	R/W	R/W
AllowRowSizing	x	x	Zeilenhöhe manuell änderbar?	R/W	R/W
AllowUpdate	x	x	Darf Benutzer Daten ändern?	R/W	R/W
ApproxCount	x	5	Geeignete Zeilenzahl bei ungebundenem DBGrid	R/W	R/W
BookMark	x	x	Lesezeichen für die aktuelle Zeile	–	R/W
Col, Row	x	x	Aktive Zelle	–	R/W
ColumnHeaders	x	x	Spaltenköpfe anzeigen?	R/W	R/W
Columns	x	x	Verweis auf Columns-Auflistung	–	R
CurrentCellModified	x	5	Wurde aktuelle Zelle geändert?	–R/W	
CurrentCellVisible	x	5	Aktuelle Zelle sichtbar (sonst in sichtbaren Bereich schieben)	–	R/W
DataBindings	x	5	Auflistung der bindbaren Eigenschaften	–	R

Eigenschaft	*(1)*	*(2)*	*Kurzbeschreibung*	*Entw.*	*LZ*
DataMode	–	x	Modus gebunden/ungebunden?	R/W	R
DefColWidth	x	x	Standard-Spaltenbreite für alle Spalten	R/W	R/W
EditActive	x	5	Wird aktuelle Zelle z.Zt. bearbeitet?	–	R/W
ErrorText	x	5	Fehlertext	–	R
FirstRow	x	x	Oberste sichtbare Zeile	–	R/W
HeadFont	x	x	Schriftart für Spaltenköpfe	R/W	R/W
HeadLines	x	x	Zeilenzahl in den Spaltenköpfen (Voreinstellung: 1)	R/W	R/W
hWndEditor	x	5	Handle für API auf das DBGrid	–	R
LeftCol	x	x	Linke Spalte	–	R/W
MarqueeStyle	x	5	Markierstil	R/W	R/W
MarqueeUnique	–	5	Hervorhebung nur im aktuellen Split-Bereich?	R/W	R/W
RecordSelectors	x	x	Datensatzselektoren anzeigen?	R/W	R/W
RowDividerStyle	x	x	Stil der Linien zwischen den Zeilen	R/W	R/W
RowHeight	x	x	Zeilenhöhe	R/W	R/W
ScrollBars	x	x	ScrollBars anzeigen?	R/W	R
SelBookmarks	x	x	Auflistung der Lesezeichen	–	R
SelStartCol, SelEndCol	x	x	Ausgewählte Spalten	–	R/W
SelStart, SelLength, SelText	x	5	Ausgewählter Text	–	R/W
SelStartRow, SelEndRow	x	5	Ausgewählte Zeilen	–	R/W
Split	x	5	Index des Teilbereichs	–	R/W
Splits	x	5	Verweis auf Teilbereiche	–	R
Text	x	x			
TabAction	x	5	Verhalten der Tab-Taste	R/W	R/W
TabAcrossSplits	x	5	Verhalten der Tab- und Pfeiltasten	R/W	R/W
VisibleCols	x	x	Anzahl der sichtbaren Spalten	–	R
VisibleRows	x	x	Anzahl der sichtbaren Zeilen	–	R
WrapCellPointer	x	5	Verhalten der Pfeiltasten	R/W	R/W

(1) DataGrid (2) DBGrid

Tab. 17.73: Die spezifischen Eigenschaften der Datentabellen-Controls

Eigenschaft	*Read *)*	*Write *)*	*Hinweis*
AddNewMode	AktZeile = O.AddNewMode	–	Tab. 17.75
Align	Einstellung = O.Align	O.Align = Einstellung	Tab. 17.76
AllowAddNew	AllowAddNew = O.AllowAddNew	O.AllowAddNew = Wert	{False|True} Abb. 17.1
AllowArrows	PfeiltastB = O.AllowArrows	O.AllowArrows = Wert	{True|False}
AllowDelete	DelAllow = O.AllowDelete	O.AllowDelete = Wert	{False|True}

Eigenschaft	*Read *)*	*Write *)*	*Hinweis*
AllowRowSizing	SizAll = O.AllowRowSizing	O.AllowRowSizing = Wert	{True|False}
AllowUpdate	IsAllUpd = O.AllowUpdate	O.AllowUpdate = Wert	{True|False}
ApproxCount	RwsCount = O.ApproxCount	O.ApproxCount = Wert	
Bookmark	LZeich = O.Bookmark(Zeile)	O.Bookmark (Zeile) = Wrt	
ColumnHeaders	HasCH = O.ColumnHeaders	O.ColumnHeaders = Wert	{True|False}
Columns	Verweis = O.Columns Element = O.Columns(Index)	– –	
CurrentCellModified	CellModified = O.CurrentCellModified	O. CurrentCellModified = {True|False}	{True|False}
CurrentCellVisible	CurCellVisible = O.CurrentCellVisible	O.CurrentCellVisible = Wert	{True|False}
DataBindings	Verweis = O.DataBindings	–	
DataMode	WhatMode = O.DataMode	–	Tab. 17.77
DefColWidth	Spltbreit = O.DefColWidth	O.DefColWidth = Wert	0 = automat.
EditActive	IsEdActive = O.EditActive	O.EditActive = Wert	**)
ErrorText	Fehler$ = O.ErrorText	–	
FirstRow	Lesezeichen = O.FirstRow	O.FirstRow = Wert	
HeadFont	WhatFont = O.HeadFont	O.HeadFont = Font.Name	
HeadLines	Zeilenzahl = O.HeadLines	O.HeadLines = Wert	0 bis 10
hWndEditor	Handle = O.hWndEditor	–	
LeftCol	LinkeSpalte = O.LeftCol	O.LeftCol = Zahl	
MarqueeStyle	Markstil = O.MarqueeStyle	O.MarqueeStyle = Wert	Tab. 17.78
MarqueeUnique	NurAktBereich = O.MarqueeUnique	O.MarqueeUnique = Wrt	{True|False}
RecordSelectors	ShowsSelectors = O.RecordSelectors	O.RecordSelectors = Wrt	{True|False}
RowDividerStyle	RandStil = O.RowDividerStyle	O.RowDividerStyle = W	0 - 5 Tab. 17.79
RowHeight	ZH = O.RowHeight[Zeile]	O.RowHeight[Zeile] = W	Maße: Container
ScrollBars	HasScrollBars = O.ScrollBars	–	Tab. 17.80
SelBookmarks	Set SB = O.SelBookmarks Element = SB(Index)	–	
SelStartCol	StartSpalte = O.SelStartCol	O.SelStartCol = Wert	
SelEndCol	EndSpalte = O.SelEndCol	O.SelEndCol = Wert	
SelStartRow	StartZeile = O.SelStartRow	O.SelStartRow = Wert	
SelEndRow	EndZeile = O.SelEndRow	O.SelEndRow = Wert	
SelStart	StartVorChar = O.SelStart	O.SelStart = Index	
SelLength	Markierlen = O.SelLength	O.SelLength = Zahl	
SelText	Text = O.SelText	O.SelText = Wert	
Split	AktuellSplitIndex = O.Split	O.Split = Wert	***)
Splits	Set Splts = O.Splits Set Element = Splts(Index)	–	
TabAction	WhatTAct = O.TabAction	O.TabAction = Wert	Tab. 17.81

Eigenschaft	*Read *)*	*Write *)*	*Hinweis*
TabAcrossSplits	IsTabAcrossSplits = O.TabAcrossSplits	O.TabAcrossSplits = Wert	Tab. 17.82
VisibleCols	VisCols = O.VisibleCols	–	
VisibleRows	VisRws = O.VisibleRows	–	
WrapCellPointer	UseArrowKeyss = O.WrapCellPointer	O.WrapCellPointer = Wrt	{False|True} Tab. 17.83

*) Präfix O. = DataGrid oder DBGrid

**) {True|False}
Zum vollständigen Abbruch der Bearbeitung setzen Sie zuerst CurrentCellModified = False und dann EditActive = False.

***) Näheres zur Splits-Auflistung und Split-Objekten s. unten im Abschnitt »Subobjekte der Datentabellen/Split-Objekt und Splits-Auflistung«.

Tab. 17.74: Die Syntax der spezifischen Eigenschaften der Datentabellen-Controls

Wert	*Konstante*	*Die aktuelle Zelle befindet sich ...*
0	dbgNoAddNew	nicht in der letzten Zeile, und keine AddNew-Operation ist anhängig.
1	dbgAddNewCurrent	in der letzten Zeile, aber keine AddNew-Operation ist anhängig.
2	dbgAddNewPending	in der vorletzten Zeile als ein Resultat einer anhängigen AddNewOperation. Diese ist durch den Benutzer über die Benutzerschnittstelle des DBGrid oder durch Code (Festlegung der Value- oder Text-Eigenschaften einer Spalte) initiiert.

Tab. 17.75: Rückgabewerte von AddNewMode

Wert	*Konstante*	*Beschreibung*
0	vbAlignNone	Nicht ausgerichtet (Voreinstellung in NichtMDI-Form) Größe und Position können zur Entwurfszeit oder im Code festgelegt werden. Einstellung wird in einer MDIForm nicht beachtet.
1	vbAlignTop	Oben ausrichten. Am oberen Rand der Form. Breite = Form.ScaleWidth (Voreinstellung in MDIForm)
2	vbAlignBottom	Unten ausrichten. Am unteren Rand der Form. Breite = Form.ScaleWidth
3	vbAlignLeft	Links ausrichten. Am linken Rand der Form. Höhe = Form.ScaleHeight
4	vbAlignRight	Rechts ausrichten. Am rechten Rand der Form. Höhe = Form.ScaleHeight

Tab. 17.76: Einstellungen für Align

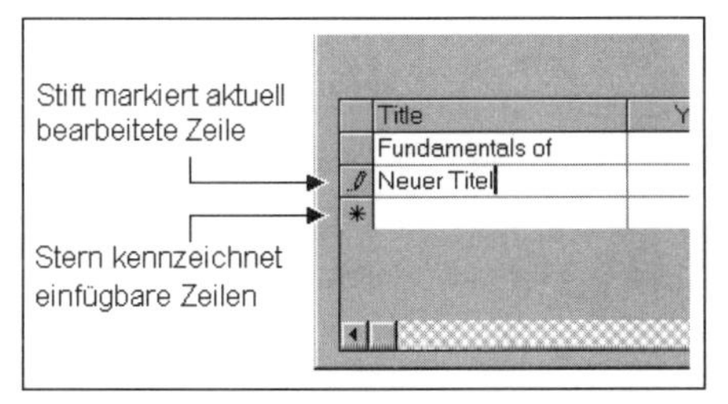

Abb. 17.1 Bearbeitete und neue Zeile

Wert	*Konstante*	*Beschreibung*
0	dbgBound	Die in der gebundenen Datenquelle zur Verfügung stehenden Daten werden angezeigt.
1	dbgUnbound	Angezeigte Daten werden mit Hilfe der Steuerelementereignisse für den ungebundenen Modus abgerufen/aktualisiert.

Tab. 17.77: Einstellungen von DataMode im Eigenschaftenfenster

Wert	*Konstante*	*Beschreibung*
0	dbgDottedCellBorder	Die aktuelle Zelle in der aktuellen Zeile wird durch einen gepunkteten Rahmen um die Zelle markiert.
1	dbgSolidCellBorder	Die aktuelle Zelle in der aktuellen Zeile wird durch einen ausgefüllten Kasten um die Zelle markiert.
2	dbgHighlightCell	Die gesamte aktuelle Zelle wird durch Invertieren der Farben innerhalb der Zelle markiert.
3	dbgHighlightRow	Die gesamte Zeile mit der aktuellen Zelle wird durch Invertieren der Farben in der Zeile markiert.
4	dbgHighlightRowRaiseCell	Die gesamte Zeile wird markiert. Die aktuelle Zelle wird »erhöht« dargestellt.
5	dbgNoMarquee	Es wird keine Markierung oder Hervorhebung angezeigt.
6	dbgFloatingEditor	(Voreinstellung) Die aktuelle Zelle wird durch ein unverankertes Textbearbeitungsfenster mit einem blinkenden Caret-Zeichen (^) markiert (wie in Access).

Tab. 17.78: Einstellungen für MarqueeStyle

Wert	*Beschreibung*
0	Kein Teiler
1	Schwarze Linie
2	(Voreinstellung) Dunkelgraue Linie
3	Angehoben
4	Abgesenkt
5	Teiler wird in der durch die ForeColor-Eigenschaft festgelegten Farbe ausgegeben

Tab. 17.79: Einstellungen für RowDividerStyle

Wert	*Konstante*	*Beschreibung*
0	vbSBNone	Keine
1	vbHorizontal	Horizontal
2	vbVertical	Vertikal
3	vbBoth	(Voreinstellung) Beide

Tab. 17.80: Einstellungen für ScrollBars-Eigenschaft

Wert	*Konstante*	*Die* Tab*-Taste bewirkt eine Bewegung...*
0	dbgControlNavigation	zum nächsten/vorherigen Steuerelement in der Form. (Voreinstellung)
1	dbgColumnNavigation	der aktuellen Zelle zur nächsten/vorherigen Spalte. Wenn diese Aktion zur Folge hat, daß sich die aktuelle Zeile ändert, erhält das nächste/vorherige Steuerelement in der Form den Fokus.
2	dbgGridNavigation	der aktuellen Zelle zur nächsten/vorherigen Spalte. Das Verhalten der Tab-Taste an Zeilengrenzen wird von der WrapCellPointer-Eigenschaft bestimmt.

Tab. 17.81: Einstellungen für TabAction

Einstellung	Tab*-Taste und die Pfeiltasten bewegen die aktuelle Zelle ...*
True	über Teilbereichsgrenzen hinaus. An der letzten Spalte des am weitesten rechts gelegenen Teilbereichs (oder der ersten Spalte des am weitesten links gelegenen Teilbereichs) bewirken beide Tastenarten entweder einen Umbruch des Textes zur nächsten Zeile, ein Anhalten oder ein Wechseln zu anderen Steuerelementen, abhängig von den Werten der WrapCellPointer- und TabAction-Eigenschaften.
False	nicht über Teilbereichsgrenzen hinaus. (Voreinstellung) Beide Tastenarten bewirken entweder einen Umbruch des Textes zur nächsten Zeile, ein Anhalten oder ein Wechseln zu anderen Steuerelementen, abhängig von den Werten der WrapCellPointer- und TabAction-Eigenschaften.

Tab. 17.82: Einstellungen für TabAcrossSplits

Einstellung	*Beschreibung*
True	Der Zellenzeiger führt einen Umbruch von der letzten zur ersten Spalte in der nächsten Zeile durch (oder von der ersten zur letzten Spalte in der vorherigen Zeile).
False	(Voreinstellung) Der Zellenzeiger führt keinen Umbruch zur nächsten (oder vorherigen) Zeile durch, aber hält an der letzten (oder ersten) Spalte der aktuellen Zeile an.

Tab. 17.83: Einstellungen für WrapCellPointer

Eigenschaft	*(1)*	*(2)*	*Eigenschaft*	*(1)*	*(2)*
Allgemein					
Caption	x	x	Object	x	x
CausesValidation	x	–	Parent	x	x
Container	x	x	RightToLeft	x	–
hWnd	x	x	TabIndex	x	x
Index	x	x	Tag	x	x
Name	x	x	Visible	x	x
Darstellung					
Align	x	x	BorderStyle	x	x
Appearance	x	5	Enabled	x	x
BackColor, ForeColor	x	x	Font	x	x
Position					
Height, Width	x	x	Left, Top	x	x
Drag & Drop					
DragIcon	x	x	DragMode	x	x
Hilfe					
HelpContextID	x	x	WhatsThisHelp	x	–
ToolTipText	–	5	WhatsThisHelpID	–	x

(1) DataGrid (2) DBGrid

Tab. 17.84: Die allgemeinen Eigenschaften der Datentabellen-Controls

Datentabellen-Controls: Methoden und Ereignisse

Methode	*(1)*	*(2)*	*Beschreibung*	*Syntax *)*
CaptureImage	x	–	Gibt das (innere) Bild des Rasters zurück	O.CaptureImage
ClearFields	x	5	Voreingestelltes Rasterlayot herstellen	O.ClearFields
ClearSelCols	x	5	Spaltenauswahl im Teil aufheben	O.ClearSelCols
ColContaining	x	x	ColIndex der Spalte o. des Teilbereichs	ColIx = O.ColContaining (X-Koord.)
GetBookmark	x	x	Lesezeichen einer Zeile relativ zur aktuellen	Lesezeichen = _ O.GetBookmark(Wert) s. Tab. 17.86
HoldFields	x	5	Benutzerdefiniertes Layout verwenden	O.HoldFields
Rebind	x	x	Eigenschaften u. Spalten neu erzeugen	O.Rebind
Refresh	x	x	Aktualisieren	O.Refresh
RowBookmark	x	x	Lesezeichen einer sichtbaren Zeile	AktLesezeichen = O.RowBookmark (Zeile)

Methode	*(1)*	*(2)*	*Beschreibung*	*Syntax *)*
RowContaining	x	x	Zeilennumer an YPosition	ZeilenIndex = _ O. RowContaining (Y-Koord.)
RowTop	x	x	Oberer Rand eine Zeile	CellTop = O.RowTop(ZeilenIndex)
SplitContaining	x	5	Anzahl Teilbereiche	CellIndex = _ O. Split Containing (x, y) (0 bis Splits.Count -1)

*) Präfix O. = Datentabellen-Control (1) DataGrid (2) DBGrid

Tab. 17.85: Die spezifischen Methoden der Datentabellen-Controls und ihre Syntax

Wert	*Gibt das Lesezeichen zurück...*
0	... der aktuellen Zeile. Entspricht DBGrid1.Bookmark.
1	... der Zeile, die der aktuellen Zeile folgt.
–1	... der Zeile vor der aktuellen Zeile.
n	... der Zeile relativ zur aktuellen Zeile (nach der Formel (DBGrid1.Row + n).

Tab. 17.86: Einstellungen für GetBookmark-Wert

Methode	*(1)*	*(2)*	*Methode*	*(1)*	*(2)*
Allgemein					
SetFocus	x	x	ZOrder	x	x
Benutzeraktionen					
Move	x	x	Scroll	x	x
Hilfe			***Drag & Drop***		
ShowWhatsThis	x	x	Drag	x	x

(1) DataGrid (2) DBGrid

Tab. 17.87: Allgemeine Methoden der Datentabellen-Controls

Ereignis	*(1)*	*(2)*	*Auslöser der Ereignismeldung*
AfterColEdit	x	5	Nachdem ein Zeichen eingegeben wird
AfterColUpdate	x	x	Nachdem geänderte Daten in Kopierpuffer übertragen werden
AfterDelete	x	x	Nachdem ein Datensatz gelöscht wurde
AfterInsert	x	x	Nachdem neue Datensätze eingefügt werden
AfterUpdate	x	x	Nachdem Daten in den Kopierpuffer übertragen werden
BeforeColEdit	x	5	Bevor ein Zeichen eingegeben wird
BeforeColUpdate	x	x	Bevor geänderte Daten in Kopierpuffer übertragen werden
BeforeDelete	x	x	Bevor ein Datensatz gelöscht wurde

Ereignis	*(1)*	*(2)*	*Auslöser der Ereignismeldung*
BeforeInsert	x	x	Bevor neue Datensätze eingefügt werden
BeforeUpdate	x	x	Bevor Daten in den Kopierpuffer übetragen werden
ButtonClick	x	5	Integrierte Schaltfläche angeklickt
Change	x	x	Jede Datenänderung
ColEdit	x	5	Wenn ein Zeichen eingegeben wird
ColResize	x	x	Spaltenbreite/Zeilenhöhe wird geändert
Error	x	–	Datenfehler, wenn kein Code ausgeführt wird
HeadClick	x	x	Kopfzeile angeklickt
OnAddNew	x	5	AddNewOperation wird ausgeführt
RowColChange	x	x	Andere Zelle wird aktuelle Zelle
RowLoaded	–	(x)	!!! Wird nicht unterstützt!!!
RowResize	x	x	Spaltenbreite/Zeilenhöhe wird geändert
Scroll	x	x	Ein vertikaler oder horizontaler Bildlauf wird durchgeführt
SelChange	x	x	Andere Zelle/anderer Bereich wird aktueller Bereich
SplitChange	x	5	Anderer Teilbereich wird aktueller Bereich
UnboundAddData	–	x	Neue Zeile in ungebundenem DBGrid
UnboundDeleteRow	–	x	Zeile gelöscht in ungebundenem DBGrid
UnboundGetRelative Bookmark	–	x	Ungebundenes DBGrid benötigt Daten für Anzeige
UnboundReadData	–	x	Ungebundenes DBGrid liest neue Daten
UnboundWriteData	–	x	Eine ganze Zeile soll geschrieben und Datenzeile aktualisiert werden

(1) DataGrid (2) DBGrid

Tab. 17.88: Die spezifischen Ereignisse der Datentabellen-Controls

Ereignis	*Syntax *) **)*
AfterColEdit	Sub O_AfterColEdit(ByVal Colindex As Integer)
AfterColUpdate	Sub O_AfterColUpdate (Colindex As Integer)
AfterDelete	Sub O_AfterDelete (Colindex As Integer)
AfterInsert	Sub O_AfterInsert ( )
AfterUpdate	Sub O_AfterUpdate ( )
BeforeColEdit	Sub O_BeforeColEdit (ByVal Colindex As Integer, _ ByVal KeyAscii As Integer, Cancel As Integer)
BeforeColUpdate	Sub O_BeforeColUpdate (Colindex As Integer, _ Oldvalue As Variant, Cancel As Integer)
BeforeDelete	Sub O_BeforeDelete (Cancel As Integer)
BeforeInsert	Sub O_BeforeInsert (Cancel As Integer)
BeforeUpdate	Sub O_ BeforeUpdate (Cancel As Integer)
ButtonClick	Sub O_ButtonClick (ByVal Colindex As Integer)
Change	Sub O_Change( )
ColEdit	Sub O_ColEdit (ByVal Colindex As Integer)

Ereignis	*Syntax *) **)*
ColResize	Sub O_ColResize (Colindex As Integer, Cancel As Integer)
Error	Sub DataGrid_Error(ByVal DataError As Integer, _ Response As Integer)
HeadClick	Sub O_HeadClick (Colindex As Integer)
OnAddNew	Sub O_OnAddNew( )
RowColChange	Sub O_RowColChange _ (LastRow As String, LastCol As Integer])
RowResize	Sub O_RowResize (Cancel As Integer)
Scroll	Sub O_Scroll([Cancel As Integer])
SelChange	Sub O_SelChange ([Cancel As Integer])
SplitChange	Sub O_SplitChange( )
Unbound~	
~AddData	Sub DBGrid_UnboundAddData _ (Rowbuf As RowBuffer, Newrowbookmark As Variant)
~DeleteRow	Sub DBGrid_UnboundDeleteRow(Bookmark As Variant)
~GetRelativeBookmark	Sub DBGrid_UnboundGetRelativeBookmark _ (Startlocation As Variant, ByVal Offset As Long, _ Newlocation As Variant, Approximateposition As Long)
~ReadData	Sub DBGrid_UnboundReadData _ (Rowbuf As RowBuffer, Startlocation2 As Variant, _ Readpriorrows As Boolean)
~WriteData	Sub DBGrid_UnboundWriteData(Rowbuf As RowBuffer, Writelocation As Variant)

*) Präfix O = eines der Datentabellen-Controls

**) Argumente s. Tab. 17.90

Tab. 17.89: Die Syntax der spezifischen Ereignisse der Datentabellen-Controls

Argument	*Beschreibung*
Approximateposition	Ordinalposition von Newlocation. Die Einstellung dieser Variablen erhöht die Fähigkeit des Rasters, seine vertikale Bildlaufleiste genauer anzuzeigen. Ist die exakte Ordinalposition von Newlocation nicht bekannt, kann der Benutzer diese Position auf einen angemessenen, geeigneten Wert einstellen oder diesen Parameter ignorieren.
Bookmark	Lesezeichen der zu löschenden Zeile. Sie brechen das UnboundDeleteRow-Ereignis ab, indem Sie den Bookmark-Parameter auf Null setzen. Dies verhindert, daß die Zeile gelöscht wird.
Cancel	Boolescher Ausdruck, der bestimmt, ob die betreffende Ereignismeldung abgebrochen wird.
Colindex	Index (0-basiert) der Spalte.
dataerror	Eine Ganzzahl, die den aufgetretenen Fehler kennzeichnet.

Argument	*Beschreibung*
KeyAscii	Tastencode des Zeichens, das das Bearbeiten einleitet. (bei Mausclick = 0)
LastRow	Vorherige Zeile
LastCol	Vorherige Spalte
OldValue	Wert vor der Änderung
Newlocation	Lesezeichen der Zeile, die durch Startlocation und Offset bestimmt wird. Liegt die angegebene Zeile über der ersten oder der letzten Zeile (oder über BOF oder EOF), sollte Newlocation auf den Wert Null eingestellt werden.
Newrowbookmark	Lesezeichen, das einen eindeutigen Bezeichner für jede Datenzeile darstellt.
Offset	Relative Position (von Startlocation ausgehend) der in Newlocation zurückzugebenden Zeile. Eine positive Zahl kennzeichnet eine relative Vorwärts-Position, eine negative Zahl eine relative Rückwärts-Position.
Readpriorrows	Ist True, wenn die Tabelle Zeilen vor der durch Startlocation angegebenen Position abruft, und False, wenn die Tabelle Zeilen nach der durch Startlocation angegebenen Position abruft.
response	response = 0: Anzeige von Fehlermeldungen wird unterdrückt. (sonst = 1).
Rowbuf	RowBuffer-Objekt, das die Datenzeile enthält/enthalten wird.
Startlocation	Lesezeichen, das zusammen mit Offset die in Newlocation zurückzugebende Spalte angibt. Ein Wert Null in Startlocation bedingt eine Anfrage nach einer Zeile aus BOF oder EOF.
Startlocation2	Lesezeichen, das die Zeile angibt, von wo aus die vorige oder nachfolgende Datensatzgruppe abgerufen wird. Ist Readpriorrows auf False gesetzt, gibt Startlocation2 das Lesezeichen vor dem ersten zu lesenden Datensatz an. Ist Readpriorrows auf True gesetzt, gibt Startlocation das Lesezeichen nach dem ersten zu lesenden Datensatz an. Falls Startlocation den Wert Null hat, beginnt das Abrufen am ersten oder letzten Datensatz, abhängig vom Argument Readpriorrows.
Writelocation	Das eindeutige Lesezeichen der Datenzeile.

Tab. 17.90: Argumente in den Ereignisprozeduren

Ereignis	*(1)*	*(2)*	*Ereignis*	*(1)*	*(2)*
Benutzeraktionen					
Click	x	x	KeyUp	x	x
DblClick	x	x	MouseDown	x	x
KeyDown	x	x	MouseMove	x	x
KeyPress	x	x	MouseUp	x	x
Focus-Ereignisse					
GotFocus	x	x	LostFocus	x	x
Drag & Drop					
DragDrop	x	x	DragOver	x	

Ereignis	*(1)*	*(2)*	*Ereignis*	*(1)*	*(2)*
OLE					
OLECompleteDrag	–	5	OLEGiveFeedBack	–	5
OLEDragDrop	–	5	OLESetData	–	5
OLEDragOver	–	5	OLEStartDrag	–	5

(1) DataGrid (2) DBGrid

Tab. 17.91: Allgemeine Ereignisse der Datentabellen-Controls

Subobjekte zu DBGrid

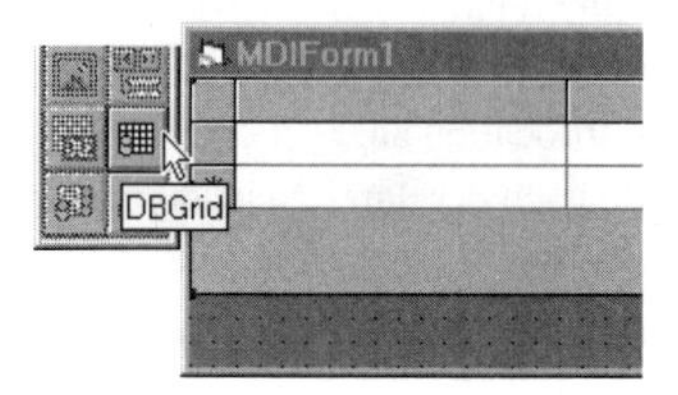

In diesem Abschnitt sind die direkt dem DBGrid zugeordneten Subobjekte und Auflistungen zusammengefaßt. Dies sind

- RowBuffer, ein besonderes DBGrid-Subobjekt
- SelBookmarks-Auflistung
- Column-Objekt und Columns-Auflistung
- Split-Objekt und Splits-Auflistung

In den Beispielzeilen steht Kennung für den Positionsindex des Elements in seiner Auflistung.

RowBuffer-Objekt und -Datentyp

Das RowBuffer-Objekt wird verwendet, um eine oder mehr Zeilen mit abgerufenen Daten aufzunehmen und zwischen Ihrer Anwendung und einem ungebundenen DBGrid zu übertragen.

RowBuffer ist ein deklarierbarer Objekt-Datentyp.

Objekt	*Deklaration*
RowBuffer	Dim RB As RowBuffer Set RB = DBGrid.RowBuffer
Eigenschaft	**Bookmark**
Kurzbeschreibung	Lesezeichen für die angegebene Zeile des RowBuffer-Objekts.
Write	RB.Bookmark(Zeile) = Lesezeichen
Read	Lesezeichen = RB.Bookmark(Zeile)

Objekt	*Deklaration*
Eigenschaft	**ColumnCount**
Kurzbeschreibung	Anzahl der im RowBuffer-Objekt enthaltenen Spalten.
Write	–
Read	Spaltenzahl = RB.ColumnCount
Eigenschaft	**ColumnName**
Kurzbeschreibung	Name der angegebenen Spalte des RowBuffer-Objekts.
Write	–
Read	Spaltenname = RB.ColumnName(Spalte)
Eigenschaft	**RowCount**
Kurzbeschreibung	Anzahl der im RowBuffer-Objekt enthaltenen Zeilen.
Write	RB.RowCount = Anzahl
Read	Zeilenzahl = RB.RowCount
Eigenschaft	**Value**
Kurzbeschreibung	Wert eines Datenelements im RowBuffer-Objekt.
Write	RB.Value(Zeile, Spalte) = Wert
Read	Wert = RB.Value(Zeile, Spalte)

Tab. 17.92: Die RowBuffer-Eigenschaften

SelBookmarks-Auflistung

Die SelBookmarks-Auflistung enthält in der Reihenfolge der Markierung ein Lesezeichen (BookMark As Variant, kein BookMark-Objekt!) für jede Zeile, die im DBGrid ausgewählt (markiert) ist.

SelBookmarks ist deklarierbarer Objekt-Datentyp.

Auflistung	*Deklaration*
SelBookmarks	Dim SBmrks As SelBookmarks Dim BookMark As Variant Set SBmrks = DBGrid.SelBookmarks
Eigenschaft	**Count**
Kurzbeschreibung	Anzahl der Lesezeichen
Read	LesezeichenZahl = SBmrks.Count
Eigenschaft	**Item**
Kurzbeschreibung	Auf ein bestimmtes Lesezeichen (Bookmark-Objekt) verweisen.
Read	Set BookMark = SBmrks (Kennung)
Entspricht	Set BookMark = SBmrks.Item(Kennung)
Methode	**Add**
Kurzbeschreibung	Hinzufügen von (markierten) Bookmark-Objekten zur Auflistung.
Syntax	SBmrks.Add [Kennung]

Auflistung	*Deklaration*
Methode	**RemoveItem**
Kurzbeschreibung	Entfernen eines bestimmten Lesezeichens.
Syntax	SBmrks.RemoveItem Kennung
	Kennung = Positionsindex

Tab. 17.93: Eigenschaften und Methoden von SelBookmarks

Columns-Auflistung und Column-Objekt

```
Verweis = DBGrid.Columns(Index)
' alternativ:
Verweis = DBGrid.Columns.Item(Index)
```

Columns ist die unter DBGrid untergeordnete Auflistung, in der die Spalten des DBGrid einschließlich Spaltenkopf als Column-Objekte zusammengefaßt sind.

Columns und Column sind deklarierbare Objekt-Datentypen.

Auf die Columns-Auflistung und die Column-Objekte darin greifen Sie über die Columns-Eigenschaft des DBGrid zu.

Auflistung	*Deklaration*
Columns	Dim Clmns As Columns Set Clmns = DBGrid.Columns Dim Clmn As Column
Eigenschaft	**Count**
Kurzbeschreibung	Anzahl der Spalten in der Columns-Auflistung
Read	SpaltenZahl = Clmns.Count
Eigenschaft	**Item**
Kurzbeschreibung	Auf eine bestimmte Spalte im DBGrid verweisen
Read	Set Clmn = Clmns(Kennung)
entspricht:	Set Clmn = Clmns.Item(Kennung)
Methode	**Add**
Kurzbeschreibung	Hinzufügen eines Column-Objekts zur Auflistung Wichtig: Mit Visible = True sichtbar machen
Syntax	Clmns.Add [Kennung] Set Clmn = Clmns.Add[Kennung]
Methode	**Remove**
Kurzbeschreibung	Entfernen eines Column-Objekts
Syntax	Clmns.RemoveItem Kennung
	Kennung = Positionsindex

Tab. 17.94: Eigenschaften und Methoden von Columns

Sie verändern eine Spalte in einem DBGrid mit Hilfe eines Column-Objekts und der zugehörigen Methoden und Eigenschaften.

Wollen Sie auf ein Column-Objekt zugreifen, verwenden Sie entweder

- die Columns-Eigenschaft des DBGrids direkt

```
DBGrid1.Columns(0).Caption = "Spalte 1".
```

oder

- weisen jede Spalte einer separaten Variablen zu, die als Column-Objekt deklariert ist.

Letzteres wird durch die folgenden Code-Zeilen veranschaulicht:

```
Dim Col1, Col2 As Column
Set Col1 = DBGrid1.Columns(0)
Set Col2 = DBGrid1.Columns(1)
Col1.Caption = "Spalte 1"
Col2.Caption = "Spalte 2"
```

Tip: Mit der zweiten Vorgehensweise können Sie das Leistungsverhalten Ihrer Anwendung verbessern. Jedes Element der Columns-Auflistung ist ein Column-Objekt.

Eigenschaft	*Kurzbeschreibung*	*LZ*
Alignment	Ausrichtung der Werte	R/W
AllowSizing	Breite zur Laufzeit änderbar?	R/W
Button	DropDown-Button anzeigen?	R/W
ColIndex	Index der Spalte	R
DefaultValue	Standardwert in ungebundenem DBGrid	R/W
DividerStyle	Rand an der rechten Seite der Spalte	R/W
Locked	Bearbeitung der Spalte blockiert?	R/W
NumberFormat	Zahlenausgabeformat	R/W
Value	Aktueller Wert	R/W
WrapText	Zeilenumbruch	R/W

Tab. 17.95: Die spezifischen Eigenschaften des Column-Objekts

Eigenschaft	*Read *)*	*Write *)*	
Alignment	Anordnung = Objekt.Alignment	Objekt.Alignment = Anordnung	Tab. 17.97
AllowSizing	SizingAllowed = Objekt.AllowSizing	Objekt.AllowSizing = {True|False}	
Button	HasButton = Objekt.Button	Objekt.Button = {False|True}	
ColIndex	Ix = Objekt.Columns(Key).ColIndex	–	

<table>
<tr><th>Eigenschaft</th><th>Read *)</th><th>Write *)</th><th></th></tr>
<tr><td>DefaultValue</td><td>Wert = Objekt.DefaultValue</td><td>Objekt.DefaultValue = Wert</td><td></td></tr>
<tr><td>DividerStyle</td><td>Randstil = Objekt.DividerStyle</td><td>Objekt.DividerStyle = Wert</td><td>Tab. 17.97</td></tr>
<tr><td>Locked</td><td>IsLocked = Objekt.Locked</td><td>Objekt.Locked = {False|True}</td><td></td></tr>
<tr><td>NumberFormat</td><td>Format$ = Objekt.NumberFormat</td><td>Objekt.NumberFormat = Wert$</td><td></td></tr>
<tr><td>Value</td><td>ZellenWert = Objekt.Value</td><td>Objekt.Value = Wert</td><td></td></tr>
<tr><td>WrapText</td><td>Textumbruch = Objekt.WrapText</td><td>Objekt.WrapText = {False|True}</td><td></td></tr>
</table>

*) Objekt = DBGrid.Columns(Kennung)

Tab. 17.96: Syntax der spezifischen Column-Eigenschaften

Wert	*Konstante*	*Beschreibung*
0	dbgLeft	Links. Text wird links ausgerichtet.
1	dbgRight	Rechts. Text wird rechts ausgerichtet.
2	dbgCenter	Zentriert. Text wird zentriert.
3	dbgGeneral	Allgemein (Voreinstellung). Text wird links ausgerichtet, Zahlen werden rechts ausgerichtet.

Tab. 17.97: Einstellungen für Alignment

Wert	*Konstante*	*Beschreibung*
0	dbgNoDividers	Kein Teiler
1	dbgBlackLine	Schwarze Linie
2	dbgDarkGrayLine	(Voreinstellung) Dunkelgraue Linie
3	dbgRaised	Angehoben
4	dbgInset	Abgesenkt
5	dbgUserForeColor	Durch die ForeColor-Eigenschaft festgelegte Farbe
6	dbgLightGrayLine	Hellgraue Linie

Tab. 17.98: Einstellungen für DividerStyle

Eigenschaft	*Eigenschaft*
Allgemein	
Caption	Text
Object	Visible
Position	
Height, Width	Left, Top
Data	
DataChanged	DataField

Tab. 17.99: Allgemeine Eigenschaften des Columns-Subobjekts

Methode	*Kurzbeschreibung*	*Syntax *)*	
CellText	Formatierter Textwert	ZellText = Objekt.CellText (Lesezeichen)	**)
CellValue	Unbearbeiteter Datenwert	Zellwert = Objekt.CellValue (Lesezeichen)	**)

*) Objekt = DBGrid.Columns(Kennung)
**) Die Zelle wird durch die Zeile mit dem Lesezeichen und die aktuelle Spalte bestimmt.

Tab. 17.100: Die Methoden des Column-Objekts und ihre Syntax

Splits-Auflistung und Split-Objekt

Deutsche Bezeichnung für Splits: Teilbereiche, gelegentlich Split-Teilbereiche

```
Dim Splts As Splits, Splt As Split
Set Splts = DBGrid.Splits
Set Splt = Splts(Index)
'alternativ
Set Splt = Splts.Item(Index)
```

Das DBGrid unterstützt Teilbereiche, die das Raster in vertikale Bereiche aufteilen, um Benutzern unterschiedliche Ansichten einer Datenbank zu ermöglichen.

Jeder Teilbereich wird durch ein Split-Objekt repräsentiert und enthält eine Gruppe nebeneinanderliegender Spalten, die als Einheit bewegt werden.

Splits ist die unter DBGrid untergeordnete Auflistung, in der alle Split-Objekte (Teilbereiche) zusammengefaßt sind.

Die Teilbereiche (Datenbereiche) können

- Daten in verschiedenen Farben und Schriftarten anzeigen,
- in vertikaler Richtung zusammen oder unabhängig voneinander bewegt werden und
- dieselben oder unterschiedliche Spalten anzeigen.

Auflistung	*Deklaration*
Splits	Dim Splts As Splits, Splt As Split Set Splts = DBGrid.Splits
Eigenschaft	**Count**
Kurzbeschreibung	Anzahl der Split-Objekte in der Splits-Auflistung
Read	SplitsZahl = Splts.Count
Eigenschaft	**Item**
Kurzbeschreibung	Auf einen bestimmten Teilbereich im DBGrid verweisen
Read	Set Splt = Splts(Index)
Entspricht:	Set Splt = Splts.Item(Index)

Auflistung	*Deklaration*
Methode	**Add**
Kurzbeschreibung	Hinzufügen eines Split-Objekts
Syntax	Splts.Add [Kennung]
alternativ:	Set Splt = Splts.Add [Kennung]
Methode	**Remove**
Kurzbeschreibung	Entfernen eines Split-Objekts
Syntax	Splts.RemoveItem Kennung
	Kennung = Positionsindex

Tab. 17.101: Eigenschaften und Methoden der Splits-Auflistung und ihre Syntax

Eigenschaft	*Ab: VB4*	*Beschreibung*	*LZ*
AllowFocus		Können Zellen den Fokus erhalten?	R/W
ScrollBars		Können Scrollbars gezeigt werden?	R
ScrollGroup		Gruppe für synchronisiertes Scrollen	R/W
Size		Größe des Teilbereichs	R/W
SizeMode		Modus für Size	R/W

Tab. 17.102: Die spezifischen Eigenschaften des Split-Objekts

Eigenschaft	*Read *)*	*Write *)*	
AllowFocus	IsFokusAllowed = Objekt.AllowFocus	Objekt.AllowFocus = {True|False}	
ScrollBars	HasScrollBars = Objekt.ScrollBars	–	Tab. 17.104
ScrollGroup	Gruppe = Objekt.ScrollGroup	Objekt.ScrollGroup = Wert	s. Abb. 17.2
Size	Teilbreite = Objekt.Size	Objekt.Size = Wert	
SizeMode	Modus = Objekt.SizeMode	Objekt.SizeMode = Wert	

*) Objekt = DBGrid.Splits(Kennung)

Tab. 17.103: Die Syntax der spezifischen Eigenschaften des Split-Objekts

Wert	*Konstante*	*Beschreibung*
0	vbSBNone	(Voreinstellung) Kein
1	vbHorizontal	Horizontal
2	vbVertical	Vertikal
3	vbBoth	Beide

Tab. 17.104: Einstellungen für Splits-ScrollBars

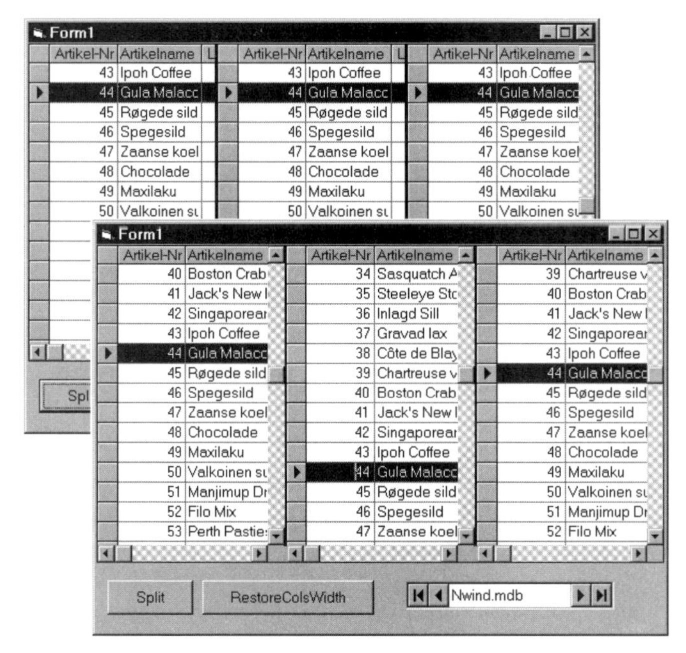

Abb. 17.2: Eine und drei ScrollGroups

Wert	*Konstante*	*Beschreibung*
0	dbgScalable	(Voreinstellung) Der von der Size-Eigenschaft zurückgegebene Ganzzahlwert gibt die relative Größe des Teilbereichs unter Berücksichtigung anderer skalierbarer Teilbereiche an.
1	dbgExact	Der von der Size-Eigenschaft zurückgegebene Fließkommawert gibt die exakte Größe des Teilbereichs in Koordinateneinheiten des Containers an.
2	dbgNumberOfColumn	Der von der Size-Eigenschaft zurückgegebene Ganzzahlwert gibt die Anzahl der in dem Teilbereich angezeigten Spalten an, unabhängig von deren Breite.

Tab. 17.105: Einstellungen für SizeMode

Eigenschaft	*Beschreibung*	*LZ*
AllowRowSizing	Zeilenhöhe änderbar?	R/W
Columns	Verweis auf Columns-Auflistung	R
CurrentCellVisible	Ist aktuelle Zelle sichtbar? (sonst sichtbar machen)	R/W
FirstRow	Oberste sichtbare Zeile	R/W
MarqueeStyle	Markierstil	R/W
SelStartCol, SelEndCol	Ausgewählte Spalten	R/W
SelStartRow, SelEndRow	Ausgewählte Zeilen	R/W
AllowSizing	Breite zur Laufzeit änderbar?	R/W

Eigenschaft	*Beschreibung*	*LZ*
Locked	Bearbeitung der Spalte blockiert?	R/W
NumberFormat	Zahlenformat	R/W

Tab. 17.106: Gemeinsame Eigenschaften von Split

Die Syntax für diese Eigenschaften finden Sie in den Tabellen 17.73 und 17.96

17.3 Datenzugriffs-Objekte

Wichtiger Hinweis:
In dieser Referenz werden nur die Datenbank-Controls beschrieben. Die detaillierte Beschreibung der Datenzugriffs-Objekte würde den Rahmen des Buches sprengen und muß einem – bei entsprechender Nachfrage vorgesehenen – Erweiterungsband »Visual Basic Objekt-Referenz« vorbehalten bleiben.

Basisobjekt aller Datenzugriffs-Objekte ist ab VB4 das DBEngine-Objekt. Ihm sind alle anderen Datenzugriffsobjekte untergeordnet.

18 Kommunikation

Bezeichnung	*Klasse*	*Ab VB*
Kommunikation	***MSComm***	*VB2/3*

Mit einem Kommunikation-Steuerelement (MSComm) können Sie Daten über eine serielle Schnittstelle senden bzw. empfangen und somit dafür sorgen, daß Anwendungen miteinander kommunizieren können. Jedes MSComm steht für eine serielle Schnittstelle.

MAPI-Controls		*VB2/3*
MAPI-Sitzung	***MAPISession***	
MAPI-Nachrichten	***MAPIMessages***	

Die MAPI-Steuerelemente (MAPI = Messaging Application Program Interface) ermöglichen das Erstellen einer Visual Basic-Anwendung, die E-Mail und MAPI unterstützt.

Tab. 18.1: Die Kommunikations-Controls

18.1 Communications-Control

Deutsche Bezeichnung: Kommunikation-Steuerelement

Klasse: MSComm

Typ: Zusatzsteuerelement

Mit einem Kommunikation-Steuerelement (MSComm) können Sie Daten über eine serielle Schnittstelle senden bzw. empfangen und somit dafür sorgen, daß Anwendungen miteinander kommunizieren können.

Jedes MSComm steht für eine serielle Schnittstelle.

Bezeichnung *VB-Version*	*Klasse* *Edition*	*Erforderliche Dateien*	*Bezeichnung in Liste* *Zusatzsteuerelemente*
Kommunikation	MSComm		
VB2/3	Pro/Ent	MSCOMM.VBX	
VB4-16	Pro/Ent	MSCOMM16.OCX	Microsoft Comm Control

Bezeichnung VB-Version	*Klasse Edition*	*Erforderliche Dateien*	*Bezeichnung in Liste Zusatzsteuerelemente*
VB4-32	Pro/Ent	MSCOMM32.OCX	Microsoft Comm Control 5.0
VB5	Pro/Ent	MSCOMM32.OCX	Microsoft Comm Control 5.0
VB6	Pro/Ent	MSCOMM32.OCX	Microsoft Comm Control 6.0

Ein Kommunikation-Steuerelement (MSComm) stellt die beiden folgenden Möglichkeiten zur Kommunikation bereit:

- Event driven, ereignisgesteuerte Kommunikation

  Ereignisse und Fehler werden mit OnComm festgestellt. Für komplexe Anwendungen zu empfehlen.

- Polling Kommunikation

  Ereignisse sowie Fehler werden zyklisch (Wert von CommEvent) abgefragt. Für einfache Anwendungen ausreichend.

Abkürzung	*Steht für*	*Bezeichnet*
CTS	Clear To Send	Leitung Sendebereitschaft
CTST	Clear To Send Timeout	Zeitüberschreitung Sendebereitpegel
DCD	Data Carrier Detect	Leitung Empfangssignalpegel, auch als RLSD bezeichnet.
DCDT	Data Carrier Detect Timeout	Zeitüberschreitung Empfangssignalpegel
DSR	Data Set Ready	Leitung Betriebsbereitschaft
DSRT	Data Set Ready Timeout	Zeitüberschreitung Betriebsbereitschaft
DTE	Data Terminal Equipment	Datenendeinrichtung
H-Pegel	Hight-Pegel	Entspricht -1
L-Pegel	Low-Pegel	Entspricht 0
RCB	Receive Buffer	Empfangspuffer
RCBO	Receive Buffer Overflow	Überlauf im Empfangspuffer
RLSD	Receive Line Signal Detect	Leitung Empfangssignalpegel, üblicherweise als DCD bezeichnet
comCDTO	Carrier Detect Timeout Error	Zeitüberschreitung Empfangssignalpegel
UART	Universal Asynchronous Receiver/Transmitter	

Tab. 18.2: Wichtige MSComm-Abkürzungen und Begriffe

18.1.1 Die Eigenschaften von MSComm

Eigenschaft	*Ab: VB3*	*Kurzbeschreibung*	*Entw.*	*LZ*
Break		Aktiviert oder deaktiviert das Anhaltesignal	–	R/W
CDHolding		DCD (Empfangssignalpegel) abfragen	–	R

Eigenschaft	*Ab: VB3*	*Kurzbeschreibung*	*Entw.*	*LZ*
CDTimeout		DCD Wartezeit (Millisekunden)	(R/W) **)	R/W
CommEvent		Letzes Comm-Ereignis, letzter Comm-Fehler	–	R
CommID		Kennung des MSComm-Gerätes	–	R
CommPort		Nummer des Kommunikationsanschluss	R/W	R/W
CTSHolding		Zustand von CTS (Leitung Sendebereitschaft)	–	R
CTSTimeout		CTS Wartezeit (Millisekunden)	R/W *)	R/W
DSRHolding		Zustand Leitung Betriebsbereitschaft (DSR)	-	R/W
DSRTimeout		Wartezeit für DSR-Abfrage	R/W *)	R/W
DTREnable		Leitung Endgerät betriebsbereit (DTR) aktiviert?	R/W	R/W
EOFEnable	VB5	Ist EOF erreicht?	R/W **)	R/W
HandShaking		Welches HandShaking-Protokoll?	R/W	R/W
InBufferCount		Aktuelle Zeichenzahl im Empfangspuffer	–	R
InBufferSize		Maximale Zeichenzahl im Empfangspuffer	R/W	R/W
Input		Empfangspuffer lesen/löschen	–	R
InputLen		Einzulesende Zeichenzahl (0 = Alle)	R/W	R/W
Interval		Nur für Win 3.x erforderlich! Abfrageintervall	R/W **)	R/W
NullDiscard		Nullzeichen an Empfangspuffer?	R/W	R/W
OutBufferCount		Aktuelle Zeichenzahl im Sendepuffer, Leeren mit 0	–	R/W
OutBufferSize		Maximal zulässige Zeichenzahl im Sendepuffer	R/W	R/W
Output		Schreibt eine Zeichenfolge in den Sendepuffer	–	W
ParityReplace		Ersatzzeichen für fehlerhafte Zeichen	R/W	R/W
PortOpen		Anschluß geöffnet/geschlossen u. geleert	–	R/W
RThreshold		Mindestzeichenzahl im Empfangspuffer, bevor CommEvent auf comEvReceive gesetzt und ein OnComm-Ereignis (nicht bei 0) ausgelöst wird	R/W	R/W
RTSEnable		RTS (Return To Send) aktiviert/aktivieren?	R/W	R/W
Settings		Parameter Baud, Parität, Datenbits und Stopbits	R/W	R/W
SThreshold		Zeichenzahl, unterhalb der CommEvent auf comEvSend festgelegt und OnComm ausgelöst wird	R/W	R/W

*) Nur MSCOMM.VBX
**) Ab MSCOMM.OCX

Tab. 18.3: Die spezifischen Eigenschaften von MSComm

Eigenschaft	*Read *)*	*Write *)*	*Hinweis*
Break	IsBreak = MSC.Break	MSC.Break = {False|True}	
CDHolding	IsOnline = MSC.CDHolding	–	Tab. 18.6
CDTimeout	MSC.CDTimeout = Millisek&	–	

Eigenschaft	*Read *)*	*Write *)*	*Hinweis*
CommEvent	Rückgabe = MSC.CommEvent	–	**)
CommID	IDNummer = MSC.CommID	–	
CommPort	AnschlNr% = MSC.CommPort	MSC.CommPort = AnschNr%	1 bis 99 ***)
CTSHolding	ClearToSend = MSC.CTSHolding	–	****)
CTSTimeout	Zeit& = MSC.CTSTimeout	MSC.CTSTimeout = Zeit&	in Millisek
DSRHolding	IsDSR = MSC.DSRHolding	MSC.DSRHolding = Wert	
DSRTimeout	DSRZeit& = MSC.DSRTimeout	MSC.DSRTimeout = DSRZeit&	in Millisek
DTREnable	IsEnabled = MSC.DTREnable	MSC.DTREnable = Wert	{True|False}
EOFEnable	IsEOFEnable = MSC.EOFEnable	MSC.EOFEnable = Wert	{False|True}
HandShaking	WhatProtocoll = MSC.Handshaking	MSC.Handshaking = Protokoll%	
InBufferCount	–	MSComm.InBufferCount = Anzahl	
InBufferSize	AnzahlBytes% = MSC.InBufferSize	MSC.InBufferSize = AnzahlBytes%	Def. = 1024
Input	Eingelesen$ = MSComm.Input	–	
InputLen	AnzahlZeichen% = MSC.InputLen	MSC.InputLen = AnzahlZeichen%	+)
Interval	Intervall = MSC.Interval	MSC.Interval = Wert	in Millisek ++)
NullDiscard	SendBuffNull= MSC.NullDiscard	MSC.NullDiscard = Wert	{False|True}
OutBufferCount	AnzImPuffer = MSC.OutBufferCount	MSC.OutBufferCount = 0	+++)
OutBufferSize	SendBuffSize = MSC.OutBufferSize	MSC.OutBufferSize = AnzahlBytes%	Def. = 512
Output	–	MSC.Output = AusgabeZeichenfolge$	
ParityReplace	Ersatzzeichen$ = MSC.ParityReplace	MSC.ParityReplace = Zeichen$	++++)
PortOpen	IsPortOpen = MSC.PortOpen	MSC.PortOpen = {True|False}	****)
RThreshold	Zeichenzahl% = MSC.RThreshold	MSC.RThreshold = Zeichenzahl%	Def. = 0
RTSEnable	–	MSC.RTSEnable = Wert	{False|True}
Settings	ParamZeichenfolge$ = MSC.Settings	MSC.Settings = ParamZeichenfolge$	#)
SThreshold	AnzahlZeichen% = MSC.SThreshold	MSC.SThreshold = AnzahlZeichen%	s. Tab. 18.11

*) Präfix MSC = MSComm

**) Lesen Sie die CommEvent-Eigenschaft zur Laufzeit in der OnComm-Ereignisprozedur, s. Tab. 18.7 und 18.8.

***) Wenn Sie versuchen, mit PortOpen einen Anschluß zu öffnen, den es nicht gibt, erzeugt MSComm den Fehler 68 (Gerät nicht verfügbar).

****) Leitung Sendebereitschaft (CTS) wird beim Hardware-Handshaking RTS/CTS (Request To Send/Clear To Send) verwendet.

+) Def. = 0: Gesamten Empfangspuffer lesen, sonst Zeichenzahl.

++) Def. = 1000 Eigenschaft zur Abfrage der seriellen Schnittstelle. Nur unter Win3.x erforderlich!

+++) Def = 0: Sendepuffer leeren

++++) Def. = "?". Leere Zeichenfolge deaktiviert das Ersetzen des Zeichens bei Paritätsfehler.

#) ParamZeichenfolge$ besteht aus vier Einstellungen und hat das Format:
Baudrate, Parität, DatenbitsAnzahl, Stopbits. (Standardwert = "9600,N,8,1")
Werte s. Tab. 18.10

Tab. 18.4: Die Syntax der spezifischen Eigenschaften von MSComm

Eigenschaft	*Ab: VB3*	*Eigenschaft*	*Ab VB3*
Allgemein			
Index		Object	VB4
Name		Parent	VB4
Position			
Left, Top			

Tab. 18.5: Die allgemeinen Eigenschaften von MSComm

IsOnline	*Beschreibung*	
True	DCD hat H-Pegel ("High")	*)
False	DCD hat L-Pegel ("Low")	

*) Ist CDHolding = True und die von CDTimeout angegebene Anzahl von Millisekunden abgelaufen, wird CommEvent auf comCDTO gesetzt und ein OnComm-Ereignis ausgelöst.

Tab. 18.6: CDHolding-Rückgabewerte

Wert	*Einstellung*	*Beschreibung*
1	comEvSend	Weniger Zeichen im Sendepuffer, als SThreshold-Eigenschaft angibt.
2	comEvReceive	Es wurden so viele Zeichen empfangen, wie die RThreshold-Eigenschaft angibt. Dieses Ereignis wird kontinuierlich ausgelöst, bis Sie die Daten mit der Input-Eigenschaft aus dem Empfangspuffer entfernen.
3	comEvCTS	Pegeländerung auf der Leitung Sendebereitschaft (Clear To Send, CTS).
4	comEvDSR	Pegeländerung auf der Leitung Betriebsbereitschaft (Data Set Ready, DSR). Dieses Ereignis wird nur gemeldet, wenn sich DSR von -1 auf 0 ändert.
5	comEvCD	Pegeländerung auf der Leitung Empfangssignalpegel (Data Carrier Detect, DCD).
6	comEvRing	Es wurde ein Anruf (Ring) erkannt. Einige UARTs unterstützen dieses Ereignis nicht.
7	comEvEOF	Es wurde ein Dateiendezeichen (End Of File-Zeichen, ASCII-Zeichen 26) empfangen.

Tab. 18.7: CommEvent-Rückmeldungen für Kommunikationsereignisse

Wert	*Einstellung*	*Beschreibung*
1001	comBreak	Es wurde ein Anhaltesignal (Break-Signal) empfangen.
1002	comCTSTO	Zeitüberschreitung Sendebereitschaft. Während versucht wurde, ein Zeichen zu übertragen, hatte CTS für die von CTSTimeout angegebene Anzahl von Millisekunden L-Pegel.
1003	comDSRTO	Zeitüberschreitung Betriebsbereitschaft (DSRT). Während versucht wurde, ein Zeichen zu übertragen, hatte DSR für die von DSRTimeout angegebene Anzahl von Millisekunden L-Pegel.

Wert	*Einstellung*	*Beschreibung*
1004	comFrame	Fehler im Übertragungsraster (Framing Error). Die Hardware hat im Übertragungsraster einen Fehler entdeckt.
1006	comOverrun	Anschlußüberlauf (Port Overrun). Es ist ein Zeichen verlorengegangen, da die Hardware nicht in der Lage war, dieses Zeichen zu lesen, bevor das nächste Zeichen eintraf. Wenn Sie diesen Fehler unter Win 3.x erhalten, sollten Sie die Interval-Eigenschaft auf einen kleineren Wert festlegen.
1007	comCDTO	Zeitüberschreitung Empfangssignalpegel (DCDT). Während versucht wurde, ein Zeichen zu übertragen, hatte DCD für die von CDTimeout angegebene Anzahl von Millisekunden L-Pegel.
1008	comRxOver	Überlauf des Empfangspuffers (Receive Buffer Overflow). Der Empfangspuffer ist voll.
1009	comRxParity	Paritätsfehler (Parity Error). Die Hardware hat einen Paritätsfehler entdeckt.
1010	comTxFull	Sendepuffer voll (Transmit Buffer Full). Bei dem Versuch, ein Zeichen in die Warteschlange aufzunehmen, wurde festgestellt, daß der Sendepuffer voll war.

Tab. 18.8: CommEvent-Rückmeldungen für Kommunikationsfehler

Wert	*Konstante*	*Wirkung*
0	comNone	Kein Handshaking (Voreinstellung)
1	comXOnXOff	XON/XOFF-Handshaking
2	comRTS	RTS/CTS-Handshaking (Request To Send/Clear To Send)
3	comRTSXOnXOff	Sowohl RTS/CTS- als auch XON/XOFF-Handshaking

Tab. 18.9: Die Handshaking-Einstellungen

Baudraten	*Parität Code*	*Beschreibung*	*Datenbits*	*Stopbits*
110	E	Even (Gerade)	4	1 (d)
300	M	Mark	5	1,5
600	N (d)	None (Keine)	6	2
1200	O	Odd (Ungerade)	7	2400
9600 (d)	S	Space	8 (d)	
14400				
19200				
38400				
56000				
128000 (r)				
256000 (r)				

(d) = default (Voreinstellung) (r) reserviert

Tab. 18.10: Die zulässigen Einstellungen für Settings

Wert	*OnComm-Ereignismeldung erfolgt ...*
0	... nicht (Voreinstellung).
1	... wenn Sendepuffer leer.
> 1	... wenn weniger Zeichen als Wert.

Tab. 18.11: Werte für SThreshold

18.1.2 Funktionen des MSComm

Für das MSComm-Control stehen zwei spezifische Funktionen zur Verfügung.

Bitte beachten Sie bei VB5: In der deutschen VB5-Hilfe werden diese Funktionen nicht beschrieben.

Parameter	*Typ*	*Beschreibung*
hWnd	HWND	Die Fensterzugriffsnummer (window handle) des Steuerelements
lpData	LPSTR	Long-Zeiger auf den Anfang des Datenpuffers
cbData	int	Die Länge von lpData in Bytes

Tab. 18.12: Parameter der MSComm-Funktionen

ComInput-Funktion

ComInput liefert und löscht eine Zeichenfolge, einschließlich eingebetteter Null-Zeichen, aus dem Empfangspuffer.

```
Bytezahl% = ComInput(ByVal hWnd As Integer, _
          lpData As Any, _
          ByVal cbData As Integer)
```

Die ComInput-Funktion kann Zeichenfolgen aus dem Empfangspuffer abrufen, die eingebettete Null-Zeichen enthalten.

ComOutput-Funktion

ComOutput schreibt eine Zeichenfolge, einschließlich eingebetteter Null-Zeichen, in den Sendepuffer.

```
AnzahlBytes% = ComOutput(ByVal hWnd As Integer, _
          lpData As Any, _
          ByVal cbData As Integer)
```

18.1.3 Das OnComm-Ereignis

MSComm registriert nur ein Ereignis.

Ein OnComm-Ereignis wird immer dann gemeldet, wenn sich der Wert einer CommEvent-Eigenschaft ändert. Eine solche Änderung zeigt an, daß entweder ein Kommunikationsereignis oder ein Kommunikationsfehler aufgetreten ist.

```
Sub MSComm_OnComm ()
```

Die CommEvent-Eigenschaft (s.d.) enthält jeweils den numerischen Code des Fehlers oder Ereignisses, von dem das OnComm-Ereignis ausgelöst wurde.

18.2 MAPI

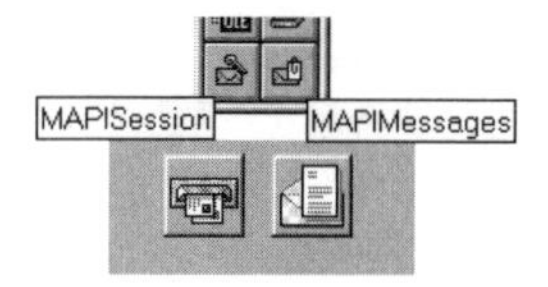

Mit den MAPI-Steuerelementen (MAPI = Messaging Application Program Interface) erstellen Sie Visual Basic-Anwendungen, die E-Mail und MAPI unterstützen.

Bezeichnung VB-Version	*Klasse Edition*	*Erforderliche Dateien*	*Bezeichnung in Liste Zusatzsteuerelemente*
MAPI	MAPI		
VB2/3	Pro/Ent	MSMAPI.VBX	
VB4-16	Pro/Ent	MSMAPI16.OCX	Microsoft MAPI Controls
VB4-32	Pro/Ent	MSMAPI32.OCX	Microsoft MAPI Controls 5.0
VB5	Pro/Ent	MSMAPI32.OCX	Microsoft MAPI Controls 5.0
VB6	Pro/Ent	MSMAPI32.OCX	Microsoft MAPI Controls 6.0

Tab. 18.13: Erforderliche Dateien

Die MSMAPI-Datei enthält zwei MAPI-Steuerelemente:

Bezeichnung	*Klasse*
MAPI-Sitzung	MAPISession
MAPI-Nachrichten	MAPIMessages

Damit diese Steuerelemente funktionieren, müssen MAPI-Dienste verfügbar sein. MAPI-Dienste werden in MAPI-kompatiblen E-Mail-Systemen bereitgestellt. Unter Windows 95 müssen Sie z.B. Exchange installieren, um die MAPI-Funktionen oder MAPI-Steuerelemente in Visual Basic richtig einsetzen zu können.

Die MAPI-Steuerelemente sind zur Laufzeit nicht sichtbar. Es gibt auch keine Ereignisse für diese Steuerelemente. Sie müssen die entsprechenden Eigenschaften und Methoden angeben, um sie zu verwenden.

18.2.1 MAPI-Sitzung

Klasse: MAPISession

Das MAPI-Sitzung-Steuerelement meldet eine MAPI-Sitzung an, richtet sie ein und wird auch zum Abmelden von einer MAPI-Sitzung verwendet. Das MAPI-Nachrichten-Steuerelement ermöglicht das Ausführen verschiedener Messaging-Systemfunktionen.

Die Eigenschaften von MAPISession

Eigenschaft	*Ab: VB2*	*Kurzbeschreibung*	*Entw.*	*LZ*
Action		Welche Aktion?	–	W
DownloadMail		Nachrichten direkt laden?	R/W	R/W
LogonUI		Dialogfeld für Anmeldung verfügbar?	R/W	R
NewSession		Neue E-Mail-Sitzung auch wenn gültige besteht?	R/W	R/W
Password		Paßwort	R/W	R/W
SessionID		Sitzungs-ID	–	R
UserName		Benutzername	R/W	R/W

Tab. 18.14: Die spezifischen Eigenschaften von MAPISession

Eigenschaft	*Read *)*	*Write*)*	*Hinweis*
Action	M.Action = Einstellung%	–	**)
DownloadMail	Direct = M.DownloadMail	M.DownloadMail = Wert	{True|False} Tab. 18.18
LogonUI	–	M.LogonUI = Wert	{True	False}
NewSession	–	M.NewSession = Wert	{False|True}
Password	AktPw = M.Password	M.Password = String	Def. = ""
SessionID	WhatSessn = M.SessionID	–	Def. = 0
UserName	AktUser = M.UserName	M.UserName = Name$	

*) Präfix M. = MAPISession.

**) Die Action-Eigenschaft steht ab VB4 nur aus Gründen der Kompatibilität zu VB2/3 zur Verfügung. Verwenden Sie an deren Stelle die Sig-Methoden (s.u. Tab. 18.17).

Tab. 18.15: Die Syntax der spezifischen Eigenschaften von MAPISession

Eigenschaft	*Ab: VB2*	*Eigenschaft*	*Ab: VB2*
Allgemein			
Index		Parent	
Name		Tag	
Object			
Position			
Left, Top			

Tab. 18.16: Die allgemeinen Eigenschaften von MAPISession

Wert	*Konst. (ab VB4)*	*Einstellung*	*Beschreibung*
1	mapSignOn	SignOn	Meldet den Benutzer an das durch die Eigenschaften UserName und Password angegebene Konto an. Übergibt eine Sitzungszugriffsnummer an das Nachrichten-Teilsystem (engl.: message subsystem). Die Sitzungszugriffsnummer wird in der SessionID-Eigenschaft gespeichert. Die Sitzungszugriffsnummer muß dann an das MAPI-Nachrichten-Steuerelement übergeben werden. Sonst tritt bei dessen Verwendung ein Fehler auf.
2	mapSigOff	SignOff	Beendet die Nachrichtensitzung. Meldet den Benutzer vom angegebenen Konto ab.

Tab. 18.17: Die Einstellungen von Action

Einstellung	*Beschreibung*
True	(Voreinstellung) Alle neuen Nachrichten werden direkt in den Posteingang des Benutzers geladen. Ein Fortschrittsanzeiger wird angezeigt, bis das Laden der Nachrichten beendet ist.
False	Neue Nachrichten werden nicht sofort in den Posteingang des Benutzers geladen, sondern in den vom Benutzer angegebenen Zeitabständen.

Tab. 18.18: Einstellungen für DownloadMail

Die Methoden von MAPISession

MAPISession verfügt ab VB4 über zwei Methoden, die anstelle der Action-Eigenschaft verwendet werden.

SignOn-Methode

SignOn meldet den Benutzer an das durch die Eigenschaften UserName und Password angegebene Konto an und übergibt eine Sitzungszugriffsnummer an das zugrundeliegende Nachrichten-Teilsystem.

```
MapiSitzung.SignOn
```

SignOff-Methode

SignOff beendet die Nachrichtensitzung und meldet den Benutzer vom durch die Eigenschaften UserName und Password angegebenen Konto ab.

```
MapiSitzung.SignOff
```

18.2.2 MAPI-Nachrichten

Klasse: MAPIMessages

Das Steuerelement MAPI-Nachrichten führt verschiedene Operationen des Messaging-Systems durch, nachdem eine Nachrichtensitzung mit dem Steuerelement MAPI-Sitzung eingerichtet wurde.

Mit dem Steuerelement MAPI-Nachrichten führen Sie folgende Aktionen durch:

- Zugriff auf Meldungen im Posteingang.
- Verfassen einer neuen Nachricht.
- Hinzufügen und Löschen von Nachrichtenempfängern und Anlagen.
- Senden von Nachrichten (mit oder ohne zugehörige Benutzeroberfläche).
- Speichern, Kopieren und Löschen von Nachrichten.
- Anzeigen des Adreßbuch-Dialogfeldes.
- Anzeigen des Details-Dialogfeldes.
- Zugriff auf Anlagen, einschließlich OLE-Anlagen.
- Auflösen eines Empfängernamens beim Eingeben von Adressen.
- Aktionen zum Antworten, Antworten an alle oder Weiterleiten von Nachrichten.

Die Nachrichtenpuffer

Bei der Verwendung des Steuerelements MAPI-Nachrichten müssen Sie zwei Puffer verwalten:

– den Puffer der verfaßten Nachrichten und

– den Lesepuffer.

Der Lesepuffer besteht aus einer indizierten Gruppe von Nachrichten, die aus dem Posteingang eines Benutzers abgerufen werden. Mit Hilfe der MsgIndex-Eigenschaft (kleinster MsgIndex = 0) greifen Sie auf einzelne Nachrichten dieser Gruppe zu.

Die Nachrichtengruppe wird mit der Fetch-Methode erstellt. Sie enthält alle Nachrichten vom Typ FetchMsgType. Sie wird entsprechend der Einstellung der FetchSorted-Eigenschaft sortiert. Mit Hilfe der FetchUnreadOnly-Eigenschaft werden bereits gelesene Nachrichten in die Gruppe aufgenommen oder aus ihr ausgeschlossen. Der Benutzer kann Nachrichten nur ändern, nachdem sie in den Puffer der verfaßten Nachrichten kopiert wurden.

Nachrichten können im Puffer der verfaßten Nachrichten erstellt oder bearbeitet werden. Dieser Puffer ist der aktive Puffer, wenn die MsgIndex-Eigenschaft auf 1 gesetzt wurde.

Viele der Operationen auf Nachrichten sind nur in diesem Puffer zulässig, z.B. das

- Senden von Nachrichten,
- Senden von Nachrichten mit einem Dialogfeld,
- Speichern von Nachrichten oder
- Löschen von Empfängern und Anlagen.

Die Eigenschaften von MAPI-Nachrichten

Die meisten Eigenschaften des Steuerelements MAPI-Nachrichten sind in vier Funktionsbereiche zusammenfaßbar:

- Adreßbuch (Adress...)
- Dateianlage (Attachement...)
- Nachricht (Msg...)
- Empfänger (Recip... von Recipient = Empfänger)

Wenn sich z.B. der Indexwert in der MsgIndex-Eigenschaft ändert, ändern sich auch alle anderen Eigenschaften für Dateianlage, Nachricht und Empfänger entsprechend den Merkmalen der angegebenen Nachricht.

Eigenschaft	*Ab: VB2/3*	*Kurzbeschreibung*	*Entw.*	*LZ*
Action		Welche Aktion? Ab VB4: Methoden s. Tab. 18.17	–	W
AdressCaption		Adreßbuchtitel	R/W	R/W
AdressEditFieldCount		Anzahl Bearbeitungselemente im Adreßbuch-Dialogfeld	R/W	R/W
AdressLabel		Aussehen des Bearbeitungssteuerelements "AN"	R/W	R/W
AdressModifiable		Adreßbuch modifizierbar?	R/W	R/W
AdressResolveUI		Ähnliche Namen anzeigen?	R/W	R/W
AttachementCount		Anzahl verbundene Anlagen	–	R

Eigenschaft	*Ab: VB2/3*	*Kurzbeschreibung*	*Entw.*	*LZ*
AttachementIndex		Aktuelle (momentan indizierte) Anlage	–	R/W
AttachementName		Name der aktuellen Anlage	–	R/(W)
AttachementPathName		Vollständiger Dateiname (mit Pfad) der aktuellen Anlage	–	R/(W)
AttachementPosition		Position der aktuellen Anlage im Textbereich (0 bis Textlen -1)	–	R/(W)
AttachementType		Typ der aktuellen Anlage	–	R/(W)
FetchMsgType		Nachrichtentyp zum Auffüllen der Gruppe bei Fetch	R/W	R/W
FetchSorted		Nachrichten FiFo sortieren?	R/W	R/W
FetchUnreadyOnly		Noch nicht gelesene einlesen?	R/W	R/W
MsgConversationID		Kennung für Nachrichtenfolge der aktuellen Nachricht.	–	R/(W)
MsgCount		Anzahl Nachrichten in der Gruppe	–	R
MsgDateReceived		Empfangsdatum der aktuellen Nachricht	–	R
MsgID		Kennung (64-Zeichen lang) der aktuellen Nachricht	–	R
MsgIndex		Indexnummer der aktuellen Nachricht	–	R/W
MsgNoteText		Text der Nachricht	–	R/(W)
MsgOrigAdress		E-Mail-Adresse des Absenders	–	R
MsgOrigDisplayName		Absendername	–	R
MsgRead		Ist Nachricht schon gelesen?	–	R
MsgReceiptRequested		Empfangsbestätigung gewünscht?	–	R/W
MsgSent		Nachricht versandt?	–	R
MsgSubject		Betreffzeile der Nachricht	–	R/(W)
MsgType		Typ der Nachricht	–	R/(W)
RecipAdress		E-Mail-Adresse des Empfängers	–	R/(W)
RecipCount		Anzahl der Empfänger	–	R
RecipDisplayName		Name des Empfängers	–	R/(W)
RecipIndex		Indexnummer des aktuellen Empfängers	–	R/W
RecipType		Typ des aktuellen Empfängers	–	R/(W)
SessionID		Zugriffsnummer der aktuellen Sendung (= MAPISession)	–	R/W

Tab. 18.19.1: Die spezifischen Eigenschaften von MAPI-Nachrichten

Eigenschaft	*Read *)*	*Write *)*	*Hinweis*
Action	–	M.Action = Wert%	**)
AdressCaption	Titel = M.AddressCaption	M.AddressCaption = Zeichenfolge$	***)
AdressEditFieldCount	Anz = M.AddressEdit _ FieldCount	M.AddressEdit _ FieldCount = Wert%	Tab.18.22

Eigenschaft	*Read *)*	*Write *)*	*Hinweis*
AdressLabel	Label$ = M.AddressLabel	M.AddressLabel = Zeichenfolge$	****)
AdressModifiable	IsModifiable = M.AddressModifiable	M.AddressModifiable = {False|True}	
AdressResolveUI	ShowSimilar = M.AddressResolveUI	M.AddressResolveUI = Wert	{False|True}
AttachementCount	Anzahl = M.AttachmentCount	–	
AttachementIndex	Index% = M.AttachmentIndex	M.AttachmentIndex = Wert	{0 bis Attachement-Count -1}
AttachementName	Zeichenfolge$ = M.AttachmentName	M.AttachmentName = Zeichenfolge$	+)
AttachementPathName	Zeichenfolge$ = M.AttachmentPathName	M.AttachmentPathName = Zeichenfolge$	++)
AttachementPosition	Position% = M.AttachmentPosition	M.AttachmentPosition = Position&	++)
AttachementType	Typ% = M.AttachmentType	M.AttachmentType = Typ%	+++)
FetchMsgType	Zeichen$ = M.FetchMsgType	M.FetchMsgType = Zeichenfolge$	++++)
FetchSorted	FiFoSorted = M.FetchSorted	M.FetchSorted = {False|True}	
FetchUnreadyOnly	Unreaded = M.FetchUnreadOnly	M.FetchUnreadOnly = {True|False}	
MsgConversationID	Z$ = M.MsgConversationID	M.MsgConversationID = Zeichenfolge$	++)
MsgCount	Anz& = M.MsgCount	–	
MsgDateReceived	Datum$ = M.MsgDateReceived	–	#)
MsgID	Kennung$ = M.MsgID	–	##)
MsgIndex	Index& = M.MsgIndex	M.MsgIndex = Ix&	###)
MsgNoteText	Z$ = M.MsgNoteText	M.MsgNoteText = Z$	####)
MsgOrigAdress	AbsenderAdresse$ = M.MsgOrigAddress	–	
MsgOrigDisplayName	Absender$ =M.Msg _ OrigDisplayName	–	
MsgRead	IsRead = M.MsgRead	–	
MsgReceiptRequested	bestätigen = M.Msg _ ReceiptRequested	M.MsgReceipt _ Requested = Wert	{False|True}
MsgSent	SchonVersandt = M.MsgSent	–	{True|False}
MsgSubject	Z$ = M.MsgSubject	M.MsgSubject = Z$	1)
MsgType	Z$ = M.MsgType	M.MsgType = Z$	2)
RecipAdress	Z$ = M.RecipAddress	M.RecipAddress = Z$	++)
RecipCount	Anz& = M.RecipCount	–	
RecipDisplayName	Z$ = M.RecipDisplayName	M.RecipDisplayName = Z$	++)

Eigenschaft	*Read *)*	*Write *)*	*Hinweis*
RecipIndex	Index& = M.RecipIndex	M.RecipIndex = Index&	3)
RecipType	Typ% = M.RecipType	M.RecipType = Einstellung%	4)
SessionID	ZugrNr& = M.SessionID	M.SessionID = IdNr&	

Tab. 18.19.2: Syntax der spezifischen MAPI-Nachrichten-Eigenschaften

Marke	*Anmerkung*
*)	Präfix M. = MAPISession.
**)	Action steht ab VB4 aus Gründen der Kompatibilität VB2/3 zur Verfügung. Verwenden Sie ab VB4 die entsprechenden Methoden (s. Tab. 18.17).
***)	Def. = "": Standardwert des Adreßbuches
****)	AdressLabel wird normalerweise nicht beachtet und sollte eine leere Zeichenfolge enthalten, wenn das Standard-Bezeichnungsfeld »AN« verwendet werden soll. Wird AddressEditFieldCount-Eigenschaft auf 1 gesetzt, hat der Benutzer die Option, explizit ein anderes Bezeichnungsfeld anzugeben (wenn Anzahl der für die Empfängergruppe erforderlichen Bearbeitungssteuerelemente gleich 1).
+)	Schreiben nur wenn MsgIndex = 1. Wenn AttachmentFileName eine leere Zeichenfolge ist, wird der durch die AttachmentPathName-Eigenschaft angegebene Dateiname verwendet. Handelt es sich bei der Anlage um ein OLE-Objekt, dann enthält AttachmentFileName den Klassennamen des Objekts, z.B. »Microsoft Excel Worksheet«.
++)	Schreiben nur wenn MsgIndex = 1
+++)	Schreiben nur wenn MsgIndex = 1. Einstellungen s. Tab. 18.23
++++)	Eine Null-Zeichenfolge (Voreinstellung) gibt eine IPM-Nachricht (IPM = interpersonal message) an. Die Verfügbarkeit von anderen als IPM-Nachrichten hängt von Ihrem Messaging-System ab. In der Dokumentation dazu finden Sie weitere Informationen.
#)	Format = JJJJ/MM/TT HH:MM (Stunden im 24-Stunden-Format)
##)	64 Zeichen lang
###)	Die durch die MsgIndex-Eigenschaft gekennzeichnete Nachricht wird als momentan indizierte (aktuelle) Nachricht bezeichnet. Der Wert 1 kennzeichnet eine Nachricht, die im Puffer für verfaßte Nachrichten erstellt wird, also eine ausgehende Nachricht.
####)	Schreiben nur wenn MsgIndex = 1. Absatz-Trennzeichen s. Tab. 18.25.
1)	Max 64-Zeichen. Schreiben nur wenn MsgIndex = 1.
2)	Schreiben nur, wenn MsgIndex = 1. Leere Zeichenfolge kennzeichnet einen IPM-Nachrichtentyp.

Marke	*Anmerkung*
3)	RecipIndex (0 (Def) bis RecipCount -1) bestimmt die Werte in den Eigenschaften RecipAddress, RecipCount, RecipDisplayName und RecipType. Der durch die RecipIndex-Eigenschaft gekennzeichnete Empfänger wird als momentan indizierter (aktueller) Empfänger bezeichnet. Wenn sich der Empfänger im Lesepuffer befindet und RecipIndex den Wert 1 hat, enthalten die Werte der anderen Empfängereigenschaften Informationen zum ursprünglichen Absender der Nachricht.
4)	Schreiben nur wenn MsgIndex = 1. Einstellungen s. Tab. 18.26.

Tab. 18.19.3: Anmerkungen zur Syntax der spezifischen Eigenschaften

Eigenschaft	*Ab VB2*	*Eigenschaft*	*Ab VB2*
Allgemein			
Index		Parent	VB4
Name		Tag	
Object	VB4		
Position			
Top			

Tab. 18.20: Die allgemeinen Eigenschaften von MAPI-Nachrichten

Wert	*Konstante*	*Methode ab VB4*
1	MESSAGE_FETCH	Fetch
2	MESSAGE_SENDDLG	Send
3	MESSAGE_SEND	Send
4	MESSAGE_SAVEMSG	Save
5	MESSAGE_COPY	Copy
6	MESSAGE_COMPOSE	Compose
7	MESSAGE_REPLY	Reply
8	MESSAGE_REPLYALL	ReplyAll
9	MESSAGE_FORWARD	Forward
10	MESSAGE_DELETE	Delete
11	MESSAGE_SHOWADBOOK	Show
12	MESSAGE_SHOWDETAILS	Show
13	MESSAGE_RESOLVENAME	ResolveName
14	RECIPIENT_DELETE	Delete
15	ATTACHMENT_DELETE	Delete

Tab. 18.21: Action-Einstellungen und entsprechende Methoden

Einstellung	*Beschreibung*
0	Keine Bearbeitungssteuerelemente; nur Durchsuchen ist zulässig.
1	(Voreinstellung) Nur das Bearbeitungssteuerelement »AN«.
2	Die Bearbeitungssteuerelemente »AN« und »CC« (carbon copy = Kopie an).
3	Die Bearbeitungssteuerelemente »AN«, »CC« und »BCC« (blind carbon copy = Geheimkopie an).
4	Nur die vom Nachrichtensystem unterstützten Bearbeitungssteuerelemente.

Tab. 18.22: Einstellungen der AddressEditFieldCount-Eigenschaft

Wert	*Konstante*	*Beschreibung*
0	mapData	Die Anlage ist eine Datendatei.
1	mapEOLE	Die Anlage ist ein eingebettetes OLE-Objekt.
2	mapSOLE	Die Anlage ist ein statisches OLE-Objekt.

Tab. 18.23: Einstellungen der AttachmentType-Eigenschaft

Einstellung	*Nachrichten hinzufügen ...*
True	... in Empfangsreihenfolge (FIFO = first in, first out).
False	... in der im Posteingang angegebenen Reihenfolge (Voreinstellung).

Tab. 18.24: Einstellungen der FetchSorted-Eigenschaft

Nachricht	*Absatztrennung durch...*
Eingehend	Wagenrücklauf-/Zeilenvorschubzeichen (Chr(13) + Chr(10))
Ausgehend	Wagenrücklaufzeichen (Chr(13), oder Zeilenvorschubzeichen (Chr(10)) oder Wagenrücklauf-/Zeilenvorschubzeichen (Chr(13)+Chr(10))

Tab. 18.25: Die Absatztrennzeichen für MsgNoteText

Wert	*Konstante*	*Beschreibung*
0	mapOrigList	Der Absender.
1	mapToList	Der Empfänger ist ein Primär-Empfänger.
2	mapCcList	Der Empfänger ist ein Kopie-Empfänger.
3	mapBccList	Der Empfänger ist ein Blindkopie-Empfänger (Geheimkopie).

Tab. 18.26: Einstellungen der RecipType-Eigenschaft

Methoden

Eigenschaft	*Die Eigenschaft ...*	*Anmrkg.*
Compose	verfaßt eine Nachricht, löscht alle Komponenten des Puffers für verfaßte Nachrichten.	*)
Copy	kopiert die momentan indizierte Nachricht in den Puffer für verfaßte Nachrichten.	*)
Delete	löscht eine Nachricht, einen Empfänger oder eine Anlage.	
Fetch	erstellt eine Nachrichtengruppe aus den im Posteingang ausgewählten Nachrichten.	
Forward	kopiert die momentan indizierte Nachricht als weitergeleitete Nachricht in den Puffer für verfaßte Nachrichten und fügt WE: am Anfang der Betreff-Zeile hinzu.	*)
Reply	kopiert die momentan indizierte Nachricht in den Puffer für verfaßte Nachrichten und fügt AW: am Anfang der Betreff-Zeile hinzu. Der Absender der momentan indizierten Nachricht wird zum Empfänger der ausgehenden Nachricht.	*)
ReplyAll	kopiert die momentan indizierte Nachricht in den Puffer für verfaßte Nachrichten und fügt AW: am Anfang der Betreff-Zeile hinzu. Die Nachricht wird an den Absender der momentan indizierten Nachricht sowie alle vorherigen Empfänger unter An: und CC: gesendet.	*)
ResolveName	durchsucht das Adreßbuch nach einem Namen, der zum Namen des momentan indizierten Empfängers paßt. Wird kein passender Name gefunden, so wird ein Fehler zurückgegeben. führt keine zusätzliche Auflösung des Namens oder der Adresse des Absenders durch. AddressResolveUI-Eigenschaft bestimmt, ob ein Dialogfeld angezeigt wird, um mehrdeutige Namen aufzulösen. kann eine Änderung der RecipType-Eigenschaft verursachen.	
Save	speichert die Nachricht, die sich momentan im Puffer für verfaßte Nachrichten befindet (mit MsgIndex = -1).	
Send	sendet eine Nachricht.	
Show	zeigt das Adreßbuch-Dialogfeld für E-Mail oder die Details zum momentan indizierten Empfänger an.	

*) Legt die MsgIndex-Eigenschaft auf -1 fest.

Tab. 18.27: Die spezifischen Methoden der MAPI-Nachrichten

Eigenschaft	*Syntax*	*Anmerkung*
Compose	MapiNachrichten.Compose	
Copy	MapiNachrichten.Copy	

Eigenschaft	*Syntax*	*Anmerkung*
Delete	MapiNachrichten.Delete [Objekt As Integer]	s. Tab. 18.29
Fetch	MapiNachrichten.Fetch	
Forward	MapiNachrichten.Forward	
Reply	MapiNachrichten.Reply	
ReplyAll	MapiNachrichten.ReplyAll	
ResolveName	MapiNachrichten.ResolveName	
Save	MapiNachrichten.Save	
Send	MapiNachrichten.Send [Dialog As Integer]	s. Tab. 18.30
Show	MapiNachrichten.Show [Details As Integer]	s. Tab. 18.31

Tab. 18.28: Die Syntax der spezifischen Methoden der MAPI-Nachrichten

Wert	*Delete ...*
Fehlt oder 0	löscht alle Komponenten der momentan indizierten Nachricht, verringert die MsgCount-Eigenschaft um 1 und zählt die Indexnummer für jede Nachricht nach der gelöschten Nachricht um 1 herunter. War die gelöschte Nachricht die letzte in der Gruppe, so zählt diese Methode die MsgIndex-Eigenschaft um 1 herunter.
1	löscht den momentan indizierten Empfänger, verringert die RecipCount-Eigenschaft automatisch um 1 und zählt die Indexnummer für jeden Empfänger nach dem gelöschten Empfänger um 1 herunter. War der gelöschte Empfänger der letzte in der Gruppe, so zählt diese Methode die RecipIndex-Eigenschaft um 1 herunter.
2	löscht die momentan indizierte Anlage, verringert die AttachmentCount-Eigenschaft automatisch um 1 und zählt die Indexnummer für jede Anlage nach der gelöschten Anlage um 1 herunter. War die gelöschte Anlage die letzte in der Gruppe, so zählt diese Methode die AttachmentIndex-Eigenschaft um 1 herunter.

Tab. 18.29: Delete-Objektwerte

Wert	*Send ...*
True	sendet eine Nachricht mit Hilfe eines Dialogfeldes. Der Benutzer wird zur Eingabe der verschiedenen Nachrichtenkomponenten aufgefordert, und die Nachricht wird zur Auslieferung an den Mailserver übergeben.
False oder fehlt	übergibt die ausgehende Nachricht an den Mailserver, ohne ein Dialogfeld anzuzeigen.

Tab. 18.30: Send-Dialogwerte

Wert	*Show ...*
True	zeigt ein Dialogfeld mit den Details zum momentan indizierten Empfänger an. Die Menge der im Dialogfeld angezeigten Informationen bestimmt das Nachrichtensystem. Es enthält mindestens den angezeigten Namen und die Adresse des Empfängers.
False oder fehlt	zeigt das Adreßbuch-Dialogfeld für E-Mail an. Mit dem Adreßbuch kann der Benutzer eine Empfängergruppe erstellen oder verändern. Änderungen am Adreßbuch außerhalb des Puffers für verfaßte Nachrichten werden nicht gespeichert.

Tab. 18.31: Einstellungen für Show-Details

19 OLE-Controls

OLE-Automatisierung ist ein Standard, mit dem Anwendungen ihre OLE-Objekte für den Zugriff aus anderen Anwendungen freilegen.

OLE steht als Abkürzung für

- Object Linking and Embedding, also das Einbinden und Einbetten von Objekten.

19.1 OLE-Automatisierung

Das 1992 mit Win3.1 eingeführte Datenaustauschverfahren OLE (Version 1.0, ab 1993 OLE 2.0) ist eine Weiterentwicklung von DDE (Dynamic Data Exchange = dynamischer Datenaustausch). Während bei DDE nur ein Verknüpfen der Objekte erfolgt, können diese bei OLE zusätzlich eingebettet werden. Dadurch kann der Benutzer durch einen Doppelklick auf das Objekt dessen Quellanwendung öffnen und das Objekt in dieser bearbeiten.

Mit Visual Basic können Sie auf diese Objekte zugreifen, indem Sie die Objekteigenschaften lesen und festlegen oder Methoden für das Objekt aufrufen.

Die von einem OLE-Objekt unterstützten Eigenschaften und Methoden werden durch die (Quell-) Anwendung definiert, die das Objekt erstellt hat. Ein OLE-Objekt ist eine abgegrenzte Dateneinheit, die durch eine OLE-Anwendung bereitgestellt wird.

19.2 OLE-Controls

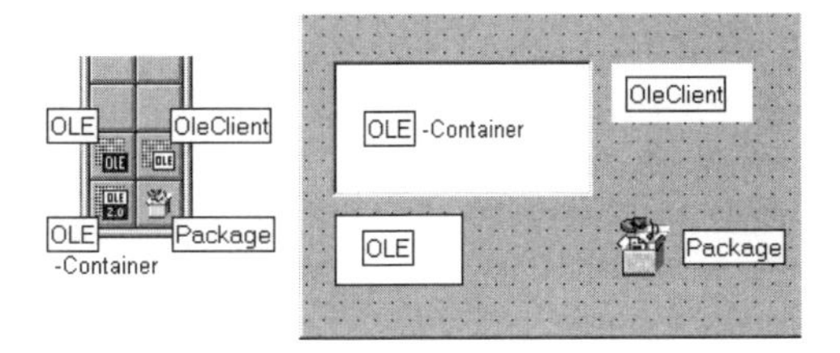

Ab VB2 stehen die in Tabelle 19.1 aufgeführten OLE-Controls zur Verfügung.

Bezeichnung *Version*	*Klasse* *Edition*	*Erforderliche Dateien*
OLE-Client	***OLEClient***	
VB2	Pro	OLECLIEN.VBX , OLECLI.DLL, SHELL.DLL
OLE-Steuerelement	***OLE***	
VB3	Pro/Ent	MSOLE2.VBX
OLE-Container	***OLE***	
Ab VB4	Pro/Ent	(integriert)

Tab. 19.1: Die OLE-Controls

19.2.1 Gemeinsame Eigenschaften

Eigenschaft	*1*	*2*	*3*	*Kurzbeschreibung*	*Entw.*	*LZ*
Action	x	x	x	Bestimmt die auszuführende Operation.	–	R/W
Class	x	x	x	Klassenname des Objekts	R/W	R/W
FileNumber	x	x	x	Dateinummer einer geöffneten Binärdatei	–	R/W
Format	x	x	x	Datenformat-String	–	R/W
HostName	x	x	x	Lesbarer Host-Name der VB-Anwendung	R/W	R/W
SourceDoc	x	x	x	Dateiname bei Objekterstellung mit Action	–	R/W
SourceItem	x	x	x	Daten des verknüpften Objekts	–	R/W
UpdateOptions	x	x	x	Aktualisierungsmodus	R/W	R/W
Verb	x	x	x	Verb für die auszuführende Operation		R/W

Spalten: 1 OLEClient 2 OLE 3 OLE-Container

Tab. 19.2.1: Die gemeinsamen Eigenschaften der OLE-Controls

Eigenschaft	*Read *)*	*Write *)*	*Hinweis*
Action	Aktion = O.Action	O.Action = Einstellung%	Tab. 19.3 **)
Class	Ressource-ID = O.Class	O.Class = [Anwendung.] _ Objekttyp.Version	
FileNumber	LetzteNr% = O.FileNumber	O.FileNumber = Dateinummer%	
Format	Datenformat$ = O.Format	O.Format = "Formatstring"	Tab. 19.4
HostName	Name$ = O.HostName	O.HostName = Name$	
SourceDoc	Datei$ = O.SourceDoc	O.SourceDoc = Name	
SourceItem	Daten = O.SourceItem	O.SourceItem = Z$	

Eigenschaft	*Read *)*	*Write *)*	*Hinweis*
UpdateOptions	Updated = O.UpdateOptions	O.UpdateOptions = Wert	Tab. 19.5
Verb	AktOperation% = O.Verb	O.Verb = Zahl	****)

*) Präfix O. = OLEClient (VB2), OLE-Control (VB3) oder OLE-Container (ab VB4).
**) Verwenden Sie ab VB4 besser die Methoden aus Tabelle 19.11.
***) Action = 1 Bei OLE: Wenn OleTypeAllowed = 0 (Linked – Verknüpft) oder OleTypeAllowed – 2 (Either = Beides).
****) Verwenden Sie bei OLE (-Control und -Container) besser die neuere DoVerb-Methode.

Tab. 19.2.2: Die Syntax der gemeinsamen Eigenschaften der OLE-Controls

Wert	*Konstanten *)*	*1*	*2*	*Beschreibung*
0	OLE_CREATE_EMBED	X	X	Erstellt ein eingebettetes Objekt.
1	OLE_CREATE_LINK	X	X	Erstellt ein verknüpftes Objekt aus dem Inhalt einer Datei.
4	OLE_COPY	X	X	Kopiert das Objekt in die System-Zwischenablage.
5	OLE_PASTE	X	X	Kopiert Daten aus dem Clipboard in das OLE-Steuerelement.
6	OLE_UPDATE	X	X	Ruft die aktuellen Daten aus der Anwendung ab, die das Objekt bereitgestellt hat, und zeigt sie als Bild im OLE-Steuerelement an.
7	OLE_ACTIVATE	X	X	Öffnet ein Objekt für eine Operation (z.B. zur Bearbeitung).
8	OLE_SENDSTRING	X	–	Ausführen: Sendet eine Zeichenfolge an die Server-Anwendung zur Ausführung.
9	OLE_CLOSE	X	X	Schließt ein Objekt und trennt die Verbindung mit der bereitstellenden Anwendung.
10	OLE_DELETE	X	X	Löscht das angegebene Objekt und gibt den damit verbundenen Speicher frei.
11	OLE_SAVE_TO_FILE	X	X	Speichert ein Objekt in einer Datendatei.
12	OLE_READ_FROM_FILE	X	X	Lädt ein Objekt, das in einer Datendatei gespeichert wurde.
13	OLE_CHANGE_SERVERTYPE	X	X	In Typ umwandeln: Wandelt das aktuelle OLE-Objekt in ServerType-Objekttyp.
14	OLE_INSERT_OBJ_DLG	–	X	Zeigt das Dialogfeld »Objekt einfügenł«an.
15	OLE_PASTE_SPECIAL_DLG	–	X	Zeigt das Dialogfeld »Inhalte einfügen« an.
17	OLE_FETCH_VERBS	–	X	Aktualisiert die Liste der Verben, die vom Objekt unterstützt werden.
18	OLE_SAVE_TO_OLE1FILE	–	X	Speichert ein Objekt im Dateiformat von OLE, Version 1.0.

*) Die Konstanten sind in keiner der VB-Versionen vordefiniert.
Spalten 1 OLE-Client 2 OLE und OLE-Container

Tab. 19.3: Einstellungen von Action (ab VB4)

Formatstring	*Objekttyp*
"CF_TEXT"	Text
"CF_BITMAP"	Bitmap (BMP)
"CF_METAFILEPICT"	Windows-Metafile (WMF)
"CF_TIFF"	TIF-Bild
"CF_OEMTEXT"	ASCII-Text
"CF_DIB"	Device Independend Bitmap (DIB)
"CF_PALETTE"	Farbpalette (PAL)

Tab. 19.4: Vordefinierte Datenformate

Bitte beachten Sie:

In vielen Fällen ist die Liste der Formate, die eine Server-Anwendung erhalten kann (Server-AcceptFormats/ObjectAcceptFormats) nicht identisch mit der Liste der Formate, in denen sie Daten bereitstellen kann (ServerGetFormats/ObjectGetFormats).

Wert	*Konstante*	*Beschreibung*
0	vbOLEAutomatic	Automatic (Voreinstellung, Automatisch). Das Objekt wird immer dann aktualisiert, wenn sich die verknüpften Daten ändern.
1	vbOLEFrozen	Frozen (Beim Speichern) Das Objekt wird immer dann aktualisiert, wenn der Benutzer die verknüpften Daten aus der Anwendung heraus speichert, in der das Objekt erstellt wurde.
2	vbOLEManual	Manual (Manuell) Das Objekt wird nur dann aktualisiert, wenn die Update-Methode verwendet wird.

Tab. 19.5: Einstellungen für UpdateOptions

19.2.2 Server-/Object-Eigenschaften

Die folgenden Eigenschaften sind zum Teil gemeinsame Eigenschaften von OLEClient-, OLE- und OLE-Container-Controls. Sie unterscheiden sich dann nur durch das jeweilige Präfix.

Eigenschaft	*1*	*2*	*3*	*Beschreibung*	*Entw.*	*LZ*
AcceptFormats	x	x	x	Zeichenfolgen-Variablenfeld der gültigen Datenformate.	–	R
AcceptFormatsCount	x	x	x	Anzahl der vom Objekt akzeptierten Formate.	–	R
GetFormats	x	x	x	Variablenfeld der vom Objekt zur Verfügung gestellten Formate.		

Eigenschaft	*1*	*2*	*3*	*Beschreibung*	*Entw.*	*LZ*
GetFormatsCount	x	x	x	Anzahl der zur Verfügung gestellten Formate.	–	R
Verbs	x	x	x	Variablenfeld der unterstützten Verben	–	R
VerbsCount	x	x	x	Anzahl der vom Objekt unterstützten Vcrben.	–	R
ObjectVerbFlags	–	x	x	Zustand des Menüs für alle Verben im Variablenfeld ObjectVerbs.	–	R

Spalten: 1 OLEClient 2 OLE 3 OLE-Container

Tab. 19.6.1: Object-Eigenschaften

Eigenschaft	*Read *)*	*Write *)*	*Hinweis*
AcceptFormats	Elemnt = O.{Ctrl}AcceptFormats (Index)	–	Tab. 19.4
AcceptFormatsCount	Anz% = O.{Ctrl}AcceptFormatsCount	–	
GetFormats	Element = O.{Ctrl}GetFormats(Index)	–	Tab. 19.4
GetFormatsCount	Anz% = O.{Ctrl}GetFormatsCount	–	
Verbs	Element$ = O.{Ctrl}Verbs (Index)	–	**)
VerbsCount	Anz% = O.{Ctrl}VerbsCount	–	
ObjectVerbFlags	Zustand = O.ObjectVerbFlags (Zahl)	–	Tab. 19.7

*) Präfix O. = OLEClient. oder OLE. (für OLE-Control und -Container)
{Ctrl} = Server (bei OLEClient) oder Object (bei OLE-Control und -Container)

**) Erstes Verb im Variablenfeld (Index = 0) ist das Standardverb. Dieses Verb aktiviert das Objekt, sofern nicht anders angegeben.

Tab. 19.6.2: Syntax der Object-Eigenschaften

Wert	*Konstante*	*Das Menüelement ist ...*
&H0008	vbOLEFlagChecked	mit einem Häkchen versehen.
&H0002	vbOLEFlagDisabled	deaktiviert (aber nicht abgeblendet).
&H0000	vbOLEFlagEnabled	aktiviert.
&H0001	vbOLEFlagGrayed	abgeblendet.
&H0800	vbOLEFlagSeparator	eine Trennlinie.

Tab. 19.7: Zustand-Rückgabewerte von ObjektVerbFlags

19.2.3 Gemeinsame Methoden und Ereignisse der OLE-Controls

Methode	*1*	*2*	*3*	*Methode*	*1*	*2*	*3*
Allgemein							
Move	x	x	x	SetFocus	x	x	x
Refresh	x	x	x	ZOrder	x	x	x

Methode	*1*	*2*	*3*	*Methode*	*1*	*2*	*3*
Drag & Drop				***Hilfe***			
Drag	x	x	x	ShowWhatsThis	–	–	x
Spalten:	1 OLEClient	2 OLE		3 OLE-Container			

Tab. 19.8: Gemeinsame allgemeine Methoden der OLE-Controls

Ereignis	*1*	*2*	*3*	*Beschreibung*
ObjectMove	–	–	x	Objekt im aktiven OLE-Container wurde verschoben oder in der Größe verändert
Updated	x	x	x	Daten des Objekts wurden geändert.

Ereignis	*Syntax*	*Hinweis*
ObjectMove	Sub Objekt_ObjectMove (left As Single, top As Single, _ width As Single, height As Single)	
Updated	Sub Objekt_Updated (code As Integer)	Tab. 19.10

Tab. 19.9: Die spezifischen Ereignisse der OLE-Controls und ihre Syntax

Wert	*Konstante (ab VB4)*	*Beschreibung*
0	vbOLEChanged	Objektdaten wurden geändert.
1	vbOLESaved	Objektdaten wurden von der Anwendung gespeichert, in der das Objekt erstellt wurde.
2	vbOLEClosed	Anwendungsdatei, die die Daten des verknüpften Objekts enthalten hat, wurde geschlossen.
3	vbOLERenamed	Anwendungsdatei, die die Daten des verknüpften Objekts enthalten hat, wurde umbenannt.

Tab. 19.10: Einstellungen für Code

Ereignis	*1*	*2*	*3*	*Ereignis*	*1*	*2*	*3*
Allgemein							
Resize	x	x	x				
Focus-Ereignisse							
GotFocus	x	x	x	LostFocus	x	x	x
Benutzeraktionen							
Click	x	x	x	KeyUp	x	x	x
DblClick	x	x	x	MouseDown	x	x	x
KeyDown	x	x	x	MouseMove	x	x	x
Keypress	x	x	x	MouseUp	x	x	x

Ereignis	*1*	*2*	*3*	*Ereignis*	*1*	*2*	*3*
Drag & Drop							
DragDrop	x	x	x	DragOver	x	x	x

Tab. 19.11: Gemeinsame allgemeine Ereignisse der OLE-Controls

19.3 OLEClient

Das OLE-Client-Control wurde speziell für OLE 1.0 entwickelt und zu VB2 geliefert. Es kann in allen 16-Bit-VB benutzt werden.

Mit dem OLE-Client-Control können Sie keine Server-Anwendungen, sondern nur Client-Anwendungen erstellen. Der Datenaustausch zwischen Client- und Server-Anwendung wird durch die Server-Anwendung bestimmt.

Zum Verknüpfen bzw. zum Einbetten von Daten in einer Visual Basic-Anwendung stellen Sie zuerst die erforderlichen OLE-Client-Eigenschaften ein. Dann erstellen Sie ein OLE-Objekt, indem Sie den Wert der Action-Eigenschaft (s. oben: Gemeinsame Eigenchaften) auf den Wert des gewünschten OLE-Objekts festlegen.

19.3.1 Eigenschaften des OLEClient-Controls

Außer den oben gezeigten gemeinsamen Eigenschaften besitzt ein OLEClient noch folgende spezifischen Eigenschaften:

Eigenschaft	*Beschreibung*	*Entw.*	*LZ*
ServerClass	Server-Klasse für Abfragen an die Datenbank für Systemeinträge	–	R/W
SeverClasses	Feld der Klassennamen in der Datenbank der Systemeinträge	–	R
ServerClassCount	Anzahl der Klassen in der Datenbank für Systemeinträge		
ServerProtocol	Liste der von einer Server-Anwendung unterstützten Protokolle	–	R
ServerProtocolCount	Anzahl der Protokolle	–	R
ServerShow	Server beim Aktivieren zeigen?	–	R/W
ServerType	Art Server-Verbindung beim Aktivieren des neuen OLE-Objekts	–	R/W

Tab. 19.12.1: Server-Eigenschaften des OLEClient

Eigenschaft	*Read *)*	*Write *)*	*Hinweis*
ServerClass	Klasse$ = OC.ServerClass	OC.ServerClass = Klasse	
SeverClasses	Element$ = OC.ServerClasses (Index)	–	
ServerClassCount	Anz% = OC.ServerClassCount	–	
ServerProtocol	Element$ = OC.ServerProtocol(Index)	–	
ServerProtocolCount	Anz% = OC.ServerGetProtocolCount	–	
ServerShow	ShowsServer = OC.ServerShow	OC.ServerShow = Wert	{True|False}
ServerType	Typ = OC.ServerType	OC.ServerType = Einstellung%	Tab. 19.13

Präfix OC. = OLEClient

Tab. 19.12.2: Syntax der Server-Eigenschaften des OLEClient

Einstellung	*Beschreibung*
0	(Voreinstellung) Verknüpft Alle Daten des OLE-Objekts werden durch die Server-Anwendung verwaltet. Beim Speichern des Objekts (Action-Eigenschaft auf 11 festgelegt) werden nur die Verknüpfungsdaten (z.B. die SourceDoc-, SourceItem-Eigenschaften usw.) in der angegebenen Datei gespeichert.
1	Eingebettet Alle Daten des OLE-Objekts werden durch die Visual Basic-Anwendung verwaltet. Beim Speichern des Objekts (Action-Eigenschaft auf 11 festgelegt) werden sämtliche mit dem OLE-Objekt verbundenen Daten in der angegebenen Datei gespeichert.
2	Statisch Es werden keine Daten gespeichert. Beim Aktivieren des OLE-Objekts wird ein Abbild der Server-Anwendung im OLE-Client-Steuerelement angezeigt.

Tab. 19.13: Einstellungen der ServerType-Eigenschaft

Eigenschaft	*Kurzbeschreibung*	*Entw.*	*LZ*
Execute	Auszuführende Zeichenfolge (bei Action = 8)	–	R/W
Focus	Fokus beim Aktivieren, wenn ServerShow = True	R/W	R/W
Protocol	String der Protokoll-Einstellung für neues OLE-Objekt	R/W	R/W
TimeOut	Wartezeit nach Datenanfrage (in Zehntelsekunden)	R/W	R/W

Tab. 19.14.1: Spezifische Eigenschaften von OLEClient

Eigenschaft	*Read *)*	*Write *)*	*Hinweis*
Execute	Ausführen$ = OC..Execute	OC..Execute = Ausführen$	
Focus	GetsFocus = OC..Focus	OC..Focus = {True|False}	
Protocol	Protokoll$ = OC..Protocol	OC..Protocol = Protokoll$	Tab. 19.15
TimeOut	Zeit% = OC..TimeOut	OC..TimeOut = Zeit	**)

*) Präfix OC. = OLE_Client
**) Zehntelsekunden Default = 32.767

Tab. 19.14.2: Die Syntax der spezifischen Eigenschaften von OLEClient

Einstellung (String!)	*Beschreibung*
"StdFileEditing"	(Voreinstellung) Der größte Teil der Server-Anwendungen unterstützt nur das StdFileEditing-Protokoll. Erzeugt ein OLE-Objekt, das durch den Benutzer bearbeitet werden kann. Mit diesem Protokoll erzeugte Objekte können auch Ausführungszeichenfolgen an die Server-Anwendung senden.
"StdExecute"	Erzeugt ein OLE-Objekt, das Ausführungszeichenfolgen an die Server-Anwendung senden, aber nicht bearbeitet werden kann.
"Static"	Erzeugt ein OLE-Objekt, das nur bearbeitet werden kann, solange die Anwendung geöffnet ist. Verwenden Sie dieses Protokoll, wenn ServerType = 2 (Statisch) festgelegt ist.

Tab. 19.15: Einstellungen der Protocol-Eigenschaft

OLEClient besitzt nur allgemeine Methoden (Tab. 19.8) und registriert die in den Tabellen 19.9 und 19.11 aufgelisteten Ereignisse.

19.4 OLE- und OLE-Container-Steuerelement

Mit dem OLE bzw. dem OLE-Container-Steuerelement können Sie einfügbare Objekte zu den Formen in Ihren Visual Basic-Anwendungen hinzufügen.

Das OLE/OLE-Container-Steuerelement ist bei VB3 ein Zusatzsteuerelement, ab VB4 ein integriertes Steuerelement.

Mit dem OLE/OLE-Container-Steuerelement haben Sie folgende Möglichkeiten:

- Erstellen eines Platzhalters in Ihrer Anwendung für ein einfügbares Objekt. Zur Laufzeit können Sie das Objekt erstellen, das innerhalb des OLE/OLE-Container-Steuerelements angezeigt wird, oder Sie können ein Objekt verändern, das Sie innerhalb des OLE/OLE-Container-Steuerelements zur Entwurfszeit positioniert haben.
- Erstellen eines verknüpften Objekts in Ihrer Anwendung.

- Binden des OLE/OLE-Container-Steuerelements an eine Datenbank mit Hilfe des Daten-Steuerelements (Data).

19.4.1 OLE-/OLE-Container-Eigenschaften

Außer den oben dargestellten gemeinsamen und Server-/Object-Eigenschaften besitzt ein OLE-/OLE-Container-Control folgende spezifischen Eigenschaften:

Eigenschaft	*Kurzbeschreibung*	*Entw.*	*LZ*
ApplsRunning	Ist Server aktiviert?	–	R
AutoActivate	Aktivierungsmodus des Objekts	x	R/W
AutoVerbMenu	Popupmenü mit Verben des Objekts anzeigbar?	x	R/W
DisplayType	Inhalt oder Symbol anzeigen?	x	R/W
IpOleObject	Adresse des OLE-Objekts	–	R
MiscFlags	Zugriff auf zusätzliche Funktionen	x	R/W
Object	Das Objekt im OLE-Control	–	R
OleType	Objekttyp	–	R
OleTypeAllowed	Erlaubter Objekttyp	x	R/W
PasteOK	Einfügen aus Clipboard zulässig?	x	R
SizeMode	Wie erfolgt die Controldarstellung?	x	R/W

Tab. 19.16.1: Spezifische Eigenschaften des OLE-/OLE-Container-Controls

Eigenschaft	*Read*	*Write*	*Hinweis*
ApplsRunning	IsRunning = OLE.AppIsRunning	–	{True|False}
AutoActivate	Einstellung = OLE.AutoActivate	OLE.AutoActivate = Einstellung	Tab. 19.17
AutoVerbMenu	IsAutoVerbMenu = OLE.AutoVerbMenu	OLE.AutoVerbMenu = Wert	{True|False}
DisplayType	Einstellung% = OLE.DisplayType	OLE.DisplayType = Wert	{0|1} Tab. 19.18
IpOleObject	Adress& = OLE.lpOleObject	–	
MiscFlags	Wert = OLE.MiscFlags	OLE.MiscFlags = Wert	Tab. 19.19
Object	Verweis& = OLE.Object	–	
OleType	Status% = OLE.OleType	–	Tab. 19.20
OleTypeAllowed	Einstellung% = OLE.OleTypeAllowed	OLE.OleTypeAllowed = Einstellung%	Tab. 19.21
PasteOK	PasteOK = Objekt.PasteOK	–	
SizeMode	Modus% = Objekt.SizeMode	Objekt.SizeMode = Wert%	Tab. 19.22

Tab. 19.16.2: Syntax der spezifischen Eigenschaften des OLE-/OLE-Container-Controls

Wert	*Konstante*	*Beschreibung*
0	vbOLEActivateManual	OLE-Objekt wird nicht automatisch aktiviert.
1	vbOLEActivateGetFocus	Objekt wird aktiviert, wenn OLE/OLE-Container-Steuerelement den Fokus erhält.
2 *)	vbOLEActivateDoubleclick	Objekt wird aktiviert, wenn der Benutzer auf das OLE/OLE-Container-Steuerelement doppelklickt.
3	vbOLEActivateAuto	(ab VB4) Objekt wird entsprechend der Standard-Aktivierungsmethode des Objekts aktiviert.

*) Ist AutoActivate auf 2 (Doppelklicken) festgelegt, so tritt das DblClick-Ereignis nicht ein, wenn der Benutzer auf ein OLE-Steuerelement doppelklickt.

**) Ist AutoVerbMenu = True, so werden Click- und MouseDown-Ereignisse nicht mit der rechten Maustaste gemeldet.

Tab. 19.17: Einstellungen für AutoActivate

Einstellung	*Konstante*	*Beschreibung*
0	OLE_DISPLAY_CONTENT	(Voreinstellung) Wenn das OLE-Steuerelement ein Objekt enthält, werden die Objektdaten im Steuerelement angezeigt.
1	OLE_DISPLAY_ICON	Wenn das OLE-Steuerelement ein Objekt enthält, wird das Symbol für das Objekt im Steuerelement angezeigt.

Tab. 19.18: Einstellungen für DisplayType

Wert	*Konstante *)*	*Beschreibung*
1	OLE_MISCFLAG_MEMSTORAGE	Das Steuerelement legt das Objekt im Hauptspeicher ab, während es geladen ist.
2	OLE_MISCFLAG_DISABLEINPLACE	Sperrt die direkte Aktivierung von Objekten.

*) Sie können die beiden Werte mit dem Or-Operator kombinieren.

Tab. 19.19: Einstellungen von MiscFlags

Wert	*Konstante*	*Beschreibung*
0	vbOLELinked	OLE/OLE-Container-Steuerelement enthält ein verknüpftes Objekt. Paste-Methode wurde ausgeführt.
1	vbOLEEmbedded	OLE/OLE-Container-Steuerelement enthält ein eingebettetes Objekt. Paste-Methode wurde ausgeführt.
3	vbOLENone	OLE/OLE-Container-Steuerelement enthält kein Objekt. Paste-Methode wurde nicht ausgeführt.

Tab. 19.20: Einstellungen für OleType

Wert	Konstante	Einstellung	OLE/OLE-Container-Steuerelement kann ...
0	vbOLELinked	Verknüpft	nur ein verknüpftes Objekt enthalten.
1	vbOLEEmbedded	Eingebettet	nur ein eingebettetes Objekt enthalten.
2	vbOLEEither	Beides	ein verknüpftes oder ein eingebettetes Objekt enthalten (Voreinstellung).

Tab. 19.21: Einstellungen für OleTypeAllowed

Wert	Konstante	Beschreibung
0	vbOLESizeClip	Die Objektdarstellung wird an den Kanten des OLE/OLE-Container-Steuerelements abgeschnitten.
1	vbOLESizeStretch	Die Größe der Objektdarstellung wird an die Größe des OLE/OLE-Container-Steuerelements angepaßt.
2	vbOLESizeAutoSize	Die Größe des OLE/OLE-Container-Steuerelements wird automatisch an das Objekt angepaßt.
3	vbOLESizeZoom	Die Objektdarstellung wird proportional skaliert.

Tab. 19.22: Einstellungen für SizeMode

19.4.2 OLE-Methoden und -Ereignisse

Das OLE-Steuerelement verfügt nur über allgemeine Methoden (Tab. 19.8).

Das OLE-Container-Steuerelement verfügt zusätzlich zu den allgemeinen Methoden über die in Tabelle 19.23 gezeigten spezifischen Methoden.

Methode	Kurzbeschreibung Syntax	Hinweis
Close	(Nur für eingebetteteObjekte) Schließt das Objekt und beendet die Verbindung. OLE.Close	
Copy	Kopiert das Objekt in das Clipboard. OLE.Copy	
CreateEmbed	Erstellt ein eingebettetes Objekt. OLE.CreateEmbed {QuellDok|""}[, Klasse]	
CreateLink	Erstellt ein verknüpftes Objekt. OLE.CreateLink QuellDok[, QuellElement]	
Delete	Löscht das Objekt und gibt Speicher frei. OLE.Delete	
DoVerb	Öffnet das Objekt für eine Operation. OLE.DoVerb ([verb])	Tab. 19.24
FetchVerbs	Aktualisiert die Liste der Verben des Objekts. OLE.FetchVerbs	

Methode	*Kurzbeschreibung* *Syntax*	*Hinweis*
InsertObjDlg	Zeigt das Dialogfeld »Objekte einfügen«. OLE.InsertObjDlg	
Paste	Kopiert Daten aus Clipboard in OLE-Container. OLE.Paste	*)
PasteSpecialDlg	Zeigt das Dialogfeld »Inhalte einfügen«. Objekt.PasteSpecialDlg	
ReadFromFile	Lädt ein Objekt aus mit SaveToFile erstellter Datei. OLE.ReadFromFile Dateinummer	**)
SaveToFile	Speichert das Objekt im OLE2-Format. OLE.SaveToFile Dateinummer	
SaveToOle1File	Speichert das Objekt im OLE1-Format. OLE.SaveToOle1File Dateinummer	
Update	Ruft aktuelle Daten ab. OLE.Update	

*) Vorher OLETypeAllowed-Eigenschaft setzen.
PasteOK-Eigenschaft muß dann True sein, damit Sie Paste ausführen können.

**) Dateinummer muß der Dateinummer einer geöffneten binären Datei entsprechen.

Tab. 19.23.1: Die spezifischen Methoden des OLE-Containers

Argument	*Beschreibung*
QuellDok	Dateiname des Dokuments, das als Vorlage für das eingebettete Objekt verwendet wird. Hinweis zu CreateEmbed: Sie müssen eine leere Zeichenfolge ("") angeben, wenn Sie kein Quelldokument angeben.
Klasse	Name der Klasse des eingebetteten Objekts. Wird ignoriert, wenn Sie einen Dateinamen für QuellDok angeben.
QuellElement	Daten innerhalb der Datei, die im Objekt verknüpft werden sollen.
Verb	Verb, das auf dem Objekt im OLE-Container ausgeführt werden soll. Wenn nicht anders angegeben, wird das Standardverb ausgeführt. Die Werte in Tabelle 19.24 stellen Standardverben dar, die jedes Objekt unterstützen sollte.

Tab. 19.23.2: Die Argumente der Methoden des OLE-Containers

Wert	*Konstante*	*Beschreibung*
0	vbOLEPrimary	Standardoperation für das Objekt
-1	vbOLEShow	Aktivieren des Objekts zum Bearbeiten Unterstützt die Anwendung, in der das Objekt erstellt wurde, die direkte Aktivierung, wird das Objekt innerhalb des OLE-Container-Steuerelements aktiviert.

Wert	*Konstante*	*Beschreibung*
-2	vbOLEOpen	Öffnen des Objekts in einem separaten Anwendungsfenster Unterstützt die Anwendung, in der das Objekt erstellt wurde, direkte Aktivierung, wird das Objekt in einem eigenen Fenster aktiviert.
-3	vbOLEHide	Bei eingebetteten Objekten wird die Anwendung ausgeblendet, mit der das Objekt erstellt wurde.
-4	vbOLEUIActivate	Unterstützt das Objekt direkte Aktivierung, wird es direkt aktiviert. Alle Elemente der Benutzeroberfläche erscheinen. Unterstützt das Objekt keine direkte Aktivierung, wird es nicht aktiviert. En Fehler wird gemeldet.
-5	vbOLEInPlaceActivate	Bewegt der Benutzer den Fokus auf das OLE-Container-Steuerelement, wird ein Fenster für das Objekt geöffnet. Das Objekt wird zum Bearbeiten vorbereitet. Ein Fehler wird gemeldet, wenn das Objekt keine Aktivierung durch einmaliges Klicken mit der Maus unterstützt.
-6	vbOLEDiscardUndoState	Alle Änderungen werden verworfen, wenn das Objekt zur Bearbeitung aktiviert wird.

Tab. 19.24: Die Standardverben für DoVerb

20 Internet-Programmierung

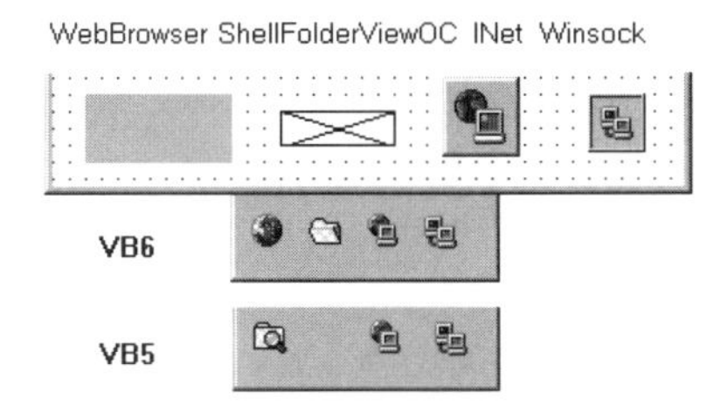

Ein völlig neuer Bereich, auf den Sie ab VB5 mit den Pro-Editionen Zugriff haben, ist das Internet.

20.1 Grundlagen

Der Zugang zum Internet erfolgt im Intranet (LAN) in der Regel über einen vom Systemadministrator eingerichteten Proxy-Server.

20.1.1 Zugang über Proxy-Server

So finden Sie die Proxy-Einstellungen auf Ihrem Computer:

1. Klicken Sie in der Task-Leiste Ihres Computers auf »Start«.
2. Klicken Sie unter »Einstellungen auf »Systemsteuerung«.
3. Doppelklicken Sie auf das Internet-Symbol.
4. Klicken Sie im Dialogfeld »Eigenschaften von Internet« auf die Registerkarte »Connection« (Verbindung).
5. Überzeugen Sie sich, daß unter »Proxy Server« das Kontrollkästchen »Connect through a proxy server« (Verbindung über einen Proxy-Server herstellen) aktiviert ist.
6. Trifft dies zu, klicken Sie auf »Einstellungen«. In diesem Dialogfeld finden Sie die Adressen von Proxy-Servern, die Sie für verschiedene Protokolle einsetzen. Falls kein Proxy-Server definiert ist, fragen Sie Ihren Systemadministrator nach verfügbaren Proxy-Servern.

20.1.2 Direkter Zugang

Unter Win95 gehen Sie für einen neuen Zugang in den Ordner »Internet«.

Für den Fall, daß Sie beabsichtigen, einen anderen als den von Ihrem Intranet zur Verfügung gestellten Proxy-Server zu verwenden, setzen Sie die AccessType-Eigenschaft auf icNamedProxy (2). Dann stellen Sie die Proxy-Eigenschaft auf den Namen des Proxy-Servers ein, wie im folgenden Code gezeigt:

```
INET1.Proxy = "meinProxyName"
INET1.AccessType = icNamedProxy
```

Wenn Sie jedoch mit dem Standard-Proxy (der in der Registrierung Ihres Computers festgelegt ist) zufrieden sind, ignorieren Sie die Proxy-Eigenschaft und setzen AccessType einfach auf icUseDefault (0).

20.1.3 URL ist die Adresse

URL steht für Uniform (oder Universal) Resource Locator. Gelegentlich wird auch die Bezeichnung Uniform Resource Identifier (URI) verwendet.

Ein URL ist die Adresse einer Ressource, eines Objekts im Internet.

Die URL-Syntax lautet:

```
Protokoll://Host/LokaleInfo
' Beispiel die Hompage des Franzis'Verlags
http://www.franzis.de/_private/erweitert/shop.asp
```

Teil	*Beschreibung*
Protokoll	Das Verfahren zum Abrufen des Objekts (wie HTTP oder FTP)
Host	Die Remote Site, an der sich das Objekt befindet
LokaleInfo	Eine Zeichenfolge (oft ein Dateiname), die an die Protokollbehandlungsroutine am Remote-Standort übergeben wird.

Wichtig: Legen Sie beim INET 5.0 den URL vor Password und Username fest. Diese werden sonst auf "" gesetzt.

20.2 Internet-Controls

Für das Internet stehen Ihnen ab VB5 mehrere unter Win95/98 oder WinNT verwendbare ActiveX-Zusatzcontrols zur Verfügung:

- Microsoft Internet Transfer-Steuerelement

- Winsock-Steuerelement
- ShellFolderView (ab VB6)
- WebBrowser

Klasse	*VB-Version*		*Datei*	*Bezeichnung*
	VB5	VB6		
INET	x	–	MSINET.OCX	Microsoft Internet Transfer Control 5.0
INET	–	x	MSINET.OCX	Microsoft Internet Transfer Control 6.0
WebBrowser	x	x	SHDOCVW.DLL	Microsoft Internet Controls
ShellFolderViewOC	-	x	SHDOCVW.DLL	Microsoft Internet Controls
Winsock	x	–	MSWINSCK.OCX	Microsoft Winsock Control 5.0
Winsock	–	x	MSWINSCK.OCX	Microsoft Winsock Control 6.0

Tab. 20.1: Die Internet-Steuerelemente

20.2.1 Internet Transfer Control – INET-Control

Deutsche Bezeichnung: Microsoft Internet Transfer-Steuerelement oder Internet Übertragung-Steuerelement

Klasse: INET

Typ: Zusatzsteuerelement

Das INET-Control ist zur Laufzeit nicht sichtbar.

INET stellt die Implementierung von zwei Protokollen bereit:

- HyperText Transfer Protocol (HTTP)

Mit dem HTTP-Protokoll können Sie sich mit World Wide Web-Servern verbinden, um HTML-Dokumente abzurufen.

- File Transfer Protocol (FTP)

Mit dem FTP-Protokoll können Sie sich bei FTP-Servern anmelden, um Dateien herunter- und heraufzuladen.

Näheres zu den Protokollen finden Sie unten bei der Beschreibung der Execute-Methode. Die UserName- und Password-Eigenschaften ermöglichen Ihnen die Anmeldung an private Server, die eine Echtheitsbestätigung erfordern. Außerdem können Sie sich mit öffentlichen FTP-Servern verbinden und Dateien herunterladen. Gebräuchliche FTP-Befehle, wie z.B. CD und GET, werden über die Execute-Methode unterstützt.

INET-Eigenschaften

Die Eigenschaften von INET 5.0 und INET 6.0 sind gleich.

Eigenschaft	*Ab: VB5*	*Beschreibung*	*Entw.*	*LZ*
AccessType		Art des Zugriffs	R/W	R/W
Document		Name von Datei/Dokument für Execute	R/W	R/W
hInternet		Internet-Zugriffsnummer der Wininet.DLL (Unter VB nicht verwendet)	–	–
Password		Anforderungs-Kennwort (Ohne: Standardpaßword)	R/W	R/W
Protocol		Protokoll für Execute	R/W	R/W
Proxy		Name des Proxy-Servers eines Protokolls (Nur bei AccessType = 3)	R/W	R/W
RemoteHost		Name oder Adresse des Remote-Computers	R/W	R/W
RemotePort		Netzanschlußnummer	R/W	R/W
RequestTimeout		Wartezeit vor Fehlermeldung	R/W	R/W
ResponseCode		Vom Netz-Server zurückgegebene Fehlernummer	–	R
ResponseInfo		Beschreibung des zuletzt aufgetretenen Fehlers	–	R
StillExecuting		Ist INET-Control beschäftigt?	–	R
URL		URL (Uniform Resource Locator)	R/W	R/W
UserName		Name in der Execute-Methode.	R/W	R/W

Tab. 20.2: Die spezifischen Eigenschaften der INET-Controls.

Eigenschaft	*Read *)*	*Write *)*	*Hinweis*
AccessType	Type = I.AccessType	I.AccessType = Wert	Tab. 20.4
Document	Name = I.Document	I.Document = String	
Password	Password = I.Password	I.Password = String	Tab. 20.5
Protocol	Protokoll = I.Protocol	I.Protocol = Ganzzahl	Tab. 20.6
Proxy	Proxy = I.Proxy	I.Proxy = Proxy	
RemoteHost	Rechner = I.RemoteHost	I.RemoteHost = String	**)
RemotePort	Anschluß = I.RemotePort	I.RemotePort = Anschl	
RequestTimeout	Zeit = I.RequestTimeout	I.RequestTimeout = sec	0 = unendlich
ResponseCode	Code = I.ResponseCode	–	***)
ResponseInfo	Beschrb = I.ResponseInfo	–	
StillExecuting	IsExec = I.StillExecuting	–	
URL	url = I.URL	I.URL = url	****)
UserName	Name = I.UserName	I.UserName = Name	

*) Präfix I. = INET.

**) Host-Name (wie: »FTP://ftp.microsoft.com«) oder IP-Adressenzeichenfolge im Format mit Punkten (wie: »100.0.1.1«).

***) Bei Status icError (11) im StateChanged-Ereignis

****) url kann ein Verzeichnis oder eine Datei sein.

Tab. 20.3: Die Syntax der spezifischen Eigenschaften der INET-Controls

Wert	*Konstante*	*Beschreibung*
0	icUseDefault	Voreinstellungen verwenden (Voreinstellung) Das Steuerelement verwendet die in der Registrierung gefundenen Voreinstellungen für den Internet-Zugriff.
1	icDirect	Direkt zum Internet Das Steuerelement verfügt über eine direkte Verbindung zum Internet.
2	icNamedProxy	Benannter Proxy Weist das Steuerelement an, den in der Proxy-Eigenschaft angegebenen Proxy-Server zu verwenden.

Tab. 20.4: Einstellungen für AccessType

Vorgegeben für ...	*folgende Werte:*			
UserName-Eigenschaft	Null oder ""	String	Null	String
Password-Eigenschaft	Null oder ""	Null oder ""	String	String
Sendet an FTP-Server für	*folgende Werte:*			
UserName	Anonymous	UserName	Fehler	UserName
Kennwort	E-Mail-Adresse	""	Fehler	Password des Benutzers

Tab. 20.5: Standardkennwort für Password

Wert	*Konstante*	*Beschreibung*
0	icUnknown	Unbekannt
1	icDefault	Standardprotokoll
2	icFTP	FTP. File Transfer Protocol
3	icReserved	Reserviert für zukünftige Verwendung
4	icHTTP	HTTP. HyperText Transfer Protocol
5	icHTTPS	Secure HTTP (Abgesichertes HTTP)

Tab. 20.6: Einstellungen für Protocol

Eigenschaft	*Ab: VB5*	*Eigenschaft*	*Ab: VB5*
Allgemein			
Index		Object	
Name		Tag	
Parent			
Position			
Left, Top *)			

*) Nur für Entwurf

Tab. 20.7: Allgemeine Eigenschaften des INET-Controls

INET-Methoden und -Ereignis

Methode	*Ab: VB5*	*Beschreibung*
Cancel		Aktuelle Anforderung abbrechen
Execute		Anforderung an einen Server ausführen
GetChunk		Gibt (nach Execute) Daten im StateChanged-Ereignis
GetHeader		HTTP Abrufen von Kopfzeilentext
OpenURL		Dokument im angegebenen URL öffnen.

Tab. 20.8.1 Die Methoden des INET-Controls

Methode	*Beschreibung*	*Hinweis*
Cancel	INET.Cancel	
Execute	INET.Execute [URL][, [Operation][, [InputData][, InputHdrs]]]]	s. Tab. 20.9 ff.
GetChunk	Variantwert = INET.GetChunk (Size, [DataType])	s. Tab. 20.12
GetHeader	Kopfzeilentext = INET.GetHeader ([HdrName])	s. Tab. 20.14
OpenURL	Rückgabewert = INET.OpenUrl ([URL], [DataType]]	s. Tab. 20.13

Tab. 20.8.2 Die Syntax der INET-Methoden

Parameter	*Argument ist eine Zeichenfolge, die ...*
URL	den URL angibt, mit dem sich das Steuerelement verbinden sollte. Wird hier kein URL angegeben, so wird der Wert der URL-Eigenschaft verwendet.
Operation	den Typ der auszuführenden Operation angibt (bei FTP Operation und Daten).
InputData	die Daten für Operationen angibt (bei FTP nicht verwendet).
InputHdrs	zusätzliche Kopfzeilen angibt, die vom Server zu senden sind (bei FTP nicht verwendet). Hierfür gilt das folgende Format: Kopfzeilenname: Kopfzeilenwert vbCrLf
Size	die Größe des zurückzugebenden Segments (= Chunk) bestimmt.
Datatyp	den Datentyp des zurückzugebenden Segments festlegt, s. Tab. 20.12.
HdrName	die abzurufende Kopfzeile bestimmt.

Tab. 20.9: Argumente der INET-Methoden

Operation	*Beschreibung*
GET	Ruft Daten vom in der URL-Eigenschaft angegebenen URL ab. Zusätzliche Anweisungen im Argument Daten.
HEAD	Sendet den HTTP-Vorspann.
POST	Überträgt Daten zum Server. Die Daten befinden sich im Argument Daten.
PUT	Legt Web-Seiten auf dem Server ab. Der Name der zu ersetzenden Seite befindet sich im Argument Daten.

Tab. 20.10: Execute-Operationen beim HTTP-Protokoll

Operation	*Beschreibung*
CD Dateiname	Wechselt zu dem in Dateiname angegebenen Verzeichnis.
CDUP	Wechselt zum übergeordneten Verzeichnis. Entspricht »CD«.
CLOSE	Schließt die aktuelle FTP-Verbindung.
DELETE Dateiname	Löscht die in Dateiname angegebene Datei.
DIR DateinameVerzeichnis.	Durchsucht das in Datei1 angegebene Verzeichnis. (Platzhalter werden unterstützt, der Netz-Host bestimmt jedoch die Syntax.) Ist Datei1 nicht angegeben, wird eine vollständige Auflistung des aktuellen Verzeichnisses zurückgegeben. Verwenden Sie die GetChunk-Methode zur Rückgabe der Verzeichnisdaten.
GET Datei1 Datei2	Lädt die in Datei1 angegebene Datei herunter und speichert sie als in Datei2 angegebene, neue, lokale Datei.
LS Datei1	Auflisten. Listet das in Datei1 angegebene Verzeichnis auf. (Platzhalter werden unterstützt, der Netz-Host bestimmt jedoch die Syntax.) Verwenden Sie die GetChunk-Methode zur Auswertung der Datei-Verzeichnisdaten.
MKDIR Datei1	Erstellt Verzeichnis. Erstellt ein in Datei1 angegebenes Verzeichnis auf dem Netz-Host. Der Erfolg hängt von den Zugriffsberechtigungen des Benutzers für den Netz-Host ab.
PUT Datei1 Datei2	Sendet eine in Datei1 angegebene lokale Datei unter dem in Datei2 angegebenen Namen an den Netz-Host.
PWD	Ermittelt das Arbeitsverzeichnis. Gibt den Namen des aktuellen Arbeitsverzeichnisses des Netz-Hosts zurück. Verwenden Sie die GetChunk-Methode zum Auswerten der Daten.
QUIT	Meldet den aktuellen Benutzer ab.
RECV Datei1 Datei2	Lädt die in Datei1 angegebene Datei herunter und speichert sie als in Datei2 angegebene, neue, lokale Datei. Entspricht GET.
RENAME Datei1 Datei2	Benennt die in Datei1 angegebene Datei auf dem Netz-Host in den in Datei2 angegebenen, neuen Namen um. Der Erfolg hängt von den Zugriffsberechtigungen des Benutzers für den Netz-Host ab.
RMDIR Datei1	Entfernt das Verzeichnis. Entfernt das in Datei1 angegebene Verzeichnis auf dem Netz-Host. Der Erfolg hängt von den Zugriffsberechtigungen des Benutzers für den Netz-Host ab.
SEND Datei1 Datei2	Sendet eine in Datei1 angegebene, lokale Datei unter dem in Datei2 angegebenen Namen an den Netz-Host. Entspricht PUT.
SIZE Datei1	Gibt die Größe des in Datei1 angegebenen Verzeichnisses zurück.

Tab. 20.11: Execute-Operationen beim FTP-Protokoll

Wert	*Konstante*	*GetChunk gibt Daten zurück als ...*
0	icString	Zeichenfolge (Voreinstellung).
1	icByteArray	Byte-Datenfeld.

Tab. 20.12: Datentyp-Argument

Kopfzeile	*Rückgabewert*
Date	Datum und Zeit der Dokumentübertragung (Format: Mittwoch, 27-April-96 19:34:15 MEZ)
MIME-Version	MIME-Protokollversion
Server	Name des Servers
Content-length	Länge der Daten in Byte
Content-type	MIME Content-type der Daten
Last-modified	Datum und Zeit der letzten Dokumentänderung (Format: Mittwoch, 27-April-96 19:34:15 MEZ)

Tab. 20.13: Normalerweise verfügbare Kopfzeilennamen

Das Internet-Control registriert nur ein Ereignis.

```
Sub Name_StateChanged(ByVal Status As Integer)
```

StateChanged wird immer dann gemeldet, wenn sich eine Statusveränderung in der Verbindung vollzieht.

Wert	*Konstante*	*Beschreibung*
0	icNone	Kein zu berichtender Status.
1	icHostResolvingHost	IP-Adresse des angegebenen Host-Rechners suchen.
2	icHostResolved	IP-Adresse des angegebenen Host-Rechners gefunden.
3	icConnecting	Verbindung mit dem Host-Rechner aufbauen.
4	icConnected	Verbindung mit dem Host-Rechner aufgebaut.
5	icRequesting	Anforderung an den Host-Rechner senden.
6	icRequestSent	Anforderung erfolgreich gesendet.
7	icReceivingResponse	Antwort vom Host-Rechner abrufen.
8	icResponseReceived	Antwort vom Host-Rechner erfolgreich abgerufen.
9	icDisconnecting	Versuch, die Verbindung mit dem Host-Rechner zu beenden.
10	icDisconnected	Verbindung mit dem Host-Rechner erfolgreich beendet.
11	icError	Fehler bei der Kommunikation mit dem Host-Rechner.
12	icResponseCompleted	Anforderung beendet, alle Daten empfangen.

Tab. 20.14: Einstellungen für StateChanged-Status

20.2.2 WebBrowser-Control

Deutsche Bezeichnung: Webbrowser

Klasse: Webbrowser

Typ: Zusatzsteuerelement

Das WebBrowser-Control nutzt im Internet Explorer zur Verfügung stehende Funktionalität zum Zugriff auf das Internet.

Sie können ohne jedes andere Control mit dem WebBrowser Internet-Verbindungen herstellen.

Eigenschaften	*Beschreibung*	*Entw.*	*LZ*	*Hinweis*
AdressBar	AdressLeiste sichtbar?	x	R/W	{True|False}
Application	Das Automatisierungsobjekt	–	R	
Busy	Noch laufende Aktionen?	–	R	
Document	Das aktive Automatisierungsdokument	–	R	
FullName	Anwendungsname (mit Pfad)	–	R	
FullScreen	Fenster maximieren Leisten (Status, Tool, Menü, Titel) schließen	x	R/W	{False|True}
LocationName	URL/Datei Kurzname (ohne Pfad)	–	R	
LocationURL	Voller URL/Dateiname (mit Pfad)	–	R	
MenuBar	Menüleiste sichtbar?	x	R/W	{True|False}
Offline	Fenster offline?	x	R/W	{False|True}
Path	Dateiname und Pfad der Anwendung	–	R/W	
ReadyState	Bereit?	–	R	
RegisterAs-Browser	Control als top-level Browser registrieren	x	R/W	{False|True}
RegisterAs-DropTarget	Control als Ziel für DropDown registrieren	x	R/W	{False|True}
Resizable	Fenstergröße änderbar?	–	R/W	{True|False}
Silent	Können Diologfenster gezeigt werden?	x	R/W	{False|True}
StatusBar	Statusleiste sichtbar?	x	R/W	{True|False}
StatusText	Text in der Statusleiste	–	R/W	
TheaterMode	Browser im »Theater«-Modus?	x	R/W	{False|True}
ToolBar	Welche Toolbar ist sichtbar?	x	R/W	Def. -1
TopLevel-Container	Ist Control top-level Browser?	–	R	

Tab. 20.15: Die spezifischen WebBrowser-Eigenschaften

Eigenschaft	*Ab: VB5*	*Eigenschaft*	*Ab: VB5*
Allgemein			
CausesValidation		Parent	
Container		TabIndex	
hWnd		TabStop	
Index		Tag	
Name		Visible	
Object			
Position			
Height, Width		Left, Top	

Eigenschaft	*Ab: VB5*	*Eigenschaft*	*Ab: VB5*
Drag & Drop			
DragIcon		DragMode	
Hilfe			
HelpContextID		WhatsThisHelpID	
ToolTipText			
Datenbank			
DataBindings			

Tab. 20.16: Die allgemeinen Eigenschaften des WebBrowsers

Methode	*Syntax*
Navigate	WebBrowser.Navigate URL As String[, [Flags][, [TargetFrameName] _ [, [PostData][, Headers]]]]
GoBack	WebBrowser.GoBack
GoFormard	WebBrowser.GoForward
GoHome	WebBrowser.GoHome
GoSearch	WebBrowser.GoSearch
Quit	WebBrowser.Quit
Refresh	WebBrowser.Refresh
SetFocus	WebBrowser.SetFocus
Stop	WebBrowser.Stop
ExecWB	WebBrowser.ExecWB cmdID As OLECMDID, _ cmdexecopt As OLECMDEXECOPT[, [pvaIn][, pvaOut]]
QueryStatusWB	Status = _ WebBrowser.QueryStatusWB(cmdID As OLECMDID) As OLECMDF
GetProperty	Property = WebBrowser.GetProperty(Property As String)
PutProperty	WebBrowser.PutProperty Property As String, vtValue
Navigate2	WebBrowser.Navigate2 URL[, [Flags][, [TargetFrameName] _ [, [PostData][, Headers]]]]
Refresh2	WebBrowser.Refresh2 [Level]
ShowBrowserBar	WebBrowser.ShowBrowserBar pvaClsid[, [pvarShow][, pvarSize]]
ClientToWindow	WebBrowser.ClientToWindow pcx As Long, pcy As Long
ZOrder	WebBrowser.ZOrder [Position]
Drag	WebBrowser.Drag([Action])
Move	WebBrowser.Move(Left As Single[, [Top][, [Width][, Height]]])
ShowWhatsThis	WebBrowser.ShowWhatsThis()

Tab. 20.17: Die Syntax der Methoden des WebBrowsers

OLECMDEXECOPT		*OLECMDF*	
Wert	*Konstante*	*Wert*	*Konstante*
0	OLECMDEXECOPT_DODEFAULT	1	OLECMDF_SUPPORTED
1	OLECMDEXECOPT_PROMPTUSER	2	OLECMDF_ENABLED
2	OLECMDEXECOPT_DONTPROMPTUSER	4	OLECMDF_LATCHED
3	OLECMDEXECOPT_SHOWHELP	8	OLECMDF_NINCHED

Tab. 20.18: WebBrowser-Konstanten Teil 1

OLECMDID			
Wert	*Konstante*	*Wert*	*Konstante*
1	OLECMDID_OPEN	21	OLECMDID_ UPDATECOMMANDS
2	OLECMDID_NEW	22	OLECMDID_REFRESH
3	OLECMDID_SAVE	23	OLECMDID_STOP
4	OLECMDID_SAVEAS	24	OLECMDID_HIDETOOLBARS
5	OLECMDID_SAVECOPYAS	25	OLECMDID_SETPROGRESSMAX
6	OLECMDID_PRINT	26	OLECMDID_SETPROGRESSPOS
7	OLECMDID_PRINTPREVIEW	27	OLECMDID_SETPROGRESSTEXT
8	OLECMDID_PAGESETUP	28	OLECMDID_SETTITLE
9	OLECMDID_SPELL	29	OLECMDID_ SETDOWNLOADSTATE
10	OLECMDID_PROPERTIES	30	OLECMDID_STOPDOWNLOAD
11	OLECMDID_CUT	31	OLECMDID_ ONTOOLBARACTIVATED
12	OLECMDID_COPY	32	OLECMDID_FIND
13	OLECMDID_PASTE	33	OLECMDID_DELETE
14	OLECMDID_PASTESPECIAL	34	OLECMDID_HTTPEQUIV
15	OLECMDID_UNDO	35	OLECMDID_HTTPEQUIV_DONE
16	OLECMDID_REDO	36	OLECMDID_ ENABLE_INTERACTION
17	OLECMDID_SELECTALL	37	OLECMDID_ONUNLOAD
18	OLECMDID_CLEARSELECTION	38	OLECMDID_PROPERTYBAG2
19	OLECMDID_ZOOM	39	OLECMDID_PREREFRESH
20	OLECMDID_GETZOOMRANGE		

Tab. 20.19: WebBrowser-Konstanten Teil 2

Ereignis	*Syntax*
BeforeNavigate2	Sub BeforeNavigate2(pDisp As Object, URL, Flags, _ TargetFrameName, PostData, Headers, Cancel As Boolean)
CommandStateChange	Sub CommandStateChange(Command As Long, _ Enable As Boolean)
DocumentComplete	Sub DocumentComplete(pDisp As Object, URL)
DownloadBegin	Sub DownloadBegin()
DownloadComplete	Sub DownloadComplete()
NavigateComplete2	Sub NavigateComplete2(pDisp As Object, URL)
NewWindow2	Sub NewWindow2(ppDisp As Object, Cancel As Boolean)
OnFullScreen	Sub OnFullScreen(FullScreen As Boolean)

Ereignis	*Syntax*
OnMenuBar	Sub OnMenuBar(MenuBar As Boolean)
OnQuit	Sub OnQuit()
OnStatusBar	Sub OnStatusBar(StatusBar As Boolean)
OnTheaterMode	Sub OnTheaterMode(TheaterMode As Boolean)
OnToolBar	Sub OnToolBar(ToolBar As Boolean)
OnVisible	Sub OnVisible(Visible As Boolean)
ProgressChange	Sub ProgressChange(Progress As Long, ProgressMax As Long)
PropertyChange	Sub PropertyChange(szProperty As String)
StatusTextChange	Sub StatusTextChange(Text As String)
TitleChange	Sub TitleChange(Text As String)
DragDrop	Sub DragDrop(Source As Control, X As Single, Y As Single)
DragOver	Sub DragOver(Source As Control, X As Single, Y As Single, _ State As Integer)
GotFocus	Sub GotFocus()
LostFocus	Sub LostFocus()
Validate	Sub Validate(Cancel As Boolean)

Tab. 20.20: Ereignisse des WebBrowsers

20.2.3 ShellFolderViewOC-Control

Keine deutsche Bezeichnung

Klasse: ShellFolderViewOC

Typ: Zusatzsteuerelement

Das ShellFolderViewOC-Control ist zur Laufzeit nicht sichtbar.

> Die Dokumentation zum ShellFolderViewOC-Control ermöglicht keine detaillierte Beschreibung.

Nachstehende Informationen stammen aus der Objektbibliothek.

Eigenschaft	*Ab: VB6*	*Eigenschaft*	*Ab: VB6*
Allgemein			
Index		Name	
Object		Parent	
Tag			

Tab. 20.21: Eigenschaften des ShellFolderViewOC-Controls

Methode	*Syntax*
SetFolderView	O.SetFolderView pDisp As Object
Ereignis	*Syntax*
SelectionChanged	Sub O_SelectionChanged()

Tab. 20.22: Methode und Ereignis des ShowFolderViewOC-Controls

20.2.4 Winsock-Control

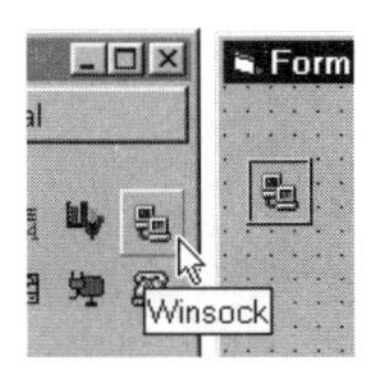

Deutsche Bezeichnung: Winsock-Steuerelement

Typ: Zusatzsteuerelement

Bezeichnung VB-Version	*Klasse*	*Datei*	*Bezeichnung in Liste Zusatzsteuerelemente*
Winsock	***Winsock***		
VB5		MSWINSCK.OCX	Microsoft Winsock Control 5.0
VB6		MSWINSCK.OCX	Microsoft Winsock Control 6.0

Mit dem Winsock-Control können Sie (Win95/98 oder WinNT) die Verbindung zu einem Remote-Computer herstellen und Daten in beiden Richtungen austauschen.

Das Winsock-Steuerelement ist zur Laufzeit unsichtbar.

Protokolle

Das Winsock-Steuerelement ermöglicht den einfachen Zugriff auf TCP- und UDP-Netzwerkdienste.

TCP

Mit TCP (Transfer Control Protocol) erstellen Sie eine Verbindung zu einem Netzrechner und halten sie aufrecht. Ihr Computer und der Remote-Computer können über diese Verbindung Daten übertragen.

Für eine Client-Anwendung müssen Sie den Namen des Server-Rechners oder dessen IP-Adresse kennen (RemoteHost-Eigenschaft) sowie den Anschluß (RemotePort Eigenschaft), an dem dieser »zuhört«. Rufen Sie dann die Connect-Methode auf.

Für eine Server-Anwendung müssen Sie einen Anschluß (LocalPort-Eigenschaft) festlegen, der überwacht wird, und die Listen-Methode aufrufen. Fordert der Client-Rechner eine Verbindung an, so tritt das ConnectionRequest-Ereignis auf. Rufen Sie die Accept-Methode innerhalb des ConnectionRequest-Ereignisses auf, um die Verbindung herzustellen.

Rufen Sie die SendData-Methode auf, um Daten zu senden. Werden Daten empfangen, tritt das DataArrival-Ereignis ein.

Rufen Sie die GetData-Methode innerhalb des DataArrival-Ereignisses auf, um die Daten abzurufen.

UDP

Das UDP (User Datagram Protocol) ist ein Protokoll, das ohne Verbindungen arbeitet. Anders als bei TCP-Operationen richten die kommunizierenden Rechner keine Direktverbindung ein. Eine UDP-Anwendung kann Client oder Server sein.

Legen Sie zunächst die LocalPort-Eigenschaft des Client-Rechners fest, um Daten zu übertragen. Der Server-Rechner muß dann nur noch als RemoteHost-Eigenschaft den Namen oder die Adresse des Client-Rechners sowie als RemotePort-Eigenschaft den gleichen Anschluß wie den der LocalPort-Eigenschaft des Client-Rechners festlegen und dann die SendData-Methode zum Senden von Daten aufrufen. Der Client-Rechner verwendet danach die GetData-Methode innerhalb des DataArrival-Ereignisses, um die gesendeten Daten abzurufen.

Winsock-Eigenschaften

Eigenschaft	*Kurzbeschreibung*	*Entw.*	*LZ*
BytesReceived	Menge der empfangenen Daten	–	R
LocalHostName	Name des lokalen Rechners	–	R
LocalIP	IP-Adresse des lokalen Rechners im numerischen Format (xxx.xxx.xxx.xxx)	–	R
LocalPort	Verwendender lokaler Anschluß	–	R/W
Protocol	Das verwendete Protokoll (TCP oder UDP)	x	R/W
RemoteHost	Der Remote-Computer	x	R/W
RemoteHostIP	IP-Adresse des Remote-Computers	–	R
RemotePort	Netzanschlußnummer	x	R/W
State	Status des Steuerelements	–	R
SocketHandle	Socket-Zugriffsnummer	–	R

Tab. 20.23: Die spezifischen Eigenschaften des Winsock-Controls

Eigenschaft	*Read *)*	*Write *)*	*Hinweis*
BytesReceived	Anz& = O.BytesReceived	–	
LocalHostName	N$ = O.LocalHostName	–	
LocalIP	IPAdresse = O.LocalIP	–	
LocalPort	O.LocalPort = Anschluß	Anschluß = O.LocalPort	
Protocol	O.Protocol = Protokoll	Protokoll = O.Protocol	Tab. 20.25
RemoteHost	O.RemoteHost = Z$	Z$ = O.RemoteHost	**)
RemoteHostIP	IPAdr$ = O.RemoteHostIP	–	
RemotePort	Anschl& = O.RemotePort	O.RemotePort = Anschl&	Tab. 20.26
State	Status = O.State	–	Tab. 20.27
SocketHandle	ZugrNr = O.SocketHandle	–	

*) Präfix O. = Winsock.

**) Host-Name z.B. »FTP://ftp.microsoft.com« oder IP-Adresse z.B. »100.0.1.1«.

Tab. 20.24: Die Syntax der spezifischen Winsock-Eigenschaften

Wert	*Konstante*	*Beschreibung*
0	sckTCPProtocol	(Voreinstellung.) TCP-Protokoll.
1	sckUDPProtocol	UDP-Protokoll

Tab. 20.25: Die Einstellungen für Protocol

Anschluß	*Beschreibung*
80	(Voreinstellung) HTTP, normalerweise für World Wide Web-Verbindungen verwendet.
21	FTP

Tab. 20.26: RemotePort-Einstellungen

Wert	*Konstante*	*Beschreibung*
0	sckClosed	(Voreinstellung) Geschlossen
1	sckOpen	Geöffnet
2	sckListening	Überwachen
3	sckConnectionPending	Verbindung anstehend
4	sckResolvingHost	Host-Name wird aufgelöst
5	sckHostResolved	Host-Name wurde aufgelöst
6	sckConnecting	Verbinden
7	sckConnected	Verbunden
8	sckClosing	Partner schließt die Verbindung
9	sckError	Fehler

Tab. 20.27: Die Rückgabewerte der State-Eigenschaft

Eigenschaft	Eigenschaft
Allgemein	
Index	Name
Object	Parent
State	Tag

Tab. 20.28: Allgemeine Eigenschaften des Winsock-Controls

Methoden des Winsock

Methode		Kurzbeschreibung	Syntax *)
Accept	TCP-Server	Verbindung akzeptieren bei ConnectionRequest-Ereignis	O.Accept RequestID&
Bind	TCP lokaleIP	Anschlußadressen	O.Bind [LocalPort][, LocalIP]
Connect	TCP	Stellt eine Verbindung zum Remote Computer her. Immer aufrufen, wenn TCP-Verbindung erstellt werden soll	O.Connect RemoteHost, _ RemotePort
Close	TCP	oder Socket schließen	O.Close
GetData		Aktuellen Datenblock abrufen und speichern	O.GetData data [, _ [type][, maxLen]]
Listen	TCP	Socket erstellen und in Überwachen-Modus setzen (Vorher Bind !)	O.Listen
PeekData	TCP	Wie GetData, aber entfernt Daten nicht aus der Eingabewarteschlange	O.PeekData data], _ [type][, maxLen]]
SendData		Sendet Daten an einen Remote-Computer	O.SendData Daten2

*) Präfix O. = WinSock.

Tab. 20.29: Die Methoden des Winsock-Controls

Argument	Beschreibung
LocalPort	(LokalerAnschluß) Der für die Verbindung verwendete Anschluß.
LocalIP	Die für die Verbindung verwendete lokale Internet-Adresse.
data	Enthält die abgerufenen Daten, nachdem die Methode erfolgreich zurückgegeben wurde. Sind nicht genügend Daten für den angeforderten Typ verfügbar, so wird Daten auf Empty gesetzt.
RemoteHost	Name des Remote-Computers, zu dem eine Verbindung hergestellt werden soll. (Hostname: z.B. "ftp://ftp.microsoft.com" oder IP-Adresse z.B. "100.0.1.1")
RemotePort	Anschluß des Remote-Computers.
type	Der Typ der abzurufenden Daten (s. Tab. 20.31). Standardwert: Bytedatenfeld = vbArray + vbByte.

Argument	Beschreibung
maxLen	(maxLänge) Gibt die gewünschte Größe an, wenn ein Byte-Datenfeld oder eine Zeichenfolge abgerufen wird. Fehlt dieses Argument für ein Byte-Datenfeld oder eine Zeichenfolge, so werden alle verfügbaren Daten abgerufen. Wird dieses Argument für andere Datentypen als Byte-Datenfelder und Zeichenfolgen bereitgestellt, so wird es ignoriert.

Tab. 20.30: Argumente der Winsock-Methoden

Datentyp	Konstante	Hinweis
Byte	vbByte	
Integer	vbInteger	
Long	vbLong	
Single	vbSingle	
Double	vbDouble	
Currency	vbCurrency	
Date	vbDate	
Boolean	vbBoolean	
Long (Fehler-Code)	vbError	
String	vbString	(Unicode !)
Byte-Datenfeld	vbArray + vbByte	

Tab. 20.31: Einstellungen für GetData- und PeekData-Typ

Ereignisse

Ereignis	Ereignis ausgelöst durch:
Close	TCP wird beendet.
Connect	Verbindung zum Server ist aufgebaut.
ConnectionRequest	TCP Remote-Computer fordert eine Verbindung.
DataArrival	Neue Daten kommen an.
Error	Fehler bei der Hintergrundverarbeitung.
SendComplete	Senden-Operation beendet.
SendProgress	Daten werden gesendet.

Tab. 20.32: Die Ereignisse des Winsock-Controls

Ereignis	Syntax *) **)
Close	Sub W_Close( )
Connect	Sub W_Connect ()
ConnectionRequest	Sub W_ConnectionRequest (requestID As Long)
DataArrival	Sub W_DataArrival (bytesTotal As Long)

Ereignis	*Syntax *) **)*	
Error	Sub W_Error(Number As Integer, _ Description As String, Scode As Long, Source As String, HelpFile as String, HelpContext As Long, CancelDisplay As Boolean)	Number s. Tab. 20.27
SendComplete	Sub W_SendComplete	
SendProgress	Sub W_SendProgress (bytesSend As Long, bytesRemaining As Long)	

*) W = WinSock

**) Argumente s. Tab. 20.34

Tab. 20.33: Die Syntax der Ereignisse des Winsock-Controls

Argument	*Beschreibung*
requestID	(AnforderungsID) Ist der eingehende Bezeichner der Verbindungsanforderung. Dieses Argument sollte der Accept-Methode in der zweiten Steuerelementinstanz übergeben werden.
bytesTotal	(AnzahlBytes) Ist die Gesamtmenge der Daten, die abgerufen werden können.
CancelDisplay	(AnzeigeAbbrechen) Gibt an, ob die Anzeige abgebrochen werden soll. Die Voreinstellung ist False, d.h., das Standard-Fehlermeldungsfeld wird angezeigt. Wollen Sie das Standard-Meldungsfeld nicht verwenden, setzen Sie AnzeigeAbbrechen auf True.
Description	(Beschreibung) Eine Zeichenfolge, die den Fehler beschreibt.
HelpFile	Eine Zeichenfolge, die den Dateinamen einer Hilfedatei angibt.
HelpContext	Hilfekontext.
Source	(Quelle) Eine Zeichenfolge, die die Fehlerquelle beschreibt.
Scode	Status Code von Visual C++ (s. Online-Hilfe)
Number	(Zahl) Eine Ganzzahl, die den Fehler-Code angibt. Die Liste der Konstanten finden Sie unter Einstellungen.
bytesSend	(gesendeteBytes) Ist die Anzahl der Bytes, die seit der letzten Aktivierung dieses Ereignisses gesendet wurden.
bytesRemaining	(zuSendendeBytes) Ist die Anzahl der Bytes im Puffer, die noch gesendet werden sollen.

Tab. 20.34: Argumente der Ereignisse des Winsock-Controls

Teil 2

In diesem Teil sind

- allgemeine Eigenschaften
- allgemeine Methoden
- allgemeine Ereignisse
- VB-Befehle
- und andere Basisinformationen

zusammengefaßt.

Damit wurde weitesgehend Redundanz (Datenwiederholung) in der Referenz vermieden.

Auf die Kapitel dieses Teils wird in Teil 1 nach Bedarf hingewiesen.

Die Bezeichnungen der Abschnitte entsprechen den in den Tabellen im Teil 1 verwendeten Gruppen.

21 Allgemeine Eigenschaften

Zu den wesentlichen Merkmalen, die eine Klasse an die von ihr abgeleiteten Objekte vererbt, gehören die Eigenschaften. Durch die den Eigenschaften zugewiesenen Werte werden das Erscheinungsbild, die Inhalte und Verhaltensweisen der Objekte bestimmt. Den Eigenschaften können Werte von der Klasse automatisch vorgegeben (default) sein. Es gibt feste, nicht änderbare Eigenschaftswerte oder Werte, die im Entwurfsmodus und/oder zur Laufzeit gelesen und/oder geändert (zugewiesen, geschrieben) werden können. Die Eigenschaften werden in der Eigenschaftsleiste (VB1), dem Eigenschaftenfenster (ab VB2) und für viele OCX-(ActiveX-) Controls (ab VB4) durch zusätzliche Eigenschaftenseiten angezeigt.

Bitte beachten Sie: Geben Sie bei einer Eigenschaft kein Objekt an, wird die Parent-Form als Objekt verwendet. In der Beschreibung der Eigenschaft »Parent« finden Sie weitere Informationen.

Hinweis: Die Abschnittsnamen entsprechen denen in den anderen Tabellen dieser Referenz.

21.1 Allgemein

Der allgemeine Abschnitt faßt alle Eigenschaften zusammen, die fast alle Objekte unter VB besitzen.

Allgemein	*Ab: VB1*	*Kurzbeschreibung*	*Entw.*	*LZ*
Caption		Titeltext, Menütext oder beschreibender Text auf dem Objekt	R/W	R/W
Container		Container-Objekt, auf dem das Control unmittelbar plaziert ist (Form, Frame, PictureBox, UserControl, ActiveX-Dokument)	R/W	R/W
CausesValidation	VB6	Validate-Ereignismeldung im den Fokus abgebenden Control?	R/W	R/W
Enabled		Objekt kann auf Tasten- oder Maus-Ereignisse reagieren. Ist Enabled = False, werden die Ereignisse vom jeweils nächsten Control mit Enabled = True registriert.	R/W	R/W
hDC		Windows-Handle auf Gerätekontext	–	R
hWnd		Aktuelle Windows-Zugriffsnummer	–	R

Allgemein	*Ab: VB1*	*Kurzbeschreibung*	*Entw.*	*LZ*
Icon		Symbol für Titelleiste und Minimierung	R/W	R/W
Index		Positionsnummer im Objekt-Feld	R/W	R
MouseIcon	VB4	Benutzerdefiniertes Maussymbol	R/W	R/W
MousePointer		Maussymboltyp	R/W	R/W
Name		Name des Objekts	R/W	R
Object	VB4	Verweis auf Objekt-Eigenschaft|Methode	–	R
Parent	VB2	Form oder Auflistung, die das Objekt enthält	–	R
TabIndex		Position in der Aktivierreihenfolge	R/W	R/W
TabStop		Objekt in der Aktivierreihenfolge aktiv?	R/W	R/W
Tag		Zusatzinfos	R/W	R/W
Visible		Objekt sichtbar?	R/W	R/W

Tab. 21.1 Die allgemeinen Eigenschaften

Allgemein	*Read *)*	*Write *)*	*Hinweis*
Caption	WhatCaption = O.Caption	O.Caption = String	
CausesValidation	IsCausVal = O.CausesValidation	O.CausesValidation = Wert	{True|False} Abschn. 21.1.1
Container	Set Verweis = O.Container	Set O.Container = Obj	**)
Enabled	IsEnabled = O.Enabled	O.Enabled = Wert	{True|False}
hDC	GerätZugrNr = O.hDC	–	
hWnd	ObjektZugrNr = O.hWnd	–	
Icon	IconBild = Form.Icon	Form.Icon = IconBild	Ext. = .ICO
Index	WhatIndex = O.Index	–	(0 bis 32.767)
MouseIcon	Verweis = O.MouseIcon	O.MouseIcon = LoadPicture(Datei) O.MouseIcon = Picture	Bei Mouse- Pointer = 99
MousePointer	Einstellung = O.MousePointer	O.MousePointer = Wert	Tab.21.3 Abb. 21.1
Name	MyName = O.Name	–	Abschn. 21.1.2
Object	Verweis = O.Object	–	
Parent	MyParent = O.Parent	–	
TabIndex	TabPosition = O.TabIndex	O.TabIndex = Index	Abschn. 21.1.3
TabStop	IsTabstop = O.TabStop	O.TabStop = Wert	{True|False}
Tag	Ausdruck = O.Tag	O.Tag = Ausdruck	
Visible	IsVisible = O.Visible	O.Visible = Wert	{True|False}

*) Präfix O. = Objekt.

**) Container kann sein: Form, Frame, PictureBox, UserControl, ActiveX-Dokument

Tab. 21.2 Die Syntax der allgemeinen Eigenschaften

Wert	Konstante	Beschreibung *)		
0	vbDefault	Voreinstellung des jeweiligen Objekts		
1	vbArrow	Pointer	Pfeil	
2	vbCrosshair	Zeichnen	Kreuz	
3	vbIbeam	Textcaret	I-Cursor	
4	vbIconPointer	Symbol (16-Bit: Quadrat im Quadrat)		
5	vbSizePointer	Größenänderung o/u/l/r	N-S-O-W Pfeil	
6	vbSizeNESW	Größenänderung ro/lu	NO-SW Doppelpfeil	
7	vbSizeNS	Größenänderung o/u	N-S Doppelpfeil	
8	vbSizeNWSE	Größenänderung lo/ru	NW-SO Doppelpfeil	
9	vbSizeWE	Größenänderung r/l	W-O Doppelpfeil	
10	vbUpArrow	Aufwärtspfeil		
11	vbHourglass	Wartezustand	Sanduhr	
12	vbNoDrop	Nicht ablegen	Halteverbot	
Ab VB4				
13	vbArrowHourglass	Hilfe, warten	Pfeil u. Sanduhr	*)
14	vbArrowQuestion	Direkthilfe	Pfeil u. Fragezeichen	*)
15	vbSizeAll	Größenänderung	Alle Richtungen	*)
99	vbCustom	Benutzerdefiniertes Symbol		*)

*) Der jeweils angezeigte Cursor kann systemabhängig abweichen.

**) Nur verfügbar in 32-Bit-Visual Basic

Tab. 21.3 Die MousePointer-Konstanten

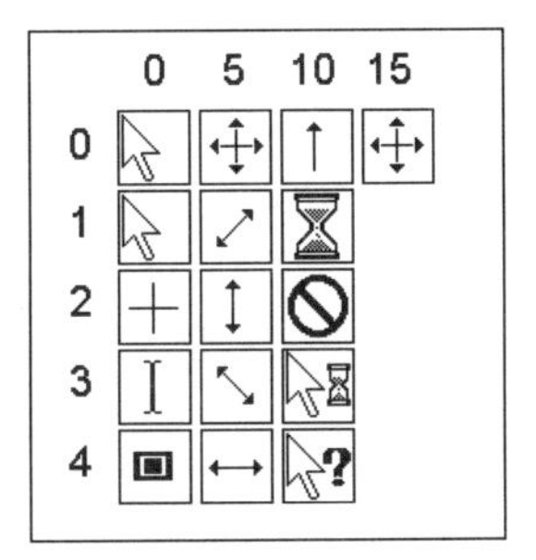

Abb. 21.1: Die Mousepointer

21.1.1 CausesValidation verwenden

Neu ab VB6 ist die CausesValidation-Eigenschaft bei einer Vielzahl von Controls und Objekten.

Sie wirkt zusammen mit

- dem Validate-Ereignis, das die Controls registrieren, und
- der ValidateControls-Methode der Formen.

CausesValidation	*Validate-Ereignis des Controls/Objekts wird ...*
True	gemeldet (Voreinstellung)
False	nicht gemeldet,
	wenn der Fokus verschoben werden soll, aber bevor das betreffende Control/Objekt den Fokus verliert. Damit kann das Verschieben des Fokus abgebrochen werden.

Tab. 21.4 CausesValidation-Einstellungen

Controls	*Controls*	*Controls*	*Controls*
ADO	DataRepeater	ListView	Slider
Animation	DateTimePicker	MaskEdBox	SSREgister
CheckBox	DirListBox	MCI	TabStrip
ComboBox	DriveListBox	MonthView	TextBox
CommandButton	FileListBox	MSChart	TreeView
DataCombo	HScroll, Vscroll	OptionButton	UpDown
DataGrid	ImageCombo	PictureBox	
DataList	ListBox	RTF	
Objekt	*Subobjekt zu:*	*Objekt*	*Subobjekt zu:*
Button-Objekt	Toolbar	Extender-Objekt	UserControl

Tab. 21.5 Controls und Objekte mit CausesValidation-Eigenschaft

```
Private Sub Control_Validate(KeepFocus As Boolean)
' Falls die Bedingung nicht erfüllt wird
' behält das Control (durch KeepFocus = True) den Fokus
If Not Bedingung Then
    KeepFocus = True
    ...
 End If
End Sub

Private Sub Form_Unload(Cancel As Integer)
  On Error Resume Next
  ' Prüfen, ob alle Controls-Bedingungen erfüllt sind
  Me.ValidateControls
  If Err > 0 Then Cancel = True
End Sub
```

21.1.2 Wandlungen von Name

VB Version	*Objekttyp*	*Eigenschaft*	*Entw.*	*LZ*
VB1	Form	FormName	R/W	–
	Control	CtlName	R/W	–
VB2 + VB3	alle Objekte	Name	R/W	–
Ab VB4	alle Objekte	Name	R/W	R

Tab. 21.6 Die Name-Eigenschaft im Wandel der Versionen

Objekte kopieren (ab VB2)

Ab VB2 können Sie die Name-Eigenschaft einer Form oder eines Controls in Verbindung mit der Dim-Anweisung zur Erstellung weiterer Instanzen des Objekts verwenden.

Diese Instanzen sind genaue Kopien des zugrundeliegenden Objekts. Alle Eigenschaften stimmen überein, alle Codezeilen gleichfalls.

Wichtig: Erstellen Sie keine Instanzen einer Form in der Form_Load-Prozedur. Da die Form_Load-Prozedur gleichfalls kopiert und dann direkt ausgeführt wird, bekommen Sie sonst einen Stapelspeicherfehler.

21.1.3 Aktivierreihenfolge – Tabulatorreihenfolge

Als Aktivierreihenfolge wird die Reihenfolge bezeichnet, in der der Fokus durch das Betätigen der [Tab]-Taste von einem Steuerelement zum nächsten bewegt wird. In Vorversionen zu VB5 wurde die Aktivierreihenfolge auch als Tabulatorreihenfolge bezeichnet.

Standardmäßig legt Visual Basic die Aktivierreihenfolge für die Controls einer Form in der Reihenfolge fest, in der sie auf der Form erstellt werden.

Objekte ohne TabIndex-Eigenschaft sind nicht in die Aktivierreihenfolge eingeschlossen. Die sichtbaren Objekte mit TabIndex werden (in einer Gruppe von OptionButtons jeweils nur einer) zur Laufzeit mit der [Tab]-Taste in der Aktivierreihenfolge angesprungen. Sie erhalten den Fokus.

21.2 Darstellung

In diesem Abschnitt sind die Eigenschaften zusammengefaßt, die sich mit der optischen Aufbereitung befassen.

Eigenschaft	*Ab: VB1*	*Kurzbeschreibung*	*Entw.*	*LZ*	*Hinweis*
Align		Anordnung	R/W	R/W	Abschn. 21.2.1
Appearance	VB4	3-D oder 2-D	R/W	R	
AutoRedraw		Beständiges Image! Automat. neu zeichnen	R/W	R/W	Abschn. 21.2.2
BackColor		Hintergrund-Farbe	R/W	R/W	Abschn. 21.2.3
ForeColor		Grafiklinien- und Schrift-Farbe	R/W	R/W	
BorderStyle		Randausbildung	R/W	R	*)
Drawmode		Darstellungsmodus	R/W	R/W	
DrawStyle		Grafiklinienstil	R/W	R/W	(bei DrawWith = 1 sonst Vollinie)
DrawWidth		Linienstärke	R/W	R/W	
FillColor		Füllfarbe	R/W	R/W	**)
FillStyle		Füllmuster	R/W	R/W	**)
Font	VB4	Verweis auf Font-Objekt	R	R	Abschn. 21.2.4
FontName		Name	R/W	R/W	
FontBold		Zeichen (halb-)fett	R/W	R/W	
Font.Italic		Zeichen kursiv	R/W	R/W	
FontName		Name	R/W	R/W	
FontSize		Zeichenhöhe (Punkte)	R/W	R/W	max. 2160
FontStrikeThru		Zeichen durchgestrichen	R/W	R/W	
FontUnderline		Zeichen unterstrichen	R/W	R/W	
FontTransparent		Schrift transparent	R/W	R/W	****)
Image	VB4	Beständige Bitmap	–	R	
Picture		Unbeständige Bitmap	R/W	R/W	+)
RightToLeft	VB5	Schreibrichtung rechts nach links	R/W	R/W	++)
ScrollBars		Bildlaufleisten anzeigen	R/W	R	

*) Bei Form u.TextBox zur Laufzeit nur lesbar!

**) Shape, Grafik-Methoden und API-Funktionen

***) FontName-Eigenschaft und die anderen direkten Objekt-Font-Eigenschaften stehen ab VB4 nur noch für die Verwendung mit dem CommonDialog-Control und aus Gründen der Kompatibilität zu früheren Versionen zur Verfügung. Verwenden Sie ab VB4 das Font-Objekt (s. Abschnitt 21.2) (beim CommonDialog nicht verfügbar).

****) Nur für Form, Printer, PictureBox und (ab VB5) UserControls

+) Picture bei UserControl (ab VB5) zur Laufzeit Readonly

++) Setzt entsprechendes Betriebssystem voraus!

Tab. 21.7.1 Die Darstellungs-Eigenschaften

Eigenschaft	*Read *)*	*Write *)*	*Hinweis*
Align	Alignwert = O.Align	O.Align = Wert	Tab. 21.13
Appearance	Is3-D = O.Appearance [= 1]	O.Appearance = Wert	Tab. 21.8
AutoRedraw	IsARedr = O.AutoRedraw	O.AutoRedraw = Wert	{False|True}**)
BackColor	HGFarbe& = O.BackColor	O.BackColor = Farbe&	***)
ForeColor	VGFarbe& = O.ForeColor	O.ForeColor = Farbe&	***)
BorderStyle	Border = O.BorderStyle	O.BorderStyle = Wert	****)
Drawmode	DMode = O.DrawMode	O.DrawMode = Wert	Tab. 21.10
DrawStyle	DStyle = O.DrawStyle	O.DrawStyle = Stil	Tab. 21.11
DrawWidth	Strichbr = O.DrawWidth	O.DrawWidth = Strichbr	1 (bis 32.767)
FillColor	Farbwert = O.FillColor	O.FillColor = Wert	
FillStyle	Füllstil = O.FillStyle	O.FillStyle = Stil	Tab. 21.12
Font	Verweis = O.Font[.Name]	O.Font[.Name] = Name	+)
FontName etc.	Name = O.FontName	O.FontName = Name	
FontBold	IsBold = O.FontBold	O.FontBold = Wert	{True|False}
FontItalic	IsItalic = O.FontItalic	O.FontItalic = Wert	{False|True}
FontStrikeThru	IsStrike = O.FontStrikeThru	O.FontStrikeThru = Wert	{False|True}
Font.Underline	IsUnderlined = O.FontUnderline	O.FontUnderline = Wert	{False|True}
FontTransparent	IsTsp = O.FontTransparent	O.FontTransparent = Wert	{True|False}
Image	Bild = O.Image	–	
Picture	Bild = O.Picture	O.Picture = Bild	Tab. 21.18
ScrollBars	WhichSB = O.ScrollBars	–	Tab. 21.19/ 20

*) Präfix O. = Objekt.
**) Siehe Tabellen im Abschnitt 21.14.
***) Farbe& = RGB, QBColor oder Systemfarbe (s. Abschnitt 21.2.3).
****) Bei Form u.TextBox zur Laufzeit nur lesbar (s. Tab. 21.9).
+) Beachten Sie hierzu die Hinweise in Kapitel 5.4 »Collection und Auflistungen« unter dem Stichwort »Allgemeine Auflistungen/Fonts-Auflistungen«.

Tab. 21.7.2 Die Syntax der Darstellungs-Eigenschaften

Einstellung	*Beschreibung*
0	2-D (Flach). Objekt wird ohne optische Effekte angezeigt.
1	(Voreinstellung) 3-D. Objekt wird mit 3-D-Effekt angezeigt.

Tab. 21.8 Einstellungen für Appearance

Wert	*Konstante (ab VB4)*	*Beschreibung*
0	vbBSNone	Kein: Kein Rahmen oder ähnliche Elemente. Ab VB4: ShowInTaskbar = False

Wert	Konstante (ab VB4)	Beschreibung
1	vbFixedSingle	Fest Einfach. Kann Systemmenüfeld, Titelleiste, Maximieren- und Minimieren-Schaltfläche umfassen. Ändern der Größe ist nur mit die Maximieren- und Minimieren-Schaltflächen möglich.
2	vbSizable	Änderbar (Voreinstellung). Mit jedem der für Einstellung 1 aufgeführten optionalen Rahmenelemente kann die Größe des Rahmens verändert werden.
3	vbFixedDouble	Fester Dialog. Größe nicht änderbar. Kann Systemmenüfeld oder Titelleiste umfassen, keine Maximieren- oder Minimieren-Schaltflächen. Ab VB4: ShowInTaskbar = False
4	vbFixedToolWindow	Ab VB4: Festes Werkzeugfenster. Größe nicht änderbar, mit einem Schließen-Button. Titelleistentext in verkleinerter Schrift. ShowInTaskbar = False
5	vbSizableToolWindow	Ab VB4: Änderbares Werkzeugfenster. Größe änderbar, mit einem Schließen-Button. Titelleistentext in verkleinerter Schrift. ShowInTaskbar = False

Tab. 21.9.1: Die BorderStyle-Einstellungen für Form

Wert	Konstante (ab VB4)	Beschreibung
0	vbBSNone	Kein Rand (Voreinstellung für Image, Label)
1	vbFixedSingle	Fest Einfach (Voreinstellung)

Tab. 21.9.2: Die BorderStyle-Einstellungen für Frame, Image, Label, MS Flex Grid, OLE, PictureBox,TextBox

Wert	Konstante (ab VB4)	Beschreibung
0	vbTransparent	Transparent
1	vbBSSolid	Ausgefüllt (Voreinstellung). Der Rahmen wird auf dem Rand der Figur zentriert.
2	vbBSDash	Strich
3	vbBSDot	Punkt
4	vbBSDashDot	Strich-Punkt
5	vbBSDashDotDot	Strich-Punkt-Punkt
6	vbBSInsideSolid	Innen ausgefüllt. Der äußere Rand des Rahmens ist der äußere Rand der Figur

Tab. 21.9.3: Die BorderStyle-Einstellungen für Line und Shape

Wert	Konstante (ab VB4)	Beschreibung
1	vbBlackness	Schwarzintensität
2	VbNotMergePen	Stift mischen invers – Inverse Darstellung der Einstellung 15 (Stift mischen).
3	vbMaskNotPen	Inversen Stift maskieren – Kombination der Farben, die der Hintergrund mit der invertierten Stiftfarbe gemeinsam hat.
4	vbNotCopyPen	Stift kopieren invers – Inverse Darstellung der Einstellung 13 (Stift kopieren).
5	vbMaskPenNot	Stift und inverse Anzeige maskieren – Kombination der Farben, die der Stift mit der invertierten Anzeigefarbe gemeinsam hat.
6	vbInvert	Invers – Inverse Darstellung der Anzeigefarbe.
7	vbXorPen	Stift Xor – Kombination der Farben, die im Stift und in der Anzeigefarbe, aber nicht in beiden vorhanden sind.
8	vbNotMaskPen	Stift maskieren invers – Inverse Darstellung der Einstellung 9 (Stift maskieren).
9	vbMaskPen	Stift maskieren – Kombination der Farben, die der Stift mit der Anzeige gemeinsam hat.
10	vbNotXorPen	Stift Xor invers – Inverse Darstellung der Einstellung 7 (Stift Xor).
11	vbNop	Keine Operation – Ausgabe bleibt unverändert, d.h. diese Einstellung schaltet die Ausgabe aus.
12	vbMergeNotPen	Inversen Stift mischen – Kombination der Anzeigefarbe und der invertierten Stiftfarbe.
13	vbCopyPen	Stift kopieren (Voreinstellung) – Farbe, die durch die ForeColor-Eigenschaft angegeben ist.
14	vbMergePenNot	Stift und inverse Anzeige mischen – Kombination der Stiftfarbe und der invertierten Anzeigefarbe.
15	vbMergePen	Stift mischen – Kombination der Stiftfarbe und der Anzeigefarbe.
16	vbWhiteness	Weißintensität

Tab. 21.10: DrawMode-Einstellungen

Konstante	Wert	Beschreibung
vbSolid	0	(Voreinstellung) Ausgefüllt
vbDash	1	Strich
vbDot	2	Punkt
vbDashDot	3	Strich-Punkt
vbDashDotDot	4	Strich-Punkt-Punkt
vbInvisible	5	Transparent
vbInsideSolid	6	Innen ausgefüllt

Tab. 21.11: DrawStyle-Einstellungen

Wert	Konstante (ab VB4)	Beschreibung
0	vbFSSolid	Ausgefüllt
1	vbFSTransparent	(Voreinstellung) Transparent
2	VbHorizontalLine	Horizontale Linie
3	vbVerticalLine	Vertikale Linie
4	vbUpwardDiagonal	Aufwärtsdiagonal
5	vbDownwardDiagonal	Abwärtsdiagonal
6	vbCross	Kreuz
7	vbDiagonalCross	Diagonalkreuz

Tab. 21.12: FillStyle-Einstellungen

21.2.1 Besonderheiten bei Align

Alle Controls, die über die Align-Eigenschaft verfügen, können Sie auch auf einer MDIForm plazieren.

Mit Align > 0Horizontal angeordnete Objekte haben Vorrang gegenüber links oder rechts ausgerichteten.

Wert	Konstante (ab VB4)	Beschreibung
0	vbAlignNone	Keine (Voreinstellung in einer Nicht-MDI-Form) Größe und Position werden zur Entwurfszeit oder im Code festgelegt. Einstellung wird in einer MDI-Form nicht beachtet.
1	vbAlignTop	Oben ausrichten (Voreinstellung in einer MDI-Form) Position: Oberer Rand der Form Breite = ScaleWidth der Form
2	vbAlignBottom	Unten ausrichten Position: Unterer Rand der Form Breite = ScaleWidth der Form
3	vbAlignLeft	Links ausrichten Position: linker Rand der Form Höhe = ScaleHeight der Form
4	vbAlignRight	Rechts ausrichten Position: Rechter Rand der Form Höhe = ScaleHeight der Form

Tab. 21.13: Konstanten der Align-Eigenschaft

Beachten Sie bei Änderungen von Align:

Ändern Sie Align von horizontaler Anordnung (1 oder 2) zu vertikaler Anordnung (3 oder 4) oder umgekehrt, dann füllt das Objekt die Gesamtfläche. Setzen Sie in solchen Fällen die Height- bzw. Width- Einstellungen explizit.

21.2.2 Besonderheiten bei AutoRedraw

AutoRedraw gibt zurück oder legt fest, ob die Ausgabe einer Grafikmethode in eine beständige Grafik erfolgt.

Einstellung	*Beschreibung *)*
True	Neu zeichnen. Festes Bild. Aktiviert das automatische Neuzeichnen.
	Grafik und Text werden auf dem Bildschirm (Picture-Eigenschaft) und in ein im Speicher abgelegtes Bild (Image-Eigenschaft) ausgegeben.
	Das Objekt registriert keine Paint-Ereignisse.
	Im Objekt wird bei Bedarf mit Hilfe der im Speicher abgelegten Abbildung neu gezeichnet.
False	(Voreinstellung) Unbeständiges, flüchtiges Bild.
	Automatisches Neuzeichnen eines Objekts deaktiviert.
	Grafik oder Text werden nur auf dem Bildschirm ausgegeben.
	VB löst das Paint-Ereignis des Objekts aus.
	Das Objekt muß über Code neu ausgegeben werden.

*) Zur Entwurfszeit direkt oder zur Laufzeit mit LoadPicture (s. Kap. 22 »Methoden«) der Picture-Eigenschaft zugewiesene Bilder sind immer feste Bilder.

Tab. 21.14.1: Einstellungen für AutoRedraw

AutoRedraw	*Aktion*	*Wirkung*
False	Cls	Löscht nur unbeständige Grafiken (Picture).
	Print	Überschreibt grafische Controls
	Form minimieren	ScaleWidth und ScaleMode auf Symbolgröße.
True	Cls	Löscht beide Grafiken (Picture und Image).
	Form minimieren	ScaleHeight und ScaleWidth bleiben erhalten.

Bitte beachten Sie auch den Hinweis zu BackColor im nachfolgenden Abschnitt!

Tab. 21.14.2: Besonderheiten von AutoRedraw

21.2.3 Farbeigenschaften und Farben

BackColor, ForeColor und FillColor bestimmen die Farbwiedergabe für Objekte und bei Grafikmethoden.

Mit BackColor setzen Sie die Hintergrundfarbe des Objekts. Bei Form und PictureBox bewirkt dies:

- Bilder bleiben unverändert.
- Grafik und Text werden – unabhängig von AutoRedraw!! – gelöscht.

Die Farb-Eigenschaften sowie die Farbwerte in verschiedenen Befehlen oder Methoden (Point, PSet, Line etc.) sind auf zweierlei Art festlegbar.

Einstellung	*Beschreibung*
Normale RGB Farben	Farben, die unter Verwendung der Farbpalette, durch Dezimal- oder Hex-Werte oder (im Code) unter Verwendung der Funktionen RGB oder QBColor angegeben werden.
System-Standardfarben	Farben, die durch die Windows-Systemfarben-Konstanten angegeben werden.

Tab. 21.15: Einstellungen für Farbe

Der gültige Bereich für eine normale RGB-Farbe ist 0 bis 16.777.215 (&HFFFFFF).

Durch zwei weitere Bytes kann der Wert auf acht Hexadezimalstellen erweitert werden.

In diesem Fall gilt:

Das höchstwertige Byte einer achtstelligen RGB-Zahl ist gleich 0. Ist das höchstwertige Byte ungleich 0 (z.B. 8), dann verwendet Visual Basic die Konstanten der in der Systemeinstellung definierten Systemfarben.

Die drei (auf die optionalen, führenden zwei Bytes folgenden) Zwei-Bytesgruppen bestimmen in aufsteigender Folge jeweils den Rot-, Grün- und Blau-Anteil. Die Struktur in Hexwerten ist somit BBGGRR. Bitte beachten Sie die umgekehrte Reihenfolge gegenüber der Bezeichnung RGB.

QBColor-Nr	*Wert*	*Konstante (ab VB4)*	*Farbe*
0	&H0	vbBlack	Schwarz
1	&H800000	–	Dunkelblau
2	&H8000	–	Dunkelgrün
3	&H808000	–	Graublau
4	&H80	–	Rotbraun
5	&H800080	–	Dunkelviolett
6	&H8080	–	Oliv
7	&HC0C0C0	–	Hellgrau
8	&H808080	–	Dunkelgrau
9	&HFF0000	vbBlue	Blau
10	&HFF00	vbGreen	Hellgrün
11	&HFFFF00	vbCyan	Hellblau
12	&HFF	vbRed	Rot
13	&HFF00FF	vbMagenta	Violett
14	&HFFFF	vbYellow	Gelb
15	&HFFFFFF	vbWhite	Weiß

Tab. 21.16.1: RGB-, QBColor- und Systemfarben

Über das Windows-System festgelegte (System-)Farben werden als Werte oder (ab VB4) mit VB-Konstanten verwendet.

Wert	*Konstante (Ab VB4)*		*Systemfarbe für...*
0	&H80000000	vbScrollBars	Bildlaufleiste
1	&H80000001	vbDesktop	Desktop
2	&H80000002	vbActiveTitleBar	Titelleiste für das aktive Fenster
3	&H80000003	vbInactiveTitleBar	Titelleiste für das inaktive Fenster
4	&H80000004	vbMenuBar	Menühintergrund
5	&H80000005	vbWindowBackground	Fensterhintergrund
6	&H80000006	vbWindowFrame	Fensterrahmen
7	&H80000007	vbMenuText	Text in Menüs
8	&H80000008	vbWindowText	Text in Fenstern
9	&H80000009	vbTitleBarText	Text in Beschriftungen, Größenänderungsfeld, Bildlaufpfeil
10	&H8000000A	vbActiveBorder	Aktives Fenster
11	&H8000000B	vbInactiveBorder	Inaktives Fenster
12	&H8000000C	vbApplicationWorkspace	MDI-Hintergrundfarbe
13	&H8000000D	vbHighlight	Hintergrundfarbe, Element in einem Steuerelement ausgewählt
14	&H8000000E	vbHighlightText	Textfarbe, Element in einem Steuerelement ausgewählt
15	&H8000000F	vbButtonFace	Schattierung der Oberfläche von Command-Button
16	&H80000010	vbButtonShadow	Schattierung der Kante von CommandButton
17	&H80000011	vbGrayText	Abgeblendeter (inaktiver) Text
18	&H80000012	vbButtonText	Textfarbe von CommandButton
19	&H80000013	vbInactiveCaptionText	Textfarbe in einer inaktiven Bezeichnung
20	&H80000014	vb3-DHilight	Markierungsfarbe für 3-D-Anzeigeelemente
21	&H80000015	vb3-DDKShadow	Dunkelste Farbe für 3-D-Anzeigeelemente
22	&H80000016	vb3-DLite	Zweithellste der 3-D-Farben nach vb3-DHilight
23	&H80000017	vbClrInfoText	Textfarbe der QuickInfo
24	&H80000018	vbClrInfoBack	Hintergrundfarbe der QuickInfo

Tab. 21.16.2: Windows-Systemfarben

Bei allen Steuerelementen und Formen gelten folgende Standardfarben:

Eigenschaft	*Voreinstellung *)*	*dargestellt als RGB **)*	*Appearance ***)*	
			0 – Flat	*1 – 3D*
BackColor	&H80000005	&HC0C0C0	X	–
	&H8000000F	&HFFFFFF	–	X
ForeColor	&H80000008	&H000000	X	X

Eigenschaft	*Voreinstellung *)*	*dargestellt als RGB **)*	*Appearance ***)* 0 – Flat	1 – 3D
FillColor	&H00000000	&H000000	X	X

*) Systemfarbwerte. FillColor ist kein System-, sondern ein RGB-Farbwert.

**) Bei Vergleichen wird der aktuelle Zahlenwert der Eigenschaft, und nicht der RGB-Farbwert verwendet. IsColor = (ForeColor = &H000000) ergibt deshalb Falsch, wenn der Wert für ForeColor = Systemfarbwert ist.

***) Vor VB4 und wenn Appearance nicht verfügbar, gilt die Flat-Einstellung.

Tab. 21.17: Standardfarben

Wenn Sie eine Mischfarbe für Text oder Hintergrund wählen, wird die der Farbe am nächsten kommende Basisfarbe als Ersatz verwendet.

Bei Form- und PictureBox-Objekten werden durch das Setzen von BackColor alle vorher gezeichneten Grafiken sowie Schriften gelöscht.

Extension	*Dateityp*	*Ab VB1*	*Anmerkungen*
Clipboard	–		Mit Clipboard-Methoden
.BMP	Bitmap	VB1	Auch RLE-Komprimiert
.ICO	Icon	VB1	
.WMF	Metafile	VB1	
.CUR	Cursor	VB4	
.EMF	Extended Metafile	VB4	
.GIF	Graphics Interchange Format	VB5	
.JPG	JPEG	VB5	

Tab. 21.18: Die Bildformate für die Picture-Eigenschaft

Einstellung	*Beschreibung*
True	(Voreinstellung) Das Objekt hat eine horizontale, eine vertikale oder beide Bildlaufleisten.
False	Objekt hat keine Bildlaufleiste.

Tab. 21.19: ScrollBars-Einstellungen für MDIForm oder UserDocument

Wert	*Konstante*	*Beschreibung*
0	vbSBNone	(Voreinstellung) Kein
1	vbHorizontal	Horizontal
2	vbVertical	Vertikal
3	vbBoth	Beide

Tab. 21.20: ScrollBars-Einstellungen für DBGrid, Grid, TextBox, RichTextBox

21.2.4 Font, Objekt und Subobjekt

Objekt und Klasse: Font

Basisklasse: StdFont

Ab VB4 besitzen die meisten Controls und Objekte das Subobjekt Font. Die integrierten Font-Eigenschaften werden aus Kompatibilitatsgrunden zumeist weiter unterstutzt.

Wichtig: Der Standarddialog verfügt (bis VB6) nur über die integrierten Font-Eigenschaften (Tabelle 21.5).

Auf ein Font-Subobjekt greifen Sie durch direkte Verwendung mit dem übergeordneten Objekt zu:

```
FName$ = Objekt.Font.Name
```

Explizit deklarieren Sie ein Font-Objekt, nachdem Sie die entsprechende Objektklasse über Verweise in Ihr Projekt eingebunden haben.

VB-Version	*Datei*	*Bezeichnung in Verweis-Liste*
VB4-16	OC25.DLL oder	Standard OLE Types
	OLEPRO32.DLL	Standard OLE Types
Ab VB4-32	STDOLE2.TLB	OLE Automation

Tab. 21.21: Für Font erforderliche Bibliotheks-Dateien

Es muß vor dem Verwenden des Font-Objekttyps ein Verweis auf eine dieser Bibliotheken aktiviert sein, sonst wird der Fehler »Benutzerdefinierter Typ nicht definiert« gemeldet.

Ein Objekt vom Datentyp Font wird mit folgender expliziten Deklaration erstellt:

```
Dim Fnt As Font
' alt.: Dim Fnt As New StdFont

Set Fnt = Objekt.Font
```

Eigenschaft	*Ab: VB4*	*Beschreibung*	*Entw. *)*	*LZ*	*Hinweis*
Name		Name der Font-Familie	R/W	R	
Bold		Zeichen (halb-)fett	R/W	R/W	
Italic		Zeichen kursiv	R/W	R/W	
Name		Name	R/W	R/W	Standard
Size		Zeichengröße	R/W	R/W	
StrikeThrough		Zeichen durchgestrichen	R/W	R/W	**)

Eigenschaft	Ab: VB4	Beschreibung	Entw. *)	LZ	Hinweis
Underline		Zeichen unterstrichen	R/W	R/W	
Weight		Zeichenstärke	(R/W)	R/W	***)

*) Font-Subobjekt

**) Beachten Sie die unterschiedliche Schreibweise zu FontStrikeThru (s.Tab. 21.5).

***) Standard/Kursiv = 400, Bold = 700.
Einstellung im Entwurfsmodus implizit mit diesen Eigenschaften.

Tab. 21.22.1: Font-Objekt-Eigenschaften

Eigenschaft	Read *)	Write *)	Hinweis
Name	Name = F.Name	F.Name = Name	
Size	Name = F.Size	F.Size = Zeichenhöhe	in Pt (Punkt)
Bold	IsBold = F.Bold	F.Bold = Wert	{True|False}
Italic	IsItalic = F.Italic	F.Italic = Wert	{False|True}
StrikeThrough	IsS = F.StrikeThrough	F.StrikeThrough = Wert	{False|True}
Underline	IsUL = F.Underline	F.Underline = Wert	{False|True}
Weight	Wert = F.Weight	F.Weight = Wert	{400|700}

*) Präfix F. = Font-Objekt entweder:
Subobjekt: Objekt.Font. oder Deklariertes Objekt: FontObj.

Tab. 21.22.2: Syntax der Font-Objekt-Eigenschaften

21.3 DDE

Für den dynamischen Datenaustausch (DDE = Dynamic Data Exchange) stehen unter VB vier Eigenschaften zur Verfügung.

Eigenschaft	Kurzbeschreibung	Entw.	LZ	Hinweis
LinkItem	Daten für ein Ziel	R/W	R/W	*)
LinkMode	Typ der Verknüpfung	R/W	R/W	
				s. Tab. 21.24 u. 25
LinkTimeOut	Warten auf eine DDE-Nachricht	R/W	R/W	Zehntelsekunden
LinkTopic	Thema	R/W	R/W	

*) Das Erstellen einer permanenten Datenverknüpfung zur Entwurfszeit mit dem Befehl *Verknüpfung einfügen* aus dem Menü *Bearbeiten* setzt auch die LinkMode-, LinkTopic- und LinkItem-Eigenschaften. Dadurch wird eine Verknüpfung erstellt, die mit der Form gespeichert wird. Bei jedem Laden versucht die Anwendung, die Kommunikation wiederherzustellen.

Tab. 21.23.1: Die DDE-Eigenschaften

Eigenschaft	*Read *)*	*Write *)*
LinkItem	GetDDE = O.LinkItem	O.LinkItem = Zeichenfolge
LinkMode	DDETyp = O.LinkMode	O.LinkMode = Zahl
LinkTimeOut	TimeOutZeit = O.LinkTimeout	O.LinkTimeout = Zahl
LinkTopic	Wert = O.LinkTopic	O.LinkTopic = Wert

*) Präfix O. = Objekt.

Tab. 21.23.2: Die Syntax der DDE-Eigenschaften

Mit Hilfe der Eigenschaften, der DDE-Methoden (Kapitel 3.2: Allgemeine Methoden) und der gemeldeten Ereignisse (Kapitel 3.3: Allgemeine Ereignisse) erstellen Sie mit VB DDE-Server- und DDE-Client-Anwendungen.

Wert	*Konstante*	*Beschreibung*
0	vbLinkNone	(Voreinstellung) Keine. Es findet keine DDE-Interaktion statt.
1	vbLinkAutomatic	Automatisch. Das Ziel-Steuerelement wird immer dann aktualisiert, wenn sich die verknüpften Daten ändern.
2	vbLinkManual	Manuell. Das Ziel-Steuerelement wird nur aktualisiert, wenn die LinkRequest-Methode aufgerufen wird.
3	vbLinkNotify	Benachrichtigen. Ein LinkNotify-Ereignis tritt immer dann ein, wenn sich verknüpfte Daten ändern. Das Ziel-Steuerelement wird jedoch nur aktualisiert, wenn die LinkRequest-Methode ausgeführt wird.

Tab. 21.24: LinkMode bei Controls als Ziel

Wert	*Konstante (ab VB4)*	*Beschreibung*
0	vbLinkNone	(Voreinstellung) Keine Es findet keine DDE-Interaktion statt. Keine Zielanwendung kann eine Kommunikation mit der Quellform als Thema aufbauen, und keine Anwendung kann konventionswidrig Daten an die Form senden (Poking). Ist die LinkMode-Eigenschaft zur Entwurfszeit gleich 0 (Kein), so kann sie zur Laufzeit nicht auf 1 (Quelle) geändert werden.
1	vbLinkSource	Quelle Ermöglicht jedem Label-, PictureBox- oder TextBox-Control, Daten an jede Zielanwendung zu senden, die mit der Form eine DDE-Kommunikation einrichtet. Existiert eine solche Verknüpfung, informiert die VB-Anwendung das Ziel automatisch, sobald sich der Inhalt eines Controls ändert. Darüber hinaus kann eine Zielanwendung Daten an jedes Label-, PictureBox- oder TextBox-Control der Form senden. Ist die LinkMode-Eigenschaft zur Entwurfszeit gleich 1 (Quelle), so können Sie sie zur Laufzeit auf 0 (Keine) und wieder auf 1 setzen.

Tab. 21.25: LinkMode bei Formen als Quelle

Unterschiedliche Syntax

Obwohl die Standarddefinition für eine DDE-Verknüpfung die Bestandteile Anwendung, Thema und Element enthält, kann eine jeweils etwas andere Syntax in Anwendungen verwendet werden, die eine Zielverknüpfung zu der Quellanwendung angeben.

In Excel verwenden Sie zum Beispiel die Syntax:

```
Anwendung|Thema!Element
```

In Microsoft Word für Windows verwenden Sie:

```
Anwendung Thema Element
```

also mit Leerzeichen anstelle von Pipe-Zeichen | und Ausrufezeichen !.

In einer Visual Basic-Anwendung verwenden Sie:

```
Anwendung|Thema
```

Das Ausrufezeichen für Thema ist hier implizit.

21.4 Drag&Drop

Die Eigenschaften dienen dazu, VB-Anwendungen zu erstellen, in denen Objekte gezogen werden können.

Eigenschaft	*Beschreibung*
DragIcon	Symbol fest, das in einer Drag&Drop-Operation Zeiger darstellt.
DragMode	Manueller oder automatischer Ziehen-Modus.

Tab. 21.26.1: Die Drag&Drop-Eigenschaften

Eigenschaft	*Read *)*	*Write *)*	*Hinweis*
DragIcon	SymbolReferenz = O.DragIcon	O.DragIcon = Symbol	
DragMode	WhatDragMode = O.DragMode	O.DragMode = {0|1}	Tab. 21.27

*) Präfix O. = Objekt

Tab. 21.26.2: Die Syntax der Drag&Drop-Eigenschaften

Wert	*Konstante (ab VB4)*	*Einstellung*	*Beschreibung*
0	vbManual	Manuell	(Voreinstellung) Mit der Drag-Methode steuern Sie die Drag&Drop-Operation auf dem Quell-Steuerelement.

Wert	Konstante (ab VB4)	Einstellung	Beschreibung
1	vbAutomatic	Automatisch	Beim Klicken auf das Quell-Steuerelement wird automatisch eine Drag&Drop-Operation begonnen. Normale Mausereignisse werden nicht registriert! OLE-Container-Steuerelemente werden nur dann automatisch gezogen, wenn sie nicht den Fokus haben.

Tab. 21.27: Einstellungen für DragMode

21.5 Hilfe

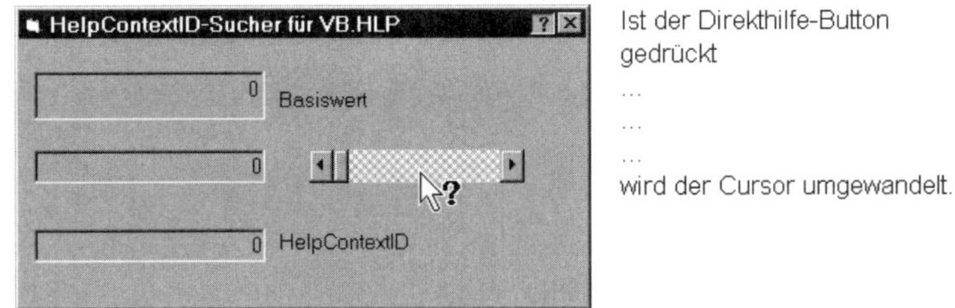

Abb. 21.2 Direkthilfe mit WhatsThisButton

Für die Gestaltung von Online-Hilfe für Ihre Projekte stehen mehrere Eigenschaften zur Verfügung.

Eigenschaft	Ab VB2	Kurzbeschreibung	Entw.	LZ
HelpContextID		Identnummer in der Hilfedatei	R/W	W
ShowTips	VB5	QuickHilfe anzeigen?	R/W	R/W
ToolTipText	VB5	Text der QuickHilfe	R/W	R/W
WhatsThisButton	VB4	Direkthilfe-Button anzeigen?	R/W	R/W
WhatsThisHelpID	VB4	Kontextnummer für das Objekt	R/W	R/W

Tab. 21.28: Die Hilfe-Eigenschaften

Eigenschaft	Read *)	Write *)	Hinweis
HelpContextID	–	O.HelpContextID = numerischerAusdruck	
ShowTips	ShowsQuickInfo = O.ShowTips	O.ShowTips = Wert	{True|False}
ToolTipText	QuickInfoText = O.ToolTipText	O.ToolTipText = String	
WhatsThisButton	ShowsDirectHelp = O.WhatsThisButton	–	

Eigenschaft	*Read *)*	*Write *)*	*Hinweis*
WhatsThisHelpID	Nummer = O.WhatsThisHelpID	O.WhatsThisHelpID = Nummer	**)

*) Präfix O. = Objekt.

**) Win95/98 verwendet die Schaltfläche »Direkthilfe« in der rechten oberen Ecke des Fensters, um die Windows-Hilfe zu starten.
Damit wird das durch die WhatsThisHelpID-Eigenschaft bestimmte Thema geladen.

Tab. 21.29: Die Syntax der Hilfe-Eigenschaften

Einstellung	*Beschreibung*
0	(Voreinstellung) Keine Kontextnummer angegeben.
>0	Eine Ganzzahl, die eine gültige Kontextnummer für das Direkthilfethema angibt, das dem Objekt zugeordnet ist.

Tab. 21.30: Einstellungen für WhatsThisHelpID

21.5.1 Besonderheiten bei WhatsThisHelp

Die WhatsThisHelpID-Eigenschaft muß auf True gesetzt sein, damit auch die WhatsThisButton-Eigenschaft auf True gesetzt wird. Außerdem müssen zusätzlich die nachstehenden Eigenschaften wie folgt gesetzt werden:

- BorderStyle-Eigenschaft = 1 – Fixed Single (nicht änderbar, einfach) oder 2 – Sizable (Voreinstellung, Größe veränderbar)
- ControlBox-Eigenschaft = True
- MinButton und MaxButton = False

oder

- BorderStyle-Eigenschaft = 3 – Fixed Dialog (nicht änderbarer Dialog)

21.6 OLE

Mit VB5 erhielten viele Objekte neue Eigenschaften, Methoden und Ereignisse, die OLE-Drag&Drop-Aktionen unterstützen.

Eigenschaft	*Ab Version*	*Kurzbeschreibung*	*Entw.*	*LZ*
OLEDragMode	VB5	Methode für OLE-Drag/Drop-Operationen	R/W	R/W
OLEDropMode	VB5	Wie wird die Ablageoperation durchgeführt?	R/W	R/W

Tab. 21.31: OLE-Eigenschaften

Eigenschaft	*Read*	*Write*	
OLEDragMode	Modus = O.OLEDragMode	O.OLEDragMode = Modus	Tab. 21.33
OLEDropMode	Modus = O.OLEDropMode	O.OLEDropMode = Modus	Tab. 21.34

*) Präfix O. = Objekt.

Tab. 21.32: Syntax der OLE-Eigenschaften

Wert	*Konstante*	*Beschreibung*
0	vbOLEDragManual	(Standard) Manuell. Der Programmierer übernimmt alle OLE-Drag/Drop-Operationen.
1	vbOLEDragAutomatic	Automatisch. Die Komponente übernimmt alle OLE-Drag/Drop-Operationen.

Tab. 21.33: Einstellungen für OLEDragMode

Wert	*Konstante*	*Beschreibung*
0	vbOLEDropNone	(Standard) Keine. Die Zielkomponente akzeptiert keine OLE-Drop-Operationen und zeigt einen Cursor an, der darstellt, daß an dieser Position kein Objekt abgelegt werden kann.
1	vbOLEDropManual	Manuell. Die Zielkomponente löst die OLE-Drop-Ereignisse aus und ermöglicht so dem Programmierer die Durchführung der OLE-Drop-Operation im Code.
2	vbOLEDropAutomatic	Automatisch. Die Zielkomponente akzeptiert automatisch OLE-Drop-Operationen, falls das DataObject-Objekt Daten in einem Format enthält, das es erkennt. Keine Maus- oder OLE-Drag/Drop-Ereignisse werden gemeldet, wenn die OLEDropMode-Eigenschaft auf vbOLEDropAutomatic gesetzt wird.

Tab. 21.34: Einstellungen für OLEDropMode

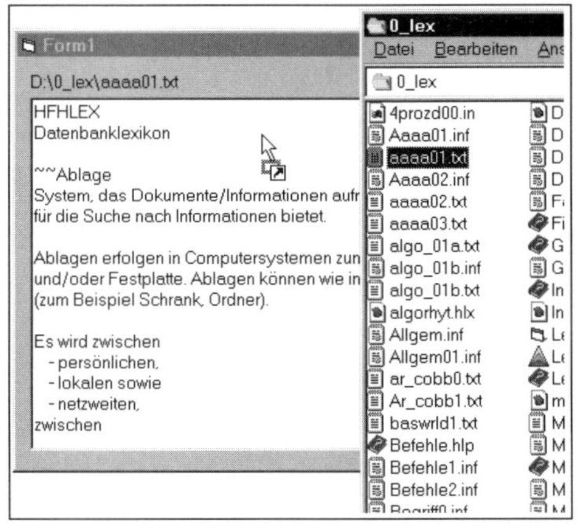

Abb. 21.3: Text mit OLE übernehmen

21.7 Position

Die Positionseigenschaften legen Position und Größe des Objekts fest.

Eigenschaft	*Kurzbeschreibung*	*Entw.*	*LZ*
AutoSize	Automatische Größenanpassung	R/W	R/W
CurrentX, CurrentY	Aktuelle X-/Y- Koordinaten	–	R/W
Height, Width *)	Äußere Höhe/Breite	R/W	R/W
Left, Top	Linke, obere Ecke	R/W	R/W

*) Bei Printer und Screen zur Entwurfszeit nicht verfügbar.

Tab. 21.35: Die Positionseigenschaften

Eigenschaft	*Read*	*Write*	*Hinweis*
AutoSize	IsAutoSize = Objekt.AutoSize	Objekt.AutoSize = Wert	{False|True}
CurrentX	AktX = Objekt.CurrentX	Objekt.CurrentX = x	Tab. 21.37
CurrentY	AktY = Objekt.CurrentY	Objekt.CurrentY = y	Tab. 21.37
Height	Höhe = Objekt.Height	Objekt.Height = Zahl	
Width	Breite = Objekt.Width	Objekt.Width = Zahl	
Left	LinkerAbstand = Objekt.Left	Objekt.Left = Wert	
Top	ObererAbstand = Objekt.Top	Objekt.Top = Wert	

Tab. 21.36: Die Syntax der Positionseigenschaften

Methode	*CurrentX, CurrentY ergibt*
Circle	Objektmitte
Cls	0, 0
Line	Endpunkt der Linie
Print	Die nächste Ausgabeposition
PSet	Der ausgegebene Punkt
EndDoc	0, 0
NewPage	0, 0

Tab. 21.37: Grafikmethoden und CurrentX, CurrentY

21.8 Skalierung

Die Skalierungseigenschaften legen den Skaliermodus, Eckpositionen und Innenabmessungen der jeweiligen Objekte fest.

Beachten Sie auch die Skalierungs-Methoden im Abschnitt 22.7.

Eigenschaft	Kurzbeschreibung	Entw.	LZ
ScaleHeight, ScaleWidth *)	Innenabmessungen	R/W	R/W
ScaleLeft, ScaleTop	Koordinaten der linken, oberen Ecke	R/W	R/W
ScaleMode	Skaliermodus	R/W	R/W

*) Die Maximalwerte für ScaleWidth und ScaleHeight liegen bei ca. 16380 Pixel. Bei MDIFormen sind diese beiden Eigenschaften zur Entwurfszeit nicht verfügbar, zur Laufzeit schreibgeschützt.

Tab. 21.38.1: Die Skalierungseigenschaften

Eigenschaft	Read	Write	Hinweis
ScaleHeight	InnereHoehe = Objekt.ScaleHeight	Objekt.ScaleHeight = Wert	
ScaleWidth	InnereBreite = Objekt.ScaleWidth	Objekt.ScaleWidth = Wert	
ScaleLeft	Links = Objekt.ScaleLeft	Objekt.ScaleLeft = Wert	
ScaleTop	Oben = Objekt.ScaleTop	Objekt.ScaleTop = Wert	
ScaleMode	Wert = Objekt.ScaleMode	Objekt.ScaleMode = Wert	Tab. 21.39

Tab. 21.38.2: Die Syntax der Skalierungseigenschaften

Wert	Ab: VB1	Konstante (ab VB4)	Beschreibung	
0		vbUser	Benutzerdefiniert. Mindestens eine der Eigenschaften ScaleHeight, ScaleWidth, ScaleLeft und ScaleTop ist auf einen benutzerdefinierten Wert gesetzt.	
1		vbTwips	(Voreinstellung) Twip (567 Twips pro logischem Zentimeter, 1440 Twips pro logischem Zoll)	
2		vbPoints	Punkt (72 Punkt pro logischem Zoll).	
3		vbPixels	Pixel (kleinste auf dem Bildschirm oder Drucker darstellbare Einheit) EinheitPixel = EinheitTwips/TPX	*)
4		vbCharacters	Zeichen (horizontal = 120 Twips pro Einheit; vertikal = 240 Twips pro Einheit)	
5		vbInches	Zoll	
6		vbMillimeters	Millimeter	
7		vbCentimeters	Zentimeter	

*) TPX = Screen.TwipsPerPixelX
TPY = Screen.TwipsPerPixelY

Tab. 21.39: Die ScaleMode-Werte

22 Allgemeine Methoden

In diesem Kapitel sind die Methoden zusammengefaßt, die auf unterschiedliche Objekttypen anwendbar sind. Die Methoden sind in sachlich zusammengehörenden Gruppen beschrieben.

Beachten Sie bitte bei den Syntax-Zeilen: Wenn Objekt nicht angegeben wird, wird die Form als Objekt angenommen, in der die Methode aufgerufen wird.

22.1 Allgemein

Im Abschnitt »Allgemein« der Tabellen stehen Methoden, die in der Regel jedem sichtbaren Objekt zur Verfügung stehen.

Methoden	*Kurzbeschreibung*	*Syntax *)*	
Move	Objekt verschieben	O.Move Left[, Top[, Width[,Height]]]	
Refresh	Neu zeichnen	O.Refresh	
SetFocus	Fokus setzen	O.SetFocus	
ZOrder	Reihenfolge in aktueller Ebene	O.ZOrder {0|1}	**)

*) Präfix = O. = Objekt.
**) 1 = oben, 0 = unten

Tab. 22.1: Allgemein-Methoden und ihre Syntax

22.2 DDE

Methode	*Kurzbeschreibung*	*Syntax*	*Hinweis*
LinkExecute	Sendet Befehlszeichenfolge an die Quellanwendung.	O.LinkExecute Z$	
LinkPoke	Überträgt den Inhalt eines Controls an die Quellanwendung.	O.LinkPoke	Tab. 22.3
LinkRequest	Aktualisierungsanforderung an Quellobjekt.	O.LinkRequest	Tab. 22.3/4
LinkSend	Überträgt den Inhalt einer PictureBox an die Zielanwendung.	PicBox.LinkSend	*)

*) Objekt muß eine PictureBox in einem Form-Objekt sein, das Quelle in einer DDE-Kommunikation ist.

Tab. 22.2: Die DDE-Methoden

LinkPoke	*Übertragen wird an die Quelle der Wert ...*
LinkRequest	*Aktualisiert wird im Zielobjekt der Wert ....*
Objekt	
Label	... der Caption-Eigenschaft.
PictureBox	... der Picture-Eigenschaft.
TextBox	... der Text-Eigenschaft.

Tab. 22.3: Zielobjekte und Werte bei LinkPoke und LinkRequest

Wert	*Einstellung*	*Objekt wird ...*
1	Automatisch	automatisch aktualisiert. LinkRequest wird nicht benötigt.
2	Manuell	nur aktualisiert, wenn LinkRequest verwendet wird.
3	Benachrichtigen	durch das LinkNotify-Ereignis darüber informiert, daß sich Daten geändert haben. Die Zielanwendung muß LinkRequest verwenden, um die Daten zu aktualisieren.

Tab. 22.4: Wirkung von LinkMode auf LinkRequest

22.3 Drag&Drop

Für Drag&Drop-Operationen steht die Drag-Methode zur Verfügung.

```
Objekt.Drag [Aktion]
```

Durch diese Methode wird (unabhängig vom Wert der DragMode-Eigenschaft) eine Ziehoperation eines beliebigen Objekts mit Ausnahme von Line, Menu, Shape, Timer oder CommonDialog begonnen, beendet oder abgebrochen. Benannte Argumente werden nicht unterstützt.

Wenn Objekt nicht angegeben wird, wird das Objekt angenommen, dessen Ereignisprozedur die Drag-Methode enthält.

Wert	*Konstante*	*Beschreibung*
Kein	–	Direkt mit dem Ziehen beginnen
0	vbCancel	Ziehoperation abbrechen
1	vbBeginDrag	Ziehen des Objekts beginnen
2	vbEndDrag	Ziehen des Objekts beenden und Objekt ablegen

Tab. 22.5: Einstellungen für die Drag-Aktion

Ab VB5 ist Drag eine synchrone Methode, bei der nachfolgende Anweisungen erst ausgeführt werden, wenn die Ziehoperation beendet ist.

22.4 Grafikmethoden

Die Grafikmethoden sind für Form, Picture und – zumeist – Printer verfügbar.

Methode	*Ab: VB1*	*Kurzbeschreibung*
Cls		Laufzeit-Grafikausgaben löschen
Circle		Kreis/Ellipse und Segmente zeichnen
Line		Linie oder Rechteck zeichnen
PaintPicture	VB4	Bild einkopieren
Point		Farbe an X/Y Position
PSet		Punkt setzen
Print		Text an Grafikposition ausgeben

*) Präfix O. = Objekt. Bitte Argumente in den nachstehenden Tabellen beachten.
**) Ziel ist das Zielobjekt, auf dem die Ausgabe erfolgen soll.
Wird Ziel nicht angegeben, wird die Form angenommen, in der PaintPicture aufgerufen wird.
***) Sie können eine Bitmap horizontal oder vertikal um 180 Grad drehen, indem Sie negative Werte für die Zielhöhe (Höhe1) und/oder die Zielbreite (Breite1) verwenden. Legen Sie dann auch die Position mit Negativwerten fest!
****) Wenn der Punkt, auf den sich die Koordinaten x und y beziehen, außerhalb des Objektes liegt, gibt Point den Wert -1 zurück.

Tab. 22.6.1: Die Grafikmethoden

Methode	*Syntax *)*	
Cls	Objekt.Cls	
Circle	Objekt.Circle [Step] (x, y), Radius _ [, [Farbe][, [Start][, [Ende][, Verhältnis]]]] Objekt.Picture = LoadPicture()	
Line	Objekt.Line [[Step] (x1, 1)] _ – [Step] (x2, y2), [Farbe&], [B][F]	
PaintPicture	Ziel.PaintPicture Picture, x1, y1[, [Width1][, [Height] _ [, [x2][, [y2] [, [Width2][, [Height2] [, OpCode]]]]]]	**) ***)
Point	Objekt.Point(x%, y%) = Farbe& Punktfarbe& = OBJEKT.Point(x%, y%)	****)
PSet	Objekt.PSet [Step](x, y)[, Farbe&]	

Methode	*Syntax *)*
Print	Objekt.Print [Text][,|;]

*) Bitte Argumente in den nachstehenden Tabellen beachten.

**) Ziel ist das Zielobjekt, auf dem die Ausgabe erfolgen soll.
Wird Ziel nicht angegeben, wird die Form angenommen, in der PaintPicture aufgerufen wird.
Picture kann sein ein Objekt, der Inhalt einer Picture- oder Image-Eigenschaft (s. Tab. 22.9.2)

***) Sie können eine Bitmap horizontal oder vertikal um 180 Grad drehen, indem Sie negative Werte für die Zielhöhe (Höhe1) und/oder die Zielbreite (Breite1) verwenden. Legen Sie dann auch die Position mit Negativwerten fest!

****) Wenn der Punkt, auf den sich die Koordinaten x und y beziehen, außerhalb des Objektes liegt, gibt Point den Wert -1 zurück.

Tab. 22.6.2: Die Syntax der Grafikmethoden

Argument	*Beschreibung*
Step	(Optional) Legt fest, ob die Werte für X und Y relativ zu den momentanen Koordinaten (CurrentX, CurrentY) gelten.
X und Y	(Erforderlich) Geben die Koordinaten für den Mittelpunkt des Kreises, der Ellipse oder des Kreisbogens an.
Radius	(Erforderlich) Legt den Radius fest.
Farbe	(Optional) Gibt die Farbe der Kreiskontur an. Falls der Wert nicht angegeben wird, wird der Wert der ForeColor-Eigenschaft verwendet.
Start u. Ende	(Optional) Geben beim Zeichnen eines Kreisbogens, eines Teilkreises oder einer Ellipse Start und Ende, die Ausgangs- und Endposition des Kreisbogens (in Rad) an. Der Bereich für beide bewegt sich zwischen -2 pi Rad und 2 pi Rad. Der voreingestellte Wert für Start ist 0 Rad, der für Ende ist 2 * pi Rad.
Verhältnis	(Optional) Gibt das Seitenverhältnis (voreingestellt: 1 Kreis) des waagerechten und senkrechten Radius zueinander an.

Tab. 22.7: Die Argumente von Circle

Argument	*Beschreibung*
Step	(Optional) Schlüsselwort, das festlegt, ob sich die Koordinaten des Ausgangspunkts auf die momentane Grafikposition beziehen, die von den Eigenschaften CurrentX und CurrentY festgelegt wird.
(x1, y1)	(Zusammen: Optional) Werte vom Typ Single, die die Koordinaten der Ausgangspunkte für die Linie oder das Rechteck angeben. Falls nicht angegeben, beginnt die Linie an der von den Eigenschaften CurrentX und CurrentY angegebenen Position.
Step	(Optional) Schlüsselwort, das angibt, ob sich die Endpunktkoordinaten auf den Ausgangspunkt der Linie beziehen.
(x2, y2)	(Zusammen: Optional) Wert vom Typ Single, der die Endpunktkoordinaten für die zu zeichnende Linie angibt.
Farbe	(Optional) Ganzzahliger Wert von Typ Long, der die RGB-Farbe für die Linie angibt. Falls nicht angegeben, wird die Einstellung der ForeColor-Eigenschaft verwendet.

Argument	*Beschreibung*
B	(Optional) Ist das Argument B angegeben, werden beim Zeichnen eines Rechtecks die Koordinaten zur Bestimmung der gegenüberliegenden Ecken verwendet.
F	(Optional) Wird die B-Option verwendet, legt die F-Option fest, daß das Rechteck mit derselben Farbe ausgefüllt wird, die auch beim Zeichnen seines Rahmens verwendet wurde.

Tab. 22.8: Argumente für Line

*Argument *)*	*Beschreibung*
Picture	(Erforderlich) Die Quelle für die Grafik, die im Ziel ausgegeben werden soll. Sie können eine Form, eine PictureBox oder deren Picture-/Image-Eigenschaft als Argument übergeben (s. Tab. 22.9.2).
x1 und y1	(Erforderlich) Sind die Zielkoordinaten der oberen linken Ecke, an der das Bild ausgegeben wird.
Width1 und Height1	(Optional) Legen die Zielbreite und Zielhöhe des Bildes fest, an die die Größe angepaßt wird. Ist ein Argument nicht angegeben, wird der entsprechende Quellwert verwendet.
x2 und y2	(Optional) Legen den oberen, linken Eckpunkt des Bildausschnitts in der Quelle fest. Wird ein Argument nicht angegeben, so wird 0 angenommen.
Width2 und Height2	(Optional) Bestimmen die Breite und Höhe des Bildausschnitts im Quellobjekt. Wird ein Argument nicht angegeben, so wird die Gesamtbreite bzw. Gesamthöhe angenommen.
OpCode	(Optional) Ist ein Wert oder Code vom Typ Long, der nur für Bitmaps verwendet wird (s. Tab. 22.10). Das Argument definiert eine bitweise Operation, die auf Bild ausgeführt wird, wenn es in Objekt ausgegeben wird.

*) Die Argumente können als benannte Argumente (s. Abschnitt 24.4.4) übergeben werden.

Tab. 22.9.1: Argumente von PaintPicture

Je nachdem, welche Quelle Sie in Picture angeben, und abhängig von der AutoRedraw-Einstellung im Quellobjekt sind die Ergebnisse von PainPicture (und SavePicture s. Kap. 24) unterschiedlich:

Bild	*Picture-Argument*	*AutoRedraw True*	*False*
Bild geladen *)	Objekt	Bild	Bild
	Picture-Eigenschaft	Bild	Bild
	Image-Eigenschaft	BC+Bild+Grafik	Bild
Kein Bild	Objekt	Err	Err
	Picture-Eigenschaft	Err	Err
	Image-Eigenschaft	BC+Grafik	BC

*) Im Entwurf oder zur Laufzeit

BC = BackColor (transparente Farbe wird zu BackColor)

Tab. 22.9.2: Ergebnis von PaintPicture und SavePicture

Wert	*Konstante*	*Beschreibung*
&H550009	vbDstInvert	Invertiert die Ziel-Bitmap.
&HC000CA	vbMergeCopy	Kombiniert das Muster und die Quell-Bitmap.
&HBB0226	vbMergePaint	Kombiniert die invertierte Quell-Bitmap mit der Ziel-Bitmap mit Hilfe von Or.
&H330008	vbNotSrcCopy	Kopiert die invertierte Quell-Bitmap in die Ziel-Bitmap.
&H1100A6	vbNotSrcErase	Invertiert das Ergebnis der Kombination aus Quell-Bitmap und Ziel-Bitmap mit Hilfe von Or.
&HF00021L	vbPatCopy	Kopiert das Muster in die Ziel-Bitmap.
&H5A0049L	vbPatInvert	Kombiniert die Ziel-Bitmap mit dem Muster unter Verwendung von Xor.
&HFB0A09L	vbPatPaint	Kombiniert die invertierte Quell-Bitmap mit dem Muster unter Verwendung von Or. Kombiniert das Ergebnis dieser Operation mit der Ziel-Bitmap unter Verwendung von Or.
&H8800C6	vbSrcAnd	Kombiniert Pixel der Ziel- und Quell-Bitmaps mit Hilfe von And.
&HCC0020	vbSrcCopy	Kopiert die Quell-Bitmap in die Ziel-Bitmap.
&H440328	vbSrcErase	Invertiert die Ziel-Bitmap und kombiniert das Ergebnis mit der Quell-Bitmap mit Hilfe von And.
&H660046	vbSrcInvert	Kombiniert Pixel der Ziel- und Quell-Bitmaps mit Hilfe von Xor.
&HEE0086	vbSrcPaint	Kombiniert Pixel der Ziel- und Quell-Bitmaps mit Hilfe von Or.

Tab. 22.10: Die RasterOp-Konstanten

Argumente	*Beschreibung*
x und y	(Erforderlich) Legen die Koordinaten des zu setzenden Punktes fest.
Step	(Erforderlich) Gibt an, daß sich die Koordinaten auf die momentane Grafikposition beziehen (CurrentX und CurrentY).
Farbe	(Erorderlich) Benennt die für den Punkt zu setzende RGB-Farbe.

Tab. 22.11: Argumente für Point und PSet

22.5 Hilfe

Die Windows-Hilfe kann ab VB4 auch direkt in VB-Anwendungen verwendet werden.

Hilfe	*Ab: VB4*	*Kurzbeschreibung*	*Syntax*
ShowWhatsThis		Ausgewähltes Thema aus einer Hilfedatei	Objekt.ShowWhatsThis
WhatsThisMode		Direkthilfe aktivieren	Objekt.WhatsThisMode

Tab. 22.12: Die Hilfe-Methoden

22.6 OLE

Ab VB4 ist die OLEDrag-Methode verfügbar.

```
Objekt.OLEDrag
```

Die OLEDrag-Methode bewirkt, daß eine Komponente eine OLE-Drag/Drop-Operation einleitet.

Wenn die OLEDrag-Methode aufgerufen wird, wird das OLEStartDrag-Ereignis der Komponente ausgelöst, das der Komponente ermöglicht, Daten für eine Zielkomponente bereitzustellen.

22.7 Skalierung

Mit den Skalierungsmethoden definieren Sie spezielle Maß- und Koordinatensysteme.

Beachten Sie auch die Skalierungs-Eigenschaften im Abschnitt 21.8.

Methode	*Ab: VB1*	*Beschreibung*	*Hinweis*
Scale		Scale definiert das Koordinatensystem	
		Objekt.Scale [(x1, y1) – (x2, y2)]	*)
ScaleX	VB4	Objekt.ScaleX (Width[, [FromScale[, ToScale]])	**)
ScaleY	VB4	Objekt.ScaleY (Height[, [FromScale][, ToScale]])	**)

*) ohne Argument = Twips

**) ScaleX und ScaleY wandeln Werte von einer der Maßeinheiten in der ScaleMode-Eigenschaft in eine andere um.

Tab. 22.13: Die Skalierungs-Methoden

*Parameter *)*	*Beschreibung*
x1, y1	Koordinaten (x-Achse/y-Achse) für die obere linke Ecke von Objekt.
x2, y2	Koordinaten (x-Achse/y-Achse) der unteren, rechten Ecke von Objekt.
Width	Breite: Anzahl der Maßeinheiten, die konvertiert werden soll.
Höhe	Höhe: Anzahl der Maßeinheiten an, die konvertiert werden soll.
FromScale	VonSkala: Einstellung, die das Koordinatensystem angibt, aus dem Breite oder Höhe von Objekt konvertiert werden sollen.
ToScale	NachSkala: Einstellung, die/der das Koordinatensystem angibt, in das Breite oder Höhe von Objekt konvertiert werden sollen.

*) Parameternamen ab VB5 für benannte Argumente
Die möglichen Werte von FromScale und ToScale entsprechen denen für die ScaleMode-Eigenschaft zuzüglich des neuen Wertes HiMetric. Sie finden sie in Tabelle 22.15.

Tab. 22.14: Argumente der Skalierungsmethoden

Wert	Ab: VB4	Konstante	Beschreibung
0		vbUser	Benutzerdefiniert: Breite oder Höhe von Objekt wird auf einen benutzerdefinierten Wert gesetzt.
1		vbTwips	Twip (567 Twips pro logischem Zentimeter; 1440 Twips pro logischem Zoll).
2		vbPoints	Punkt (72 Punkte pro logischem Zoll).
3		vbPixels	Pixel (kleinste darstellbare Einheit im Rahmen der Monitor- und Druckerauflösung).
4		vbCharacters	Zeichen (horizontal = 120 Twips pro Einheit; vertikal = 240 Twips pro Einheit).
5		vbInches	Zoll
6		vbMillimeters	Millimeter
7		vbCentimeters	Zentimeter
8	VB5	vbHimetric	HiMetric. Wenn VonSkala nicht angegeben wird, wird HiMetric als Voreinstellung verwendet.
9	VB5	vbContainerPosition	Bestimmt die Position des Steuerelements in Einheiten des Containers.
10	VB5	vbContainerSize	Bestimmt die Größe des Steuerelements in Einheiten des Containers.

Tab. 22.15: Die Einstellungen für die Argumente von ScaleX/ScaleY

22.8 Text

Methode	Ab: VB2	Kurzbeschreibung
TextHeight		Höhe des aktuellen Textes in den Einheiten des Objekts
TextWidth		Breite des aktuellen Textes in den Einheiten des Objekts

Methode	Syntax
TextHeight	TextHght = Objekt. TextHeight(Zeichenfolge)
TextWidth	TextWdth = Objekt. TextWidth(Zeichenfolge)

Tab. 22.16: Die Text-Methoden und ihre Syntax

23 Ereignisse

Unter VB können eine Vielzahl von Ereignissen genutzt werden, um im Programmlauf darauf zu reagieren. Für das bessere Verständnis beachten Sie bitte die nachfolgenden Hinweise.

23.1 Ereignis und Ereignismeldung

In den VB-Dokumentationen wird nicht unterschieden zwischen dem durch eine Aktion erzeugten Ereignis und den Meldungen, die dieses Ereignis auslöst. Machen Sie sich zum besseren Verständnis klar:

Die Benutzer- oder Programmaktion/-operation ist das Ereignis. Dieses erzeugt eine oder mehrere Meldungen. Objekte verfügen über Ereignisprozeduren, die die Meldungen registrieren.

Die Objekte von VB verfügen über vordefinierte Ereignisprozeduren, die jeweils eine der ausgelösten Ereignismeldungen registrieren. In der im Codefenster von VB rechts stehenden ComboBox (Prozeduren) sind die Prozeduren für alle registrierbaren Ereignismeldungen aufgelistet. Ereignisse können extern (außerhalb des Programms) vom Benutzer oder von Hardware-Komponenten erzeugt werden oder intern (innerhalb des Programms) durch Objektaktionen oder Code. Ein Ereignis wie etwa ein Tastendruck kann auch mehrere Meldungen auslösen. Ab VB5 steht zum gezielten Auslösen eigener Ereignisse die Anweisung

```
RaiseEvent
```

zur Verfügung.

Besonderes Ereignis: Change

```
Private Sub Objekt_Change()
```

Das Change-Ereignis wird gemeldet, wenn sich der Inhalt eines Steuerelements ändert oder geändert hat.

Objekt	*Ereignismeldung erfolgt wenn ...*
ComboBox	(Style 0 o. 1) der Benutzer den Text ändert oder wenn Sie die Einstellung der Text-Eigenschaft mit Code ändern.
DirListBox	der Benutzer auf ein neues Verzeichnis doppelklickt oder die Einstellung der Path-Eigenschaft mit Code geändert wird.

Objekt	*Ereignismeldung erfolgt wenn ...*
DriveListBox	der Benutzer ein neues Laufwerk auswählt oder die Einstellung der Drive-Eigenschaft mit Code geändert wird.
ScrollBars	der Benutzer einen Bildlauf durchführt oder wenn Sie die Einstellung der Value-Eigenschaft mit Code ändern.
Label	eine DDE-Verknüpfung Daten aktualisiert oder wenn Sie die Einstellung der Caption-Eigenschaft mit Code ändern.
PictureBox	eine DDE-Verknüpfung Daten aktualisiert oder wenn Sie den Wert der Picture-Eigenschaft mit Code ändern. Change wird nicht gemeldet, wenn Sie nur auf der PictureBox zeichnen.
TextBox	eine DDE-Verknüpfung Daten aktualisiert wenn ein Benutzer den Text ändert, oder wenn Sie die Einstellung der Text-Eigenschaft mit Code ändern.

Tab. 23.1: Besonderheiten von Change

23.2 Benutzeraktionen

Für die meisten VB-Objekte sind die in Tabelle 23.2 aufgezeigten Ereignisse registrierbar.

Ereignis	*Ereignis wird gemeldet ...*
Click	bei dem Objekt, beim dem die Maustaste gedrückt wurde, wenn die Maustaste wieder losgelassen wird, und beim Loslassen einer Pfeiltaste bei dem Objekt, das den Fokus hat. *)
DblClick	wenn die Maustaste kurz nacheinander über dem Objekt doppelt gedrückt wird. **)
KeyDown	wenn eine beliebige KeyBoard-Taste gedrückt wird.
KeyUp	wenn die gedrückte, beliebige KeyBoard-Taste wieder losgelassen wird.
KeyPress	wenn eine mit einem ANSI-Zeichen belegte oder die Return-Taste losgelassen wird.
MouseDown	wenn der Mauscursor über dem Objekt steht und eine Maustaste gedrückt wird.
MouseUp	wenn die über dem Objekt gedrückte Maustaste wieder losgelassen wird.
MouseMove	wenn der Mauscursor über das Objekt bewegt wird.

*) Wird im Click-Ereignis der Programmlauf unterbrochen (z.B. Haltepunkt, Stop-Anweisung oder MsgBox), dann wird das DlbClick-Ereignis nicht gemeldet.

**) Beachten Sie: MouseUp wird zweimal, MouseDown dagegen nur einmal gemeldet.

Tab. 23.2: Maus und Tastaturereignisse

Ereignis	*Syntax*
Click	Sub Objekt_Click([Index As Integer])
DblClick	Sub Objekt_DblClick ([Index As Integer])
KeyDown	Sub Objekt_KeyDown([Index As Integer,]KeyCode As Integer, _ Shift As Integer)

Ereignis	*Syntax*
KeyUp	Sub Objekt_KeyUp([Index As Integer,], KeyCode As Integer, _ Shift As Integer)
KeyPress	Sub Objekt_KeyPress([Index As Integer,], KeyAscii As Integer)
MouseDown	Sub Objekt_MouseDown([Index As Integer,], Button As Integer, _ Shift As Integer, X As Single, Y As Single)
MouseUp	Sub Objekt_MouseUp([Index As Integer,], Button As Integer, _ Shift As Integer, X As Single, Y As Single)
MouseMove	Sub Objekt_MouseMove([Index As Integer,], Button As Integer, _ Shift As Integer, X As Single, Y As Single)

Tab. 23.3: Syntax der Maus und Tastaturereignisse

23.3 Focus-Ereignisse

Erhält ein Objekt den Fokus, dann wird GotFocus gemeldet, verliert es den Fokus dann wird LostFocus gemeldet.

Dies geschieht entweder durch eine Operation des Benutzers (zum Beispiel Drücken der Tab-Taste oder Klicken auf ein Objekt) oder durch Umsetzen des Fokus im Code mit Hilfe der SetFocus-Methode (s.d.)

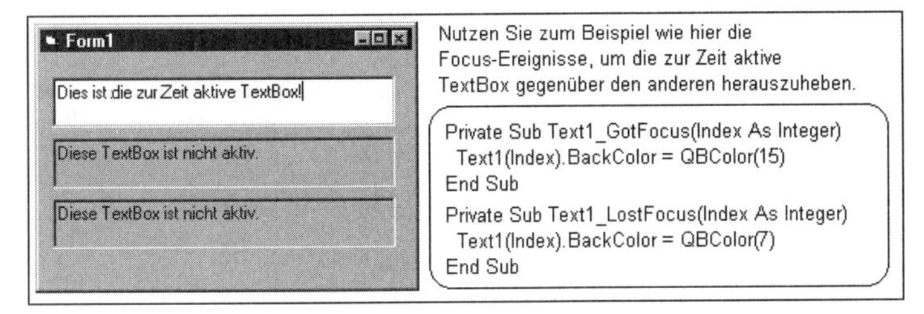

Abb. 23.1: Die Focus-Ereignisse zur Benutzerführung einsetzen

23.4 DDE

Beim dynamischen Datenaustausch (DDE = Dynamic Data Exchange) werden unter VB fünf Ereignisse gemeldet:

Gemeldet für:	*1*	*2*	*3*	*4*	*Beschreibung*
LinkOpen	x	–	–	–	Ziel-Anwendung richtet eine DDE-Kommunikation mit der Form ein.
	–	x	x	x	Control richtet eine DDE-Kommunikation mit einer Quell-Anwendung ein.

Gemeldet für:	*1*	*2*	*3*	*4*	*Beschreibung*
LinkClose	x	x	x	x	Die DDE-Kommunikation wird von Quelle oder Ziel beendet.
LinkError	x	x	x	x	Ein Fehler tritt während einer DDE-Kommunikation auf.
LinkExecute	–	x	x	x	In der DDE-Kommunikation wird eine Befehlszeichenfolge von einer Ziel-Anwendung gesendet.
LinkNotify	–	x	x	x	Quelle hat die Daten geändert. (Meldung bei LinkMode für Ziel = 3)

Spalten: 1 Form 2 Label 3 TextBox 4 PictureBox

Tab. 23.4: DDE-Ereignisse

Gemeldet für:	*1*	*2*	*3*	*4*	*Syntax *)*	
LinkOpen	x	x	x	x	Sub O_LinkOpen (cancel As Integer)	**)
LinkClose	x	x	x	x	Sub O_LinkClose ( )	
LinkError	x	x	x	x	Sub O_LinkError(LinkErr As Integer)	***)
LinkExecute	–	x	x	x	Sub O_LinkExecute(CmdStr As String, _ Cancel As Integer)	****)
LinkNotify	–	x	x	x	Sub O_LinkNotify ( )	

Spalten: 1 Form 2 Label 3 TextBox 4 PictureBox

*)	O_ = Objekt_	Bei Arrays Index As Integer als erstes Argument
**)	cancel	Die DDE-Kommunikation wird eingerichtet (0) oder nicht (<> 0).
***)	LinkErr	Fehlernummer (s. Tab. 23.6)
****)	CmdStr	Zeichenfolgenausdruck mit dem Befehl, der von der Zielanwendung gesendet wird.
	Cancel	zeigt dem Ziel, ob die Befehlszeichenfolge akzeptiert (0) oder zurückgewiesen (<> 0; Voreinstellung ist -1) wurde.

Tab. 23.5: Syntax der DDE-Ereignisse

Wert	*Beschreibung*
1	Die andere Anwendung hat Daten im falschen Format angefordert. Dieser Fehler kann mehrmals aufeinanderfolgend auftreten, während VB versucht, ein Format zu finden, das von der anderen Anwendung erkannt wird.
6	Die Ziel-Anwendung hat versucht, eine DDE-Kommunikation fortzusetzen, nachdem Sie die LinkMode-Eigenschaft in Ihrer Quell-Form auf 0 (None = Keine) gesetzt haben.
7	Alle Quellverknüpfungen sind bereits in Gebrauch (es gibt maximal 128 Verknüpfungen pro Quelle).
8	Bei Ziel-Steuerelementen: Eine automatische Verknüpfung oder eine LinkRequest-Methode konnte die Daten nicht aktualisieren. Bei Quellformen: Das Ziel hat versucht, Daten per Poking an ein Steuerelement zu senden, und der Versuch ist fehlgeschlagen.
11	Für DDE steht nicht genügend Speicher zur Verfügung.

Tab. 23.6: LinkErr-Fehlernummern

23.5 Drag & Drop

Bei Drag-Aktionen wird ein Objekt (Source = Quelle) über andere Objekte (Target = Ziel) gezogen oder darauf abgelegt. Diese Ereignisse erzeugen Ereignismeldungen, die in den entsprechenden Ereignisprozeduren registriert werden.

Ereignis	*Wird von einem Ziel-Objekt gemeldet, wenn das Quell-Objekt ...*
DragOver	darüber gezogen wird.
DragDrop	auf ihm eine Drag&Drop-Operation abschließt.

Tab. 23.7: Drag&Drop-Ereignisse

Ereignis	*Syntax*
DragOver	Sub Objekt_DragOver(Source As Control, x As Single, y As Single, State As Integer)
DragDrop	Sub Objekt_DragDrop([Index As Integer,] Source As Control, x As Single, y As Single)

Tab. 23.8.1: Syntax der Drag&Drop-Ereignisse

Parameter	*enthält als Argument...*
Source	das gezogene Steuerelement.
x, y	die aktuelle horizontale (x) und vertikale (y) Position des Mauszeigers innerhalb des Zielobjekts.
State	den Übergangszustand des gezogenen Steuerelements in bezug auf eine Zielform oder ein Ziel-Steuerelement (s. Tab. 23.9).

Tab. 23.8.2: Argumente der Drag&Drop-Ereignisse

Wert	*Bedeutet*	*Quell-Control ...*
0	Betreten	wird in den Bereich eines Ziels hineingezogen.
1	Verlassen	wird aus dem Bereich eines Ziels herausgezogen.
2	Darüber	wurde von einer Position im Zielbereich zu einer anderen Position verschoben.

Tab. 23.9: Einstellungen für State

23.6 OLE

Mit den OLE-Eigenschaften und -Methoden erstellen Sie Anwendungen, in denen Explorer-Objekte (Dateien und Verknüpfungen) in ein Objekt auf einer Form gezogen und in der Anwendung angesehen und weiterverarbeitet werden können.

Dabei werden folgende Ereignisse gemeldet:

Ereignis	*Auslöser*
OLEStartDrag	Die Zielaktion wird gestartet.
OLECompleteDrag	Die Quellkomponente wird auf einer Zielkomponente abgelegt und die Quellkomponente darüber informiert, daß eine Drag-Aktion entweder durchgeführt oder abgebrochen wurde.
OLEDragOver	Eine Komponente wird über eine andere gezogen.
OLEDragDrop	Eine Quellkomponente wird auf einer Zielkomponente abgelegt, und die Quellkomponente bestimmt, daß eine Drop-Aktion durchgeführt werden kann. (Nur bei OLEDropMode = 1)
OLESetData	Dieses Ereignis wird bei der Quellkomponente gemeldet, wenn die Zielkomponente die GetData-Methode für das DataObject-Objekt der Quelle durchführt, die Daten für das angegebene Format jedoch noch nicht geladen wurden.
OLEGiveFeedback	Wird nach jedem OLEDragOver-Ereignis gemeldet.

Tab. 23.10: OLE-Ereignismeldungen

Ereignis	*Syntax *)*
OLEStartDrag	Sub O_OLEStartDrag(Data As DataObject, AllowedEffects As Long)
OLECompleteDrag	Sub O_OLECompleteDrag ([Effect As Long])
OLEDragOver	Sub O_OLEDragOver(Data As DataObject, Effect As Long, _ Button As Integer, Shift As Integer, x As Single, y As Single, _ State As Integer)
OLEDragDrop	Sub O_OLEDragDrop(Data As DataObject, Effect As Long, _ Button As Integer, Shift As Integer, x As Single, y As Single)
OLESetData	Sub O_OLESetData (Data As DataObject, Dataformat As Integer)
OLEGiveFeedback	Sub O_OLEGiveFeedback(Effect As Long, DefaultCursors As Boolean)

*) Präfix O_ = ZielObjekt_
Argumente s. Tab. 23.12 Das Argument Index für Controlarrays wurde in der Syntax weggelassen.

Tab. 23.11: Syntax der OLE-Ereignismeldungen

Argument	*Beschreibung*
Data	DataObject-Objekt, das die von der Quelle bereitgestellten Formate und (optional) die Daten für diese Formate enthält. Enthält das DataObject Objekt keine Daten, werden sie bereitgestellt, wenn die GetData-Methode aufgerufen wird. Die Methoden SetData und Clear können nicht verwendet werden.
Effect	Identifiziert die ausgeführte Aktion. Die Einstellungen für Effect finden Sie in Tabelle 23.13.
Button/Shift	Bitwert für den Status der gedrückten Maustaste/Keyboard-Taste.

Argument	Beschreibung
x,y	Aktuelle Position des Mauszeigers
State	Status des Steuerelements, das in Relation zu Zielform oder -steuerelement bewegt wird (s. Tab. 23.15).
DefaultCursors	Boolescher Wert. Legt fest, ob Visual Basic den von der Komponente verwendeten Standard-Mauszeiger (True – Voreinstellung) oder den MousePointer des Screen Objekts (False) verwendet.
Dataformat	Legt das Format der von der Zielkomponente geforderten Daten fest. Die Quellkomponente verwendet diesen Wert, um festzustellen, was in das DataObject-Objekt geladen werden soll.

Tab. 23.12: Argumente der OLE-Ereignisse

Wert	Konstante	Beschreibung
0	vbDropEffectNone	Ablageziel kann die Daten nicht akzeptieren, oder die Ablegeoperation wurde abgebrochen.
1	vbDropEffectCopy	Ablegeoperation führt zum Kopieren der Daten von der Quelle zum Ziel. Die ursprünglichen Daten wurden durch die Ziehoperation nicht geändert.
2	vbDropEffectMove	Ablageoperation führt zu einer Verknüpfung mit den ursprünglichen Daten, die zwischen der Ziehquelle und dem Ablageziel hergestellt wird. Nur bei OLEDragOver:
2147483648 (Hexwert nicht darstellbar, da größer Long)	vbDropEffectScroll	Ein Bildlauf wird gerade in der Zielkomponente durchgeführt oder steht gerade zur Durchführung an. Dieser Wert wird in Verbindung mit anderen Werten verwendet. Verwenden Sie den Wert nur, wenn Sie Ihren eigenen Bildlauf in der Zielkomponente durchführen.

Tab. 23.13: Einstellungen für Effect

Argument Taste	Bit	Wert
Button		
Linke Maustaste	0	1
Rechte Maustaste	1	2
Mittlere Maustaste	2	4
Shift		
Shift	0	1
Ctrl	1	2
Alt	2	4

Tab. 23.14: Tastenwerte bei OLEDragDrop

Wert	*Konstante*	*Die Quellkomponente ...*
0	vbEnter	wird in einen Zielbereich gezogen.
1	vbLeave	wird aus einem Zielbereich herausbewegt. x = 0 und y = 0
2	vbOver	wurde innerhalb des Zielbereichs verschoben.

Tab. 23.15: Einstellungen für State

Hinweis zu OLEDragDrop und OLEDragOver

Derzeit werden nur drei der 32 Bits im Parameter Effect verwendet. Das kann sich in künftigen Versionen von Visual Basic ändern.

Damit Sie Ihren Programmcode auch in künftigen VB-Versionen und ActiveX-Implementierungen problemlos nutzen können, sollte Ihre Quellkomponente die Argumentwerte des Parameters Effect binär maskiert überprüfen.

Die binäre Maskierung erfolgt zum Beispiel mit

```
If Effect And vbDropEffectCopy = vbDropEffectCopy...

' oder

If (Effect And vbDropEffectCopy)...
```

24 Daten, Befehle, Operatoren

Zusätzlich zu den Methoden, die speziell auf Objekte gerichtet sind, verfügt VB über

- einen umfangreichen Befehlssatz,
- Operatoren und
- integrierte Konstanten.

Sie alle werden im Programmcode verwendet, um gezielte Operationen auszuführen.

Befehlstyp	*Beschreibung*	*Aufruf z.B. *)*
Anweisungen	dienen dazu, Daten zu verarbeiten. Gibt über ihren Namen keine Werte zurück.	Anweisung Arg
Funktionen	dienen dazu, über ihren Namen verarbeitete Werte zurückzugeben.	Wert = Funktion(Arg)
Methoden	sind Anweisungen oder Funktionen, die speziell auf Objekte gerichtet sind.	Obj.Methode Arg Wert = Obj.Methode(Arg)

*) Arg = Argumentenliste (s. Abschnitt 24.4.5)

Tab. 24.1: Befehlstypen von VB

24.1 Variablen und Konstanten

Damit Daten verarbeitet werden können, müssen sie in maschinenverarbeitbarer Form vorliegen. Dafür werden sie als

- Variablen,
- Konstanten oder
- als Argument auch als Wert

eingesetzt.

Bezeichnung	*Beschreibung*
Variablen	
(Einzel-)Variablen	Adressennamen von Speicherstellen, deren Inhalt (Wert) und physikalische Adresse zur Laufzeit änderbar ist.

Bezeichnung	*Beschreibung*
Variablenfelder	Feld von gleichbenannten Einzelvariablen mit dem Unterscheidungsmerkmal Index.
Dynamische Variablenfelder	Auf Modulebene ohne Dimensionen deklarierte Variablen, für die die Speicheradresse erst bei Initialisierung festgelegt wird.
Konstanten	
Literale Konstanten	(von lat.: littera = Buchstabe) sind die (ohne Const-Anweisung) und damit wie Variablen deklarierten Konstanten, deren Wert zwar nicht geändert wird, aber geändert werden könnte.
Symbolische Konstanten	Sind mit der Anweisung Const deklarierte Adressennamen von Speicherstellen, für die weder Inhalt noch physikalische Adresse zur Laufzeit änderbar ist. Sie sind die Konstanten im eigentlichen Sinn.

Tab. 24.2: Variablen und Konstanten

24.2 Datentypen und Typdeklarationen

Unter VB wird der Datentyp von Variablen und Konstanten auf eine der folgenden Arten festgelegt:

- implizit durch Zuweisung eines Wertes;
- explizit durch
  - Definieren aller Variablen und Konstanten mit gleichem Anfangsbuchstaben mit DefType,
  - Durch Typdeklarationszeichen oder
  - As Typ.

Nach der expliziten Deklaration können Sie den Variablen-/Konstantennamen mit und ohne Typdeklarationszeichen verwenden.

Datentyp	Ab VB1	Zeichen	As ...	Variable Allgemein	... als Parameter	... als Argument	Function
Byte	VB4		As Byte	X	X	X	X
Boolean	VB4		As Boolean	X	X	X	X
Integer		%	As Integer	X	X	X	X
Long		&	As Long	X	X	X	X
Currency		@	As Currency	X	X	X	X
Single		!	As Single	X	X	X	X
Double		#	As Double	X	X	X	X
Date	VB4		As Date	X	X	X	X
String		$	As String	X	X	X	X
String (fester Länge)			As String * Läng *)		–	–	–
Object	VB2		As Objekttyp	X	X	X	–
	VB4		As Object	X	X	X	–
Variant	VB2		As Variant	X	X	X	X
	VB1		Variable	... als	... als	Function	
Any	VB4		As Any	–	**)	–	–
benutzerdefinierter Typ			As Typname	X	X	X	X
Decimal	VB5		As Decimal	***)	***)	***)	***)

*) Nicht als Public in Klassenmodul.

**) Nur bei externen DLL-Prozeduren

***) Nur als Unterdatentyp von Variant

Tab. 24.4.1: Typdeklarationen von Functions und Variablen

Datentyp	*Ab: VB1*	*Bereich*	*Hinweis*
Byte	VB4	0 bis 255	
Boolean	VB4	True oder False	
Integer		–32.768 bis 32.767.	
Long		–2.147.484.648 bis +2.147.484.647	
Single		–3,402823E38 bis –1,401298E-45 und	
		1,401298E-45 bis 3,402823E38	
Decimal	VB5	+/– 79.228.162.514.264.337.593.543.950.335	ohne Dezimalstellen
		+/– 7,9228162514264337593543950335	mit 28 Dezimalstellen
		+/– 0,000.000.000.000.000.000.000.000.000.1	kleinste Nichtnullzahl

Datentyp	*Ab: VB1*	*Bereich*	*Hinweis*
Double		–1,797.693.134.862.32 E308 bis –4,940.656.458.412.47 E-324 und + 4,940.656.458.412.47 E-324 bis 1,797.693.134.862.32 E308	
Currency		–922.337.204.685.477,5808 bis +922.337.204.685.477,5807	
Date	VB4	1. Januar 100 bis 31. Dezember 9999 Vor dem Date-Datentyp ist der Datumsbereich auf 1980 bis 2099 begrenzt.	
String (variabel)		0 bis ca. 2 Milliarden Zeichen unter 32-BitWindows ca. 65.535 (64K) bei 16-Bit-Betriebssystem	
String (fest)		1 bis ca. 64K Zeichen	
Variant	VB2	Numerischer Bereich des Typs Double oder beliebige Zeichenfolge.	
Object	VB4	Alle Verweise auf ein Objekt	

Tab. 24.3: Wertebereiche der Datentypen

Der Gültigkeitsbereich von Variablen und Konstanten ist davon abhängig, wie und wo sie definiert bzw. deklariert wurden.

Deklaration mit	*Ort*	*Gültigkeit*	
Variable			
implizit	Prozedur	In der Prozedur	
Dim|Private	Prozedur	In der Prozedur	
Dim|Private	Standard-Modul Form-Modul Klassen-Modul	In der Deklarationsebene und in allen Prozeduren des Moduls	*)
Global|Public	Standard-Modul	In den Deklarationsebenen aller Module des Projekts und in allen Prozeduren der Module.	*)
Global|Public	Form-Modul Klassen-Modul	In der Deklarationsebene und in allen Prozeduren des Moduls	*)
Konstante			
Const	Prozedur	In der Prozedur	
Const	Standard-Modul Form-Modul Klassen-Modul	In der Deklarationsebene und allen Prozeduren des Moduls	*)
Global Const Public Const	Standard-Modul	In den Deklarationsebenen aller Module des Projekts und in allen Prozeduren der Module	*)
Global|Public	Form-Modul Klassen-Modul	In der Deklarationsebene und in allen Prozeduren des Moduls	*)

*) Ausgenommen sind Bereiche in Prozeduren, die auf eine Dim|Private-Deklaration einer Variablen/Konstanten gleichen Namens folgen.

Tab. 24.4: Gültigkeitsbereiche von Variablen und Konstanten

24.3 Definition, Deklaration, Initialisierung

- Definition ist ein Vorgang, mit dem Variablennamen (nicht deren Inhalte!) festgelegt werden.
- Die Deklaration adressiert einen bestimmten, aber änderbaren Speicherplatz im Arbeitsspeicher.
- Initialisierung nennen wir die erste Wertzuweisung. Durch sie wird bei den symbolischen Konstanten und allen Variablen, die nicht Zeichenketten mit freier Länge oder Variant-Typen sind, der endgültige Speicherplatz der aktuellen Sitzung festgelegt.

Für die Definition und Deklaration von Konstanten und Variablen stehen verschiedene Anweisungen zur Verfügung.

Anweisung	*Ab: VB1*	*Beschreibung*
Array	VB4	Variant-Variablenfeld
Const		Deklariert symbolische Konstanten, deren Inhalt zur Laufzeit nicht änderbar ist.
Declare		Deklariert externe Prozeduren (API-Funktionen) (s. Kap. 24.3.3)
Dim		Definiert Variable, dynamische Variablenfelder
Erase		Alle Daten entfernen oder dynamische Variablenfelder löschen
Global		Bekannt in gesamtem Projekt (ab VB4: Public (s.d.))
Option Base		Unterster Index für Variablenfelder
Private	VB4	Lokal (Prozedur oder Modul)
Public	VB4	Bekannt in gesamtem Projekt
ReDim		Dynamische Variablenfelder neu dimensionieren
ReDim Preserve		Dynamische Variablenfelder erweitern oder verkleinern
Static		Einzelvariable oder Prozedurvariable nicht löschen
Type	VB2	Benutzerdefinierten Datentyp deklarieren

Tab. 24.5: Die Definitions-/Deklarations-Anweisungen

Die meisten der Deklarations-Anweisungen verwenden Schlüsselwörter als Attribut.

24.3.1 Deklarations-Schlüsselwörter

Bei der Deklaration und dem Aufruf von Prozeduren, Konstanten oder Variablen sowie bei der Zuweisung von Objekten werden verschiedene Schlüsselwörter benutzt. Diese werden im Detail bei den Befehlen beschrieben.

Verwendet in:	1	2	3	4	5	6	7	8	9
Anweisung	-	-	-	-	Ab VB4	Ab VB2	VB1-VB4	Ab VB4	Ab VB1
Variable	-	-	-	-	-	Ab VB2	VB1-VB4	Ab VB4 *)	-
Const	-	-	-	-	-	Ab VB2	VB1-VB4	Ab VB4	-
Declare	Ab VB1	Ab VB4	Ab VB4	Ab VB1	-	Ab VB2	VB1-VB4	Ab VB4	-
Enum	-	-	-	-	-	Ab VB4	-	Ab VB4	-
Event	-	-	-	-	-	VB5	-	VB5	-
Function	Ab VB1	Ab VB4	Ab VB4	Ab VB1	-	Ab VB2	VB1-VB4	Ab VB4	Ab VB1
Property	Ab VB4	Ab VB4	-	-	-	Ab VB4	Nur VB4	Ab VB4	Ab VB4
Sub	Ab VB1	Ab VB4	Ab VB4	Ab VB1	-	Ab VB2	VB1-VB4	Ab VB4	Ab VB1
Type	-	-	-	Ab VB1	-	Ab VB2	VB1-VB4	Ab VB4	-

*) Public nicht für String-Variable fester Länge in Klassenmodul!
1 ByVal Parameter 2 ByRef Parameter 3 ParamArray Parameter
4 As Typ Parameter 5 Preserve Attribut zu ReDim 6 Private
7 Global 8 Public 9 Static

Tab. 24.5.1: Die Deklarations-Schlüsselwörter

24.3.2 Dimensionierungsanweisungen

Dimensionierungsanweisungen dienen der Deklaration einzelner Variablen und Konstanten und der Dimensionierung von Variablenfeldern.

Bitte beachten Sie: Ich verwende die Bezeichnung Variablenfeld anstelle des üblichen Begriffs Datenfeld. Damit ist die Verwechslung mit dem Datenfeld als Element eines Datensatzes ausgeschlossen. Außerdem wird der Unterschied zwischen einer Variablen und den ihr optional zugewiesenen Daten deutlicher.

Befehl	*Beschreibung*
Option Base	Wird auf Modulebene vor allen anderen Codezeilen verwendet, um die voreingestellte Untergrenze für Indizes von Variablenfeldern zu deklarieren.
Dim und Private	Werden auf Modulebene und auf Prozedurebene verwendet, um Variablen oder Variablenfelder für das ganze Modul oder die Prozedur zu deklarieren und dafür Speicherplatz zu reservieren bzw. zu belegen. Mit Dim/Private auf Modulebene ohne Dimensionswerte deklarierte Variablenfelder sind dynamisch. Die Variablenfeldgrenzen dynamischer Variablenfelder können mit ReDim auch mehrfach umdefiniert werden. Die Elemente werden jeweils neu initialisiert. Wird (ab VB4) für ReDim das Schlüsselwort Perserve verwendet, kann die letzte Dimension geändert werden, die Daten bleiben in den Variablen, die innerhalb der Dimensionierungsgrenzen liegen, erhalten.
Global oder Public	Werden auf Modulebene verwendet, um öffentliche, d.h. in allen Modulen des Projekts (Projektgruppe s. *) bekannte Variablen zu deklarieren und den dafür erforderlichen Speicher zu reservieren.
ReDim	ReDim wird auf Prozedurebene verwendet, um die Dimensionen für ein dynamisches Variablenfeld zu deklarieren und Speicherplatz zuzuordnen oder freizugeben. Für ein dynamisches Variablenfeld können Sie mit ReDim maximal acht Dimensionen festlegen.
Erase	Erase initialisiert die Elemente von Variablenfeldern fester Größe neu, entfernt dynamische Variablenfelder und gibt den belegten Speicherplatz frei.
Array	Liefert (ab VB4) ein Variant mit einem Variablenfeld.
Const	Deklariert symbolische Konstanten, die anstelle von Werten verwendet werden.

*) Ab VB5 können Sie mehrere Projekte (vor allem zum Test von benutzerdefinierten ActiveX-Komponenten) in einer Projektgruppe zusammenfassen. Auf Modulebene mit Public deklarierte Variablen sind normalerweise in allen Projekten der Projektgruppe bekannt. Wurde allerdings *Option Private Module* aktiviert, sind die Variablen nur innerhalb des zugehörigen Projekts öffentlich.

Tab. 24.6: Dimensionierungs- und verwandte Anweisungen

Dim, Private, Global und Public initialisieren

- numerische Variablen mit Null,
- Zeichenfolgen-Variablen mit leeren Zeichenfolgen und
- Variant-Variablen mit Empty.

Anweisung	*VB-Version*	*Syntax *)*	
Option Base	Ab VB1	Option Base UntersterIndex	{0|1}
Dim	VB1 – VB3	Dim [Shared]VarName[([Indizes])][As Typ] [...	**)

Anweisung	*VB-Version*	*Syntax *)*	
Dim und Private	VB4	{Dim|Private}[Shared] VarName[([Indizes])] _ [As [New] Typ] [, ...	**)
	Ab VB5	{Dim|Private}[WithEvents]VarName[([Indizes])] _ [As [New] Typ] [,...	
Global	VB1 – VB3	Global VarName[([Indizes])][As[New] Typ] [,...	
Public und Global	VB4	{Public|Global}VarName[([Indizes])] _ [As [New] Typ] [,...	
	Ab VB5	Public [WithEvents] VarName[([Indizes])] _ [As [New] Typ] [,...	
ReDim	VB1 – VB3	ReDim [Shared] VarName(Indizes)[As Typ][, ...	
	Ab VB4	ReDim [Preserve] VarName (Indizes)[As Typ][,...	***)
Erase	Ab VB1	Erase Variablenfeld	Tab. 24.9
Array	Ab VB4	VariantVariable = Array(ArgListe)	****)
Const	bis VB4	[Global] Const KonstName[As Typ] = Ausdruck [,...	
	Ab VB5	{Public|Private} Const KonstName[As Typ] = _ Ausdruck [,...	

*) Argumente s. Tab. 24.8

**) Shared ist ohne Funktion. Wird ab VB5 nach Bestätigung der Codezeile automatisch entfernt.

***) Mit Preserve können Sie nicht die Untergrenze eines Variablenfeldes nach unten verschieben und nur die Obergrenze der letzten Dimension des Variablenfeldes ändern.

****) ArgListe enthält eine durch Kommata getrennte Liste mit einer beliebigen Anzahl von Werten, die dem im Variant enthaltenen Variablenfeld als Elemente zugewiesen werden. Werden keine Argumente angegeben, so erstellt die Funktion ein Variablenfeld mit der Länge Null.
Der Zugriff auf ein beliebiges Element des Variablenfeldes erfolgt durch Angabe des Variablennamens mit der in Klammern stehenden Indexzahl.
Den untersten Index (>= 0) in einem Array stellen Sie mit der LBound-Funktion fest.
Den obersten Index ermitteln Sie mit UBound.

Tab. 24.7: Die Syntax der Dimensionierungsanweisungen

Argument/Attribut	*Beschreibung*
WithEvents	(ab VB5) Das Attribut ist, entgegen dem Hinweis in der VB-Hilfe, nicht nur in Klassen-, sondern auch in Form-Modulen gültig. Beachten Sie hierzu die Informationen im Kapitel 25 im Abschnitt »Controls dynamisch hinzufügen«. Gibt an, daß VarName eine Objektvariable zur Reaktion auf Ereignisse ist, die von einem ActiveX-Objekt ausgelöst wurden. Sie können mit WithEvents beliebig viele Variablen deklarieren, jedoch keine Variablenfelder erstellen. Sie können New nicht zusammen mit WithEvents verwenden.

Argument/Attribut	*Beschreibung*
VarName	Name der Variablen entsprechend den Standardkonventionen für Namen von Variablen.
Indizes	Dimensionen des Variablenfeldes. Sie können Variablenfelder mit bis zu 60 Dimensionen deklarieren. Das Argument Indizes in der Anweisung Dim hat folgende Form. [Untergrenze% To]Obergrenze%[, ... Wenn nicht explizit eine Untergrenze angegeben ist, wird die untere Grenze des Variablenfeldes standardmäßig mit 0 oder durch die Option Base-Anweisung gegebenen Untergrenze festgelegt. Die Dimensionsgrenzen eines Variablenfeldes können auch negativ sein. Mit To legen Sie die Dimensionsgrenzen auf beliebige Bereiche von -32.768 bis 32.767 fest.
New	(ab VB2) Dieses Schlüsselwort ermöglicht das implizite Erstellen eines Objekts. Wenn Sie New bei der Deklaration der Objektvariablen verwenden, wird eine neue Instanz des Objekts aufgrund des ersten Verweises darauf erstellt, so daß Sie die Set-Anweisung für die Zuweisung des Objektverweises nicht verwenden müssen. Das Schlüsselwort New kann nicht zur Deklaration von Variablen eines integrierten Datentyps oder von Instanzen abhängiger Objekte verwendet werden. Es kann außerdem nicht mit WithEvents (ab VB5) verwendet werden.
As Typ	Deklariert den Datentyp der Variablen. Die für Typ zulässigen Schlüsselwörter finden Sie in der Tabelle »Typdeklarationen von Functions und Variablen«. Wenn Sie keinen Daten- oder Objekttyp angeben und auch keine DefTyp-Anweisung im jeweiligen Modul verwendet wird, erhält die Variable durch die Voreinstellung (ab VB2) den Datentyp Variant.
KonstName	Name der Konstanten gemäß den Standardkonventionen für Namen von Variablen.
Ausdruck	Ergibt den Wert, der der Konstanten zugewiesen ist. Er kann aus Zahlen (wie 1,0), anderen Konstanten oder beliebigen arithmetischen oder logischen Operatoren – außer dem Potenzzeichen (^) – bestehen. Sie können auch eine einfache literale Zeichenfolge, wie »Fehler bei der Eingabe«, angeben. Sie dürfen keine Verkettungen von Zeichenfolgen, Variablen, benutzerdefinierten oder eingebauten Visual Basic-Funktionen wie Chr$ in Ausdrücken verwenden, die an Konstanten zugewiesen werden.

Tab. 24.8: In Dimensionierungsanweisungen verwendete Argumente oder Attribute

Variablenfeldtyp	*Alle Elemente werden ...*
Numerisch, feste Größe	auf den Wert Null festgelegt.
Zeichenfolgen variabler Länge, feste Größe	als Null-Zeichenfolge ("") festgelegt.
Zeichenfolgen fester Länge, feste Größe	auf den Wert Null festgelegt.
Typ Variant, feste Größe	auf den Wert Empty festgelegt.
Benutzerdefinierte Typen	auf den Wert festgelegt, den die separate Variable erhalten würde.
Objekte	auf den Spezialwert Nothing festgelegt.
Dynamisch	komplett entfernt. Das Variablenfeld muß neu dimensioniert werden.

Tab. 24.9: Wirkung von Erase

24.3.3 Declare-Anweisung

```
{Public|Private} _
Declare Sub Name Lib "BibName" _
  [ Alias "Aliasname"][([ArgListe])]

{Public|Private} _
Declare Function Name Lib "BibName" _
  [ Alias "Aliasname"][([ArgListe])] [ As Typ]
```

Declare deklariert auf Modulebene Verweise auf externe Prozeduren in einer Dynamic-Link Library (DLL).

Element	*Beschreibung*
Lib	Die deklarierte Prozedur ist in einer DLL oder Code-Ressource enthalten. Der Lib-Abschnitt ist bei allen Deklarationen erforderlich.
BibName	Name der DLL, die die deklarierte Prozedur enthält.
Alias	Gibt an, daß die aufgerufene Prozedur in der DLL einen anderen Namen hat.
Aliasname	Name der Prozedur in der DLL. Wenn das erste Zeichen nicht das Zeichen # ist, gibt Aliasname den Namen des Einsprungpunktes in der DLL an. Ist das Zeichen # das erste Zeichen, so müssen alle nachfolgenden Zeichen die Ordnungszahl (laufende Nummer) für den Einsprungpunkt in die Prozedur angeben.
ArgListe	Variablenliste mit den Argumenten, die beim Aufruf an die Prozedur übergeben werden. Lesen Sie dazu weiter unten in diesem Kapitel den Abschnitt »Argument und Parameter«.
Typ	Datentyp des Rückgabewerts einer Function-Prozedur. Zulässige Typen sind: Byte, Boolean, Integer, Long, Currency, Single, Double, Date, String (nur Zeichenfolgen variabler Länge), Object, Variant, ein benutzerdefinierter Typ oder ein Objekttyp.

Tab. 24.10: Elemente der Declare-Syntax

In der 32-Bit-Version von Windows wird bei der Angabe von Prozedurnamen aus Dynamic-Link Libraries (DLLs) die Groß-/Kleinschreibung beachtet, in der 16-Bit-Version von Windows jedoch nicht.

24.3.4 Type-Anweisung

Type wird auf Modulebene verwendet, um einen benutzerdefinierten Datentyp mit einem oder mehreren Elementen zu definieren.

```
' Definition
Type VarName
    Elementname [(Indizes)] As Typ
  [ Elementname [(Indizes)] As Typ]
   . . .
End Type
```

```
{Private|Public} Type VarName Elementname [([Indizes])] As Typ
   [Elementname [([Indizes])] As Typ]
   . . .
End Type

' Deklaration

' Modul- oder Prozedurebene
{Dim|Private|Static} Variable As VarName

' Codemodul
{Global|Public} Variable As VarName
```

Die Teile der Syntax der Type-Anweisung sind Einzelvariablen entsprechend den oben gegebenen Hinweisen. Wenn Sie ein Variablenfeld fester Größe innerhalb eines benutzerdefinierten Typs deklarieren, müssen die Dimensionen mit numerischen Literalen oder Konstanten angegeben werden.

Variablen sind an dieser Stelle nicht zulässig. End Type faßt die davor stehenden Einzelvariablen zu dem mit VarName bezeichneten benutzerdefinierten Datentyp zusammen. Danach müssen Sie innerhalb von dessen Gültigkeitsbereich Variablen oder Variablenfelder mit dem Datentyp deklarieren. Dafür gelten die gleichen Regeln wie bei normalen VB-Datentypen.

Danach sind zwei Gültigkeitsbereiche zu beachten:

1. Gültigkeitsbereich des benutzerdefinierten Datentyps
   Benutzerdefinierte Typen sind in Standardmodulen standardmäßig öffentlich. Mit Private läßt sich dies verändern.
   In Klassenmodulen können benutzerdefinierte Typen nur privat sein.

2. Gültigkeitsbereich der Variablen
   Der Gültigkeitsbereich der als Datentyp deklarierten Variablen kann entsprechend den Regeln für Variablen begrenzt oder ausgeweitet werden.

24.3.5 Static-Anweisung und -Schlüsselwort

```
Static VarName[([Indizes])] _
[ As [New] Typ] [, ...
```

Die Static-Anweisung wird auf Prozedurebene verwendet, um Variablen zu deklarieren und den nötigen Speicher zu reservieren. Mit der Static-Anweisung deklarierte Variablen behalten ihren Wert, solange der Code ausgeführt wird.

Mit einer Static-Anweisung innerhalb einer Prozedur können Sie den Datentyp einer Variablen deklarieren.

24.3.6 DefTyp-Anweisungen

Jede DefType-Anweisung legt auf Modulebene den Standard-Datentyp für Variablen, Argumente und Parameter sowie den Rückgabetyp für Function- und Property Get-Prozeduren fest, deren Namen mit den angegebenen Zeichen beginnen.

Datentyp	*DefTyp-Anweisung*
Boolesch	DefBool Buchstabenbereich[,. . .
Byte	DefByte Buchstabenbereich[,. . .
Integer	DefInt Buchstabenbereich[,. . .
Long (Integer)	DefLng Buchstabenbereich[,. . .
Currency	DefCur Buchstabenbereich[,. . .
Single	DefSng Buchstabenbereich[,. . .
Double	DefDbl Buchstabenbereich[,. . .
Date	DefDate Buchstabenbereich[,. . .
String	DefStr Buchstabenbereich[,. . .
Object	DefObj Buchstabenbereich[,. . .
Variant	DefVar Buchstabenbereich[,. . .
	Buchstabenbereich = Buchstabe1[-Buchstabe2]

Tab. 24.11: Die DefTyp-Anweisungen

24.4 Prozeduren

Ihren Code schreiben Sie unter VB in

- Deklarationsebenen, auch Modulebenen genannt,
- Prozeduren
- Benutzerdefinierte Prozeduren
- Ereignisprozeduren
- Property-Prozeduren

Ebene	*Codeteile*
Deklarationsebene	Nicht ausführbaren Code wie Deklarationen und Dimensionierungen (Private oder Public)
Prozeduren	Deklarationen und Dimensionierungen, ausführbaren Code

Tab. 24.12: Ort der Codeteile

Eine Prozedur besteht aus

- dem Prozedurkopf, z.B. Sub MeineProzedur(Parameterliste)
- dem Prozedurkörper mit dem Programmcode
- dem Prozedurfuß, z.B. End Sub

24.4.1 Prozedur-Befehle

Befehl	*Ab: VB1*	*Beschreibung*
Call		Call übergibt die Steuerung an eine API-Prozedur, an eine Sub- (ab VB2) oder an eine Function-Prozedur (ab VB4).
Event	VB5	Deklariert benutzerdefinierte Ereignismeldung
Function		Prozedur als Funktion mit Wertrückgabe
Sub		Prozedur als Anweisung ohne Wertrückgabe
Property Get	VB4	Prozedur für Wert-/Objektrückgabe
Property Let	VB4	Prozedur für Setzen der Eigenschaftswerte
Property Set	VB4	Prozedur für Setzen einer Objektzuweisung

Tab. 24.13: Die Prozedur-Befehle

24.4.2 Prozeduren aufrufen

Prozeduren können unter VB ohne und (ab VB2 Sub, ab VB4 auch Function) mit der Call-Anweisung aufgerufen werden.

Call übergibt die Steuerung auch einer (API-) Prozedur in einer Dynamic-Link-Library (DLL).

Ab VB4 können Function-Prozeduren ohne Zuweisung eines Rückgabewertes mit und ohne Call aufgerufen werden.

```
' Sub
Sub ProzedurName [Argumentenliste]

' alternativ (ab VB2)
[Call] ProzedurName ([Argumentliste])

' Function
Wert = Functionname([Argumentliste])

' alternativ (ab VB4)
Call Functionname([Argumentliste])
' oder
Functionname [Argumentliste]
```

Die Beschreibung der Elemente der Argumentliste finden Sie unten im Abschnitt »Argumentlisten«.

24.4.3 VB-Prozeduren

Nach der Art der Deklaration gibt es in VB folgende Prozedurtyp

Prozedurtyp	*Beschreibung*
Integrierte Prozeduren	Rümpfe werden von VB für jedes Objekt zur Verfügung gestellt. Unter VB sind dies die Ereignisprozeduren.
Benutzerdefinierte oder allgemeine Prozeduren	Rümpfe werden vom Programmierer (Benutzer von VB!) erstellt. Sie können keine benutzerdefinierte Prozedur innerhalb einer anderen Prozedur definieren. Benutzerdefinierte Prozeduren können rekursiv sein, das heißt, sie können sich selbst aufrufen, um eine bestimmte Aufgabe auszuführen. Das Schlüsselwort Static wird bei rekursiven Funktionsprozeduren gewöhnlich nicht verwendet.

Tab. 24.14: Prozedurtypen

Event-Prozeduren

```
[Public] Event Prozedurname [(Argumentliste)]
```

Event deklariert (in einem Klassenmodul ab VB5) eine in einer Form oder einem Standardmodul stehende allgemeine Prozedur als benutzerdefiniertes Ereignis.

Nachdem das Ereignis deklariert wurde, verwenden Sie die RaiseEvent-Anweisung, um das Ereignis auszulösen.

Function-/Sub-Prozeduren

```
' Sub-Prozedur
[{Private|Public}][Static] _
Sub SubName ([Argumentenliste])
   [Anweisungsblock]
   [Exit Sub]
   [Anweisungsblock]
End Sub

' Function-Prozedur
[{Private|Public}][Static] _
Function FunctionName _
[Deklarationszeichen] _
([Argumentenliste])[ As Typ]

   [Anweisungsblock]
   [Name = Ausdruck]
   [Exit Function]

   [Anweisungsblock]
```

```
    [Name = Ausdruck]
End Function

' Aufrufe
' Sub
Call SubName ([Argumentenliste])
SubName [Argumentenliste]

' Function
Wert = FunctionName [Deklarationszeichen] _
[([Argumentenliste])]
```

Sub|Function deklariert den Namen und die Argumente, die den Kopf der Prozedur bilden.

End Sub|End Function definiert den Prozedurfuß.

Beide zusammen bilden den Prozedurrumpf, in den auszuführender Code eingefügt wird. Mit Exit Sub|Exit Function im auszuführenden Code springen Sie aus der Prozedur zu der auf ihren Aufruf folgenden Stelle.

GoSub, GoTo oder Return sind Anweisungen für Unterroutinen. Sie können sie nicht verwenden, um in eine Prozedur zu gelangen oder diese zu verlassen.

Property-Prozeduren

Ab VB4 können Sie mit Property-Prozeduren Eigenschaften für Ihre eigenen Objekte festlegen und abfragen. Die Property-Prozeduren werden sinnvollerweise in Klassenmodulen genutzt. Sie können damit aber auch in Form-Modulen neue Eigenschaften für Formen oder andere Objekte erstellen.

Die in der Regel paarweise benutzten Property-Prozeduren sind:

Prozedur	*Aufruf (K = KLasse)*	*Aktion*
Property Let	K.Eigenschaft[()] = Wert	Setzt Eigenschaftswert
Property Get	Wert = K.Eigenschaft[([ArgListe])]	Gibt Wert zurück
Property Set	Set K.KlassObjekt[()] = Objekt	Setzt KlassObjekt auf Objekt
Property Get	Set Objekt = K.KlassObjekt[([ArgListe])]	Gibt KlassObjekt zurück

Tab. 24.15: Die Property-Prozeduren

Für alle Property-Prozeduren gilt:

Property-Prozeduren sind standardmäßig öffentlich. Explizit kann der Gültigkeitsbereich mit Public, Private oder (ab VB5) Friend festgelegt werden.

Schlüsselwort	
Friend	(ab VB5) Wird nur in einem Klassenmodul verwendet und zeigt an, daß die Property-Prozedur in dem gesamten Projekt, jedoch nicht für den Controller einer Instanz eines Objekts verfügbar ist.

Tab. 24.16: Friend, eine besondere Deklaration

Property-Get-Anweisung

Property Get deklariert den Namen, die Argumente und den Code für den Rumpf einer Property-Prozedur, die den Wert einer Eigenschaft oder ein Objekt zurückgibt.

```
 [{Public|Private|Friend}][ Static] _
Property Get PropName([ArgListe])[ As Typ]
   [Anweisungen]
   [Name = Ausdruck]
   [Exit Property]
   [Anweisungen]
   [Name = Ausdruck]
End Property
' Aufruf:
Wert = PropName[([ArgListe])]
```

Eine Property Get-Prozedur kann nur auf der rechten Seite eines Ausdrucks verwendet werden.

Der Typ des Rückgabewerts einer Property-Get-Prozedur muß mit dem Datentyp übereinstimmen, den das letzte (oder ggf. einzige) Argument der entsprechenden Property-Let-Prozedur hat (sofern eine solche existiert).

Property-Let-Anweisung

Property Let deklariert (ab VB4) den Namen, die Argumente und den Code für den Rumpf einer Prozedur, die einer Eigenschaft einen Wert zuweist.

```
 [{Public|Private|Friend}][ Static] _
Property Let PropName (ArgListe)
   [Anweisungen]
   [Exit Property]
   [Anweisungen]
End Property
' Aufruf:
PropName[()] = Wert
```

Eine Property-Let-Prozedur kann nur auf der linken Seite einer Let-Anweisung oder eines Ausdrucks zum Zuweisen einer Eigenschaft stehen.

Mindestens ein Argument ist erforderlich im Prozedurkopf der Property-Let-Prozeduren.

Der Datentyp muß mit dem Rückgabetyp der entsprechenden Property-Get-Prozedur übereinstimmen. Das Argument (bzw. das letzte Argument in einer Liste von Argumenten) enthält den Wert, der der Eigenschaft zugewiesen wird.

Property-Set-Anweisung

Property Set deklariert den Namen und die Argumente für den Rumpf einer Property-Prozedur, die einen Verweis auf ein Objekt festlegt.

```
 [{Public|Private|Friend}][ Static] _
Property Set Name (ArgListe)
   [Anweisungen]
   [Exit Property]
   [Anweisungen]
End Property
```

Eine Property-Set-Prozedur kann nur auf der linken Seite einer Zuweisung für einen Objektverweis (Set-Anweisung) verwendet werden.

Es muß mindestens ein Argument angegeben werden. Dieses bzw. das letzte Argument in der Argumentenliste enthält den tatsächlichen Objektverweis.

API-Prozeduren

API-Prozeduren werden in der VB-Anwendung erst bekannt, wenn sie mit Declare deklariert wurden.

Der Gültigkeitsbereich hängt ab von der Stelle, an der die Deklaration erfolgt, und von der Verwendung der Schlüsselwörter

- Global oder Public sowie
- Private.

24.4.4 Argument und Parameter

Beim Aufruf von Prozeduren unterscheiden wir den zu übergebenden Inhalt, Argument genannt, und den aufnehmenden Parameter. Der Parameter steht im Prozedurkopf, das Argument wird beim Aufruf der Prozedur übergeben.

Bezeichnung	*Beschreibung*	*Kann sein ...*
Argument	Zu übergebender Inhalt	Wert, Variable, Konstante oder ein Ausdruck.
Parameter	Aufnehmende Stelle	Ist immer: eineVariable.

Tab. 24.17: Argument und Parameter

Argumentlisten

Prozedurköpfe können Argumentlisten enthalten.

Bitte beachten Sie: Microsoft verwendet die Bezeichnung Argumentliste. Korrekt und besser wäre die Bezeichnung Parameterliste.

Die Elemente in den Argumentlisten sind Variablen. Sie müssen nach folgenden Regeln aufgebaut sein:

```
' Deklarationszeichen oder As Typ alternativ!
[Attribut] VarName[Deklarationszeichen]( )][As Typ}][, ...
```

Attribut	*Ab: VB1*	*Beschreibung*
ByVal		Optional. Das Argument wird als Wert übergeben.
ByRef	VB4	Optional. Das Argument wird als Referenz übergeben. ByRef ist die Voreinstellung in Visual Basic.
Optional	VB4	Optional. Die Übergabe eines Arguments an den so deklarierten Parameter ist nicht erforderlich (s. Abschnitt »Optionale Parameter«)
ParamArray	VB4	Optional. Wird nur für das letzte Argument in ArgListe verwendet, um anzuzeigen, daß dieses letzte Argument ein Optional-Variablenfeld mit Variant-Elementen ist. Das Schlüsselwort ParamArray ermöglicht Ihnen, eine beliebige Anzahl von Argumenten bereitzustellen. ParamArray darf nicht zusammen mit ByVal, ByRef oder Optional verwendet werden.
VarName		Erforderlich. Name der Variablen, die das Argument darstellt, gemäß den Standardkonventionen für Namen von Variablen. Die Typdeklaration mit Deklarationszeichen oder As Typ finden Sie oben im Abschnitt »Datentypen und Typdeklarationen«.
[, ...		Eine Argumentliste kann mehrere diesen Regeln entsprechende, durch Kommata getrennte Variablen enthalten.

Tab. 24.18: Elemente von Argumentenlisten

Optionale Parameter

Mit dem Schlüsselwort Optional können Sie ab VB4 Parameter im Prozedurkopf zu optionalen Parametern machen.

Es gelten folgende Regeln:

- Optionale Parameter müssen Variant-Variable sein.
- Alle auf einen optional deklarierten Parameter folgenden müssen gleichfalls optional sein.
- An optionale Parameter können Argumente übergeben werden, müssen aber nicht.
- Wird ein optionaler Parameter in der Prozedur verwendet, dem kein Argument übergeben wurde, wird eine Fehlermeldung erzeugt.

- Um diese Fehlermeldung abzufangen, verwenden Sie in der Prozedur die IsMissing-Funktion (s. Abschnitt »Prüffunktionen« weiter unten).

ByVal und ByRef zur Parameter-Deklaration

Änderungen in der aufgerufenen Prozedur verändern nicht:

- als Wert übergebene Argumente,
- in Klammern eingeschlossene Argument-Variablen,
- Ausdrücke (mehrere durch Operatoren verbundene Einzelelemente),
- Argumente, die an mit ByVal explizit als Wert deklarierte Parameter übergeben werden,
- als Argument übergebene Konstanten.

Bei in dieser Weise übergebenen Argumenten wird eine temporäre Kopie erstellt. Änderungen von deren Inhalt wirkt sich nicht rückwirkend auf die Argument-Variable aus.

Argument	*Parameter*	*Ab:*	*Das Argument wird als ...*	*Speicherplatz*
(Variable) *) oder Ausdruck	ByVal	VB1	Wert übergeben	Je nach Datentyp
Variable	ByRef	VB4	Referenz übergeben	Je 4 Byte

*) Eine runde Klammer übergibt Variablen bzw. den Wert einer Prozedur-Eigenschaft als Wert! Ein Ausdruck wird immer als Wert übergeben!

Tab. 24.19: ByVal und ByRef

Da beim Aufruf mit Rückgabewert von Function-Prozeduren bzw. mit Call die Argumente in Klammern stehen müssen, schließen Sie als Wert zu übergebende Argumente zusätzlich in eigene Klammern ein!

Sie dürfen Objekt-Eigenschaften als Argument an Parameter übergeben.

Vor VB4 müssen Objekteigenschaften als Wert bzw. an einen ByVal deklarierten Parameter übergeben werden.

Andernfalls erhalten Sie einen Fehler mit Hinweis auf falsche Parametertypen. Mit dieser Fehlermeldung wird in den Vorversionen zu VB4 sichergestellt, daß Sie keine versehentliche Änderung einer Eigenschaft vornehmen.

```
' Ab VB4:
' Aufruf:
DemoProzedur Text1.Text        ' Eigenschaftswert direkt
' Prozedurkopf
Sub DemoProzedur (Tx As String)
  ...
End Sub
```

```
' Vor VB4:
' Aufruf:
DemoProzedur (Text1.Text)           ' Wert (durch runde Klammer)
' oder
DemoProzedur Text1.Text + ""  ' Ausdruck
' alternativ im Prozedurkopf
Sub DemoProzedur (ByVal Tx As String)
```

Argumentübergabe und benannte Argumente

Normalerweise sind Argumente entsprechend der Position des entsprechenden Parameters zu übergeben. Ein Teil insbesondere der neueren Befehle erlauben die Übergabe von benannten Argumenten.

Ab VB4 können Sie auch beim Aufruf Ihrer eigenen Prozeduren Argumente benannt übergeben.

Für die Argumentübergabe gelten folgende Regeln:

- Die (nicht benannten) Argumente müssen in der Reihenfolge der zugehörigen Parameter übergeben werden.

Ab VB4 gilt zusätzlich:

- Argumente an optional deklarierte Parameter können, müssen aber nicht übergeben werden.
- Alle (auch optionale) Argumente können wie bisher (nicht benannt) oder in C++-Schreibweise als benannte Argumente übergeben werden.
- Benannte Argumente werden in beliebiger Reihenfolge ohne Beachtung der Parameter-Position übergeben.
- Nicht benannte und benannte Argumente können im gleichen Aufruf verwendet werden.
- Alle Argumente nach dem ersten benannt übergebenen sind gleichfalls benannt zu übergeben.

```
Function Demo (W1, W2, W3 As Integer, W4, Optional W5)

' Aufruf z.B.
' 1. Nicht benannte Argumente, optionales weggelassen
Demo 10, 20, 40, 25
' 2.  Zwei nicht benannte Argumente
'     Danach die benannten in beliebiger Reihenfolge
Demo 10, 20, W4:= 25, W5:= 30, W3:= 40
```

24.5 Befehle

In VB gibt es folgende Befehlstypen:

- Anweisungen führen Aktionen aus, ohne einen Wert zurückzugeben.
- Funktionen führen Aktionen aus und geben einen Wert zurück.
- Methoden sind objektbezogene Befehle (werden bei der Beschreibung der Objekte besprochen).

24.5.1 Allgemeine Befehle

Befehl	*Ab:VB1*	*Kurzbeschreibung*	*Syntax*	
Deklarationen		***Nur in Deklarationsebene***		
Option Explicit	VB2	Variablendeklaration erzwingen	Option Explicit	
Signale				
Beep		Systemsignal ausgeben	Beep	
Ablaufsteuerung				
Exit		Sprung aus...		
		Do...Loop-Schleife	Exit Do	
		For...Next-Schleife	Exit For	
		Funktion-Prozedur	Exit Function	
		Sub-Prozedur	Exit Sub	
Zuweisung				
Let		Wertzuweisungen erfolgen mit =.	[Let] Variable = Wert	
=		Let ist optional.		
:=		Wertübergabe mit benannten Argumenten.	Arg := Wert	*)
Objekt-Befehle				
Set	VB2	Objektzuweisung (mit =)	Set ObjVar = Objekt Set ObjVar = New Objekt	
Load		Objektkopie erstellen, danach Eigenschaften setzen	Load Objekt	
Unload		Objektkopie entfernen	Unload Objekt	
With Obj ... End With	VB4	Reihe von Anweisungen ausführen	With Objekt [Anweisung] ... End With	**)
Kommentarzeilen				
Rem		(Rest der) Zeile auskommentieren	Rem ... alternativ: ' (= Apostroph)	

Befehl	*Ab:VB1*	*Kurzbeschreibung*	*Syntax*	
Ereignissteuerung				
DoEvents		Steuerung freigeben	DoEvents alt.: anz = DoEvents[()]	***)
RaiseEvent	VB5	Ereignis auslösen	RaiseEvent Ereignisname [(Argumentliste)] {ObjektAusdr|Nothing}	

*) Benannte Argumente (s. Abschnitt 24.4.4)
**) Anweisung z.B.: .Eigenschaft = Wert oder Wert = .Eigenschaft
***) anz = Anzahl geladene Formen
Bitte beachten Sie: Das Objekt bei den Methoden Line, Print, Circle und PSet kann in einem With...End With-Block nicht weggelassen werden. Das gilt aber nur für die Methoden selbst, nicht für Argumente in ihnen.

Tab. 24.20: Die Allgemeinen Befehle

24.5.2 Anwendungen

In diesem Abschnitt sind die Befehle zusammengefaßt, die sich intern auf die Anwendung und auf externe Anwendungen beziehen.

Befehl	*Ab: VB1*	*Kurzbeschreibung*	
Shell		Ausführbares Programm starten. Gibt dessen Instanzen-Handle (Task-Kennung) zurück.	*)
AppActivate	VB2	Ein Fenster in einer anderen Anwendung aktivieren.	
SendKeys		Sendet eine Tastenfolge an das unter Windows aktive Fenster.	
Command$		Gibt Argument-Teil der Befehlszeile zurück.	
Command	VB2	dito	
Environ$		Betriebssystem-Umgebungsvariable als Elemente eines Variablenfeldes	
Environ	VB2	dito	
End		Programmlauf beenden, alle Dateien schließen.	
Stop		Programmlauf unterbrechen oder Anwendungslauf beenden.	**)

*) Die Shell-Funktion führt andere Programme asynchron aus.
Ein mit Shell ausgeführtes Programm muß deshalb noch nicht abgeschlossen sein, wenn die nächsten, auf die Shell-Funktion folgenden Anweisungen ausgeführt werden.
**) Stop unterbricht in der VB-Entwicklungsumgebung den Programmlauf. Er kann mit dem Fortsetzen-Menübefehl mit dem auf die Stop-Anweisung folgenden Code fortgeführt werden.
Dateien bleiben geöffnet und Variablen erhalten.
Bei kompilierten Anwendungen beendet Stop den Programmlauf mit einer entsprechenden Meldung. Dateien werden geschlossen und Variablen zurückgesetzt.

Tab. 24.21: Die Anwendungsbefehle

Befehl	*Syntax*	*X*	*Hinweis*
AppActivate	AppActivate Title[, Wait]	X	
Shell	Wert = Shell(pathname[,windowstyle])	X	*)
SendKeys	SendKeys String[, Wait2]		
Command$	Argumente = Command[$]		
Environ$	UmgVariable = Environ[$]({envstring|number})	X	
End	End		**)
Stop	Stop		

X Argumente können benannt übergeben werden (s. Abschnitt 24.4.4)
*) Kann die Shell-Funktion das angegebene Programm nicht starten, tritt vor VB4 ein Fehler auf, ab VB4 wird Null zurückgegeben.
**) Wichtig: Projekte, die als prozeßintere oder prozeßexterne Server verwendet werden, sollten nicht die END-Anweisung verwenden.

Tab. 24.22: Die Syntax der Anwendungsbefehle

Parameter	*Beschreibung*
Title	Ist der Titel in der Titelleiste des zu aktivierenden Anwendungsfensters. Ab VB4 kann anstelle von Title die von der Shell-Funktion zurückgegebene Task-ID verwendet werden.
Wait	{False|True} gibt (ab VB4) an, ob die aufrufende Anwendung den Fokus haben muß, bevor sie die andere Anwendung aktiviert.
envstring	Der Name einer Umgebungsvariablen.
number	Entspricht der numerischen Reihenfolge im Variablenfeld der Umgebungszeichenfolgen.
Wait2	{False|True} gibt (ab VB4) an, ob die Prozedur die Ausführung fortsetzt, unmittelbar nachdem die Tastenfolge gesendet wurde (False), oder ob erst die Tastenfolge verarbeitet werden muß (True), bevor die Prozedur die Ausführung fortsetzen kann.
pathname	Name des auszuführenden Programms mit allen erforderlichen Argumenten oder Befehlszeilen-Optionen.
windowstyle	s. Tab. 24.25

Tab. 24.23: Argumente der Anwendungsbefehle

Taste	*Deutsche Tastatur*	*SendKeys-Code*	*Hinweis*
A ... Z	A ... Z	{A} ... {Z}	Mehrere Tasten{ABC...}
1 ... 0	1 ... 0	{1} ... {0}	
{ oder }	{{} oder {}}		
BackSpace	RÜCKTASTE	{BACKSPACE}, {BS} oder {BKSP}	
Break	PAUSE	{BREAK}	

Taste	*Deutsche Tastatur*	*SendKeys-Code*	*Hinweis*
Caps Lock	FESTSTELLTASTE	{CAPSLOCK}	
Del	ENTF	{DELETE} oder {DEL}	
Down	NACH-UNTEN	{DOWN}	
End	ENDE	{END}	
Enter (Return)	EINGABETASTE	{ENTER}oder ~	{~} für die Taste »Tilde« selbst
Esc	ESC	{ESC}	
?	HILFE	{HELP}	
Pos1 (Home)	POS 1	{HOME}	
Ins	EINFG	{INSERT} oder {INS}	
Left	NACH-LINKS	{LEFT}	
Num Lock	NUM-FESTSTELL	{NUMLOCK}	
PgDn	BILD-AB	{PGDN}	
PgUp	BILD-AUF	{PGUP}	
Print	DRUCK	{PRTSC}	
Right	NACH-RECHTS	{RIGHT}	
Scroll Lock	ROLLEN-FESTSTELL	{SCROLLLOCK}	
Tab	TAB	{TAB}	
Up	NACH-OBEN	{UP}	
Space	LEER	{ }	(Leerzeichen in der Klammer!)
F1	F1	{F1}	
.	.	.	
.	.	.	
.	.	.	
F16	F16	{F16}	
		Ohne geschweifte Klammer!	Mit geschweifter Klammer werden die Zeichen selbst dargestellt (s.o.).
Shift	UMSCHALT	+	
Ctrl	STRG	^	
Alt	ALT	%	
		»%«	Öffnet das Windows-Anwendungsmenü.
		»% « oder »%{ }«	(jeweils mit Leerzeichen) Öffnet das Windows-Systemmenü.

Tab. 24.24: SendKeys-Tastencodes für String

Konstante	*Wert*	*Beschreibung*
0	vbHide	Das Fenster ist ausgeblendet, und das ausgeblendete Fenster erhält den Fokus.
1	vbNormalFocus	Das Fenster hat den Fokus. Ursprüngliche Größe und Position wird wiederhergestellt.

Konstante	Wert	Beschreibung
2	vbMinimizedFocus	Das Fenster wird als Symbol mit Fokus angezeigt.
3	vbMaximizedFocus	Das Fenster wird maximiert mit Fokus angezeigt.
4	vbNormalNoFocus	Größe und Position des Fensters wird wiederhergestellt. Das momentan aktive Fenster bleibt aktiv.
5	–	Siehe 1 (vbNormalFocus)
6	vbMinimizedNoFocus	Das Fenster wird als Symbol angezeigt. Das momentan aktive Fenster bleibt aktiv.
7	–	Siehe 6 (vbMinimizedNoFocus)
8	–	Siehe 4 (vbNormalNoFocus)
9	–	Siehe 1 (vbNormalFocus)

Tab. 24.25: Einstellungen für Windowstyle

24.5.3 Schleifen

Die in einer Schleife stehenden Anweisungen werden so lange ausgeführt, wie bzw. bis eine Bedingung erfüllt ist oder die Schleife mit einer Exit...-Anweisung verlassen wird.

Schleifen	Ab:	Eingangsbedingung	Ausgangsbedingung	Aussprung	
	VB1			In der Schleife	
Do...Loop		Im Schleifenkopf: Do While|Until Bedingung	Im Schleifenfuß: Loop While|Until Bedingung	Exit Do	*) **)
For...Next			Zählvariable > Wert	Exit For	
For Each...Next	VB4		Kein Element mehr	Exit For	
While...Wend		While Bedingung	–	–	**)

*) Eingangsbedingung oder Ausgangsbedingung alternativ.
**) While: solange die Bedingung erfüllt ist
Until: bis die Bedingung erfüllt ist

Tab. 24.26: Die Schleifen-Befehle

Do...Loop-Anweisung

```
' Anfangsbedingung
Do [{While|Until} Bedingung]
  [Anweisungen]
Loop
' Schlussbedingung
Do
  [Anweisungen]
Loop [{While|Until} Bedingung]
```

```
' Interne Bedingung
Do
  [Anweisungen]
  [If InterneBedingung Then Exit Do]
  [Anweisungen]
Loop
```

Do-Loop wiederholt die zwischen Do und Loop stehenden Anweisungen, solange (While) oder bis (Until) die Bedingung erfüllt (True) ist.

For...Next-Anweisung

For-Next wiederholt, beginnend mit dem Zählerwert Anfang, die Codeanweisungen dazwischen so lange, bis, in den durch Step vorgegebenen Schritten, die Zählvariable den Wert von Ende hat.

```
For Zähler = _
Startwert To Endwert[ Step Schritt]
   [Anweisungsblock]
   [If Bedingung Then Exit For]
   [Anweisungsblock]
Next [Zähler]
```

Bestandteil	*Beschreibung*
For	Beginnt die For...Next-Struktur. For muß vor allen anderen Teilen der Struktur erscheinen.
Zähler	Ist eine numerische Variable, die als Schleifenzähler verwendet wird. Diese Variable darf weder ein Variablenfeldelement noch ein Datensatzelement sein. Bei zeitkritischen Schleifen empfiehlt es sich, Zähler als Integer-Variablen zu definieren.
Startwert	Ist der Anfangswert des Zählers.
To	Trennt Startwert und Endwert voneinander.
Endwert	Ist der Endwert des Zählers.
Step	Gibt an, daß Schrittgröße explizit angegeben ist.
Schritt	Ist der Betrag, um den der Zähler bei jedem Schleifendurchlauf geändert wird. Wenn Sie keinen Wert für Step angeben, erhält Schritt den Standardwert 1. Schritt kann auch ein negativer Wert sein.
Anweisungsblock	Die optionalen Programmzeilen zwischen For und Next, die so oft wie angegeben ausgeführt werden.
Exit For	Beendet den Schleifenlauf durch Sprung auf die auf Next folgende, nächste ausführbare Codezeile. Eine beliebige Anzahl von Exit For-Anweisungen kann an beliebige Positionen in der For...Next-Schleife gesetzt werden. Wird oft mit der Auswertung einer Bedingung (z.B. If...Then) verwendet.

Bestandteil	Beschreibung
Next	Veranlaßt, daß Schrittgröße zu Zähler hinzuaddiert wird. Ist der Zählerwert um einen Schrittwert größer/kleiner als der Endwert, wird die For...Next-Schleife beendet. Die Angabe des Zählers nach Next ist optional.

Tab. 24.27: Bestandteile der For...Next-Schleifen

For Each...Next-Anweisung

For Each ... Next (ab VB4) wiederholt eine Gruppe von Anweisungen für jedes Element in einem Variablenfeld oder einer Auflistung.

```
For Each Element In Gruppe
  [Anweisungen]
  [If Bedingung Then Exit For]
  [Anweisungen]
Next [Element]
```

Bestandteil	Beschreibung
Element	Ist eine erforderliche Variable zum Durchlauf durch die Elemente der Auflistung oder des Variablenfeldes. Bei Auflistungen ist für Element nur eine Variable vom Typ Variant, eine allgemeine Objektvariable (As Object) oder eine beliebige spezielle Objektvariable (z.B. Control) zulässig. Bei Variablenfeldern ist für Element nur eine Variable vom Typ Variant zulässig.
Gruppe	Ist der erforderliche Name der Objektauflistung oder des Variablenfeldes. Sie können die For-Each-Next-Anweisung nicht mit einem Variablenfeld eines benutzerdefinierten Typs (mit Type deklariert) verwenden, da eine Variable vom Typ Variant keinen benutzerdefinierten Typ beinhalten darf.
Anweisungen	Sind optional eine oder mehrere Anweisungen, die für jedes Element in Gruppe ausgeführt werden.

Tab. 24.28: Zusätzliche Bestandteile der For Each...Next-Schleifen

While...Wend-Anweisung

While-Wend führt eine Reihe von Anweisungen aus, solange eine gegebene Bedingung True ist.

```
While Bedingung
  [Anweisungen]
Wend
```

24.5.4 Verzweigen

Für einen rationellen Programmablauf sind Sprünge von eminenter Bedeutung. Visual Basic kennt die schon in den BASIC-Vorversionen möglichen Sprünge, die unter VBdazu dienen, innerhalb einer Prozedur zu springen.

Zeilenkennung

Um einen gezielten Sprung in einer Prozedur ausführen zu können, muß die anzuspringende Zeile eine Zeilenkennung haben.

Zeilenkennung	*Beschreibung*
Zeilenmarke	Muß mit einem Buchstaben beginnen, mit einem Doppelpunkt enden und darf *) kein Visual Basic-Schlüsselwort sein.
Zeilennummer	Darf nur Dezimalziffern (0-9) enthalten, maximal den Wert 65529 haben und nicht mit einem Doppelpunkt enden.

*) Zeilenmarken können gemischt groß und klein geschrieben werden.

Tab. 24.29: Zeilenkennung

Wichtig: Bis einschließlich VB3 darf die gleiche Zeilenkennung nicht mehrfach innerhalb eines Moduls verwendet werden.

Ab VB4 sind Zeilenkennzeichen nur innerhalb der Prozedur bekannt, in der sie stehen. Das gleiche Zeilenkennzeichen darf ab VB4 deshalb zwar nicht in der gleichen Prozedur, wohl aber im gleichen Modul mehrfach verwendet werden.

Sprünge zum Verzweigen

Befehl	*Beschreibung*
GoTo	Führt eine unbedingte Verzweigung zu einer durch eine Zeilenkennung markierten Zeile durch. Das Programm wird bei dem ausführbaren Programmcode weitergeführt, der der Zeilenkennung als nächster folgt.
GoSub	Verzweigt zu einem mit der Zeilenkennung beginnenden und mit »Return« schließenden Unterprogramm (Subroutine) innerhalb der Prozedur. Die Return-Anweisung veranlaßt den Rücksprung zu dem auf die Verzweigung folgenden nächsten ausführbaren Befehl. *)
On-GoTo	Bewirkt, daß das Programm an einer anderen Stelle innerhalb der Prozedur fortgesetzt wird.

Befehl	*Beschreibung*
On-GoSub	Bewirkt, daß die Ablaufsteuerung zu einer Unterroutine innerhalb der Prozedur verzweigt.

*) Jede mit der GoSub-Anweisung angesprungene Subroutine muß mit mindestens einer Return-Anweisung abschließen.
Ein Unterprogramm kann mehrere Return-Anweisungen enthalten.
Der Rücksprung erfolgt bei der ersten Return-Anweisung, die beim Ablauf des Programms nach dem GoSub erreicht wird.

Tab. 24.30: Sprungbefehle

Befehl	*Syntax*	*Hinweis*
GoTo	GoTo Zeilenkennung	
GoSub-Return	GoSub Zeilenkennung ... Zeilenkennung Aktionen Return	
On-GoTo	On Ausdruck GoTo Zeilenkennungs-Liste	*)
On-GoSub	On Ausdruck GoSub Zeilenkennungs-Liste	*)

*) Ausdruck sollte ein numerischer Ausdruck sein, der fortlaufend einen Wert aus dem Bereich von 1 bis Anzahl der Zeilenkennungselemente (maximal 255) darstellt.
Die Zeilenkennungs-Liste ist eine Liste von durch Kommata getrennten Zeilenkennungen. Die Anzahl der Zeilenkennungen, die Sie mit On...GoTo und On...GoSub verwenden können, ist
bis einschließlich VB3 durch die in eine Zeile passende Anzahl von Zeichen begrenzt.
Ab VB4 ist sie praktisch unbegrenzt. Längere Zeilen können mit dem Umbruchzeichen Unterstrich (_) umbrochen werden.
Beachten Sie bei dessen Verwendung, daß vor dem Umbruchzeichen ein Leerzeichen stehen muß!

Tab. 24.31: Syntax der Sprungbefehle

24.5.5 Auswählen

Schon die im obigen Abschnitt beschriebenen Befehle On-GoTo und On-GoSub können Sie verwenden, um eine Art Auswahl vorzunehmen. Unter VB sind aber weitere, effektivere Funktionen und Anweisungen nutzbar.

Befehl	*Ab: VB1*	*Beschreibung*
Choose	VB3	Chose wählt, beginnend mit dem Index-Wert 1, den an der Index-Position in der Liste von Argumenten stehenden Wert aus und gibt ihn zurück.
Enum	VB5	Enum deklariert auf Modulebene den Typ einer Aufzählung. *)

Befehl	*Ab: VB1*	*Beschreibung*
If...Else...End If		If-Then führt eine Gruppe von Anweisungen aus, wenn **) bestimmte Bedingungen erfüllt sind, die vom Wert eines Ausdrucks abhängen.
If TypeOf		If TypeOf ist eine besondere Art der If-Anweisung und wird verwendet, um festzustellen, ob ein bestimmter Objekttyp vorliegt:
IIf	VB3	IIf (Immediate If = Direktes If) gibt einen von zwei Teilen zurück, abhängig von der Auswertung eines Ausdrucks.
Select Case Ausdruck Case... End Select		Führt eine von mehreren Gruppen von Anweisungen aus, abhängig vom Wert eines Ausdrucks.
Switch	VB3	Wertet eine Liste von Ausdrücken aus und gibt einen Wert oder einen Ausdruck zurück, der dem ersten Ausdruck in der Liste zugeordnet ist, der den Wert True hat.

*) Aufzählungsvariablen sind Variablen, die mit dem Typ Enum deklariert wurden.
Sowohl Variablen als auch Parameter können mit dem Typ Enum deklariert werden.
Die Elemente des Enum-Typs sind literale Konstanten. Sie werden innerhalb der Enum-Anweisung mit konstantem Wert initialisiert.
Die zugewiesenen Werte (positive oder negative Long-Zahlen) können zur Laufzeit nicht verändert werden. Um die vordefinierten Konstanten einer Aufzählung anzuzeigen, geben Sie im Code-Fenster den Aufzählungsnamen gefolgt von einem Punkt ein.

**) Die If-Then-Else-Anweisung kann unter VB sowohl einzeilig wie mehrzeilig geschrieben sein.
VB prüft, was nach dem reservierten Wort Then steht, um zu bestimmen, ob eine einzeilige If-Anweisung oder ein If-Block folgt.
Steht nach Then etwas anderes als ein Kommentar, wird die Anweisung als einzeilige If-Anweisung interpretiert.

Tab. 24.32: Die Auswahl-Befehle

Befehl	*Syntax*	*Hinweis*
Choose	Wahl = Choose(Index, Auswahl_1[, ... _ [, Auswahl_n]])	

Enum	[Public|Private] Enum Name
	  Elementname [= Konstantenausdruck]
	  . . .
	End Enum
		Tab. 24.34

If...Else...End If	If Bedingung Then Ausführen1 _ [Else Ausführen2]	' Einzeilig

	If Bedingung1 Then
	  [Ausführen1]
	[ElseIf Bedingung2 Then
	  [Ausführen2]]
	[Else
	  [Ausführen0]]
	End If
		' Block

Befehl	*Syntax*	*Hinweis*
If TypeOf	If TypeOf Objekt Is Objekttyp Then ...	*)
IIf	Ergebnis = IIf(expr, truepart, falsepart)	ab VB4 benannte Argumente
Select Case...	Select Case Prüfausdruck	***)
Case...	Case Ausdrucksliste	
End Select	[Anweisungen]	
	Case Else	
	[Anweisungen]	
	End Select	
Switch	Switch (Ausdruck1, Wert_1 [,... _	
	[, Ausdruckn, Wert_n]])	

*) Objekt ist der Name eines Objekts oder eine Variablen, der dieser Namen zugewiesen wurde. Objekttyp ist einer der Visual Basic-Objektdatentypen.

**) expr ist der auszuwertende Ausdruck.
Truepart ist der zurückgegebene Wert oder Ausdruck, wenn expr den Wert True ergibt.
Falsepart ist der zurückgegebene Wert oder Ausdruck, wenn expr den Wert False ergibt.
IIf wertet immer sowohl den Teil truepart als auch den Teil falsepart aus, auch dann, wenn nur einer von beiden Teilen zurückgegeben wird. Aus diesem Grund kann es zu unerwünschten Nebeneffekten kommen. Wenn z.B. die Auswertung von falsepart zu einem Fehler aufgrund einer Division durch Null führt, tritt ein Fehler auch dann auf, wenn expr den Wert True hat.

***) Prüfausdruck und Ausdrucksliste können Variablen, Konstanten, numerische oder Text-Ausdrücke sein. Sie können in der Ausdrucksliste jedes Case-Abschnitts mehrere, durch Kommata getrennte Ausdrücke oder Bereiche verwenden. Das Komma entspricht dem booleschen OR.

****) Die Argumentliste der Switch-Funktion enthält Paare von Ausdrücken und Werten.
Die Ausdrücke werden in der Folge ihres Auftretens in der Liste von links nach rechts ausgewertet. Es wird der Wert zurückgegeben, der dem ersten Ausdruck zugeordnet ist, der True ergibt.
Werden die Teile nicht richtig paarweise angegeben oder erzeugt ein Ausdruck einen Fehler, tritt ein Laufzeitfehler auf.

Tab. 24.33: Die Syntax der Auswahl-Befehle

Bestandteil	*Beschreibung*
Name	Name des Enum-Typs. Name muß ein gültiger Visual Basic-Bezeichner sein, der als solcher angegeben wird, wenn Variablen oder Parameter als Enum-Typ deklariert werden.
Elementname	Gültiger Visual Basic-Bezeichner, der den Namen eines der Elemente (der Konstanten!) angibt, aus denen sich der Enum-Typ zusammensetzt.
Konstantenausdruck	Der Wert des Elements (wird als Wert vom Typ Long ausgewertet). Es kann sich hierbei um einen weiteren Enum-Typ handeln. Wird kein Konstantenausdruck angegeben, so wird entweder der Wert 0 zugewiesen (wenn es sich um den ersten Elementnamen handelt) oder ein Wert, der um 1 größer ist als der Wert des vorhergehenden Elementnamens.

Tab. 24.34: Die Bestandteile von Enum

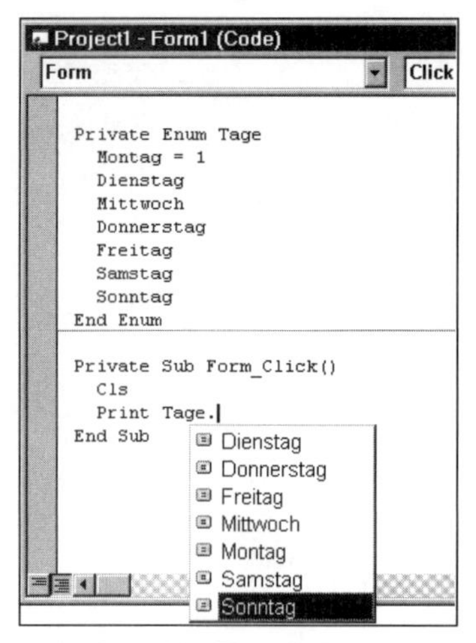

Abb. 24.1 Die Einzelkonstanten der Auflistung

24.5.6 Bedingte Kompilierung

Unter VB4 können Sie Projekte erstellen, die sowohl unter 16- wie 32-Bit kompiliert werden können. Dazu dienen spezielle, durch das Doppelkreuz (#) gekennzeichnete Anweisungen.

Ab VB5 wird nur der 32-Bit-Code verwendet. Der 16-Bit-Code wird ignoriert.

Mit den hier beschriebenen Anweisungen legen Sie Konstanten und Codeteile fest, die je nach erfüllter Bedingung beim Kompilieren eingebunden werden sollen.

#Const-Anweisung

```
#Const KonstName  = Ausdruck
```

Die #Const-Anweisung wird unter VB4 zum Definieren von Konstanten zur Verwendung in #If...#Else...#End If-Konstruktionen für bedingte Kompilierung für Visual Basic verwendet.

Konstanten für bedingte Kompilierung sind immer Private in dem Modul, in dem sie definiert sind. Mit der #Const-Anweisung können keine Public-Konstanten für die Kompilierung erstellt werden. Public-Konstanten für bedingte Kompilierung können nur in der Benutzeroberfläche erstellt werden.

Nur Konstanten für bedingte Kompilierung (und Literale) können in Ausdruck verwendet werden. Die Verwendung einer Standardkonstanten (die mit Const definiert wurde) oder einer undefinierten Konstanten löst einen Fehler aus. Umgekehrt können Konstanten, die mit dem Schlüsselwort #Const definiert wurden, ausschließlich für die bedingte Kompilierung verwendet werden.

#If...Then...#Else-Anweisung

```
#If Ausdruck Then
  Anweisungen
[#ElseIf Ausdruck-n Then
  [elseif-Anweisungen]]
[#Else
  [else-Anweisungen]]
#End If
```

#If...Then...#Else kompiliert ausgewählte Code-Blöcke, wenn bestimmte Bedingungen erfüllt sind.

Bezeichnung	*Beschreibung*
Ausdruck	Ein beliebiger Ausdruck, der ausschließlich eine oder mehrere Konstanten für die bedingte Kompilierung, Literalzeichen und Operatoren enthält und True oder False ergibt.
Anweisungen	VB-Programmzeilen oder Compiler-Anweisungen, die ausgewertet werden, wenn der zugehörige Ausdruck True ergibt.
Ausdruck-n	Ein beliebiger Ausdruck, der ausschließlich aus einer oder mehreren Konstanten für die bedingte Kompilierung, Literalzeichen oder Operatoren besteht und der True oder False ergibt.
elseif-Anweisungen	Eine oder mehrere Programmzeilen oder Compiler-Anweisungen, die ausgewertet werden, wenn Ausdruck-n True ergibt.
else-Anweisungen	Eine oder mehrere Programmzeilen oder Compiler-Anweisungen, die ausgewertet werden, wenn keiner der vorher aufgetretenen Ausdruck-Abschnitte True ergibt.

Tab. 24.35: Die Teile der Syntax der #If...Then...#Else-Anweisung

24.5.7 Umwandlungs- und Prüffunktionen

Bitte beachten Sie folgendes bei allen VB-Funktionen, die aus Ziffern Zahlenwerte gewinnen oder sonst Zahlenwerte verarbeiten oder zurückgeben, mit Ausnahme der C-Funktionen:

- Das Format der zu übergebenden Zahlen muß immer das amerikanische Format mit dem Dezimalpunkt sein. Tausendertrennzeichen sind nicht zulässig. Kommata werden als Begrenzer zwischen zwei Zahlen angesehen.
- Auch der Formatstring (bei der Format-Funktion) muß der amerikanischen Schreibweise entsprechen (Dezimalpunkt, optional Komma als Tausendertrennzeichen).
- Das Format der zurückgegebenen Werte ist immer das in den Ländereinstellungen des Systems vorgegebene Format, also in Deutschland mit Dezimalkomma und Punkt als Tausendertrennzeichen.

Sie können daher die Rückgabewerte der Funktionen nicht in allen Fällen direkt als Vorgabe bei anderen Funktionen verwenden.

C-Umwandlungsfunktionen

Jede der C-Umwandlungsfunktionen gibt den Ausdruck in den entsprechenden Datentyp umgewandelt zurück.

Funktion	*Ab: VB1*	*Rückgabe-Datentyp*	*Syntax*	
CCur		Currency	Rückgabe = CCur(Ausdruck)	
CDbl		Doppelt	Rückgabe = CDbl(Ausdruck)	
CInt		Integer	Rückgabe = CInt(Ausdruck)	*)
CLng		Long Integer	Rückgabe = CLng(Ausdruck)	*)
CSng		Single	Rückgabe = CSng(Ausdruck)	
CStr		String	Rückgabe = CStr(Ausdruck)	
CVar	VB2	Variant	Rückgabe = CVar(Ausdruck)	
CBool	VB4	Boolesch	Rückgabe = CBool(Ausdruck)	
CByte	VB4	Byte	Rückgabe = CByte(Ausdruck)	
CDate	VB4	Datum	Rückgabe = CDate(Ausdruck)	
CDec	VB5	Variant-Dezimal	Rückgabe = CDec(Ausdruck)	

*) Nachkommastellen werden zur nächsten geraden Ganzzahl gerundet.

Tab. 24.36: Syntax der C-Umwandlungsfunktionen

CVDate-Funktion

```
Rückgabewert = CVDate(Ausdruck)
```

CVDate wandelt einen Ausdruck in einen Varianttyp 7 (Variant-Date) um.

CVDate wird ab VB4 nicht mehr benötigt. Verwenden Sie die CDate-Funktion, die einen Wert im Date-Format zurückgibt.

Das Argument Ausdruck muß ein Zeichenfolgenausdruck oder ein numerischer Ausdruck sein, der als Datum interpretiert werden kann. Erlaubte Werte für Datumsinformationen sind die Werte vom 1. Januar 100 (-657434) bis zum 31. Dezember 9999 (2958465).

Ausdruck
Aktion der Funktion CVDate

Numerischer Ausdruck
Bereich wird überprüft. Laufzeitfehler, wenn außerhalb des gültigen Bereichs. Ansonsten wird Ausdruck in das Datumsformat umgewandelt.

Zeichenfolgenausdruck, der wie ein Datum aussieht, z.B. »1. März 1992 12:00«
1. Januar 100 bis zum 31. Dezember 9999. Format wie in WIN.INI oder Registrierdatenbank. Wandelt den Ausdruck in das Datumsformat um.

Ausdruck
Aktion der Funktion CVDate
Ein Zeichenfolgenausdruck, der wie eine Zahl aussieht, z.B. »12345«
Wandelt den Ausdruck in eine Zahl um. Bereich wird überprüft. Laufzeitfehler, wenn außerhalb des gültigen Bereichs. Ansonsten wird Ausdruck in das Datumsformat umgewandelt.
Jeder andere Zeichenfolgenausdruck
Ein Laufzeitfehler wird erzeugt.

Tab. 24.37: CVDate-Ausdrücke

CVErr-Funktion

```
Rückgabewert = CVErr(Fehlernummer)
```

Mit der CVErr-Funktion können Sie benutzerdefinierte Fehler in Ihren Prozeduren definieren.

CVErr gibt einen Wert vom Datentyp Variant mit dem Untertyp Error zurück, der eine vom Benutzer festgelegte Fehlernummer enthält.

Das Argument Fehlernummer ist eine beliebige gültige Fehlernummer.

Sonstige Umwandlungsfunktionen

VB verfügt über weitere Umwandlungsfunktionen, die aus den Vorversionen übernommen und z.T. weiterentwickelt wurden.

Die Asc-, AscB- und AscW-Funktionen

Befehl	*Ab: VB1*	*Beschreibung*
Asc		Gibt den Zeichencode zurück, der dem ersten Buchstaben in einer Zeichenfolge entspricht. Asc ist die Umkehrfunktion zu Chr.
AscB	VB4	Wird bei Daten vom Typ Byte (s. Unicode) verwendet. Statt den Zeichencode für das erste Zeichen zurückzugeben, gibt AscB das erste Byte zurück. AscB ist die Umkehrfunktion zu ChrB.
AscW	VB5	Gibt den Unicode-Wert des Zeichens zurück. Auf Plattformen, auf denen Unicode nicht unterstützt wird, verhält sich AscW wie die Asc-Funktion. AscW ist die Umkehrfunktion zu ChrW.

Befehl	*Syntax*
Asc, AscB, AscW	Codewert = Asc[{B|W}](String)

Tab. 24.38: Die Asc-, AscB- und AscW-Befehle

Hinweis: Der Rückgabewert der Asc-Funktion entspricht dem Codewert, den Sie bei KeyDown- und KeyUp-Ereignisprozeduren aus dem KeyCode-Argument erhalten.

Format[$]-Funktion

Dieses Stichwort ist, wie die Einsatzbereiche der Format-Funktion, sehr vielgestaltig. Deshalb ist der Text wie folgt gegliedert:

1. Definition
2. Zeichenfolgenformate
3. Numerische Formate
4. Datum und Zeit

1. Definition

```
Formatiert = _
Format[$](Ausdruck[, "FormatString"])

' ab VB4: Erweiterte Datumsfunktion
' s.u. im Abschnitt "Datum und Zeit"
```

Die Funktion formatiert eine Zeichenfolge, eine Zahl, ein Datum und/oder eine Uhrzeit gemäß den Angaben innerhalb eines Formatausdrucks.

Formatausdrücke unterschiedlicher Typen (Zahl, Datum/Zeit oder Zeichenfolge) können nicht zusammen in einem einzelnen FormatString-Argument angegeben werden.

Format (ab VB2) liefert einen Wert des Variant-Datentyps. Format$ (alle VB) liefert einen Wert des String-Datentyps.

Ab VB4 steht Ihnen eine erweiterte Format-Funktion zur Verfügung.

```
Rückgabe = Format(Ausdruck[, Format _
[, firstdayofweek[, firstweekofyear]]])
```

Die Elemente der Syntax sind:

- Ausdruck Erforderlich. Ein gültiger Ausdruck.
- Format Optional. Ein benannter oder benutzerdefinierter Formatausdruck.
- firstdayofweek Optional. Eine Konstante, die den ersten Wochentag angibt (s. Tab. 24.47).
- firstweekofyear Optional. Eine Konstante, die die erste Woche im Jahr angibt (s. Tab. 24.48).

Begriff	*Beschreibung*
Ausdruck	Der numerische Ausdruck oder Zeichenfolgenausdruck, der zu formatieren ist.
FormatString	Ist die Zeichenfolge, die das Format bestimmt. Mit FormatString legen Sie fest, wie der Ausdruck zurückzugeben bzw. anzuzeigen ist. Der Formatausdruck muß auch bei benannten Formaten in Anführungszeichen stehen. Bei: Zeichenfolgen – erstellen Sie eigene benutzerdefinierte Zeichenfolgenformate. Zahlen – verwenden Sie vordefinierte benannte numerische Formate oder erstellen benutzerdefinierte numerische Formate. Datum/Zeit – verwenden Sie vordefinierte benannte Datums- und Zeitformate oder erstellen benutzerdefinierte Datums- und Zeitformate. Fortlaufende Nr. – für Datum/Zeit verwenden Sie Datums- und Zeitformate oder numerische Formate.
Reservierte Zeichen	Wenn Sie Ziffernfolgen, Datum und Uhrzeit formatieren, sind folgende Zeichen dafür reserviert: Datums- und Zeitformatierung: die Zeichen a, c, d, h, m, n, p, q, s, t, w, y; sowie /, Numerische Formatierung: die Zeichen #, 0, %, E, e, Komma und Punkt sowie bei der Formatierung von Zeichenfolgen die Zeichen @, &, <, > und !. Um diese Zeichen als Literale anzuzeigen, schließen Sie das Zeichen oder die Zeichenfolge in doppelte Anführungszeichen ein oder verwenden den
\ (Backslash)	Rückwärtsschrägstrich Ein Rückwärtsschrägstrich in der Formatzeichenfolge zeigt das nächste Zeichen als Literal (Ansi-Zeichen). Um einen Rückwärtsschrägstrich anzuzeigen, verwenden Sie zwei umgekehrte Schrägstriche (\\). Die Einstellungen für das Argument firstdayofweek finden Sie in Tabelle 22.46. Die Einstellungen für das Argument firstdayofyear finden Sie in Tabelle 22.47.

Tab. 24.39: Elemente der Formatzeichenfolge

2. Zeichenfolgenformate für Format

Mit jedem der in der folgenden Tabelle aufgeführten Symbole können Sie einen Formatausdruck für Zeichenfolgen erstellen:

Zeichen	*Beschreibung*
@	(Klammeraffe, At-Zeichen) Platzhalter für ein Zeichen. Zeigt das an der Stelle in der zu formatierenden Zeichenfolge stehende Zeichen (auch Leerzeichen) an. Platzhalter werden von rechts nach links ausgefüllt, solange sich in der Formatzeichenfolge kein Ausrufezeichen (!) befindet.

Zeichen	*Beschreibung*
&	(Kaufmännisches Pluszeichen) Platzhalter für ein Zeichen. Zeigt das an der Stelle in der zu formatierenden Zeichenfolge stehende Zeichen an. Steht hier kein Zeichen, wird an dieser Stelle nichts ausgegeben. Platzhalter werden von rechts nach links aufgefüllt, solange sich in der Formatzeichenfolge kein Ausrufezeichen (!) befindet.
<	(Kleiner) Alle Zeichen werden als Kleinbuchstaben angezeigt.
>	(Größer) Alle Zeichen werden als Großbuchstaben angezeigt.
!	(Ausrufungszeichen) Auffüllen aller Platzhalter von links nach rechts. Umkehrung der Voreinstellung, nach der Platzhalter von rechts nach links aufgefüllt werden.

Tab. 24.40: Benutzerdefinierte Zeichenfolgenformate

Ein Formatausdruck für Zeichenfolgen kann aus einem oder zwei (durch ein Semikolon getrennten) Abschnitten bestehen.

Verwendung	*Ergebnis*
Ein Abschnitt	Das Format bezieht sich auf alle Daten der Zeichenfolge.
Zwei Abschnitte	Der erste Abschnitt bezieht sich auf die Daten der Zeichenfolge, der zweite auf Null-Werte und Null-Zeichenfolgen ("").

Tab. 24.41: Abschnitte bei Zeichenfolgenformaten

3. Zahlenformate für Format

Formatbezeichnung	*Beschreibung*
General Number	Allgemeine Zahl: Zeigt die Zahl so an, wie sie ist, ohne Tausendertrennzeichen.
Currency	Währung: Zeigt Zahl, falls ausschlaggebend, mit Tausendertrennzeichen an. Zeigt negative Zahlen in Klammern eingefaßt an. Zeigt zwei Ziffern auf der rechten Seite des Dezimalzeichens an.
Fixed	Festkomma: Zeigt mindestens eine Ziffer auf der linken Seite und zwei Ziffern auf der rechten Seite des Dezimalzeichens an.
Standard	Zeigt Zahl, falls ausschlaggebend, mit einem Tausendertrennzeichen an. Zeigt zwei Dezimalstellen an.
Percent	Prozent: Zeigt Zahl multipliziert mit 100 und einem Prozentzeichen (%) auf der rechten Seite an. Zeigt zwei Dezimalstellen an.
Scientific	Wissenschaftlich: Verwendet das wissenschaftliche Standardformat (Exponential-Format) mit dem Postfix E.
Yes/No	Zeigt »Nein«, falls die Zahl 0 ist. Sonst wird »Ja« angezeigt.
True/False	Zeigt »False«, falls die Zahl 0 ist. Sonst wird »True« angezeigt.
On/Off	Zeigt »Aus«, falls die Zahl 0 ist. Sonst wird »Ein« angezeigt.

Tab. 24.42: Benannte Zahlenformate

Symbol für Ausdruck	*Bedeutung*
Leere Zeichenfolge	Anzeigen ohne Formatierung. Entspricht Str($).
0 (Ziffer 0)	Platzhalter für eine Ziffer sonst 0. Zeichen links vom Komma werden unabhängig von Anzahl Nullen alle angezeigt. Dezimalstellen auf Anzahl Nullen rechts vom Komma beschränkt.
# (Doppelkreuz)	(Kaufm. Nummernzeichen, Crosshatch) Platzhalter für eine Ziffer. Anzeigen einer Ziffer oder einer leeren Stelle.
% (Prozent)	Platzhalter für Prozent. Der Ausdruck wird mit 100 multipliziert. Prozentzeichen (%) wird an der Formatzeichenfolge-Stelle eingefügt.
. (Punkt)	Platzhalter für Dezimaltrennzeichen.
, (Komma)	Tausender-Trennzeichen. Zwei aufeinanderfolgende Tausender-Trennzeichen oder ein Tausender-Trennzeichen unmittelbar links vom Dezimalzeichen skalieren die Zahl, indem sie durch 1000 geteilt und entsprechend gerundet wird.
E- E+ e- e+	Exponentialformat, wissenschaftliches Format. Die Zahl wird im Exponentialformat angezeigt, und E oder e wird zwischen der Zahl und ihrem Exponenten eingefügt. E- oder e- fügt ein Minus-Zeichen unmittelbar neben negativen Exponenten ein. E+ oder e+ fügt ein Minus- bzw- Plus-Zeichen unmittelbar neben negativen oder positiven Exponenten ein.

Tab. 24.43: Symbole für benutzerdefinierte Zahlenformate

Für den Formatausdruck müssen Sie bei Zahlenwerten entgegen der Angabe in der VB-Hilfe bei allen VB-Versionen grundsätzlich die amerikanische Schreibweise (Dezimalpunkt und Tausendertrennungskomma) verwenden.

Die Rückgabe entspricht der in der Ländereinstellung vorgegebenen Schreibweise.

Enthält das Argument FormatString nicht eines der benannten Formate, kann ein Formatausdruck für Zahlen bis zu vier Abschnitte, die durch Semikola getrennt werden, enthalten.

Verwendung	*Ergebnis*
Ein Abschnitt	Das Format wird allen Werten zugewiesen.
Zwei Abschnitte	Das Format des ersten Abschnitts wird positiven Werten und Nullen, das Format des zweiten Abschnitts negativen Werten zugewiesen.
Drei Abschnitte	Das Format des ersten Abschnitts wird positiven Werten, das Format des zweiten Abschnitts negativen Werten und das Format des dritten Abschnitts Nullen zugewiesen.
Vier Abschnitte	Das Format des ersten Abschnitts wird positiven Werten, das Format des zweiten Abschnitts negativen Werten, das Format des dritten Abschnitts Nullen und das Format des vierten Abschnitts Werten des Null-Datentyps zugewiesen.

Tab. 24.44: Abschnitte bei Zahlenformaten

4. Datum und Zeit

Zum Formatieren von Datum und Uhrzeit können Sie die von Visual Basic definierten Formate verwenden oder benutzerdefinierte Formate mit Standardzeichen erstellen, die eine besondere Bedeutung in einem Formatausdruck annehmen.

Format (als String)	*Beschreibung*
Einstellung ín Windows: Einstellungen/Systemsteuerung/Ländereinstellungen/...	
General Date	Allgemeines Datum Zeigt Datum und/oder Zeit. Bei reellen Zahlen (mit rationalem = Nachkomma-Anteil) werden Datum und Zeit angezeigt (z.B. 31.12.99 5:34:40). Falls es rationalen Teil gibt, wird nur das Datum angezeigt (z.B. 31.12.99). Gibt es keinen Ganzzahlanteil, wird nur die Zeit angezeigt (z.B. 05:34:40).
Short Date	Kurzes Datumformat Zeigt ein kurzes Datumformat an, wie in der Einstellung definiert (z.B. 31.12.99)
Medium Date	Mittellanges Datumformat Zeigt ein Datum in derselben Form an wie in der Einstellung definiert, nur daß an die Stelle der Monatsziffer die Monatsabkürzung tritt (z.B. 31. Dez. 1999).
Long Date	Langes Datumformat Zeigt ein langes Datumformat, wie in der Einstellung (z.B. Freitag, 31.Dezember 1999).
Short Time	Kurzes Zeitformat Zeigt die Zeit (ohne Sekunden) im 24-Stunden-Format (z.B. 17:45).
Medium Time	Mittellanges Zeitformat Zeigt Zeit im 12-Stunden-Format mit Stunden, Minuten (z.B. 11:59). Wenn gesetzt, werden die Symbole für Vor-/Nachmittags angegeben (z.B. 11.59 Nachm.).
Long Time	Langes Zeitformat Zeigt Zeit im 24-Stundenformat, wie in der Einstellung definiert (z.B. 23:34:40).

Tab. 24.45: Benannte Datums- und Zeitformate

Ausdruck	*Angezeigt wird ...*	
Einstellung ín Windows: Einstellungen/Systemsteuerung/Ländereinstellungen/...		
c	das Datum (Vorkommastellen) und/oder	ddddd
	die Uhrzeit (Nachkommastellen).	ttttt

Ausdruck	Angezeigt wird ...	
d	der Tag als Zahl ohne führende Null.	1-31
dd	der Tag als Zahl mit führender Null.	01-31
ddd	der Tag als Abkürzung.	Son-Sam
dddd	der Tag mit vollständigem Namen.	Sonntag-Samstag
ddddd	das vollständige Datum gemäß kurzem Datumformat.	dd.mm.yy
dddddd	das vollständige Datum gemäß langem Datumformat.	dd.mmmm yyyy
w	der Wochentag als Zahl.	1 für Sonntag bis7 für Samstag
ww	die Kalenderwoche als Zahl.	1-53
m	der Monat als Zahl ohne führende Null.	1-12 *)
mm	der Monat als Zahl mit führender Null.	01-12 *)
mmm	der Monat als Abkürzung (Jan-Dez).	
mmmm	der Monat mit vollständigem Namen.	Januar-Dezember
q	das Jahresquartal als Zahl.	1-4
y	der Kalendertag als Zahl.	1-366
yy	das Jahr als zweistellige Zahl.	00-99
yyyy	das Jahr als vierstellige Zahl.	100-9999

*) Folgt m oder mm unmittelbar auf h oder hh, wird die Minute statt des Monats angezeigt.

Tab. 24.46.1: Symbole für benutzerdefinierte Datums-Formate

Ausdruck	Anzeigen ...	
h	der Stunde als Zahl ohne führende Null.	(0-23)
hh	der Stunde als Zahl mit führender Null.	(00-23)
n	der Minute als Zahl ohne führende Null.	(0-59)
nn	der Minute als Zahl mit führender Null.	(00-59)
s	der Sekunde als Zahl ohne führende Null.	(0-59)
ss	der Sekunde als Zahl mit führender Null.	(00-59)
ttttt	einer Zahl im fortlaufenden Zeitformat als vollständige Uhrzeit, gemäß der System-Einstellung.	h:mm:ss.
A[M]/P[M]	im 12-Stundenformat mit Anzeige von A[M]/P[M] (großgeschrieben) vor/nach 12 Uhr mittags.	
a[m]/p[m]	dito, jedoch a[m] oder p[m] kleingeschrieben	
AMPM	als Zeichenfolge im 24-Stundenformat »1159« (»s1159«) vormittags oder »2359« (»s2359«) nachmittags. Die Groß-/Kleinschreibung der angezeigten Zeichenfolge stimmt mit der (Win 3.x) WIN.INI-Zeichenfolge bzw. der (Win95 ff) System-Einstellung überein.	

Tab. 24.46.2: Symbole für benutzerdefinierte Zeit-Formate

Wert	*Konstante*	*Beschreibung*
0	vbUseSystem	NLS API-Einstellung verwenden
1	vbSunday	Sonntag (Voreinstellung)
2	vbMonday	Montag
3	vbTuesday	Dienstag
4	vbWednesday	Mittwoch
5	vbThursday	Donnerstag
6	vbFriday	Freitag
7	vbSaturday	Samstag

Tab. 24.47: Einstellungen für das Argument firstdayofweek

Wert	*Konstante*	*Beschreibung*
0	vbUseSystem	NLS API-Einstellung verwenden.
1	vbFirstJan	Mit der Woche beginnen, in die der 1. Januar fällt (Voreinstellung).
2	vbFirstFourDays	Mit der ersten Woche im Jahr beginnen, die mindestens 4 Tage hat.
3	vbFirstFullWeek	Mit der ersten vollständigen Woche im Jahr beginnen.

Tab. 24.48: Einstellungen für das Argument firstweekofyear

Hex-, Hex$-Funktion

Hex$ gibt einen Wert vom Typ String zurück, der den Hexadezimalwert einer Zahl angibt.
Ab VB2 gibt Hex (ohne $-Zeichen) ein Variant vom Untertyp String zurück.
Die Zeichenzahl im String ist maximal 8. Der Wertbereich liegt im Bereich der Long-Werte.

```
Wert = Hex[$](Zahl)
```

Sie können Hexadezimalzahlen im VB-Code verwenden, indem Sie

- vor eine Zeichenfolge im zulässigen Bereich (0 bis F) die Zeichen &H setzen (&H20 ergibt 32),
- mit dem Wert aus Val-Funktion (Wert = Val(&H20)) oder
- einer C-Umwandlungsfunktion (s.o.) arbeiten.

Oct-Funktion

Oct gibt die Zeichenfolge als Zahl mit der Oktaldarstellung zurück.
Die zurückgegebene Zeichenfolge kann bis zu 11 oktale Zeichen enthalten.

```
Oktalzahl = Oct(Zahl)
```

Sie können Oktalzahlen direkt angeben, indem Sie &O vor eine Zeichenfolge im zulässigen Bereich (0 bis 7) setzen. &O10 entspricht zum Beispiel der Dezimalzahl 8 in Oktaldarstellung.

Str[$]-Funktion

Str[$] liefert den Wert eines numerischen Ausdrucks als Zeichenfolge.

```
Zeichenfolge = Str[$](Zahl)
```

Str$ liefert eine Zeichenfolge des String-Datentyps. Str liefert (ab VB2) eine Zeichenfolge des Variant-Datentyps.

Val-Funktion

Val gibt die in einer Zeichenfolge enthaltenen Zahlen als einen numerischen Wert eines geeigneten Typs zurück.

```
Wert = Val(Zeichenfolge)
```

Die Val-Funktion liest die Zeichen einer Zeichenfolge bis zum ersten Zeichen, das nicht als Teil einer Zahl interpretiert werden kann.

Dezimaltrennzeichen für die Ermittlung des Wertes ist immer der erste Punkt in der Zeichenkette.

Die Rückgabe erfolgt dagegen im jeweils eingestellten Ländereinstellungsformat, also mit dem als Dezimalzeichen vorgegebenen Zeichen.

Prüffunktionen

Die Prüffunktionen dienen dazu, Variablen auf den in ihnen enthaltenen Datentyp und Variablenfelder auf ihre Grenzindizes zu überprüfen.

Is-Prüffunktionen

Seit der Einführung des Variant-Datentyps stehen ab VB2, erweitert ab VB4, besondere Funktionen zur Verfügung, mit denen Sie überprüfen können, ob ein Ausdruck einem bestimmten Datentyp entspricht.

Funktion	*Ab: VB2*	*Prüft:*
IsDate(Ausdruck)		Ist der Ausdruck umwandelbar in ein Datum?
IsEmpty(Variable)		Ist die Variable leer (nicht initialisiert)?
IsNull(Ausdruck)		Enthält der Ausdruck ungültige Daten (Wert = Null)?
IsNumeric(Ausdruck)		Ist der Ausdruck numerisch (bei Datum False!)?
IsArray(Variable)	VB4	Ist der Ausdruck ein (Variant-)Variablenfeld?
IsError(Variant)	VB4	Ist der Ausdruck ein (benutzerdefinierter) Fehlerwert?

Funktion	Ab: VB2	Prüft:
IsMissing(ArgName)	VB4	Ist das optionale Argument übergeben?
IsObject(Variant)	VB4	Ist der Ausdruck gültiges OLE-Automatisierungsobjekt? (Datentyp Object oder Variant/Object)

Tab. 24.49: Is-Prüffunktionen

Funktion	Syntax:	
IsDate(Ausdruck)	Boolesch = IsDate(Ausdruck)	
IsEmpty(Variable)	Boolesch = IsEmpty(EinzelneVariantVariable)	
IsNull(Ausdruck)	Boolesch = IsNull(Ausdruck)	*)
IsNumeric(Ausdruck)	Boolesch = IsNumeric(Ausdruck)	
IsArray(Variable)	Boolesch = IsArray(VarName)	
IsError(Variant)	Boolesch = IsError(VariantVariable)	**)
IsMissing(ArgName)	Boolesch = IsMissing(ArgName)	
IsObject(Variant)	Boolesch = IsObject(Ausdruck)	

*) Null bedeutet, daß der Datentyp Variant keine gültigen Daten enthält.
Beachten Sie den Unterschied zum Wert Empty, der anzeigt, daß eine Variable noch nicht initialisiert wurde.
Null ist auch keine Null-Zeichenfolge (eine Zeichenfolge der Länge Null).

**) Mit der CVErr-Funktion (s. oben) wandeln Sie Dezimalzahlen in einen Fehlerwert um und können so einen Fehlerwert erzeugen.

Tab. 24.50: Syntax der Is-Prüffunktionen

LBound und UBound

Mit den Funktionen LBound und UBound stellen Sie die Indexgrenzen für Variablenfelder fest.

```
Elementzahl = (UBound(Array) - LBound(Array) + 1)
```

Über diese Funktionen verfügen alle VB-Versionen.

Funktion	Liefert für die angegebene Dimension eines Variablenfeldes	Syntax
LBound	den kleinsten verfügbaren Index.	UntersterIndex = LBound(VarFeldname[, Dimension])
UBound	den größten verfügbaren Index.	ObersterIndex = UBound(VarFeldname[, Dimension])

Tab. 24.51: LBound und Ubound und ihre Syntax

Ab VB4 stehen LBound und UBound als Eigenschaften der Controls-Arrays zur Verfügung (Beschreibung im Kapitel 25).

TypeName-Funktion

```
Variantname = TypeName(VarName)
```

TypeName gibt (ab VB4) eine Zeichenfolge zurück, die Informationen über den Varianttyp von VarName enthält.

Das Argument VarName kann eine beliebige Variable sein, mit Ausnahme von Variablen eines benutzerdefinierten Typs.

Rückgabe	*Variable ist*
Byte	Byte
Integer	Ganzzahl (Integer)
Long	Ganzzahl (Long)
Single	Fließkommazahl einfacher Genauigkeit
Double	Fließkommazahl doppelter Genauigkeit
Currency	Währungsbetrag (Currency)
Date	Datum (Date)
String	Zeichenfolge
Boolean	Boolescher Wert
Error	Fehlerwert
Empty	Nicht initialisiert
Null	Keine gültigen Daten
Object	Objekt, das die OLE-Automatisierung unterstützt
Unknown	OLE-Automatisierungsobjekt mit unbekanntem Typ
Nothing	Objektvariable, die auf kein Objekt verweist

Tab. 24.52: Rückgabewerte von TypeName

Wenn VarName ein Variablenfeld ist, wird eine der möglichen Zeichenfolgen (oder Variant) zurückgegeben, an die ein leeres Klammernpaar angehängt ist. Ist zum Beispiel VarName ein Feld mit Ganzzahlen, so gibt TypeName »Integer()« zurück.

VarType-Funktion

```
VarTypeNummer = VarType(VarName)
```

VarType gibt (ab VB2) einen Wert zurück, der den Untertyp eines Variant kennzeichnet.

Das Argument VarName kann eine beliebige Variable sein, mit Ausnahme von Variablen eines benutzerdefinierten Typs.

Wert	*Konstante*	*Variablentyp*
0	vbEmpty	Empty (nicht initialisiert)
1	vbNull	Null (ungültige Daten)

Wert	*Konstante*	*Variablentyp*
2	vbInteger	Ganzzahl (Integer)
3	vbLong	Ganzzahl (Long)
4	vbSingle	Fließkommazahl einfacher Genauigkeit
5	vbDouble	Fließkommazahl doppelter Genauigkeit
6	vbCurrency	Währungsbetrag (Currency)
7	vbDate	Datum (Date)
8	vbString	Zeichenfolge
	Ab VB4 zusätzlich:	
9	vbObject	OLE-Automatisierungsobjekt
10	vbError	(benutzerdefinierter) Fehlerwert
11	vbBoolean	Boolescher Wert
12	vbVariant	Variant (nur bei Variablenfeldern mit Variant-Werten addiert zu vbArray)
13	vbDataObject	Objekt, das die OLE-Automatisierung nicht unterstützt
17	vbByte	Byte
8192	vbArray	Variablenfeld (immer addiert zum Variablenfeldtyp-Wert)

Tab. 24.53: VarType-Rückgabewerte

Text

Außer den oben gezeigten Textumwandlungsfunktionen gibt es speziell für die Arbeit mit Text die nachstehenden Befehle.

InStr- und InstrB-Funktion

```
Position = InStr([Start, ]Zeichenfolge1, _
  Zeichenfolge2[, Vergleich])
```

Instr gibt die Position des ersten Auftretens einer Zeichenfolge innerhalb einer anderen Zeichenfolge zurück.

Start: (optional) Startposition für die Suche.
Numerischer Ausdruck > 0.

Wird Start nicht angegeben, so beginnt die Suche mit dem ersten Zeichen in der Zeichenfolge. Bei Angabe von Vergleich muß auch das Argument Start angegeben werden.

Zeichenfolge1: (erforderlich) zu durchsuchende Zeichenfolge.

Zeichenfolge2: (erforderlich) gesuchte Zeichenfolge.

Vergleich: (ab VB2, optional) Art des Zeichenfolgenvergleichs.

Wert	*Konstante*	*Vergleich erfolgt ...*	
-1	vbUseCompareOption	gemäß Option Compare-Anweisung.	*)
0	vbBinaryCompare	binär.	
1	vbTextCompare	als Text.	
2	vbDatabaseCompare	Datenbankinfos (Nur MS Access).	

*) Achtung! Wert erst ab VB4 verwenden! Konstante ist (auch unter VB6) noch nicht vordefiniert!

Tab. 24.54: Compare-Argumente für Instr, InstrRev, Filter und StrComp

Wird Vergleich nicht angegeben, so gilt die Voreinstellung bzw. legt (ab VB2) Option Compare die Art des Vergleichs fest.

Fall	*Rückgabewert*
Zeichenfolge1 mit Länge Null	0
Zeichenfolge1 ist Null	Null
Zeichenfolge2 hat die Länge Null	start
Zeichenfolge2 ist Null	Null
Zeichenfolge2 ist nicht vorhanden	0
Zeichenfolge2 ist in Zeichenfolge1 enthalten	Position, an der Übereinstimmung beginnt
Start > Zeichenfolge2	0

Tab. 24.55: Die Rückgabewerte für Instr-Position

InstrRev-Funktion

InstrRev (ab VB6) kehrt die Suchrichtung um und durchsucht eine Zeichenfolge von hinten nach vorn nach einer anderen Zeichenfolge.

```
Pos = InstrRev(StringCheck, StringMatch _
     [, [Start][, Compare]])
```

Die Argumente können als benannte Argumente übergeben werden.

Argument	*Das Argument enthält ...*	
StringCheck	den zu durchsuchenden String.	
StringMatch	den zu suchenden String.	
Start	die Startposition (von vorne gezählt!).	
Compare	denVergleichsmodus.	Tab 24.54

Tab. 24.56: Argumente von InstrRev

Ist.../Hat ...	*Gibt InStrRev folgendes zurück*
... StringMatch gefunden	Position (von vorn) der Übereinstimmung
... StringMatch nicht gefunden	0
... StringCheck die Länge Null	0
... StringCheck Null	Null
... StringMatch die Länge Null	Start
... StringMatch Null	Null
... Start größer als Len(StringMatch)	0

Tab. 24.57: Rückgabewerte von InstrRev

Filter

Die Filter-Funktion dient (ab VB6) dazu, in allen Elementen eines Stringarrays einen Teilstring zu suchen.

Als Ergebnis wird ein Variablenfeld zurückgegeben, das alle Elemente des Sourcearray enthält, in denen der Match-String nicht oder enthalten ist.

```
Ergebnisarray = _
        Filter(Sourcearray, Match[, [Include][, Compare]])
```

Die Argumente können als benannte Argumente übergeben werden.

Argument	*Bedeutet*
Sourcearray	Variablenfeld, in dem gesucht werden soll.
Match	Zeichen(-kette), wonach gesucht wird.
Include	Legt fest, ob das Ergebnis die Elemente enthält, die Match enthalten bzw. nicht enthalten {True|False}.
Compare	Vergleichsmethode Argumentwerte s. Tab 22.54

Tab. 24.58: Argumente der Filter-Funktion

LCase- und UCase-Funktion

LCase gibt eine Zeichenfolge zurück, in der alle Buchstaben in Kleinbuchstaben umgewandelt worden sind.
UCase gibt eine Zeichenfolge zurück, in der alle Buchstaben in Großbuchstaben umgewandelt worden sind.

```
InKleinbuchstaben = LCase[$](Zeichenfolge)

InGrossbuchsteben = UCase[$](Zeichenfolge)
```

Der Datentyp der für alle VB verfügbaren LCase$- und UCase$-Funktionen ist String. Ab VB2 liefern LCase und UCase Variant-Strings.

Left- und Right-Funktion

Left liefert die AnzZeichen äußerst linken Zeichen der Zeichenfolge.
Right liefert die AnzZeichen äußerst rechten Zeichen der Zeichenfolge.

(AnzZeichen ist eine Zahl aus dem Bereich von 0 bis 65.535)

```
LinkerTeil = Left[$](Zeichenfolge, AnzZeichen)

RechterTeil = Right[$](Zeichenfolge, AnzZeichen)
```

Left$ und Right$ liefern String-Daten. Left und Right liefern ab VB2 Variant-Strings. Nur Left und Right können eine Variable des Varianttyps 1 (Null) als Zeichenfolgenausdruck erhalten. In diesem Fall wird der Wert Null ausgegeben.

LeftB/RightB werden (ab VB4) für Byte-Daten verwendet, die in einer Zeichenfolge enthalten sind, und liefern die Anzahl Bytes.

Len- und LenB-Funktion

Len gibt einen Wert vom Typ Long zurück, der die Anzahl der Zeichen in einer Zeichenfolge enthält.

LenB (ab VB4) gibt die zum Speichern einer Variablen erforderlichen Bytes zurück.

```
AnzahlZeichen = Len(Zeichenfolge|Variablenname)
```

LTrim-, RTrim- und Trim-Funktion

LTrim[$] entfernt vorangestellte Leerzeichen aus einer Zeichenfolge. RTrim[$] entfernt nachfolgende Leerzeichen. (Trim[$]) entfernt (ab VB2) sowohl vorangestellte als auch nachfolgende Leerzeichen.

```
NeueZeichenfolge = [L|R]Trim[$](Zeichenfolge)
```

Ab VB1 liefern LTrim$, RTrim$ und (ab VB2) Trim$ jeweils eine Zeichenfolge des String-Datentyps. Ab VB2 liefern LTrim, RTrim und Trim jeweils eine Zeichenfolge des Variant-Datentyps. Nur LTrim, RTrim und Trim können eine Variable des Varianttyps 1 (Null) des Variant-Datentyps als Zeichenfolgenausdruck erhalten. In diesem Fall wird der Wert Null ausgegeben.

LSet- und RSet-Anweisungen

LSet

- richtet (ab VB1) eine Zeichenfolge innerhalb einer Zeichenfolgenvariablen fester Länge links aus,
- kopiert (ab VB1) eine Feldvariable in eine andere oder
- kopiert (ab VB2) eine Variable eines bestimmten benutzerdefinierten Datentyps in eine Variable eines anderen benutzerdefinierten Datentyps.

RSet richtet eine Zeichenfolge innerhalb einer Zeichenfolgenvariablen rechts aus. Sie können RSet im Gegensatz zu LSet nicht benutzen, um Variablen eines benutzerdefinierten Datentyps Variablen eines anderen benutzerdefinierten Datentyps zuzuweisen.

```
' Syntax 1:
LSet Zeichenfolgenvariable = _Zeichenfolgenausdruck
' Syntax 2:
LSet Variablenfeld(Index1) = Variablenfeld(Index2)
' Syntax 3:
LSet TypeVariable1 = TypeVariable2
```

```
RSet Zeichenfolgenvariable = _Zeichenfolgenausdruck
```

Mid[$]-Anweisung und -Funktion

Mid$ gibt einen Teil der Zeichenfolge als String zurück oder ersetzt ihn durch eine andere Zeichenfolge. Mid (ab VB2) macht das gleiche, gibt aber einen Variant-String zurück.

```
... = Zeichenfolge, Start[, Länge]
Teil$ = Mid[$](...)
Mid[$] (...) = Teil$
```

Zeichenfolge ist ein String oder die Variant-String-Variable, aus der der Teil ausgelesen oder in dem der Teil geändert werden soll.

Start kennzeichnet das Zeichen in der Zeichenfolge, ab dem der Teil ausgelesen oder eingefügt wird.

Länge ist (optional) die Anzahl der auszulesenden bzw. zu ersetzenden Zeichen.

Teil$ ist die Variable, der der ausgelesene Teil zugewiesen wird bzw. die Variable oder Zeichenfolge, die den Teil ersetzt.

Die Start- und Länge-Argumente sind Zahlen aus dem Bereich von 0 bis 65.535.

Option Compare-Anweisung

Option Compare wird (ab VB2) auf Modulebene verwendet, um das Standardverfahren für den Vergleich von Zeichenfolgen festzulegen.

```
Option Compare {Binary|Text|Database}
```

Wird die Option Compare-Anweisung verwendet, muß sie im jeweiligen Modul vor jeder Prozedur stehen. Die Option Compare-Anweisung legt das Verfahren für den Zeichenfolgenvergleich innerhalb des Moduls fest.

Befehl	*Bewirkt*
Option Compare Binary	(Voreinstellung) Binärer Codewert-Vergleich
Option Compare Text	Textvergleich (Groß- = Kleinschreibung)

Tab. 24.58.1: Option Compare

Space-Funktion

Space[$] liefert eine Zeichenfolge, die aus einer festgelegten Anzahl von Leerzeichen besteht.

```
LeerzeichenString = Space[$](Zahl)
```

Space$ liefert eine Zeichenfolge des String-Datentyps. Space liefert (ab VB2) eine Zeichenfolge des Variant-Datentyps.

Spc-Funktion

Spc überspringt, ausschließlich in einer Print #-Anweisung oder einer Print-Methode, eine angegebene Anzahl (Bereich von 0 bis 32.767) von Leerzeichen.

```
Print[#] Spc(Anzahl)
```

StrComp-Funktion

StrComp liefert (ab VB2) einen Wert des Variant-Datentyps, der das Ergebnis des Zeichenfolgenvergleichs von zwei Zeichenfolgenargumenten anzeigt.

```
Vergleich = StrComp(String1, String2 [, Compare])
```

Die Compare-Einstellungen finden Sie in Tabelle 22.54.

Wenn Bedingung =	*Wird zurückgegeben ...*
Zeichenfolgenausdruck1 < Zeichenfolgenausdruck2	–1
Zeichenfolgenausdruck1 = Zeichenfolgenausdruck2	0
Zeichenfolgenausdruck1 > Zeichenfolgenausdruck2	1
Zeichenfolgenausdruck1 = Null	Null
Zeichenfolgenausdruck2 = Null	Null

Tab. 24.59: Rückgabewerte von StrComp

Tab-Funktion

```
Print[#] Tab(Spalte)
```

Tab verschiebt die Ausgabeposition für das nächste Zeichen und wird ausschließlich in Verbindung mit der Print #-Anweisung und der Print-Methode verwendet.

Spalte legt die Spaltennummer der neuen Ausgabeposition fest.

Wenn Sie Tab in einer Zeile mit nachfolgenden Argumenten in der Print #-Anweisung oder der Print-Methode verwenden und kein Trennzeichen (Semikolon oder Komma) danach setzen, wird ein Semikolon (;) angenommen. In Verbindung mit Dateien verhält sich Tab folgendermaßen:

- Ist die aktuelle Ausgabeposition in der aktuellen Zeile größer als Spalte, springt Tab zu Spalte in der nächsten Ausgabezeile.
- Ist Spalte kleiner als 1, verschiebt Tab die Ausgabeposition zu Spalte 1.

Ist Spalte größer als die Breite der Ausgabezeile, führt Tab die folgende Berechnung durch:

```
Ausgabeposition = Spalte Mod Breite
```

Ist die berechnete Ausgabeposition kleiner als die aktuelle Ausgabeposition, beginnt die Ausgabe in der nächsten Zeile an der berechneten Ausgabeposition. Ist die berechnete Ausgabeposition größer als die aktuelle Ausgabeposition, beginnt die Ausgabe an der berechneten Ausgabeposition in der aktuellen Zeile.

Bild und Farbe

Die für Formen und PictureBox-Controls zur Verfügung stehenden Methoden haben wir im Kapitel »Bilder und Grafik« besprochen.

LoadPicture-Funktion

```
Verweis = LoadPicture( [Datei])
```

LoadPicture lädt ein Bild in eine Form, ein PictureBox- oder ein Image-Control.

Visual Basic erkennt folgende Bilddateien:

Dateityp	*Extension*	*Ab: VB1*
Device Independend Bitmaps	.DIB	
Bitmaps	.BMP	
Symbole	.ICO	
Dateien im Metafile-Format von Windows	.WMF	
Dateien im RLE-Format (run-length encoded)	.RLE	VB2

Dateityp	*Extension*	*Ab: VB1*
Dateien im erweiterten Metafile-Format	.EMF	VB5
GIF- und JPEG-Dateien	.GIF u. .JPG	VB5

Tab. 24.60: Die LoadPicture-Bilddateien

SavePicture-Anweisung

```
SavePicture Picture, Filename
```

SavePicture speichert in einer Form, einer PictureBox oder einem Image-Control stehendes Bild in eine Datei.

Picture ist der Inhalt der Picture- oder Image-Eigenschaft, von der die Bilddatei Filename erstellt werden soll.

Bitte beachten Sie die Hinweise in Kap. 22.4 bei PaintPicture zu den Ergebnissen der Speicherung je nach Argument für Picture und abhängig von der AutoRedraw-Einstellung.

Wenn ein Bild aus einer Datei in die Picture-Eigenschaft geladen wurde, sei es zur Entwurfszeit oder zur Laufzeit, wird es im gleichen Format gespeichert wie in der ursprünglichen Datei. Bilder von der Image-Eigenschaft werden immer als Bitmap-Dateien (.BMP) gespeichert.

QBColor-Funktion

```
RGBFarbwert& = QBColor(Farbnummer)
```

QBColor gibt einen Wert vom Typ Long zurück, der dem RGB-Farb-Code einer bestimmten Farbnummer entspricht.

Farbnummer entspricht einer ganzen Zahl im Bereich von 0 bis 15.

QBColor	*RGB-Wert*	*Konstante*	*Farbe *)*
0	&H0	vbBlack	Schwarz
1	&H8000000	–	Dunkelblau (Blau)
2	&H8000	–	Dunkelgrün (Grün)
3	&H808000	–	Graublau (Cyan)
4	&H80	–	Rotbraun (Rot)
5	&H800080	–	Dunkelviolett (Magenta)
6	&H8080	–	Oliv (Gelb)
7	&HC0C0C0	–	Hellgrau (Weiß)
8	&H808080	–	Dunkelgrau (Grau)
9	&HFF0000	vbBlue	Blau (Hellblau)
10	&HFF00	vbGreen	Hellgrün

QBColor	*RGB-Wert*	*Konstante*	*Farbe *)*
11	&HFFFF00	vbCyan	Hellblau (Hellcyan)
12	&HFF	vbRed	Rot (Hellrot)
13	&HFF00FF	vbMagenta	Hellmagenta (Violett)
14	&HFFFF	vbYellow	Hellgelb (Gelb)
15	&HFFFFFF	vbWhite	Weiß (Leuchtend Weiß)

*) In Klammern (...) die Bezeichnungen in den VB-Dokumentationen soweit abweichend.

Tab. 24.61: Die QBColor-Farben

RGB-Funktion

```
Farbwert& = RGB(red, green, blue)
```

RGB gibt einen Wert vom Typ Long zurück, der einen RGB-Farbwert darstellt.

Argument	*Beschreibung*	*Werte*	*Hex*
red	Rot-Komponente der Farbe	0 bis 255	0 bis FF
green	Grün-Komponente der Farbe	0 bis 255	0 bis FF
blue	Blau-Komponente der Farbe	0 bis 255	0 bis FF

Tab. 24.62: RGB-Argumente

Kalender und Zeit

In VB ist eine Reihe von Kalender- und Zeit-Funktionen vordefiniert. Diese sind in der Tabelle zusammengefaßt.

Befehl	*Ab: VB1*	*Beschreibung*
Date$	VB1	Die Date[$]-Funktion gibt das Systemdatum zurück.
Date	VB2	Die Date[$]-Anweisung setzt das Systemdatum.
Time$	VB1	Die Time[$]-Funktion gibt die Systemzeit zurück.
Time	VB2	Die Time[$]-Anweisung setzt die Systemzeit.
Now		Now gibt das aktuelle Datum und die aktuelle Zeit zurück.
Timer		Timer gibt die Anzahl der Sekunden (0 bis 86399) zurück, die seit Mitternacht vergangen sind.

Befehl	*Syntax*	
Date[$]	Funktion: AktSystemdatum = Date Anweisung: Date[$] = NeuesSystemdatum	Tab. 22.67
Time[$]	Zeit = Time Time = NeueZeit	

Befehl	*Syntax*
Now	AktDatumUndZeit = Now
Timer	TagesSekunde& = Timer

Tab. 24.63.1: Befehle für Systemdatum/-zeit und ihre Syntax

Befehl	*Ab: VB1*	*Beschreibung*
Day, Month, Year		Geben Tag, Monat und Jahr der Systemzeit zurück.
Second, Minute, Hour		Geben Sekunde, Minute und Stunde der Systemzeit zurück.

Befehl	*Syntax*
Day	MonatsTag% = Day(Datum)
Month	Monat% = Month(Datum)
Year	Jahr = Year(Datum)
Second	Sekunden = Second(Zahl)
Minute	Minuten = Minute(Zahl)
Hour	Stunde = Hour(Zahl)

Tab. 24.63.2: Extraktionsbefehle für Datum und Zeit und ihre Syntax

Befehl	*Ab: VB1*	*Beschreibung*
DateDiff	VB3	DatDiff gibt die Anzahl der Zeitintervalle zwischen zwei bestimmten Datumsangaben (Datum1 und Datum2) zurück. Bei allen Berechnungen wird Datum1, jedoch nicht Datum2 mitgezählt.
DatePart	VB3	DatePart gibt einen Wert vom Typ Variant (Integer) zurück, der einen bestimmten Teil des angegebenen Datums enthält.
DateSerial		Gibt den Zeitwert des angegebenen Datums zurück.
DateValue		DateValue gibt bei VB1 eine Zahl, ab VB2 einen Wert vom Typ Variant-Date zurück, die/der dem Zeichenfolgenargument bzw. Datumsliteral Datum entspricht.
Weekday		Weekday liefert den Wochentag, der im fortlaufenden Argument codiert ist.
TimeSerial		TimeSerial liefert den fortlaufenden Zeitwert für eine bestimmte Uhrzeit.
TimeValue		TimeValue liefert die Uhrzeit, die durch ein Zeichenfolgenargument dargestellt wird.

Tab. 24.63.3: Sonstige Datums- und Zeit-Befehle

DateAdd	NeuDatum = _ DateAdd(interval, number, date)	*) **)
DateDiff	Diff = DateDiff(interval, date1, date2 [, firstdayofweek[, firstweekofyear]])	*) ***)

DatePart	Teil = DatePart(interval, date [,firstdayofweek[, firstweekofyear]])	*) ***)
DateSerial	Datum = DateSerial(year, month, day)	*)
DateValue	Wert = DateValue(Datum)	****)
Weekday	WochenTagesnummer = Weekday(date, [firstdayofweek])	*) ***) Tab. 22.69
TimeSerial	Zeitwert = TimeSerial(hour, minute, second)	*)
TimeValue	Zeitwert = TimeValue(Zeichenfolgenausdruck)	+)

*) Ab VB4 benannte Argumente!

**) interval — Art der zu addierenden/subtrahierenden Einheiten, s. Tab. 24.68.
number — (positiv oder negativ) Anzahl der zu addierenden/subtrahierenden Intervalle.
date — Diesem Datum wird die Anzahl der Intervalle hinzuaddiert.

***) firstdayofweek und firstweekofyear (ab VB4) s. Tab. 22.47 u. 48

****) Das Jahr in Datum ist vor VB4 optional.
Wird es weggelassen, verwendet DateValue das aktuelle Jahr aus dem Systemdatum des Computers. Ab VB4 wird in diesem Fall ein Fehler erzeugt.

+) Von 0:00:00 bis 23:59:59 (oder 11:59:59 PM)

Tab. 24.63.4: Syntax der sonstigen Datums- und Zeit-Befehle

Das Jahrtausend- oder 2KY-Problem

2KY steht für Jahr 2000 (2 Kilo Year).

Vor VB4 wird die (zweiziffrige) Jahresangabe als Jahr im 20. Jahrhundert interpretiert.

Ab VB4 prüfen die Funktionen das Systemdatum. Wird ein Jahr im kurzen Format erkannt, setzt VB bei einem vom 20. Jahrhundert (19...) abweichenden Jahr das aktuelle Systemjahrhundert davor.

Version	*Systemjahr*	*Rückgabe = DateValue (»1.1.99«)*
VB1	2000	36161 (als Zahlenwert)
VB2/3	2000	01.01.99 (Wert entspricht 1.1.1999)
VB4 ff.	1900	01.01.99 (Wert entspricht 1.1.1999)
VB4 ff.	2000	01.01.2099

Tab. 24.64: VB und das Jahrhundertproblem

String oder Datumsliteral

Anstelle eines String-Wertes können Sie ab VB2 in Datums-Anweisungen auch ein sogenanntes Datumsliteral verwenden.

Ein Datumsliteral ist ein durch Doppelkreuze (#...#) begrenzter Zahlenwert.

Die Syntax ist je nach VB-Version unterschiedlich. Am Beispiel der Date-Anweisung sehen Sie dies. Wenn Sie im Code die angegebenen Werte an Date zuweisen, sind die Reaktionen der VB-Entwicklungsumgebung unterschiedlich.

Version	*"31.12.97"*	*#31.12.97#*	*#31/12/97#*	*Bemerkungen*
VB1	OK	Fehler	Fehler	Bei VB1 keine Datumsliterale
VB2/3	OK	OK	Fehler	Datumsliterale im Windows-Systemformat
ab VB4	OK	Fehler	#12/31/97#	Umwandlung erfolgt, wenn erste Zahl > 12 <=31 und zweite Zahl > 0 und <=12.

Tab. 24.65: Die Syntax der Datumsliterale

Auch bei den String-Werten müssen Sie auf die unterschiedliche Schreibweise bei den verschiedenen VB achten.

Datums- und Zeitbereiche

Datum und Uhrzeit werden intern als Zahl mit doppelter Genauigkeit (Double) gespeichert. Zahlen links vom Dezimalzeichen stehen für das Datum, Zahlen rechts davon stehen für die Uhrzeit.

Soweit nicht anders angegeben, gelten für die Datumsfunktionen folgende zulässigen Datumsbereiche:

VB-Version	*Bereich*	*Tageswerte*
VB1	1. Januar 1753 bis 31. Dezember 2078	–53688 bis 65638
Ab VB2	1. Januar 100 bis zum 31. Dezember 9999	–657434 bis 2958465
	Der 30.12.1899 hat den Tageswert 0.	

Tab. 24.66: Die Datumsbereiche

Date$ und Date	*VB1*	*Ab VB2*
Strings		
mm-dd-yy	Date$	Date$
mm/dd/yy	Date$	Date$
dd-mm-yy	–	Date
dd/mm/yy	–	Date
dd.mm.yy	–	Date
dd.mmmm yy	–	Date
Literale		
#mm/dd/yy#	–	Date
Für yy ist auch yyyy zulässig.		

Tab. 24.67: Date und Date$ – Anweisung oder Funktion

interval	*Beschreibung*
	DateAdd: Zu addierendes Zeitinterval DateDiff: Einheit der Datumsdifferenz DatePart: Einheit des Teilbereichs
yyyy	Jahre
q	Quartale
m	Monate
ww	Wochen
d	Tage
h	Stunden
n	Minuten
s	Sekunden
w	Wochentage
y	Kalendertage

Tab. 24.68: Die Einstellungen für interval

Wert	*Konstante (ab VB4)*	*Beschreibung*
1	vbSunday	Sonntag
2	vbMonday	Montag
3	vbTuesday	Dienstag
4	vbWednesday	Mittwoch
5	vbThursday	Donnerstag
6	vbFriday	Freitag
7	vbSaturday	Samstag

Tab. 24.69: Rückgabewerte der Weekday-Funktion

Mathematische Funktionen

Die meisten der integrierten mathematischen Funktionen sind schon in den BASIC-Vorversionen enthalten.

Funktion	*Beschreibung*
Abs	Abs gibt den Absolutwert einer Zahl zurück. Der Absolutwert einer Zahl ist der positive Absolutbetrag.
Exp	Exp liefert e ^ x und ist die Umkehrfunktion zur Funktion Log.
Log	Log liefert den natürlichen Logarithmus eines numerischen Ausdrucks.*)
	Int und Fix entfernen die Dezimalstellen einer Zahl und geben den daraus resultierenden ganzzahligen Wert aus.
Fix	Nächste Ganzzahl. Bei negativen Zahlen: die erste negative ganze Zahl, die größer oder gleich der eingegebenen Zahl ist.

Funktion	Beschreibung
Int	Nächste Ganzzahl. Bei negativen Zahlen: die erste negative ganze Zahl, die kleiner oder gleich der eingegebenen Zahl ist.
Randomize	Randomize initialisiert den Zufallszahlengenerator.
Rnd	Rnd gibt eine Zufallszahl zurück.
Sgn	Sgn gibt einen ganzzahligen Wert zurück, der das Vorzeichen der Zahl anzeigt.
Sqr	Sqr gibt die Quadratwurzel einer Zahl (>= 0) zurück.

*) Der natürliche Logarithmus ist der Logarithmus zur Basis e
e ist die Eulersche-Zahl (näherungsweise gleich 2,718281826).

Tab. 24.70.1: Die mathematischen Grundfunktionen

Befehl	Bezeichnung	Syntax	Hinweis
Abs	Absolutwert	Absolutwert = Abs(Zahl)	
Exp	Exponentialwert	Wert = Exp(X)	
Log	Natürlicher Logarithmus	LN=Log(Ausdruck)	*)
Fix	Fixwert	Wert = Fix(Zahl)	
Int	Integerwert	Wert = Int(Zahl)	
Randomize		Randomize [Ausdruck]	
Rnd	Randomwert (Zufallswert)	Zufallswert = Rnd[(Zahl)]	**)
Sgn	Vorzeichen	Vorzeichen = Sgn(Zahl)	Tab. 24.72
Sqr	Quadratwurzel (engl. Squareroot)	Wurzelwert = Sqr(Zahl)	Entspricht: Zahl ^ (1/2)

*) Das Argument NumerischerAusdruck muß größer als null sein.
Bei der Exp-Funktion darf das Argument X
88,02969 für Werte mit einfacher Genauigkeit
709,782712893 für Werte mit doppelter Genauigkeit
nicht überschreiten, sonst erhalten Sie eine Fehlermeldung.

**) Bei Rnd bestimmt das Argument Zahl, wie die Zufallszahl generiert wird, s. Tab. 22.71.
Mit folgender Codezeile generieren Sie eine Zufallszahl im Bereich von U (= Untergrenze) bis O (= Obergrenze): Zufallszahl = Int((O – U + 1) * Rnd + U)

Tab. 24.70.2: Die Syntax der mathematischen Grundfunktionen

Wert von Zahl	Generierte Zufallszahl
Kleiner als Null	Immer dieselbe Zahl, mit Zahl als Startwert
Größer als Null	Die nächste Zufallszahl der Folge
Gleich Null	Die zuletzt generierte Zahl
Nicht angegeben	Die nächste Zufallszahl der Folge

Tab. 24.71: Rnd und generierte Zufallszahl

Zahl	*Rückgabe*
Größer als Null	1
Gleich Null	0
Kleiner als Null	–1

Tab. 24.72: Die Rückgabewerte von Sgn

Winkelfunktionen

Der Wertebereich für Bogenmaß geht von -Pi/2 bis Pi/2.

Um das Gradmaß ins Bogenmaß umzurechnen, müssen Sie das Gradmaß mit Pi/180 (oder 0,0174532925199433) multiplizieren. Um das Bogenmaß ins Gradmaß umzurechnen, müssen Sie den Wert im Bogenmaß mit 180/Pi (oder 57,2957795130824) multiplizieren. In beiden Fällen ist Pi = 3,14159265358979.

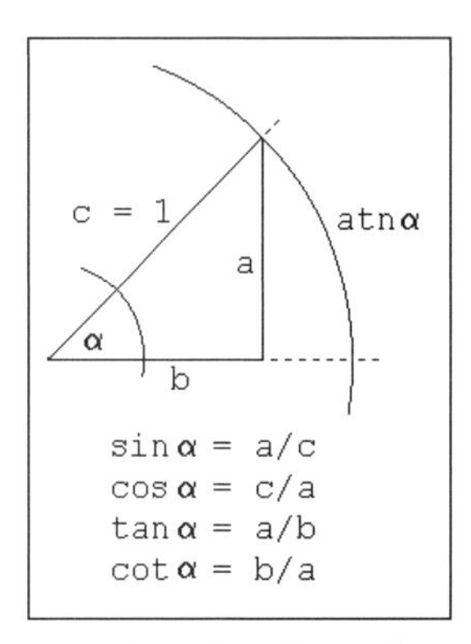

Abb. 22.2: Die Winkelfunktionen

Funktion	*Bezeichnung*	*Beschreibung*
Atn	Arkustangens	Liefert aus dem Verhältnis zweier Katheten eines rechtwinkligen Dreiecks den zugehörigen Winkel im Bogenmaß.
Tn	Tangens	Liefert aus dem Bogenmaß das Verhältnis zweier Seiten eines rechtwinkligen Dreiecks.
Cos	Kosinus	Liefert den Kosinus des im Bogenmaß angegebenen Winkels.
Sin	Sinus	Liefert den Sinus eines im Bogenmaß angegebenen Winkels.

Tab. 24.73.1: Winkelfunktionen

Der **Sinus** eines Winkels in einem rechtwinkligen Dreieck ist das Verhältnis zwischen der Länge der dem Winkel gegenüberliegenden Seite (Gegenkathete) und der Länge der dem rechten Winkel gegenüberliegenden Seite (Hypothenuse).

Der **Kosinus** eines Winkels in einem rechtwinkligen Dreieck ist das Verhältnis zwischen der Länge der am Winkel anliegenden Seite (Ankathete) und der Länge (Hypothenuse).

Funktion	Syntax	Hinweis
Atn	Bogenmaß = Atn(Seitenverhältnis)	*)
Tn	Seitenverhältnis = Tan(Bogenmaß)	
Cos	Kosinus = Cos(NumerischerAusdruck)	
Sin	Sinus = Sin(NumerischerAusdruck)	

*) Mit der Atn-Funktion berechnen Sie den Pi-Wert mit: Pi = 4 * Atn(1) ' Pi = 3,14159265358979
Seitenverhältnis ist im rechtwinkligen Dreieck die Länge der dem (nichtrechten) Winkel gegenüberliegenden Seite (Gegenkathete) dividiert durch die Länge der Seite, die am Winkel anliegt (Ankathete).

Tab. 24.73.2: Syntax der Winkelfunktionen

Funktion	Ersatzformel
Logarithmus (Basis X)	LogN(X) = Log(X) / Log(N)
Winkelfunktionen für Winkel X:	
Kotangens	Cotan((X) = 1 / Tan(X)
Sekans	Sec(X) = 1 / Cos(X)
Kosekans	Cosec(X) = 1 / Sin(X)
Arkussinus	Arcsin(X) = Atn(X / Sqr(-X * X + 1))
Arkuskosinus	Arccos(X) = Atn(X / Sqr(-X * X + 1)) + 1,5708
Arkussekans	Arcsec(X) = Atn(X / Sqr(X * X – 1)) + Sgn(Sgn(X) -1) * 1,5708
Arkuskosekans	Arccosec(X) = Atn(X/Sqr(X * X – 1)) + (Sgn(X) – 1) * 1,5708
Arkuskotangens	Arccotan(X) = Atn(X) + 1,5708
Hyperbolischer ~	
~ Sinus	HSin(X) = (Exp(X) – Exp(-X)) / 2
~ Kosinus	HCos(X) = (Exp(X) + Exp(-X)) / 2
~ Tangens	HTan(X) = (Exp(X) – Exp(-X)) / (Exp(X) + Exp(-X))
~ Sekans	HSec(X) = 2 / (Exp(X) + Exp(-X))
~ Kosekans	HCosec(X) = 2 / (Exp(X) – Exp(-X))
~ Kotangens	HCotan(X) = (Exp(X) + Exp(-X)) / (Exp(X) – Exp(-X))
~ Arkussinus	HArcsin(X) = Log(X + Sqr(X * X + 1))
~ Arkuskosinus	HArccos(X) = Log(X + Sqr(X * X – 1))
~ Arkustangens	HArctan(X) = Log((1 + X) / (1 – X)) / 2
~ Arkussekans	HArcsec(X) = Log((Sqr(-X * X + 1) + 1) / X)
~ Arkuskosekans	HArccosec(X) = Log((Sgn(X) * Sqr(X * X + 1) +1) / X)
~ Arkuskotangens	HArccotan(X) = Log((X + 1) / (X – 1)) / 2

Tab. 24.74: Abgeleitete Mathematikfunktionen

Finanz-Funktionen

Ab VB3 stehen spezielle finanzmathematische Funktionen zur Verfügung. Diese Funktionen benötigen die Datei MSAFINX.DLL. Hinweis: Bitte beachten Sie, wenn Sie Beispiele aus der

VB-Onlinehilfe kopieren, ob der Format-String in der (von Format nicht unterstützten) deutschen Schreibweise (Dezimalkomma und Tausenderpunkt) angegeben ist. Es steht dort z.B.:

```
Fmt = ".##0,00"
```

Schreiben Sie statt dessen:

```
Fmt = "###,##0.00"
```

Lesen Sie bitte die Hinweise zur Format-Funktion.

Allgemeine Hinweise

Annuität ist eine Folge konstanter Barzahlungen über einen bestimmten Zeitraum. Eine Annuität kann ein Kredit sein (z.B. eine Haushypothek) oder eine Investition (z.B. eine regelmäßige Spareinlage). Die Argumente der Finanzfunktionen sind benannte Argumente. Bei allen Argumenten werden Zahlungsausgänge (z.B. Spareinlagen) durch negative Zahlen dargestellt, Zahlungseingänge (z.B. Dividendenauszahlungen) durch positive Zahlen.

Die folgenden Argumente werden bei mindestens zwei Funktionen benutzt. Soweit abweichende Informationen für eine Funktion gelten, werden diese bei der Funktion gegeben.

Argmnt.	*Beschreibung*
cost	Erforderlich. Ein Wert vom Typ Double, der die Anschaffungskosten des Vermögenswertes angibt.
fv	Optional. Ein Wert vom Typ Variant, der den Endwert oder Kontostand angibt, der nach der letzten Zahlung erreicht sein soll. Der Endwert eines Kredits ist zum Beispiel DM 0, da dies die Kredithöhe nach der letzten Zahlung ist. Wenn Sie jedoch für die Ausbildung Ihrer Kinder DM 50.000 in 18 Jahren ansparen wollen, entspricht der Endwert DM 50.000. Wird der Wert nicht angegeben, so wird 0 angenommen.
guess	Optional. Ein Wert vom Typ Variant, der einen von Ihnen geschätzten Wert enthält, der von IRR zurückgegeben wird. Wird der Wert nicht angegeben, so ist guess gleich 0,1 (10 Prozent).
life	Erforderlich. Ein Wert vom Typ Double, der die Länge der Nutzungsdauer des Vermögenswertes angibt.
nper	Erforderlich. Ein Wert vom Typ Integer, der die Gesamtanzahl der Zahlungszeiträume für die Annuität angibt. Wenn Sie beispielsweise monatliche Zahlungen für einen Autokredit mit 4 Jahren Laufzeit vereinbart haben, beträgt die Summe der Zahlungszeiträume für Ihren Kredit 4 * 12 (oder 48).
per	Erforderlich. Ein Wert vom Typ Double, der den Zahlungszeitraum im Bereich von 1 bis nper angibt.
pmt	Erforderlich. Ein Wert vom Typ Double, der die Zahlung pro Zeitraum angibt. Die Zahlungen enthalten gewöhnlich Kapital und Zinsen und ändern sich während der Laufzeit einer Annuität nicht.
pv	Erforderlich. Ein Wert vom Typ Double, der den Barwert oder heutigen Wert einer Folge zukünftiger Aus- oder Einzahlungen angibt. Wenn Sie beispielsweise Geld für einen Autokauf aufnehmen, stellt die Kredithöhe für den Kreditgeber den Barwert der von Ihnen zu leistenden monatlichen Zahlungen dar.

Argmnt.	*Beschreibung*
rate	Erforderlich. Ein Wert vom Typ Double, der den Zinssatz pro Zeitraum angibt. Wenn Sie beispielsweise für ein Auto einen Kredit mit einem Jahreszins von 10 Prozent aufnehmen und monatliche Zahlungen vereinbart haben, beträgt der Zinssatz pro Zeitraum 0,1 dividiert durch 12 oder 0,0083.
salvage	Erforderlich. Ein Wert vom Typ Double, der den Wert des Vermögenswertes am Ende seiner Nutzungsdauer angibt.
type	Optional. Ein Wert vom Typ Variant, der angibt, wann Zahlungen fällig sind. Bei 0 sind die Zahlungen am Ende des Zahlungszeitraums fällig, bei 1 zu Beginn des Zahlungszeitraums. Wird der Wert nicht angegeben, so wird 0 angenommen.
values()	Erforderlich. Ein Variabenfeld mit Werten des Typs Double, der Cash Flow-Werte angibt. Dieses Variablenfeld muß mindestens einen negativen Wert (Zahlungsausgang) und einen positiven Wert (Zahlungseingang) enthalten.

Tab. 24.75: Gemeinsame Argumente der Finanzfunktionen

Funktion	*Beschreibung*
DDB	Abschreibung eines Vermögenswertes über einen bestimmten Zeitraum mit der geometrisch degressiven Abschreibungsmethode oder einer von Ihnen ausgewählten Methode.
FV	Zukünftiger Wert einer Annuität bei regelmäßigen, konstanten Zahlungsausgängen und einem konstanten Zinssatz.
IPmt	Zinszahlung für einen bestimmten Zeitraum einer Annuität bei regelmäßigen, konstanten Zahlungen und konstantem Zinssatz.
IRR	Interner Ertragssatz für eine Folge regelmäßiger Cash Flows (Aus- und Einzahlungen).
MIRR	Modifizierter interner Ertragssatz für eine Folge regelmäßiger Cash Flows mit unterschiedlichen Zinssätzen. *)
NPER	Anzahl der Zeiträume für eine Annuität bei regelmäßigen, konstanten Zahlungen und einem konstanten Zinssatz.
NPV	Netto-Barwert einer Investition bei regelmäßigen Cash Flows (Aus- und Einzahlungen) und einem Diskontsatz.
Pmt	Auszahlung für eine Annuität bei regelmäßigen konstanten Zahlungsausgängen und konstantem Zinssatz.
PPMT	Kapitalanteil einer Auszahlung für einen bestimmten Zeitraum einer Annuität bei regelmäßigen konstanten Auszahlungen und einem konstanten Zinssatz.
PV	Barwert einer Annuität bei zukünftig regelmäßig und konstant zu leistenden Zahlungsausgängen und einem konstanten Zinssatz.
Rate	Zinssatz einer Annuität pro Zeitraum.
SLN	Arithmetische Abschreibung eines Vermögenswertes über einen bestimmten Zeitraum.
SYD	Jahresabschreibung eines Vermögenswertes über einen bestimmten Zeitraum.

*) Cash Flows = Aus- und Einzahlungen

Tab. 24.76.1: Die Finanzfunktionen

Funktion	*Syntax *)*	
DDB	Abschreibung = DDB(cost, salvage, life, period[, factor])	**)
FV	Annuitaet = FV(rate, nper, pmt[, [pv][, type]])	***)
IPmt	GesamtZins = IPmt(rate, per, nper, pv[, fv[, type]])	
IRR	InternerZinsfuss = IRR(values()[, guess])	
MIRR	ModifizIntZinsfuss = _	****)
	MIRR(values(), finance_rate, reinvest_rate)	
NPER	Laufzeit = NPer(rate, pmt, pv[, fv[, type]])	
NPV	Nettobarwert = NPV(rate, values())	
Pmt	Zahlung = Pmt(rate, nper, pv[, fv[, type]])	
PPMT	Kapitalanteil = PPmt(rate, per, nper, pv[, fv[, type]])	
PV	Barwert = PV(rate, nper, pmt[, fv[, type]])	
Rate	Zinssatz = Rate(nper, pmt, pv[, fv[, type[, guess]]])	
SLN	Abschreibung = SLN(cost, salvage, life)	
SYD	AbschrZeit = SYD(cost, salvage, life, period)	

*) Argumente s. auch Tab. 24.76

**) Die DDB-Funktion verwendet die folgende Formel: Abschreibung/period = ((cost – salvage) * factor) / life
factor (Variant) gibt den Faktor an, um den der Wert vermindert wird.
Wird factor nicht angegeben, so wird 2 (geometrisch degressive Methode) angenommen.
period (Double) gibt den Zeitraum an, für den die Abschreibung des Vermögenswertes berechnet wird.

***) pv (Variant) Barwert (oder Gesamtbetrag) einer Folge zukünftiger Zahlungen zum jetzigen Zeitpunkt. Wenn Sie beispielsweise Geld für einen Autokauf aufnehmen, stellt die Kredithöhe für den Kreditgeber den Barwert der von Ihnen zu leistenden monatlichen Zahlungen dar. Wird der Barwert nicht angegeben, so wird 0 angenommen.

****) finance_rate Der Zinssatz (in Dezimalwerten), der bei der Finanzierung einer Anlage bezahlt werden muß.
reinvest_rate Der Zinssatz (in Dezimalwerten), der bei erneuter Anlage von Kapital erzielt werden kann.

Tab. 24.76.2: Die Syntax der Finanzfunktionen

24.6 OLE-/ActiveX-Befehle

Hier finden Sie spezielle Funktionen und Anweisungen, die Sie für das Thema ActiveX kennen sollten.

24.6.1 CreateObject- und GetObject-Funktion

Diese beiden, ab VB3 verfügbaren Funktionen dienen dazu, auf OLE-/ ActiveX-Objekte zuzugreifen, die von anderen Anwendungen zur Verfügung gestellt werden.

CreateObject erstellt ein OLE-/ActiveX-Objekt und gibt einen Verweis darauf zurück.

```
Dim Verweis As Object
Set Verweis = CreateObject(AnwName.Objekttyp[,Server])
' Keine benannten Argumente zulässig
' Beide Argumente als String übergeben!
```

AnwName Name der Anwendung, die das Objekt bereitstellt.

Objekttyp Typ oder Klasse des zu erstellenden Objekts.

Server Ab VB6 Name des Netzwerkservers (= Remote Server = Computer), auf dem das Objekt erstellt wird.

Laufzeitfehler, wenn Remote Server nicht existiert oder nicht verfügbar ist.

GetObject gibt einen Verweis auf ein OLE-/ActiveX-Objekt einer geöffneten Datei zurück.

```
Dim Verweis As Object
Set Verweis = GetObject({[pathname]|[, class]})
' Ab VB5 benannte Argumente zulässig
```

pathname String mit Pfad und Namen der Datei, die das abzurufende Objekt enthält.

class String mit Typ oder Klasse des zu erstellenden Objekts.

Die mit dem angegebenen pathname verbundene Anwendung wird gestartet und das Objekt in der angegebenen Datei aktiviert.

Ist pathname eine Null-Zeichenfolge (""), wird eine neue Instanz des Objekts vom in class angegebenen Typ zurückgegeben.

Wird pathname nicht angegeben, so gibt GetObject das erste aktive Objekt vom angegebenen Typ zurück.

Existiert kein Objekt vom angegebenen Typ, tritt ein Fehler auf.

Einige Anwendungen erlauben, einen Teil einer Datei zu aktivieren. Fügen Sie in diesem Fall am Ende des Dateinamens ein Ausrufezeichen (!) hinzu, gefolgt von der Zeichenfolge, die den zu aktivierenden Teil der Datei angibt.

24.6.2 GetAutoServerSettings-Funktion

```
Status = Objekt.GetAutoServerSettings([progid], [clsid])
' Benannte Argumente
```

Objekt ist ein erforderlicher Objektausdruck, der die ActiveX-Komponente angibt.

progid ist ein optionaler Variant-Ausdruck, der die ProgID für die Komponente angibt.

clsid ist ein optionaler Variant-Ausdruck. Er gibt die CLSID (Klassen-ID) für die Komponente an.

GetAutoServerSettings gibt (ab VB5) Informationen zu dem Registrierungszustand der ActiveX-Komponente zurück.

Die GetAutoServerSettings-Funktion gibt einen Wert vom Typ Variant zurück, der ein Variablenfeld von Werten zu der angegebenen ActiveX-Komponente enthält.

Index	*Beschreibung*
1	True, wenn die ActiveX-Komponente remote registriert wurde
2	Name des Remote-Computers
3	Name des RPC-Netzwerkprotokolls
4	RPC-Bestätigungsstufe

Tab. 24.77: Die Rückgabewerte von GetAutoServerSettings

24.6.3 Implements-Anweisung

Implements gibt (ab VB5) eine Schnittstelle oder Klasse an, die in das Klassenmodul implementiert wird, das die Anweisung enthält.

```
Implements [SchnittstellenName|Klasse]
```

Das erforderliche Argument SchnittstellenName oder Klasse ist der Name einer Schnittstelle oder einer Klasse in einer Klassenbibliothek, deren Methoden von den umgebenden Methoden in die Visual Basic-Klasse implementiert werden.

Die Implements-Anweisung kann nicht in einem Standardmodul verwendet werden.

24.7 Registry

Ab VB4 stehen Ihnen für den Eintrag wichtiger Informationen vier Befehle zur Verfügung.

Die Einträge erfolgen

- unter 32-Bit in der Registrierdatenbank,
- unter 16-Bit in der durch AppName angegebenen INI-Datei.

Argument	*Zeichenfolgenausdruck mit dem Namen ...*
appname	des Bereichs, in dem der Abschnitt (section) steht. In der Regel wird der Anwendungsname verwendet.
section	des Abschnitts, in dem der Schlüssel (key) steht.
key	des Schlüssels, dessen Einstellung gelesen/geschrieben/gelöscht wird.

Tab. 24.78: Gemeinsame Argumente der Register-Befehle

Die Einträge erfolgen unter 32-Bit in der Registrierdatenbank in den Registrierschlüsseln

HKEY_CURRENT_USER – Software – VB and VBA Program Settings ...
und
HKEY_USERS – Default – Software – VB and VBA Program Settings ...

und dann

... – appname – section – key

24.7.1 SaveSetting-Anweisung

SaveSetting speichert oder erstellt einen Eintrag einer Anwendung in der Windows-Registrierung (16-Bit: INI-Datei).

```
SaveSetting appname, section, key, setting
' benannte Argumente!
```

setting ist ein Ausdruck mit dem Wert, auf den key gesetzt wird.

Wenn die Schlüsseleinstellung aus irgendeinem Grund nicht gespeichert werden konnte, tritt ein Fehler auf.

24.7.2 GetSetting-Funktion

GetSetting gibt einen Wert einer Schlüsseleinstellung aus dem Eintrag einer Anwendung in der Windows-Registrierung (16-Bit: INI-Datei) zurück.

```
Wert = GetSetting(appname, section, key[, default])
' benannte Argumente!
```

default ist ein Ausdruck mit dem Wert, der zurückgegeben werden soll, wenn kein Wert in der Schlüsseleinstellung festgelegt ist. Erfolgt keine Angabe, so wird für default eine Zeichenfolge der Länge Null ("") angenommen.

24.7.3 DeleteSetting-Anweisung

DeleteSetting löscht einen Abschnitt oder eine Schlüsseleinstellung aus einem Eintrag einer Anwendung in der Windows-Registrierung (16-Bit: INI-Datei).

```
DeleteSetting appname, section[, key]
' benannte Argumente!
```

24.7.4 GetAllSettings-Funktion

GetAllSettings gibt eine Liste von Schlüsseleinstellungen zusammen mit den zugehörigen Werten (die ursprünglich mit SaveSetting erstellt wurden) für den Eintrag einer Anwendung in der Windows-Registrierung (16-Bit: INI-Datei) zurück.

```
EinstellungenArray = GetAllSettings(appname, section)
' benannte Argumente!
```

GetAllSettings gibt einen nichtinitialisierten Variant-Wert zurück, wenn entweder appname oder section nicht angegeben werden.

24.8 Ressourcen

Ab VB4 können Sie in Ihren Projekten Ressource-Dateien einbinden.

Eine Ressource-Datei (Endung -RES) ist eine kompilierte Datei, die unterschiedliche Ressourcen wie Bitmaps, Icons, Cursor, Texte und Menüs (unter VB nicht nutzbar) enthalten und als Modul in ein Projekt eingebunden werden kann. Die Objekte in der Ressource-Datei können über ihre ID je nach Bedarf in das laufende Programm eingefügt werden. Auf die einzelnen Ressourcen wird mit Hilfe der Identifikationsnummer (ID) zugegriffen. Die ID repräsentiert das Offset des jeweiligen Objekts im RES-File.

In einem VB-Projekt kann nur eine RES-Datei eingebunden werden.

Für 16- und für 32-Bit sind jeweils speziell in diesem Modus kompilierte Ressource-Dateien erforderlich.

Für den Zugriff auf Ressourcen in einer eingebundenen RES-Datei gibt es ab VB4 drei Befehle:

Befehl	*Beschreibung*
LoadResData	Lädt (max. 64 Kbyte) Daten aus Ressourcedateien (.res) und gibt ein Byte-Variablenfeld zurück.
LoadResPicture	Lädt eine Bitmap, ein Symbol oder einen Cursor aus einer Ressourcedatei (.res).
LoadResString.	Lädt eine Zeichenfolge aus einer Ressourcedatei (.res).

Tab. 24.79.1: Die Ressourcen-Befehle

Befehl	*Syntax*	*Hinweis*
LoadResData	Ressource = LoadResData(Index, Format)	*)
LoadResPicture	Bild = LoadResPicture(Index, Format)	**)

Befehl	*Syntax*	*Hinweis*
LoadResString	Text = LoadResString(Index)	

*) Format ist der Wert, der das Originalformat der zurückgegebenen Daten angibt, wie unter Einstellungen beschrieben. Der Wert kann auch der Zeichenfolgenname einer benutzerdefinierten Ressource sein, s. Tab. 24.80.

**) Format ist ein Wert oder eine Konstante, der/die das Format der zurückgegebenen Daten angibt, s. Tab. 24.81. Gemeinsames Argument aller drei Befehle ist: Index; eine Ganzzahl oder Zeichenfolge, die die Kennung (ID) der Daten in der Ressourcedatei angibt. Die Ressource mit der ID 1 ist für das Anwendungssymbol reserviert.

Tab. 24.79.2: Die Syntax der Ressourcen-Befehle

Wert	*Beschreibung*
1	Cursor-Ressource
2	Bitmap-Ressource
3	Symbol-Ressource
4	Menü-Ressource
5	Dialogfeld
6	Zeichenfolgen-Ressource
7	Schriftartverzeichnis-Ressource
8	Schriftart-Ressource
9	Zugriffstastentabelle
10	Benutzerdefinierte Ressource
12	Gruppen-Cursor
14	Gruppensymbol

Tab. 24.80: Einstellungen für LoadResData-Format

Wert	*Konstante*	*Beschreibung*
0	vbResBitmap	Bitmap-Ressource
1	vbResIcon	Symbolressource
2	vbResCursor	Cursor-Ressource

Tab. 24.81: Einstellungen für LoadResPicture-Format

24.9 Operatoren

Ein Operator zeigt an, was mit bestimmten Daten geschehen soll. Wir unterscheiden:

- Stringoperatoren
- Vergleichsoperatoren
- Mathematische Operatoren
- Logische Operatoren

24.9.1 Operatorvorrang

Enthält ein Ausdruck mehrere Operationen, werden die einzelnen Teilausdrücke in einer bestimmten Rangfolge ausgewertet und aufgelöst, die als Operatorvorrang bezeichnet wird.

Wenn Ausdrücke Operatoren aus mehreren Kategorien enthalten, werden

- zunächst die arithmetischen Operatoren,
- dann die Vergleichsoperatoren und
- zuletzt die logischen Operatoren

ausgewertet.

Die Vergleichsoperatoren haben alle dieselbe Priorität und werden daher von links nach rechts in der Reihenfolge ihres Auftretens ausgewertet. Für die arithmetischen und logischen Operatoren gilt die in Tabelle 24.82 gezeigte Rangfolge.

Arithmetisch	*Operator*	*Logisch*	*Operator*
Potenzierung	^	Komplement	Not
Negation	-	Konjunktion	And
Division	/	Disjunktion	Or
Ganzzahldivision	\	Exklusives Oder	Xor
Multiplikation	*	Äquivalenz	Eqv
Restwert	Mod	Implikation	Imp
Addition und Subtraktion	+, -		
Variantaddition	&		

Tab. 24.82.1: Rangfolge der Operatoren

In Klammern gesetzte Operationen haben grundsätzlich Vorrang. Innerhalb der Klammern gilt jedoch wieder die normale Rangfolge der Operatoren.

- Der Zeichenverkettungsoperator (&) ist zwar kein arithmetischer Operator, liegt aber in der Rangfolge zwischen den arithmetischen Operatoren und den Vergleichsoperatoren.
- Der Operator Like ist eigentlich ein Operator zum Mustervergleich, wird aber in der Rangfolge den anderen Vergleichsoperatoren gleichgestellt.
- Der Operator Is dient zum Vergleichen von Verweisen auf Objekte. Er vergleicht nicht die Objekte oder deren Werte, sondern überprüft lediglich, ob sich zwei Objektverweise auf dasselbe Objekt beziehen.

24.9.2 Zeichenverkettungsoperatoren

Für die auch als Konkatenation bezeichnete Verkettung von Zeichenketten stehen unter VB zwei Operatoren zur Verfügung.

Version	*Operator*	*Symbol*	*Syntax*	*Hinweis*
alle VB	Pluszeichen	+	String1 + String2 + ...	Elemente müssen Strings sein.
ab VB2	Kaufm. Pluszeichen	&	String1 & Variant & String2 &...	Variant werden in String umgewandelt.

Tab. 24.82.2: Zeichenketten-Operatoren

24.9.3 Arithmetische Operatoren

Für arithmetische Operationen stehen die in der Tabelle gezeigten Operatoren zur Verfügung.

Aktion	*Operator*	*Beschreibung*	
Potenzierung	^	Das Caret ^ dient zum Potenzieren einer Zahl mit einem Exponenten.	*)
Negation	–	Das Minuszeichen dient zum Bilden des negativen Werts eines numerischen Ausdrucks.	
Multiplikation	*	Der Stern (*) dient zur Multiplikation zweier Zahlen.	
Division	/	Der Schrägstrich (/) dient der Division.	
Ganzzahldivision	\	Der Rückwärtsschrägstrich (Backslash = \) dient zur Division zweier Zahlen und gibt das ganzzahlige Ergebnis zurück.	
Restwert (Modulo)	Mod	Mod gibt den Rest einer ganzzahligen Division zweier Zahlen zurück. Alle Nachkommastellen werden abgeschnitten.	
Addition	+	Das Plus-Zeichen dient zur Addition zweier Zahlen.	
Subtraktion	–	Das Minuszeichen dient zum Bilden der Differenz von zwei Zahlen.	

Tab. 24.83.1: Die arithmetischen Operatoren

Aktion		*Syntax*	
Potenzierung	^	Ergebnis = Zahl ^ Exponent	*)
Negation	–	– Zahl	
Multiplikation	*	Ergebnis = Operand1 * Operand2	s. Tip unten
Division	/	Ergebnis = Operand1 / Operand2	
Ganzzahldivision	\	Ergebnis = Operand1 \ Operand2	**)
Restwert	Mod	Ergebnis = Operand1 Mod Operand2	***)
Addition	+	Ergebnis = Operand1 + Operand2	****)
Subtraktion	–	Ergebnis = Operand1 – Operand2	****)

*) Zahl und Exponent ist jeweils ein beliebiger numerischer Ausdruck. Wenn der Exponent ein Bruch ist, wird die n-te Wurzel ermittelt.

**) Vor der Division werden die numerischen Ausdrücke in Ausdrücke der Typen Byte, Integer oder Long gerundet.

***) Der Modulo-Operator (oder Rest-Operator) dividiert Operand1 durch Operand2, rundet dabei Fließkommawerte zu ganzen Zahlen und gibt nur den Rest als Ergebnis zurück.

***) Operand1 und Operand2 sind beliebige numerische Ausdrücke.

Tab. 24.83.2: Die Syntax der arithmetischen Operatoren

Beachten Sie in Multiplikationsketten die Zwischenergebnisse.

Geben Sie dem ersten Operanden bei Zwischenergebnissen den Datentyp des Ergebnisses. So vermeiden Sie Überlauffehler!

```
Beispiel:
Erg& = 256 * 256 * 256          ' ergibt Überlauffehler
Erg& = 256& * 256 * 256         ' verhindert den Fehler
Erg& = 256 * 256& * 256         ' ebenso
Erg& = 256 * 256 * 256&         ' ergibt wieder Überlauffehler
```

*Fall *)*	*Ergebnis*
Beide Ausdrücke haben einen numerischen Datentyp.	Addition
Beide Ausdrücke Typ String.	Verkettung
Ein Ausdruck numerisch, der andere Ausdruck beliebiger Variant-Wert (außer Null).	Addition
Ein Ausdruck String, der andere Ausdruck beliebiger Wert vom Typ Variant (außer Null).	Verkettung
Ein Ausdruck ist ein Variant mit dem Wert Empty.	Unveränderter anderer Operand
Ein Ausdruck numerisch, und der andere String	Fehler: Datentypen unverträglich
Einer der Ausdrücke ist Null.	Null

*) Numerisch = Byte, Boolean, Integer, Long, Single, Double, Date, Currency, oder Decimal

Tab. 24.84: Die Wirkung des +-Operators bei unterschiedlichen Datentypen der Operanden

Fall	*Ergebnis*
Beide Variant-Ausdrücke sind numerisch.	Addition
Beide Variant-Ausdrücke sind Zeichenfolgen.	Verkettung
Ein Variant-Ausdruck ist numerisch, und der andere ist eine Zeichenfolge.	Addition

Tab. 24.85: Die Wirkung des +-Operators bei Variant-Operanden

24.9.4 Vergleichsoperatoren

Mit Vergleichsoperatoren erfolgen Zahlenwert-, Zeichencode- und Bit-Vergleiche.

Allgemeine Vergleichsoperatoren

Operator		*True, wenn...*	*False, wenn...*
<	Kleiner als	Ausdruck1 < Ausdruck2	Ausdruck1 >= Ausdruck2
<=	Kleiner oder gleich	Ausdruck1 <= Ausdruck2	Ausdruck1 > Ausdruck2
>	Größer als	Ausdruck1 > Ausdruck2	Ausdruck1 <= Ausdruck2

Operator		*True, wenn...*	*False, wenn...*
>=	Größer oder gleich	Ausdruck1 >= Ausdruck2	Ausdruck1 < Ausdruck2
=	Gleich	Ausdruck1 = Ausdruck2	Ausdruck1 <> Ausdruck2
<>	Ungleich	Ausdruck1 <> Ausdruck2	Ausdruck1 = Ausdruck2

Tab. 24.86: Die allgemeinen Vergleichsoperatoren

*Fall *)*	*Ergebnis*
Beide Ausdrücke haben einen numerischen Datentyp.	Numerischer Vergleich
Beide Ausdrücke sind Werte vom Typ String.	Zeichenfolgenvergleich
Ein Ausdruck ist numerisch, der andere eine Variant-Zahl/envariable.	Numerischer Vergleich
Ein Ausdruck ist numerisch, der andere eine Variant (keine Zahl).	Fehler: Datentypen unverträglich
Ein Ausdruck ist String, der andere ist ein beliebiger Variant (außer Null).	Zeichenfolgenvergleich
Ein Ausdruck hat den Wert Empty, der andere ist ein numerischer Datentyp.	Numerischer Vergleich (Empty-Ausdruck = 0)
Ein Ausdruck hat den Wert Empty, der andere ist vom Typ String.	Zeichenfolgenvergleich (Empty-Ausdruck = "")
Sind beide Ausdrücke Variant, so gilt:	
Beide Variant-Ausdrücke sind numerisch.	Numerischer Vergleich
Beide Variant-Ausdrücke sind Zeichenfolgen.	Zeichenfolgenvergleich
Ein Variant-Ausdruck hat den Wert Empty, der andere ist numerisch.	Numerischer Vergleich (Empty-Ausdruck = 0)
Ein Variant-Ausdruck hat den Wert Empty, der andere ist eine Zeichenfolge.	Zeichenfolgenvergleich Empty-Ausdruck = 0)
Beide Variant-Ausdrücke haben den Wert Empty.	Die Ausdrücke sind gleich.

*) Numerisch = Byte, Boolean, Integer, Long, Single, Double, Date, Currency, oder Decimal

Tab. 24.87: Die Art des Vergleichs

Like-Operator

```
Ergebnis = Ausdruck Like Muster
```

Like wird für den Vergleich zweier Zeichenfolgenausdrücke verwendet.

Wenn Ausdruck und Muster übereinstimmen, ist das Ergebnis True. Bei fehlender Übereinstimmung ist das Ergebnis False. Hat entweder Ausdruck oder Muster den Wert Null, ergibt sich auch für Ergebnis der Wert Null.

Ob der Like-Operator die Groß-/Kleinschreibung beachtet und welche Sortierreihenfolge er für Zeichen zugrundelegt, hängt von der Einstellung der Option Compare-Anweisung (s.d.) ab.

Zeichen in Muster	*Steht in Ausdruck für...*
?	ein beliebiges Zeichen.
*	Null oder mehr Zeichen.
#	eine beliebige Ziffer (0-9).
[ZeichenListe]	ein beliebiges Zeichen in ZeichenListe.
[!ZeichenListe]	ein beliebiges Zeichen außerhalb von ZeichenListe.

Tab. 24.88: Platzhalter für Like-Muster

Die Sonderzeichen linke Klammer ([ ), Fragezeichen (?), Sternchen (*) und das Zeichen # müssen in eckige Klammern gesetzt werden, um für einen Vergleich herangezogen werden zu können. Nachfolgend einige wichtige Regeln zum Mustervergleich:

- Ein Ausrufezeichen (!) am Anfang von ZeichenListe bedeutet, daß sich eine Übereinstimmung ergibt, wenn in Ausdruck ein Zeichen gefunden wird, das nicht in ZeichenListe enthalten ist. Wird das Ausrufezeichen außerhalb der eckigen Klammern verwendet, dient es als Platzhalterzeichen für sich selbst.
- Der Bindestrich (-) kann entweder am Anfang (nach einem Ausrufezeichen, sofern vorhanden) oder am Ende von ZeichenListe erscheinen, um als Platzhalterzeichen für sich selbst zu dienen. In jeder anderen Position dient der Bindestrich der Kennzeichnung eines Bereichs von ANSI-Zeichen.
- Wenn ein Zeichenbereich festgelegt wird, müssen die Zeichen in aufsteigender Sortierreihenfolge (vom niedrigsten zum höchsten) erscheinen. [A-Z] ist demnach ein zulässiges Muster, [Z-A] dagegen nicht.
- Die Zeichenfolge [ ] wird ignoriert bzw. als leere Zeichenfolge ausgelegt.

Is-Operator

```
Resultat = Objekt1 Is Objekt2
```

Is wird verwendet, um zwei Referenzvariablen für Objekte zu vergleichen.

Referenzieren sowohl Objekt1 und Objekt2 dasselbe Objekt, ist das Resultat True. Ist dies nicht der Fall, dann ist das Resultat False.

24.9.5 Logische Operatoren

Diese Operatoren, auch boolesche Operatoren genannt (nach G. Boole 1815 – 1864), dienen dem logischen und bitweisen Vergleich.

Operation	*Operator*	*Beschreibung*
Negation (Ist nicht)	Not	Not führt eine logische Negation des Ausdrucks durch.
Konjunktion (Und)	And	And dient zum Durchführen einer logischen Konjunktion zwischen zwei Ausdrücken.
Disjunktion (Oder)	Or	Or dient zum Durchführen einer logischen Disjunktion von zwei Ausdrücken.
Exklusion (Exklusives Oder)	Xor	Xor dient zum Durchführen einer logischen Exklusion zwischen zwei Ausdrücken.
Äquivalenz (Entspricht)	Eqv	Eqv dient zum Bestimmen einer logischen Äquivalenz zwischen zwei Ausdrücken.
Implikation (Enthalten in)	Imp	Imp dient zum Durchführen einer logischen Implikation zwischen zwei Ausdrücken.

Tab. 24.89.1: Boolesche Operatoren

Operator	*Syntax*	*Hinweis*
Not	Ergebnis = Not Ausdruck	Tab. 22.90
And	Ergebnis = Ausdruck1 And Ausdruck2	Tab. 22.91
Or	Ergebnis = Ausdruck1 Or Ausdruck2	Tab. 22.92
Xor	Ergebnis = Ausdruck1 Xor Ausdruck2	Tab. 22.93
Eqv	Ergebnis = Ausdruck1 Eqv Ausdruck2	Tab. 22.94
Imp	Ergebnis = Ausdruck1 Imp Ausdruck2	Tab. 22.95

Tab. 24.89.2: Syntax der Booleschen Operatoren

Ausdruck	*Ergebnis*
True	False
False	True
Null	Null

Tab. 24.90.1: Die Wirkung von Not

Bit in Ausdruck	*Bit in Ergebnis*
0	1
1	0

Tab. 24.90.2: Die Bit-Operationen von NOT

Ausdruck1	*Ausdruck2*	*Ergebnis*
True	True	True
True	False	False

Ausdruck1	*Ausdruck2*	*Ergebnis*
True	Null	Null
False	True	False
False	False	False
False	Null	False
Null	True	Null
Null	False	False
Null	Null	Null

Tab. 24.91.1: Die Wirkung von And

Bit1	*Bit2*	*Ergebnis*
0	0	0
0	1	0
1	0	0
1	1	1

Tab. 24.91.2: Die Bitoperationen von AND

Ausdruck1	*Ausdruck2*	*Ergebnis*
True	True	True
True	False	True
True	Null	True
False	True	True
False	False	False
False	Null	Null
Null	True	True
Null	False	Null
Null	Null	Null

Tab. 24.92.1: Die Wirkung von Or

Bit1	*Bit2*	*Ergebnis*
0	0	0
0	1	1
1	0	1
1	1	1

Tab. 24.92.2: Die Bitoperationen von OR

Ausdruck1	*Ausdruck2*	*Ergebnis*
Null	True/False	Null
True/False	Null	Null
True	True	False
True	False	True
False	True	True
False	False	False

Tab. 24.93.1: Die Wirkung von Xor

Bit1	*Bit2*	*Ergebnis*
0	0	0
0	1	1
1	0	1
1	1	0

Tab. 24.93.2: Die Bitoperationen von XOR

Ausdruck1	*Ausdruck2*	*Ergebnis*
Null	True/False	Null
True/False	Null	Null
True	True	True
True	False	False
False	True	False
False	False	True

Tab. 24.94.1: Die Wirkung von Eqv

Bit1	*Bit2*	*Ergebnis*
0	0	1
0	1	0
1	0	0
1	1	1

Tab. 24.94.2: Die Bitoperationen von EQV

Ausdruck1	*Ausdruck2*	*Ergebnis*
True	True	True
True	False	False
True	Null	Null
False	True	True

Ausdruck1	*Ausdruck2*	*Ergebnis*
False	False	True
False	Null	True
Null	True	True
Null	False	Null
Null	Null	Null

Tab. 24.95.1: Die Wirkung von Imp

Bit1	*Bit2*	*Ergebnis*
0	0	1
0	1	1
1	0	0
1	1	1

Tab. 24.95.2: Die Bitoperationen von IMP

24.10 Integrierte Konstanten

Auch die Zahl der eingebauten Konstanten sind von Version zu Version angestiegen.

Ab VB2 sind die Konstanten

```
False ' Wert = 0
True  ' Wert = -1
```

verfügbar.

Ab VB4 sind die meisten der in den Vorversionen in der Datei »Constants.txt« gespeicherten Konstanten im System vordefiniert. Welche Konstanten gültig sind, finden Sie im Objektkatalog (mit F2 öffnen). In den Tabellen dieser Referenz sind die Konstanten weitestgehend in der ab VB4 verwendeten Schreibweise wiedergegeben.

24.11 Dateien

Dateien sind unter eigenem Namen (Dateiname) gespeicherte Daten.

Daten sind Informationen in maschinenverarbeitbarer Form.

24.11.1 Dateitypen

Daten können strukturiert als Datengruppe oder unstrukturiert als Zeichenfolge vorhanden sein.

Insbesondere nach der Anordnung beim Laden unterscheiden wir:

- Sequentielle Dateien
- Relative Dateien, auch Direktzugriffsdateien oder Dateien für wahlfreien Zugriff genannt
- Datenbankdateien
- Binäre Dateien

Alle Dateien bestehen aus Einzelzeichen, die je nach Dateityp unterschiedliche Bedeutung haben.

Die Einzelzeichen können sein:

- Alphanumerische oder
- Steuerzeichen.

Mit den Steuerzeichen werden Dateistrukturen und bestimmte Rechneraktionen festgelegt beziehungsweise ausgelöst.

Sequentielle Datei

Sequentiell könnte man mit »Teil für Teil« übersetzen. Sequentielle Dateien werden so genannt, weil sie vom Dateianfang beginnend, beim Speichern und Laden als Ganzes oder in Abschnitten abgelegt und eingelesen werden.

Die Teilgröße bestimmen am Ende eingefügte Begrenzerzeichen (z.B. Zeilenende-Zeichen = vbCrLf (Chr$(13) + Chr$(10))

Relative oder Direktzugriffs-Datei

Die Daten einer relativen Datei sind schon bei Erstellung und Verarbeitung strukturiert. Ihre Teile, in der Regel Datensätze, haben immer die gleiche Struktur. Die Datensätze werden bei der Bearbeitung normalerweise direkt auf den Datenträger geschrieben. Wenn überhaupt, befindet sich nur der aktuelle Datensatz zur Bearbeitung im Arbeitsspeicher. Zumeist werden die Daten direkt auf dem Datenträger geändert.

Durch die fixe Datensatzlänge für die ganze relative Datei kann jeder beliebige Datensatz durch Multiplikation seines Index mit der Datensatzlänge direkt gefunden und bearbeitet werden. Im Datensatz sind die Datenfelder, vom ersten Zeichen des Datensatzes gerechnet, gleichfalls fest adressiert.

Die relative Datei hat ihren Namen daher, daß die Berechnung des Datensatzanfangs und des Anfangs der Datenfelder relativ zum Startpunkt durch einfache Multiplikation mit den Längen erfolgt.

Relationale oder Datenbankdateien

Außer den genannten Dateivarianten stellt VB ab Version 3.0 auch spezielle Objekte und Befehle für einen vierten Dateityp, die Datenbankdateien.

Für den Zugriff auf Datenbankdateien ist ab VB3 das Microsoft Jet-Datenbankmodul integriert. Dieses Modul bietet je nach VB-Version und -Edition unterschiedliche Optionen.

Binäre Datei

Die binäre Datei berücksichtigt weder Begrenzer noch relative Datenpositionen. Deren Grundlage ist das einzelne Byte.

Speicherung und insbesondere der Zugriff erfolgen in einem oder mehreren Blöcken mit beliebiger Bytezahl.

Da alle Dateien immer als Bit und Byte auf dem Datenträger stehen, kann man auch jede beliebige Datei binär laden.

Zwei Besonderheiten gilt es beim binären Laden einer Datei zu beachten:

Es werden Zeichen aller Art mit eingelesen. Dies können auch Zeichen sein, die bei sequentiellem Laden, da sie als Begrenzer angesehen werden, gar nicht mitgeladen werden oder gar den Abbruch des Ladens bewirken.

Außerdem kann man binär über das Dateiende hinaus laden.

Beim Schreiben in eine vorhandene binäre Datei ist zu beachten:

Die Dateilänge wird nur geändert, wenn die eingefügten Zeichen sie überschreiten. Erreicht die Zeichenzahl die Dateilänge nicht, bleiben die restlichen Zeichen erhalten.

24.11.2 Datei-Controls

Für den Zugriff auf Laufwerke und Verzeichnisse stehen unter VB bestimmte Steuerelemente zur Verfügung. Diese sind im Kapitel »Datei-Controls« besprochen.

24.11.3 Dateien als Objekte

Dateien sind spezielle Objekte, aber keine von Klassen abgeleiteten OLE-Objekte.

Sie besitzen zwar Eigenschaften, die aber keine Objekt-Eigenschaften sind. Dateien verfügen über keine Methoden und registrieren keine Ereignisse.

Alle Datei-Operationen erfolgen durch Befehle.

24.11.4 Datei-Befehle

Auf Dateien kann mit bestimmten Befehlen zugegriffen werden, um ihre Eigenschaften auszulesen oder dateibezogene Aktionen auszuführen.

Da die Pfadangaben mit zu den Eigenschaften der Dateien gehören, werden diese gleichfalls hier besprochen.

Befehl	*Ab*	*Funktion*	*Anweisung*	*Kurzbeschreibung*
Laufwerke und Verzeichnisse				
ChDir		–	x	Standardverzeichnis wechseln
ChDrive		–	x	Standardlaufwerk wechseln
CurDir$ (Ab VB2 auch CurDir)		x	–	Standardpfad (LW und Verzeichnis)
Dir$ (Ab VB2 auch Dir)		x	–	Verzeichnis- oder Dateiname nach Pattern
MkDir		–	x	Neues Verzeichnis erstellen
RmDir		–	x	(Leeres) Verzeichnis löschen
Dateieigenschaften				
GetAttr	VB2	x	–	Dateiattribute lesen
SetAttr	VB2	–	x	Dateiattribute setzen
FileDateTime	VB2	x	–	Dateierstellungs-/-änderungsdatum (Uhrzeit)
FileLen	VB2	x	–	Dateilänge
FreeFile		x	–	Freier Datenkanal zum Öffnen
Name		–	x	Verzeichnis/Datei umbenennen
Öffnen, Schließen, Kopieren				
Open, Close		–	x	Datei öffnen/schließen
FileAttr		x	–	Zugriffsmodus/-nummer der geöffneten Datei
FileCopy	VB2	–	x	Geschlossene (sonst Fehler) Datei kopieren
Kill		–	x	Datei löschen
Lock, Unlock		–	x	Zugriffsregelung auf geöffnete Datei
Reset		–	x	Alle geöffneten Dateien schließen
Schreiben und Lesen				
Get, Put		–	x	Anzahl Zeichen von/an Position
Input$ (ab VB2 auch Input)		x	–	Anzahl Zeichen aus sequentieller Datei
Input #		–	x	Daten aus sequentieller Datei
InputB	VB4	x	–	Anzahl Bytes aus Datei
Line Input #	VB2	–	x	Zeile aus Datei
Loc		x	–	Aktuelle Position in geöffneter Datei
EOF		x	–	Dateiendezeichen abfragen

Befehl	*Ab*	*Funktion*	*Anweisung*	*Kurzbeschreibung*
LOF		x	–	Länge der geöffneten Datei
Print #		–	x	Formatierte Daten in sequentielle Datei
Seek		x	x	Aktuelle Position in Datei festlegen/anzeigen
Width #		–	x	Breite der Ausgabezeile
Write #		–	x	Schreibt unformatierte Daten (Trenner Komma)

Tab. 24.96.1: Die Dateibefehle

Befehl		*Syntax*	*Hinweis*
Laufwerke und Verzeichnisse			
ChDir		ChDir Pfad	*)
ChDrive		ChDrive Laufwerk	
CurDir$		AktVerzeichnis = CurDir[$] [(Laufwerk)]	
Dir$		AktDir = Dir[(Name[, Attribut])]	**)
MkDir		MkDir Pfad	*)
RmDir		RmDir Pfad	*)
Dateieigenschaften			
GetAttr		Attribute = GetAttr(Pfadname) auch: Ergebnis = GetAttr(FName) And vbArchive	***)
SetAttr		SetAttr Pfadname, Attribute	*) und ***)
FileDateTime		Zeitangabe = FileDateTime(Pfadname)	
FileLen		Dateilänge = FileLen(Pfadname)	*) und ****)
FreeFile	ab VB1	Dateinr = FreeFile	
	VB2/3	Dateinr = FreeFile[()]	
	Ab VB4	Dateinr = FreeFile[(Bereichsnummer)]	+)
Name		Name AlterPfadname As NeuerPfadname	*)
Öffnen, Schließen, Kopieren			
Open		Open Pfadname For Modus[Access Zugriff] _ [Sperre] As [#]Dateinummer[Len = Satzlänge]	*) ++)
Close		Close [#Dateinummer] [, #Dateinummer] ...	
FileAttr		Attribute = FileAttr(Dateinummer, returntype)	
FileCopy		FileCopy Quelle, Ziel	
Kill		Kill Pfadname	**)
Lock		Lock [#]Dateinummer[, Satzbereich]	
Unlock		Unlock [#]Dateinummer[, Satzbereich]	
Reset		Reset	
Schreiben und Lesen			
Get		Get [#]Dateinummer, [Satznummer], Variable	++++)

Befehl	*Syntax*	*Hinweis*
Put	Put [#]Dateinummer, [Satznummer], Variable	++++)
Input$	Variable = Input(Zeichenzahl,[#]Dateinummer)	
Input #	Input #Dateinummer, VarListe	
InputB	Variable = InputB(Bytezahl,[#]Dateinummer)	
Line Input #	Line Input #Dateinummer, Variable	
Loc	Position = Loc(Dateinummer)	Tab.20.9
EOF	IsEndOfFile = EOF(Dateinummer)	
LOF	DateiLaenge = LOF(Dateinummer)	
Print #	Print #Dateinummer, [Ausgabeliste]	#)
Seek	Seek [#]Dateinummer, ZeigerPosition	Position setzen
	ZeigerPosition = Seek ([#]Dateinummer)	Position lesen
Width #	Width # Dateinummer, Länge	Länge: 0 bis 255
Write #	Write #Dateinummer, [Ausgabeliste]	#)

*) Pfad = [Laufwerk:][\Verzeichnis[\Verzeichnis]] ChDir wechselt nicht das Standardlaufwerk!

**) Platzhalter für mehrere Zeichen (*) und Einzelzeichen (?) zulässig.
Attribut: s. Tab. 24.97. Dir ohne Argument schaltet weiter zur nächsten Datei.

***) Pfadname = Pfad + Dateiname
Rückgabe-Attribute: s. Tab. 24.97

****) Geschlossene Datei: aktuelle Länge Geöffnete Datei: Länge vor dem Öffnen

+) Bereichsnummer legt den Bereich fest, aus dem die nächste Dateinummer zurückgegeben wird.
0 (Voreinstellung) Bereich 1 bis 255. 1 Bereich von 256 bis 511

++) Tabellen 24.98 ff
Satzlänge <= 32.767 Random: Datensatzlänge. Sequentiell: Zeichenlänge des Puffers
Eine nicht existierende Datei wird erstellt, wenn sie mit Append, Binary, Output oder Random geöffnet wird.

+++) Satzbereich: Satznummer|[Anfang] To Ende s. Tab. 24.102.

++++) Satznummer ist bei Modus Random die Datensatznummer bei Modus Binary die Byte-Nummer,
an der der Lesevorgang beginnt. Beide Kommata sind immer anzugeben!

#) Ausgabeliste = [{Spc(n)|Tab[(n)]}][Ausdruck][ZeichenPos] s. Tab. 24.104

Tab. 24.96.2: Die Syntax der Dateibefehle

Wert	*Konstante*	*Beschreibung*
0	vbNormal	Normal
2	vbHidden	Versteckt
4	vbSystem	Systemdatei
8	vbVolume	Datenträgerbezeichnung. Falls angegeben, werden alle anderen Attribute ignoriert
16	vbDirectory	Verzeichnis oder Ordner

Tab. 24.97: Einstellungen für Attribut, Rückgabewerte von GetAttr und Vorgabewerte von SetAttr

Modus	*Dateizugriff*	*Zugriff*	*Datei öffnen um ...*	*Hinweis*
Binary	Binär	R/W	Datensätze oder Dateiteile mit Get oder Input zu lesen, bzw. mit Put zu schreiben.	*)
Input	Sequentiell	R	mit Input # oder Line Input # Daten einlesen.	**)
Append	Sequentiell	W	Daten anzuhängen an Dateiende.	*)
Output	Sequentiell	W	Dateiinhalt neu zu schreiben. Löscht bestehenden Dateiinhalt.	*)
Random	Datensatz	R/W	auf einzelne Datensätze wahlfrei zuzugreifen.	*) Voreinstellung

*) Ist die Datei nicht vorhanden, wird sie erstellt.

**) Ist die Datei nicht vorhanden, erfolgt eine Fehlermeldung.

Tab. 24.98: Einstellungen für Open-Modus

Zugriff	*Zugriffsart*
Read	Nur Lesen
Write	Nur Schreiben
Read Write	Lesen und Schreiben

Tab. 24.99: Einstellungen für Open-Zugriff

Einstellung	*Für andere Benutzer ...*
Shared	Zugriff nicht gesperrt
Lock Read	Lesezugriff gesperrt
Lock Write	Schreibzugriff gesperrt
Lock Read Write.	Lese- und Schreibzugriff gesperrt

Tab. 24.100: Einstellungen für Open-Sperre

Zugriffsmodus	*Rückgabewert von FileAttr*
Input	1
Output	2
Random	4
Append	8
Binary	32

Tab. 24.101: Rückgabewerte bei FileAttr, wenn returntype = 1 ist.

Einstellung	*Beschreibung*
Satznummer	Ist in Dateien mit dem Modus Random die Nummer des Datensatzes oder in Dateien mit dem Modus Binary die Byte-Nummer, an dem/der das Einrichten/Aufheben der Sperre beginnt.
Anfang/Ende	(> 0) ist die Nummer des ersten/letzten Datenelements (Datensatz oder Byte), für das die Sperre eingerichtet/aufgehoben werden soll.

Tab. 24.102: Einstellungen für Satzbereich

Zugriffsmodus	*Rückgabewert*
Random	Nummer des letzten Datensatzes, der aus der Datei gelesen oder in die Datei geschrieben wurde.
Binary	Position des letzten gelesenen oder geschriebenen Bytes.
Sequentiell	Es wird zurückgegeben die aktuelle Byte-Position in der Datei, dividiert durch 128. Informationen, die von Loc für sequentielle Dateien zurückgegeben werden, werden nicht verwendet und sind auch nicht erforderlich.

Tab. 24.103: Loc-Rückgabewerte für die einzelnen Dateizugriffsmodi

Einstellung	*Beschreibung*
Spc(n)	Fügt n Leerzeichen in die Ausgabe ein.
Tab(n)	Positioniert die Einfügemarke in der absoluten Spaltennummer n. Tab ohne Argument,setzt die Einfügemarke an den Anfang des nächsten Druckbereichs.
Ausdruck	Ein oder mehrere, durch Leerzeichen oder Semikola (beide Zeichen haben dieselbe Wirkung) voneinander getrennte, numerische Ausdrücke oder Zeichenfolgenausdrücke.
ZeichenPos	Legt die Einfügemarke für das nächste Zeichen fest. Mit einem Semikolon positionieren Sie die Einfügemarke unmittelbar hinter dem zuletzt ausgegebenen Zeichen. Mit Tab(n) legen Sie eine absolute Spaltennummer als Einfügemarke fest. Tab ohne Argument setzt die Einfügemarke an den Anfang des nächsten Druckbereichs. Ohne Angabe von ZeichenPos wird das nächste Zeichen in der nächsten Zeile ausgegeben.

Tab. 24.104: Einstellungen des Arguments Print#-Ausgabeliste

25 Auflistungen und Subobjekte

Eine Vielzahl von Objekten enthält Auflistungen. Ich trenne

- allgemeine Auflistungen,
- als Subobjekte untergeordnete Auflistungen und
- selbstdeklarierte Auflistungen.

Die beiden ersten Auflistungstypen sind im System vordefiniert, können und müssen also nicht deklariert werden.

Bitte beachten Sie:

- Der Indexbereich der allgemeinen Auflistungen beginnt beim Wert 0.
- Der unterste Index der Subobjekt- und mit Collection selbstdeklarierten Auflistungen hat in der Regel den Wert 1.

In dieser Referenz sind allgemeine und untergeordnete Auflistungen bei den Objekten besprochen, denen sie zugeordnet sind.

25.1 Allgemeine Auflistungen und Arrays

Auf allgemeine Auflistungen können Sie zugreifen, ohne explizit ein Element dieser Auflistung als Objekt definiert zu haben.

Das gleiche gilt für Control-Arrays und Fonts.

Auflistungen	*Ab: VB2*	*Beschreibung*
Forms		Auflistung aller zur Zeit geladenen Formen
Controls		Auflistung aller (sichtbar oder unsichtbar)
Fonts	VB1	Zwei (getrennt für Screen und Printer verwendbare) Sondertypen von Auflistungen, in denen die jeweils verfügbaren Font-Objekte zusammengefaßt sind
Printers	VB4	Liste der verfügbaren Printer-Objekte

Bezeichnung	*Ab: VB1*	*Beschreibung*
Control-Arrays		Objekt-Felder, die jeweils alle Control-Objekte mit gleichem Namen enthalten

Tab. 25.1: Auflistungen und Arrays

25.1.1 Forms-Auflistung und Form-Objekte

Forms-Auflistung ist die – ab VB2 verfügbare - Auflistung der geladenen Formen in einer Anwendung. Die Auflistung umfaßt die MDI-Form, untergeordnete MDI-Formen und nicht-MDI-Formen der Anwendung.

Forms ist kein deklarierbarer Objektdatentyp.

Ab VB4 können Sie die Forms-Auflistung einer Variant-Variablen zuweisen.

```
Dim Frms As Variant
Set Frms = [VB.]Forms   ' Präfix VB optional s. Kapitel 2
```

Eigenschaft	*Ab: VB2*	*Beschreibung*
Count		Anzahl der geladenen Formen
Eigenchaft	*Syntax*	
Count	Anz = Forms.Count	

Tab. 25.2: Die Count-Eigenschaft der Forms-Auflistung und ihre Syntax

Form-Objekt

Jedes Einzelelement einer Forms-Auflistung ist ein Form-Objekt.

Form ist (ab VB2) deklarierbarer Objektdatentyp.

In allen Versionen ist Form als Datentyp für Prozedur-Parameter zulässig.

```
Dim Einzelform As Form
Set Einzelform = Forms(Index)

Sub MyProcedure (Frm As Form)
```

Formen vervielfältigen

Wie Sie Formen vervielfältigen, zeige ich im Abschnitt »Formen kopieren« in Kapitel 3.

25.1.2 Controls-Auflistung und Control-Objekt

Controls-Auflistung

Controls ist die Auflistung aller Steuerelemente einer Form.

Für die Controls-Auflistung ist Unterster_Index = 0.

```
Verweis = FormObjekt.Controls
```

Beachten Sie den Unterschied zwischen Controls-Auflistung und den weiter unten beschriebenen Control-Arrays.

Eigenschaft	*Ab: VB1*	*Beschreibung*
Count		Anzahl der Controls
Methoden	*Ab: VB6*	*Beschreibung*
Add		Ein Element hinzufügen
Remove		Ein Element gezielt entfernen

Tab. 25.3.1: Eigenschaft und Methoden der Controls-Auflistung

Eigenchaft	*Syntax*
Count	Anz = [Form.]Controls
Methoden	*Syntax*
Add	[Form.]Controls.Add (ProgID, Name[, Container])
Remove	[Form.]Controls.Remove Name

*) ProgID = String aus: "VB." & Objektklasse
Name (String!) = der im Projekt zu verwendende Name für das Control
Container (Objekt!) kann sein: Form, Frame, PictureBox, UserControl, ActiveX-Dokument

Tab. 25.3.2: Syntax der Eigenschaft und Methoden der Controls-Auflistung

Control-Objekt

Jedes Einzelelement einer Controls-Auflistung ist ein Control-Objekt.

Control ist (ab VB2) deklarierbarer Objektdatentyp.

In allen Versionen ist Control als Datentyp für Parameter zulässig.

```
' Ab VB2
Dim Ctrl As Control
Set Ctrl = [Form.]Controls(Index)
```

Controls dynamisch hinzufügen

Vor VB6 müssen Sie ein indiziertes Element (Vorschlag: verwenden Sie Index = 0 für dieses erste Element) des gewählten Control-Typs auf Ihrer Form plazieren. Danach können Sie Kopien des Controls erstellen und verwenden.

```
Load Objekt(Index)
' Objekt-Eigenschaften einstellen
Objekt(Index).Visible = True
```

Wichtig: Die Visible-Einstellung von dynamisch eingefügten Controls ist voreingestellt auf False gesetzt. Sonst besitzen sie zunächst die gleichen Eigenschaftswerte wie das Original.

Ändern Sie die individuellen Einstellungen der Eigenschaften, verwenden Sie die Methoden, und reagieren Sie auf die Ereignismeldungen für ein bestimmtes Element der Auflistung mit Hilfe des Index.

Ab VB6 können Sie mit der Add-Methode unter Verwendung des globalen VB-Objekts (s. 2.2.1: »Global Objekt und VB-Objekt«) einzelne Controls direkt zur Laufzeit einfügen, ohne vorher ein Objekt dieser Klasse definiert zu haben.

Dazu verwenden Sie folgende Codezeilen:

```
Private WithEvents Objektnam As Objektklasse
Set Objektname = _
     Controls.Add("VB.Objektklasse", Name$[, Container])
```

Wichtig ist:

1. Um auf Ereignisse reagieren zu können, müssen Sie das Objekt mit dem Attribut »With-Events« deklarieren.
2. WithEvents läßt nicht zu, mit der Add-Methode der Controls-Auflistung Control-Arrays zu erzeugen. Jedes dynamisch hinzugefügte Control ist ein Einzelobjekt.

Entfernen können Sie jedes Control mit

```
Controls.Remove Objektname
Set Objekt = Nothing
```

Beispiel:

```
Option Explicit
Private WithEvents Picture1  As PictureBox

Private Sub Form_Load()
   Set Picture1 = _
         Controls.Add("VB.PictureBox", "Picture1")
   With Picture1
```

```
      .Width = 2000
      .BackColor = QBColor(12)
      .Top = (ScaleHeight - .Height) / 2
      .Left = (ScaleWidth - .Width) / 2
      .Visible = True
   End With
End Sub

Private Sub Picture1_Click()
  Info Picture1
End Sub

Private Sub Form_Unload(Cancel As Integer)
  Controls.Remove Picture1
  Set Picture1 = Nothing
End Sub

Sub Info(Ctrl As Control)
  Dim Tx$
  With Picture1
    Tx$ = "Name: " & .Name & vbCrLf
    Tx$ = Tx$ & "Left/Top :" & .Left & "/" & .Top & vbCrLf
    Tx$ = Tx$ & "Width/Height :" _
   & .Width & "/" & .Height & vbCrLf
    Tx$ = Tx$ & "BackColor: " & Hex(.BackColor) & vbCrLf
  End With
```

Sie können so von jeder integrierten oder als Zusatzsteuerelement dem Projekt hinzugefügten Steuerelement-Klasse zur Laufzeit dynamisch Objekte erzeugen und nutzen.

Achtung: Eigenschaften, die zur Laufzeit ReadOnly (nur lesbar; in den Tabellen = R) sind, können Sie bei unter VB6 dynamisch hinzugefügten Controls nicht ändern!

25.1.3 Control-Arrays sind Steuerelement-Felder

Die Elemente eines Control-Arrays sind Controls gleichen Objekttyps, gleichen Namens, aber unterschiedlicher Kennung (Index und optional Key).

Eigenschaft	*Ab: VB2*	*Beschreibung*	*LZ*
Count		Anzahl der Elemente im Array	R
Item		Einzelelement (Standardeigenschaft)	R
LBound	VB4	Niedrigster verwendeter Index	R
UBound	VB4	Höchster verwendeter Index	R

Tab. 25.4.1: Eigenschaften der Controls-Arrays

Eigenschaft	*Syntax*	
Count	Anz = Controlname.Count	*)
Item	Set Element = Controlname.Item(Kennung)	
LBound	LIndex = Controlname.LBound	*)
UBound	HIndex= Controllname.Ubound	*)

*) Der maximale Index für ein Steuerelementefeld ist
32767 (32-Bit-Windows) und ca. 16000 (16-Bit-Windows).
Die tatsächlich zulässige Zahl von Elementen ist davon abhängig, über wieviel Systemressourcen und Arbeitsspeicher der aktuelle Rechner verfügt.

Tab. 25.4.2: Syntax der Eigenschaften der Controls-Arrays

25.1.4 Fonts-Auflistungen und Font-Objekt

Bitte beachten Sie: Fonts wird unter VB als Eigenschaft bezeichnet und ist keine Auflistung im eigentlichen Sinn. Wegen der parallelen Vorgehensweise und ihrer Struktur zähle ich sie zu den Auflistungen. Sie können aber nicht For..Each darauf anwenden!

Fonts-Auflistung

Eine Fonts-Auflistung faßt die Fonts eines globalen Objekts (Printer und Screen) zusammen.

```
Cnt = {Screen|Printer}.Forms.Count
Dim Fnt(Cnt)
For m = 0 To Cnt - 1
  Fnts(m) = {Screen|Printer}.Fonts(m)
Next
```

Auch die Fonts-Auflistungen verfügen über eine Count-Eigenschaft. Sie wird hier nur Font-Count genannt.

Font-Objekt

```
Dim Fnt As Font
Set Fnt = Objekt.Font
Set NextObj.Font = Fnt
```

Font ist der Objekttyp, als der die Elemente der Fonts-Auflistung deklariert werden können.

Er wird abgeleitet von dem globalen Objekt StdFont.

Eigenschaft	*Kurzbeschreibung*	*In allen VB-Versionen:*
Bold	Fett	FontBold
Italic	Kursiv	FontItalic
Name	Font-Name	FontName
Size	Schrifthöhe	FontSize
StrikeThrough	Durchgestrichen	FontStrikeThru (beachten Sie die unterschiedliche Schreibweise)
Underline	Unterstrichen	FontUnderline
Weight	Zeichenstärke (400 oder 700)	(nicht verfügbar)

Tab. 25.5: Die Font-Eigenschaften

25.1.5 Printers-Auflistung und Printer-Objekt

Die Printers-Auflistung erlaubt (ab VB4) das Abrufen von Informationen über alle im System verfügbaren Drucker, Faxgeräte etc.

Im Gegensatz zu Printer (s. Kap. 2) ist Printers kein deklarierbarer Datentyp. Verwenden Sie hierfür Variant.

Die Printers-Auflistung verfügt nur über die Count-Eigenschaft.

```
Anz = Printers.Count
```

```
Dim Prns As Variant, Prn As Printer
Set Prns = Printers
For Each Prn In Prns
  Print Prn.Name
Next
```

Sie legen einen der Drucker aus der Printers-Auflistung als Standarddrucker fest, indem Sie die Set-Anweisung verwenden.

```
Dim EinzelPrinter As Printer
Set StandardPrinter = Printers(Index)
```

Bitte beachten Sie, daß alle Eigenschaften der Printer-Objekte, mit Ausnahme derer für den Standarddrucker, schreibgeschützt sind.

25.2 Untergeordnete Auflistungen und Subobjekte

Als solche bezeichne ich alle im System für spezielle Objekte vordefinierten Auflistungen.

Dazu zählen beispielsweise

- Panels als Subobjekt der Statusbar,

- Buttons als Subobjekt der Toolbar,
- Tabs als Subobjekt des TabStrip.

Alle untergeordneten Auflistungen werden in dieser Referenz jeweils bei den Objekten als Subobjekte besprochen, denen sie zugeordnet sind.

25.3 Selbstdefinierte Auflistungen

Ab VB4 können Sie auch eigene Auflistungen definieren. Grundlage dafür ist das Collection-Objekt.

25.3.1 Collection-Auflistung und Object-Objekt

```
{Dim|Private|Public} _
CollectionName As New Collection
```

Eine Collection-Auflistung faßt mehrere zusammengehörende Elemente auch unterschiedlicher Struktur zusammen. Damit kann auf diese Gruppe von Elementen als einzelnes Objekt Bezug genommen werden.

Eine Auflistung kann genauso erstellt werden wie andere Objekte.

```
Dim X As New Collection
```

Die Elemente in einer Collection müssen nicht wie bei den vordefinierten Auflistungen von gleichem Datentyp sein. Sie sind Elemente ihrer Auflistung per Deklaration und stehen durch die Tatsache miteinander in Beziehung, daß sie sich in der Collection befinden.

Collection-Eigenschaften und -Methoden

Eigenschaft	*Ab: VB4*	*Kurzbeschreibung*	*Entw.*	*LZ*
Count		Anzahl der Elemente	–	R/W
Item		Bestimmtes Element (Index oder Key)	–	R/W
Methoden	*Ab: VB4*	*Kurzbeschreibung*		
Add		Element hinzufügen		
Remove		Element entfernen		

Tab. 25.6: Eigenschaft und Methoden der Collection

Count

Count gibt die Anzahl der Objekte in einer Auflistung zurück.

```
Anzahl = CollectionName.Count
```

Die Count-Eigenschaft der SelectedComponents-Auflistung, die von Visual Basic für Add-Ins offengelegt wird, hat unter Visual Basic, Version 4.0, maximal den Wert 1.

Item-Eigenschaft

Item (Standardeigenschaft) gibt ein bestimmtes Element eines Collection-Objekts über die Position (beginnend mit 1!) oder den Schlüssel zurück.

```
CollectionName.Item(Kennung)
```

Collection verfügt über zwei Methoden.

Add-Methode

Add fügt einem Collection-Objekt als letztes ein weiteres Element hinzu.

```
... = item [Key][, {before|after}]

CollectionName.Add ...

' oder
Element = CollectionName.Add (...)

' oder
CollectionName.Add item:= Elementname
```

Teil	*Beschreibung*
item	Element, das hinzugefügt werden soll.
Key	Eindeutige Zeichenfolge als Kennung des Elements, das der Auflistung hinzugefügt wird.
before	Index (1 bis Collection.Count) oder Key eines existierenden Elements. Relative Position in der Auflistung. Das neue Element wird in der Auflistung vor dem before-Element positioniert.
after	Index (1 bis Collection.Count) oder Key eines existierenden Elements. Relative Position in der Auflistung. Das neue Element wird in der Auflistung hinter dem after-Element positioniert. Sie können als Positionsargument entweder before oder after angeben, aber nicht beides.

Tab. 25.7: Benannte Argumente der Add-Methode

Remove-Methode

Remove entfernt ein Element aus einem Collection-Objekt.

```
CollectionName.Remove Kennung
```

Der Parameter Kennung ist der Index oder Key eines existierenden Elements.

Object-Objekt

```
Dim Obj As Object
Set Obj = CollectionName({Index|Key})
```

Das Element einer Collection kann mit dem allgemeinen Object-Datentyp oder als spezieller Datentyp deklariert sein.

Jedes Element der Collection besitzt die Eigenschaften des Objekts, das es in der Auflistung repräsentiert. Aus diesem Grund kann es sinnvoll sein, eigene Auflistungen aus gleichartigen Elementen zu erstellen. Bei Auflistungen ungleicher Elemente empfiehlt sich die Verwendung des allgemeinen Object-Datentyps.

25.3.2 Dictionary-Auflistung

Ab VB6 stehen Ihnen nach Einfügen der Scripting-Referenz (SCRRUN.DLL = Microsoft Scripting Runtime) zwei zusätzliche Objektklassen mit weiteren Subklassen zur Verfügung. Eine dieser Klassen ist Dictionary. Die andere, die FileSystemObject-Klasse, beschreibe ich im Kapitel 12.

Ein Dictionary-Objekt ist ein der Collection ähnelnder Typ eines Variablenfeldes, bei dem jedes Element mit einem eindeutigen Schlüssel verknüpft ist.

Im Gegensatz zur Collection, bei der Item die Haupteigenschaft ist, ist es bei Dictionary-Feldern Key (der Schlüssel). Mit dem Schlüssel wird jeweils das individuelle Element abgerufen.

Damit Sie auf das Dictionary-Objekt zugreifen können, müssen Sie

1. die Bibliothek SCRRUN.DLL als Verweis (Bezeichnung in der Verweisliste: »Microsoft Scripting Runtime«) in Ihr Projekt eingebunden und
2. eine Instanz des Dictionay-Objekts erstellt haben.

```
Private D As Dictionary

Sub ...
  ...
  Set D = CreateObject("Scripting.Dictionary")
  ...
End Sub
```

Eigenschaft	*Beschreibung*	*Syntax *)*	
CompareMode	Art des Zeichenvergleichs	D.CompareMode = Wert	Tab. 25.10
Count	Anzahl der Elemente (= Keys)	Anz = D.Count	
Item	Einem bestimmten Schlüssel zugeordnetes Element	E = D.Item(Key) D.Item(Key) = Element	
Key	Eindeutige Kennung dcs Elements ändern	D.Key(Key) = NeuerKey	

*) Vorher: Dim D As Dictionary
Set D = CreateObject("Scripting.Distionary")

Tab. 25.8: Eigenschaften des Dictionary-Objekts und ihre Syntax

Key ist normalerweise eine Ganzzahl oder eine Zeichenfolge, kann aber eine beliebige andere Form, haben mit Ausnahme eines Variablenfeldes.

Methode	*Beschreibung*	*Syntax *)*	
Add	Neuen Schlüssel und neues Element hinzufügen	D.Add Key, Item	
Exists	Ist ein bestimmter Schlüssel vorhanden?	IsKey = D.Exists(Key)	
Items	Array mit den Elementen	Set Itm = D.Items Element = Itm(Index)	**)
Keys	Array mit den Key-Werten	Set Ky = D.Keys Element = Ky(Index)	**)
Remove	Gezielt einen Key mit Element entfernen	D.Remove Key	
RemoveAll	Alle Keys und Elemente entfernen	D.RemoveAll	

*) Vorher: Dim D As Dictionary
Set D = CreateObject("Scripting.Distionary")

**) Itm und Key sind Variant-Arrays mit KleinsterIndex = 0. Höchster Index = D.Count - 1
Deshalb Index als Kennung.

Tab. 25.9: Methoden des Dictionary-Objekts und ihre Syntax

Wert	*Konstante*	*Beschreibung*
-1	vbUseCompareOption	Vergleich verwendet die Option Compare-Einstellung.
0	vbBinaryCompare	Binärer Vergleich
1	vbTextCompare	Textvergleich
2	vbDatabaseCompare	Vergleich anhand der Informationen in der Datenbank (Nur MS Access)

Tab. 25.10: Einstellungen für die CompareMode-Eigenschaft

Stichwortverzeichnis

G

H

I

K

L

M

N

O

P

Q

R

S

T

U

V

W

Z